DICCIONARIO

DE

SINONIMOS
ANTONIMOS
Y
PARONIMOS

Primer Diccionario de Sinonimia Doble que comprende
en su totalidad los Antónimos frente a los Sinónimos.
Por ello es, por excelencia, un Diccionario de Cultura
Idiomático—Redaccional o de Vocabulario General.

© LIBSA
Autor: Michel Doezis
Editorial LIBSA
c/ Narciso Serra, 25. 28007 Madrid
Tel.: 433 53 50. Télex: 42934 EDISA. Fax: 433 02 04

3.ª EDICION MARZO 1990
Depósito legal: M-16178-1989
ISBN: 84-7630-005-0
Impreso en 1989 en Artes Gráficas COIMOFF, S.A.
Encuadernación: LARMOR

PRÓLOGO

En materias relacionadas con "Diccionarios de Sinónimos y Antónimos" es preciso señalar que éstos, comúnmente, no comprenden vocablos similares ni contrarios sobre plantas, árboles, animales, peces ni ciencias. De ahí que un Léxico de "Sinónimos—Antónimos y Parónimos", como unidad lexicológica, es técnicamente específica en la clase de palabras que considera. Por esta razón, como conjunto heterogéneo de vocablos, es un Acervo de Cultura Idiomático—Redaccional o un Vocabulario Extensivo de Sinónimos—Antónimos, de sustantivos, adjetivos y predominantemente VERBOS de uso común y medio frecuente. Por estas circunstancias, un Diccionario de Sinónimos—Antónimos y Parónimos —como este Léxico— es un valiosísimo complemento que proporciona gradual y sistemáticamente el incremento mental y visual del DOMINIO de un VOCABULARIO para toda clase de actividades laborales, culturales e intelectuales.

En cuanto a clases de Diccionarios de esta índole, prácticamente existen los que sólo comprenden una cantidad limitada de vocablos similares y un número escasísimo de voces contrarias o antónimas, cual bosquejo introductivo de términos reducidos y de significado opuesto. En cambio, "GRAN DICCIONARIO DE ANTÓNIMOS—SINÓNIMOS Y PARÓNIMOS" —como su nombre lo dice— es de voces contrarias al cien por ciento, frente a los Sinónimos. Esto equivale a la amalgama de "Sinonimia Doble". De ahí que es de imponderable valor expresivo—cultural.

Además, considera los vocablos de igual pronunciación, pero de distinto valor significativo, que reciben el nombre de Parónimos u Homónimos, como: gravar—grabar, cima—sima, abría—habría, abjurar—adjurar, etc. Por estas razones, esta obra léxica es completa en todos estos puntos, y quizás, única en su clase, puesto que es el Primer Diccionario de Antónimos—Sinónimos al cien por ciento.

En relación con el valor de DOBLE SINONIMIA: Sinónimos—Antónimos y Antónimos—Sinónimos, preceptúa la GRADUALIDAD ACEPTIVA, conforme con este principio propio de "Vocabulario de Cultura Idiomático—Redaccional":

1º Voces semejantes o iguales en su valor aceptivo.
2º Términos parecidos o cercanos en su valor significativo.
3º Vocablos lejanos o distantes en su valor aceptivo, y
4º Contenidos fraseológicos o ideológicos (Clave: "f" e "i").

En virtud de este código lexicológico o fórmula aceptiva —*tomado de* "*GRAMÁTICA LABORAL*", *publicado en 1973, por Michel Doezis*— *todos los sustantivos, adjetivos, participios pasivos, participios activos y adverbios terminados en MENTE, tienen el correspondiente término antónimo o palabra sinónima, incluso hasta los vocablos cuestionables, como:*

SINÓNIMOS	ANTÓNIMOS
Anabólico: activante, constructivo, energético, convirtiente.	**Catabólico:** desgradativo, desechante, transformante, matericida.
Androcracia: machismo, hombrerismo. f— Supremacía del hombre.	**Ginecocracia:** feminismo, mujerismo. f · Supremacía de la mujer.
Diabetes: hiperglicemia, glucoferación. f— Desorden pancreático por deficiencia celular.	**Hipoglucemia:** hiperglucosuria. f— disminución de azúcar en la sangre. Deficiencia metabólica funcional, etc.

En función de la GRADUALIDAD ACEPTIVA, no cabe el concepto tradicional de "Ideas afines", porque la "Gradualidad Aceptiva" ha sustituido por completo el principio referido.

En lo relativo al empleo implícito de la Lexicogenesia *(formación de palabras por analogía, derivación y composición), es preciso no olvidar que cuando no se encuentre en el acto el* Antónimo *requerido o precisado, buen recurso lexicológico es el empleo antepuesto de las partículas prepositivas que sea necesario, las cuales, generalmente, pueden ser:*

EN—IN—EM—IM—DE—DES—DIS—ANA—ANTI—CONTRA—A—I, etc., en voces como: frente—ENfrente, poner—IMponer montar—DESmontar, gráfico—ANAgráfico, aéreo—ANTIaéreo, orden—CONTRorden, noche—Anoche, legítimo—Ilegítimo, etc.

Además, como en nuestros días aumentan continuamente las voces derivadas, técnicas y especializadas en todos los medios culturales, literarios y científicos, UN BUEN DICCIONARIO DE SINÓNIMOS—ANTÓNIMOS AL CIEN POR CIENTO —como este acervo de SINONIMIA DOBLE— debe considerar, aparte de las voces usuales y selectas del plano hablante, vocablos complementarios y aún neologismos en uso:

Auditar—Ejecutividad—Extraditar—Nadizar—Priorizar—Viabilizar, etc.

Respecto al concepto tradicional de "neologismos", cabe apuntar que la REAL ACADEMIA ESPAÑOLA, sólo "legitimiza" una palabra, cuando tiene más de 10 años de empleo corriente entre las personas cultas, como el término "hodierno" (tiempo presente o actualmente), sólo lo aceptó en la Decimonovena Edición. El verbo "incentivar" lo consideró como infinitivo desde la Vigésima Edición. Por esta razón —precedente tradicional muy mesurado y plausible de la RAE— no es extraño que en la Vigesimoprimera Edición no considere neologismos, como "nadizar" —vale decir, convertir en la nada una cosa—. "Signofonía": escritura signofonética, etc. En apoyo a este principio general, esta obra de "Vocabulario de Cultura Idiomático—Redaccional", considera varios "neologismos" con sus correspondientes significados.

Asimismo, es preciso señalar que como parte complementaria "GRAN DIC-CIONARIO DE ANTÓNIMOS–SINÓNIMOS Y PARÓNIMOS", considera frasificados los casos de Parónimos y Paronomásticos, en razón de que esta clase de voces son de trascendental importancia ortográfico–redaccional, dado que no es lo mismo: botar–votar, lazo–laxo, absolver–absorber, etc. Por estas circunstancias, la Paronimia y la Paronomasia son partes indispensables de este "VOCABULARIO DE SINONIMIA DOBLE".

En cuanto a Vocabulario Extensivo, esta obra léxica comprende —entre Sinónimos–Antónimos, Antónimos–Sinónimos, Parónimos y Paronamásticos frasificados— más de cien mil veces.

Por las razones expresadas, este LEXICO —uno de los más completos que existe en materias de Lexicología Española— como esencia del contenido de Voces Similarias, Términos Contrarios y Parónimos, todo está entrelazado y aplicacionalmente sugerido, porque fue concebido con notoria tendencia de efecto presente y futuro, e indispensable en todos los planos culturales del hoy, sobre todo en los medios progresivos del hombre del hodierno.

Michel Doezis.

PRIMERA PARTE:
Sinonimia Doble o Voces Similarias y Contrarias, simultáneamente.

Abadía: convento, monasterio, cenobio, claustro.

Abajo: debajo, parte inferior. f— después de este lugar.

Abalanzar: equilibrar, igualar, nivelar, compensar.

Abalanzarse: precipitarse, arrojarse, lanzarse, atacar.

Abalorio: cuentecilla, lentejuela, oropel, quincalla.

Abalizar: señalar, amojonar, marcar, indicar.

Abanderado: señalero, corneta, alférez, porta-estandarte.

Abanderizar: afiliarse, inscribirse, anotarse, fanatizarse.

Abandonar: desamparar, desatender, descuidar, dejar.

Abaratar: rebajar, reducir, depreciar, desestimar.

Antro: caverna, cueva, guarida, madriguera.

Arriba: encima, sobre, parte superior.

Desequilibrar: inestabilizar, debilitar, zozobrar, ablandar.

Contenerse: reprimirse, refrenarse, dominarse, sujetarse.

Cuantía: calidad, categoría, monto, valor.

Esconder: ocultar, encubrir, disimular, encerrar.

Ignorado: desconocido, ignoto, oculto, anónimo.

Independizar: emancipar, libertar, eximir, redimir.

Amparar: proteger, defender, apoyar, escoltar.

Encarecer: subir, alzar, aumentar, abultar.

Abarcar: comprender, incluir, contener, englobar.

Excluir: eliminar, descartar, suprimir, exceptuar.

Abarrotar: llenar, atestar, atiborrar, saturar.

Vaciar: verter, arrojar, sacar, afluir.

Abastecer: aprovisionar, surtir, proveer, suministrar.

Consumir: agotar, desabastecer, carecer, escasear.

Abatimiento: decaimiento, desánimo, postración, depresión.

Aliento: ánimo, vigor, energía, incitación.

Abatir: derribar, derrotar, vencer, avasallar. (1)

Levantar: elevar, alzar, edificar, construir.

Abdicar: dimitir, renunciar, abandonar, declinar.

Asumir: tomar, aceptar, asentir, admitir.

Abecedario: silabario, abecé, alfabeto, lectura.

Ideario: pensamientos, invención, ideograma, pictograma.

Aberración: error, equivocación, extravío, absurdo.

Verdad: evidencia, realidad, certeza, certidumbre, axioma.

Aberrar: errar, equivocarse, desviarse, confundirse. (2)

Acertar: atinar, orientarse, encaminarse, informarse.

Abertura: rendija, hendidura, grieta, resquicio.

Cerrado: hermético, oculto, cubierto, encapotado, exaltado.

Abierto: despejado, llano, franco, sincero.

Cubierto: cerrado, obstruido, tapado.

Abigarrar: mezclar, promiscuar, entremezclar, desordenar.

Clarificar: iluminar, alumbrar, acrisolar, perfeccionar.

Abigeato: robo de ganado. Hurto de animales.

Honradez: integridad, probidad, rectitud, moralidad.

Abiogénesis: autogénesis, autogeneración, autoconcepción, autogeneramiento

Biogénesis: concepción, generamiento, cruzamiento, derivación.

Abismar: abatir, confundir, desesperar, hundir.

Alentar: animar, confortar, estimular, infundir.

Abismo: precipicio, profundidad, despeñadero, barranco.

Cumbre: cúspide, pináculo, altura, vértice, cresta.

(1) En cuanto a la existencia de las palabras derivadas o compuestas que se precisen y que no figuran en este Diccionario, se emplea el procedimiento formativo o lexicogenésico correspondiente. Así, 'Abaratamiento', 'Abaratado', 'Abaratante', etc., es parte de la iniciativa del lector, aplicando —en tal caso— el sistema de "Voces Contrarias" que requiera cada vocablo. De este modo se evita extender innecesariamente este "Diccionario de Antónimos—Sinónimos."

(2) OBSERVACIÓN: Por cuanto los ANTÓNIMOS —al igual que los SINÓNIMOS— están determinados por la gradualidad aceptiva, en muchos casos pueden considerarse otros grupos de voces similares o contrarias. Como ejemplo de lo comentado, cabe considerar que, como ANTÓNIMOS del verbo "Aberrar", también se pueden incluir: discernir, reflexionar, recapacitar, meditar, pues, en este caso se aplica discrecionalmente el caso gradualizante "3°" o "4°" de la Gradualidad Aceptiva.

Abjuración: apostasía, retractación, deserción, renegación.

Conversión: mutación, cambio, enmienda, corrección.

Abjurar: renegar, apostatar, retractarse, detestar.

Abrazar: convertirse, enmendarse, cambiar, catequizar.

Ablandamiento: reblandecimiento, emblandecimiento, suavizamiento, desenfadamiento.

Fortalecimiento: endurecimiento, robustecimiento, recrudecimiento, insensibilización.

Ablandar: molificar, suavizar, mitigar, conmover.

Endurecer: fortalecer, robustecer, insensibilizar, recrudecer.

Ablución: purificación, acendramiento, lavatorio, ceremonia.

Impurificación: suciedad, polución, imperfección, corrupción.

Abnegación: desprendimiento, altruismo, generosidad, filantropía.

Egoísmo: egolatría, personalismo, individualismo, mezquindad.

Abobar: atontar, embobar, apavarse, atontolinar.

Despabilar: avivar, avispar, despertar, apremiar.

Abocar: acercar, aproximar, allegar, considerar.

Retirar: apartar, separar, distanciar, ahuyentar.

Abochornar: avergonzar, ruborizar, sonrojar, sofocar.

Ensalzar: celebrar, alabar, elogiar, enaltecer.

Abogar: patrocinar, interceder, defender, resguardar.

Atacar: embestir, agredir, arremeter, asaltar.

Abolir: derogar, anular, invalidar, revocar.

Instaurar: instituir, implantar, formar, establecer.

Abolición: anulación, derogación, supresión, revocación.

Instauración: implantación, restauración, reposición, establecimiento.

Abogado: defensor, jurista, legista, jurisperito.

Acusador: denunciante, inculpador, delator, fiscal.

Abominación: aborrecimiento, aversión, execración, odio.

Adoración: veneración, amor, admiración idolatría.

Abominar: detestar, execrar, aborrecer, odiar.

Amar: querer, estimar, adorar, apreciar.

Abonar: acreditar, amortiguar, responder, satisfacer.

Cargar: imputar. gravitar, atacar, molestar.

Abordar: emprender, tratar, gestionar, diligenciar.

Impedir: estorbar, obstaculizar, detener, entorpecer.

Aborigen: nativo, indígena, vernáculo, autóctono.

Forastero: extraño, foráneo, ajeno, extranjero.

SINÓNIMOS ANTÓNIMOS

Aborrecer: detestar, abominar, odiar, execrar.

Querer: amar, adorar, apreciar, codiciar.

Abortar: malparir, malograr, fracasar, frustrar.

Lograr: alcanzar, obtener, superar, conquistar.

Abrasar: quemar, consumir, arder, incendiar.

Enfriar: templar, apagar, extinguir, sofocar.

Abrazar: ceñir, abarcar, rodear, comprender.

Soltar: desatar, desligar, libertar, excarcelar.

Abreviación: resumen, compendio, reducción, epítome.

Ampliación: aumento, incremento, desarrollo, amplificación.

Abreviar: resumir, compendiar, condensar, sintetizar.

Ampliar: extender, expandir, ensanchar, aumentar.

Abrigar: arropar, cubrir, tapar, cobijar.

Destapar: desabrigar, desvestir, desnudar, descubrir.

Abrir: perforar, taladrar, horadar, agujerear.

Cerrar: tapar, obstruir, impedir, clausurar.

Abrillantar: pulir, pulimentar, esmerilar, lustrar.

Deslucir: opacar, enturbiar, empañar, deslustrar.

Abrogar: abolir, anular, derogar, invalidar.

Restablecer: reponer, restituir, rehabilitar, reparar.

Abrojo: cardo, planta, penas, dolores.

Alivio: mitigación, descanso, consuelo, mejoramiento.

Abroquelarse: protegerse, ampararse, cubrirse, escudarse.

Descuidarse: olvidarse, desampararse, desatenderse, descubrirse.

Abrumar: agobiar, fastidiar, molestar, hastiar.

Aliviar: atenuar, mitigar, mejorar, recuperar.

Abrupción. fractura, desgarro, supresión preambular en los discursos.

Integridad: plenitud, perfección, unión, mancomunación.

Abrupto: escarpado, escabroso, accidentado, acantilado.

Llano: plano, parejo, liso, afable.

Absolver: perdonar, exculpar, eximir, indultar.

Condenar: castigar, reprobar, sancionar, penar.

Absolución: indulto, amnistía, liberación, condonación.

Condenación: castigo, sanción, sentencia, reprobación.

Absolutismo: autoritarismo, totalitarismo, despotismo, autocracia.

Democracia: constitucionalismo, liberalismo, autonomía, autodeterminación.

Absoluto: categórico, irrestricto, definitivo, incondicional.

Relativo: liberal, restricto, condicional, proporcional.

Absorber: embeber, atraer, captar, empapar.

Absorto: abstraído, ensimismado, abismado, atónito.

Abstenerse: privarse, prescindir,' desechar, inhibirse.

Abstención: privación, abstinencia, carencia, ausencia.

Abstinencia: continencia, privación, moderación, templanza.

Abstracto: impreciso, intangible, obscuro, abstruso.

Abstraer: prescindir, privar, ensimismar, concentrar.

Abstracción: ensimismamiento, reconcentración, absorbimiento, preocupación.

Abstruso: recóndito, impenetrable, difícil, esotérico.

Absurdo: desatinado, ilógico, irrazonable, aberrante.

Abucheo: rechifla, silbido, pifia, reprobación.

Abulia: displicencia, indiferencia, desinterés, negligencia.

Abúlico: apático, indolente, desidioso, desanimado.

Abultar: acrecentar, agrandar, ponderar, exagerar.

Abundancia: riqueza, exuberancia, fortuna, opulencia.

Abundar: sobrar, bastar, saturar, pulular.

Abundante: copioso, numeroso, frondoso, óptimo.

Aburrimiento: fastidio, tedio, cansancio, disgusto

Repeler: rehusar, desechar, desdeñar, despreciar.

Distraído: indiferente, despreocupado, desatento, negligente.

Participar: comunicar, intervenir, informar, notificar.

Participación: intervención, colaboración, adhesión, información.

Incontinencia: liviandad, libertinaje, sensualidad, concupiscencia.

Concreto: preciso, determinado, delimitado, esclarecido.

Distraer: divertir, entretener, separarse, desviar.

Distracción: entretenimiento, diversión, omisión, inadvertencia.

Obvio: manifiesto, evidente, patente, específico.

Sensato: lógico, razonado, adecuado, pertinente.

Aplauso: ovación, aclamación, aprobación, beneplácito.

Aspiración: ansia, ambición, ilusión, voluntad.

Ocurrente: oportuno, espontáneo, diligente, discerniente.

Reducir: aminorar, atenuar, amortiguar, disminuir.

Escasez: estrechez, privación, miseria, insuficiencia.

Escasear: faltar, carecer, necesitar, escatimar.

Escaso: exiguo, insuficiente, falta, incompleto.

Entretenimiento: distracción, diversión, solazamiento, pasatiempo.

Aburrir: fastidiar, abrumar, disgustar, contrariar.

Entretener: recrear, distraer, divertir, amenizar.

Abusar: atropellar, violar, someter, excederse.

Respetar: acatar, obedecer, considerar, apreciar.

Abusión: abuso, exceso, extralimitación, injusticia.

Consideración: respeto, acatamiento, deferencia, sumisión.

Abyección: infamia, ruindad, vileza, villanía.

Nobleza: decoro, hidalguía, dignidad, pundonor.

Abyecto: despreciable, vil, ignominioso, rastrero.

Noble: digno, honorable, hidalgo, pundonoso.

Acá: aquí, allí, cerca, próximo.

Allá: allende, distante, lejos, lontananza.

Acabar: terminar, concluir, finiquitar, finalizar.

Iniciar: empezar, comenzar, principiar. emprender.

Acabado: completo, consumado, perfecto, concluido.

Incompleto: inconcluso, fragmentario, truncado, defectuoso.

Acabamiento: terminación, extinción, conclusión, fenecimiento.

Nacimiento: natalicio, origen, germinación, motivo.

Academia: escuela, colegio, instituto, corporación.

Anarquía: acracia, anarquismo, desorden, desgobierno.

Academicismo: correccionismo, sujecionismo, seguidismo, clasicismo.

Liberalismo: racionalismo, amplismo, criterismo, innovacionismo.

Académico: correcto, atildado, escolástico, purista.

Inconformista: disconforme, personal, anarquista, individual.

Acaecer: suceder, ocurrir, acontecer, surgir.

Interrumpir: detener, frenar, sujetar, compeler.

Acaecimiento: acontecimiento, hecho, suceso, evento.

Esfumación: desaparición, dispersión, escabullimiento, desvanecimiento.

Acalorarse: exaltarse, enardecerse, irritarse, sofocarse.

Moderarse: templar, atenuar, aplacar, contenerse.

Acaloramiento: enardecimiento, sofocación, calor, exaltación.

Enfriamiento: mitigación, moderación, frialdad, indiferencia.

Acalorado: enardecido, exaltado, agitado, fatigado.

Moderado: controlado, reflexivo, enfriado, entibiado.

Acallar: silenciar, aquietar, sosegar, tranquilizar.

Incitar: excitar, estimular, activar, provocar.

Acanalar: surcar, estriar, rayar, marcar.

Rellenar: llenar, emparejar, igualar, alisar.

Acantilado: escarpado, abrupto, despeñadero, precipicio.

Llano: plano, parejo, liso, abierto.

Acaparar: monopolizar, acumular, almacenar, retener.

Distribuir: repartir, compartir, dividir, prorratear.

Acápite: párrafo, parágrafo, contenido, punto.

Motivo: causa, efecto, móvil, circunstancia.

Acaramelado: galante, obsequioso, dulcífico, melifluo.

Acidulado: acibado, amargado, desabrido, desacertado.

Acariciar: mimar, halagar, besar, abrazar.

Maltratar: reprender, amonestar, golpear, vapulear.

Acarrear: llevar, transportar, conducir, cargar.

Dejar: desechar, ceder, abandonar, rechazar.

Acaso: quizás, tal vez, azar, incierto.

Cierto: evidente, seguro, indudable, efectivo.

Acatamiento: respeto, reverencia, sumisión, obediencia.

Desacato: rebelión, desobediencia, irreverencia, desdeñamiento.

Acatar: obedecer, respetar, someterse, doblegarse.

Rebelarse: oponerse, resistir, sublebarse, indisciplinarse.

Acaudalar: enriquecerse, atesorar, acumular, allegar.

Derrochar: disipar, dilapidar, malgastar, malinvertir.

Acaudillar: capitanear, dirigir, conducir, comandar.

Obedecer: cumplir, acatar, respetar, escuchar.

Acceder: consentir, permitir, asentir, condescender.

Rehusar: rechazar, denegar, excusar, impedir.

Accesión: consentimiento, asentimiento, condescendencia, compraventa.

Negación: rehusamiento, impedimento, rechazo, entorpecimiento.

Accesible: asequible, alcanzable, comprensible, inteligible.

Inaccesible: inalcanzable, inestrincable, abrupto, abstruso.

Accésit: premio, distinción, galardón, segunda recompensa.

Sanción: punición, corrección, afrenta, condena.

Acceso: entrada, ataque, crisis, accesión.

Salida: puerta, partida, efugio, pretexto.

Accesorio: accidental, secundario, repuesto, complementario.

Cardinal: esencial, vital, fundamental, importante.

Accidental: casual, eventual, fortuito, incidental.

Intencional: deliberado, concebido, previsto, premeditado.

Accidentar: lesionar, dañar, vulnerar, perjudicar.

Auxiliar: socorrer, amparar, apoyar, beneficiar.

Accidente: contingente, eventual, casual, percance.

Prevención: precaución, medida, previsión, providencia.

Accionar: funcionar, maniobrar, mover, gesticular.

Desactivar: descuidar, despreocuparse, desprevenir, desestimar.

Acción: hecho, acto, actividad, movimiento.

Inacción: inercia, inmovilidad, quietud, ociosidad.

Accionista: poseedor, propietario, capitalista, asociado.

Proletario: trabajador, jornalero, indigente, desposeído.

Acechanza: observación, vigilancia, atisbo, espiación.

Alertamiento: prevención, precaución, resguardo, esquivamiento.

Acechar: atisbar, vigilar, espiar, observar.

Alertar: prevenir, avisar, precaver, cautelar.

Acéfalo: descabezado, decapitado, cercenado, mutilado.

Completo: íntegro, unitario, indiviso, cabal.

Aceleración: celeridad, prontitud, aceleramiento, activación.

Retardación: atraso, demora, aplazamiento, dilación.

Acelerar: apresurar, aligerar, activar, apurar.

Retardar: aplazar, demorar, detener, postergar.

Acendrado: purificado, depurado, limpiado, quintaesenciado.

Adulterado: mezclado, viciado, falsificado, sofismado.

Acendrar: depurar, limpiar, acrisolar, pulimentar.

Enturbiar: obscurecer, opacar, ennubecer, empañar.

Acentuación: vigorización, resaltamiento, realce, tildación.

Atenuación: disminución, disuasión, desanimamiento, amortiguación.

Acentuar: insistir, recalcar, subrayar, infundir.

Atenuar: disminuir, amortiguar, disuadir, desanimar.

Acepción: significado, sentido, concepto, contenido.

Cuestión: materia, objeto, asunto, enigma.

Aceptación: aprobación, admisión, asentimiento, tolerancia.

Denegación: negativa, desestimación, rechazo, negación.

Aceptar: admitir, recibir, asentir, comprometerse.

Rechazar: rehusar, alejar, apartar, expulsar.

Acequia: canal, reguero, zanja, regato.

Lecho: cauce, fondo, tálamo, cama.

Acerado: punzante, incisivo, mordaz, cáustico.

Blando: inocuo, benigno, benévolo, muelle.

Acerbo: áspero, tosco, amargo, cruel.

Suave: benigno, dulce, agradable, indulgente.

Acercamiento: aproximación, arrimamiento, proximidad, avecinamiento.

Acercar: aproximar, arrimar, juntar, allegar.

Acerca de: referente a, respecto a, tocante a, en lo relativo a.

Acertar: atinar, descifrar, descubrir, interpretar.

Acérrimo: tenaz, encarnizado, obstinado, intransigente.

Acertijo: enigma, adivinanza, charada, rompecabezas.

Acervo: cúmulo, conjunto, caudal, bagaje.

Aciago: infeliz, fatal, funesto, infausto.

Acibarar: amargar, disgustar, apesadumbrar, turbar.

Acicalar: adornar, ataviar, aderezar, atildar.

Acicate: aliciente, incentivo, estímulo, aguijón.

Acidificar: acidar, acidular, acibar, agriar.

Acierto: tino, destreza, éxito, precisión.

Acinesia: inmovilidad, inactividad, inercia, parálisis.

Asinésico: inmóvil, inactivo, inerciático, paralítico.

Aclamación: ovación, palmoteo, aplauso, vítores.

Aclamar: aplaudir, ovacionar, vitorear, proclamar.

Aclarar: explicar, esclarecer, dilucidar, despejar.

Aclaración: explicación, justificación, dilucidación, apostilla.

Alejamiento: distanciamiento, separación, enemistamiento, ausencia.

Alejar: separar, distanciar, apartar, ahuyentar.

Razón: motivo, circunstancia, móvil, efecto.

Errar: fallar, equivocarse, desacertar, marrar.

Transigente: temperante, tratable, tolerante, adaptable.

Desacierto: desatino, disparate, error, torpeza.

Dispersión: derrame, esparcimiento, disimulación, desperdigamiento.

Dichoso: feliz, venturoso, alegre, afortunado.

Endulzar: dulcificar, mitigar, confortar, suavizar.

Descuidar: desatinar, olvidar, abandonar, dejar.

Contención: freno, coerción, sujeción, represión.

Dulcificar: endulzar, suavizar, mitigar, melificar.

Torpeza: desacierto, equivocación, descuido, chambonada.

Movilidad: actividad, agilidad, normalidad, desplazamiento.

Normalizado: diestro, activo, flexible, acostumbrado.

Rechifla: abucheo, silbatina, pifia, protesta.

Abuchear: censurar, criticar, reprender, protestar.

Obscurecer: complicar, embrollar, debilitar, confundir.

Obscurecimiento: empañamiento, obscuridad, lobreguez, nubosidad.

SINÓNIMOS   ANTÓNIMOS

Aclaratorio (3): explicatorio, esclarecedor, dilucidatorio, desenredatorio.

Complicatorio: obscureciente, aborrascatorio, embrollante, lobregatorio.

Aclimatación: adaptación, habituamiento, arraigamiento, acomodamiento.

Desacostumbramiento: inadaptación, desarraigo, desajustamiento, inhabituación.

Aclimatar: adaptarse, habituarse, arraigarse, naturalizar.

Inadaptarse: desacostumbrarse, desarraigarse, inhabituarse, desajustarse.

Acobardar: amilanar, atemorizar, amedrentar, acoquinar.

Envalentonar: animar, alentar, acicatear, incitar.

Acodar: sostener, apoyar, apuntalar, doblegar.

Liberar: eximir, redimir, aflojar, franquear.

Acoger: aceptar, admitir, proteger, favorecer.

Rehusar: refutar, impugnar, objetar, rebatir.

Acogida: admisión, aceptación, protección, acogimiento.

Rechazo: inadmisión, rehusamiento, inhospitalidad, expulsión.

Acólito: monaguillo, sacristán, asistente, ayudante.

Sacerdote: clérigo, prelado, presbítero, eclesiástico.

Acollar: ungir, enyugar, acoyuntar, entrelazar.

desuncir: separar, aislar, apartar, desarticular.

Acometer: arremeter, agredir, asaltar, atracar.

Defender: proteger, amparar, socorrer, vigilar.

Acometimiento: arreglo, acuerdo, transacción,

Defensa: protección, vigilancia, socorro,

Acomodar: adecuar, adaptar, combinar, acondicionar.

Desarreglar: desordenar, descomponer, revolver, alterar.

Acomodaticio: acomodadizo, complaciente, transigente, elástico.

Intolerante: obsecado, terco, pertinaz, intransigente.

Acompañar: escoltar, convoyar, agregar.

Separar: dejar, abandonar, apartar, aislar.

Acompasar: ajustar, medir, proporcionar, armonizar.

Desajustar: descomponer, desencajar, desacoplar, desarreglar.

Acomplejar: inhibirse, turbarse, anonadarse, confundirse.

Entusiasmarse: exaltarse, elevarse, excitarse, animarse.

Aconchar: decantar, precipitar, varar, encallar.

Suspender: Colgar, emperchar, flotar.

Acondicionar: adecuar, adaptar, arreglar, preparar.

Desacondicionar: desajustar, desacoplar, desavenir, desapropiar.

Acongojar: afligir, apenar, oprimir, atribular.

Aliviar: alentar, animar, alegrar, entusiasmar.

(3) Para formar adjetivos adecuados a cada circunstancia, las terminaciones más usuales son: al—able—ible—tivo—torio—toria, en voces como las indicadas en esta explicación.

20

Aconsejar: asesorar: sugerir, insinuar, proponer.

Acontecer: ocurrir, suceder, acaecer, pasar.

Acontecimiento: suceso, acaecimiento, caso, hecho.

Acopiar: amontonar, reunir, juntar, acumular.

Acoplar: unir, enlazar, casar, encajar.

Acoquinar: acobardar, amedrentar, amilanar, atemorizar.

Acorazar: brindar, proteger, revestir, defender.

Acordado: convenido, decidido, pactado, avenido.

Acordar: convenir, concertar, conciliar, estipular.

Acorde: conforme, concorde, compatible, coincidente.

Acorralar: encerrar, arrinconar, cercar, confundir.

Acortar: disminuir, reducir, aminorar, achicar.

Acortamiento: reducción, disminución, cercenamiento, restricción.

Acosar: asediar, perseguir, cercar, estrechar.

Acostarse: tenderse, tumbarse, encamarse, yacerse.

Acostumbrar: habituar, familiarizar, avezar, arraigar.

Acotación: comentario, observación, explicación.advertencia.

Acotar; señalar, indicar, comentar, observar.

Acracia: anarquía, anarquismo, desgobierno, desorden.

Disuadir: convencer, inducir, persuadir, sugestionar.

Concernir: atañer, incumbir, competer, corresponder.

Motivación: causa, origen, móvil, finalidad.

Esparcir: desparramar, desperdigar, diseminar, dispersar.

Separar: desunir, desligar, despegar, desencajar.

Alentar: infundir, envalentonar, exhortar, incentivar.

Desguarecer: desbrindar, desproteger, desguarnecer, desarmar.

Olvidado: desestimado, abandonado, prescindido, descuidado.

Debatir: deliberar, discutir, controvertir, cuestionar.

Discorde: disconforme, opuesto, discrepante, incompatible.

Libertar: emancipar, eximir, descercar, desenjaular.

Alargar: prolongar, estirar, extender, expandir.

Alargamiento: prolongación, extensión, aumento, prórroga.

Esquivar: eludir, soslayar, escurrir, escabullirse.

Levantarse: enderezarse, erguirse, incorporarse, auparse.

Desacostumbrar: desarraigar, erradicar, cambiar, desterrar.

Reticencia: restricción, omisión, callamiento, silencio.

Limitar: restringir, constreñir, coartar, refrenar.

Opresión: absolutismo, tiranía, despotismo, totalitarismo.

Ácrata: anarquista, nihilista, libertario, subversivo.

Absolutista: tiránico, déspota, arbitrario, autoritario.

Acrecentar: aumentar, acrecer, propagar, agrandar.

Reducir: achicar, empequeñecer, aminorar, contraer.

Acrecer: agrandar, aumentar, acrecentar, engrandecer.

Menguar: disminuir, menoscabar, reducir, achicar.

Acreedor: fiante, vendiente, f—persona a quien se le debe dinero.

Deudor: adeudador, débitador, f—persona que debe dinero.

Acreditar: reputar, afamar, abonar, probar.

Murmurar: desacreditar, desmerecer, desvalorar, denigrar.

Acremente: rudamente, bruscamente, ásperamente, agriamente.

Suavemente: delicadamente, muellemente, agradablemente, apaciblemente.

Acribillar: agujerear, taladrar, horadar, acuchillear.

Defender: proteger, amparar, preservar, resguardar.

Acrimonia: aspereza, acritud, desabrimiento, mordacidad.

Dulzura: suavidad, afabilidad, bondad, delicadeza.

Acrisolar: depurar, sublimar, pulir, perfeccionar.

Corromper: viciar, envilecer, dañar, pervertir.

Acróbata: equilibrista, trapecista, funámbulo, gimnasta.

Torpe: inhábil, desmañado, lerdo, tardo.

Acrobacia: equilibrio, trapecismo, acrobatismo, gimnasismo.

Torpeza: inhabilidad, ineptitud, insuficiencia, plancha.

Acrofobia: vértigo, vahído, mareo, desvanecimiento.

Impavidez: denuedo, valentía, serenidad, aliento.

Acrópolis: fortificación, fortaleza, elevación, altura.

Debilitamiento: limación, ablandamiento, extenuación, flaqueza.

Actitud: ademán, disposición, modales, expresión.

Impostura: engaño, alarde, fingimiento, doblez.

Activar: acelerar, apurar, apremiar, apresurar.

Retardar: aplazar, demorar, detener, rezagar.

Actividad: acción, movimiento, prontitud, diligencia.

Apatía: indiferencia, indolencia, incuria, ineficacia.

Activista: agitador, exaltador, propagandista, enardecedor.

Tranquilo: calmado, sereno, apacible, pacífico.

Actor: cómico, representante, artista, protagonista.

Espectador: público, concurrente, circunstante, telespectador.

Actuación: actividad, comportamiento, proceder, desempeño.

Negligencia: desidia, incuria, inercia, pereza.

Actual: presente, real, hodierno, moderno.

Inactual: ayer, pasado, pretérito, futuro.

Actualidad: novedad, modernidad, hodierno, contemporaneidad.

Antigüedad: anterioridad, arcaísmo, otrora, prehistoria.

Actualidad: ahora, coyuntura, oportunidad, sazón. (4)

Inactualidad: pasado, futuro, inhodierno,

Actualizar: modernizar, renovar, remozar, recientizar.

Envejecer: caducar, revejecer, encanecer, marchitar.

Actuar: obrar, ejecutar, proceder, ejercer.

Abstenerse: prescindir, privarse, inhibirse, absorberse.

Actuario: escribano, judiciario, calculista, matemático.

Oficinista: escribiente, dactilógrafo, amanuense, auxiliar.

Acuciar: incitar, estimular, urgir, impulsar.

Contener: refrenar, detener, dilatar, mantener.

Acuciosidad: dinamismo, actividad, prisa, agilidad.

Apatía: negligencia, pereza, incuria, dejadez.

Acudir: llegar, presentarse, concurrir, comparecer.

Marcharse: retirarse, ausentarse, irse, incomunicarse.

Acuerdo: pacto, armonía, entendimiento, aveniencia.

Desacuerdo: disputa, polémica, desavenencia, disconformidad.

Acuidad: viveza, agudeza, penetración, intensidad.

Necedad: inepcia, bobería, sandez, estupidez.

Acuitar: afligir, acongojar, apesadumbrar, angustiar.

Consolar: conformar, aliviar, alentar, animar.

Acumular: juntar, acopiar, hacinar, amontonar.

Esparcir: diseminar, extender, distribuir, propagar.

Acuñar: amonedar, estampar, imprimir, grabar.

Olvidar: desatender, desaprender, abandonar, descuidar.

Acusación: incriminación, imputación, denuncia, delación.

Defensa: protección, resguardo, apoyo, auxilio.

Acusar: delatar, culpar, denunciar, achacar.

Defender: proteger, amparar, abogar, resguardar.

Achacar: atribuir, imputar, implicar, involucrar.

Disculpar: propugnar, interceder, perdonar, dispensar.

(4) En muchos casos, tanto los sinónimos como los antónimos pueden tener —extensivamente— otro grupo de Similarios y Contrarios, como se ilustran en este caso.

Achaque: dolencia, enfermedad, defecto, tacha.

Salud: vigor, vitalidad, energía, potencia.

Achicar: reducir, empequeñecer, disminuir, acobardar.

Agrandar: ampliar, aumentar, acrecentar, engrandecer.

Acholar: avergonzar, abochornar, enrojecer, amilanar.

Enorgullecer: ufanar, presumir, envanecer, ensoberbecer.

Adagio: sentencia, refrán, aforismo, proverbio.

Episodio: cuento, novela, historia, anécdota.

Adalid: caudillo, guía, líder, conductor.

Guerrero: combatiente, miliciano, contendiente, beligerante.

Adaptar: acomodar, ajustar, apropiar, arreglar.

Desajustar: desarreglar, desconectar, desvencijar, enmarañar.

Adecuación: acomodamiento, ajuste, adaptación, conciliación.

Incongruencia: inadecuación, inconveniencia, extemporaneidad, impropiedad.

Adecuado: conveniente, apropiado, congruente, oportuno.

Discorde: disconforme, discordante, impropio, improcedente.

Adecuar: ajustar. acomodar, concordar, proporcionar.

Discordar: discrepar, divergir, disentir, desajustar.

Adefesio: mamarracho, esperpento, espantajo, ridículo.

Gallardo: elegante, impecable, distinguido, esbelto.

Adelantar: anticipar, aventajar, apresurar, avanzar.

Atrasar: retroceder, lentificar, rezagar, replegarse.

Adelante: progreso, avance, desarrollo, anticipo.

Atraso: demora, retardo, dilación, detención.

Adelgazar: enflaquecer, encanijarse, debilitar, sutilizar.

Engordar: engrosar, encarnecer, robustecer, cebar.

Ademán: gesto, actitud, manera, modales.

Aspecto: facha, apariencia, figura, traza.

Además: también, asimismo, igualmente, otrosí.

Excepto: menos, salvo, excluido, descontado.

Adentrarse: ahondar, entrar, penetrar, introducir.

Salir: partir, marcharse, echarse, surgir.

Adepto: adicto, prosélito, partidario, simpatizante.

Contrario: enemigo, antagonista, émulo, aleve.

Aderezar: ataviar, acicalar, componer, arreglar.

Estropear: desaliñar, deteriorar, dañar, menoscabar.

Adeudar: deber, debitar, cargar, comprometer.

Adherencia: cohesión, adhesión, soldadura, unión.

Adherir: aceptar, aprobar, unir, pegar.

Adhesión: cohesión, adherencia, aceptación, adicción.

Adicionar: sumar. añadir, aumentar, incluir.

Adicto: adepto, partidario, afiliado, adherido.

Adiar: fijar, señalar, f—determinar día.

Adiestrar: instruir, aleccionar, enseñar, guiar.

Adinerado: rico, acaudalado, pudiente, opulento.

Aditamiento: añadidura, adición, aumento, complemento.

Adiposo: obeso, gordo, grueso, aumentado.

Aditivo: agregado, añadido, aumentado, adicionado.

Adivinar: acertar, atinar, descifrar, predecir.

Adivino: vate, augur, nigromante, sibilo.

Adjetivo: epítero, calificativo, determinante, accidental.

Adjudicar: asignar, otorgar, conferir, atribuir.

Adjuntar: acompañar, incluir, insertar, adherir.

Adjunto: incluso, anexo, agregado, inclusive.

Adminículo: auxilio, ayuda, apoyo, avío.

Administración: dirección, gerencia, régimen, gobierno.

Acreditar: abonar, anticipar, amortizar, justificar.

Separación: aislamiento, desunión, división, escisión.

Discrepar: disentir, discordar, desavenir, contrariar.

Reprobación: desafección, disconformidad, separación, malquerencia.

Substraer: restar, quitar, disminuir, cercenar.

Contrario: opuesto, desafecto, adverso, antónimo.

Indeterminar: imprecisar, inadecuar, vacilar, versatilizar.

Embrutecer: entorpecer, atontar, atolondrar, confundir.

Menesteroso: pobre, necesitado, indigente, carente.

Supresión: eliminación, omisión, cesación, anulación.

Magro: seco, enjuto, delgado, escuálido.

Restado: deducido, mermado, rebajado, disminuido.

Engañar: embaucar, burlar, embaír, engatusar.

Embarullador: embrollador, engatusador, mixtificador, enmarañador.

Sustantivo: substancia, esencia, objeto, materia.

Quitar: privar, despojar, expropiar, confiscar.

Separar: aislar, dividir, apartar, desprender.

Excluido: separado, eliminado, descartado, suprimido.

Perjuicio: daño, deterioro, menoscabo, lesión.

Anarquía: desgobierno, desordenamiento, desorganización, confusión.

25

Administrar: dirigir, gobernar, manejar, conducir.

Admirar: asombrar, maravillar, sorprender, impresionar.

Admiración: sorpresa, maravilla, asombro, estupor.

Admirable: excelente, asombroso, sorprendente, maravilloso.

Admitir: consentir, permitir, tolerar, aceptar.

Admisión: aceptación, aprobación, recepción, ingreso.

Admonición: amonestación, reconvención, advertencia, represión.

Admonitorio: amonestante, reconvencional, advertencial, reprobacional.

Adobar: aliñar, guisar, condimentar, sazonar.

Adocenado: común, trillado, lamido, sobrado.

Adoctrinar: enseñar, aleccionar, instruir, educar.

Adolecer: padecer, sufrir, viciar, sentir.

Adolescente: muchacho, mancebo, zagal, chaval.

Adoptar: aceptar, admitir, concertar, comprometer.

Adopción: aceptación, admisión, compromiso, prohijación.

Adoquinar: empedrar, pavimentar, enlosar, asfaltar.

Adorar: amar, querer, venerar, valorar.

Adormecer: calmar, aletargar, anestesiar, adormilar.

Adornar: engalanar, ataviar, componer, acicalar.

Anarquizar: desordenar, desgobernar, confundir, despedazar.

Decepcionar: despreciar, menospreciar, desilusionar, desengañar.

Indiferencia: apatía, displicencia, olvido, frialdad.

Detestable: execrable, odiable, despreciable, desdeñable.

Rechazar: rehusar, repeler, resistir, repudiar.

Denegación: desestimación, inadmisión, rehusamiento, invaluación.

Encomio: elogio, parabién, felicitación, congratulación.

Encomiástico: loable, plausible, ditirámbico, celebrante.

Estropear: deteriorar, menoscabar, malograr, averiar.

Raro: ralo, disperso, tenue, extraño.

Nescienciar: entontecer, abobar, embrutecer, imbecilitar.

Mejorar: aliviar, recuperar, sanar, restablecer.

Adulto: maduro, hecho, perfecto, acabado.

Repudiar: desechar, repeler, rechazar, renunciar.

Repudio: rechazo, desecho, repulsión, renuencia.

Desempedrar: despavimentar, entierrar, desasfaltar, desenlosar.

Odiar: aborrecer, abominar, detestar, execrar.

Despertar: avivar, excitar, estimular, impulsar.

Desaliñar: desarreglar, descomponer, desordenar, deslucir.

Adosar: arrimar, apoyar, yuxtaponer, juntar.

Apartar: retirar, alejar, distanciar, puntuar.

Adquirir: obtener, lograr, conseguir, alcanzar.

Perder: extraviar, zozobrar, derrochar, dilapidar.

Adquisición: posesionamiento, obtención, consecución, posesión.

Perdición: extravío, deterioro, daño, ruina.

Adquisitivo: lograble, obtenible, comprable, alcanzable.

Perdible: deteriorable, inalcanzable, desperdiciable, destructivo.

Adrede: intencionalmente, deliberadamente, expresamente, premeditadamente.

Involuntariamente: inconscientemente, mecánicamente, automáticamente, impulsivamente.

Adscribir, agregar, anexar, atribuir, inscribir.

Excluir: eliminar, suprimir, separar, descartar.

Adonis: joven hermoso, mancebo, bello, doncel, precioso.

Adefesio: espertento, espantajo, mamarracho, mondongo.

Aducción: atracción, absorción, extracción, chupamiento.

Expulsión: exclusión, echamiento, lanzamiento, evacuación.

Aducir: argüir, argumentar, exponer, expresar.

Opugnar: contradecir, oponer, objetar, discutir.

Adueñarse: apropiarse, apoderarse, posesionarse, conquistar.

Renunciar: desprenderse, desposeerse, entregar, alejarse.

Adulación: halago, lisonja, alabanza, apología.

Afrenta: insulto, injuria, desaire, desprecio.

Adular: lisonjear, halagar, piropear, condescender.

Ofender: infamar, insultar, injuriar, agravar.

Adulterar: falsificar, viciar, maliar, enviciar.

Sanear: depurar, acendrar, regenerar, moralizar.

Adulteración: falsificación, falseamiento, sofisticación, mixtificación.

Acendramiento: depuración, limpieza, acrisolamiento, moralización.

Adulto: maduro, formado, moldeado, f — mayor de edad.

Niño: bebé, crío, chamaco, pebete.

Adulterio: falsificación, fraude, f—ayuntamiento carnal prohibido.

Honestidad: honradez, pudicia, moralización, acendramiento.

Adusto: severo, serio, esquivo, rígido.

Afable: cortés, sociable, benigno, atento.

Advenidizo: meteco, sobrevenido, entrometido, importuno.

Autóctono: originario, vernáculo, nativo, indígena.

Advenir: ocurrir, suceder, venir, llegar.

Ocasionar: causar, motivar, producir, provocar.

Adversario: contrario, enemigo, antagonista, rival.

Aliado: amigo, adicto, afecto, simpatizante.

Adversidad: infortunio, desgracia, fatalidad, desastre.

Dicha: felicidad, ventura, prosperidad, auge.

Adversión: odio, antipatía, animadversión, ojeriza.

Simpatía: afecto, inclinación, propensión, querencia.

Adverso: hostil, opuesto, enemigo, infortunado.

Favorable: propicio, benigno, acogedor, auspicioso.

Advertencia: prevención, consejo, aviso, amonestación.

Confianza: esperanza, seguridad, llaneza, tranquilidad.

Advertido: despierto, ocurrente, sagaz, astuto.

Lerdo: torpe, incapaz, perezoso, obtuso.

Advertir: notar, observar, reparar, percatarse.

Sancionar: reprender, amonestar, disciplinar, castigar.

Adyacente: aledaño, contiguo, inmediato, próximo.

Distante: alejado, apartado, lejano, remoto.

Aeronáutica: aviación, aerostación, astronavegación, helicoptenáutica.

Navegación: náutica, navío, buque, motonave.

Afable: atento, amable, cortés, simpático.

Hosco: adusto, ceñudo, intratable, antipático.

Afabilidad: cordialidad, afecto, amabilidad, atención.

Brusquedad: aspereza, hosquedad, adustez, sequedad.

Afamado: famoso, acreditado, renombrado, reputado.

Ignoto: desconocido, ignorado, obscurecido, opaco.

Afán: anhelo, ansia, ambición, esfuerzo.

Desidia: negligencia, apatía, desgano, pigricia.

Afanar: trabajar, esforzarse, diligenciar, contraer.

Desalentar: desanimar, debilitar, haraganear, gandulear.

Afeamiento: deformación, ajamiento, desfavorecimiento, fealdad.

Hermoseamiento: embellecimiento, agraciamiento, acicalamiento, realce.

Afear: deslucir, deformar, desfigurar, ennegrecer.

Embellecer: hermosear, agradar, adornar, aderezar.

Afección: dolencia, enfermedad, inclinación, aprecio.

Malquerencia: desafección, aversión, antipatía, desafecto.

Afectación: doblez, amaneramiento, fingimiento, artificio.

Naturalidad: sencillez, sinceridad, espontaneidad, llaneza.

Afectar: conmover, impresionar, sobresaltar, perturbar.

Olvidar: nadizar, posponer, ocultar, mitigar.

Afecto: adscrito, anexado, unido, vinculado.

Ajeno: extraño, lejano, distanciado, impropio.

Afectuoso: amable, cariñoso, cordial, amistoso.

Arisco: brusco, desabrido, desafecto, despegado.

Afeminado: amujerado, adamado, feminoide, amariconado.

Varonil: masculino, macho, viril, viripotente.

Aferrar: asir, agarrar, afianzar, asegurar.

Soltar: dejar, abandonar, desatar, desligar.

Afianzamiento: aseguramiento, consolidación, garantía, asimiento.

Aflojamiento: debilitación, debilitamiento, soltamiento, relajación.

Afianzar: consolidar, asegurar, garantizar, avalar.

Aflojar: soltar, desapretar, debilitar, relajar.

Afición: inclinación, apego, empeño, gusto.

Displicencia: indiferencia, indolencia, apatía, desabrimiento.

Afilar: aguzar, amoldar, adelgazar, enflaquecer.

Embotar: despuntar, debilitar, entorpecer, enervar.

Afiliar: alistar, asociar, adherir, inscribir.

Desafiliar: desligarse, desasirse, desprenderse, separarse.

Afín: parecido, semejante, análogo, similar.

Distinto: extraño, diverso, diferente, desigual.

Afinar: perfeccionar, acabar, sutilizar, templar.

Desafinar: desentonar, disonar, destemplar, contrastar.

Afinidad: semejanza, analogía, similitud, coincidencia.

Disparidad: variedad, diferencia, disidencia, antítesis.

Afirmación: aserción, aseveración, aserto, ratificación.

Negación: refutación, contradicción, impedimento, prohibición.

Afirmar: asegurar, aseverar, certificar, ratificar.

Refutar: negar, contradecir, objetar, rebatir.

Afirmativo: aseverativo, confirmativo, positivo, fehaciente.

Negativo: contrario, opuesto, vedado, prohibido.

Aflicción: cuita, pesadumbre, disgusto, tribulación.

Satisfacción: alegría, dicha, contento, fruición.

Aflictivo: desesperante, acongojante, atribulante, mortificante.

Reconfortante: reavivante, consolante, reanimante, fortaleciente.

Afligir: acongojar, apesadumbrar, entristecer, angustiar.

Alegrar: regocijar, alborozar, deleitar, contentar.

Aflojar: soltar, distender, relajar, amainar.

Apretar: comprimir, ceñir, prensar, estrechar.

Aflorar: asomar, emerger, surgir, aparecer.

Afluencia: concurrencia, abundancia, aglomeración, asistencia.

Afluir: verter, desaguar, acudir, aparecer.

Aforar: valuar, determinar, calcular, f— conceder fuero.

Aforismo: sentencia, refrán, máxima, apotegma.

Afortunado: dichoso, feliz, venturoso, placentero.

Afrentar: agraviar, ultrajar, insultar, vilipendiar.

Afrodisíaco: excitativo, estimulante, reavivante, sexuativo.

Afrontar: desafiar, arrostrar, oponerse, enfrentar.

Afuera: alrededor, cercano, inmediato, próximo.

Agallas: bronquios, respiraderos, arrestos, osadía.

Ágape: atención, festín, convite, banquete.

Agarradero: mango, asidero, recurso, medios.

Agarrar: aprehender, atrapar, asir, aferrar.

Agarrotar: oprimir, apretar, endurecer, dificultar.

Agasajar: festejar, halagar, regalar, lisonjear.

Agazaparse: encogerse, agacharse, encuclillarse, esconderse.

Agencia: oficina, despacho, administración, delegación.

Agenda: memorándum, libreta, calendario, cartapacio.

Agostar: marchitar, secarse, mustiarse, perderse.

Escasez: falta, insuficiencia, indigencia, inopia.

Alejar: distanciar, ausentarse, retirarse, abandonar.

Invaluar: invalorar, depreciar, rebajar, desvalorizar.

Historia: narración, comentario, gesta, hazaña.

Infeliz: desafortunado, desdichado, desventurado, desgraciado.

Honrar: venerar, respetar, reverenciar, enaltecer.

Mitigante: moderante, atenuante, aplacante, morigerante.

Eludir: esquivar, evitar, huir, rehusar.

Adentro: interior, central, íntimo, interno.

Temor: miedo, timidez, espanto, recelo.

Hambre: apetito, deseo, anhelo, gazuza.

Vacilación: titubeo, incertidumbre, perplejidad, irresolución.

Soltar: desprender, destrabar, desceñir, aflojar.

Atenuar: soltar, relajar, aflojar, ablandar.

Desdeñar: despreciar, menospreciar, desestimar, desechar.

Levantarse: pararse, elevarse, enderezarse, amotinarse.

Nadería: vacuidad, nimiedad, bagatela, necedad.

Memoria: retención, recuerdo, recordación, relación.

Agente: representante, comisionista, delegado, dependiente.

Extraño: ajeno, inusitado, insólito, desconcertante.

Agerasia: entereza, viveza, vitalidad. f— vejez sin achaques.

Achaque: dolencia, enfermedad, vejez, desánimo.

Agil: ligero, veloz, expedito, diligente.

Lento: tardo, torpe, lerdo, perezoso.

Agilidad: presteza, diligencia, soltura, vivacidad.

Lentitud: calma, tardanza, torpeza, flojera.

Agilizar: agilitar, activar, acelerar, aligerar.

Retardar: frenar, detener, retrasar, demorar.

Agio: especulación, agiotaje, lucro, usura.

Corrección: honradez, espontaneidad, ecuanimidad, circunspección.

Agitación: movimiento, inquietud, perturbación, conmoción.

Tranquilidad: quietud, sosiego, placidez, serenamiento.

Agitar: conmover, perturbar, sacudir, inquietar.

Aquietar: pacificar, serenar, apaciguar, calmar.

Aglomeración: amontanamiento, hacinamiento, multitud, afluencia.

Dispersión: diseminación, esparcimiento, disgregación, huida.

Aglomerar: acumular, hacinar, amontonar, acopiar.

Separar: alejar, apartar, dispersar, incomunicar.

Aglutinamiento: Aglutinación, mancomunación, cohesión, unificación.

Desperdigamiento: desunión, desligamiento, desgajamiento, desconexión.

Aglutinante: aglutinativo, adhesivo, juntante, conglutinante.

Separante: apartante, desuniente, excluyente, descartante.

Aglutinar: pegar, unificar, aunar, concentrar.

Apartar: separar, alejar, confinar, desunir.

Agobiar: abrumar, aburrir, fatigar, oprimir.

Entretener: distraer, deleitar, recrear, regocijar.

Agobiante: desesperante, oprimente, abrumante, angustiante.

Fruicionante: deleitante, regocijante, recreativo, agradante.

Agonía: extinción, muerte, angustia, estertor.

Alegría: dicha, felicidad, alborozo, satisfacción.

Agonizar: perecer, morir, fenecer, terminar.

Nacer: germinar, brotar, salir, novizar.

Agonística: combatística, lidialogía, luchística. f—Arte de los atletas. Ciencia de los combates.

Anagonística: tranquilidad, sosiego, pasividad, inlidiamiento.

Agnación: parentesco, consanguinidad, entronque, sucesión.

Extraño: ajeno, singular, anormal, exótico.

Agnosia: perturbación, alteración, excitación, variación.

Agorar: presagiar, vaticinar, augurar, profetizar.

Agotamiento: extinción, consunción, debilidad, colapso.

Agotar: extenuar, fatigar, debilitar, decaer.

Agraciar: premiar, compensar, resarcir, favorecer.

Agradar: satisfacer, complacer, deleitar, contentar.

Agrandar: aumentar, ampliar, acrecer, ensanchar.

Agravante: cargo, culpa, ofensa, afrenta.

Agravar: empeorar, recrudecer, adolecer, soportar.

Agraviar: ofender, afrentar, injuriar, insultar.

Agredir: atacar, embestir, arremeter, contundir.

Agresión: ataque, acometida, embestida, provocación.

Agresivo: violento, provocador, ofensivo, agresor.

Agregación: adicionamiento, anexión, aumento, incremento.

Agregar: añadir, adicionar, aumentar, anexar.

Agreste: salvaje, silvestre, áspero, rudo.

Agrietar: hender, abrir, rajar, resquebrajar.

Aguafiesta: soso, insípido, desabrido, anodino.

Aguantar: soportar, resistir, sobrellevar, tolerar.

Permanencia: invariación, estabilidad, normalidad, inmanencia.

Silenciar: ocultar, esconder, callar, omitir.

Plenitud: lozanía, vigor, integridad, henchimiento.

Vigorizar: fortalecer, robustecer, potencializar, consubstanciar.

Sancionar: autorizar, aprobar, castigar, sentenciar.

Molestar: estorbar, fastidiar, enfadar, entorpecer.

Achicar: empequeñecer, reducir, disminuir, menguar.

Descargo: disculpa, excusa, justificación, defensa.

Mejorar: aliviar, recuperar, restablecer, meliorar.

Reparar: enmendar, remediar, compensar, conformar.

Defender: proteger, preservar, apoyar, resguardar.

Respeto: consideración, miramiento, deferencia, lealtad.

Respetuoso: deferente, cordial, sumiso, caballeroso.

Disminución: merma, decrecimiento, reducción, menoscabo.

Quitar: restar, substraer, deducir, suprimir.

Cultivado: labrado, trabajado, sembrado, instruido.

Cerrar: juntar, unir, pegar, aglutinar.

Avivafiesta: alegrefiesta, divertido, achispado, bailarín.

Flaquear: aflojar, ceder, desmayar, desanimar.

Aguar: desleir, turbar, frustrar, interrumpir.

Alegrar: entusiasmar, regocijar, animar, alborozar.

Aguardar: esperar, confiar, creer, anhelar.

Desesperar: impacientar, afligir, angustiar, violentar.

Agudeza: viveza, ingenio, sutileza, perspicacia.

Necedad: simpleza, majadería, tontería, vulgaridad.

Agudizar: agravar, empeorar, recrudecer, malignar.

Mejorar: aliviar, restablecer, perfeccionar, acrecentar.

Agudo: afilado, puntiagudo, aguzado, perspicaz.

Romo: chato, obtuso, tardo, torpe.

Agüero: presagio, augurio, predicción, pronóstico.

Certidumbre: seguridad, certeza, evidencia, convicción.

Aguerrido: experimentado, avezado, diestro, perito.

Bisoño: novato, inexperto, novel, principiante.

Aguijón: púa, pinche, espina, incentivo.

Freno: moderación, detención, sujeción, paralización.

Aguinaldo: propina, gratificación, recompensa, regalo.

Escatimicio: cicatería, tacañería, egoísmo, escasez.

Agujerear: horadar, perforar, taladrar, escariar.

Obturar: tapar, cerrar, taponar, ocluir.

Aguzar: incitar, estimular, incentivar, avivar.

Embotar: debilitar, entorpecer, despuntar, armar.

Aherrojar: encadenar, esclavizar, sojuzgar, subyugar.

Libertar: emancipar, liberar, redimir, independizar.

Ahínco: empeño, esfuerzo, asiduidad, hincapié.

Apatía: indiferencia, incuria, abulia, indolencia.

Ahíto: saciado, repleto, hartado, satisfecho.

Hambriento: famélico, insaciable, ansioso, voraz.

Ahogar: asfixiar, estrangular, extinguir, sofocar.

Desahogar: aliviar, descansar, holgar, resignar.

Ahondar: penetrar, profundizar, escudriñar, excavar.

Estancar: detener, obstruir, paralizar, retardar.

Ahora: instante, momento, actualidad, hoy día.

Ayer: antes, anteriormente, pasado, atrasado.

Ahorrar: guardar, economizar, reservar, atesorar.

Gastar: agotar, consumir, derrochar, dilapidar.

Ahuecar: esponjar, bullir, ablandar, blandecer.

Tupir: apretar, atestar, compactar, atorar.

Ahuyentar: alejar, repeler, apartar, rechazar.

Atraer: cautivar, encantar, hechizar, embrujar.

Aislar: incomunicar, desconectar, separar, dividir.

Comunicar: conectar, enlazar, contactar, informar.

Airoso: gallardo, garboso, apuesto, vencedor.

Desgarbado: descuidado, desaliñado, desgalichado, desmadejado.

Ajar: marchitar, deteriorar, deslucir, desmejorar.

Lozanear: mejorar, reverdecer, remozar, rejuvenecer.

Ajeno: extraño, impropio, forastero, exótico.

Propio: peculiar, privativo, especial, característico.

Ajetreo: agitación, trajín, movimiento, tránsito.

Quietud: calma, serenidad, reposo, tranquilidad.

Ajustar: apretar, adaptar, acoplar, concordar.

Romper: desajustar, descomponer, deteriorar, desconectar.

Ajuste: arreglo, trato, pacto, conciliación.

Inconveniente: desajuste, inadecuación, incongruente, contrariedad.

Ajusticiar: ejecutar, fusilar, decapitar, degollar.

Perdonar: absolver, indultar, eximir, excusar.

Alabanza: elogio, encomio, apología, enaltecimiento.

Detracción: censura, vituperio, desaprobación, desprestigio.

Alabar: ensalzar, enaltecer, loar, exaltar.

Censurar: condenar, desaprobar, vituperar, apostrofar.

Alacridad: animación, entusiasmo, prontitud, ligereza.

Torpeza: yerro, error, descuido, ineptitud.

Alambicar: sutilizar, refinar, destilar, quintaesenciar.

Empeorar: dañar, lesionar, agravar, peyorar.

Alardear: vanagloriarse, jactarse, alabarse, preciarse.

Reprochar: reprobar, censurar, criticar, recriminar.

Alarde: ostentación, jactancia, pedantería, petulancia.

Modestia: llaneza, humildad, honestidad, espontaneidad.

Alargar: prolongar, estirar, prorrogar, tender.

Acortar: reducir, achicar, menguar, restringir.

Alarido: grito, chillido, bramido, rugido.

Silencio: calma, mudez, mutismo, olvido.

Alarmante: inquietante, causante, intranquilizante, zozobrante.

Tranquilizante: aquietante, serenante, pacificante, despreocupante.

Alarmar: inquietar, sobresaltar, preocupar, perturbar.

Tranquilizar: sosegar, aquietar, serenar, contener.

Albedrío: libertad, autonomía, independencia, voluntad.

Sujeción: subordinación, obediencia, limitación, sojuzgamiento.

Albergar: cobijar, hospedar, alojar, aposentar.

Expulsar: arrojar, echar, expeler, lanzar.

Albergue: refugio, alojamiento, hospedaje, asilo.

Inhospitalidad: desamparo, desabrigo, intemperie, desierto.

Albarán: recibo, comprobante, talón, ۱esguardo.

Entrega: recepción, rendición, dación, fascículo.

Albardán: bufón, payaso, histrión, juglar.

Grave: serio, formal, circunspecto, pesante.

Albores: comienzos, principios, empiezos, inicios.

Ocaso: decadencia, declinación, postrimería, crepúsculo.

Alborotar: gritar, perturbar, trastornar, amotinar.

Apaciguar: tranquilizar, aquietar, silenciar, acallar.

Alboroto: algazara, bullicio, batahola, confusión.

Silencio: pausa, calma, reserva, intervalo.

Alborozar: regocijar, alegrar, contener, satisfacer.

Entristecer: contristar, consternar, acongojar, apesadumbrar.

Alborozo: júbilo, regocijo, alegría, satisfacción.

Consternación: pesadumbre, tribulación, cuita, aflicción.

Albur: azar, contingencia, riesgo, eventualidad.

Seguridad: certeza, certidumbre, garantía, fianza.

Albricias: enhorabuena, júbilo, felicitaciones, congratulaciones.

Censura: crítica, tacha, reproche, reprobación.

Alcahuete: encubridor, proxeneta, villano, indigno.

Revelador: descubridor, detector, delator, declarante.

Alcaide: guardián, cancerbero, vigilante, carcelero.

Delincuente: forajido, infractor, maleante, malhechor.

Alcalde: corregidor, ayuntador, f—primera autoridad municipal.

Amanuense: oficinista, dependiente, despachador, secretario.

Alcanzar: lograr, conseguir, obtener, llegar.

Conjeturar: suponer, imaginar, calcular, sopesar.

Alcance: persecución, seguimiento, importancia, trascendencia.

Interrupción: impedimento, obstáculo, suspensión, detenimiento.

Alcancía: hucha, vidriola, ollaciega, ladronera.

Monedero: portamonedas, sencillero, billetero, chauchero.

Alcázar: palacio, castillo, fortaleza, firmeza.

Alcoba: aposento, cubículo, dormitorio, tálamo.

Alcoholizar: embrutecer, inconcienciar, entontecer, despersonificar.

Alcorzar: adornar, acicalar, pulir, emperifollar.

Alcurnia: estirpe, linaje, prosapia, ascendencia.

Aldea: caserío, pueblecito, aldehuela, aldeorrio.

Aleación: mezcla, fusión, liga, combinación.

Alear: mezclar, ligar, fusionar, combinar.

Aleatorio: casual, eventual, contingente, circunstancial.

Aleccionar: instruir, adiestrar, amaestrar, enseñar.

Aledaño: lindante, colindante, limítrofe, contiguo.

Alegar: aducir, argüir, invocar, justificar.

Alegrar: animar, regocijar, alborozar, entusiasmar.

Alegría: contento, júbilo, regocijo, satisfacción.

Alejamiento: apartamiento, ausencia, distancia, dejación.

Alejar: apartar, ahuyentar, retirar, desviar.

Alelar: embobar, atontar, abobar, entontecer.

Aleluya: alegría, regocijo, júbilo, contentamiento.

Alentar: estimular, incitar, animar, conformar.

Zahúrda: pocilga, cuchitril, corral, establo.

Vivienda: casa, habitación, morada, residencia.

Recuperar: normalizar, sanar, rescatar, desalcoholizarse.

Desaliñar: estropear, determinar, desordenar, desarreglar.

Descendencia: sucesión, generación, prole, hijos.

Urbe: ciudad, población, provincia, región.

Separación: desligación, desunión, desgaje, análisis.

Separar: apartar, dividir, descartar, discriminar.

Substancial: normal, lógico, deductivo, razonado.

Rebuznar: nescienciar, ignorar, necedar, embrutecer.

Lejano: separado, distante, apartado, distanciado.

Aprobar: asentir, aceptar, compartir, consentir.

Contristar: entristecer, atribuir, apenar, consternar.

Aflicción: tristeza, pesadumbre, melancolía, tribulación.

Acercamiento: aproximación, avecinamiento, arrimamiento, yuxtaposición.

Acercar: allegar, aproximar, juntar, avecinar.

Despabilar: despertar, avispar, deligenciar, adelantar.

Congoja: angustia, zozobra, desconsuelo, aflicción.

Desalentar: desanimar, desengañar, disuadir, acoquinar.

Aliento: hálito, soplo, valor, voluntad.

Desánimo: desaliento, desengaño, decepción, descorazonamiento.

Aletargar: adormecer, dormitar, narcotizar, hipnotizar.

Despertar: avivar, despabilar, estimular, incitar.

Alegoría: metáfora, símbolo, ficción, apariencia.

Nadería: necedad, vulgaridad, nimiedad, trivialidad.

Alegorizar: interpretar, figurizar, imaginar, simbolizar.

Nadizar: anular, invalorar, .vanizar, invalidar.

Alertar: avisar, advertir, prevenir, anunciar.

Silenciar: callar, omitir, enmudecer, sigilar.

Aletear: agitar, mover, f—mover las alas. Tomar aliento.

Aquietar: apaciguar, tranquilizar, calmar, aplacar.

Alergia: alteración, trastorno, f—perturbaciones por efectos exteriores.

Normalidad: naturalidad, regularidad, sistematicidad, habitualidad.

Alevosía: perfidia, traición, infidelidad, felonía.

Lealtad: fidelidad, nobleza, rectitud, sinceridad.

Alevoso: traicionero, pérfido, aleve, desleal.

Noble: fiel, leal, íntegro, correcto.

Alfabetizar: clasificar, ordenar, f—enseñar a leer y escribir.

Nescienciar: rebuznar, ignorar, desconocer, insaber.

Alfeñique: merengue, melindroso, blandengue, enteco.

Fuerte: fornido, corpulento, forzudo, hercúleo.

Algarabía: griterío, algazara, bulla, confusión.

Silencio: serenidad, paz, orden, disposición.

Algarada: motín, alboroto, asonada, escalada.

Fidelidad: acatamiento, sumisión, lealtad, nobleza.

Alguien: alguno, cualquiera, uno, diverso.

Nadie: ninguno, tampoco, incierto, dudoso.

Algo: poco, escaso, algún, corto.

Mucho: bastante, suficiente, harto, necesario.

Alianza: coalición, liga, confederación, unión.

Rivalidad: emulación, contienda, lucha, enemistad.

Aliar: unir, juntar, combinar, enlazar.

Separar: desunir, desligar, enemistar, dividir.

Alias: apodo, sobrenombre, mote, mal nombre.

Nombre: denominación, designación, cognomento, seudónimo.

Alicaído: abatido, desanimado, decaído, triste.

Enardecido: exaltado, alegre, entusiasmado, reanimado.

Alienado: demente, perturbado, sicópata, extraviado.

Cuerdo: exaltado, alegre, entusiasmado, reanimado.

Alienar: enajenar, enloquecer, perturbar, desequilibrarse.

Normar: sanar, curar, normalizar, recuperar.

Aliciente: acicate, incentivo, estímulo, compensación.

Coercitivo: coactivo, restrictivo, represivo, limitativo.

Alible: alimentable, nutrible, alimenticio, alimentario.

Desnutrible: pauperible, extenuable, debilitable, anémico.

Aligerar: apresurar, activar, acelerar, apurar.

Retardar: aplazar, demorar, detener, retrasar.

Alimentar: sustentar, nutrir, mantener, fomentar.

Desnutrir: extenuar, debilitar, desalimentar, enflaquecer.

Alinear: formar, enderezar, incluir, organizar.

Arquear: doblar, encorvar, combar, zigzaguear.

Alisar: pulir, pulimentar, bruñir, desarrugar.

Arrugar: ajar, plegar, estriar, marchitar.

Alistar: inscribir, afiliar, matricular, reclutar.

Retirar: separar, desviar, alejar, apartar.

Aliviar: moderar, mitigar, suavizar, mejorar.

Agravar: empeorar, desmejorar, recrudecer, enconar.

Alma: espíritu, ánimo, aliento, energía.

Desánimo: desaliento, abatimiento, flaqueza, inexpresión.

Almacén: depósito, factoría, productoría, domestiquería.

Ferretería: ferrería, forja, herramentería, ferruría.

Almacenar: acumular, reunir, recopilar, allegar.

Repartir: fraccionar, dividir, partir, compartir.

Almoneda: subasta, licitación, puja, martillo.

Venta: expedición, despacho, salida, entrega.

Almorzar: comer, engullir, alimentar, nutrirse.

Ayunar: abstenerse, privarse, f—no comer.

Alocado: irreflexivo, precipitado, desatinado, desequilibrado.

Juicioso: prudente, cuerdo, mesurado, reflexivo.

Alocución: arenga, discurso, disertación, homilía.

Razonamiento: lógica, planteamiento, dialéctica, método.

Alojar: albergar, guarecer, cobijar, hospedar.

Desalojar: despedir, arrojar, echar, lanzar.

Alquilar: arrendar, rentar, inquilinar, parroquiar.

Vender: expender, desalquilar, entregar, transferir.

Alrededor: cerca, contorno, próximo, circundante.

Lejano: apartado, distante, retirado, separado.

Altanería: altivez, orgullo, soberbia, arrogancia.

Modestia: humildad, sencillez, recato, comedimiento.

Alteración: variación, transformación, perturbación, excitación.

Invariación: inmutación, permanencia, constancia, inmovilidad.

Alterar: cambiar, modificar, variar, transformar.

Mantener: conservar, amparar, sustentar, salvaguardar.

Altercado: disputa, reyerta, gresca, bronca.

Conciliación: zanjamiento, superación, solución, comprensión.

Alternar: turnar, cambiar, relevarse, sucederse.

Fijar: precisar, determinar, limitar, establecer.

Alternativa: disyuntiva, dilema, opción, coyuntura.

Coacción: coerción, fuerza, violencia, constreñimiento.

Altibajo: fluctuación, salto, desigualdad, disparidad.

Regularidad: periodicidad, método, uniformidad, normalidad.

Altisonante: ampuloso, rimbombante, campanudo, pomposo.

Modestia: sencillez, humildad, espontaneidad, naturalidad.

Altivez: altanería, soberbia, orgullo, arrogancia.

Humildad: modestia, sencillez, llaneza, circunspección.

Alto: elevado, prominente, encumbrado, cúpulo.

Bajo: pequeño, achaparrado, enteco, hondo.

Altruismo: generosidad, bondad, benevolencia, filantropía.

Egoísmo: individualismo, personalismo, materialismo, egolatría.

Altruista: generoso, benévolo, bondadoso, dadivoso.

Egoísta: individualista, personalista,ególatra, narcisista.

Alucinación: deslumbramiento, alucinamiento, confusión, engaño.

Clarividencia: penetración, intuición, perspicacia, comprensión.

Alucinar: confundir, engañar, embaucar, ilusionar.

Intuir: percibir, vislumbrar, entrever, detectar.

Aludir: referir, mencionar, citar, nombrar.

Silenciar: acallar, enmudecer, reservar, guardar.

Alusión: referencia, mención, cita, relación.

Mudez: silencio, reserva, callamiento, sigilo.

Alumbramiento: iluminación, encendimiento, aclaramiento, parto.

Apagamiento: extinción, obscurecimiento, lobreguez, tinieblas.

Alumbrar: iluminar, aclarar, encender, aflorar.

Apagar: extinguir, sofocar, aplacar, disipar.

Alumno: discípulo, escolar, colegial, estudiante.

Profesor: maestro, educador, pedagogo, mentor.

Aluvión: inundación, desbordamiento, torrente, enjambre.

Sequedad: sequía, aridez, agostamiento, marchitez.

Alzamiento: sublevación, sedición, levantamiento, insurrección.

Obediencia: acatamiento, sumisión, sujeción, disciplina.

Alzar: subir, levantar, elevar, encumbrar.

Bajar: rebajar, disminuir, depreciar, abaratar.

Allá: allí, lejos, distante, ultratumba.

Aquí: acá, cerca, alrededor, próximo.

Allanar: facilitar, posibilitar, obviar, resolver,

Dificultar: complicar, entorpecer, obstaculizar, embrollar.

Allende: allá, lejos, distante, f—al otro lado.

Alrededor: cercano, circundante, próximo, aquí.

Allanamiento: aplastamiento, forzamiento, transgresión, violentamiento.

Permisión: consentimiento, beneplácito, venia, autorización.

Allegar: arribar, acercar, juntar, adherir.

Alejar: distanciar, retirar, desviar, apartar.

Amable: cortés, gentil, diferente, afable.

Descortés: desatento, indiferente, intratable, insociable.

Amabilidad: afabilidad, cortesía, gentileza, delicadeza.

Rudeza: descortesía, brusquedad, aspereza, incultura.

Amaestrar: adiestrar, enseñar, ejercitar, instruir.

Inhabilitar: incapacitar, imposibilitar, entorpecer, obstruir.

Amagar: amenazar, conminar, sugerir, insinuar.

Proteger: defender, amparar, preservar, custodiar.

Amago: indicio, señal, síntoma, inicio.

Sofocamiento: extinción, dominio, ahogamiento, sofocación.

Amainar: escampar, calmar, despejar, aflojar.

Arreciar: empeorar, recrudecer, redoblar, intensificar.

Amalgama: mezcla, combinación, fusión, aleación.

Separación: división, bifurcación, disgregación, diseminación.

Amalgamar: combinar, unir, mezclar, fusionar.

Separar: dividir, bifurcar, cercenar, disgregar.

Amanecer: alborecer, clarear, despuntar, rayar.

Anochecer: obscurecer, atardecer, esconderse, estrellarse.

Amaneramiento: afectación, rebuscamiento, doblez, fingimiento.

Naturalidad: espontaneidad, llaneza, simpleza, normalidad.

Amansar: domar, domesticar, calmar, aplacar.

Embravecer: encrespar, encolerizar, sulfurar, exacerbar.

Amante: galante, tierno, afectuoso, querido.

Desapegado: frío, indiferente, desafecto, descariñado.

Amanuense: copista, escribiente, manuscritor, quirógrafo.

Dactilógrafo: mecanógrafo, ofsegrafista, mimeógrafista, xerografista.

SINÓNIMOS   ANTÓNIMOS

Amañar: componer, preparar, falsear, falsificar.

Confiar: creer, fiar, esperar, depositar.

Amaño: treta, ardid, artificio, pillería.

Ingenuidad: candidez, inocencia, candor, puerilidad.

Amar: querer, estimar, apreciar, adorar.

Odiar: aborrecer, detestar, abominar, execrar.

Amargar: acibarar, agrazar, apenar, atribular.

Endulzar: alegrar, animar, dulcificar, mielizar.

Amargura: aflicción, disgusto, pesadumbre, amargor.

Dulzura: dulzor, deleite, bondad, afabilidad.

Amarrar: atar, ligar, sujetar, trincar.

Soltar: desatar, desceñir, desunir, libertar.

Amasar: mezclar, combinar, heñir, amalgamar.

Cercenar: separar, bifurcar, aislar, dividir.

Ambages: rodeos, perífrasis, circunsloquio, pretexto.

Imposición: exigencia, coerción, coacción, obligación.

Ambicionar: desear, anhelar, aspirar, ansiar.

Desdeñar: despreciar, invalorar, odiar, detestar.

Ambición: codicia, avaricia, aspiración, esperanza.

Desinterés: renuncia, alejamiento, despreocupación, abandono.

Ambidextro: alternativo, maniego, cambiante. f— que usa las dos manos.

Unidextro: rígido, invariable, estricto, f— que sólo usa una mano: unimaniego.

Ambigüedad: anfibología, imprecisión, indeterminación, equívoco.

Precisión: claridad, exactitud, fidelidad, puntualidad.

Ambiguo: confuso, incierto, vacilante, dubitativo.

Definido: claro, preciso, concluyente, tajante.

Ambientar: adaptar, acostumbrar, entornar, habituar.

Desambientar: alejar, desarraigar, inadaptar, desentornar.

Ambiente: medio, entorno, lugar, espacio.

Génesis: motivo, razón, causa, fuente.

Ámbito: recinto, espacio, contorno, perímetro.

Reducto: núcleo, centro, eje, bastión.

Ambrosía: manjar, miel, delicia, exquisitez.

Insipidez: desabrimiento, sosería, insabor, insubstancialidad.

Ambulancia: auto-hospital, coche-hospital, transportaenfermo.

Dispensario: enfermería, clínica, nosocomio, sanatorio.

Ambulante: errante, transeúnte, móvil, pasajero.

Estacionario: detenido, parado, fijo, estable.

Amedrentar: atemorizar, acobardar, amilanar, arredrar.

Amenazar: conminar, apremiar, intimar, constreñir.

Amenguar: disminuir, menospreciar, mermar, decrecer.

Amenidad: deleite, atractivo, afabilidad, diversión.

Amenizar: encantar, atraer, matizar, deleitar.

Ameno: placentero, grato, complaciente, agradable.

Ameritar: merecer, meritar, lograr, ennoblecer.

Ametrallar: acribillar, disparar, destrozar, arrasar.

Amigo: adicto, afecto, devoto, camarada.

Amilanar: acoquinar, aterrar, amedrentar, atemorizar.

Aminorar: disminuir, mermar, reducir, paliar.

Amistad: afecto, apego, devoción, inclinación.

Amnesia: desmemoria, olvido, omisión, preterición.

Amnistía: perdón, indulto, condonación, indulgencia.

Amodorramiento: somnolencia, letargo, sopor, aletargamiento.

Amojonar: demarcar, deslindar, mojonar, separar.

Amoldar: adaptar, acomodar, ajustar, aclimatar.

Amonestar: advertir, avisar, reprender, prevenir.

Amontonar: apilar, acumular, hacinar, aglomerar.

Animar: alentar, envalentonar, confortar, exhortar.

Halagar: lisonjear, agasajar, adular, agradar.

Acrecentar: aumentar, acrecer, ponderar, magnificar.

Aburrimiento: fastidio, tedio, disgusto, abrumación.

Aburrir: molestar, enfadar, disgustar, repeler.

Aburrido: tedioso, hastiado, importuno, molesto.

Desmerecer: perder, deteriorar, nadizar, vanizar.

Preservar: proteger, amparar, defender, conservar.

Enemigo: adversario, contrario, rival, antagonista.

Envalentonar: animar, entusiasmar, esforzar, provocar.

Acrecentar: agrandar, expandir, ensanchar, extender.

Enemistad: aversión, rivalidad, oposición, enfrentamiento.

Memoria: retentiva, rememoración, fama, recordación.

Sanción: castigo, encarcelación, punición, multa.

Insomnio: vigilia, desvelo, agripnia, excitación.

Confundir: trastocar, enredar, embrollar, perturbar.

Resistir: reaccionar, rechazar, repeler, soportar.

Felicitar: congratular, cumplimentar, exteriorizar, manifestar.

Esparcir: desparramar, dispersar, diseminar, desperdigar.

Amor: ternura, cariño, devoción, simpatía.

Amoral: licencioso, libertino, vicioso, perdido.

Amordazar: coartar, reprimir, restringir, coaccionar.

Amorfo: informe, impreciso, indefinido, confuso.

Amortiguar: mitigar, paliar, atenuar, moderar.

Amortizar: rebajar, disminuir, aminorar, extinguir.

Amostazar: irritar, enojar, enfurecer, indignarse.

Amotinar: sublevar, levantar, alzar, insubordinar.

Amuleto: talismán, fetiche, mascota, filacteria.

Amparar: proteger, defender, favorecer, escudar.

Ampliación: aumento, desarrollo, magnificación, extensión.

Ampliar: extender, aumentar, ensanchar, agrandar.

Amplitud: extensión, espaciosidad, anchura, holgura.

Ampulosidad: pomposidad, grandilocuencia, énfasis, redundancia.

Ampuloso: inflado, pomposo, redundante, altisonante.

Amplificar: aumentar, extender, desarrollar, ampliar.

Amputación: mutilación, escisión, cercenamiento, lisiamiento.

Amputar: cercenar, cortar, separar, truncar.

Anacoreta: solitario, ermitaño, eremita, cenobita.

Odio: encono, inquina, saña, antipatía.

Virtuoso: íntegro, moralista, ético, probo.

Liberar: rescatar, redimir, emancipar, desencadenar.

Formado: configurado, plasmado, modelado, moldeado.

Exacerbar: irritar, agriar, agravar, exasperar.

Acrecentar: aumentar, acrecer, agrandar, capitalizar.

Calmar: apaciguar, serenarse, amainar, suavizar.

Obedecer: acatar, respetar, cumplir, disciplinar.

Reliquia: recuerdo, valía, vestigio, huella.

Abandonar: dejar, huir, desatender, desamparar.

Reducción: achicamiento, empequeñecimiento, acortamiento, compresión.

Reducir: condensar, resumir, achicar, acortar.

Exigüidad: estrechez, pequeñez, reducción, insuficiencia.

Sencillez: llaneza, naturalidad, confianza, espontaneidad.

Sencillo: natural, llano, propio, moderado.

Reducir: acortar, disminuir, limitar, rebajar.

Anexión: ligamiento, mancomunación, unión, amalgama.

Unir: anexar, ligar, enlazar, armonizar.

Acompañado: emparejado, escoltado, conducido, llevado.

Anacrónico: extemporáneo, impropio, equivocado, incongruente.

Propio: adecuado, oportuno, conveniente, contemporáneo.

Anacronismo: extemporaneidad, equivocación, anacrología, incoherencia.

Cronologismo: adecuación, concordancia, correlación, armonía.

Anáfora: repetición, duplicidad, redundancia, dilogía.

Variedad: diferencia, diversidad, variación, amenidad.

Analectas: antología, crestomatía, selección, colección.

Embrollo: confusión, enmarañamiento, revolute, heterogeneidad.

Analéptico: reconstituyente, vigorizante, potencial, energizante.

Debilitante: desfalleciente, extenuante, postrante, enervante.

Anales: memorias, crónicas, comentario, historia.

Olvidos: omisión, descuido, distracción, inadvertencia.

Análisis: razonamiento, examen, estudio, descomposición.

Síntesis: esquema, esbozo, resumen, compendio.

Analítico: examinante, deduciente, inferidor, descomponente.

Superficialista: infundante, superficiario, externizante, chs.allante.

Analizar: separar, distinguir, estudiar, examinar.

Sintetizar: resumir, compendiar, extractar, condensar.

Analogía: similitud, semejanza, equivalencia, afinidad.

Diferencia: desigualdad, contrariedad, oposición, disparidad.

Análogo: similar, idéntico, gemelo, honogéneo.

Diferente: desigual, distinto, disímil, heterogéneo.

Anarquía: desorden, confusión, caos, desconcierto.

Disciplina: orden, obediencia, observación, doctrina.

Anatema: imprecación, maldición, excomunión, condena.

Canonización: santificación, beatificación, bendición, consagración.

Anciano: viejo, cano, vetusto, longevo.

Joven: mozo, gallardo, lozano, mancebo.

Áncora: ancla, boya, baliza, esperanza.

Dique: malecón, tajamar, rompeolas, terraplén.

Andanada: descarga, salva, repetición, reprimenda.

Elogio: palmoteo, cumplimiento, aprobación, aclamación.

Andariego: errante, andante, deambulante, caminante.

Casero: hogareño, familiar, doméstico, tranquilo.

Andrajoso: harapiento, haraposo, astroso, guiñapiento.

Flamante: lúcido, brillante, centelleante, rutilante.

Andrógino: hermafrodita, bisexual, bigénere.

Andrómina: mentira, embuste, engaño, enredo.

Anécdota: historieta, chascarrillo, sucedillo, f— breve hecho vivido.

Anegar: inundar, sumergir, ahogar, encharcar.

Anestesiar: insensibilizar, adormecer, eterizar, calmar.

Anestesia: narcosis, insensibilidad, analgesia, dormitivo.

Anexar: agregar, unir, incorporar, acompañar.

Anfibio: ambivalente, biembiente, ambiambiente, f— tierra-mar.

Anfibología: ambigüedad, equívoco, imprecisión, duplicidad.

Ánfora: jarra, cántaro, vasija, f—medida antigua.

Ángulo: **esquina, rincón, recodo, arista.**

Angustia: ansiedad, aflicción, congoja, tribulación.

Anhelar: desear, esperar, ansias, aspirar.

Animación: actividad, agitación, movimiento, viveza.

Animalizar: embrutecer, entontecer, f—convertir los alimentos en nutrientes.

Animar: alentar, esforzar, confortar, exhortar.

Animosidad: ojeriza, inquina, odio, desafecto.

Aniquilar: destruir, exterminar, abatir, anonadar.

Aniversario: conmemoración, celebración, evocación, cumpleaños.

Anochecer: atardecer, obscurecer, crepúsculo, ocaso.

Unisexual: normal, natural, singular, unigénere.

Verdad: certeza, autenticidad, evidencia, axioma.

Ficción: apariencia, engaño, quimera, invención.

Achicar: secar, enjugar, desecar, agostar.

Despertar: sensibilizar, avivar, desvelar, incitar.

Sensibilidad: viveza, perceptibilidad, delicadeza, sentimentalidad.

Separar: disgregar, desligar, desasir, desenlazar.

Unifibio: uniambiente, univalente, terrícola, acuícola.

Claridad: precisión, exactitud, distinción, delimitación.

Vaso: copa, póculo, pote, bernegal.

Círculo: redondel, órbita, cerco, circunferencia.

Regocijo: alborozo, alegría, júbilo, tranquilidad.

Desistir: dejar, renunciar, abandonar, dimitir.

Desanimación: desinterés, desánimo, flema, pasividad.

Civilizar: cultivar, desanimalar, mejorar, humanizar.

Disuadir: desanimar, desalentar, decepcionar, abatir.

Apego: inclinación, tendencia, afecto, simpatía.

Crear: concebir, forjar, idear, inventar.

Silencio: mutismo, inadvertencia, ocultación, reticencia.

Amanecer: alborear, rayar, despuntar, alborecer.

Anodino: insubstancial, insignificante, nimio, ineficaz.

Importante: capital, primordial, genial, relevante.

Anomalía: anormalidad, rareza, extrañeza, impreciso.

Regularidad: normalidad, uniformidad, periodicidad, precisión.

Anonadar: humillar, aniquilar, abatir, postrar.

Exaltar: realzar, entronizar, enaltecer, enfervorizar.

Anónimo: ignorado, desconocido, ignoto, secreto.

Conocido: sabido, advertido, entendido, comprendido.

Anormal: anómalo, irregular, desusado, estrambótico.

Normal: usual, habitual, regular, común.

Anotar: apuntar, registrar, trasuntar, señalar.

Borrar: tachar, eliminar, suprimir, excluir.

Anquilosar: paralizar, agarrotar, tullir, atrofiar.

Acuciar: impulsar, apremiar, instar, impeler.

Ansiedad: impaciencia, angustia, agitación, preocupación.

Serenidad: calmosidad, sosiego, pasividad, sensatez.

Antagonismo: rivalidad, oposición, disensión, enemistad.

Concordia: armonía, fraternidad, conformidad, camaradería.

Antagónico: opuesto, contrario, adversario, incompatible.

Favorable: propio, propicio, benigno, congruente.

Antaño: antes, antiguamente, entonces, otrora.

Hogaño: ahora, recién, actual, hodierno.

Antecedente: precedente, anterior, informe, noticia.

Siguiente: posterior, subsiguiente, sucesor, ulterior.

Anteceder: preceder, anticipar, adelantar, preliminar.

Seguir: continuar, proseguir, acosar, perseguir.

Antelación: anticipación, prelación, precedencia, prioridad.

Dilación: demora, retraso, tardanza, postergación.

Anterior: previo, procedente, antecedente, precursor.

Posterior: siguiente, ulterior, consecutivo, posteriormente.

Antibiótico: microorganicida, antígeno, febricida, anticuerpo.

Contagioso: infeccioso, contaminante, infestante, inoculante.

Anticipación: antelación, adelanto, madrugación, evolución.

Postergación: aplazamiento, demora, rezago, preterización.

Anticipar: adelantar, aventajar, evolucionar, madrugar.

Retrasar: demorar, posponer, diferir, retardar.

Anticonstitucional: ilegal, contrario, indebido, arbitrario.

Constitucional: legal, legítimo, lícito, vigente.

Anticuado: caduco, anacrónico, antiguo, obsoleto.

Moderno: actual, nuevo, reciente, imperante.

Antídoto: contraveneno, antitóxico, anticuerpo, antibiótico.

Toxina: veneno, tósigo, infección, ponzoña.

Antigüedad: vetustez, prehistoria, vejez, proclividad.

Actualidad: modernidad, presente, ahora, hodiernidad.

Antinomia: oposición, contradicción, discordancia, antítesis.

Concordancia: conformidad, acuerdo, avenencia, anuencia.

Antipatía: aversión, repulsión, repugnancia, aborrecimiento.

Simpatía: afinidad, inclinación, predilección, correspondencia.

Antítesis: oposición, contrariedad, antinomia, paradoja.

Armonía: concordancia, concierto, conformidad, cohesión.

Antitético: opuesto, contrario, antinómico, contrastivo.

Concertante: armónico, concordante, congruente, conformante.

Antojadizo: caprichoso, veleidoso, mudable, versátil.

Constante: consecuente, perseverante, tenaz, duradero.

Antología: florilegio, selección, crestomatía, analectas.

Vulgaridad: banalidad, trivialidad, ramplonería, insignificancia.

Antonomasia: excelencia, excelsitud, grandiosidad, magnificencia.

Inferioridad: medianía, imperfección, dependencia, insignificancia.

Antorcha: lumbrera, guía, orientación, norte.

Obscuridad: lobreguez, negrura, tinieblas, ofuscamiento.

Antuvión: golpe, hecho, acontecimiento, sorpresa.

Caricia: mimo, afecto, arrumaco, zalamería.

Anudrir: extenuar, consumir, desnutrir, pauperizar.

Robustecer: vigorizar, tonificar, fortalecer, enriquecer.

Anuencia: consentimiento, venia, asentimiento, aquiescencia.

Denegación: rechazo, reprobación, oposición, vedamiento.

Anuente: consciente, aquiesciente, aprobante, autorizante.

Denegante: opositor, vedante, prohibiente, reprobante.

Anular: abolir, derogar, abrogar, invalidar.

Validar: aprobar, legalizar, legitimar, homologar.

Anunciar: avisar, notificar, informar, participar.

Callar: silenciar, omitir, enmudecer, mutisar.

Añadir: agregar, incrementar, aumentar, incorporar.

Quitar: privar, substraer, retirar, despojar.

Añejo: añoso, viejo, antiguo, vetusto.

Añicos: pedazos, trizas, fragmentos, partes.

Añoranza: nostalgia, morriña, melancolía, saudade.

Añorar: evocar, acordarse, recordar, rememorar.

Apabullar: aplastar, humillar, estrujar, anonadar.

Apacible: tranquilo, sosegado, reposado, pacífico.

Apaciguar: tranquilizar, pacificar, sosegar, aplacar.

Apadrinar: proteger, patrocinar, favorecer, auspiciar.

Apagar: obscurecer, extinguir, sofocar, reprimir.

Apañar: asir, coger, ataviar, componer.

Aparar: recoser, preparar, adornar, igualar.

Aparato: instrumento, artefacto, máquina, ostentación.

Aparcar: colocar, ubicar, situar, poner.

Aparear: arreglar, juntar, f— unir las hembras con los machos.

Aparecer: asomar, surgir, mostrar, manifestarse.

Aparejar: disponer, aprestar, preparar, instrumentar.

Aparentar: fingir, simular, figurar, camuflar.

Aparente: supuesto, ficticio, ilusorio, postizo.

Aparición: visión, espectro, fantasma, fenómeno.

Reciente: nuevo, flamante, moderno, actual.

Entero: total, completo, íntegro, cabal.

Amnesia: olvido, preterición, omisión, posposición.

Olvidar: preterir, abandonar, omitir, amnesiar.

Halagar: adular, alabar, complacer, lisonjear.

Rabioso: iracundo, sulfurante, bilioso, irritable.

Exasperar: irritar, exacerbar, alterar, impacientar.

Desentenderse: olvidarse, descuidarse, omitir, silenciar.

Encender: iluminar, alumbrar, irradiar, inflamar.

Liberar: soltar, emancipar, excarcelar, desenjaular.

Partir: separar, repartir, fraccionar, cercenar.

Nadería: nimiedad, fruslería, necedad, bagatela.

Desubicar: desacomodar, descolocar, sacar, quitar.

Separar: dividir, cercenar, desunir, desarreglar.

Desaparecer: esconderse, ocultarse, encerrarse, esfumarse.

Desaparejar: desaprestar, desmontar, desvincular, desligar.

Revelar: admitir, aceptar, descubrir, confesar.

Real: auténtico, verdadero, fidedigno, legítimo.

Realidad: evidencia, certidumbre, convicción, efectividad.

Apariencia: aspecto, traza, forma, verosimilitud.

Apartamento: vivienda, morada, habitación, residencia.

Apartamiento: separación, aislamiento, división, alejamiento.

Apartar: alejar, retirar, desviar, distraer.

Apasionante: excitante, patético, emocionante, conmovedor.

Apasionar: exaltar, entusiasmar, transtornar, inflamar.

Apatía: indolencia, indiferencia, displicencia, incuria.

Apático: indiferente, abúlico, displicente, indolente.

Apechugar: apechar, enfrentar, afrontar, oponer.

Apego: inclinación, afición, tendencia, interés.

Apelación: interposición, recurso, solicitación, reclamación.

Apelar: acudir, recurrir, clamar, suplicar.

Apelativo: nombre, apellido, distintivo, señal.

Apelotonar: amontonar, acumular, atiborrar, apiñar.

Apéndice: agregado, suplemento, prolongación, extensión.

Apercibimiento: aviso, prevención, notificación, advertencia.

Apercibir: disponer, prevenir, amonestar, notificar.

Apertura: inauguración, principio, estreno, culminación.

Realidad: efectividad, autenticidad, concreción, existencia.

Erial: baldío, eriazo, campo, yermo.

Acercamiento: aproximación, avecinamiento, allegamiento, yuxtaposición.

Acercar: arrimar, aproximar, allegar, avecinar.

Aquietante: mitigante, tranquilizante, desanimante, descongestionante.

Desengañar: desinteresar, desentusiasmar, decepcionar, desalentar.

Pasión: ardor, vehemencia, afición, encantamiento.

Apasionado: vehemente, entusiasta, ardoroso, delirante,

Rechazar: repeler, rehusar, impugnar, desestimar.

Desapego: frialdad, alejamiento, distanciamiento, desafecto.

Aprobación: aceptación, conformidad, asentimiento, admisión.

Prescindir: abstenerse, privarse, evitar, silenciar.

Confusivo: desorden, enmarañante, mixtivo, desconcertante.

Desperdigar: dispersar, esparcir, disgregar, diseminar.

Acortamiento: reducción, disminución, achicamiento, restricción.

Omisión: olvido, silencio, velación, supresión.

Desatender: descuidar, desestimar, desoír, menospreciar.

Clausura: cierre, cesación, aislamiento, finalización.

Apesadumbrar: apesarar, atribular, acongojar, entristecer.

Alegrar: animar, alborozar, regocijar, satisfacer.

Apestar: corromper, causar, viciar, maloler.

Prevenir: advertir, prever, precaver, impedir.

Apetecer: desear, ambicionar, anhelar, codiciar.

Desistir: cesar, abandonar, olvidar, desentenderse.

Apetito: deseo, gana, inclinación, sensación.

Inapetencia: desgano, anorexia, disorexia, saciedad.

Ápice: pequeñez, exigüidad, menudencia, insignificancia.

Grandeza: extensión, inmensidad, tamaño, enormidad.

Apilar: acumular, amontonar, juntar, hacinar.

Esparcir: diseminar, disgregar, dispersar, desasir.

Apiñar: apilar, juntar, estrechar, agrupar.

Disgregar: separar, desprender, desligar, desenlazar.

Apiolar: prender, atar, sujetar, amarrar.

Soltar: desceñir, desatar, desligar, libertar.

Aplacar: calmar, serenar, amansar, moderar.

Irritar: excitar, sulfurar, azuzar. enfurecer,

Aplanar : explanar, igualar, allanr, debilitar.

Horadar: perforar, hollar, agujerear, taladrar.

Aplastar: comprimir, apabullar, abatir, humillar.

Exaltar: elogiar, glorificar, condescender, lisonjear.

Aplaudir: palmotear, encomiar, celebrar, ponderar.

Abuchear: pifiar, silbar, rechiflar, protestar.

Aplazar: postergar, prorrogar, demorar, lentificar.

Anticipar: adelantar, aligerar, acelerar, precipitar.

Aplicación: adopción, atención, interés, asiduidad.

Negligencia: omisión, desaplicación, desidia, dejadez.

Aplicar: sancionar, castigar, condensar, imponer.

Absolver: indultar, condonar, conmutar, sobreseer.

Aplomo: gravedad, seguridad, serenidad, madurez.

Vacilación: duda, incertidumbre, perplejidad, irresolución.

Apocar: minorar, mermar, acortar, limitar.

Aumentar: acrecer, incrementar, crecer, progresar.

Apocamiento: cortedad, pusilanimidad, timidez, encogimiento.

Osadía: valentía, intrepidez, arrojo, desenvoltura.

Apócrifo: supuesto, falso, fingido, simulado.

Auténtico: fidedigno, legítimo, verdadero, genuino.

Apoderar: facultar, conferir, otorgar, asignar.

Apodíctico: demostrativo, convincente, explicativo, decisivo.

Apogeo: plenitud, auge, culminación, desarrollo.

Apología: elogio, alabanza, justificación, defensa.

Apólogo: fábula cuento ficción, parábola.

Apologizar: elogiar, encomiar, panegerizar, alabar.

Aporrear: golpear, apalear, bastonar, sacrificar.

Aportar: contribuir, llevar, suscribir, proporcionar.

Aporte: contribución, ayuda, aportación, participación.

Aposar: detener, contener, estancar, atajar.

Aposento: habitación, vivienda, morada, estancia.

Aposición: convergencia, afluencia, f—reunión de dos elementos análogos sin conjunción.

Apostatar: renegar, adjurar, desertar, traicionar.

Apostar: situar, colocar, emboscar, poner.

Apostasía: adjuración, retracción, denegación, deserción.

Apóstol: defensor, propagador, misionero, evangelizador.

Apostrofar: achacar, inculpar, acusar, motejar.

Apoteosis: exaltación, ensalzamiento, grandiosidad, deificación.

Apoteósico: apoteótico, grandioso, sobresaliente, portentoso.

Desautorizar: denegar, descalificar, incapacitar, desconceptuar.

Anodino: ineficaz, insuficiente, ignorado, decadente.

Decadencia: ruina, ocaso, declinación, postrimería.

Diatriba: crítica, murmuración, vituperio, catilinaria.

Verdad: axioma, dogma, evidencia, certidumbre.

Criticar: censurar, reprobar, murmurar, satirizar.

Alentar: estimular, animar, confortar, incitar.

Sacar: extraer, extirpar, colegir, lograr.

Negación: negativa, denegación, olvido, abandono.

Impulsar: impeler, empujar, incitar, empellar.

Pocilga: corral, establo, cocha, porqueriza.

Disyunción: división, separación, dislocación, alejamiento.

Convertirse: catequizar, persuadir, mudarse, convencerse.

Liberar: eximir, aliviar, exonerar, emancipar.

Conversión: mutación, trasmutación, transformación, metamorfosis.

Forajido: bandido, criminal, facineroso, proscrito.

Defender: proteger, amparar, resguardar, preservar.

Condenación: reprobación, anatema, desaprobación, sanción.

Anatemático: condenativo, reprobante, estigmativo, apostrofante.

Apoyar: amparar, proteger, favorecer, cimentar.

Apreciar: valorar, estimar, evaluar, calificar.

Apreciación: evaluación, valoración, juicio, dictamen.

Aprehender: asir, coger, capturar, acosar.

Apremiar: instar, urgir, acosar, compeler.

Apremio: apuro, urgencia, premura, acucia.

Aprender: estudiar, instruirse, cultivarse, educarse.

Aprendizaje: noviciado, tirocinio, instrucción, pasantía.

Aprensión: temor, recelo, desconfianza, escrúpulo.

Aprensivo: receloso, temeroso, suspicaz, desconfiado.

Apresar: capturar, aprehender, aprisionar, detener.

Aprestar: preparar, disponer, aviar, aderezar.

Apresuramiento: prisa, premura, urgencia, apremio.

Apresurar: aligerar, acelerar, adelantar, impulsar.

Apretado: cicatero, mezquino, avaro, agarrado.

Apretar: aprensar, apretujar, oprimir, estrechar.

Apretujar: comprimir, oprimir, apretar, constreñir.

Aprieto: apuro, conflicto, compromiso, necesidad.

Apriorismo: razonamiento, argumento, demostración, explicación.

Atacar: refutar, impugnar, agredir, debilitar.

Menospreciar: despreciar, desdeñar, desechar, vilipendiar.

Invaloración: menosprecio, desprecio, nimiedad, insignificancia.

Soltar: libertar, liberar, emancipar, desasir.

Eximir: libertar, revelar, condonar, perdonar.

Demora: aplazamiento, tardanza, espera, dilatoria.

Olvidar: preterir, relegar, descuidar, omitir.

Maestría: destreza, ingenio, arte, habilidad.

Seguridad: certeza, confianza, garantía, evidencia.

Despreocupado: calmoso, tranquilo, flemático, desconfiado.

Soltar: libertar, excarcelar, desceñir, desasir.

Realizar: efectuar, ejecutar, hacer, improvisar.

Lentitud: tardanza, dilación, duración, morosidad.

Retardar: detener, paralizar, sujetar, interrumpir.

Desprendido: generoso, liberal, magnánimo, dadivoso.

Aflojar: ceder, debilitar, amainar, distender.

Liberar: soltar, libertar, desenmallar, liberalizar.

Soltura: desembarazo, desenvoltura, comodidad, desahogo.

Irreflexión: imprudencia, disparate, aberración.

Apriorístico: juicioso, razonable, demostrativo, evidenciante.

Irreflexivo: atropellado, imprudente, precipitado. atolondrado.

Aprisionar: atar, sujetar, prender, encarcelar.

Emancipar: desatar, liberar, excarcelar, manumitir.

Aprobar: asentir, consentir, admitir, aceptar.

Reprobar: desaprobar, censurar, condenar, reconvenir.

Aprobación: conformidad, anuencia, asentimiento, aquiescencia.

Reprobación: desaprobación, denegación, rechazo, negativa.

Aprontar: disponer, prevenir, preparar, entregar.

Retardar: atrasar, diferir, retrasar, aplazar.

Apropiar: adecuar, acomodar, adaptar, ajustar.

Inconvenir: dificultar, entorpecer, impedir, estorbar.

Aprovechar: utilizar, usufructuar, disfrutar, explotar.

Desechar: excluir, rechazar, desestimar, desperdiciar.

Aprovisionamiento: abastecimiento, avituallamiento, suministro, almacenamiento.

Escasez: insuficiencia, exigüidad, penuria, desabastecimiento.

Aproximación: acercamiento, proximidad, avecinamiento, cálculo.

Alejamiento: apartamiento, distanciamiento, ahuyentamiento, desviación.

Aproximar: acercar, allegar, arrimar, avecinar.

Alejar: distanciar, apartar, retirar, desviar.

Aptitud: idoneidad, capacidad, competencia, suficiencia.

Ineptitud: incapacidad, inhabilidad, torpeza, rareza.

Apuntar: anotar, asentir, indicar, señalar.

Omitir: callar, silenciar, prescindir, suprimir.

Apuntalar: apoyar, sostener, afirmar, consolidar.

Desalentar: desanimar, acoquinar, abatir, amedrentar.

Apunte: nota, esbozo, boceto, croquis.

Motivo: razón; circunstancia, móvil, objeto.

Apurar: agotar, acabar, acelerar, apresurar.

Retardar: demorar, aplazar, detener, postergar.

Apuesto: gallardo, airoso, bizarro, arrogante.

Desgarbado: descuidado, desarreglado, abandonado, desaliñado.

Aquejar: afligir, apenar, apesadumbrar, atribular.

Confortar: consolar, estimular, animar, alentar.

Aquelarre: consentimiento, aprobación, permiso, venia.

Silencio: sigilo, reserva, mutismo, ocultación.

Aquescencia: consentimiento, aprobación, permiso, venia.

Denegación: desaprobación, negación, desestimación, inadmisión.

53

Aquietar: calmar, tranquilizar, apaciguar, pacificar.

Excitar: inquietar, provocar, incitar, instigar.

Aquilatar: evaluar, estimar, cotizar, aforar.

Depreciar: desvalorar, desestimar, menospreciar, rebajar.

Aquistar: conseguir, recabar, adquirir, conquistar.

Perder: zozobrar, destruir, arruinar, derrotar.

Arancel: tarifa, derecho, tasa, cuantía.

Perplejidad: vacilación, incertidumbre, inseguridad, indecisión.

Arañar: rasgar, rasguñar, escarbar, recoger.

Abrazar: besar, mimar, halagar, agradar.

Arar: remover, escarbar, trastornar, desplazar.

Fijar: sujetar, consolidar, inmovilizar, estabilizar.

Arbitrar: dictaminar, juzgar, procurar, concordar.

Vacilar: titubear, dudar, fluctuar, turbar.

Arbitrariedad: abuso, atropello, injusticia, iniquidad.

Justicia: derecho, razón, equidad, imparcialidad.

Arbitrio: ilegal, injusto, antojadizo, infundado.

Consecuente: justo, razonable, fundado, conveniente.

Arbolar: levantar, enarbolar, izar, arborizar.

Bajar: descender, disminuir, desmontar, arriar.

Arcaico: antiguo, viejo, añoso. anticuado.

Reciente: fresco, moderno, actual, contemporáneo.

Arcaizar: envejecer, marchitar, obsoletizar, desgastar.

Renovar: rejuvenecer, reparar, actualizar, hodiernizar.

Arcano: secreto, misterioso, recóndito, enigmático.

Patente: manifiesto, evidente, palmario, ostensible.

Archivar: guardar, registrar, protocolizar, conservar.

Extraviar: perder, traspapelar, confundir, equivocar.

Ardid: treta, maña, artificio, astucia.

Rectitud: derechura, integridad, sinceridad, imparcialidad.

Ardiente: candente, hirviente, vehemente, fervoroso.

Flemático: reposado, calmoso, tranquilo, sereno.

Ardor: vehemencia, entusiasmo, pasión, dolor.

Frialdad: apatía, dejadez, indiferencia, desatención.

Ardoroso: vigoroso, ardiente, apasionado, encendido.

Apagado: frío, dejado, indiferente, desatento.

Arduo: difícil, trabajoso, dificultoso, complicado.

Fácil: cómodo, sencillo, elemental, probable.

Área: extensión, superficie, dimensión, espacio.

Limitación: restricción, demarcación, cortapisa, deslindamiento.

Arenga: perorata, alocución, discurso, oración.

Sanción: norma, venia, aprobación, punición.

Argucia: sutíleza, apariencia, treta, tergiversación.

Necedad: desatino, bobada, disparate, sandez.

Argüir: alegar, replicar, contradecir, discutir.

Aprobar: asentir, consentir, aceptar, admitir.

Argumentar: razonar, argüir, replicar, cuestionar.

Disentir: discrepar, divergir, discordar, desavenir.

Argumentativo: convincente, probativo, deductivo, cuestionable.

Impugnativo: refutativo, rebatitorio, replicativo, redargüible.

Aridez: sequedad, enjutez, esterilidad, infecundidad.

Fecundidad: fertilidad, feracidad, abundancia, exuberancia.

Ariete: delantero, embestidor, empujador, elevador.

Defensor: protector, velardor, paladín, cancerbero.

Arisco: huraño, áspero, hosco, esquivo.

Sociable: cordial, afable, tratable, comunicativo.

Aristocracia: nobleza, distinción, finura, patricidad.

Democracia: popularismo, vulgaridad, medianía, plebeyez.

Aristócrata: noble, patricio, ilustre, distinguido.

Vulgar: plebeyo, ordinario, humilde, proletario.

Armar: montar, disponer, construir, promover.

Desarmar: desmontar, desunir, apartar, alejar.

Armazón: andamio, armadura, montura, estructura.

Desperdigamiento: desparramamiento, esparcimiento, diseminación, separación.

Armisticio: tregua, cesación, interrupción, suspensión.

Guerra: hostilidad, rivalidad, discordia, batalla.

Armonía: conformidad, concordancia, cadencia, euritmia.

Discrepancia: desarmonía, disonancia, divergencia, dilogía.

Armonizar: concordar, consonar, avenir, concertar.

Enemistar: desarmonizar, indisponer, malquistar, desavenir.

Aroma: perfume, fragancia, esencia, sahumerio.

Fetidez: hedor, hediondez, pestilencia, peste.

Arpía: bruja, diabólica, furia, basilisco.

Bondad: mansedumbre, benignidad, piedad, caridad.

Arquear: doblar, encorvar, torcer, combar.

Enderezar: encausar, guiar, encaminar, dirigir.

Arquetipo: ejemplar, espécimen, selecto, dechado.

Ordinario: vulgar, mediocre, común, prosaico.

Arrabal: barrio, población, extremos, afuera.

Centro: núcleo, corazón, foco, abigarramiento.

Arraigar: enraizar, radicar, habituar, establecer.

Erradicar: arrancar, extirpar, desarraigar, sacar.

Arrancar: sacar, quitar, huir, arrebatar.

Plantar: colocar, poner, arborizar, fundar.

Arranque: arrebato, impulso, crisis, principio.

Control: serenidad, conciencia, dominio, contención.

Arrasar: asolar, demoler, devastar, destruir.

Construir: edificar, erigir, levantar, restablecer.

Arrastrar: acarrear, remolcar, conducir, transportar.

Levantar: alzar, elevar, subir, amotinar.

Arrear: espolear, aguijar, apresurar, activar.

Enfrenar: roncear, dominar, contener, reprimir.

Arrebatar: quitar, arrancar, tomar, retener.

Devolver: integrar, restituir, reponer, reembolsar.

Arrebozar: rebozar, cubrir, envolver, ocultar.

Destapar: descubrir, desenvolver, desnudar, desabrigar.

Arreciar: aumentar, acrecer, intensificar, recrudecer.

Amainar: aflojar, ceder, modelar, disminuir.

Arrecife: escollo, banco, bajío, tropiezo.

Simplicidad: posibilidad, llaneza, naturalidad, disposición.

Arredrar: amendrentar, atemorizar, acobardar, amilanar.

Envalentonar: animar, reanimar, esforzar, estimular.

Arreglar: componer, reparar, remendar, aderezar.

Estropear: desordenar, desajustar, averiar, deteriorar.

Arrellanarse: acomodarse, ensancharse, extenderse, solazarse.

Levantarse: erguirse, auparse, moverse, incorporarse.

Arremeter: atacar, embestir, agredir, acometer.

Huir: escapar, evadirse, escurrirse, fugarse.

Arrepentimiento: remordimiento, compunción, contrición, pesadumbre.

Contumacia: rebeldía, obstinación, terquedad, recalcitración.

Arrepentirse: deplorar, sentirse, lamentar, sincerarse.

Empecinarse: obstinarse, encapricharse, persistir, reincidir.

Arrepticio: endemoniado, espiritado, poseso, energúmeno.

Liberado: tranquilizado, serenado, emancipado, manumitido.

Arrestar: apresar, detener, prendar, aprehender.

Soltar: desatar, liberar, desunir, desprender.

Arreveque: ribete, adorno, atavío, circunstancia.

Deslucimiento: desaliño, desarreglo, descompostura, desadorno.

Arriar: bajar, soltar, largar, aflojar.

Izar: enarbolar, subir, levantar, alzar.

Arribar: llegar, venir, abordar, aportar.

Zarpar: salir, partir, desamarrar, desancorar.

Arriesgar: exponer, aventurar, peligrar, atreverse.

Resguardar: proteger, preservar, defender, amparar.

Arrimar: acercar, juntar, unir, aproximar.

Apartar: separar, alejar, distanciar, desviar.

Arrinconar: arrumbar: acorralar, desechar, postergar.

Franquear: libertar, librar, destrabar, desencadenar.

Arriscar: levantar, enriscar, encresparse, alborotarse.

Empequeñecer: apocar, minimizar, nadizar, serenarse.

Arritmia: irregularidad, desorden, desigualdad, anormalidad.

Normalidad: naturalidad, regularidad, sistematicidad, metodicidad.

Arrítmico: irregular, anormal, desigual, inhabitual.

Normal: usual, regular, común, habitual.

Arrogancia: orgullo, soberbia, altanería, altivez.

Modestia: pudor, recato, decencia, honestidad.

Arrogante: altanero, engreído, brioso, desdeñoso.

Sencillo: humilde, modesto, llano, tímido.

Arrogar: atribuirse, apropiarse, usurpar, adueñarse.

Desistir: cejar, ceder, abandonar, renunciar.

Arrojar: lanzar, disparar, proyectar, tirar.

Atajar: parar, detener, suspender, terminar.

Arrollar: enrollar, encartuchar, destrozar, aniquilar.

Desarrollar: desenvolver, desplegar, acrecentar, extender.

Arropar: abrigar, cubrir, enmantar, envolver.

Desarropar: desabrigar, destapar, descubrir, desmantar.

Arrostrar: afrontar, desafiar, enfrentar, soportar.

Rehuir: esquivar, eludir, soslayar, evitar.

Arrugar: plegar, surcar, estriar, contraer.

Estirar: extender, dilatar, desplegar, alargar.

Arruinar: arrasar, aniquilar, asolar, devastar.

Levantar: construir, edificar, elevar, establecer.

Arrullar: adormecer, adormir, acomodar, acariciar.

Despertar: desvelar, mover, incitar, excitar.

Arrumar: arrinconar, arrollar, fijar, dirigir.

Esparcir: diseminar, desperdigar, dispersar, propagar.

Arrumbar: arrinconar, arrollar, fijar, dirigir.

Desarrumbar: despistar, extraviar, confundir, desorientar.

Arsenal: depósito, almacén, cúmulo, montón.

Génesis: motivo, causa, razón, objeto.

Arte: destreza, habilidad, oficio, maestría.

Inhabilidad: torpeza, incapacidad, ineptitud, anquilosis.

Arteria: vía, calle, vaso, vena.

Pasadizo: pasillo, corredor, pasada, pasarela.

Artesanía: manualía, menestraía, familiaría, artesanado.

Fabricación: industria, producción, elaboración, manufacturación.

Artesano: manualista, artífice, trabajador, familiarista.

Fabricante: manufacturador, industrial, productor, elaborador.

Articulación: coyuntura, unión, sinartrosis, pronunciación.

Anquilosis: impedimento, atrofia, esclerosis, inmovilidad.

Articular: pronunciar, modular, enlazar, construir.

Desarticular: separar, desunir, disgregar, descomponer.

Artículo: apartado, capítulo, artejo, nudillo.

Acumulación: unión, concordia, enlace, multiplicación.

Artífice: creador, forjador, artista, autor.

Aniquilador: exterminador, destructor, extirpador, demoledor.

Artificial: ficticio, falso, simulado, irreal.

Natural: simple, espontáneo, humilde, modesto.

Artificio: engaño, disimulo, artimaña, doblez.

Naturalidad: simpleza, llaneza, humildad, espontaneidad.

Artificioso: disimulado, engañoso, artero, habilidoso.

Sencillo: natural, llano, franco, espontáneo.

Artilugio: enredo, artimaña, ardid, artefacto.

Reprobación: crítica, censura, condena, tilde.

Artista: artífice, ejecutante, intérprete, comediante.

Marañento: embustero, engañador, infundioso, cuentista.

Arúspice: adivino, agorero, augur, sibila.

Clarividente: penetrante, perspicaz, intuitivo, sensorialista.

Asaltar: acometer, embestir, agredir, sorprender.

Defender: proteger, amparar, socorrer, auxiliar.

Asamblea: reunión, agrupación, concentración, deliberación.

Separación: desvinculación, desunión, desmembración, bifurcación.

Asar: tostar, soasar, abrasar, afogar.

Crudecer: intostar, naturalizar, f— carne cruda.

Asaz: suficiente, mucho, bastante, lleno.

Poco: escaso, insuficiente, limitado, estrecho.

Ascender: subir, elevarse, adelantar, promover.

Descender: bajar, caer, decrecer, menguar.

Ascendiente: prestigio, influencia, valimiento, autoridad.

Denigrante: injuriado, infamado, desprestigiado.

Ascético: religioso, austero, espiritualista, místico.

Incrédulo: indevoto, irreligioso, laico, materialista.

Ascetismo: austeridad, mortificación, religiosidad, misticismo.

Incredulidad: blandicia, molicie, indevoción, laicismo.

Asear: limpiar, lavar, cuidar, alcorzar.

Desasear: ensuciar, manchar, enmugrentar, descuidar.

Asechar: espiar, observar, engañar, emboscar.

Protestar: rebelarse, oponerse, indignarse, reclamar.

Asediar: bloquear, cercar, sitiar, acosar.

Escapar: huir, fugarse, evadirse, escabullirse.

Asegurar: confirmar, ratificar, garantizar, afianzar.

Refutar: contradecir, objetar, rebatir, rechazar.

Asenso: aprobación, beneplácito, asentimiento, anuencia.

Denegación: desaprobación, desestimación, negativa, desestimiento.

Asentar: afianzar, asegurar, afirmar, anotar.

Soliviantar: inducir, mover, incitar, impulsar.

Asentimiento: asenso, aprobación, aquiescencia, beneplácito.

Disentimiento: desacuerdo, divergencia, disconformidad, desavenencia.

Asentir: aprobar, afirmar, permitir, otorgar.

Disentir: divergir, discordar, diferir, discrepar.

Asepsia: desinfección, limpieza, preservación, profilaxis.

Sepsia: infección, putrefacción, contaminación, polución.

Asequible: alcanzable, accesible, posible, abordable.

Inasequible: inasible, inabordable, inalcanzable, imposible.

Aserción: afirmación, aseveración, confirmación, testificación.

Negación: objeción, refutación, opugnación, mentís.

Asesinar: matar, acabar, eliminar, exterminar.

Resucitar: revivir, vivificar, resurgir, reaparecer.

Asesinato: homicidio, crimen, atentado, pistolamiento.

Resucitación: revivimiento, reaparecimiento, revivificación, nacimiento.

Asesoramiento: orientación, guía, ayuda, sugerencia.

Asesorar: aconsejar, orientar, sugerir, ayudar.

Asesoría: aconsejamiento, asesoramiento, indicación, sugerencia.

Asestar: apuntar, dirigir, disponer, señalar.

Aseveración: confirmación, aserción, ratificación, testimonio.

Aseverar: afirmar, asegurar, confirmar, verificar.

Asfixia: ahogamiento, sofocación, opresión, estrangulamiento.

Así: también, además, asimismo, igualmente.

Asidero: agarradero, cogedero, motivo, razón.

Asido: cogido, tomado, agarrado, atrapado.

Asiduidad: frecuencia, constancia, puntualidad, perseverancia.

Asiduo: constante, persistente, perseverante, acérrimo.

Asiento: butaca, silla, localidad, anotación.

Asignar: fijar, señalar, destinar, conceder.

Asilo: refugio, amparo, protección, hospicio.

Asimiento: apego, inclinación, tendencia, afición.

Asimilar: igualar, equiparar, comparar, nivelar.

Asimismo: además, también, igualmente, otrosí.

Asir: coger, agarrar, tomar, aferrar.

Confusión: desorientación, dubitación, vacilación, desconcierto.

Desorientar: confundir, despistar, perder, extraviarse.

Enmarañamiento: confusión, embrollo, desviación, disuasión.

Embotar: despuntar, desbrotar, debilitar, entorpecer.

Negación: desmentido, refutación, rehusamiento, vedamiento.

Negar: desmentir, denegar, contradecir, refutar.

Respiración: aliento, alivio, descanso, tregua.

No: nunca, jamás, tampoco, f— de ningún modo.

Evasiva: disculpa, excusa, subterfugio, ambages.

Soltado: liberado, desatado, desligado, desenjaulado.

Intermitencia: interrupción, intervalo, alternatividad, discontinuidad.

Intermitente: discontinuo, espontáneo, ocasional, entrecortado.

Vacío: vacuo, hueco, vano, oquedad.

Suprimir: anular, quitar, callar, abolir.

Indefensión: desamparo, abandono, inerme, desvalido.

Indiferencia: apatía, insensibilidad, descuido, desafiliación.

Diferenciar: distinguir, separar, señalar,, especificar.

Tampoco: menos, nunca, jamás, excluido.

Desasir: soltar, desatar, destrabar, desunir.

Asistencia: ayuda, socorro, auxilio, cooperación.

Asistir: concurrir, presenciar, servir, socorrer.

Asociación: comunidad, sociedad, corporación, agrupación.

Asociar: unir, aliar, juntar, incorporar.

Asolar: arrasar, devastar, destruir, arruinar.

Asomar: aparecer, mostrar, manifestarse, exhibirse.

Asombrar: admirar, sobresaltar, alarmar, confundir.

Asombroso: admirable, pasmoso, maravilloso, sorprendente.

Asonada: tumulto, disturbio, alboroto, algarada.

Aspaviento: alharaca, escándalo, demostración, ademán.

Aspecto: apariencia, aire, presencia, cariz.

Aspereza: escabrosidad, rudeza, dureza, rigidez.

Aspiración: deseo, anhelo, pretensión, ambición.

Aspirar: desear, pretender, ansiar, anhelar.

Asqueroso: repugnante, nauseabundo, repulsivo, mugriento.

Astenia: debilidad, decaimiento, cansancio, lasitud.

Astringir: constreñir, apretar, contraer, estrechar.

Astrólogo: adivino, vate, augur, nigromante.

Astucia: picardía, sutileza, sagacidad, perspicacia.

Desamparo: abandono, desapoyo, abandonamiento, dimisión.

Abandonar: desamparar, dejar, desatender, renunciar.

Disociación: separación, disgregación, desunión, aniquilamiento.

Disociar: separar, desunir, disgregar, dividir.

Reconstruir: rehacer, reedificar, constituir, restablecer.

Esconder: desaparecer, esfumarse, perderse, escabullirse.

Abrumar: hastiar, atosigar, agobiar, aburrir.

Tedioso: aburrido, fastidioso, enfadado, latoso.

Sumisión: tranquilidad, serenidad, paz, consideración.

Silencio: quietud, morigeración, sosiego, mutismo.

Evidencia: certeza, verdad, postulado, realidad.

Suavidad: llaneza, afabilidad, cortesía, sociabilidad,

Repulsión: aversión, exclusión, inquina, distanciamiento.

Rehusar: eludir, evitar, esquivar, rechazar.

Atractivo: encanto, hechizo, seducción, incentivo.

Vigor: fuerza, energía, aliento, actividad.

Dilatar: agrandar, aumentar, expandir, ensanchar.

Parasicólogo: telépata, premonitor, presciente, precognicionista.

Simpleza: candidez, llaneza, sencillez, puerilidad.

Asumir: ocupar, aceptar, tomar, detentar.

Asunción: exaltación, pasión, frenesí, elevación.

Asunto: tema, contenido, materia, cuestión.

Asustar: espantar, intimidar, atemorizar, amedrentar.

Atacar: agredir, acometer, embestir, combatir.

Atajar: contener, detener, sujetar, impedir.

Atalayar: vigilar, otear, espiar, observar.

Atañer: concernir, afectar, tocar, pertenecer.

Ataque: agresión, embestida, arremetida, asalto.

Atar: amarrar, liar, ligar, anudar.

Atardecer: anochecer, obscurecer, ensombrecer, ocaso.

Atareado: ocupado, preocupado, engolfado, poseído.

Atascar: atorar, obstruir, cerrar, impedir.

Ataujía: adorno, embutición, ornamentación, engalanura.

Ataviar: acicalar, aderezar, adornar, orlar.

Atávico: herencial, ancestral, tendencial, semejante.

Atemorizar: asustar, alarmar, espantar, inquietar.

Atención: miramiento, cuidado, vigilancia, esmero.

Atender: escuchar, oír, cuidar, observar.

Rehusar: rechazar, eludir, refutar, impugnar.

Indiferencia: frialdad, distancia, apatía, desapego.

Reflexión: juicio, consejo, meditación, especulación.

Animar: tranquilizar, alentar, exhortar, confortar.

Defender: amparar, proteger, resguardar, custodiar.

Estimular: incitar, excitar, avivar, estusiasmar.

Descuidar: dejar, abandonar, olvidar, desatender.

Limitar: delimitar, demarcar, definir, determinar.

Defensa: protección, resguardo, amparo, apoyo.

Desatar: deshacer, desligar, soltar, liberar.

Amanecer: clarear, alborear, despuntar, aclarar.

Ocioso: inactivo, parado, desocupado, gandul.

Desatascar: liberar, posibilitar, destapar, liberalizar.

Desadornamiento: desaliño, descompostura, abandono, negligencia.

Desataviar: desatender, descuidar, distraer, descomponer.

Inatávico: diferente, distinto, contrario, opuesto.

Instigar: envalentonar, estimular, animar, afrontar.

Descortesía: desatención, incorrección, disfraz, inatención.

Desatender: desoír, descuidar, olvidar, desadvertir.

Atentar: delinquir, contravenir, quebrantar, transgredir.

Reaccionar: resguardar, precaver, defender, preservar.

Atento: fino, cortés, comedido, solícito.

Distraído: descortés, descuidado, despreocupado, desatento.

Atenuar: amortiguar, aminorar, mitigar, paliar.

Acentuar: insistir, subrayar, destacar, señalar.

Aterirse: pasmarse, acobardar, aterrorizar, horripilar.

Calentarse: entibiarse, atemperarse, avivarse, alentarse.

Atesorar: acumular, amontonar, hacinar, almacenar.

Dilapidar: derrochar, malgastar, malbaratar, despilfarrar.

Atestar: atiborrar, rellenar, introducir, henchir.

Vaciar: verter, derramar, agotar, desaguardar.

Atestiguar: testimoniar, testificar, declarar, probar.

Negar: callar, olvidar, omitir, silenciar.

Aterrorizar: aterrar, espantar, horrorizar, acobardar.

Reconfortar: reanimar, alentar, envalentonar, estimular.

Atezado: tostado, quemado, endrino, pizmentado.

Pálido: descolorido, deslucido, empañado, amarillento.

Atiborrar: llenar, saturar, rellenar, atestar.

Vaciar: verter, desocupar, afluir, desembocar.

Atildado: apuesto, compuesto, gallardo, garboso.

Astroso: desarreglado, desaliñado, descuidado, mamarracho.

Atinar: acertar, encontrar, hallar, interpretar.

Errar: fallar, desacertar, equivocar, marrar.

Atinente: tocante, atingente, perteneciente, incumbente.

Ajeno: extraño, inoportuno, impropio, insólito.

Atingencia: relación, analogía, conexión, coherencia.

Interrupción: desunión, desconexión, suspensión, desacierto.

Atisbar: mirar, observar, acechar, avizorar.

Descuidar: olvidar, abandonar, omitir, desatender.

Atizar: avivar, fomentar, impulsar, impeler.

Aplacar: sofocar, calmar, pacificar, mitigar.

Atleta: corredor, pedestrista, deportista, gladiador.

Enclenque: achacoso, débil, enfermizo, endeble.

Atolondrado: alocado, imprudente, irreflexivo, precipitado.

Juicioso: prudente, mesurado, maduro, sensato.

Atónito: estupefacto, asombrado, pasmado, sorprendido.

Impertérrito: sereno, imperturbable, insensible, impávido.

Atorar: obstruir, atascar, obturar, impedir.

Desatascar: posibilitar, liberar, desatorar, factibilizar.

Atormentar: atribular, afligir, amargar, martirizar.

Contentar: alegrar, alborozar, confortar, consolar.

Atorrante: vagabundo, holgazán, haragán, torrante.

Estático: sedentario, inmóvil, parado, inmutable.

Atosigar: abrumar, agobiar, atribular, fatigar.

Aliviar: mejorar, reponerse, recobrar, restablecer.

Atrabiliario: irascible, irritable, iracundo, violento.

Pacífico: tranquilo, reposado, afable, ofensivo.

Atracar: entrar, abordar, fondear, recalar.

Zarpar: desatracar, desamarrar, navegar, gobernar.

Atracción: atractivo, simpatía, encanto, gravitación.

Repeleción: objeción, repulsión, desdeñamiento, exclusión.

Atractivo: fascinante, atrayente, seductor, cautivante.

Repelente: mordaz, hiriente, tajante, cáustico.

Atraer: encantar, simpatizar, congeniar, granjear.

Repeler: carmenar, repulsar, disgustar, contrariar.

Atrapar: coger, pillar, pescar, conseguir.

Soltar: desatar, desligar, desceñir, desprender.

Atrás: detrás, antes, lejos, enseguida.

Delante: primero, enfrente, adelante, anticipado.

Atrasar: demorar, retardar, razagar, diferir.

Adelantar: anticipar, aventajar, alcanzar, apurar.

Atraso: demora, retardo, retraso, dilación.

Anticipado: adelantado, aventajado, madrugado, modernizado.

Atravesar: cruzar, traspasar, transitar, circular.

Detenerse: pararse, retardarse, demorarse, lentificar.

Atrevido: osado, audaz, arrojado, arriesgado.

Cauteloso: temeroso, prudente, correcto, comedido.

Atribución: atributo, señalamiento, aplicación, facultad.

Limitación: restricción, cortapisa, demarcación, circunscripción.

Atribuir: imputar, asignar, achacar, inculpar.

Disculpar: excusar, perdonar, justificar, eximir.

Atribular: angustiar, afligir, atormentar, acongojar.

Aliviar: atenuar, mitigar, confortar, paliar.

Atributo: cualidad, propiedad, símbolo, idiosincrasia.

Atrición: arrepentimiento, compunción, dolor, aflicción.

Atrio: entrada, vestíbulo, porche, andén.

Atrocidad: crueldad, barbaridad, exceso, demasía.

Atrofia: consunción, raquitismo, distrofia, anemia.

Atrofiar: padecer, disminuir, aniquilar, menguar.

Atropellar: arrollar, embestir, derribar, empujar.

Atropello: abuso, extralimitación, exceso, atropellamiento.

Atroz: fiero, cruel, bárbaro, inhumano.

Atuendo: atavío, vestido, adorno, indumentaria.

Aturdimiento: irreflexión, precipitación, turbación, atropellamiento.

Aturdir: turbar, atontar, atortolar, perturbar.

Audacia: valor, arrojo, coraje, intrepidez.

Audaz: osado, atrevido, intrépido, valiente.

Audición: concierto, sesión, lectura, ajuste.

Audiovisual: audiovisión, filmecomentario, objetovisión, comentoproyección.

Auditar: controlar, verificar, revisar, autentificar.

Auditor: oyente, concurrente, informante, expositor.

Auditorio: público, oyente, concurrente, espectadores.

Defecto: falta, falla, tacha, vicio.

Impenitencia: inconveniencia, despropósito, inoportunidad, necedad.

Salida: puerta, abertura, pretexto, subterfugio.

Piedad: conmiseración, lástima, compasión, misericordia.

Mantenimiento: alimentación, nutrición, manutención, aprovechamiento.

Desarrollar: acrecentar, aumentar, expandir, extender.

Respetar: acatar, honrar, considerar, distinguir.

Respeto: consideración, acatamiento, reverencia, veneración.

Apacible: tranquilo, placentero, manso, pacífico.

Desaliño: descuido, negligente, desaseo, desidia.

Reavivamiento: reanimamiento, estimulación, incitación, aguijoneamiento.

Avivar: animar, despabilar, despejar, alentar.

Prudencia: cordura, tacto, juicio, circunspección.

Pusilánime: temeroso, miedoso, apocado, corto.

Desconcierto: desorden, desarmonía, desacuerdo, confusión.

Tradicional: escritural, inveterado, ológrafico, instrumental.

Viciar: corromper, mixtificar, tergiversar, falsificar.

Conformante: concorde, aceptante, aveniente, congruente.

Divergencia: desacuerdo, diferencia, bifurcación, separación.

Auge: apogeo, elevación, incremento, progreso.

Augurar: auspiciar, vaticinar, presagiar, pronosticar.

Augurio: predicción, presagio, profecía, vaticinio.

Augusto: venerable, honorable, majestuoso, respetable.

Aula: clase, sala, auditorio, afluencia.

Áulico: palaciego, cortesano, paladino, cortés.

Aumentar: acrecentar, acrecer, incrementar, magnificar.

Aunar: unir, juntar, asociar, unificar.

Aura: brisa, vientecillo, hálito, céfiro.

Aureola: diadema, corona, gloria, fama.

Ausencia: alejamiento, abandono, separación, privación.

Auspicio: ayuda, amparo, protección, favor.

Austeridad: severidad, ascetismo, rigor, aspereza.

Austero: estricto, serio, severo, riguroso.

Autarquía: autoalimentación, autocapacidad, autonomía, independencia.

Autárquico: autoabastecido, autónomo, autocapacitado, autoalimentado.

Autenticidad: verdad, realidad, propiedad, naturalidad.

Auténtico: real, verdadero, genuino, propio.

Auto: documento, escritura, automóvil. Uno mismo.

Decadencia: ocaso, declinación, descenso, menosprecio.

Desechar: excluir, apartar, olvidar, silenciar.

Veracidad: vericidad, evidencia, verdad, autenticidad.

Humilde: modesto, sencillo, moderado, pudibundo.

Carencia: insignificancia, exigüidad, escasez, insuficiencia.

Rústico: burdo, patán, zafio, inculto.

Reducir: disminuir, minimizar, decrecer, achicar.

Dividir: partir, fraccionar, repartir, bifurcar.

Rastro: huella, vestigio, pista, estela.

Anatema: condenación, excomunión, maldición, imprecación.

Presencia: asistencia, concurrencia, apariencia, compostura.

Desaliento: desánimo, decaimiento, abatimiento, postración.

Blandicia: blandura, molicie, indulgencia, deleite.

Indulgente: benigno, benévolo, tolerante, afable.

Insuficiencia: deficiencia, penuria, miseria, poquedad.

Insuficiente: deficiente, necesitado, mísero, poquérrimo.

Falsedad: irrealidad, ficción, engaño, apariencia.

Falso: aparente, irreal, apócrifo, adventicio.

Nadería: nimiedad, frustería, bagatela, papandujo.

Autocracia: tiranía, despotismo, dictadura, cesarismo.

Democracia: respeto, soberanía, constitucionalismo, autoridad.

Autóctono: nativo, aborigen, natural, originario.

Extranjero: forastero, afuerino, extraño, foráneo.

Autodidacto: autoinstruido, autoeducado, f—persona que se instruye por sí misma.

Iletrado: indocto, inculto, ignorante, insapiente.

Autómata: manejable, dirigible, manequí, robot.

Albedrío: voluntad, facultad, carácter, personalidad.

Automático: maquinal, irreflexivo, inconsciente, instintivo.

Consciente: reflexivo, juicioso, discerniente, meditado.

Automatizar: maquinizar, mecanizar, ejecutorizar, instintivizar.

Discernir: pensar, reflexionar, discriminar, diferenciar.

Autonomía: libertad, independencia, facultad, derecho.

Dependencia: subordinación, sujeción, control, fiscalización.

Autoridad: poder, mando, dominio, facultad.

Anarquía: acracia, anarquismo, desgobierno, desorden.

Autoritario: autocrático, despótico, tiránico, arbitrario.

Humilde: dócil, sumiso, obediente, respetuoso.

Autorizar: permitir, facultar, acceder, consentir.

Impedir: denegar, rechazar, rehusar, refutar.

Auxilio: socorro, ayuda, asistencia, protección.

Daño: perjuicio, lesión, detrimento, deterioro.

Avalar: garantizar, asegurar, responder, caucionar.

Arriesgar: exponer, aventurar, temer, peligrar.

Avance: adelanto, progreso, marcha, anticipo.

Regreso: regresión, retrocesión, retrogradación, retirada.

Avante: adelante, avance, progreso, adelantamiento.

Retroceso: regresión, reculada, retirada, retrocesión.

Avanzar: proteger, prosperar, acometer, irrumpir.

Retroceder: desandar, evacuar, replegarse, desistir.

Avaricia: mezquindad, cicatería, codicia, ambición.

Larqueza: prodigalidad, generosidad, desprendimiento, filantropía.

Avariento: avaricioso, avaro, codicioso, tacaño.

Pródigo: generoso, bondadoso, benévolo, gastador.

Avasallar: dominar, sojuzgar, subyugar, someter.

Emancipar: libertar, redimir, librar, manumitir.

Avatar: cambio, suceso, circunstancia, eventualidad.

Invariación: inmutabilidad, inalterabilidad, permanencia, estabilidad.

Avecindar: arraigar, establecerse, domiciliarse, residir.

Emigrar: salir, irse, ausentarse, cambiarse.

Avejentarse: envejecer, aviejarse, revejecer, marchitarse.

Rejuvenecer: vigorizar, fortalecer, restaurar, remozar.

Avenencia: acuerdo, convenio, pacto, armonía.

Desavenencia: incongruencia, inconveniencia, inconformidad, inadecuación.

Avenirse: congeniar, concordar, entenderse, comprenderse.

Discrepar: disentir, divergir, distar, desavenirse.

Aventajar: prevalecer, sobresalir, superar, excederse.

Rezagar: atrasar, quedarse, retardar, retrasar.

Aventura: lance, episodio, suceso, andanza.

Inseguridad: vacilación, hesitación, incertidumbre, inestabilidad.

Avergonzar: abochornar, sofocar, sonrojar, ruborizar.

Enorgullecer: presumir, ufanar, envanecer, ensoberbecer.

Avería: daño, deterioro, perjuicio, desperdicio.

Reparación: arreglo, enmienda, restauración, compostura.

Averiguar: indagar, investigar, inquirir, consultar.

Contestar: responder, expresar, exponer, manifestar.

Aversión: repulsión, antipatía, fobia, ojeriza.

Simpatía: atracción, embeleso, fascinación, seducción.

Avezado: experimentado, ducho, experto, amaestrado.

Novato: principiante, bisoño, novel, iniciante.

Avezar: habituarse, acostumbrarse, experimentar, familiarizar.

Desacostumbrar: deshabituarse, erradicarse, cambiarse, variar.

Aviar: preparar, disponer, arreglar, prevenir.

Entretener: distraer, divertir, solazar, recrear.

Avidez: codicia, ambición, ansia, voracidad.

Saciedad: saturación, hartura, repleción, hartazgo.

Avieso: malintencionado, infame, despiadado, atravesado.

Bondadoso: benevolente, abnegado, indulgente, benigno.

Avilantez: audacia, atrevimiento, osadía, insolencia.

Prudencia: tacto, parsimonia, moderación, templanza.

Avinagrado: agriado, áspero, acre, acedo.

Dulce: suave, agradable, fruible, gustable.

Avión: aeroplano: bimotor, avioneta, reactor.

Navío: barco, buque, nave. motonave.

SINÓNIMOS	ANTÓNIMOS
Avisar: notificar, comunicar, informar, participar.	**Silenciar:** ocultar, encubrir, reservar, sigilar.
Avistar: divisar, descubrir, entrever, percibir.	**Ocultar:** esconder, callar, encubrir, despistar.
Avituallar: abastecer, proveer, surtir, suministrar.	**Carecer:** faltar, privar, fallar, escasear.
Avivar: acelerar, apresurar, animar, enardecer.	**Frenar:** detener, paralizar, sujetar, entretener.
Avizorar: atisbar, acechar, otear, espiar.	**Despistar:** desconocer, distraer, fallar, ignorar.
Axiología: moralogía, evidentismo. f—valoración de los factores morales.	**Corrupción:** perversión, cohecho, depravación, maleficencia.
Axioma: principio, sentencia, verdad, apotegma.	**Ficción:** invención, fábula, quimera, apariencia.
Axiomático: evidente, manifiesto, inequívoco, absoluto.	**Problemático:** incierto, discutible, ambiguo, erróneo.
Ayudar: socorrer, auxiliar, cooperar, cuidar.	**Perjudicar:** dañar, damnificar, empobrecer, arruinar.
Ayunar: abstenerse, privarse, retenerse, contenerse.	**Hartarse:** saciarse, repletarse, satisfacerse, llenarse.
Ayuntamiento: consistorio, municipio, corporación, junta.	**Disensión:** división, desunión, desacuerdo, desavenencia.
Azafata: asistenta, atendedora, f—doncella que atiende a los pasajeros.	**Sirvienta:** criada, camarera, moza, servidora.
Azana: trabajo, faena, labor, obligación.	**Descanso:** reposo, sosiego, alivio, respiro.
Azar: casualidad, eventualidad, contingencia, albur.	**Certeza:** seguridad, garantía, fianza, certidumbre.
Azaroso: expuesto, arriesgado, aventurado, peligroso.	**Seguro:** garantido, protegido, inequívoco, certero.
Azorar: conturbar, sobresaltar, turbar, inquietar.	**Tranquilizar:** apaciguar, aquietar, serenar, contener.
Azotar: zurrar, golpear, vapulear, flagelar.	**Acariciar:** mimar, arrullar. halagar, lisonjear.
Azucarar: endulzar, dulcificar, enmelar, almibarar.	**Acibarar:** acidular, amargar, agriar, acedar.
Azul: índigo, añil, endrino, opalino.	**Rojo:** bermejo, purpúreo, encarnado, carmín.
Azuzar: incitar, instigar, impeler, provocar.	**Sujetar:** frenar, contener, detener, coartar.

B

Babel: confusión, desorden, barullo, barahúnda.

Babilónico: ostentoso, fastuoso, lujoso, suntuoso.

Bacanal: orgía, festín, desenfreno, banquete.

Bacteria: microbio, bacilo, virus, microorganismc.

Báculo: cayado, soporte, apoyo, consuelo.

Bache: hoyo, poso, agujero, laguna.

Bachiller: hablador, charlador, fisgón, entretenido.

Badomía: disparate, desatino, despropósito, dislate.

Badulaque: necio, bobo, tonto, inepto.

Bagaje: equipaje, bulto, valija, maleta.

Bagatela: friolera, nadería, menudencia, minucia.

Bahía: rada, puerto, caleta, golfo.

Bailar: danzar, saltar, moverse, brincar.

Bajar: descender, decrecer, disminuir, depreciar.

Orden: concierto, armonía, disposición, equilibrio.

Sencillo: simple, natural, fácil, comprensible.

Freno: moderación, coto, control, sobriedad.

Molécula: partícula, corpúsculo, célula, átomo.

Desconsuelo: pena, aflicción, pesar, tristeza.

Lleno: ocupado, completo, repleto, henchido.

Discreto: circunspecto, callado, observador, juicioso.

Acierto: tacto, tino, prudencia, cordura.

Listo: astuto, despierto, ocurrente, discurrente.

Fruslería: chuchería, baratija, nadería, bicoca.

Grandeza: esplendidez, magnificencia, magnitud, importancia.

Parada: pausa, detención, suspensión, estación.

Detener: parar, suspender, frenar, estancar.

Subir: ascender, trepar, remontar, elevarse.

Bajel: nave, barco, buque, nao.

Juguete: muñeco, trebejo, trástulo, chanza.

Bajeza: ruindad, avilantez, abyección, vileza.

Nobleza: dignidad, hidalguía, decoro, distinción.

Bajo: pequeño, menudo, chico, plebeyo.

Alto: espigado, elevado, crecido, noble.

Baladí: nimio, fútil, trivial, superficial.

Importancia: vital, primordial, valioso, trascendencia.

Baladro: bramido, grito, alarido, quejumbre.

Silencio: sigilo, mudez, callamiento, quietud.

Balance: arqueo, confrontación, cotejo, comprobación.

Confusión: desorden, revuelto, desconcierto, desajuste.

Balbucear: mascullar, susurrar, tartamudear, murmurar.

Silenciar: callar, mutisar, sigilar, insonorizar.

Baldar: tullir, lisiar, estropear, derrengar.

Curar: sanar, remediar, reponerse, restituir.

Baldío: vano, inútil, seco, yermo.

Útil: beneficioso, provechoso, conveniente, servible.

Baldón: oprobio, afrenta, injuria, vituperio.

Loor: alabanza, elogio, encomio, ditirambo.

Balizar: señalar, marchar, boyar, guiar.

Entorpecer: dificultar, impedir, obstruir, embotar

Bálsamo: alivio, consuelo, calmante, lenitivo.

Excitante: estimulante, activante, avivante, impulsor.

Baluarte: fortaleza, defensa, protección, bastión.

Debilitamiento: endeblez, flaqueza, febilidad, fragilidad.

Bancarrota: desastre, quiebra, ruina, derrumbe.

Apogeo: auge, plenitud, esplendor, progreso.

Bandeja: fuente, plato, cajón, facilidad.

Vianda: sustento, comida, alimento, yanta.

Bandera: pabellón, pendón, enseña, estandarte.

Basura: porquería, mugre, suciedad, bazofia.

Bando: grupo, partido, bandería, facción.

Oficio: profesión, ocupación, acción, gestión.

Bandolero: bandido, salteador, malhechor, gángster.

Honesto: honrado, decoroso, decente, correcto.

Banquete: comida, festín, convite, comilona.

Necesidad: apetito, hambre, ansia, apetencia.

Bañar: mojar, sumergir, humedecer, limpiar.

Secar: enjugar, ventilar, deshidratar, evaporar.

Baquía: experiencia, pericia, práctica, maestría.

Ineptitud: impericia, inhabilidad, incompetencia, inexperiencia.

Barahúnda: tumulto, confusión, bulla, desorden.

Sosiego: quietud, tranquilidad, calma, apacibilidad.

Barajar: mezclar, revolver, entremezclar, confundir.

Ordenar: disponer, establecer, preparar, coordinar.

Baratija: chuchería, bujería, fruslería, bagatela.

Valía: valer, valor, cuantía, monto.

Barato: módico, económico, rebajado, depreciado.

Caro: oneroso, costoso, dispendioso, gravoso.

Barbaridad: atrocidad, crueldad, salvajismo, otomía.

Piedad: compasión, delicadeza, sensibilidad, conmiseración.

Barbarismo: barbarie, barbaridad, extranjerismo, solecismo.

Casticismo: corrección, propiedad, casticidad, pureza.

Bárbaro: cruel, fiero, salvaje, irracional.

Civilizado: culto, refinado, pulido, educado.

Barbitúrico: sedante, tranquilizante, calmante, hipnótico.

Excitante: estimulante, provocador, acalorante, aguijoneante.

Barbotar: balbucear, susurrar, mascullar, musitar.

Silenciar: callar, sigilar, mutisar, quietar.

Barra: lingote, tranca, palanca, barrote.

Hoja: pétalo, lámina, folio, página.

Barrabasada: disparate, despropósito, travesura, picardía.

Compostura: formalidad, decoro, moderación.

Barraca: choza, chabola, pocilga, tugurio.

Mansión: chalé, morada, vivienda, habitación.

Barragana: bagasa, ramera, concubina, manceba.

Esposa: cónyuge, consorte, mujer, amarra.

Barranco: despeñadero, quebrada, barranca, precipicio.

Planicie: meseta, llanura, explanada, desierto.

Barrenar: agujerear, taladrar, horadar, atropellar.

Obstruir: cerrar, taponar, obturar, tapar.

Barrer: limpiar, escobar, asear, dispersar.

Ensuciar: enmugrar, manchar, emporcar, embijar.

Barrera: valla, cerca, muro, atajo.

Facilidad: simplicidad, posibilidad, debilidad, complacencia.

Barricada: obstáculo, estorbo, impedimento, parapeto.

Expedición: facilidad, simplicidad, desembarazo, desenvoltura.

Barruntar: conjeturar, presumir, vislumbrar, suponer.

Constatar: aseverar, confirmar, verificar, corroborar.

Bartolear: haraganear, gandulear, cavilar, meditar.

Trabajar: laborar, faenar, obrar, ajetrear.

Bártulos: enseres, aperos, trastos, utensilios.

Bagatela: friolera, bicoca, minucia, nimiedad.

Barullo: confusión, desorden, bullicio, alboroto.

Orden: método, sistema, disposición, precepto.

Basar: apoyar, cimentar, asentar, fundamentar.

Debilitar: quebrantar, reblandecer, extenuar, agotar.

Básico: capital, fundamental, primordial, esencial.

Superficial: insubstancial, ligero, somero, ilusorio.

Bastante: suficiente, mucho, abundante, considerable,

Poco: escaso, exiguo, limitado, insuficiente.

Bastar: sobrar, quedar, tener, abundar.

Faltar: carecer, escasear, acabarse, necesitar.

Bastardo: espúreo, ilegítimo, degenerado, mestizo.

Legítimo: genuino, propio, fidedigno, auténtico.

Basto: rudo, tosco, rústico, burdo.

Fino: delicado, amable, atento, cortés.

Bastón: cayado, palo, báculo, croza.

Cinta: tira, huincha, banda, película.

Batahola: alboroto, bullicio, griterío, escándalo.

Silencio: calma, apaciguamiento, sosiego, tranquilidad.

Batalla: contienda, combate, beligerancia, conflicto.

Concordia: conciliación, tregua, convenio, armisticio.

Batallar: luchar, pelear, lidiar, disputar.

Rendirse: entregarse, capitular, someterse, humillar.

Batería: conjunto, grupo, hilera, artefacto.

Singularidad: rareza, distinción, particularidad, unificación.

Batida: reconocimiento, caza, búsqueda, exploración.

Abandono: descuido, desatención, defección, desamparo.

Batir: vencer, arrollar, percutir, golpear.

Sazonar: adoptar, aderezar, condimentar, armonizar.

Batología: repetición, redundancia, f—uso de voces inmotivadas o innecesarias.

Precisión: exactitud, claridad, propiedad, justeza.

Batuta: dirección, guía, f—bastón del director de orquesta.

Desorden: confusión, enmarañamiento, barullo, anarquía.

Bausano: bobo, necio, simple, manequí.

Astuto: hábil, ocurrente, despierto, listo.

Bautizar: cristianizar, denominar, llamar, apelativar.

Innominar: imbautizar, descristianar, descalificar, inapelativar.

Bazofia: comistrajo, sancorcho, bodrio, desperdicio.

Banquete: festín, comida, orgía, beodez.

Beber: absorber, tomar, libar, escanciar.

Abstenerse: privarse, inhibirse, prescindir, descartar.

Befa: mofa. burla, irritación, ludibrio.

Respeto: consideración, aprecio, distinción, miramiento.

Beldad: hermosura, belleza, lindura, perfección.

Fealdad: deformidad, afeamiento, monstruosidad, deshonestidad.

Belicoso: pendenciero, agresivo, guerrero, belígero.

Pacífico: quieto, reposado, pausado, afable.

Beligerancia: contienda, conflicto, conflagración, hostilidad.

Pacificación: sosiego, tranquilidad, serenidad, conciliación.

Beligerante: contendiente, guerrero, conflagrante, conflictivo.

Pacificante: tranquilo, sosegado, sereno, conciliador.

Belitre: pícaro, bellaco, ruin, pillo.

Decoroso: digno, decente, grave, íntegro.

Bellaco: malo, ruin, pícaro, bribón.

Bueno: clemente, compasivo, benévolo, bondadoso.

Belleza: beldad, hermosura, preciosidad, primor.

Fealdad: deformidad, desproporción, defectuosidad, anormalidad.

Bencina: gasolina, nafta, carburante, esencia.

Agua: líquido, linfa, fluido, lluvia.

Bendecir: ensalzar, alabar, consagrar, glorificar.

Maldecir: imprecar, blasfemar, detractar, murmurar.

Bendito: bienaventurado, dichoso, feliz, santo.

Malaventurado: infeliz, desdichado, aciago, desgraciado.

Beneficencia: benevolencia, caridad, merced, atención.

Desatención: descortesía, desaire, descuido, abandono.

Beneficiar: favorecer, ayudar, contribuir, coadyuvar.

Perjudicar: dañar, arruinar, empeorar, empobrecer.

Beneficioso: provechoso, útil, necesario, benéfico.

Lesivo: dañino, nocivo, pernicioso, perjudicial.

Benemérito: estimable, apreciable, distinguido, meritorio.

Despreciable: indigno, carcamán, bajo, abyecto.

Beneplácito: aprobación, asentimiento, venia, consentimiento.

Reprobación: desaprobación, amonestación, censura, condena.

Benignidad: bondad, benevolencia, mansedumbre, humanidad.

Malignidad: maldad, perversidad, virulencia, extremismo.

Benigno: apacible, suave, templado, bondadoso.

Maligno: dañino, perjudicial, virulento, violentista.

Benévolo: clemente, indulgente, humano, benigno.

Malévolo: malo, perverso, venenoso, enredoso.

Beodo: ebrio, borracho, embriagado, dipsómano.

Abstemio: sobrio, abstinente, temperante, moderado.

Bergante: pícaro, bribón, bellaco, sinvergüenza.

Virtuoso: bueno, benigno, bondadoso, correcto.

Berma: acera, calzada, vereda, caminillo.

Senda: camino, trocha, atajo, vía.

Bestia: animal, bruto, irracional, bárbaro.

Humano: benigno, sensible, bondadoso, humanitario.

Bestialidad: brutalidad, ferocidad, barbaridad, animalidad.

Humanidad: comprensión, fragilidad, sensibilidad.

Bicoca: nadería, fruslería, bagatela, baratija.

Magnitud: grandeza, amplitud, extensión, enormidad.

Bien: gracia, favor, provecho, carisma.

Mal: daño, dolencia, desgracia, deficiencia.

Bienestar: confort, holgura, comodidad, complacencia.

Pobreza: necesidad, inopia, escasez, estrechez.

Bienhechor: protector, benefactor, favorecedor, filántropo.

Malhechor: delincuente, salteador, criminal, forajido.

Bienvenida: bienllegada, buenacogida, parabién, saludo.

Malvenido: descontento, desagrado, malatención, malignidad.

Bifurcación: separación, división, divergencia, desviación.

Mancomunación: concurrencia, coincidencia, simultaneidad, conexión.

Bifurcar: dividir, separar, cercenar, divergir.

Confluir: converger, coincidir, cohonestar, amalgamar.

Bilioso: malhumorado, colérico, atrabiliario, amargado.

Afable: atento, cordial, sencillo, simpático.

Billete: boleto, entrada, asiento, localidad.

Gravamen: impuesto, canon, carga, hipoteca.

Biodinámica: biosiconomía, ergiología, f—valoración de las fuerzas humanas.

Retrodinámica: bestiada, invaloración, f—pérdida inconsciente de las fuerzas humanas.

Biografía: trayectoria, semblanza, historia, profesión.

Equívoco: ambigüedad, anfibología, imprecisión, confusión.

Biotipo: clase, especie, orden, género.

Confusión: mezcla, enredo, diversidad, enmarañamiento.

Birlar: robar, hurtar, quitar, estafar.

Birria: moharracho, adefesio, mamarracho, zaharrón.

Bisbisear: musitar, mascullar, cuchichear, susurrar.

Bisoño: novato, novel, nuevo, inexperto.

Bizarro: gallardo, garboso, espléndido, valiente.

Bizantino: intrascendente, leve, insignificante, fútil.

Blandir: esgrimir, mover, enarbolar, elevar.

Blando: 'tierno, muelle, benigno, apacible.

Blanquear: blanquecer, enlucir, limpiar, carmenar.

Blasfemar: renegar, maldecir, jurar, imprecar.

Blasón: honor, gloria, escudo, ostentación.

Bobo: tonto, palurdo, ingenuo, bolonio.

Bocado: mordisco, mascada, f—porción de alimento.

Boceto: bosquejo, diseño, proyecto, esbozo.

Bochorno: rubor, timidez, vergüenza, vacilación.

Boda: casamiento, matrimonio, nupcias, desposorio.

Bodrio: mezcla, revoltijo, desperdicio, asquerosidad.

Bofetada: bofetón, sopapo, manotazo, cachetada.

Boga: moda, novedad, actualidad, hodierno.

Recuperar: restablecer, devolver, integrar, restaurar.

Bizarro: gallardo, espléndido, generoso, vistoso.

Observar: mirar, espiar, acechar, atisbar.

Veterano: avezado, experto, experimentado, diestro.

Desgarbado: desgalichado, descuidado, desaliñado, fargallón.

Importante: valioso, considerable, substancial, interesante.

Serenar: aquietar, tranquilizar, pacificar, apaciguar.

Duro: resistente, consistente, fuerte, macizo.

Ennegrecer: denegrir, sombrear, obscurecer, enmugrecer.

Santificar: consagrar, bendecir, adorar, divinizar.

Nimiedad: poquedad, insignificancia, bagatela, futesa.

Listo: vivo, avispado, ocurrente, discurrente.

Tragonada: gula, glotonada, zamponada, epulonada.

Conclusión: deducción, realidad, término, consecuencia.

Desfachatez: atrevimiento, irreverencia, descaro, avilantez.

Divorcio: separación, descasamiento, desunión, ruptura.

Selección: pureza, puridad, limpidez, acendramiento.

Caricia: cariño, mimo, arrumaco, carantoña.

Desuso: anticuado, anacrónico, obsoleto, desechado.

Bogar: remar, navegar, limpiar, bregar.

Bohemio: gitano, vagabundo, trotamundo, liberal.

Boicotear: sabotear, perjudicar, dañar, deteriorar.

Boleta: comprobante, papeleta, entrada, libranza.

Boliche: figón, tabernucha, f—negocio pequeño.

Bomba: aguatocha, máquina, proyectil, noticia.

Bombardear: cañonear, proyectilar, martillear, hostigar.

Bombástico: ampuloso, campanudo, f—lenguaje hinchado.

Bondad: amabilidad, generosidad, abnegación.

Bongo: canoa, bote, barca, lancha.

Bonificar: compensar, premiar, resarcir, indemnizar.

Bonito: bello, hermoso, precioso, primoroso.

Bono: vale, pepeleta, tarjeta, título.

Borde: orilla, margen, canto, extremo.

Bordear: orillar, virar, serpentear, zigzaguear.

Borrar: tachar, quitar, rayar, anular.

Borrasca: temporal, tempestad, tormenta, peligro.

Borrascoso: tormentoso, tempestuoso, turbulento, desordenado.

Borroso: confuso, nebuloso, opaco, desvanecido.

Reposar: descansar, yacer, dormir, respirar.

Aristócrata: noble, distinguido, burgués, patricio.

Beneficiar: favorecer, utilizar, mejorar, perfeccionar.

Revista: semanario, gaceta, folleto, parada.

Comercio: tráfico, almacén, establecimiento, negociación.

Artimaña: artificio, artilugio, ardid, trampa.

Pasear: circular, rondar, turistear, recrearse.

Circunspecto: moderado, discreto, cauto, oportuno.

Maldad: infamia, iniquidad, corrupción, perfidia.

Buque: barco, navío, motonave, embarcación.

Cuitar: privar, mermar, despojar, estrujar.

Feo: horrendo, abominable, repulsivo, repugnante.

Cédula: documento, despacho, f—cédula de identidad.

Contorno: perfil, periferia, derredor, perímetro.

Seguir: continuar, proseguir, acosar, perseguir.

Validar: homologar, confirmar, legalizar, autentificar.

Bonanza: serenidad, tranquilidad, claridad. despeje.

Apacible: tranquilo, calmado, sereno, plácido.

Diáfano: claro, cristalino, transparente, límpido.

Bosque: arboleda, boscaje, espesura, selva.

Páramo: yermo, desierto, sabana, erial.

Bosquejar: proyectar, planificar, trazar, esbozar.

Realizar: operar, proceder, materializar, concretar.

Botar: tirar, derramar, vaciar, volvar.

Recoger: juntar, reunir, cosechar, seleccionar.

Botín: zapatón, despojo, trofeo, presa.

Nimiedad: nadería, nonada, bagatela, fruslería.

Bóveda: cripta, techo, cavidad, oquedad.

Enjundia: jugo, meollo, vigor, fuerza.

Boyante: afortunado, feliz, rico, próspero.

Aciago: infeliz, infausto, desdichado, desgraciado.

Bozo: pelillo, vello, pelusilla, vellosidad.

Barba: barbilla, perilla, mosca, barbada.

Braquigrafía: breviscritura, abrevioscritura, estenotipia, f—estudio de las abreviaturas.

Integrografía: manuscritura, mecanografía, dactilografía, ortografía.

Bravío: indómito, fiero, montarás, salvaje.

Manso: domesticado, cultivado, suave, apacible.

Bravucón: fanfarrón, patreñero, valentón, bravatero.

Intrépido: valiente, denodado, osado, arrojado.

Brebaje: bebida, menjunje, poción, sorbete.

Manjar: alimento, comestible, néctar, ambrosía.

Brecha: abertura, boquete, rotura, resquicio.

Cierre: cerrojo, clausura, oclusión, aldaba.

Bregar: batallar, lidiar, luchar, forcejear.

Gandulear: flojear, haragonear, holgazanear, pajariar.

Breña: maleza, matorral, f—tierra quebrada.

Alfalfa: mielga, bieldo, f—planta de forraje.

Breve: corto, conciso, sucinto, compendioso.

Largo: extenso, prolongado, extendido, profuso.

Brevedad: concisión, reducción, condensación, laconismo.

Profusión: abundancia, exuberancia, exceso, fecundidad.

Bribón: holgazán, vagabundo, gandul, haragán.

Púdico: honesto, correcto, decoroso, pudoroso.

Bribonada: canallada, tunantada, bellaquería, pillería.

Trabajo: labor, actividad, faena, ocupación.

Brigada: conjunto, fusión, combinación, totalidad.

Bifurcación: separación, desunión, ramificación.

Brillante: reluciente, espléndido, radiante, sobresaliente.

Gris: opaco, obscuro, apagado, lánguido.

Brillar: resplandecer, refulgir, relumbrar, centellear.

Opacar: obscurecer, extinguirse, apagarse, lugubrecer.

Brindar: convidar, invitar, atender, servir.

Brío: ánimo, valor, fuerza, denuedo.

Brisna: filamento, hebra, f—hilo delgado.

Broche: hebilla, pasador, final, culminación.

Broma: chanza, burla, chiste, chunga.

Bromatología: ciencia de los alimentos. Tratado de alimentos.

Bronca: gresca, pendencia, alborozo, riña.

Brotar: germinar, nacer, surgir, existir.

Brujería: magia, hechicería, encantamiento, maleficio.

Bruma: niebla, nuble, humedad, rocío.

Bruñir: pulir, lustrar, enlucir, abrillantar.

Brusco: repentino, imprevisto, súbito, violento.

Brutal: feroz, salvaje, bestial, bárbaro.

Bucear: sumergirse, hundirse, inmergir, zambullirse.

Bucólico: campestre, pastoril, eglógico, silvestre.

Bueno: benévolo, bondadoso, virtuoso, compasivo.

Bufete: escritorio, despacho, oficina, estudio.

Bufón: histrión, payaso, truhán, chancero.

Buhardilla: guardilla, desván, buharda, sotabanco.

Rechazar: rehusar, inaceptar, desentimar, repeler.

Decaimiento: fatiga, desfallecimiento, debilitamiento, impotencia.

Cordel: cuerda, cinta, guita, bramante.

Principio: comienzo, iniciación, advenimiento, preludio.

Seriedad: mesura, adustez, gravedad, formalidad.

Arboricultura: cultivo de los árboles. Enseñanza del cultivo de los árboles.

Amistad: inclinación, apego, afición, estimación.

Fenecer: perecer, sucumbir, fallecer, expirar.

Repulsión: repudio, aversión, repugnancia, renuencia.

Despeje: abierto, claro, limpio, escampado.

Empañar: ensuciar, enturbiar, deslucir, manchar.

Apacible: afable, tranquilo, agradable, placentero.

Humanc: sensible, benigno, bueno, comprensivo.

Emerger: flotar, nadar, surgir, avanzar.

Urbánico: cívico, ciudadano, civil, cortés.

Malo: malvado, viciado, corrompido, perverso.

Documento: escritura, credencial, expediente, ficha.

Espectador: concurrente, asistente, circundante, admirador.

Mansión: morada, habitación, residencia, vivienda.

Bula: privilegio, gracia, favor, concesión.

Bulevar: avenida, alameda, f—calle ancha y grande.

Bulla: griterío, algazara, bullicio, vocerío.

Bullicio: algarabía, vocerío, griterío, algazara.

Bullir: agitarse, moverse, sacudir, hervir.

Buquet: sabor, aroma, perfume, ramillete.

Burbujear: hervir, espumar, gorgear, campanillar.

Burdel: prostíbulo, lenocinio, lupanar, mancebía.

Burdo: tosco, grosero, rústico, ordinario.

Burgués: pudiente, acomodado, conservador, reaccionario.

Burlar: chancear, bromear, embaucar, eludir.

Buscar: indagar, investigar, averiguar, inquirir.

Buscona: bagasa, ramera, prostituta, cortesana.

Busilis: quid, asunto, toque, dificultad.

Butaca: asiento, sillón, luneta, localidad.

Marca: medida, escala, módulo, regla.

Vereda: trocha, ramal, atajo, sendero.

Silencio: sosiego, quietud, calma, serenidad.

Calma: tranquilidad, sosiego, mutismo, reticencia.

Aquietar: calmar, sosegar, apaciguar, inmovilizar.

Desabridez: insipidez, insulsez, desaboridez.

Solidificar: endurecer, condensar, cuajar, espesar.

Hogar: familia, domicilio, casa, morada.

Refinado: fino, sutil, delicado, delgado.

Proletario: trabajador, jornalero, obrero, indigente.

Afrontar: enfrentar, resistir, desafiar, apechugar.

Encontrar: hallar, descubrir, localizar, tropezar.

Regenerada: renovada, corregida, restablecida, normalizada.

Claridad: diafanidad, luminosidad, orientación, facilidad.

Sitio: lugar, punto, espacio, paraje.

Cabal: íntegro, completo, entero, perfecto.

Cábala: intriga, maquinación, ardid, suposición.

Cabalgar: montar, pasear, f— subirse al caballo y pasear en él.

Caballero: señor, noble, hidalgo, jinete.

Caballeroso: digno, fiel, noble, generoso.

Cabaña: choza, barraca, chamizo, chabola.

Caber: contener, poder, entrar, coger.

Cabeza: cráneo, testa, talento, capacidad.

Cabida: espacio, volumen, cupo, envase.

Cabildo: junta, asamblea, corporación, representación.

Cabina: locutorio, departamento, f—lugar destinado para el piloto.

Cabizbajo: alicaído, deprimido, triste, lánquido.

Cabo: extremo, punta, extremidad, f—grado militar.

Parcial: fraccionario, incompleto, inexacto, infundado.

Realidad: evidencia, existencia, propiedad, objetividad.

Caminar: andar, marchar, recorrer, viajar.

Villano: plebeyo, rústico, abyecto, indigno.

Bellaco: pícaro, villano, bribón, perverso.

Mansión: habitación, vivienda, residencia, morada.

Delimitar: demarcar, determinar, limitar, jalonar.

Poquedad: cortedad, pequeñez, escasez, miseria.

Limitación: restricción, escasez, pequeñez, cortapisa.

Unicidad: solidaridad, aislamiento, singularidad, especialidad.

Sala: local, aposento, reunión, pieza.

Animado: alentado, alegre, contento, satisfecho.

Principio: comienzo, apertura, iniciación, advenimiento.

Cabotaje: tráfico marítimo, navegación costera.

Camionaje: cargamento terrestre, transporte en camiones.

Cacumen: talento, cabeza, ingenio, perspicacia.

Bobería: bobada, necedad, simpleza, mentecatez.

Cacharro: utensilio, bártulo, cachivache, vasija.

Valor: cuantía, importe, beneficio, provecho.

Cada: todo, entero, conjunto, unidad.

Infinidad: multitud, sinnúmero, cúmulo, inmensidad.

Cadalso: patíbulo, suplicio, horca, guillotina.

Exilio: destierro, deportación, confinamiento, proscripción.

Cadena: eslabonada, cuerda, sujeción, sucesión.

Desceñimiento: desatadura, libertad, desprendimiento, desligamiento.

Cadencia: armonía, compás, ritmo, euritmia.

Arritmia: desarmonía, descontrol, desaticulación, diferencia.

Cadete: colegial, iniciante, f—alumno de una escuela militar.

Adulto: maduro, hecho, formado, perfecto.

Caducar: prescribir, expirar, extinguirse, anular.

Iniciar: empezar, comenzar, principiar, instruir.

Caducidad: cesación, término, expiración, finiquito.

Validez: vigencia, actualidad, permanencia, duración.

Caduco: viejo, perecedero, efímero, decrépito.

Lozano: gallardo, vigoroso, robusto, frondoso.

Caer: bajar, decaer, incurrir, incidir.

Levantarse: pararse, sobresalir, alzarse, ascender.

Caída: desplome, declive, descenso, derrumbe.

Ascensión: subida, elevación, rampa, pendiente.

Caja: arca, cofre, envase, estuche.

Bóveda: cripta, techo, nicho, firmamento.

Calabozo: celda, mazmorra, f—aposento de cárcel.

Hacienda: predio, heredad, estancia, propiedad.

Calado: labor, encaje, galón, profundidad.

Liso: plano, raso, llano, superficie.

Calafatear: cerrar, taponar, obstruir, llenar.

Separar: desgajar, desperdiciar, alejar, aislar.

Calar: perforar, atravesar, penetrar, introducir.

Detener: frenar, paralizar, contener, interrumpir.

Calamidad: desgracia, desastre, infortunio, drama.

Ventura: destino, casualidad, felicidad, dicha.

Calaña: ralea, laya, índole, calidad.

Calavera: cráneo, perdido, vicioso, disoluto.

Calcar: copiar, reproducir, remedar, plagiar.

Calcinar: quemar, abrasar, carbonizar, incinerar.

Calcular: evaluar, computar, crecer, deducir.

Calenda: lejano, remoto, f—tiempo pasado.

Calentar: caldear, asolar, hervir, acalorar.

Calentito: caliente, ardiente, f— recién hecho.

Calentura: fiebre, temperatura, febrícula, desesperación.

Calibrar: medir, reconocer, cuantificar, valorar.

Calibre: diámetro, dimensión, tamaño, formato.

Calidad: clase, índole, categoría, mercadería.

Cálido: caliente, caluroso, acogedor, afectuoso.

Calificar: considerar, conceptuar, reputar, ponderar.

Cáliz: vaso, copa, f—vaso para celebrar la misa.

Calmante: paliativo, sedante, narcótico, tranquilizador.

Calmar: sosegar, tranquilizar, mitigar, suavizar.

Caló: jerga, germanía, argot, jerigonza.

Calobiótica: tendencia, inclinación. f— arte de vivir bien.

Figura: forma, traza, porte, catadura.

Juicioso: prudente, maduro, reflexivo, meolludo.

Plasmar: concebir, crear, formar, figurar.

Preservar: conservar, salvar, proteger, resguardar.

Comprobar: asegurar, confirmar, cerciorarse, verificar.

Hodierno: hoy, ahora, f—tiempo presente.

Enfriar: refrescar, entibiar, moderar, mitiggar.

Heladito: friolento, helado. f—recién enfriado.

Hipotermia: descanso, desánimo, decaído, postración.

Descalibrar: desmedir, diferenciar, descuidar, invalorar.

Imprecisión: indefinición, confusión ambigüedad, vaguedad.

Vaguedad: confusión, indeterminación, imprecisión.

Frío: helado, congelado, indiferente, insensible.

Prescindir: abstenerse, privarse, omitir, olvidar.

Ancora: esperanza, confianza, alegría, dicha.

Estimulante: incitativo, excitativo, exhortativo, reanimante.

Excitar: incitar, estimular, instigar, exaltar.

Pureza: casticidad, corrección, limpieza, claridad.

Malobiótica: aversión, contrariedad. f—inclinación a la mala vida.

Calor: ardor, viveza, actividad, entusiasmo.

Frialdad: frío, frigidez, indiferencia, desapego.

Calumniar: infamar, desacreditar, difamar, deshonrar.

Encomiar: elogiar, alabar, ensalzar, apologizar.

Calvario: cruz, tormento, tribulación, martirio.

Consuelo: alivio, descanso, bálsamo, lenitivo.

Calzar: cubrir, poner, ajustar, afianzar.

Descalzar: socavar, desajustar, f— andar sin zapatos.

Callar: enmudecer, silenciar, omitir, encubrir.

Hablar: expresar, manifestar, conversar, parlamentar.

Callejear: pasear, vagar, pintonear, vagabundear.

Trabajar: laborar, ejercitar, adiestrar, funcionar.

Cámara: artefacto, aparato, sala. f—cuerpo legislativo.

Artificio: artimaña, enredo, artilugio, ardid.

Camarada: compañero, colega, compinche, amigo.

Enemigo: contrario, adversario, rival, contrincante.

Cambiar: alterar, canjear, permutar, modificar.

Mantener: conservar, preservar, persistir, permanecer.

Camelar: seducir, engatusar, enamorar, cortejar.

Repeler: desdeñar, rehusar, rechazar, repudiar.

Caminar: recorrer, deslizarse, marchar, transitar.

Detenerse: estacionarse, descansar, pararse, estagnarse.

Camino: ruta, senda, pista, sistema.

Interrupción: suspenso, detención, intermisión, atasco.

Camorra: riña, pelea, pendencia, contienda.

Conciliación: armonía, comprensión, concordia, pacificación.

Campamento: campo, acantonamiento, vivaque, toldería.

Población: ciudad, urbe, pueblo, poblado.

Campanudo: retumbante, hinchado, sobresaliente, altisonante.

Natural: sencillo, llano, espontáneo, juicioso.

Campaña: cruzada, acción, operación, maniobra.

Planificación: proyección, programa, planeamiento, planning.

Campeón: vencedor, defensor, sostenedor, paladín.

Perdedor: derrotado, frustrado, vencido, desorientado.

Campesino: aldeano, lugareño, labrador, rústico.

Urbano: civil, ciudadano, cortés, sociable.

Campestre: agreste, silvestre, campesino, bucólico.

Civil: urbano, cortés, afable, deferente.

Camposanto: cementerio, fosal, necrópolis, enterradero.

Arboleda: pastal, sembradero, finca, hacienda.

Camuflar: encubrir, ocultar, esconder, aparentar.

Detectar: descubrir, admitir, aceptar, revelar.

Canal: conducto, conexión, acequia, comunicación.

Aislamiento: incomunicación, apartamiento, confinación, distanciamiento.

Canalizar: encauzar, encaminar, drenar, infundir.

Dispersar: esparcir, diseminar, expandir, extenderse.

Canalla: bandido, pillo, bribón, gentuza.

Benigno: bondadoso, indulgente, humano, afectuoso.

Canapé: refrigerio, tentempié, sofá, diván.

Friolera: bagatela, bicoca, futesa, nimiedad.

Cancelar: anular, abolir, derogar, rescindir.

Cobrar: recaudar, percibir, recibir, recuperar.

Cáncer: carcinoma, epitelioma, f—tumor maligno u oncología.

Sanidad: salubridad, salud, higiene, incólume.

Cancerbero: portero, guardián, vigilante, celador.

Desidioso: descuidado, negligente, dejado, indiferente.

Candente: ardiente, abrasador, irritante, latente.

Frío: helado, tieso, yerto, estoico.

Candidez: inocencia, ingenuidad, simplicidad, sencillez.

Malicia: astucia, agudeza, sutileza, sagacidad.

Cándido: ingenuo, inocente, sencillo, candoroso.

Malicioso: receloso, artero, sagaz, suspicaz.

Candor: sencillez, inocencia, pureza, sinceridad.

Agudeza: maldad, picardía, ardid, maña.

Canela: exquisitez, finura, delicadeza, primorosidad.

Rusticidad: tosquedad, rudeza, ordinariez, zafiedad.

Caníbal: antropófago, humanívoro, sanguinario, salvaje.

Civilizado: clemente, benigno, compasivo, indulgente.

Canijo: flaco, débil, escuálido, enfermizo.

Robusto: fuerte, fornido, forzudo, resistente.

Canjear: cambiar, permutar, trocar, remplazar.

Obtener: adquirir, lograr, comprar, alcanzar.

Cano: viejo, anciano, encanecido, blanquecino.

Joven: mancebo, muchacho, nuevo, actual.

Canon: norma, principio, valor, tarifa.

Anarquía: desorden, confusión, voluntariosidad, arbitrariedad.

Canonizar: santificar, beatificar, venerar, reverenciar.

Despreciar: desdeñar, menospreciar, denigrar, vilipendiar.

Canoro: melodioso, armonioso, cadencioso, agradable.

Discorde: disconforme, disonante, discordante, incoherente.

Cansancio: fatiga, agotamiento, extenuación, lasitud.

Entusiasmo: vigor, interés, fervor, pasión.

Cansar: fatigar, extenuar, agotar, fastidiar.

Vigorizar: fortalecer, robustecer, animar, tonificar.

Cansino: cansado, fatigado, perezoso, cancío.

Vivo: ágil, activo, listo, veloz.

Cantar: entonar, canturrear, tatarear, coplar.

Desentonar: desafinar, disonar, discordar, contrastar.

Cantidad: cuantía, porción, parte, monto.

Nadería: friolera, bagatela, nimiedad, futilidad.

Cantón: región, parte, división, circunscripción.

País: nación, patria, estado, territorio.

Cañón: obús, arma, tubo, enfiladero.

Montaña: sierra, colina, monte, meseta.

Caos: confusión, desconcierto, anarquía, terrorismo.

Orden: disposición, método, sistema, concierto.

Caótico: confuso, enmarañado, desconcertado, embrollado.

Ordenado: regulado, armonioso, dispuesto, metódico.

Capa: manto, cubridero, estrato, losa.

Vestido: prenda, ropa, traje, indumento.

Capacitar: habilitar, facilitar, comisionar, facultar.

Incapacitar: inhabilitar, nulificar, invalidar, imposibilitar.

Caparazón: concha, cubierta, corteza, defensa.

Centro: núcleo, corazón, foco, cogollo.

Capaz: apto. idóneo, suficiente, competente.

Incapaz: inhábil, inepto, torpe, insuficiente.

Capcioso: artificioso, engañoso, insidioso, solapado.

Franco: llano, veraz, fehaciente, claro.

Capear: sortear, eludir, soslayar, despejar.

Enfrentar: arrostrar, afrontar, oponer, resistir.

Capellán: cura, párroco, sacerdote, padre.

Sacristán: monaguillo, ayudante, acólito, escolano.

Capital: caudal, fortuna, hacienda, metrópoli.

Insignificante: pequeño, leve, exiguo, diminuto.

Capitalizar: invertir, atesorar, acaudalar, economizar.

Capitán: jefe, caudillo, conductor, mandante.

Capitulación: convenio, pacto, rendición, derrota.

Capitular: rendirse, entregarse, pactar, convenir.

Capítulo: división, apartado, párrafo, parágrafo.

Caporal: mayordomo, capataz, encargado, cabo.

Capricho: antojo, deseo, obsesión, ligereza.

Captación: atracción, conquista, percepción, fascinación.

Captar: lograr, atraer, conquistar, alcanzar.

Capturar: aprisionar, apresar, aprehender, detener.

Caquexia: debilitamiento, extenuación, desnutrición, tabes.

Cara: rostro, fisonomía, semblante, faz.

Carácter: condición, índole, idiosincrasia, temperamento.

Característico: único, peculiar, distintivo, unilateral.

Caracterizar: identificar, distinguir, definir, determinar.

Carambola: casualidad, chiripa, suerte, eventualidad.

Carantoña: carátula, título, embeleso, caricia.

Carátula: portada, tapa, careta, rótulo.

Caravana: multitud, muchedumbre, tropel, romería.

Despilfarrar: dilapidar, derrochar, desperdiciar, malgastar.

Dependiente: subalterno, subordinado, súbdito, satélite.

Batalla: combate, lucha, contienda, enfrentamiento.

Combatir: luchar, lidiar, batallar, disputar.

Enlace: vínculo, trabazón, ligazón, concatenación.

Gañán: patán, rústico, iletrado, mozo.

Consecuencia: resultado, conclusión, corolario, finalidad.

Repulsión: aversión, repudio, odio, ojeriza.

Rechazar: repeler, repudiar, rebatir, rehusar.

Libertar: liberar, redimir, rescatar, independizar.

Robustecimiento: vigorización, remozamiento, fortalecimiento, tonificación.

Dorso: espalda, revés, reverso, cruz.

Singularidad: particularidad, individualidad, peculiaridad, modalidad.

Genérico: común, frecuente, usual, masivo.

Confundir: desconcertar, turbar, equivocar, perturbar.

Seguridad: certeza, certidumbre, garantía, confianza.

Antipatía: ojeriza, aversión, malquerencia, desafecto.

Impresión: estampación, tirada, marca, señal.

Exigüidad: poquedad, escasez, reducción, cortedad.

Carcamán: ruin, innoble, feble, indigno.

Cárcel: prisión, penal, penitenciaría, mazmorra.

Cardenal: esencial, principal, fundamental, capital.

Cardumen: abundancia, profusión, banco, multitud.

Carear: enfrentar, encarar, arrostrar, cotejar.

Carecer: faltar, privar, vacar, escasear.

Carencia: privación, falta, ausencia, defecto.

Carestía: escasez, penuria, encarecimiento, subida.

Careta: máscara, antifaz, mascarilla, tapujo.

Cargar: aumentar, incrementar, acometer, atacar.

Cargo: falta, imputación, puesto, plaza.

Caricatura: exageración, maximación, parodia, hipérbole.

Caricia: cariño, mimo, afecto, ternura.

Caridad: dádiva, socorro, altruismo, filantropía.

Carisma: don, gracia, cualidad, dotes.

Carismático: bondadoso, magnánimo, obsequioso, espiritual.

Cariz: aspecto, perspectiva, fase, situación.

Carmenar: desenredar, desenmarañar, escarmenar, desentrabar.

Carnal: sensual, lúbrico, libidinoso, lujurioso.

Caro: costoso, dispendioso, alzado, amado.

Digno: merecedor, acreedor, íntegro, delicado.

Libertad: independencia, liberación, emancipación, autonomía.

Accesorio: adiccional, secundario, suplementario, complementario.

Poquedad: escasez, exigüidad, nimiedad, insuficiencia.

Esquivar: rehusar, eludir, soslayar, evitar.

Poseer: disfrutar, tener, gozar, deleitar.

Abundancia: cantidad, plétora, riqueza, fertilidad.

Baja: merma, caída, descenso, pérdida.

Verdad: evidencia, certeza, axioma, evangelio.

Descargar: aliviar, aligerar, eximir, desestimar.

Vacío: vacuo, descargo, ocioso, parado.

Morigeración: moderación, prudencia, discreción, sensatez.

Malquerencia: aversión, antipatía, desamor, ojeriza.

Mezquindad: tacañería, cicatería, avaricia, ruindad.

Defecto: tacha, imperfección, carencia, deficiencia.

Desconcertante: insólito, extraño, inusitado, egoísta.

Incidencia: contingencia, emergencia, suceso, cuestión.

Enmendar: remediar, corregir, subsanar, modificar.

Espiritual: anímico, síquico, mental, sutil.

Barato: módico, rebajado, económico, reducido.

Carpeta: cubierta, forro, cartapacio, cortina.

Olvido: descuido, inadvertencia, desmemoria, amnesia.

Carrera: profesión, estudio, función, trayecto.

Vocación: inclinación, propensión, tendencia, preferencia.

Carril: rodera, ándel, corredera, huella.

Ámbito: espacio, superficie, perímetro, contorno.

Carta: misiva, epístola, esquela, constitución.

Epigrama: idea, pensamiento, dicho, sentencia.

Cartabón: evaluativo, meditivo, f—instrumento para medir.

Hipótesis: suposición, presunción, conjetura, presuposición.

Cartapacio: carpeta, cuaderno, portafolio, portapliegos.

Libro: obra, volumen, ejemplar, texto.

Cartel: anuncio, proclama, aviso, noticia.

Detrimento: menosprecio, perjuicio, deterioro, quebranto.

Cartelera: avisadora, anunciadora, f—lugar en que se colocan los anuncios.

Nadería: nimiedad, minucia, futileza, bagatela.

Cartera: billetera, vademécum, f—conjunto de clientes.

Bolsa: morral, talega, bolso, escarcela.

Cartilla: catón, abecedario, silabario, libreta.

Heterogeneidad: mezcolanza, variedad, diversidad, multiplicidad.

Casa: vivienda, morada, hogar, habitación.

Campo: campiña, sembrado, cultivo, ámbito.

Casación: anulación, renovación, invalidación, abolición.

Validación: aprobación, certificación, confirmación, aseveración.

Casar: anular, revocar, abolir, f—contraer matrimonio.

Confirmar: asegurar, aseverar, atestiguar, corroborar.

Casco: cabeza, cráneo, tonel, pesuña.

Coraza: brindaje, caparazón, armadura, coselete.

Casi: cercano, próximo, inmediato, parte.

Completo: íntegro, todo, lejos, distante.

Casino: club, centro, círculo, diversionario.

Morada: casa, habitación, vivienda, mansión.

Caso: suceso, acontecimiento, ocasión, ocurrencia.

Inercia: inacción, quietismo, inactividad, pasividad.

Casquivano: irreflexivo, acalorado, precipitado, atolondrado.

Sensato: cuerdo, circunspecto, discreto, mesurado.

Castidad: pureza, inocencia, pudor, honestidad.

Lujuria: impudicia, lascivia, concupiscencia, sexualidad.

Castigar: sancionar, penar, mortificar, afligir.

Perdonar: absolver, condenar, dispensar, indultar.

Castizo: fecundo, fértil, correcto, puro.

Bárbaro: cruel, salvaje, tosco, inculto.

Casual: fortuito, ocasional, eventual, contingente.

Lógico: racional, deductivo, justo, legítimo.

Casualidad: azar, eventualidad, albur, contingencia.

Certidumbre: certeza, convicción, evidencia, seguridad.

Casuística: casos. Casos de conciencia, consideraciones diversas.

Circunstancias: razón, motivo, móvil, incidencia.

Catadura: aspecto, facha, traza, semblante.

Inverosímil: raro, extraño, irreal, fantástico.

Catalizar: transformar, modificar, trasmutar, variar.

Mantener: continuar, seguir, permanecer, inalterar.

Catalogar: clasificar, individualizar, inventariar, ordenar.

Embrollar: revolver, enmarañar, enredar, confundir.

Catálogo: lista, registro, rol, repertorio.

Hacinamiento: amontonamiento, mezcolanza, apilamiento, acumulación.

Catar: gustar, probar, saborear, examinar.

Invalidar: anular, desestimar, inhabilitar, desautorizar.

Catarsis: purificación, eliminación, f—liberación de recuerdos extraños.

Maculación: impureza, impudicia, patraña, mixtificación.

Catártico: purificativo, eliminativo, purgativo, abstersivo.

Polutivo: contaminativo, maculante, contagiante, manchante.

Catástrofe: cataclismo, desastre, calamidad, hecatombe.

Dicha: ventura, felicidad, prosperidad, progreso.

Cátedra: púlpito, asiento, materia, aula.

Maraña: enredo, mezcolanza, confusión, embuste.

Categoría: clase, condición, talla, jerarquía.

Vaguedad: indecisión, imprecisión, confusión, vaciedad.

Categórico: preciso, concluyente, rotundo.

Dubitativo: vago, impreciso, incierto, confuso.

Catequizar: enseñar, instruir, atraer, convertir.

Apostatar: adjurar, renegar, desertar, traicionar.

Caterva: multitud, infinidad, muchedumbre, abundancia.

Poquedad: exigüidad, nimiedad, cortedad, escasez.

Catilinaria: increpación, sermón, apóstrofe, diatriba.

Elogio: encomio, alabanza, apología, zalamería.

Caución: garantía, fianza, precaución, aval.

Imprevisión: distracción, irreflexión, divagación.

Caudal: corriente, tendencia, dinero, conocimientos.

Inopia: indigencia, pobreza, miseria, estrechez.

Causa: origen, principio, génesis, procedencia.

Efecto: consecuencia, secuela, indiferencia, esquivar.

Causar: producir, originar, ocasionar, motivar.

Evitar: impedir, prevenir, precaver, esquivar.

Caústico: mordaz, satírico, punzante, incisivo.

Benévolo: benigno, indulgente, bondadoso, complaciente.

Cautela: cuidado, precaución, provención, juicio.

Imprudencia: precipitación, disparate, desatino, temeridad.

Cauteloso: precavido, reservado, circunspecto, recatado.

Desconfiado: receloso, suspicaz, previsor.

Cauterizar: quemar, foguear, curar, corregir.

Fomentar: proteger, promover, sostener, impulsar.

Cautividad: cautiverio, privación, esclavitud, sujeción.

Libertad: emancipación, redención, eximición, liberación.

Cautivar: fascinar, seducir, encantar, embelezar.

Repeler: repulsar, rehusar, desdeñar, desechar.

Cauto: precavido, ocurrente, circunspecto, previsor.

Incauto: ingenio, inocentón, imprevisor, simple.

Cavar: ahondar, profundizar, penetrar, excavar.

Observar: atender, vigilar, respetar, considerar.

Cavernícola: cavernario, retrógrado, anticuado, antigüista.

Moderno: actual, nuevo, reciente, contemporáneo.

Cavidad: hoyo, hueco, vacío, fosa.

Compactación: llenamiento, espesor, solidez, macisez.

Cavilar: pensar, meditar, considerar, reflexionar.

Divagar: desatender, distraerse, descuidar, improvisar.

Cazar: perseguir, atrapar, pillar, coger.

Emancipar: libertar, independizar, rescatar, redimir.

Cazurro: encerrado, ensimismado, reservado, malicioso.

Abierto: despejado, claro, llano, desembarazado.

Cebar: engordar, sobrealimentar, obesar, habituar.

Limitar: restringir, delimitar, demarcar, circunscribir.

Ceder: dar, traspasar, transferir, transigir.

Posesionarse: apropiarse, adueñarse, apoderarse, incautarse.

Cegar: alucinar, ofuscar, obcecar, obturar.

Iluminar: alumbrar, resplandecer, rutilar, brillar.

Cejar: ceder, aflojar, recular, retroceder.

Resistir: oponer, defender, aguantar, combatir.

Celada: emboscada, trampa, insidia, asechanza.

Efugio: salida, escapatoria, evasión, pretexto.

Celar: cuidar, atender, observar, vigilar.

Revelar: descuidar, detectar, demostrar, manifestar.

Celebrar: ensalzar, encomiar, alabar, elogiar.

Denigrar: infamar, injuriar, calumniar, deshonrar.

Célebre: famoso, vitoreado, aplaudido, ovacionado.

Ignoto: desconocido, ignorado, opaco, obscuro.

Celeridad: rapidez, prontitud, ligereza, premura.

Lentitud: tardanza, demora, retraso, aplazamiento.

Celestina: alcahueta, encubridora, proxeneta, tapadora.

Moralizada: corregida, regenerada, reformada, renovada.

Celos: temor, desconfianza, recelo, inquietud.

Confianza: seguridad, creencia, convicción, aliento, esperanza.

Celotipia: celomanía, vehemencia. f— pasión desmedida de celos.

Indiferencia: frialdad, insensibilidad, desafición, desamor.

Celsitud: elevación, grandeza, excelencia, eminencia.

Bajeza: ruindad, vileza, abyección, degradación.

Cenestesia: sensibilidad, comprensión, sensitividad, corporisidad.

Insensibilidad: inercia, inacción, adormecimiento, anestesia.

Censo: empadronamiento, anotación, registro, catastro.

Tacha: borramiento, rayadura, supresión, eliminación.

Censor: corrector, interventor, examinador, calificador.

Cómplice: coautor, partícipe, conniviente, conspirador.

Censurar: criticar, juzgar, fustigar, reprobar.

Aprobar: asentir, sancionar, celebrar, corroborar.

Centinela: guardia, vigilante, custodia, guardián.

Delincuente: malhechor, criminal, salteador, forajido.

Centralizar: concentrar, agrupar, juntar, mancomunar.

Descentralizar: separar, desunir, esparcir, diseminar.

Centro: núcleo, foco, eje, meta.

Periferia: contorno, circunsferencia, alrededor, perímetro.

Ceñir: apretar, estrechar, ajustar, contornar.

Desceñir: soltar, liberar, desatar, descifrar.

Cercano: próximo, inmediato, allegado, contiguo.

Lejano: distante, separado, apartado, remoto.

Cercar: rodear, circundar, asediar, perseguir.

Escapar: huir, fugarse, evadirse, escabullirse.

Cercenar: desunir, cortar, mutilar, coartar.

Prolongar: extender, alargar, estirar, dilatar.

Cerciorarse: asegurar, convencer, persuadir, confirmar.

Vacilar: dudar, titubear, recelar, examinar.

Cerebral: intelectual, especulativo, teórico, estudioso.

Emocional: apasionado, impresionado, entendido, conmovido.

Cerebro: talento, seso, cabeza, cacumen.

Vacuidad: vaciedad, oquedad, carencia, ausencia.

Ceremonia: rito, pompa, solemnidad, formalidad.

Nimiedad: insignificancia, fatuidad, necedad, fruslería.

Cernícalo: bruto, rudo, necio, sandio.

Diligente: listo, expedito, activo, dispuesto.

Cerrar: tapar, cubrir, clausurar, obstruir.

Abrir: rasgar, hendir, descubrir, horadar, inaugurar.

Certero: seguro, diestro, experto, eficaz.

Incierto: dudoso, ambiguo, inseguro, vacilante.

Certificar: confirmar, atestiguar, asegurar, aseverar.

Desmentir: desdecir, desvirtuar, negar, contradecir.

Cesar: finalizar, acabar, suspender, interrumpir.

Continuar: proseguir, prorrumpir, perdurar, persistir.

Cesión: entrega, traspaso, abandono, donación.

Apropiación: usurpación, apropiamiento, incautación, confiscación.

Cetro: reinado, primacía, mando, imperio.

Pérdida: privación, carencia, perdimiento, quebranto.

Cibernética: f— funcionamiento de las conexiones nerviosas. f— manejo de las máquinas electrónicas.

Anomalía: anormalidad, irregularidad, extrañeza, singularidad.

Cicatero: avaro, tacaño, mezquino, agarrado.

Desprendido: generoso, desinteresado, dadivoso.

Cicatrizar: cerrar, curar, detener, estancar.

Abrir: destapar, desplegar, rasgar, hendir.

Cicerone: guía, baqueano, intérprete, líder.

Ciclo: período, época, temporada, estación.

Ciclópeo: gigantesco, colosal, descomunal, monumental.

Ciego: invidente, alucinado, tenaz, obcecado.

Cielo: gloria, paraíso, empíreo, firmamento.

Ciencia: sapiencia, erudición, cognición, sabiduría.

Cierto: manifiesto, auténtico, indubable, innegable.

Cifrar: confiar, ansiar, resumir, reducir.

Cilicio: suplicio, tormento, aflicción, tribulación.

Cima: cumbre, cúspide, cúpula, cresta.

Cimentar: fundamentar, establecer, fundar, asentir.

Cimero: culminante, supremo, superior, sobresaliente.

Cincelar: tallar, esculpir, trabajar, modelar.

Cinética: moviente, cambiante, agitante, desplazante.

Cínico: desvergonzado, impúdico, procaz, descarado.

Circular: transitar, andar, pasar, deambular.

Circundar: circuir, cercar, rodear, circunvalar.

Circunloquio: rodeo, ambages, paráfrasis, comentario.

Circunscribir: ceñir, ajustar, amoldar, conformar.

Despistador: confusor, extraviante, desconcertante, desvinculante.

Perenne: eterno, perpetuo, imperecedero, sempiterno.

Pequeño: enano, pigmeo, liliputiense, diminuto.

Vidente: iluminado, inspirado, adivino, clarividente.

Infierno: averno, orco, érebo, fuego.

Ignorancia: analfabetismo, incultura, iletrado, nesciencia.

Incierto: dudoso, ambiguo, vacilante, perplejo.

Titubear: dudar, vacilar, fluctuar, confundir.

Goce: posesión, uso, disfrute, fruición.

Fondo: cimiento, base, entraña, interior.

Debilitar: aflorar, extenuar, agotar, flaquear.

Inferior: ínfimo, exiguo, dependiente, subalterno.

Gandulear: holgazanear, haraganear, apoltronar, callejear.

Inmovilizante: paralizante, aquietante, afianzante, consolidante.

Respetuoso: púdico, deferente, afable, considerado.

Detenerse: estacionarse, pararse, demorarse, retardarse.

Escapar: huir, evadirse, escabullirse, librarse.

Concisión: brevedad, precisión, claridad, laconismo.

Extender: ampliar, aumentar, difundir, desarrollar.

Circunspección: cautela, prudencia, precaución, discreción.

Indiscreción: imprudencia, descomedimiento, desatino, intromisión.

Circunspecto: discreto, mesurado, prudente, cauteloso.

Imprudente: atolondrado, arriesgado, precipitado, temerario.

Circunstante: concurrente, asistente, espectador, visitante.

Ausente: alejado, separado, marchado, lejano.

Circunvalar: circular, circundar, rodear, contornar.

Impedir: dificultar, obstaculizar, estorbar, imposibilitar.

Cisma: rompimiento, ruptura, diferendo, disensión.

Unión: enlace, mancomunicación, coordinación, federación.

Cismático: discorde, disidente, disensivo, escisivo.

Vinculativo: unitivo, conexivo, conjuntivo, integracional.

Cisura: rotura, hendidura, cisión, abertura.

Oclusión: cierre, obstrucción, clausura, impedimento.

Citar: mencionar, nombrar, convocar emplazar.

Silenciar: callar, omitir, reservar, pausar.

Ciudadano: habitante, residente, vecino, capitalino.

Campesino: aldeano, lugareño, provinciano, ruralista.

Civil: ciudadano, urbano, metropolitano, paisano.

Militar: soldado, miliciano, guerrero, estretega.

Civilización: cultura, adelanto, progreso, educación.

Barbarie: crueldad, rusticidad, salvajismo, incultura.

Cizaña: discordia, enemistad, disensión, desavenencia.

Concordia: armonía, unión, euritmia, fraternidad.

Clamar: quejarse, lamentarse, exclamar, gemir.

Oír: escuchar, atender, percibir, considerar.

Clamor: lamento, queja, gemido, súplica.

Silencio: enmudecimiento, callamiento, soportamiento, omisión.

Clandestino: secreto, oculto, ilegal, ilícito.

Manifiesto: público, conocido, notorio, divulgado.

Claridad: luminosidad, diafanidad, limpidez, llaneza.

Oscuridad: tiniebla, lobreguez, penumbra, opacidad.

Clarificación: aclaramiento, depuramiento, alumbramiento, especificación.

Lobreguez: obscuridad, ensombrecimiento, tenebrosidad, embrollamiento.

Clarificar: iluminar, alumbrar, aclarar, filtrar.

Obscurecer: entenebrecer, ensombrecer, lobreguecer, anochecer.

Clarividencia: intuición, penetración, perspicacia, sagacidad.

Obcecación: obsesión, ofuscamiento, ceguera, pesadilla.

Clarividente: perspicaz, penetrante, intuitivo, sutil.

Obsesionado: ofuscado, porfiado, tozudo, obcecado.

Claro: diáfano, cristalino, manifiesto, evidente.

Obscuro: turbio, opaco, sombrío, lóbrego.

Clasificación: ordenamiento, alineamiento, numeramiento, sistematización.,

Enmarañamiento: confusión, revolvimiento, barullo, anarquía.

Clasificar: ordenar, alinear, archivar, coordinar.

Revolver: desordenar, desalinear, desorganizar, encarar.

Claudicación: sometimiento, entrega, admisión, transigencia.

Encaramiento: enfrentamiento, oposición, defensa, forcejamiento, resistencia.

Claudicar: transigir, tolerar, admitir, contemporanizar.

Enfrentar: resistir, encarar, defender, forcejear.

Cláusula: estipulación, condición, disposición, período.

Nonada: nadería, menudencia, nimiedad, fruslería.

Clavar: hundir, fijar, hincar, remachar.

Desclavar: extraer, arrancar, quitar, extirpar.

Clave: fórmula, cifra, explicación, contenido.

Confusión: mezcolanza, enredo, embrollo, entrevero.

Clemencia: piedad, indulgencia, misericordia, compasión.

Crueldad: ferocidad, salvajismo, atrocidad, barbarie.

Clemente: compasivo, benigno, indulgente, piadoso.

Severo: rígido, riguroso, duro, hosco.

Cleptomanía: inclinación al robo. Propensión a tomar lo ajeno.

Honradez: corrección, moralidad, integridad, normalidad.

Clima: atmósfera, temperatura, agitación, conturbación.

Efecto: resultado, consecuencia, circunstancia, reacción.

Cloaca: sumidero, alcantarilla, albañal, desaguadero.

Estuario: estero, rèstañadero, acequia, zanja.

Club: centro, círculo, casino, asociación.

Ciudad: pueblo, país, región, zona.

Coacción: imposición, forzamiento, obligación, violencia.

Espontaneidad: naturalidad, llaneza, voluntad, liberalidad.

Coadyuvar: cooperar, colaborar, secundar, favorecer.

Perjudicar: dañar, lesionar, deteriorar, menospreciar.

Coagular: cuajar, espesar, solidificar, condensar.

Diluir: disolver, desleír, deshacer, desunir.

Coalición: alianza, unión, mancomunación, confederación.

Coartada: pretexto, disculpa, defensa, excusa.

Coartar: limitar, refrenar, reducir, restringir.

Cobarde: tímido, pusilánime, miedoso, gallinicio.

Cobardía: timidez, pusilanimidad, temor, espanto.

Cobertura: cubierta, tejado, cautelación, responsabilidad.

Cobijar: albergar, refugiar, asilar, hospedar.

Cobrar: recibir, recuperar, recoger, resultado.

Cochinada: cochinería, incorrección, suciedad, porquería.

Codicia: avaricia, ambición, avidez, ansia.

Codificar: reglamentar, regular, pautar, legislar.

Código: recopilación, reglamentación, fórmula, pauta.

Coeficiente: factor, puntos, medio, capacidad.

Coercer: contener, refrenar, reprimir, sujetar.

Coercitivo: represivo, coactivo, restrictivo, restringido.

Coexistencia: coincidencia, simultaneidad, concordancia, sincronía.

Cofradía: hermandad, corporación, institución, asociación.

Coger: asir, atrapar, agarrar, sujetar.

Cogitabundo: pensativo, meditabundo, ensimismado, reflexivo.

Bifurcación: separación, desligamiento, diseminación, escisión.

Impugnación: inculpación, acusación, imputación, procesamiento.

Estimular: incitar, avivar, aguijonear, incentivar.

Valiente: osado, intrépido, corajudo, audaz.

Valentía: intrepidez, osadía, coraje, audacia.

Consecuencia: resultado, implicancia, circunstancia.

Arrojar: lanzar, expulsar, marginar, erradicar.

Pagar: saldar, satisfacer, abonar, remunerar.

Limpieza: pulcritud, aseo, higiene, corrección.

Moderación: mesura, templanza, morigeración, sobriedad.

Modificar: corregir, cambiar, reformar, innovar.

Enmarañamiento: enredo, confusión, embrollo, revoltura.

Exponente: expreso, manifiesto, mostrado, presente.

Liberar: emancipar, libertar, eximir, licenciar.

Liberado: libre, eximido, redimido, emancipado.

Incoexistencia: discordancia, disparidad, anacronía, inconcordancia.

Disyunción: división, desunión, separación, bifurcación.

Soltar: desdeñar, desligar, desunir, emancipar.

Distraído: desatento, descuidado, volado, olvidadizo.

Cogitar: cavilar, meditar, reflexionar, pensar.

Cognación: parentesco, parentela, origen, genealogía.

Cognición: conocimiento, entendimiento, razón, discernimiento.

Cognoscible: comprensible, inteligible, conocible, identificable.

Cohabitar: convivir, congeniar, f—hacer vida marital.

Cohechar: corromper, sobornar, comprar, viciar.

Coherencia: encadenamiento, conexión, concatenación, simetría.

Cohesión: coherencia, conexión, ilación, consistencia.

Cohibir: contener, coartar, refrenar, sujetar.

Cohonestar: disfrazar, disimular, encubrir, simular.

Cohorte: séquito, grupo, legión, serie.

Coincidencia: concomitancia, encuentro, concurrencia, sincronía.

Coincidir: concordar, ajustar, convenir, armonizar.

Colaboración: participación, contribución, ayuda.

Colaborar: auxiliar, coadyuvar, cooperar, participar.

Colación: tema, conversación, asunto, refrigerio.

Colacionar: comparar, cotejar, parangonar, confrontar.

Colapso: vahído, síncope, desmayo, enervación.

Vagar: deambular, gandulear, holgazanear.

Extraño: distinto, diferente, ajeno, foráneo.

Nesciencia: desconocimiento, ignorancia, obscuridad, analfabetismo.

Incognoscible: inasequible, inasible, incomprensible, impenetrable.

Discordar: discrepar, divergir, enemistar, disociar.

Conservar: cuidar, preservar, salvaguardar, mantener.

Incoherencia: desunión, separación, bifurcación, desarmonía.

Inconsistencia: incoherencia, disconformidad, confusión, embrollo.

Acicatear: estimular, incitar, alentar, aguijonear.

Denunciar: delatar, revelar, descubrir, sindicar.

Marginación: apostillas, escollo, nota, paráfrasis.

Divergencia: contraste, separación, desacuerdo, discrepancia.

Divergir: separar, disentir, diferir, discrepar.

Daño: perjuicio, lesión, deterioro, menoscabo.

Perjudicar: lesionar, dañar, quebrantar, deteriorar.

Negación: desdeñamiento, desestimación, ocultación, denegación.

Aceptar: aprobar, admitir, consentir, tolerar.

Vigor: fuerza, energía, potencia, vigencia.

Colar: filtrar, pasar, purificar, limpiar.

Macular: manchar, ensuciar, mancillar, enlodar.

Colateral: adyacente, colindante, pariente, familiar.

Ajeno: extraño, forastero, foráneo, separado.

Coleccionar: reunir, compilar, recopilar, atesorar.

Desperdigar: diseminar, dispersar, esparcir. desparramar.

Colectivizar: socializar, comunizar, generalizar, intercambiar.

Individualizar: particularizar, personalizar, pormenorizar, especificar.

Colectivo: común, general, público, sabido.

Individual: particular, personal, propio, distinto.

Colegiar: asociar, juntar, corporizar, coaligar.

Disociar: disgregar, desunir, separar, desmantelar.

Colegio: sociedad, corporación, comunidad, academia.

Efecto: resultado, consecuencia, inferencia, secuela.

Colegir: deducir, inferir, desprender, derivar.

Ocultar: encubrir, esconder, encerrar, recatar.

Cólera: rabia, furor, enojo, ira.

Calma: tranquilidad, pasividad, placidez, serenidad.

Colérico: iracundo, furioso, violento, ceñudo.

Plácido: tranquilo, sereno, manso, quieto.

Colgar: pender, suspender, achacar, imputar.

Descolgar: desprender, bajar, arriar, aballar.

Colindar: lindar, tocar, limitar, confinar.

Distanciar: preceder, separar, superar, avanzar.

Coliseo: teatro, escenario, circo, espectaculario.

Estadio: campo, círculo, redondel, multitudinario.

Colisión: encuentro, choque, pugna, encontronazo.

Apartamiento: desviación, separación, desencuentro, alejamiento.

Colmar: llenar, henchir, saturar, ocupar.

Vaciar: arrojar, verter, desocupar, afluir.

Colocar: ubicar, instalar, estacionar, parquear.

Marginar: despedir, destituir, arrojar, separar.

Colofón: final, término, pulimiento, finalización.

Comienzo: empiezo, principio, partida, encabezamiento.

Colonizar: habitar, cultivar, radicarse, establecerse.

Erializar: yermar, baldiar, inhabitar, incultivar.

Coloquio: conversación, plática, diálogo, conferencia.

Mutismo: silencio, mudez, sigilo, reticencia.

Color: matiz, tinte, tono, combinación.

Nadería: vaguedad, vacuidad, oquedad, nimiedad.

Colosal: gigantesco, enorme, titánico, estupendo.

Coludir: confabular, tramar, conspirar, intrigar.

Columbrar: entrever, vislumbrar, divisar, sospechar.

Colusión: complicidad, confabulación, contubernio, connivencia.

Collar: gargantilla, carlanca, horcajo, collerín.

Comandar: dirigir, mandar, acaudillar, capitanear.

Comanditar: adelantar, aprontar, f—disponer los fondos necesarios.

Combatir: luchar, lidiar, batallar, contender.

Combinar: concertar, alear. coordinar, mezclar.

Combustión: ignición, incineración, abrasamiento, inflamable.

Comedimiento: discreción, urbanidad, atención, cortesía.

Comedir: ocurrir, pensar, arreglar, preparar.

Comentar: desarrollar, explicar, explanar, interpretar.

Comentario: interpretación, escolio, explicación, acotación.

Comenzar: empezar, iniciar, principiar, emprender.

Comer: tragar, engullir, devorar, zampar.

Comerciar: negociar, traficar, especular, compravender.

Comercialización: ordenamiento, metodización, mercantilización, marketing o estudio de mercado.

Pequeño: diminuto, enano, exiguo, minucia.

Revelar: detectar, exhumar, vislumbrar, descubrir.

Confiar: fiarse, entregarse, esperar, encomendar.

Rectitud: integridad, probidad, sinceridad, corrección.

Chuchería: baratija, bujería, fruslería, bicoca.

Conspirar: urgir, complotar, revolucionar, confabular.

Rezagar: atrasar, retardar, demorar, diferir.

Defender: proteger, amparar, resguardar, justificar.

Desintegrar: descomponer, disgregar, disociar, desligar.

Incombustible: agua, tierra, suelo, terreno.

Atrevimiento: audacia, osadía, temeridad, valentía.

Tontecer: torpecer, bobedecer, aturdir, idiotizar.

Silenciar: callar, sigilar, observar, pausar.

Silencio: omisión, mutismo, callamiento, ocultación.

Terminar: concluir, finalizar, culminar, acabar.

Ayunar: privarse, abstenerse, retenerse, resistir.

Idealizar: enseñar, quimerizar, elevar, imaginar.

Idealización: quimera, teorismo, sublimación, irrealización.

Cometer: incidir, incurrir, realizar, perpetrar.

Comicidad: jocosidad, gracia, irrisión, hilaridad.

Comisión: cometido, encargo, misión, delegación.

Comitiva: séquito, escolta, cortejo, comparsa.

Cómodo: holgado, agradable, favorable, oportuno.

Compacto: macizo, consistente, espeso, sólido.

Compadecer: apenar, afligir, enternecer, deplorar.

Compaginar: armonizar, concordar, corresponder, conjugar.

Comparación: parangón, cotejo, confrontación, metáfora.

Comparar: confrontar, cotejar, parangonar, compulsar.

Comparecer: acudir, presentarse, aparecer, asistir.

Compartimiento: división, departamento, partición, apartamiento.

Compasión: piedad, misericordia, caridad, conmiseración.

Compatibilizar: concordar, conformar, conciliar, posibilitar.

Compatible: concordante, comprendente, concurrente, concertante.

Compeler: forzar, obligar, presionar, constreñir.

Compendiar: resumir, reducir, extraer, recapitular.

Compendio: resumen, recopilación, epítome, sinopsis.

Eludir: esquivar, evitar, evadir, soslayar.

Tristeza: aflicción, tribulación, consternación.

Servicio: prestación, favor, provecho, beneficio.

Abandono: desatención, dejación, desinterés, descuido.

Incómodo: molesto, enfadoso, mortificante, difícil.

Poroso: esponjoso, agujereado, fláccido, fofo.

Congratular, felicitar, cumplimentar, saludar, exteriorizar.

Discordar: discrepar, divergir, disentir, disociar.

Desigualdad: disparidad, disimilitud, diferencia, divergencia.

Controlar: inspeccionar, fiscalizar, revisar, supervisar.

Desaparecer: ausentarse, irse, retirarse, alejarse.

Acumulación: amontonamiento, hacinamiento, acopiamiento, juntamiento.

Dureza: crueldad, desprecio, severidad, rigor.

Incompatibilizar: discordar, oponerse, imposibilitar, desarmonizar.

Incompatible: discordia, inconciliable, obstaculizable, opuesto.

Eximir: liberar, librar, desligar, condonar.

Ampliar: desarrollar, entender, aumentar, incrementar.

Desarrollo: amplificación, aumento, extensión, incremento.

Compenetrarse: entenderse, identificarse, coincidir, comprenderse.

Discrepar: divergir, disentir, discordar, contrariar.

Compensación: resarcimiento, indemnización, nivelación, equivalencia.

Menoscabo: daño, perjuicio, avería, estropeamiento.

Compensar: resarcir, indemnizar, igualar, equiparar.

Perjudicar: lesionar, dañar, deteriorar, empeorar.

Competencia: autoridad, jurisdicción, incumbencia, suficiencia.

Incompetencia: ineptitud, inhabilidad, incapacidad, desmaña.

Competer: atañer, incumbir, pertener, corresponder.

Entorpecer: dificultar, impedir, obstruir, estorbar.

Competición: lucha, riña, disputa, rivalidad.

Conciliación: concordia, armonía, avenencia, acuerdo.

Competir: contender, lidiar, rivalizar, emular.

Concordar: concertar, convenir, ajustar, armonizar.

Compilación: colección, extracción, recopilación, amalgamiento.

Separación: bifurcamiento, desperdigamiento, diseminación, cercenamiento.

Compilar: seleccionar, recolectar, coleccionar, reunir.

Abirragar: mezclar, jaspear, vegetar, entremezclar.

Complacer: agradar, contentar, gustar, satisfacer.

Contrariar: contradecir, mortificar, enfadar, repugnar.

Complejidad: complicación, obstáculo, diversidad, confusión.

Simplicidad: sencillez, naturalidad, ingenuidad, candorosidad.

Complejo: difícil, complicado, arduo, intrincado.

Simple: fácil, sencillo, llano, espontáneo.

Complementación: adicionamiento, suplementación, enteramiento, subsidio.

Vulneración: lesionamiento, quebrantamiento, arruinamiento, deterioración.

Complementar: auxiliar, completar, integrar, suplementar.

Iniciar: comenzar, principiar, empezar, inaugurar.

Complementario: accesorio, agregatorio, secundario, ayudatorio.

Innecesario: inútil, sobrado, superfluo, excesivo.

Complemento: suplemento, agregación, continuación, subsidio.

Base: fundamento, consistencia, cimiento, soporte.

Completar: integrar, ultimar, acabar, perfeccionar.

Comenzar: empezar, principiar, iniciar, emprender.

Complicar: enredar, obstaculizar, entorpecer, dificultar.

Simplificar: facilitar, posibilitar, ayudar, compendiar.

Cómplice: partícipe, colaborador, coautor, codelincuente.

Componenda: arreglo, compostura, transacción, compromiso.

Componer: reparar, arreglar, restaurar, renovar.

Comportamiento: proceder, conducta, actuación, evidencia.

Comportar: actuar, aguantar, permitir, tolerar.

Composición: ajuste, compostura, compaginación, arreglo.

Compostura: reparación, restauración, arreglo, compaginación.

Comprar: adquirir, lograr, obtener, conseguir.

Comprender: entender, conocer, abarcar, incluir.

Comprensión: penetración, entendimiento, agudeza, perspicacia.

Comprensivo: concorde, penetrado, discernido, complaciente.

Comprimir: apretar, prensar, estrujar, oprimir.

Comprobar: verificar, cerciorarse, asegurarse, corroborar.

Comprometer: exponer, arriesgar, obligarse, empeñarse.

Comprometido: incluido, ligado, espinudo, arduo.

Compromiso: apuro, embarazo, aprieto, deber.

Compuesto: mezclado, complejo, agregado, mesurado.

Compulsar: confrontar, cotejar, comparar, colacionar.

Extraño: ajeno, apartado, chocante, insólito.

Rectificación: enmienda, corrección, modificación, reformación.

Estropear: rasgar, destruir, destrozar, deteriorar.

Evaluación: apreciación, valuación, computación, cuantificación.

Evaluar: valuar, valorar, estimar, tasar.

Valoración: medición, evaluación, ponderación, proporción.

Descaro: descompostura, desfachatez, impudor, imprudencia.

Vender: expender, traficar, despachar, realizar.

Excluir: quitar, suprimir, descartar, desglosar.

Incomprensión: desacuerdo, desavenencia, desunión, discrepancia.

Incomprensivo: desajustado, discorde, discrepante, divergente.

Aflojar: desahogar, relajar, distender, amainar.

Desmentir: rebatir, impugnar, objetar, contradecir.

Salvaguardar: custodiar, guardar, garantir, amparar.

Desligado: soltado, exceptuado, inconexo, discorde.

Liberación: salvación, desligamiento, redención.

Descompuesto: desarreglado, alterado, putrefacto, podrido.

Diferir: retardar, demorar, dilatar, retrasar.

Compunción: contricción, aflicción, dolor, recordimiento.

Impenitencia: contumacia, reincidencia, resistencia, empedernición.

Compungido: contrito, arrepentido, afligido, contristado.

Impenitente: contumaz, incorregible, terco, obstinado.

Computar: contar, comprobar, calcular, computarizar.

Cerciorarse: confirmar, verificar, asegurar, testificar.

Comulgar: compartir, concordar, f—recibir la sagrada comunión.

Discordar: disentir, discrepar, divergir, desavenir.

Común: genérico, corriente, frecuente, ordinario.

Propio: específico, fino, singular, especial.

Comunicación: escrito, comunicado, relación, oficio.

Incomunicación: aislamiento, confirmación, apartamiento, desconexión.

Comunicar: manifestar, participar, notificar, informar.

Retener: detener, guardar, conservar, suspender.

Comunicativo: sociable, expansivo, tratable, extrovertido.

Reservado: callado, silencioso, cauteloso, circunspecto.

Comunidad: corporación, vecindad, congregación, asociación.

Disyunción: desunión, disgregación, separación, alejamiento.

Comunión: participación, relación, fraternidad, congregación.

Disociación: desunión, disgregación, separación, incomunicabilidad.

Conato: indicio, amago, asomo, tentativa.

Conclusión: terminación, consumación, consecuencia, secuela.

Concatenación: enlace, conexión, serie, eslabonamiento.

Bifurcación: derivación, desunión, separación, desacoplamiento.

Concatenar: encadenar, eslabonar, conectar, juntar.

Apartar: alejar, separar, desviar, disuadir.

Concebir: comprender, entender, penetrar, alcanzar.

Descartar: desechar, eliminar, suprimir, prescindir.

Conceder: otorgar, asignar, admitir, conferir.

Denegar: refutar, impregnar, desestimar, negar.

Concentrar: reunir, condensar, centralizar, compendiar.

Diluir: disolver, desleír, deshacer, destruir.

Concepción: proyecto, idea, concepto, juicio.

Vacuidad: vaciedad, oquedad, necedad, bobería.

Concepto: idea, noción, conocimiento, opinión.

Programa: proyecto, plan, sistema, método.

Conceptuar: juzgar, estimar, apreciar, calificar.

Censurar: tildar, tachar, borrar, reprobar.

Concerniente: relativo, referente, tocante, perteneciente.

Extraño: ajeno, absoluto, singular, insólito.

Concernir: atañer, corresponder, incumbir, pertenecer.

Delimitar: limitar, restringir, demarcar, determinar.

Concertar: convenir, ajustar, tratar, acordar.

Quebrantar: romper, rajar, deteriorar, destrozar.

Conciencia: razón, juicio, responsabilidad, inteligencia.

Automatismo: inconciencia, instinto, abstracción, descuidado.

Concientizar: cristianizar, sensibilizar, partidarizar, fanatizar.

Benignizar: dulcificar, humanizar, indulgenciar, magnanimizar.

Concienzudo: responsable, juicioso, cuidadoso, aplicado.

Negligente: indiferente, desidioso, indolente, descuidado.

Concierto: ajuste, acuerdo, orden, armonía.

Desconcierto: desorden, confusión, desarreglo, desavenencia.

Conciliábulo: maquinación, conjuración, conspiración, cábala.

Reflexión: cogitación, cavilación, deliberación, consideración.

Conciliación: armonía, avenencia, arreglo, concordancia.

Malquerencia: antipatía, tirria, ojeriza, conflicto

Conciliar: concordar, armonizar, ajustar, pacificar.

Enemistar: indisponer, malquistar, cizañar, azuzar.

Conciliatorio: concordatorio, armonizatorio, pacificante, tolerante.

Malquistorio: indisponente, enemistante, provocativo, encizañatorio.

Concisión: brevedad, precisión, síntesis, resumen.

Profusión: amplificación, prolijidad, infinidad, prodigalidad.

Conciso: breve, corto, comprendioso, somero.

Extenso: amplio, dilatado, vasto, espacioso.

Concitar: incitar, instigar, aguijonear, provocar.

Tranquilizar: serenar, apaciguar, aquietar, sosegar.

Cónclave: reunión, junta, congreso, concentración.

Detracción: detrimento, perjuicio, menoscabo, denigración.

Concluir: terminar, finalizar, culminar, ultimar.

Iniciar: comenzar, principiar, emprender, incoar.

Conclusión: final, término, culminación, deducción.

Comienzo: iniciación, principio, premisa, epílogo.

Concluyente: decisivo, determinante, definitivo, irrebatible.

Discutible: cuestionable, controvertible, impugnable, problemático.

Concomitancia: concordancia, coincidencia, correspondencia, relación.

Inconcordancia: desconcierto, desordenamiento, desconexión, desenlace.

Concomitante: concurrente, simultáneo, acompañante, coincidente.

Adventicio: ajeno, forastero, intruso, incoincidente.

Concordancia: conformidad, correspondencia, concierto, armonía.

Discordancia: desacuerdo, disconformidad, incoherencia.

Concordar: concertar, convenir, pactar, admitir.

Discordar: discrepar, disentir, divergir, diferir.

Concordia: armonía, conformidad, unión, hermandad.

Discordia: desavenencia, división, disensión, divergencia.

Concreción: acumulación, apiñamiento, hacinamiento, acopio.

Diseminación: desperdigamiento, esparcimiento, extensión, difusión.

Concreto: preciso, cabal, determinado, fijo.

Confuso: dudoso, vacilante, revuelto, embrollado.

Conculcar: incurrir, quebrantar, atropellar, transgredir,

Respetar: acatar, preciar, estimar, honrar.

Concupiscencia: sexualidad, avidez, liviandad, lascivia.

Castidad: honestidad, pureza, candor, virginidad.

Concurrir: asistir, presenciar, confluir, convergir.

Divagar: discrepar, disentir, bifurcar, separar.

Concurrencia: asistencia, auditorio, espectadores, coincidencia.

Divergencia: discrepancia, separación, diferencia, discordancia.

Concursar: participar, concurrir, asistir, presentarse.

Ignorar: desconocer, insaber, albisar, nesnciar.

Concusión: conmoción, sacudimiento, convulsión, prevaricación.

Tranquilidad: serenidad, quietud, apacibilidad, ataraxia.

Condenar: sancionar, castigar, reprobar, enjuiciar.

Absolver: eximir, libertar, perdonar, condonar.

Condensar: comprimir, concentrar, apretar, espesar.

Licuar: fundir, liquidar, derretir, disolver.

Condescender: complacer, tolerar, simpatizar, contemporanizar.

Rehusar: denigrar, rechazar, recusar, impedir.

Condescendiente: complaciente, accesible, tolerante, indulgente.

Intransigente: terco, obstinado, obcecado, pertinaz.

Condición: índole, carácter, situación, requisito.

Deliberación: reflexión, discusión, examen, resolución.

Condolencia: pesar, aflicción, compasión, indulgencia.

Pláceme: felicitación, parabién, enhorabuena, congratulación.

Condonar: perdonar, absolver, dispensar, indultar.

Castigar: penar, sancionar, mortificar, corregir.

Conducción: acarreo, transporte, manejo, dirección.

Confusión: mezcla, desorden, enredo, embrollo.

Conducente: propio, adecuado, conveniente, procedente.

Inadecuado: impropio, inconveniente, extraño. inadvertido.

Conducir: guiar, dirigir, gobernar, administrar.

Maquinar: tramar, urdir, intrigar, coludir.

Conducta: comportamiento, actitud, proceder, actuación.

Evaluación: valoración, apreciación, cuantificación, medición.

Conducto: canal, vía, camino, sistema.

Aspecto: presencia, aire, cariz, catadura.

Conectar: unir, enlazar, ligar, amalgamar.

Desconectar: interrumpir, desenlazar, desligar, desprender.

Conexión: enlace, unión, trabazón, atingencia.

Desconexión: desunión, desligamiento, separación, interrupción.

Confabulación: conjuración, conspiración, maquinación, connivencia.

Revelación: detección, descubrimiento, manifestación, patentización.

Confabular: conspirar, intrigar, conjurar, complotar.

Detectar: revelar, descubrir, encontrar, destapar.

Confeccionar: preparar, elaborar, realizar, fabricar.

Deshacer: anular, desbaratar, desvencijar, dispersar.

Confederación: alianza, unión, liga, coalición.

Separación: desviación, desunión, aislamiento, análisis.

Conferencia: coloquio, conversación, disertación, planteamiento.

Deliberación: reflexión, meditación, examen, discusión.

Conferir: acordar, otorgar, asignar, conceder.

Denegar: desestimar, rehusar, excusar, silenciar.

Confesar: admitir, aceptar, reconocer, declarar.

Silenciar: ocultar, sigilar, negar, desmentir.

Confesión: declaración, confidencia, exteriorización, manifestación.

Ocultamiento: silencio, negación, mudez, denegación.

Confianza: seguridad, tranquilidad, esperanza, familiaridad.

Desconfianza: temor, malicia, prevención, inseguridad.

Confiar: fiar, esperar, depositar, delegar.

Temer: recelar, maliciar, sospechar, desconfiar.

Confidencia: secreto, revelación, confesión, comunicación.

Inconfidencia: desconfianza, infidelidad, traición, insidia.

Configurar: conformar, figurar, plasmar, concordar.

Discrepar: divergir, discordar, disentir, inconcordar.

Confinar: lindar, limitar, colindar, rayar.

Separar: distanciar, alejar, dividir, cercenar.

Confinidad: cercanía, contigüidad, inmediación, proximidad.

Lejanía: distancia, apartamiento, alejamiento, lontananza.

Confirmación: ratificación, corroboración, afirmación, aseveración.

Rectificación: modificación, enmienda, corrección, reformulación.

Confirmar: corroborar, ratificar, revalidar, convalidar.

Desmentir: rectificar, objetar, rebatir, contrariar.

Confiscar: decomisar, incautar, apropiarse, adueñarse.

Restituir: devolver, reintegrar, reponer, restablecer.

Confitar: almibarar, endulzar, azucarar, dulcificar.

Acibarar: amargar, acidular, disgustar, apesadumbrar.

Conflagrar: inflamar, incendiar, enardecer, acalorar.

Apaciguar: aquietar, morigerar, mitigar, tranquilizar.

Conflagración: perturbación, guerra, incendio, revolución.

Conciliación: entendimiento, armonía, comprensión, concordia.

Conflictivo: intolerante, dificultoso, pugnativo, complicado.

Avenible: congeniable, conciliable, allanable, conformable.

Conflicto: dificultad, aprieto, desavenencia, pugna.

Arreglo: avenencia, ajuste, pacto, convenio.

Confluir: converger, concurrir, coincidir, juntarse.

Dispersar: esparcir, diseminar, disipar, difluir.

Confluencia: convergencia, afluencia, concurrencia, juntura.

Dispersión: separación, bifurcación, distanciamiento, difluencia.

Conformar: adaptar, ajustar, concordar, acomodar.

Disentir: divergir, discordar, discrepar, desencajar.

Conforme: acorde, concorde, ajustado, proporcionado.

Disconforme: discorde, inconforme, discrepante, discordante.

Conformidad: resignación, aceptación, aquiescencia, anuencia.

Confortar: animar, alentar, reanimar, reconfortar.

Confraternidad: hermandad, fraternidad, convivencia.

Confrontar: comparar, cotejar, compulsar, colacionar.

Confundir: enredar, perturbar, mezclar, embarullar.

Confusión: desorden, mezcolanza, perturbación, enervamiento.

Confuso: mezclado, abigarrado, perplejo, confundido.

Congelar: helar, enfriar, cuajar, espesar.

Congeniar: avenirse, concordar, entenderse, comprenderse.

Congénito: hereditario, innato, connatural, herencial.

Congestión: exceso, acumulación, abundancia, apoplejía.

Congestionar: aglomerar, amontonar, acumular, apoplejizar.

Conglomerar: aglomerar, reunir, conglutinar, amontonar.

Conglomerado: aglomerado, reunido, conglutinado, amontonado.

Conglutinar: unir, enlazar, aglutinar, mancomunar.

Congoja: desmayo, angustia, inquietud, zozobra.

Congratular: felicitar, cumplimentar, saludar, visitar.

Congregar: juntar, reunir, agrupar, convocar.

Congruencia: oportunidad, conveniencia, momento, pertinencia.

Disconformidad: divergencia, disparidad, desacuerdo, discordancia.

Desalentar: desanimar, desesperar, abatir, avasallar.

Enemistad: rivalidad, distanciamiento, malquerencia, aversión.

Diferir: discrepar, diferenciar, distinguir, disociar.

Distinguir: diferenciar, especificar, discernir, discriminar.

Claridad: distinción, precisión, exactitud, cabalidad.

Preciso: claro, distinto, singular, exacto.

Fundir: licuar, derretir, liquidar, copelar.

Discordar: disentir, discrepar, divergir, desavenir.

Adquirido: obtenido, alcanzado, logrado, conquistado.

Descongestión: descongestionamiento, disgregación, dispersión, desperdigamiento.

Descongestionar: facilitar, expeditar, posibilitar, desaglomerar.

Disgregar: desunir, separar, desagregar, desligar.

Dispersado: desunido, desconexo, disgregado, desligado.

Disgregar: desunir, separar, disociar, divorciar.

Alegría: placer, satisfacción, júbilo, fruición.

Deplorar: sentir, lamentar, compadecer, enternecer.

Disociar: disgregar, separar, alejar, distanciar.

Incongruencia: inconexión, inconveniencia, incoherencia, desligamiento.

Congruente: conveniente, oportuno, adecuado, coherente.

Conjeturar: suponer, presumir, imaginar, sospechar.

Conjugación: unión, enlace, coincidencia, correlación.

Conjugar: unir, juntar, armonizar, relacionar.

Conjunto: fusión, compuesto, amalgamada, elenco.

Conjura: conspiración, complot, confabulación, intriga.

Conjurar: evitar, alejar, remediar, exorcizar.

Conllevar: comprender, conformar, amoldar, sobrellevar.

Conmemoración: recuerdo, memoria, evocación, celebración.

Conmemorar: evocar, recordar, rememorar, festejar.

Conminación: amenaza, intimación, apercibimiento, bravata.

Conminar: amenazar, intimidar, apremiar, asustar.

Conmiseración: lástima, piedad, compasión, misericordia.

Conmoción: agitación, perturbación, sacudimiento, alteración.

Consecutivo: siguiente, inmediato, continuante, lindante.

Conmover: alterar, perturbar, impresionar, emocionar.

Conmutar: permutar, trocar, cambiar, transferir.

Connivencia: conspiración, complicidad, confabulación.

Incongruente: incoherente, inconexo, impropio, improcedente.

Inadecuar: inconexar, incoherir, inarticular, desenlazar.

Disyunción: desunión, desenlace, división, alejamiento.

Diferir: discrepar, divergir, distar, disentir.

Separado: dividido, cercenado, desligado, divorciado.

Sopesamiento: reflexión, discernimiento, intención, consideración.

Causar: originar, motivar, provocar, producir.

Sentir: lamentar, deplorar, sufrir, experimentar.

Olvido: silencio, mudez, sigilo, callamiento.

Concurrir: asistir, afluir, acudir, comparecer.

Aliciente: incentivo, estímulo, acicate, premiación.

Proteger: defender, amparar, cobijar, resguardar.

Escarnio: afrenta, burla, mofa, injuria.

Razonamiento: reflexión, conciencia, tranquilidad, serenidad.

Mediato: precedente, antecedente, susodicho.

Aquietar: calmar, serenar, apaciguar, sosegar.

Conservar: mantener, retener, continuar, preservar.

Corrección: honestidad, rectitud, censura, represión.

Connotación: implicación, sugerencia, significación, relación.

Índependencia: liberalidad, autonomía, emancipación, resolución.

Connotado: relacionado, emparentado, allegado, reputado.

Inadvertido: desconocido, ignorado, anodino, incógnito. .

Connotar: implicar, sugerir, significar, entrañar.

Descartar: desechar, suprimir, eliminar, prescindir.

Conocer: saber, comprender, entender, percatarse.

Ignorar: desconocer, iletrar, inexplorar, borricar.

Conocimiento: entendimiento, juicio, comprensión, discernimiento.

Desconocimiento: ignorancia, inconciencia, anonimia, obscuridad.

Conquistar: ocupar, tomar, ganarse, adueñarse.

Perder: derrotar, malograr, derrochar, frustrar.

Consabido: aludido, citado, mencionado, nombrado.

Desconocido: ignorado, anónimo, ignoto, obscuro.

Consagrar: dedicar, destinar, ofrender, sancionar.

Profanar: irreverenciar, anatematizar, imprecar, blasfemar.

Consanguinidad: afinidad, parentesco, cognación, tronco.

Inconsanguinidad: desafinidad, imparentesco, destronque, desatavismo. .

Consciente: responsable, apercibido, cuidadoso, escrupuloso.

Inconsciente: inseguro, irresponsable, insensato, inmaduro.

Consecución: obtención, logro, alcance, éxito.

Pérdida: menoscabo, perdición, quebranto, privación.

Consecuencia: resultado, inferencia, producto, conclusión.

Causa: proceso, fuente, origen, motivo.

Consecuente: razonable, justo, lógico, reflexivo. .

Inconsecuente: irreflexivo, instintivo, maquinal, automático.

Conseguir: lograr, alcanzar, obtener, ganar.

Perder: desperdiciar, derrochar, deteriorar, malgastar.

Consejo: reunión, junta, parecer, sugestión.

Apremio: necesidad, urgencia, premura, acucia.

Consenso: anuencia, consentimiento, beneplácito, aceptación.

Reprobación: denegación, rechazo, negativa, oposición.

Consentimiento: consenso, permiso, venia, anuencia.

Disentimiento: desacuerdo, divergencia, disconformidad, discordia.

Consentir: acceder, autorizar, permitir, tolerar.

Denegar: desestimar, desconsiderar, excusar, rechazar.

Conserje: mayordomo, bedel, ordenanza, vigilante.

Conservar: mantener, guardar, cuidar, preservar.

Consideración: respeto, deferencia, miramiento, aprecio.

Considerar: examinar, reflexionar, respetar, conceptuar.

Consigna: orden, regla, sistema, mandato.

Consignar: destinar, entregar, señalar, depositar.

Consignatario: depositario, f—persona que recibe mercaderías para venderlas.

Consiguiente: resultante, obrante. f— por consiguiente, por lo tanto.

Consistencia: resistencia, solidez, estabilidad, firmeza.

Consistir: estribar, fundamentar, residir, gravitar.

Consolar: animar, alentar, confortar, tranquilizar.

Consolidación: alivio, atenuación, consuelo, confortación.

Consolidar: asegurar, afianzar, afirmar, fortalecer.

Consonancia: armonía, proporción, conformidad, relación.

Consorcio: compañía, sociedad, asociación, corporación.

Conspicuo: notable, egregio, distinguido, insigne.

Conspirar: tramar, maquinar, intrigar, confabular.

Constancia: tenacidad, persistencia, perseverancia, asiduidad.

Imprudente: desatinado, indiscreto, irreflexivo, atolondrado.

Deteriorar: estropear, averiar, menoscabar, desechar.

Desprecio: desdeñamiento, menosprecio, invaloración, rebajamiento.

Menospreciar: despreciar, desdeñar, desestimar.

Trastorno: desorden, desobediencia, rebelión, desbarajuste.

Rematar: subastar, licitar, concluir, liquidar.

Consignante: depositante, comitente, f—persona que comisiona un negocio.

Improcedente: inadecuado, innecesario, inconsistente, incongruente.

Inconsistencia: volubilidad, versatilidad, inestabilidad, mudanza.

Derivar: proceder, originar, deducir, emanar.

Atribuir: desolar, angustiar, acongojar, atormentar.

Exacerbación: irritación, agravamiento, exasperación, sulfuración.

Debilitar: flaquear, desfallecer, consumir, extenuar.

Disonancia: discrepancia, divergencia, desacuerdo, desavenencia.

Disociación: desunión, disgregación, separación, desmembramiento.

Obscuro: ignorado, desconocido, insignificante, exiguo.

Deliberar: debatir, discutir, discurrir, decidir.

Volubilidad: inseguridad, dubitación, vacilación, perplejidad.

Constar: constituir, consistir, contener, comprender.

Consternación: espanto, desolación, entristecimiento, quebranto.

Consternar: afligir, abatir, conturbar, desolar.

Constitución: contextura, complexión, configuración, naturaleza.

Constituir: formar, organizar, ordenar, instituir.

Constreñir: apremiar, compeler, impeler, impulsar.

Constricción: encogimiento, apocamiento, acortamiento, amilanación.

Construir: edificar, levantar, erigir, montar.

Consubstancial: esencial, substancial, indispensable, ineludible.

Consuelo: alivio, descanso, calmante, lenitivo.

Consuetudianario: común, frecuente, habitual, cotidiano.

Consultar: examinar, estudiar, analizar, aquilatar.

Consultor: consejero, asesor, informador, maestro.

Consumación: culminación, terminación, finalización, acabamiento.

Consumar: realizar, concluir, acabar, ejecutar.

Consumición: consumo, gasto, dispendio, insumo.

Consumir: gastar, extinguir, agotar, acabar.

Consunción: agotamiento, extenuación, languidez, debilitamiento.

Menoscabar: estropear, deteriorar, averiar, malograr.

Aliento: exhortación, incitación, animación, confianza.

Alentar: animar, avivar, incitar, exhortar.

Aniquilación: supresión, destrucción, anarquía, anonadación.

Disolver: deshacer, diluir, destruir, aniquilar.

Liberar: libertar, emancipar, eximir, redimir.

Desembarazo: soltura, desenvoltura, impudor, desvergüenza.

Destruir: asolar, demoler, devastar, derrumbar.

Insubstancial: innecesario, baladí, superficial, insuficiente.

Desolación: quebranto, aflicción, tribulación, angustia.

Desusado: extraño, raro, insólito, inusitado.

Responder: contestar, objetar, cuestionar, proporcionar.

Acuciador: incitador, estimulador, exhortante, apremiante.

Iniciación: principio, comienzo, génesis, preparación.

Intentar: pretender, probar, procurar, ensayar.

Ahorro: economía, reserva, guarda, control.

Conservar: mantener, preservar, guardar, salvaguardar.

Fortalecimiento: robustecimiento, vigorización, remozamiento, vivificación.

Contactar: conectar, enlazar, relacionar, acercar.

Contacto: trato, relación, comunicación, contactación.

Contado: señalado, determinado, precisado, escaso.

Contagiar: contaminar, inficionar, infestar, inocular.

Contaminar: infectar, contagiar, emponzoñar, intoxicar.

Contar: relatar, narrar, referir, contabilizar.

Contemplar: admirar, asombrar, complacer, maravillar.

Contemplativo: curioso, observador, ensimismado, meditativo.

Contemporáneo: actual, coexistente, sincrónico, simultáneo.

Contemporanizar: temporizar, transigir, condescender, complacer.

Contender: luchar, batallar, pelear, disputar.

Contener: encerrar, poseer, comprender, involucrar.

Contentadizo: conformable, allanable, satisfaciente, aveniente.

Contentar: complacer, satisfacer, agradar, condescender.

Contestar: responder, replicar, objetar, proporcionar.

Contexto: contenido, texto, trabazón, argumento.

Contienda: disputa, riña, pendencia, competición.

Contigüidad: cercanía, vecindad, adyacencia, proximidad.

Distanciar: alejar, separar, apartar, retirar.

Distanciamiento: apartamiento, separación, alejamiento.

Frecuente: habitual, usual, común, asiduo.

Inmunizar: desinfectar, esterilizar, pasteurizar, higienizar.

Higienizar: depurar, purificar, desinfectar, esterilizar.

Omitir: silenciar, callar, prescindir, olvidar.

Desdeñar: despreciar, desestimar, desairar, denigrar.

Desdeñante: despreciativo, desechante, menospreciante, indiferente.

Extemporáneo: impropio, inoportuno, inadecuado, anacrónico.

Empecinar: encerrarse, obstinarse, encapricharse, entercarse.

Pacificar: aquietar, tranquilizar, apaciguar, conciliar.

Liberar: desligar, desanudar, desenlazar, independizar.

Insatisfecho: insaciable, inconforme, disconforme, descontento.

Disgustar: fastidiar, hostigar, molestar, conturbar.

Afirmar: afianzar, consolidar, cimentar, atestiguar.

Desligazón: destrabazón, inconexión, incordancia, dispersión.

Concordia: hermandad, armonía, comprensión, avenencia.

Lejanía: distancia, lontananza, alejamiento, ultramar.

Contiguo: inmediato, adyacente, confinante, limítrofe.

Separado: apartado, alejado, distante, lejano.

Continencia: moderación, templanza, abstinencia, mesura.

Incontinencia: sensualidad, liviandad, deshonestidad, desenfreno.

Continente: abstinente, púdico, puro, casto.

Incontinente: libertino, deshonesto, sensual, liviano.

Contingencia: eventualidad, perspectiva, circunstancia, casualidad.

Necesidad: apuro, apremio, privación, insuficiencia.

Contingente: casual, eventual, incidental, fortuito.

Necesario: inevitable, ineludible, imprescindible, obligatorio.

Continuación: prolongación, extensión, prosecución, continuidad.

Interrupción: detención, paralización, impedimento, intermisión.

Continuar: seguir, persistir, proseguir, extender.

Interrumpir: cortar, cercenar, romper, detener.

Continuo: incesante, indefinido, infinito, perenne.

Intermitente: discontinuo, esporádico, entrecortado, circunstancial.

Contorno: periferia, perímetro, alrededor, circuito.

Centro: núcleo, medio, interior, eje.

Contorsión: contracción, retorcimiento, encogimiento, ademán.

Relajación: relajamiento, aflojamiento, laxitud, atenuación.

Contra: oposición, dificultad, objeción, obstáculo.

Pro: provecho, utilidad, favor, posición.

Contrabando: fraude, matute, contravención, alijo.

Observancia: cumplimiento, acatamiento, respeto, honradez.

Contracción: contorsión, convulsión, crispación, astricción.

Laxitud: relajación, aflojamiento, alivio, atenuación.

Contradecir: replicar, discutir, desmentir, objetar.

Confirmar: ratificar, testimoniar, corroborar, aseverar.

Contradictorio: contrario, opuesto, contrapuesto, paradójico.

Concorde: conforme, acorde, concertado, armónico.

Contraer: adquirir, estrechar, encoger, constreñir.

Extender: dilatar, desenvolver, desarrollar, propagar.

Contrahecho: jorobado, giboso, malhecho, deforme.

Bienhecho: esbelto, gallardo, espigado, bienformado.

Contraorden: revocación, retracción, anulación, cancelación.

Cumplimiento: enmarañamiento, embrollo, trastorno, desconcierto.

Contrapeso: equilibrio, armonía, ecuanimidad, resarcimiento.

Contraponer: oponer, enfrentar, encarar, afrontar.

Contrariar: dificultar, estorbar, entorpecer, fastidiar.

Contrariedad: obstáculo, impedimento, contratiempo, oposición.

Contrario: adverso, opuesto, rival, adversario.

Contrarrestar: afrontar, resistir, desafiar, equilibrar.

Contrasentido: error, equivocación, sinrazón, aberración.

Contraseña: consigna, contramarca, señal, distintivo.

Contrastar: oponer, resistir, diferenciar, discordar.

Contraste: oposición, diferencia, disparidad. incongruencia.

Contratar: acordar, pactar, convenir, estipular.

Contratiempo: percance, contrariedad, dificultad, perjuicio.

Contravención: desobedecimiento, desacato, indisciplina, rebeldía.

Contravenir: quebrantar, transgredir, inflingir, vulnerar.

Contribución: impuesto, tributo, cooperación, aportación.

Contribuir: ayudar, colaborar, cooperar, coadyuvar.

Contrición: pesar, dolor, arrepentimiento, compunción.

Contrincante: émulo, adversario, contrario, antagonista.

Desequilibrio: desarmonía, discordancia, desproporción, inconformidad.

Aceptar: admitir, asentir, recibir, tomar.

Complacer: agradar, gustar, contentar, satisfacer.

Agrado: complacencia, júbilo, satisfacción, fruición.

Simpatizante: aficionado, congeniante, adepto, adicto.

Ceder: transigir, doblegar, entregar, someter.

Corroboración: apoyo, robustecimiento, confirmación, ratificación.

Confusión: enmarañamiento, embrollo, trastorno, desconcierto.

Concordar: armonizar, concertar, convenir, convergir.

Parangón: comparación, paralelo, semejanza, equivalencia.

Rescindir: anular, invalidar, abrogar, caducar.

Facilidad: disposición, posibilidad, expedición, simplicidad.

Acatamiento: respeto, obediencia, sometimiento, sumisión.

Cumplir: realizar, ejecutar, efectuar, acatar.

Arruinamiento: empobrecimiento, hundimiento, aniquilación, asolamiento.

Perjudicar: dañar, arruinar, empobrecer, damnificar.

Impenitencia: contumacia, reincidencia, terquedad, recalcitración.

Partidario: simpatizante, adepto, prosélito, compañero.

Contristar: entristecer, afligir, atribular, desconsolar.

Alegrar: alborozar, regocijar, entusiasmar, animar.

Contrito: arrepentido, compungido, atribulado, sentido.

Resentido: desalmado, fementido, malévolo, rencoroso.

Control: vigilancia, inspección, examen, comprobación.

Licencia: permiso, consentimiento, autorización, anuencia.

Controlar: inspeccionar, verificar, examinar, vigilar.

Tolerar: permitir, consentir, admitir, asentir.

Controversia: polémica, discusión, altercado, debate.

Avenencia: acuerdo, arreglo, convenio, transacción.

Controvertir: debatir, disputar, discutir, polemizar.

Concordar: convenir, conformar, acordar, coincidir.

Contubernio: conspiración, connivencia, confabulación, intriga.

Censura: repudio, represión, castigo, sanción.

Contumaz: impertinente, rebelde, tozudo, obstinado.

Arrepentido: compungido, contrito, penitente, pesaroso.

Contumelia: ofensa, injuria, afrenta, ultraje.

Alabanza: elogio, loa, aplauso, encomio.

Contundente: terminante, concluyente, rotundo, lapidario.

Discutible: controvertible, cuestionable, rebatible, impugnable.

Contundir: golpear, pegar, azotar, magullar.

Acariciar: mimar, arrullar, halagar, abrazar.

Conturbación: desasosiego, turbación, conmoción, desesperación.

Serenidad: entereza, impavidez, imperturbabilidad.

Conturbar: alterar, conmover, perturbar, intranquilizar.

Calmar: sosegar, serenar, apaciguar, pacificar.

Contusión: lesión, golpe, daño, magullamiento.

Beneficio: provecho, servicio, gracia, favor.

Contuso: magullado, lesionado, golpeado, machucado.

Ileso: sano, indemne, incólume, zafo.

Convalecer: mejorar, recuperarse, recobrarse, restablecerse.

Empeorar: agravarse, postrarse, declinar, peyorar.

Convalescencia: mejoría, recuperación, melioración, recobramiento.

Empeoramiento: agravación, declinación, malignación, peyoración.

Convalidar: revalidar, ratificar, confirmar, corroborar.

Anular: revocar, rescindir, invalidar, abolir.

Convencer: persuadir, catequizar, convertir, conquistar.

Disuadir: desaconsejar, desengañar, decepcionar.

Convención: congreso, reunión, tratado, convenio.

Discordia: desavenencia, división, disensión, divergencia.

Conveniencia: comodidad, provecho, utilidad, beneficio.

Inconveniencia: molestia, contrariedad, disconformidad, dificultad.

Conveniente: beneficioso, útil, provechoso, ventajoso.

Inconveniente: inadecuado, improcedente, inadmisible, inoportuno.

Convenio: pacto, acuerdo, ajuste, contrato.

Inconformidad: desacuerdo, desavenencia, discrepancia.

Convenir: aceptar, admitir, coincidir, ajustar.

Discrepar: discordar, disentir, entorpecer, obstaculizar.

Convergencia: confluencia, coincidencia, concurrencia, cohesión.

Divergencia: separación, desunión, discrepancia, discordancia.

Convergir: confluir, concurrir, coincidir, propender.

Divergir: discrepar, disentir, diferir, separarse.

Conversación: diálogo, coloquio, plática, charla.

Silencio: callamiento, mudez, olvido, sigilo.

Conversar: platicar, charlar, parlamentar, dialogar.

Callar: silenciar, enmudecer, omitir, observar.

Conversión: cambio, mudanza, transformación, modificación.

Estabilidad: permanencia, fijación, duración, inalterabilidad.

Convertir: mudar, cambiar, trocar, catequizar.

Fijar: consolidar, estabilizar, inmovilizar, precisar.

Convicción: convencimiento, persuasión, certidumbre, creencia.

Incertidumbre: disuasión, indecisión, perplejidad, volubilidad.

Convicto: probado, confirmado, demostrado, confeso.

Oculto: encubierto, invisible, inhallado, escondido.

Convidar: invitar, atraer, ofrecer, inducir.

Desdeñar: repeler, repudiar, desechar, repulsar.

Convincente: terminante, concluyente, categórico, contundente.

Perplejo: discutible, incierto, dubitable, redargüible.

Conviviente: cohabitante, conmorante, f—persona con quien se vive: compartiente.

Viviente: habitante, existente, residente, morante.

Convivir: compartir, comunicar, participar, cohabitar.

Retener: guardar, conservar, preservar, mantener.

Convocar: congregar, citar, invitar, requerir.

Dispersar: disgregar, desunir, separar, diseminar.

120

Convocatoria: convocación, llamamiento, aviso, edicto.

Convulsión: conmoción, perturbación, disturbio, sacudida.

Convulso: trémulo, agitado, tembloroso, excitado.

Cónyuge: esposa, consorte, mujer, compañera.

Cooperación: participación, contribución, colaboración, ayuda.

Cooperar: colaborar, ayudar, coadyuvar, participar.

Coordinación: ordenamiento, combinación, armonía, coherencia.

Coordinante: coordinativo, concertante, aglutinante, coherente.

Coordinar: ordenar, metodizar, regularizar, concertar.

Copa: cáliz, vaso, premio, galardón.

Copar: rodear, envolver, sorprender, circuir.

Copartícipe: coautor, codueño, cómplice, participante.

Copete: penacho, mechón, cumbre, linajudo.

Copetudo: notorio, prominente, adinerado, vanidoso.

Copiar: reproducir, transcribir, trasladar, fotocopiar.

Copioso: abundante, cuantioso, numeroso, pingüe.

Cópula: unión, atadura, ligamiento, coito.

Coqueta: casquivana, frívola, presumida, vanidosa.

Coraje: valor, arrojo, audacia, intrepidez.

Dispersión: separación, diseminación, ahuyentamiento, desparrame.

Sosiego: calma, quietud, tranquilidad, contención.

Tranquilo: sereno, pacífico, quieto, inmóvil.

Concubina: amante, manceba, querida, bagasa.

Estorbamiento: entorpecimiento, traba, impedimento, obstáculo.

Estorbar: dificultar, obstaculizar, entrabar, impedir.

Incoherencia: desconexión, desorden, incongruencia, incohesión.

Desconcertante: disgregante, inconexo, incoherente, incongruente.

Trastornar: desordenar, desorganizar, desconcertar, confundir.

Circunstancia: móvil, razón, efecto, fin.

Extender: desplegar, desenvolver, desdoblar, desarrollar.

Ajeno: extraño, inmezclado, probo, honrado.

Fondo: base, cimiento, manera, hondo.

Ignoto: desconocido, menguado, minúsculo, humilde.

Inventar: urdir, tejer, concebir, imaginar.

Escaso: limitado, exiguo, falto, insuficiente.

Escisión: ruptura, separación, alejamiento, cisma.

Recatada: cauta, juiciosa, reservada, discreta.

Miedo: temor, susto, espanto, recelo.

121

Corajudo: valiente, intrépido, denodado, colérico.

Coraza: armadura, brindaje, revestimiento, envoltura.

Corazón: valor, ánimo, sensibilidad, intangibilidad.

Corazonada: presentimiento, impulso, instinto, intuición.

Corcel: caballo, animal, trotón, palafrén.

Cordel: cuerda, cinta, bramante, guita.

Cordial: afable, amable, cariñoso, afectuoso.

Cordialidad: afecto, sinceridad, llaneza, amabilidad.

Cordura: juicio, prudencia, discreción, sensatez.

Corifeo: jefe, caudillo, adalid, conductor.

Corolario: secuela, resultado, conclusión, consecuencia.

Corona: aureola, diadema, tonsura, monarquía.

Coronar: terminar, finalizar, f—poner la corona.

Corporación: institución, organización, sociedad, compañía.

Corporal: somático, carnal, corpóreo, material.

Corporizar: materializar, concretar, convertir, determinar.

Corpulento: córpudo, gordo, enorme, grande.

Corpúsculo: molécula, átomo, partícula, célula.

Pusilánime: cobarde, medroso, tímido, encogido.

Cubrimiento: yantura, defensa, tapadura, protección.

Exterior: superficie, apariencia, rostro, aspecto.

Falacia: falsedad, engaño, equivocación, impostura.

Nimiedad: poquedad, pequeñez, cortedad, exigüidad.

Objeto: móvil, razón, circunstancia, efecto.

Huraño: arisco, insaciable, intratable, misántropo.

Frialdad: indiferencia, adustez, desabrimiento, desapego.

Locura: insensatez, delirio, manía, paranoia.

Dependiente: subordinado, acólito, satélite, tributario.

Premisa: proporción, indicio, vestigio, señal.

Nadería: futesa, bagatela, bicoca, porquería.

Comenzar: empezar, iniciar, principiar, acometer.

Separación: desunión, desligamiento, desconexión, clasificación.

Espiritual: incorpóreo, anímico, síquico, mental.

Conjeturar: suponer, presumir, imaginar, hipnotizar.

Enjuto: flaco, delgado, magro, macilento.

Materia: sustancia, cuerpo, principio, esencia.

Corrección: enmienda, rectificación, modificación, cortesía.

Incorrección: error, deficiencia, defecto, falla.

Correctivo: corrector, reformativo, enmendador, correccional.

Maléfico: nocivo, pernicioso, perjudicial, dañino.

Correcto: comedido, discreto, cortés, exacto.

Incorrecto: erróneo, anormal, defectuoso, deficiente.

Corregir: enmendar, rectificar, modificar, subsanar.

Corromper: viciar, degenerar, pervertir, depravar.

Correlación: analogía, reciprocidad, similitud, afinidad.

Diferencia: desigualdad, diversidad, desemejanza, divergencia.

Correlacionar: ordenar, armonizar, cohesionar, aglutinar.

Enmarañar: confundir, embrollar, mezclar, alterar.

Correlativo: sucesivo, continuo, ininterrumpido, siguiente.

Interrumpido: detenido, frenado, cortado, truncado.

Correligionario: camarada, compañero, colega, compinche.

Extraño: desconocido, ignorado, peregrino, ajeno.

Correr: pasar, viajar, andar, escapar.

Detenerse: parar, frenar, atajar, suspender.

Correspondencia: relación, conexión, correlación, servicio.

Inconexión: contrariedad, contraste, disconformidad, disensión.

Corresponder: incumbir, atañer, concernir, retribuir.

Diferir: discrepar, diferenciar, distinguir, aplazar.

Correspondiente: adecuado, oportuno, conveniente, respectivo.

Disconforme: discorde, inadecuado, inoportuno, inconciliable.

Corretaje: correduría, comisión, porcentaje, prima.

Condición: clase, categoría, motivo, compromiso.

Correvedile: chismoso, murmurador, f—persona que lleva y trae chismes.

Veraciente: ilioso, achismógrafo, veridicista, inconclliable.

Corrido: ducho, fogueado, experimentado, avergonzado.

Novato: novicio, principiante, bisoño, neófito.

Corriente: común, usual, ordinario, frecuente.

Desusado: inusual, infrecuente, insólito, olvidado.

Corrimiento: desmoronamiento, deslizamiento, bochorno, confusión.

Honra: honor, honradez, llaneza, osadía.

Corroboración: aseveración, confirmación, testificación, aprobación.

Refutación: impugnación, objeción, rebatimiento, desmentido.

Corroborar: afirmar, aseverar, aprobar, robustecer.

Corroer: desgastar, consumar, roer, minar.

Corromper: viciar, pervertir, alterar, modificar.

Corrompido: corrupto, viciado, putrefacto, libertino.

Corrosión: desgaste, uso, consumo, deterioro.

Corrupción: descomposición, putrefacción, depravación, degeneración.

Corruptor: putrefacto, pervirtiente, corruptivo, depravante.

Corsario: pirata, bucanero, filibustero, contrabandista.

Cortante: tajante, acelerado, incisivo, intransigente.

Cortapisa: obstáculo, inconveniente, restricción, limitación.

Cortar: partir, cercenar, trozar, fragmentar.

Cortedad: apocamiento, timidez, pusilanimidad, temor.

Cortejar: galantear, enamorar, festejar, requebrar.

Cortesía: atención, educación, delicadeza, galantería.

Corteza: envoltura, cáscara, costra, cubierta.

Cortijo: granja, rancho, finca, campo.

Corto: breve, conciso, sucinto, escaso.

Corvo: arqueado, curvado, combado, cabizbajo.

Cosechar: recolectar, recoger, juntar, apilar.

Desmentir: denegar, rehusar, objetar, rebatir.

Conservar: mantener, preservar, guardar, salvaguardar.

Preservar: cuidar, guardar, remediar, cobijar.

Incorrupto: puro, probo, virtuoso, íntegro.

Conservación: preservación, mantención, salvedad, integridad.

Honestidad: pureza, integridad, mantención, reservación.

Aséptico: incorrupto, virtuoso, íntegro, insobornable.

Capitán: jefe, mandante, caudillo, oficial.

Incierto: vago, impreciso, confuso, ambiguo.

Facilidad: simplicidad, expedición, posibilidad.

Pegar: unir, enlazar, aglutinar, fusionar.

Viveza: agudeza, animación, ardor, penetración.

Desairar: desdeñar, despreciar, desatender, desvirtuar.

Descortesía: desatención, rudeza, desabrimiento, incorrección.

Interioridad: entraña, fondo, macicez, ánimo.

Cerro: colina, montículo, montaña, alcor.

Largo: extenso, dilatado, prolongado, amplio.

Recto: derecho, erguido, levantado, ajustado.

Talar: cortar, arrancar, amputar, desgajar.

Cósmico: universal, espacial, cosmal, ubicual.

Terrenal: terráqueo, terrestre, material, corporal.

Cosmonauta: astronauta, espacionauta, f—piloto interplanetario.

Acuonauta: nauta, marino, navegante, argonauta.

Cosmopolita: mundialista, universal, internacional, orbal.

Unipaisista: zonalista, paisista, regiolalista.

Cosquilloso: sensible, susceptible, quisquilloso, puntulloso.

Indiferente: insensible, frío, flemático, apático.

Costa: ribera, orilla, litoral, coste.

Interior: central, interno, profundo, recóndito.

Costear: sufragar, abonar, pagar, gastar.

Desamparar: abandonar, desatender, dejar, descuidar.

Coser: puntear, pespuntar, hilvanar, sobrehilar.

Separar: apartar, descoser, deshilvanar, desligar.

Costoso: gravoso, dispendioso, trabajoso, complicado.

Barato: módico, económico, rebajado, reducido.

Costumbre: hábito, tradición, uso, rutina.

Anomalía: rareza, extravagancia, anormalidad, excentricidad.

Cotejar: comparar, confrontar, compulsar, colacionar.

Discrepar: disentir, divergir, distar, discordar.

Coterráneo: paisano, vecino, coetáneo, compatricio.

Invecino: diferente, diverso, desigual, desemejante.

Cotidiano: diario, periódico, habitual, usual.

Irregular: anormal, infrecuente, inusual, anómalo.

Cotización: valoración, evaluación, valuación, aforamiento.

Ofrecimiento: promoción, venta, oferta, transacción.

Cotizar: evaluar, valorar, valorizar, aforar.

Ofrecer: promover, garantizar, asegurar, ofertar.

Coto: límite, término, freno, bocio.

Origen: motivo, razón, objeto, móvil.

Coyuntura: juntura, unión, articulación, circunstancia.

Efugio: pretexto, salida, disculpa, excusa.

Crápula: vicio, desenfreno, libertinaje, borrachera.

Integridad: honestidad, honradez, decencia, pudicia.

Crasitud: gordura, adiposidad, enjundia, obesidad.

Delgadez: flaqueza, magrura, escualidez, demacración.

Craso: grueso, gordo, espeso, macizo.

Flaco: magro, seco, enjuto, momio.

Crear: fundar, establecer, hacer, producir.

Creer: confiar, suponer, pensar, entender.

Crecer: acrecentar, aumentar, progresar, incrementar.

Crecido: desarrollado, grande, inmenso, cuantioso.

Credencial: justificativo, título, acreditativo, permiso.

Crédito: confianza, solvencia, reputación, consideración.

Credo: doctrina, programa, disciplina, opinión

Crédulo: cándido, ingenuo, confiado, inocente.

Creíble: posible, probable, verosímil, viable.

Crema: nata, flor, pasta, cosmético.

Cremación: incineración, combustible, calcinación, ignición.

Crematístico: pecuniario, monetario, numismático, económico.

Crepitar: crujir, traquear, rechinar, chirriar.

Crepúsculo: obscurecido, ensombrecido, anochecer, declinación.

Creso: rico, acaudalado, millonario, potestado.

Cretino: estúpido, idiota, imbácil, inepto.

Cría: camada, lechugada, f—nueva emisión de acciones.

Criar: crear, originar, producir, amamantar.

Crimen: delito, atentado, asesinato, homicidio.

Criollo: mestizo, calpamulo, ñapango, mulato.

Aniquilar: exterminar, destruir, arruinar, devastar.

Negar: refutar, objetar, rechazar, rebatir.

Decrecer: menguar, disminuir, decaer, declinar.

Reducido: pequeño, bajo, diminuto, exiguo.

Desacreditativo: descalificativo, desautorizante, incapacitativo, desconceptuante.

Descrédito: desdoro, deshonor, insolvencia, mácula.

Fundamento: base, cimiento, razón, motivo.

Suspicaz: incrédulo, receloso, malicioso, desconfiado.

Increíble: inadmisible, improbable, inverosímil, inaudito.

Linfa: suero, agua, humor, acuosidad.

Incremación: apagamiento, acabamiento, cesación, extinción.

Nadería: nonada, bagatela, nimiedad, futileza.

Silenciar: callar, mudizar, olvidar, insonorizar.

Aurora: alba, amanecida, comienzo, principio.

Pobre: indigente, necesitado, menesteroso, mendigo.

Listo: diligente, activo, vivo, sagaz.

Extinción: acabamiento, muerte, exterminio, inactividad.

Matar: asesinar, acabar, eliminar, exterminar.

Castigo: pena, represión, condena, punición.

Oriundo: originario, indígena, nativo, primigenio.

Crisis: angustia, arranque, peligro, paroxismo.

Crisol: fundidor, fusor, callana, craza.

Crisopeya: alquimia, trasmutación, f— pretensión de trasmutar los metales en oro.

Crispar: contraer, encoger, endurecer, convulsionar.

Cristalización: conformación, plasmación, concreción, precipitación.

Cristalizar: concretar, precisar, especificar, clarificar.

Cristiano: bautizado, católico, creyente, hermano.

Criterio: razonamiento, parecer, principio, juicio.

Criticar: juzgar, censurar, objetar, reprobar.

Crítico: censor, juez, evaluador, imparcial.

Crocante: crujiente, sonante, f— pasta o fritos que crujen al masticarlos.

Crónico: habitual, inveterado, acostumbrado, insanable.

Crucial: decisivo, perentorio, concluyente, crítico.

Crucificar: aspar, sacrificar, importunar, fastidiar.

Crudeza: severidad, rudeza, aspereza, crueldad.

Crueldad: crudeza, salvajismo, ferocidad, brutalidad.

Crujir: rechinar, chirriar, gruñir, estridular.

Cruzar: pasar, atravesar, traspasar, transitar.

Cuadrar: corresponder, encajar, coincidir, concordar.

Apogeo: auge, plenitud, esplendor, crecimiento.

Solidificador: endurecedor, condensador, coagulador, concentrador.

Realidad: materialidad, objetividad, efectividad, concreción.

Relajar: aflojar, soltar, ablandar, atenuar.

Confusión: embrollo, enredo, trastocación, enmarañamiento.

Confundir: embrollar, enredar, enmarañar, trastocar.

Impío: irreligioso, incrédulo, ateo, infiel.

Confusión: caos, desconcierto, trastorno, turbación.

Aprobar: celebrar, encomiar, aceptar, admitir.

Parcial: arbitrario, injusto, partidario, fragmentario.

Silenciante: silente, insonorizante, mutismante, callante.

Sanable: curable, remediable, viable, inmunizado.

Incierto: confuso, vacilante, titubeante, nebuloso.

Beneficiar: favorecer, aprovechar, mejorar, meliorar.

Suavidad: mansedumbre, placidez, tranquilidad, eufemismo.

Piedad: bondad, suavidad, conmemoración, comprensión.

Sigilar: callar, silenciar, ocultar, esconder.

Detener: parar, frenar, contener, retener.

Diferir: discordar, disentir, divergir, discrepar.

Cuadro: marco, pintura, lienzo, panorama.

Evaluación: valuación, ponderación, estimación, tasación.

Cuajar: solidificar, condensar, coagular, cortar.

Licuar: diluir, disolver, fundir, derretir.

Cualidad: atributo, peculiaridad, disposición, pericia.

Defecto: deficiencia, falta, falla, culpa.

Cuando: tiempo, momento, instante, circunstancia.

Planeamiento: concepción, trazado, esquema, proyecto.

Cuantía: cantidad, valor, precio, consideración.

Evaluación: medida, ponderación, volumen, dimensión.

Cuantificar: medir, evaluar, ponderar, considerar.

Menospreciar: desestimar, despreciar, invalorar, subestimar.

Cuanto: cosa, especie, contenido, materia.

Definición: especificación, clasificación, descripción, precisión.

Cuartel: acantonamiento, división, acuertelamiento, caserna.

Mezcolanza: mezcla, frangollo, promiscuidad, heterogeneidad.

Cubierta: cobertura, revestimiento, cobijo, capa.

Interioridad: interior, intimidad, fondo, profundidad.

Cubierto: tapado, abrigado, servicio, plato.

Descubierto: destapado, despejado, aclarado, detectado.

Cubrir: tapar, ocultar, esconder, proteger.

Descubrir: mostrar, exhibir, presentar, evidenciar.

Cuchichear: murmurar, susurrar, secretear, bisbisar.

Aclarar: dilucidar, explicar, concretar, especificar.

Cuchufleta: chanza, chirigota, burla, broma.

Gravedad: seriedad, formalidad, compostura, circunspección.

Cuento: fábula, narración, historieta, relato.

Verdad: certeza, efectividad, evidencia, veracidad.

Cuerdo: sensato, juicioso, prudente, reflexivo.

Alocado: insensato, irreflexivo, impulsivo, atolondrado.

Cuestión: materia, asunto, tema, suceso.

Circunstancia: armonía, unión, cariz, aspecto.

Cuestionar: discutir, disputar, debatir, deliberar.

Concordar: convenir, concertar, armonizar, corresponder.

Cuidado: atención, esmero, cautela, pulcritud.

Negligencia: descuido, pereza, dejadez, incuria.

Cuidar: atender, velar, vigilar, asistir.

Descuidar: desatender, abandonar, olvidar, omitir.

Cuita: angustia, zozobra, aflicción, inquietud.

Regocijo: alegría, júbilo, contento, gozo.

Culminación: cúspide, cresta, pináculo, cumbre.

Sima: fondo, entraña, profundidad, hondura.

Culminante: dominante, preminente, sobresaliente, principal.

Ínfimo: inferior, último, bajo, mínimo.

Culminar: elevar, sobresalir, predominar, encimar.

Bajar: descender, aterrizar, planear, amarar.

Culpar: inculpar, acusar, achacar, imputar.

Exculpar: excusar, disculpar, absolver, liberar.

Cultivar: laborar, surcar, estudiar, practicar.

Secar: agotar, enjugar, marchitar, absorber.

Cultura: ilustración, instrucción, erudición, civilización.

Incultura: barbarie, rusticidad, salvajismo, rudeza.

Cumplimentar: felicitar, saludar, visitar, elogiar.

Incumplir: vulnerar, inflingir, quebrantar, controvertir.

Cumplimiento: cumplido, ceremonia, realización, cortesía.

Incumplimiento: infringimiento, quebrantamiento, vulneración, contravención.

Cumplir: efectuar, realizar, ejecutar, obedecer.

Fallar: incumplir, desobedecer, quebrantar, controvertir.

Cúmulo: multitud, muchedumbre, montón, acumulación.

Insignificancia: menudencia, bagatela, nimiedad, poquedad.

Cuna: linaje, estirpe, origen, principio.

Rusticidad: tosquedad, ordinariez, selvariquez, patanería.

Cundir: aumentar, crecer, extender, propagarse.

Reducir: mermar, disminuir, acortar, decrecer.

Cuño: troquel, señal, huella, modelo.

Evaluación: cuantía, valoración, medida, apreciación.

Cuota: canon, porción, asignación, mensualidad.

Insolidez: inusualidad, desuso, inhabilidad, extrañeza.

Cupido: amor, eros, enamoradizo, faldero.

Odio: aversión, rencor, antipatía, execración.

Cupo: porción, cuota, ajuste, totalidad.

Vaguedad: imprecisión, indeterminación, inexactitud, indistinción.

Cupón: parte, seña, billete, bono.

Todo: íntegro, conjunto, bloque, entero.

SINÓNIMOS	ANTÓNIMOS

Cúpula: bóveda, domo, cúspide, cimborrio.

Sima: fosa, cavidad, cuenca, profundidad.

Curandero: embaidor, charlatán, matasanos, embalsamador.

Médico: doctor, facultativo, galeno, cirujano.

Curia: cancillería, división, tribunal, pontificario.

Congreso: junta, reunión, asamblea, agrupación.

Curiomanía: curiosidad, curiofrenia. f— manía de curiosidad.

Equilibrio: ecuanimidad, sobriedad, prudencia, normalidad.

Curiosidad: indiscreción, inquietud, esmero, impertinencia.

Indiferencia: displicencia, incuria, apatía, frialdad.

Curioso: observador, veedor, indiscreto, entrometido.

Indiferente: incurioso, descuidado, apático, desidioso.

Currículum: relación, exposición, f—historial profesional.

Enmarañamiento: enredamiento, confusión, embrollo, mezcolanza.

Currinche: novato, principiante, f—periodista empezante.

Veterano: experto, ducho, avezado, experimentado.

Cursar: seguir, estudiar, despachar, tramitar.

Demorar: retardar, retrasar, aplazar, diferir.

Cursi: afectado, pedante, ridículo, chabacano.

Natural: espontáneo, automático, sencillo, elegante.

Curtir: adobar, aderezar, endurecer, baquetear.

Rustificar: tosquear, ordinariar, inculturar, patanizar.

Cúspide: cumbre, cima, pináculo, cresta.

Fondo: base, hondo, cimiento, interior.

Custodia: resguardo, protección, conservación, cuidado

Desamparo: descuido, intemperie, abandono, olvido.

Custodiar: proteger, conservar, defender, vigilar.

Abandonar: desamparar, desatender, despreocuparse.

CH

Chabacanería: vulgaridad, ramplonería, tosquedad, ordinariez.

Chabacano: ordinario, vulgar, trivial, insulso.

Chabola: choza, barraza, chamizo, tugurio.

Chacota: broma, chanza, burla, mofa.

Cháchara: palique, charla, parloteo, verborrea.

Chafar: ajar, marchitar, aplastar, apabullar.

Chalado: chiflado, alelado, tocado, enloquecido.

Chambón: chapucero, torpe, farfallón, remendón.

Chambonada: descuido, desacierto, error, contrasentido.

Chantaje: extorsión, engaño, timo, mixtificación.

Chanza: broma, burla, chirigota, chacota.

Chapa: hoja, lámina, alaria, palastro.

Delicadeza: finura, atención, tacto, cortesía.

Refinado: delicado, eminente, elevado, superior.

Mansión: morada, vivienda, habitación, chalé.

Seriedad: formalidad, compostura, calma, ceremonia.

Conferencia: disertación, conversación, peroración, discurso.

Remozar: rejuvenecer, renovar, fortalecer, vigorizar.

Cuerdo: juicioso, prudente, reflexivo, sensato.

Consciente: esmerado, cuidadoso, concienzudo, atento.

Acierto: tino, tacto, prudencia, cordura.

Corrección: decoro, pudicia, decencia, pureza.

Circunspección: prudencia, discreción, precaución, reserva.

Imprudencia: descuido, precipitación, ligereza, irreflexión.

Chapucero: chafallón, frangollón, tosco, rudo.

Esmerado: cuidado, pulcro, escrupuloso, pulido.

Chapurrar: mezclar, combinar, farfullar, chapurrear.

Aislar: separar, dividir, purificar, pulimentar.

Charada: acertijo, enigma, problema, adivinanza.

Solución: acierto, explicación, comprensión, decisión.

Charco: charca, bache, fangal, hoyo.

Limpieza: aseo, higiene, acendramiento, perfección.

Charlar: conversar, parlar, departir, parlamentar.

Callar: enmudecer, silenciar, encubrir, omitir.

Charlatán: hablador, parlachín, locuaz, embaucador.

Callado: silencioso, enmudecido, sigiloso, formal.

Charlatanería: verborrea, locuacidad, palabrería, vaniloquio.

Discreción: moderación, prudencia, tino, juicio.

Chasco: burla, broma, engaño, decepción.

Respeto: deferencia, miramiento, devoción, consideración.

Chasquear: engañar, embrollar, burlar, chancear.

Corresponder: atañer, incumbir, concernir, afectar.

Chato: romo, aplanado, obtuso, tosco.

Proporcionado: adecuado, prudente, atinado, listo.

Chaval: joven, muchacho, mancebo, doncel.

Anciano: veterano, viejo, vetusto, provecto.

Cheque: documento, dinérico, talón, libranza.

Ficha: pieza, cédula, papeleta, seña.

Chévere: bonito, vistoso, primoroso, gracioso.

Feo: avocastro, horrible, macaco, asqueroso.

Chic: distinción, elegancia, donaire, gusto.

Cursilería: afectación, recargo, pretensión, ridiculez.

Chico: pequeño, reducido, bajo, diminuto.

Grande: crecido, desarrollado, alto, extenso.

Chicotear: zurrar, latigar, pegar, azotar, castigar.

Acariciar: mimar, amar, querer, distinguir.

Chichón: hinchazón, bulto, tolondrón, tumefacción.

Reflexión: cavilación, cogitación, hesitación, meditación.

Chiflado: alelado, chalado, tocado, desquiciado.

Cuerdo: normal, juicioso, prudente, reflexivo.

Chilindrina: burla, broma, chanza, chirigota.

Seriedad: formalidad, entereza, gravedad, circunspección.

Chillar: gritar, vociferar, rechinar, rugir.

Chillón: gritón, vocinglero, recargado, estridente.

Chingar: molestar, fastidiar, frustrar, beber.

Chiquillo: bebé, nene, niño, pibe.

Chiripa: casualidad, azar, circunstancia, suerte.

Chisme: embuste, murmuración, habladuría, enredo.

Chismoso: murmurador, enredoso, malediciente, lioso.

Chispa: gracia, agudeza, viveza, centella.

Chispear: brillar, relucir, refulgir, lloviznar.

Chiste: agudeza, ocurrencia, gracia, chascada.

Chocante: extraño, inesperado, raro, sorprendido.

Chocar: tropezar, encontrarse, estrellarse, contrastar.

Chochear: envejecer, caducar, disparatar, desacertar.

Chocho: ñoño, canelón, caduco, consentido.

Choque: colisión, estrellón, encontrón, contienda.

Chubasco: chaparrón, chaparrada, aguacero, nubada.

Chuchería: fruslería, baratija, nadería, menudencia.

Chueco: estevado, patituerto, cambiante, incorrecto.

Chulo: guapo, curro, vistoso, majo.

Chunga: broma, burla, chanza, diversión.

Enmudecer: callar, silenciar, mutisar, sigilar.

Discreto: atinado, prudente, circunspecto, atildado.

Deleitar: alegrar, animar, regocijar, complacer.

Joven: mozo, muchacho, mancebo, chamaco.

Taxatividad: exactitud, precisión, puntualidad, fidedignidad.

Consideración: respeto, diferencia, acatamiento, urbanidad.

Veraz: cierto, certero, verídico, fidedigno.

Simpleza: bobería, necedad, vaciedad, majadería.

Opacar: obscurecer, nubecer, grisar, ennegrecer

Bobería: simpleza, tontería, necedad, patochada.

Corriente: común, vulgar, habitual, cotidiano.

Esquivar: eludir, evadirse, burlar, soslayar.

Lozanear: remozar, rejuvenecer, enmozar, enlozanarse.

Lozano: gallardo, airoso, arrogante, jovial.

Alejamiento: aparte, retiro, desvío, distanciamiento.

Solana: carasol, solar, soleridad, solaridad.

Categoría: clase, condición, esfera, jerarquía.

Correcto: cabal, exacto, justo, castizo.

Macaco: feo, asqueroso, repulsivo, repugnante.

Gravedad: seriedad, formalidad, circunspección, prudencia.

Chupado: consumido, extenuado, delgado, avergonzado.

Rollizo: gordo, grueso, crecido, inflado.

Chupar: sorber, libar, absorber, succionar.

Expeler: echar, expulsar, despedir, arrojar.

Churro: buñuelo, rizo de pelo, vistoso, donosura.

Esperpento: adefesio, feo, espantajo, asqueroso.

Churumbel: niño, crío, chiquillo, pequeño.

Veterano: viejo, longevo, ducho, avezado.

Chusco: chistoso, gracioso, ocurrente, vividor.

Soso: desabrido, insípido, insulso, zonzo.

Chusma: populacho, gentuza, patulea, plebeyada.

Donosura: donosidad, lindeza, picardía, astucia.

Chuzón: ladino, astuto, bellaco, burlón.

Incauto: ingenuo, simple, crédulo, cándido.

D

Dable: posible, factible, hacedero, viable.

Dación: entrega, concesión, f— efecto de dar.

Dádiva: obsequio, regalo, presente, agasajo.

Dadivoso: desprendido, generoso, pródigo, caritativo.

Dado: entregado, obsequiado, concedido, otorgado.

Dama: señora, selecta, distinguida, sobresaliente.

Damisela: doncella, cortesana, damita, señorita.

Damnificar: perjudicar, dañar, arruinar, fallar.

Danzar: bailar, acompasar, moverse, tripudiar.

Dañar: perjudicar, estropear, menoscabar, damnificar.

Dar: ceder, entregar, proporcionar, producir.

Dardo: flecha, venablo, jabalina.

Imposible: dudoso, incierto, vacilante, dubitativo.

Equivocación: error, falta, desatino, inadvertencia.

Tacañería: cicatería, mezquindad, avaricia, sordidez.

Mezquino: avaro, egoísta, tacaño, avariento.

Quitado: privado, retirado, sacado, eliminado.

Mucama: criada, sirvienta, camarera, fámula.

Criada: sirvienta, muchacha, moza, sirviente.

Beneficiar: favorecer, ayudar, secundar, apoyar.

Observar: atisbar, acechar, mirar, vigilar.

Favorecer: beneficiar, aprovechar, utilizar, mejorar.

Quitar: retirar, apartar, mudar, desposeer.

Lanza: asta, pica, espontón, alabarda.

Datar: fechar, registrar, principiar, notar.

Numerar: marcar, cifrar, foliar, señalar.

Deambular: andar, vagar, circular, recorrer.

Trabajar: laborar, operar, obrar, faenar.

Debatir: disputar, contender, altercar, discutir.

Acordar: determinar, conciliar, confirmar, resolver.

Deber: adeudar, comprometer, convenir, debitar.

Pagar: cancelar, saldar, cubrir, liquidar.

Débil: endeble, flaco, decaído, lánguido.

Fuerte: robusto, vigoroso, fornido, potente.

Debilidad: decaimiento, desfallecimiento, languidez, astenia.

Vigor: vitalidad, energía, fuerza, ánimo.

Debilitar: aflojar, apagar, amortiguar, extenuar.

Vigorizar: fortalecer, robustecer, tonificar, esforzar.

Debutar: novizar, primificar, primigenizar, estrenar.

Terminar: concluir, finalizar, finiquitar, clausurar.

Decadencia: declinación, decaimiento, ocaso, crepúsculo.

Auge: apogeo, esplendor, grandeza, magnificencia.

Decaer: debilitar, desfallecer, disminuir, declinar.

Ascender: subir, elevar, adelantar, progresar.

Decano: superior, privilegiado, respetable, antiguo.

Inferior: dependiente, colaborador, subalterno, subordinado.

Decantar: ponderar, aconchar, afondar, trasegar.

Vituperar: afear, criticar, motejar, reprobar.

Decapitar: descabezar, degollar, guillotinar, desmochar.

Vivificar: alentar, animar, conformar, reanimar.

Decencia: honestidad, recato, modestia, moderación.

Indecencia: obscenidad, deshonestidad, indignidad, liviandad.

Decepción: desengaño, desencanto, desilusión, desaliento.

Ilusión: ficción, quimera, imagen, esperanza.

Deceso: muerte, fallecimiento, defunción. óbito.

Nacimiento: natividad, emersión, principio, fuente.

Decidir: deliberar, disponer, resolver, determinar.

Titubear: dudar, fluctuar, vacilar, desconfiar.

Decisión: resolución, determinación, disposición, sentencia.

Indecisión: incertidumbre, irresolución, perplejidad, dubitación.

Decisivo: definitivo, concluyente, perentorio, tajante.

Dudoso: incierto, inseguro, problemático, equívoco.

Decir: expresar, manifestar, comunicar, participar.

Declamar: recitar, decir, pronunciar, exponer.

Declaración: exposición, manifestación, revelación, afirmación.

Declarar: manifestar, comunicar, expresar, exponer.

Declinación: declive, pendiente, decadencia, rehusamiento.

Declinar: rehusar, renunciar, decaer, menguar.

Declive: pendiente, inclinado, gradiente, rampa.

Decomisar: confiscar, incautarse, desposeer, requitar.

Decorar: ornar, ornamentar, adornar, orlar.

Decrecer: aminorar, menguar, disminuir, reducir.

Decrépito: caduco, chocho, ñoño, viejo.

Decretar: decidir, determinar, establecer, resolver.

Decurso: transcurso, curso, sucesión, paso.

Dechado: ejemplo, modelo, prototipo, ideal.

Dedicar: ofrecer, ofrendar, consagrar, destinar.

Deducción: consecuencia, derivación, resultado, conclusión.

Deducir: derivar, colegir, inferir, concluir.

Defección: deserción, abandono, traición, deslealtad.

Defecto: carencia, deficiencia, falta, vicio.

Callar: enmudecer, silenciar, esconder, encubrir.

Escuchar: atender, oír, observar, entender.

Silencio: ocultación, mudez, encubrimiento, sigilo.

Callar: negar, denegar, enmudecer, reservar.

Admisión: aceptación, acogimiento, tolerancia, permisión.

Aceptar: admitir, acoger, cobijar, hospedar.

Subida: ascenso, elevación, ascensión, promoción.

Restituir: devolver, reintegrar, recuperar, restablecer.

Deslucir: desmejorar, empeorar, deteriorar, palidecer.

Crecer: aumentar, cundir, acrecentar, desarrollar.

Lozano: gallardo, vigoroso, jovial, rozante.

Vacilar: titubear, hesitar, oscilar, trepidar.

Interrupción: detención, suspensión, intermisión, impedimento.

Vulgar: común, ordinario, mediocre, prosaico.

Aquilatar: evaluar, apreciar, estimar, sopesar.

Incremento: adición, desarrollo, dilatación, ampliación.

Añadir: incrementar, aumentar, agregar, adicionar.

Adhesión: adherencia, aprobación, aceptación, consentimiento.

Cualidad: propiedad, atributo, condición, peculiaridad.

Defectuoso: incompleto, insuficiente, carente, deficiente.

Defender: proteger, resguardar, amparar, preservar.

Defensa: amparo, protección, defensión, justificación.

Deferencia: atención, miramiento, respeto, consideración.

Deferir: admitir, respetar, aceptar, considerar.

Deficiencia: falta, tacha, defecto, insuficiencia.

Déficit: falta, descubierto, descuido, deficiencia.

Definición: explicación, exposición, significación, descripción.

Definir: explicar, precisar, fijar, determinar.

Definitivo: concluyente, decisivo, indiscutible, terminante.

Definitorio: definiente, fijante, determinante, precisante.

Deflagrar: arder, quemar, llamear, incendiar.

Deformación: alteración, desfiguración, anomalía, aberración.

Deformar: falsear, desfigurar, alterar, modificar.

Deforme: desfigurado, contrahecho, giboso, anómalo.

Defraudar: engañar, malversar, malograr, estafar.

Defunción: muerte, óbito, extinción, expiración.

Degeneración: decadencia, declinación, degradación, bizantinismo.

Degenerar: empeorar, corromper, depravar, inficionar.

Perfecto: simétrico, cabal, armonioso, compacto.

Atacar: embestir, acometer, arremeter, irrumpir.

Acusación: incriminación, inculpación, imputación, culpamiento.

Menosprecio: desprecio, desatención, desinterés, desapego.

Rechazar: rehusar, apartar, repeler, resistir.

Eficiencia: suficiencia, perfección, desarrollo, superávit.

Superávit: exceso, residuo, sobra, excedente.

Perplejidad: vacilación, incertidumbre, titubeo, vaivén.

Vacilar: titubear, tambalear, fluctuar, pender.

Provisional: momentáneo, precario, transitorio, pasajero.

Vacilante: fluctuante, tambaleante, dubitante, titubeante.

Apagar: extinguir, sofocar, terminar, aplacar.

Perfección: mejoramiento, pulimiento, hermosura, excelencia.

Perfeccionar: pulir, mejorar, adelantar, estilizar.

Perfecto: hermoso, opuesto, completo, magistral.

Restituir: recuperar, reintegrar, rehabilitar, reponer.

Nacimiento: principio, origen, fuente, manantial.

Regeneración: reconstitución, restablecimiento, renacimiento, palingenesia.

Regenerar: corregir, reformar, moralizar, renovar.

Deglutir: tragar, engullir, ingerir, comer.

Degradación: rebajamiento, disminución, humillación, envejecimiento.

Degradar: rebajar, privar, remover, destituir.

Degustar: probar, saborear, paladear, catar.

Dehesa: campo, majada, campiña, cancha.

Deidad: divinidad, esencia, f— Dios de los idólatras.

Deidificar: divinizar, endiosar, sublimar, glorificar.

Dejación: abandono, desistimiento, dejamiento, renuncia.

Dejar: desistir, renunciar, admitir, tolerar.

Dejadez: desidia, incuria, descuido, negligencia.

Delación: acusación, denuncia, confidencia, soplonada.

Delantera: frente, fachada, vista, ventaja.

Delatar: denunciar, acusar, sindicar, incriminar.

Delegar: facultar, encomendar, entregar, comisionar.

Deleitar: agradar, encantar, complacer, gustar.

Deletéreo: mortal, letal, destructor, mortífero.

Deleznable: quebradizo, frágil, débil, inconsistente.

Delgado: flaco, seco, afilado, escuálido.

Deliberación: discusión, reflexión, decisión, resolución.

Regurgitar: vomitar, devolver, arrojar, provocar.

Enaltecimiento: elevación, exaltación, ensalzamiento, ennoblecimiento.

Ennoblecer: enaltecer, exaltar, engrandecer, elevar.

Disgustar: desazonar, repugnar, desagradar, incomodar.

Yermo: páramo, erial, baldío, estéril.

Dios: Señor, Creador, Providencia, Todopoderoso.

Humillar: abatir, postrar, rebajar, desdeñar.

Reivindicación: reclamación, recuperación, vindicación, exigencia.

Permanecer: continuar, seguir, mantener, persistir.

Diligencia: rapidez, prontitud, expedición, actividad.

Exculpación: defensa, intercesión, protección, alegato.

Trasera: posterior, ulterior, espalda, zaguero.

Encubrir: ocultar, esconder, recatar, substraer.

Privar: quitar, prohibir, vedar, impedir.

Hastiar: enojar, molestar, aburrir, fastidiar.

Vivificante: reconfortante, tonificante, alentador.

Sólido: firme, duro, inflexible, valioso.

Obeso: gordo, grueso, repolludo, rollizo.

Despreocupación: calmosidad, tranquilidad, flematicidad, desentendimiento.

Deliberar: considerar, reflexionar, resolver, discutir.

Resolver: solucionar, acordar, determinar, decidir.

Delicadeza: finura, suavidad, atención, tacto.

Indelicadeza: desatención, descortesía, descuido, tosquedad.

Delicado: enfermizo, débil, atento, exquisito.

Desconsiderado: desalentado, descortés, irreflexivo, atolondrado.

Delicia: placer, gozo, agrado, complacencia.

Sufrimiento: molestia, enfado, fastidio, tristeza, pesar.

Delicioso: deleitoso, placentero, ameno, encantador.

Desagradable: molesto, fastidioso, ingrato, desapacible.

Delictivo: delictuoso, criminal, punible, reprensible.

Loable: encomiable, plausible, elogiable, ensalzable.

Delimitar: deslindar, señalar, demarcar, determinar.

Contener: limitar, reducir, restringir, reprimir.

Delincuencia: criminalidad, robo, asalto, asesinato.

Bondad: piedad, generosidad, benevolencia, humanidad.

Delincuente: criminal, malhechor, asaltante, homicida.

Vigilante: guardia, policía, detective.

Delinear: diseñar, bosquejar, esbozar, dibujar.

Improvisar: descuidar, desatender, desentender, divagar.

Delinquir: inflingir, quebrantar, transigir, contravenir.

Respetar: acatar, aceptar, venerar, honrar.

Deliquio: desmayo, desfallecimiento, suspensión, enajenamiento.

Recuperación: recobramiento, fortalecimiento, reanimación, restablecimiento.

Delirar: desvariar, disparatar, desatinar, alucinar.

Razonar: reflexionar, discurrir, conjeturar, sugerir.

Delirio: alucinación, enajenación, desvarío, desatino.

Razonamiento: reflexión, raciocinio, explicación, demostración.

Delito: culpa, crimen, falta, infracción.

Castigo: sanción, punición, pena, condena.

Deludir: burlar, engañar, alucinar, mofarse.

Descubrir: descifrar, destapar, veridizar, desenmascarar.

Delusorio: ficticio, artificial, engañoso, artificioso.

Real: auténtico, veraz, cierto, indiscutible.

Demacrado: enflaquecido, adelgazado, desmejorado, desnutrido.

Engordado: engrosado, recuperado, mejorado, recobrado.

Demagogo: embaucador, engatusador, verbo-gogo, jacobino.

Veracista: sincero, auténtico, llano, juicioso.

Demanda: petición, solicitud, ruego, súplica.

Oferta: ofrecimiento, promesa, proposición, propuesta.

Demandar: denunciar, acusar, emplazar, su-plicar.

Exigir: ordenar, reclamar, mandar, requerir.

Demarcación: deslinde, frontera, distrito, circunscripción.

Abrogación: invalidación, revocamiento, anu-lación, desconocimiento.

Demarcar: delimitar, deslindar, fijar, señalar.

Revocar: anular, abrogar, apartar, invalidar.

Demasía: abuso, atropello, delito, atrevimien-to.

Respeto: consideración, miramiento, deferen-cia, veneración.

Demasiado: excesivo, innecesario, bastante, exuberante.

Poco: insuficiente, escaso, limitado, estrecho.

Demencia: locura, vesania, alienación, sico-patía.

Cordura: juicio, reflexión, prudencia, acierto.

Demente: vesánico, anormal, loco, alienado.

Cuerdo: juicioso, consciente, prudente, acer-tado.

Demérito: desmerecido, desaprobado, descali-ficado, menospreciado.

Meritorio: digno, plausible, alabable, loable.

Democracia: predominio del pueblo. Prepon-derancia de la comunidad.

Aristocracia: predominio de la nobleza. Sobe-ranía del potestado.

Democratizar: generalizar, institucionalizar. F— introducir los principios democráticos.

Autocratizar: tiranizar, subyugar. f— imponer las ideas del "yoísmo".

Demoler: destruir, derribar, arrasar, aniqui-lar.

Construir: edificar, erigir, elevar, levantar.

Demolición: arrasamiento, derribamiento, ani-quilación, destrucción.

Edificación: construcción, poblacionamiento, erección, levantamiento.

Demoníaco: diabólico, perverso, satánico, infernal.

Angelical: seráfico, purísimo, bondadoso, in-dulgente.

Demorar: retrasar, retardar, detener, aplazar;

Apurar: urgir, acelerar, apresurar, apremiar.

Demostración: expresión, exposición, mani-festación, evidencia.

Ocultación: encubrimiento, disimulación, ve-lamiento, disfrazamiento.

Demostrar: indicar, señalar, evidenciar, mani-festar.

Ocultar: esconder, tapar, enmascarar, camu-flar.

Demostrativo: evidente, convincente, probatorio, apodíctico.

Cuestionable: dubitativo, incierto, falso, mixtificado, .

Demudar: variar, cambiar, alterar, desfigurar.

Estabilizar: permanecer, perdurar, perennizar, inmutabilizar.

Denegación: ñegativa, desestimación, negatividad, inconsistencia.

Concesión: aprobación, accesión, beneplácito, anuencia.

Denegar: desestimar, negar, rechazar, contradecir.

Acceder: asentir, consentir, permitir, facultar.

Denigrante: injurioso, vergonzoso, afrentoso, infamante.

Enalteciente: elevante, encomiable, ensalzante, honoroso.

Denigrar: infamar, calumniar, ofender, mancillar.

Enaltecer: exaltar, realzar, encubrir, dignidicar.

Denodado: esforzado, animoso, intrépido, atrevido.

Tímido: apocado, miedoso, aprensivo, irresoluto.

Denominar: designar, intitular, nominar, señalar.

Omitir: olvidar, posponer, relegar, prescindir.

Denostar: injuriar, insultar, ofender, apostrofar.

Encomiar: alabar, elogiar, ensalzar, enaltecer.

Denotar: indicar, significar, expresar, anunciar.

Ignorar: desconocer, confundir, olvidar, equivocar.

Densidad: consistencia, espesor, cohesión, resistencia.

Fluidez: liquidez, vaporosidad, elasticidad, flexibilidad.

Densificar: espesar, apretar, compactar, tupir.

Fluidificar: clarificar, blandecer, molificar, suavizar.

Denso: compacto, macizo, espeso, apretado.

Fofo: vano, fluido, hueco, huero.

Denuedo: valor, arrojo, ánimo, bizarría.

Cobardía: pusilanimidad, timidez, cortesía, zozobra.

Denuesto: ofensa, ínsulto, improperio, agravio.

Lisonja: alabanza, halago, adulación, agasajo.

Denuncia: delación, acusación, confidencia, información.

Ocultación: encubrimiento, ocultamiento, silencio, mudez.

Denunciar: delatar, acusar, revelar, descubrir.

Encubrir: esconder, ocultar, camuflar, entorpecer.

Deparar: facilitar, entregar, proporcionar, suministrar.

Obstruir: complicar, contrariar, estorbar, dificultar.

Departamento: división, dependencia, oficina, cantón.

Departir: conversar, dialogar, platicar, conferenciar.

Depauperación: debilitamiento, extenuación, enflaquecimiento, consunción.

Depauperar: empobrecer, extenuar, enflaquecer, debilitar.

Dependencia: sometimiento, sumisión, subordinación, sujeción.

Depender: pender, servir, obedecer, acatar.

Dependiente: subordinado, vendedor, subalterno, oficinista.

Depilar: desvellar, pelar, f— arrancar el pelo.

Deplorar: lamentar, sentir, afligir, condolerse.

Deponer: dejar, apartar, degradar, separar.

Deportación: exilio, extrañamiento, relegación, proscripción.

Deportar: desterrar, confinar, exiliar, extrañar.

Deposición: declaración, exposición, testimonio, evacuación.

Depositar: consignar, confiar, guardar, colocar.

Depositario: fiduciario, tesorero, cajero, consignatario.

Depósito: consignación, resguardo, custodia, provisión.

Depravación: envilecimiento, corrupción, degradación, degeneración.

Depravar: degradar, corromper, envilecer, pervertir.

Acumulación: hacinamiento, amontonamiento, amalgama, multiplicación.

Callar: silenciar, omitir, enmudecer, observar.

Robustecimiento: vigorización, tonificación, reforzamiento, fortalecimiento.

Robustecer: consolidar, reafirmar, fortalecer, restablecer.

Independencia: emancipación, integridad, resolución, autonomía.

Rebelarse: alzarse, sublevarse, desobedecer, indisciplinarse.

Independiente: libre, exento, emancipado, autónomo.

Empeler: nacer, crecer. f— criar pelos.

Congratular: celebrar, cumplimentar, halagar, ensalzar.

Reponer: recobrar, restablecer, incorporar, integrar.

Repatriación: regreso, volvimiento, retorno, f— volver a la patria.

Repatriar: retornar, regresar, volver, llegar.

Resolución: decisión, abortamiento, determinación, solucionamiento.

Retener: conservar, reservar, deducir, recordar.

Dilapidario: derrochador, despilfarrador, dilapidador, malversador.

Derroche: despilfarro, dilapidación, gasto, consumo.

Integridad: honradez, equidad, rectitud, probidad.

Regenerar: corregir, reformar, restituir, reconstruir.

Deprecación: ruego, súplica, petición, impetración.

Deprecar: rogar, pedir, suplicar, impetrar.

Depreciar: rebajar, reducir, desvalorar, liquidar.

Depredar: robar, pillar, devorar, rapiñar.

Depresión: abatimiento, desaliento, decaimiento, profundidad.

Deprimir: abatir, desanimar. desalentar, hundir.

Depurar: purificar, acrisolar, perfeccionar, acendrar.

Derecho: erguido, recto, levantado, tieso.

Derivar: proceder, emanar, provenir, descender.

Derogar: abolir, suprimir, anular, revocar.

Derramar: verter, esparcir, desaguar, desembocar.

Derredor: contorno, rededor, circuito, perfil.

Derretir: fundir, liquidar, licuar, fluidificar.

Derribar: abatir, derrocar, destrozar, deponer.

Derrocar: derribar, despeñar, demoler, derruir.

Derrochar: consumir, desperdiciar, disipar, malgastar.

Derrotar: batir, rendir, destrozar, desbaratar.

Derrotero: rumbo, camino, senda, dirección.

Denegación: negativa, desestimación, inconsideración.

Denegar: desestimar, impedir, objetar, prohibir.

Revalorar: recargar, encarecer, elevar, aumentar.

Cuidar: conservar, mantener, preservar, guardar.

Elevación: recuperación, restitución, enaltecimiento, encubrimiento.

Animar: alentar, exaltar, conformar, exhortar.

Corromper: viciar, envilecer, ensuciar, empañar.

Torcido: encorvado, agachado, inclinado, deformado.

Anular: abolir, revocar, invalidar, suprimir.

Implantar: instaurar, establecer, crear, constituir.

Concentrar: reunir, condensar, centralizar, espesar.

Centro: núcleo, foco, epicentro, ombligo.

Solidificar: endurecer, condensar, espesar, congelar.

Levantar: elevar, enarbolar, construir, edificar.

Elevar: reconstruir, edificar, erigir, ennoblecer.

Ahorrar: economizar, guardar, reservar, preservar.

Resistir: aguantar, soportar, contradecir, luchar.

Descalabro: infortunio, perjuicio, derrota, contratiempo.

Derruir: derribar, demoler, asolar, derrumbar.

Edificar: construir, levantar, alzar, elevar.

Derrumbar: derribar, despeñar, desplomar, demoler.

Reconstruir: levantar, edificar, erigir, montar.

Desabrido: soso, insípido, insulso, desagradable.

Sabroso: agradable, gustoso, delicioso, placentero.

Desacato: irrespeto, desprecio, rebelión, indisciplina.

Acatamiento: respeto, sumisión, obediencia, reverencia.

Desacertar: errar, equivocar, desatinar, confundir.

Acertar: atinar, descifrar, hallar, encontrar.

Desacierto: desatino, disparate, equivocación, torpeza.

Acierto: discreción, prudencia, tacto, tino.

Desacreditar: desprestigiar, detractar, difamar, deshonrar.

Acreditar: afamar, confirmar, demostrar, evidenciar.

Desacuerdo: disconformidad, desavenencia, desunión, discordancia.

Acuerdo: armonía, convenio, unión, resolución.

Desafecto: desafección, malquerencia, animosidad, aversión.

Afecto: cariño, simpatía, inclinación, termura.

Desafiar: guapear, competir, afrontar, resistir.

Sosegar: detener, frenar, suspender, estancar.

Desafío: reto, duelo, rivalidad, provocación.

Transigencia: pacto, trato, ajuste, contemporanización.

Desaforar: atropellar, vulnerar, violar, excederse.

Respetar: atender, considerar, tributar, acatar.

Desafortunado: desventurado, desdichado, infeliz, aciago.

Afortunado: feliz, dichoso, alegre, jubiloso.

Desagravio: reparación, satisfacción, explicación, expiación.

Agravio: ofensa, afrenta, insulto, injuria.

Desaguisado: desacierto, desatino, disparate, barbarie.

Acierto: cordura, mesura, tino, habilidad.

Desahogar: holgar, desembarazar, desencajar, desmontar.

Atosigar: acosar, apremiar, acuciar, insistir.

Desahuciar: despedir, condenar, expulsar, alejar.

Esperanzar: alentar, animar, confiar, confortar.

Desairar: desdeñar, despreciar, desatender, menospreciar.

Respetar: atender, considerar, tributar, acatar.

Desajustar: desacoplar, desligar, desmembrar, descomponer.

Ajustar: concertar, concordar, acopiar, adaptar.

Desalentar: abatir, acobardar, amilanar, desanimar.

Alentar: animar, infundir, exhortar, consolar.

Desaliento: desánimo, abatimiento, postración, decaimiento.

Aliento: ánimo, denuedo, esfuerzo, valor.

Desalojar: lanzar, echar, expulsar, desahuciar.

Alojar: albergar, hospedar, aposentar, residir.

Desalmado: cruel, inhumano, despiadado, salvaje.

Compasivo: piadoso, caritativo, misericordioso, generoso.

Desamparado: desabrigo, desaliento, desarrimo, abandono.

Cuidado: atención, esmero, pulcritud, cautela.

Desangrar: vaciar, perder, sangrar, arruinar.

Enriquecer: progresar, adinerarse, f— tener sangre.

Desanimar: desalentar, descorazonar, abatir, atemorizar.

Animar: entusiasmar, reconfortar, exhortar, alegrar.

Desaparecer: huir, esconderse, ocultarse, esfumarse.

Aparecer: hallarse, encontrarse, salir, emerger.

Desaparición: desaparecimiento, ocultamiento, disipación, desvanecimiento.

Aparición: aparecimiento, visión, manifestación, surgimiento.

Desapercibido: desadvertido, descuidado, desprevenido, despreocupado.

Preparado: prevenido, dispuesto, previsto, advertido.

Desaplicado: desatento, descuidado, negligente, perezoso.

Aplicado: esmerado, cuidadoso, estudioso, perseverante.

Desaprobar: reprobar, censurar, condenar, amonestar.

Aprobar: asentir, consentir, aceptar, admitir.

Desarmar: desmontar, desarticular, descomponer, desunir.

Armar: montar, disponer, preparar, ajustar.

Desarrollar: desenvolver, desdoblar, desplegar, pormenorizar.

Reducir: condensar, limitar, compendiar, sintetizar.

Desarticular: desconectar, separar, cortar, impedir.

Enlazar: unir, ensamblar, articular, mancomunar.

Desasosiego: intranquilidad, inquietud, desazón, ansiedad.

Sosiego: quietud, serenidad, apacibilidad, reposo.

Desastre: revés, derrota, fracaso, descalabro.

Beneficio: éxito, resultado, recuperación, predominio.

SINÓNIMOS ANTÓNIMOS

Desastroso: ruinoso, catastrófico, asolador, devastador.

Beneficioso: afortunado, provechoso, lucrativo, productivo.

Desatender: descuidar, abandonar, olvidar, desestimar.

Atender: escuchar, oír, fijarse, cuidar.

Desatino: desacierto, despropósito, locura, absurdo.

Acierto: ocurrencia, tacto, tino, prudencia.

Desavenencia: desacuerdo, contrariedad, discordia, disentimiento.

Avenencia: pacto, transacción, acuerdo, convenio.

Desazón: desasosiego, malestar, prurito, pesadumbre.

Sosiego: calma, tranquilidad, placidez, moderación.

Desbarajuste: desorden, desconcierto, desarreglo, confusión.

Orden: concierto, disposición, armonía, proporción.

Desbaratar: trastornar, arruinar, estropear, desconcertar.

Componer: arreglar, ordenar, reparar, concordar.

Desbocado: deslenguado, lenguaraz, malhablado, descarado.

Correcto: justo, cabal, discreto, cortés.

Descabellado: destinado, disparatado, desacertado, absurdo.

Juicioso: acertado, lógico, prudente, reflexivo.

Descalabro: contratiempo, desgracia, infortunio, perjuicio.

Acierto: tino, tacto, oportunidad, prudencia.

Descalificar: incapacitar, privar, anular, desacreditar.

Habilitar: capacitar, autorizar, posibilitar, facilitar.

Descansar: reponer, dormir, reposar, yacer.

Fatigar: cansar, extenuar, agotar, fastidiar.

Descanso: reposo, respiro, sosiego, tranquilidad.

Trabajo: labor, estudio, faena, esfuerzo.

Descarado: desvergonzado, atrevido, insolente, incontrolado.

Comedido: respetuoso, vergonzoso, considerado, atento.

Descargar: desencajar, desembocar, aliviar, aligerar.

Cargar: estibar, embarcar, gravitar, acometer.

Descaro: osadía, atrevimiento, insolencia, audacia.

Comedimiento: discreción, cortesía, urbanidad.

Descarriar: desviar, equivocar, descaminar, perturbar.

Encaminar: convertir, encontrar, encauzar, enderezar.

Descartar: prescindir, suprimir, eliminar, quitar.

Aceptar: admitir, consentir, aprobar, reconocer.

147

Descender: bajar, desmontar, decrecer, proceder.

Ascender: subir, elevarse, adelantar, progresar.

Descendiente: hijos, vástagos, sucesor, retoño.

Ascendiente: progenitor, antepasado, antecesor, prestigio.

Descenso: caída, bajada, decadencia, declinación.

Ascenso: subida, adelante, promoción, elevación.

Descerrajar: violentar, forzar, romper, quebrantar.

Respetar: acatar, considerar, aceptar, reverenciar.

Descifrar: desentrañar, comprender, interpretar, transcribir.

Fallar: errar, desacertar, marrar, equivocarse.

Descoco: descaro, desvergüenza, osadía, libertinaje.

Respeto: acatamiento, consideración, deferencia, miramiento.

Descollante: sobresaliente, dominante, preponderante, destacado.

Apagado: corriente, común, exiguo, minúsculo.

Descollar: resaltar, sobresalir, emerger, surgir.

Minimizar: empequeñecer, reducir, disminuir, achicar.

Descomedido: exagerado, excesivo, descortés, inconsciente.

Mesurado: comedido, ocurrente, diligente, respetuoso.

Descomponer: desarreglar, desarticular, desvincular, deshacer.

Componer: arreglar, ordenar, reparar, remendar.

Descompuesto: putrefacto, podrido, infectado, maloliente.

Sano: incólume, inmune, entero, lozano.

Descomunal: enorme, inmenso, excesivo, gigantesco.

Diminuto: pequeño, menudo, exiguo, jibarizado.

Desconcertar: alterar, confundir, turbar, intranquilizar.

Orientar: concertar, encaminar, dirigir, tranquilizar.

Desconcierto: desarreglo, desorden, desorganización, inconformidad.

Concierto: orden, acuerdo, avenencia, armonía.

Desconectar: interrumpir, desenlazar, desunir, desligar.

Conectar: enlazar, unir, empalmar, unificar.

Desconfianza: recelo, temor, prevención, suspicacia.

Confianza: seguridad, creencia, convicción, éxito.

Desconfiar: recelar, maliciar, sospechar, difidenciar.

Confiar: fiar, empeorar, entregar, delegar.

Desconocido: ignorado, anónimo, incógnito, inédito.

Conocido: nombrado, nominado, determinado, singularizado.

Desconocimiento: ignorancia, inconciencia, nulidad, impericia.

Saber: conocimiento, dominio, entendimiento, comprensión.

Desconsolado: atribulado, doliente, pesaroso, compungido.

Contento: alegre, resignado, feliz, radiante.

Descontar: reducir, aminorar, acordar, rebajar.

Agregar: añadir, sumar, adiccionar, incorporar.

Descontento: disgustado, agraviado, insatisfecho, quejoso.

Contento: alborozado, jubiloso, regocijado, satisfecho.

Descorazonar: desalentar, decepcionar, amilanar, arredrar.

Alentar: avivar, animar, exhortar, impeler.

Descorrer: plegar, encoger, escurrir, manar.

Correr: pasar, huir, escapar, trotar.

Descrédito: desdoro, desprestigio, mancilla, mácula.

Crédito: confianza, solvencia, reputación, competencia.

Describir: reseñar, delinear, trazar, especificar.

Silenciar: callar, omitir, ocultar, sigilar.

Descripción: relación, explicación, definición, especificación.

Temario: asunto, objeto, síntesis, motivo, materia.

Descubrimiento: hallazgo, exhumación, invención, innovación.

Experimento: ensayo, prueba, tentativa, pretensión.

Descubrir: encontrar, descifrar, detectar, esclarecer.

Revelar: mostrar, manifestar, exponer, denunciar.

Descuento: rebaja, deducción, disminución, depreciación.

Incremento: desarrollo, aumento, crecimiento, ampliación.

Descuidado: negligente, dejado, desidioso, desprevenido.

Cuidadoso: concienzudo, precavido, cauteloso, ocurrente.

Descuidar: desatender, olvidar, abandonar, omitir.

Cuidar: velar, atender, asistir, guardar.

Desdén: desprecio, indiferencia, menosprecio, invaloración.

Estimación: respeto, interés, consideración, deferencia.

Desdeñar: desechar, despreciar, menospreciar, desairar.

Estimar: apreciar, considerar, valorar, reputar.

Desdoblar: extender, desplegar, separar, fraccionar.

Doblar: arquear, torcer, encorbar, arrugar.

Desdorar: difamar, denigrar, calumniar, deshonrar.

Alabar: aplaudir, ensalzar, encomiar, enaltecer.

Desear: anhelar, apetecer, querer, pretender.

Detestar: odiar, aborrecer, repugnar, repeler.

Desecar: deshidratar, desencharcar, inaguar, agostar.

Empapar: embeber, impregnar, ensopar, humedecer.

Desechar: rechazar, desdeñar, reprobar, expeler.

Aprovechar: utilizar, usufructuar, emplear, disfrutar.

Desembarazar: despejar, evacuar, limpiar, purificar.

Obstruir: impedir, estorbar, dificultar, atascar.

Desembarcar: dejar, descargar, desencajonar, descontener.

Embarcar: destinar, enviar, despachar, remesar.

Desembocar: afluir, desaguar, derramar, salir.

Interrumpir: suspender, detener, impedir, obstaculizar.

Desembolsar: gastar, costear, abonar, saldar.

Embolsar: guardar, custodiar, resguardar, recibir.

Desembuchar: confesar, declarar, desahogarse, vomitar.

Callar: silenciar, enmudecer, omitir, reservar.

Desempeñar: ejercer, ejecutar, cumplir, despignorar.

Prescindir: evitar, rehusar, denegar, refutar.

Desempeño: cometido, cumplimiento, actuación, trabajo.

Inercia: inacción, inactividad, dejadez, pereza.

Desencanto: desengaño, desilusión, chasco, desesperanza.

Encanto: embeleso, seducción, hechizo, embrujo.

Desenfreno: libertinaje, desvergüenza, escándalo, deshonestidad.

Templanza: moderación, prudencia, temperancia, continencia.

Desengaño: desilusión, desencanto, decepción, pesadumbre.

Ilusión: sueño, quimera, engaño, confianza.

Desenlace: resultado, final, solución, conclusión.

Enredo: embrollo, intriga, trastorno, complicación.

Desenmascarar: descubrir, detectar, destapar, intuir.

Cubrir: esconder, tapar, ocultar, disfrazar.

Desenredar: ordenar, arreglar, desembrollar, desenmascarar.

Enredar: confundir, enmarañar, mezclar, hacinar.

Desentonar: contrastar, discordar, desafinar, insolentar.

Entonar: afinar, modular, fortalecer, tonificar.

Desentrañar: interpretar, descubrir, penetrar, acertar.

Fallar: errar, marrar, desacertar, malograr.

Desenvolver: desarrollar, descifrar, desentrañar, expandir.

Envolver: cubrir, empaquetar, empacar, involucrar.

Desenvolvimiento: desarrollo, ampliación, extensión, expansión.

Deseo: anhelo, aspiración, ansia, antojo.

Desequilibrio: inestabilidad, vicisitud, crisis, neurastenia.

Deserción: fuga, defección, engaño, traición.

Desertar: abandonar, traicionar, fugarse, huir.

Desesperación: desesperanza, abatimiento, desaliento, pesimismo.

Desesperar: desconfiar, impacientar, irritar, exasperar.

Desestabilizar: desequilibrar, desmoronar, perturbar, desfinanciar.

Desestimar: despreciar, desdeñar, menospreciar, desechar.

Desfachatez: descaro, desvergüenza, descoco, frescura.

Desfalcar: robar, hurtar, substraer, despojar.

Desfallecer: debilitar, flaquear, decaer, desalentar.

Desfasar: diferenciar, producir, separar, divergir.

Desfavorable: contrario, adverso, hostil, negativo.

Desfigurar: deformar, desemejar, falsear, disfrazar.

Desfilar: marchar, maniobrar, evolucionar, suceder.

Desflorar: ajar, deslucir, arrugar, desvirgar.

Desgajar: separar, dividir, fraccionar, arrancar.

Desgano: inapetencia, anorexia, fastidio, antipatía.

Recogimiento: apartamiento, abstracción, reflexión, unción.

Aversión: oposición, antipatía, odio, encono.

Equilibrio: proporción, armonía, ecuanimidad, conformidad.

Fidelidad: lealtad, rectitud, solidaridad, devoción.

Afrontar: desafiar, arrostrar, f— hacer frente a los hechos.

Esperanza: confianza, creencia, ilusión, optimismo.

Sosegar: reposar, calmar, aquietar, tranquilizar.

Estabilizar: garantizar, afianzar, asegurar, permanecer.

Estimar: considerar, apreciar, valorar, juzgar.

Prudencia: cordura, moderación, discernimiento, templanza.

Restituir: devolver, reponer, reintegrar, remitir.

Vigorizar: reanimar, recobrar, alentar, restablecer.

Igualar: compensar, emparejar, uniformar, tipificar.

Favorable: propicio, benigno, acogedor, benévolo.

Detectar: revelar, descubrir, denunciar, patentizar.

Suspender: detener, retardar, interrumpir, reprobar.

Lozanear: rejuvenecer, reverdecer, mejorar, respetar.

Integrar: unir, amalgamar, enlazar, fusionar.

Interés: atracción, afecto, curiosidad, apetito, ambición.

Desgañitarse: enronquecer, vocear, despepitar, gritar.

Desgarbado: desaliñado, desmadejado, desgalichado, desarreglado.

Desgarrar: despedazar, romper, deteriorar, rasgar.

Desgastar: consumir, debilitar, dañar, adelgazar.

Desglosamiento: separación, apartamiento, eliminación, exclusión.

Desglosar: separar, quitar, excluir, eliminar.

Desgracia: adversidad, percance, desdicha, accidente.

Desgraciado: infeliz, desdichado, aciago, infausto.

Desgreñar: enmarañar, despeinar, desmelenar, descabellar.

Desguazar: desbastar, deshacer, descontar, desarmar.

Deshabitado: solitario, despoblado, desierto, yermo.

Deshacer: desbaratar, destrozar, quebrantar, aniquilar.

Deshilvanar: discontinuar, desenlazar, incohesionar, desaticular.

Deshojar: despojar, desguarecer, arrancar, exfoliar.

Deshonestidad: impudor, indecencia, liviandad, inmoralidad.

Deshonesto: descarado, impúdico, liviano, licencioso.

Deshonor: oprobio, ultraje, violar, afrentar.

Deshonrar: difamar, ultrajar, violar, afrentar.

Callar: silenciar, observar, notar, mudizar.

Garboso: gallardo, airoso, gentil, arreglado.

Zurcir: componer, arreglar, juntar, urdir.

Integrar: completar, totalizar, reponer, adicionar.

Inclusión: agregado, adicionamiento, incorporación, inserción.

Incorporar: agregar, intercalar, incluir, insertar.

Dicha: felicidad, ventura, fortuna, prosperidad.

Venturoso: afortunado, feliz, dichoso, satisfecho.

Acicalar: ataviar, aderezar, componer, abrillantar.

Armar: montar, construir, ensamblar, amartillar.

Habitado: poblado, ocupado, fundado, incrementado.

Hacer: crear, formar, efectuar, plasmar.

Hilvanar: cohesionar, coordinar, preparar, apuntar.

Revestir: recubrir, ornar, exornar, paramentar.

Honestidad: recato, castidad, pudicia, decencia.

Honesto: decoroso, pudoroso, decente, honrado.

Honor: fama, reputación, consideración, honra.

Respetar: considerar, apreciar, acatar, reverenciar.

Desiderátum: culminación, meta, finalidad, objetivo.

Desidia: dejadez, pereza, inercia, pigricia.

Desidioso: negligente, descuidado, indolente, pigricioso.

Desierto: deshabitado, despoblado, solitario, estepa.

Designación: nombramiento, nominación, elección, destinación.

Designar: elegir, nombrar, señalar, denotar.

Designio: pensamiento, idea, propósito, intención.

Desigual: diferente, distinto, disímil, heterogéneo.

Desigualdad: diferencia, disparidad, discrepancia, desemejanza.

Desilusión: decepción, desengaño, desencanto, fiasco.

Desintegración: disgregación, pulverización, desolución, nadización.

Desintegrar: desmembrar, disgregar, disociar, dividir.

Desinterés, desprendimiento, abnegación, liberalidad, desafición.

Desistimiento: renuncia, abandono, rescisión, dejación.

Desistir: cesar, abandonar, dejar, prescindir.

Desleal: infiel, pérfido, aleve, felón.

Desleír: disolver, diluir, deshacer, disgregar.

Deslenguado: insolente, lenguaraz, malhablado, insidioso.

Desligar: desatar, desasir, desenlazar, deshacer.

Nadería: insignificancia, puerilidad, nimiedad, inferioridad.

Diligencia: actividad, prontitud, celo, esmero.

Deligente: activo, dinámico, rápido, expedito.

Poblado: numeroso, frecuentado, populoso, bullicioso.

Abrogación: anulación, revocación, rectificación, derogación.

Sustituir: reemplazar, relevar, suplantar, subrogar.

Circunstancia: objeto, finalidad, génesis, motivo.

Igual: semejante, idéntico, similar, homogéneo.

Igualdad: uniformidad, conformidad, exactitud, identidad.

Ilusión: confianza, esperanza, sueño, quimera.

Integración: anexión, amalgama, mancomunación, adición.

Integrar: fusionar, juntar, anexar, mezclar.

Interés: apego, afición, entusiasmo, aliento.

Aceptación: aprobación, acogida, asentimiento, conformidad.

Perseverar: continuar, proseguir, persistir, porfiar.

Leal: fiel, franco, sincero, noble.

Concentrar: condensar, reunir, centralizar, aglutinar.

Circunspecto: prudente, atinado, respetuoso, contenido.

Ligar: amarrar, asir, juntar, unir.

Deslindar: demarcar, delimitar, aclarar, precisar.

Verificar: comprobar, evidenciar, demostrar, constatar.

Desliz: resbalón, error, caída, ligereza.

Acierto: tino, prudencia, tacto, cordura.

Deslizar: rodar, correr, escabullir, introducir.

Estacionar: detener, frenar, paralizar, estagnar.

Deslucir: descolorar, desteñir, desmejorar, deteriorar.

Restaurar: reconstruir, reparar, recobrar, recuperar.

Deslumbramiento: ceguera, ofuscación, embaimiento, estupefacción.

Desencanto: fracaso, frustración, desilusión, desengaño.

Deslumbrar: cegar, alucinar, ilusionar, engañar.

Decepcionar: desilusionar, desencantar, desengañar, fracasar.

Desmán: exceso, demasía, desafuero, tropelía.

Respeto: consideración, miramiento, prudencia, circunspección.

Desmantelar: retirar, abandonar, desalojar, arruinar.

Erigir: levantar, construir, edificar, reconstruir.

Desmañado: torpe, inhábil, chapucero, inexperto.

Ocurrente: hábil, discurrente, capacitado, hacendoso.

Desmayar: amilanar, acobardar, desalentar, descorazonar.

Envalentonar: animar, alentar, esforzar, entusiasmar.

Desmedido: desmesurado, excesivo, desproporcionado, incontrolado.

Moderado: mesurado, parco, prudente, sobrio.

Desmedro: deterioro, menoscabo, desmejoramiento, estropeo.

Mejora: adelanto, progreso, avance, melioración.

Desmentir: desvirtuar, contradecir, refutar, objetar.

Confirmar: aseverar, corroborar, afirmar, atestiguar.

Desmenuzar: triturar, moler, picar, despedazar.

Aunar: juntar, unir, unificar, entrelazar.

Desmerecer: rebajar, invaluar, desacreditar, desvalorar.

Merecer: lograr, alcanzar, meritar, obtener.

Desmontar: apearse, bajarse, desarmar, desarticular.

Montar: armar, articular, unir, cohesionar.

Desmoralizar: desalentar, amilanar, acobardar, viciar. f— perder la moral.

Animar: alentar, reanimar, exhortar, estimular.

Desmoronar: destruir, deshacer, disminuir, arruinar.

Levantar: edificar, construir, enderezar, hermosear.

Desnaturalizar: alterar, deformar, falsear, desfigurar.

Normalizar: ordenar, regularizar, conformar, metodizar.

Desnudar: desvestir, despojarse, f— quitarse la vestimenta.

Vestir: emprendar, ropar, cubrirse, f—ponerse la ropa.

Desnudez: privación, indigencia, escasez, penuria.

Abrigo: amparo, auxilio, defensa, protección.

Desnudo: desvestido, desabrigado, privado, indigente.

Vestido: equipado, presentado, abundante, encubierto.

Desobedecer: rebelarse, indisciplinarse, levantarse, transgredir.

Obedecer: cumplir, acatar, someterse, entregarse.

Desocupar: evacuar, vaciar, derramar, rebosar.

Ocupar: llenar, repletar, atestar, abarrotar.

Desoír: desestimar, desatender, invaluar, nadizar.

Atender: escuchar, oír, acceder, considerar.

Desolación: desconsuelo, aflicción, devastación, martirio.

Alegría: júbilo, gozo, contento, regocijo.

Desolar: asolar, destruir, arruinar, entristecer.

Animar: alentar, concitar, inducir, estimular.

Desollar: despellejar, escorchar, perjudicar, martirizar.

Entusiasmar: apasionar, arrobar, encantar, favorecer.

Desorden: alboroto, confusión, desconcierto, trastorno.

Orden: júbilo, gozo, contento, regocijo.

Desordenar: perturbar, intranquilizar, trastornar, inquietar.

Ordenar: arreglar, disponer, compaginar, compilar.

Desorientar: turbar, confundir, extraviar, aturdir.

Orientar: dirigir, guiar, enterar, enseñar.

Despabilar: avivar, despertar, incitar, apremiar.

Dormir: aletargarse, adormecer, amodorrarse, cabecear.

Despachar: remitir, remesar, enviar, expender.

Requerir: demandar, apercibir, emplazar, convocar.

Desparpajo: desenfreno, descoco, desembarazo, desfachatez.

Encogimiento: apocamiento, timidez, pusilanimidad.

Desparramar: esparcir, extender, desperdigar, diseminar.

Recoger: juntar, acumular, reunir, cosechar.

Despavorido: aterrado, horrorizado, espantado, aterrorizado.

Impávido: sereno, tranquilizado, valeroso, imperturbable.

Despectivo: desdeñoso, despreciativo, minimizado, empequeñecido.

Despecho: desafecto, malevolencia, animosidad, ojeriza.

Despedazar: destrozar, descuartizar, deshacer, desgarrar.

Despedir: echar, arrojar, despachar, licenciar.

Despegar: desunir, apartar, desprender, elevarse.

Despejar: apartar, desocupar, evacuar, aclarar.

Despensa: repostería, alacena, provisión, víveres.

Desperdiciar: despilfarrar, derrochar, malbaratar, malograr.

Desperdigar: diseminar, dispersar, esparcir, desparramar.

Despersonalizar: automatizar, descaracterizar, manejabilizar, maquinizar.

Despertar: desvelar, mover, incitar, excitar.

Despierto: despejado, despabilado, advertido, ocurrente.

Despilfarrar: dilapidar, derrochar, malgastar, prodigar.

Desplante: arrogancia, gallardía, aplomo, entereza.

Despistar: extraviar, desorientar, turbar, confundir.

Desplazar: salir, abandonar, desalojar, moverse.

Desplegar: desdoblar, extender, desenrollar, desenvolver.

Desplomar: derrumbar, caer, desmoronar, arruinar.

Afectuoso: amable, atento, cordial, amistoso.

Simpatía: amistad, tendencia, inclinación, atracción.

Restituir: restaurar, reconstruir, restablecer, reintegrar.

Admitir: aceptar, recibir, tolerar, consentir.

Aterrizar: bajar, descender, decrecer, disminuir.

Obstruir: cerrar, estorbar, impedir, dificultar.

Penuria: escasez, pobreza, carestía, falta.

Aprovechar: disfrutar, usufructuar, utilizar, beneficiar.

Reunir: acumular, concentrar, aunar, mancomunar.

Personalizar: adaptar, personificar, ajustar, simbolizar.

Adormecer: arrullar, calmar, aplacar, acallar.

Tardo: torpe, desmañado, lerdo, zopenco.

Ahorrar: economizar, reservar, guardar, aprovechar.

Vacilación: inhibición, complejidad, apocamiento, irresolución.

Encaminar: dirigir, guiar, encauzar, conducir.

Llegar: arribar, abordar, venir, aterrizar.

Plegar: doblar, arrugar, ajar, plisar.

Levantar: erigir, construir, sobresalir, demostrar.

Desplumar: arruinar, estafar, despojar, explicar.

Restituir: devolver, reponer, restablecer, recuperar.

Despojar: quitar, desposeer, saquear, privar.

Apropiar: adueñar, apoderarse, posesionarse, conquistar.

Desposeer: quitar, usurpar, despojar, expoliar.

Restituir: devolver, reponer, retornar, reintegrar.

Déspota: opresor, dictador, tirano, autócrata.

Demócrata: respetuoso, tolerante, abierto, liberal.

Despotricar: desprestigiar, murmurar, denigrar, difamar.

Afamar: renombrar, señalar, distinguir, reputar.

Despreciar: desestimar, desdeñar, menospreciar, desairar.

Apreciar: valorar, estimar, evaluar, justipreciar.

Desprender: desunir, desligar, separar, desglosar.

Adherir: pegar, ligar, juntar, afiliar.

Desprendido: generoso, desinteresado, dadivoso, magnánimo.

Tacaño: miserable, agarrado, cicatero, apretado.

Despreocupado: tranquilo, flemático, clamoso, insensible.

Inquieto: impaciente, intranquilo, importuno, nervioso.

Desprestigiar: desacreditar, difamar, denigrar, vilipendiar.

Afamar: acreditar, ponderar, reputar, renombrar.

Desprevenido: descuidado, imprevisor, confiado, dejado.

Prevenido: avisado, ocurrente, providente, dispuesto.

Despropósito: desacierto, disparate, desatino, absurdo.

Acierto: tino, tacto, prudencia, cordura.

Después: luego, enseguida, ultimamente, seguidamente.

Antes: anterior, anteriormente, anticipación, antelación.

Desquiciar: descomponer, desarticular, corromper, viciar.

Ajustar: amoldar, concordar, acoplar, moralizar.

Desquitar: recuperar, recobrar, restaurar, resarcir.

Asolar: arrasar, demoler, derribar, devastar.

Destacar: sobresalir, señalar, brillar, subrayar.

Opacar: deslucir, empañar, enturbiar, obscurecer.

Destapar: abrir, descorchar, descubrir, revelar.

Tapar: cubrir, arropar, cerrar, ocultar.

Destemplar: desentonar, desafinar, desconcertar, alterar.

Templar: afinar, atenuar, moderar, suavizar.

Desterrar: confinar, deportar, relegar, proscribir.

Repatriar: retornar, regresar, volver, tornar.

Destierro: exilio, ostracismo, proscripción, deportación.

Retorno: repatriación, regreso, tornamiento, volvimiento.

Destinar: dedicar, emplear, aplicar, consagrar.

Privar: suspender, quitar, expoliar, proscribir.

Destino: puesto, ocupación, meta, trayectoria.

Objetivo: razón, motivo, finalidad, contingencia.

Destituir: deponer, exonerar, separar, degradar.

Rehabilitar: restituir, reivindicar, reponer, reincorporar.

Destrabar: desprender, soltar, liberar, desligar.

Trabar: juntar, unir, enlazar, prender.

Destreza: habilidad, maestría, primor, soltura.

Torpeza: lentitud, pesadez, inhabilidad, anquilosamiento.

Destronar: derrocar, deponer, reemplazar, derribar.

Entronizar: entronar, coronar, ungir, terminar.

Destrozar: destruir, romper, despedazar, triturar.

Componer: arreglar, acomodar, remediar, restaurar.

Destrucción: ruina, desolación, devastación, aniquilamiento.

Construcción: edificación, erección, estructuración, conformación.

Destruir: arruinar, demoler, asolar, derrocar.

Construir: edificar, erigir, levantar, reconstruir.

Desunión: separación, ruptura, disociación, desvinculación.

Unión: vinculación, enlace, avenencia, compañerismo.

Desvalijar: despojar, robar, desposeer, hurtar.

Devolver: restituir, entregar, recuperar, reintegrar.

Desvalimiento: desamparo, desabrigo, abandono, orfandad.

Amparo: ayuda, auxilio, protección, favor.

Desvanecer: esfumar, disipar, atenuar, frustrar.

Revivir: aparecer, surgir, salir, reformar.

Desvariar: delirar, disparatar, desatinar, enajenar.

Razonar: discurrir, reflexionar, raciocinar, dilucidar.

Desvarío: delirio, desatino, locura, disparate.

Razonamiento: raciocinio, reflexión, lógica, pensamiento.

Desvelo: cuidado, interés, atención, inquietud.

Serenidad: tranquilidad, quietud, despreocupación, parsimonia.

Desvencijar: descomponer, destartalar, desencajar, desconcertar.

Ajustar: encajar, acoplar, embutir, incrustar.

Desviación: bifurcación, separación, extravío, distorsión.

Enderezamiento: rectificación, horizontalidad, favorecimiento, encauzamiento.

Desviar: extraviar, apartar, separar, dividir.

Persuadir: convencer, meditar, decidir, determinar.

Desvirtuar: falsear, mixtificar, adulterar, viciar.

Reparar: remediar, arreglar, restituir, acendrar.

Detallar: puntualizar, relatar, particularizar, pormenorizar.

Concretar: generalizar, resumir, actualizar, precisar.

Detectar: revelar, descubrir, hallar, encontrar.

Ocultar: encubrir, esconder, disfrazar, disimular.

Detener: sujetar, atajar, interrumpir, estancar.

Impulsar: empujar, apresurar, estimular, fomentar.

Detención: parada, frenamiento, estancamiento, detenimiento.

Impulsión: movimiento, aceleración, incentivo, estímulo.

Detentar: retener, conservar, reservar, arrogar.

Restituir: devolver, reponer, remitir, rendir.

Deterger: limpiar, purificar, asear, acendrar.

Ensuciar: manchar, macular, tiznar, emporcar.

Deteriorar: dañar, averiar, estropear, menospreciar.

Reparar: arreglar, remediar, componer, restaurar.

Determinación: resolución, decisión, disposición, audacia.

Indecisión: incertidumbre, vacilación, perplejidad, irresolución.

Determinar: disponer, decidir, precisar, solucionar.

Vacilar: titubear, trepidar, sospechar, tambalear.

Detestar: odiar, execrar, aborrecer, abominar.

Admirar: elogiar, ensalzar, querer, aplaudir.

Detonar: estallar, explotar, reventar, romper.

Mezclar: unir, juntar, agregar, añadir, incorporar.

Detracción: difamación, infamación, denigración, maledicencia.

Elogio: alabanza, aplauso, vítores, apología.

Detractar: denigrar, infamar, calumniar, murmurar.

Encomiar: elogiar, alabar, ensalzar, halagar.

Detraer: restar, apartar, substraer, difamar.

Adicionar: sumar, allegar, completar, integrar.

Detrimento: deterioro, avería, menoscabo, disminución.

Provecho: beneficio, ventaja, lucro, usufructo.

Deuda: compromiso, obligación, apuro, conflicto.

Responsabilidad: cumplimiento, deber, realización, ejecución.

Devastar: arruinar, arrasar, asolar, destruir.

Rehacer: construir, reparar, levantar, plasmar.

Devengar: ganar, percibir, retribuir, remunerar.

Cumplir: acatar, obedecer, realizar, restablecer.

Devenir: acontecer, suceder, acaecer, sobrevenir.

Interrumpir: cortar, impedir, romper, cercenar.

Devoción: fervor, unción, respeto, veneración.

Hostilidad: desprecio, enemistad, beligerancia, ataque.

Devolución: remisión, entrega, retorno, expedición.

Retención: retenimiento, detención, custodia, conservación.

Devolver: restituir, reintegrar, reponer, reembolsar.

Retener: conservar, guardar, deducir, reservar.

Devorar: tragar, destruir, comer, engullir.

Crear: hacer, formar, producir, fundar.

Devoto: piadoso, afecto, entusiasta, religioso.

Hostil: opuesto, contrario, enemigo, contendor.

Deyectar: defecar, evacuar, excrementar, boñigar.

Extreñir: retener, restreñir, estipticar, f— no obrar.

Día: fecha, data, época, jornada.

Noche: obscuridad, sombra, vigilia, tiniebla.

Diablo: demonio, satanás, luzbel, enemigo.

Angel: serafín, querubín, arcángel, simpatía.

Diabólico: infernal, satánico, demoníaco, perverso.

Angelical: bondadoso, generoso, tierno, carismático.

Diacronía: sucesión, desarrollo, continuación, decurso.

Interrupción: suspensión, detención, intermisión, impedimento.

Diáfano: nítido, límpido, claro, prístino.

Turbio: obscuro, opaco, revuelto, confuso.

Diagnosis: conocimiento, penetración, descripción, característica.

Nesciencia: desconocimiento, ignorancia, inadvertencia, insipiencia.

Diagnosticar: analizar, determinar, precisar, cuantificar.

Remediar: curar, sanar, recuperar, mejorar.

Diagnóstico: juicio, parecer, dictamen, análisis.

Necedad: disparate, desatino, equivocación, bobería.

Diagrama: figura, dibujo, representación, perspectiva.

Motivo: razón, objetivo, finalidad, circunstancia.

Dialéctica: razonamiento, reflexión, explicación, demostración.

Ocultación: encubrimiento, velación, furtividad, clandestinidad.

Dialogar: hablar, conversar, coloquiar, plantear.

Silenciar: enmudecer, sigilar, callar, disimular.

Diamante: ademante, carbonado, pulcro, atractivo.

Vulgaridad: necesidad, bagatela, nimiedad, friolera.

Diario: cotidiano, periódico, jornalero, habitual.

Semanal: septenario, hebdomediario, suplementario, accesorio.

Diatriba: ofensa, determinación, afrenta, escarnio.

Ditirambo: elogio, encomio, alabanza, panegírico.

Dibujar: diseñar, trazar, bosquejar, delinear.

Entretener: distraer, divertir, recrear, solazar.

Dicción: palabra, pronunciación, vocablo, expresión.

Frase: locución, oración, elocución, enunciación.

Diccionario: léxico, glosario, vocabulario, enciclopedia.

Ideario: pensamientos, invención, proceso, génesis.

Dicotomía: división, separación, bifurcación, derivación.

Unión: trabazón, conexión, vínculo, encadenamiento.

Dictamen: informe, juicio, opinión, parecer.

Sinrazón: error, equivocación, injusticia, iniquidad.

Dictaminar: informar, opinar, comunicar, diagnosticar.

Callar: omitir, silenciar, sigilar, observar.

Dictar: pronunciar, decretar, legislar, promulgar.

Omitir: prescindir, abstenerse, silenciar, callar.

Dicterio: improperio, denuesto, insulto, humillación.

Elogio: lisonja, encomio, alabanza, loa.

Dicha: ventura, felicidad, fortuna, prosperidad.

Desdicha: infortunio, desgracia, desventura, enfermedad.

Dicharachero: chistoso, bromista, chancero, ocurrente.

Grave: serio, circunspecto, formal, ponderado.

Diestro: hábil, derecho, experto, perito.

Torpe: incapaz, inhábil, zafio, obtuso.

Dieta: régimen, privación, sistema, congreso.

Abundancia: exuberancia, fertilidad, prodigalidad, profusión.

Diezmar: imponer, tasar, dañar, castigar.

Beneficiar: favorecer, utilizar, mejorar, bonificar.

Difamar: calumniar, desacreditar, denostar, infamar.

Elogiar: aplaudir, alabar, adular, celebrar.

Diferencia: disparidad, diversidad, discrepancia, divergencia.

Igualdad: similitud, equivalencia, coincidencia, semejanza.

Diferenciar: distinguir, señalar, diferir, divergir.

Igualar: nivelar, emparejar, uniformar, tipificar.

Diferendo: diferencia, discrepancia, desacuerdo, divergencia.

Coincidencia: sincronía, convergencia, concomitancia, coetaneidad.

Diferir: aplazar, dilatar, postergar, posponer.

Adelantar: aventajar, alcanzar, acelerar, dinamizar.

Difícil: arduo, complicado, penoso, laborioso.

Fácil: simple, sencillo, hacedero, factible.

Dificultad: contrariedad, obstáculo, problema, impedimento.

Facilidad: expedición, disposición, destreza, aptitud.

Dificultar: obstaculizar, embarazar, entorpecer, estorbar.

Facilitar: simplificar, posibilitar, favorecer, procurar.

Difidencia: desconfianza, inseguridad, recelo, suspicacia.

Confianza: seguridad, esperanza, tranquilidad, llaneza.

Difidente: reservado, cauteloso, prudente, receloso.

Confiado: entregado, fiado, esperanzado, delegado.

Difundir: extender, esparcir, propagar, generalizar.

Contener: sujetar, frenar, reprimir, encerrar.

Difunto: cadáver, muerto, occiso, extinto.

Vivo: viviente, vigente, presente, existente.

Difusión: propagación, expansión, extensión, divulgación.

Limitación: concreción, demarcación, restricción, prohibición.

Difuso: extenso, conocido, amplio, dilatado.

Limitado: restringido, concreto, demarcado, circunscrito.

Digerir: asimilar, absorber, soportar, sobrellevar.

Rechazar: rehusar, repeler, resistir, alejar.

Dignidad: decoro, decencia, gravedad, integridad.

Vileza: desmerecimiento, deshonor, humillación, abyección.

Dignificar: realzar, alabar, honrar, ennoblecer.

Denigrar: difamar, mancillar, detractar, desprestigiar.

Digresión: interrupción, detención, intermisión, paréntesis.

Prosecución: continuación, seguimiento, prolongación, extensión.

Dilación: tardarza, demora, retraso, detención.

Prontitud: ligereza, actividad, rapidez, agilidad.

Dilapidar: derrochar, malgastar, despilfarrar, prodigar.

Ahorrar: economizar, guardar, reservar, racionar.

Dilatación: ampliación, aumento, extensión, amplificación.

Restricción: reducción, abreviación, acortamiento, impedimento.

Dilatar: extender, prolongar, ampliar, demorar.

Reducir: acortar, rebajar, disminuir, restringir.

Dilema: alternativa, disyuntiva, coyuntura, circunstancia.

Solución: resolución, decisión, término, explicación.

Diligencia: actividad, rapidez, prontitud, esmero.

Negligencia: indolencia, apatía, dejadez, desidia.

Diligente: activo, rápido, dinámico, presto.

Indolente: negligente, perezoso, apático, poltrón.

Dilitante: aficionado, entusiasta, amante, melómano.

Apático: indiferente, dejado, negligente, abúlico.

Dilogía: anfibología, ambigüedad, imprecisión, confusión.

Claridad: diafanidad, limpidez, llaneza, transparencia.

Dilucidación: aclaración, explicación, explanación, comprensión.

Confusión: enredo, embrollo, turbación, enmarañamiento.

Dilucidar: esclarecer, aclarar, explicar, interpretar.

Enmarañar: enredar, confundir, embrollar, mezclar.

Diluir: disolver, derretir, licuar, fundir.

Concentrar: condensar, centralizar, reunir, solidificar.

Dimanar: emanar, proceder, salir, nacer.

Causar: producir, ocasionar, originar, provocar.

Dimensión: tamaño, espacio, vastedad, contorno.

Pequeñez: poquedad, exigüidad, nadería, inanidad.

Diminuto: pequeño, minúsculo, microscópico, chiquitín.

Grande: crecido, considerable, vasto, voluminoso.

Dimisión: renuncia, cesación, abdicación, dejación.

Aprobación: sanción, anuencia, asentimiento, aquiescencia.

Dimisionario: renunciante, renunciado, declinado, intitulado.

Titular: nombrado, facultado, efectivo, real.

Dimitir: declinar, dejar, renunciar, abandonar.

Aceptar: admitir, recibir, tolerar, aprobar.

Dinamia: fuerza, potencia, empuje, energía.

Impotencia: incapacidad, debilidad, insuficiencia, agotamiento.

Dinámico: rápido, activo, diligente, expeditivo.

Estático: parado, indolente, lerdo, cansino.

Dinamizar: intensificar, activar, apurar, fortalecer.

Debilitar: atenuar, marchitar, extenuar, desvirtuar.

Dinastía: familia, raza, progenie, estirpe.

Heterogeneidad: diversidad, insolitez, rareza, mesticidad.

Dinero: plata, metálico, efectivo, moneda.

Pobreza: necesidad, escasez, carencia, inopia.

Diploma: título, credencial, privilegio, documento.

Bagatela: nonada, nadería, zarandejas, friolera.

Diplomacia: sagacidad, astucia, habilidad, tacto.

Rudeza: brusquedad, rusticidad, torpeza, hosquedad.

Dirección: conducción, gobierno, administración, gerencia.

Subordinación: dependencia, supeditación, sumisión, sujeción.

Directo: recto, derecho, seguido, concreto.

Torcido: doblado, corvado, combado, arqueado.

Dirigir: conducir, guiar, orientar, administrar.

Obedecer: cumplir, acatar, depender, doblegar.

Dirimir: ajustar, componer, decidir, zanjar.

Delimitar: definir, precisar, dejar, demarcar.

Discernimiento: apreciación, perspicacia, razonamiento, penetración.

Obtusidad: torpeza, lerdidad, estupidez, tontería.

Discernir: distinguir, comprender, reflexionar, desfasar.

Confundir: trastocar, enredar, mezclar, embrollar.

Disciplina: método, doctrina, enseñanza, facultad.

Desorden: trastorno, alboroto, perturbación, indocilidad.

Discípulo: alumno, escolar, estudiante, colegial.

Profesor: educador, maestro, pedagogo, catedrático.

Díscolo: rebelde, avieso, indócil, indisciplinado.

Dócil: sumiso, obediente, suave, dúctil.

Disconforme: discorde, inconforme, discrepante, disidente.

Acorde: conforme, concorde, armónico, congruente.

Discordancia: desarmonía, contrariedad, contraste, disensión.

Concordancia: armonía, conformidad, unión, simetría.

Discordar: disentir, divergir, discrepar, contrastar.

Concordar: concertar, convenir, armonizar, uniformar.

Discreción: moderación, prudencia, cordura, sensatez.

Indiscreción: intrusión, intromisión, imprudencia, desatino.

Discrepancia: divergencia, desacuerdo, discordancia, diferencia.

Coincidencia: sincronía, coetaneidad, concurrencia, correspondencia.

Discrepar: distar, disentir, divergir, discordar.

Coincidir: concordar, convenir, ajustar, sincronizar.

Discreto: prudente, sensato, juicioso, circunspecto.

Indiscreto: imprudente, impertinente, importuno, entrometido.

Discriminación: diferenciamiento, parcialidad, injusticia, arbitrariedad.

Razonamiento: discernimiento, justicia, equidad, raciocinio.

Discriminar: diferenciar, distinguir, separar, segregar.

Confundir: equivocar, trastornar, trabucar, perturbar.

Discriminatorio: arbitrio, improcedente, antojadizo, injusto.

Razonable: consecuente, justo, conveniente, adecuado.

Disculpar: excusar, justificar, dispensar, absolver.

Inculpar: acusar, delatar, atribuir, imputar.

Discurrir: cavilar, reflexionar, meditar, excogitar.

Desatinar: disparatar, precipitar, atropellar, empujar.

Discurso: raciocinio, reflexión, peroración, arenga.

Bravata: fanfarronada, brabuconada, amenaza, balandronada.

Discusión: examen, estudio, debate, controversia.

Acuerdo: convenio, unión, confraternidad, decisión.

Discutir: altercar, contender, alegar, controvertir.

Conciliar: concordar, avenirse, congeniar, armonizar.

Diseminar: esparcir, dispersar, desparramar, desperdigar.

Agrupar: aglutinar, reunir, concentrar, unificar.

Disensión: disputa, riña, discordia, contrariedad.

Concordia: conformidad, armonía, convergencia, coincidencia.

Disentimiento: disconformidad, desacuerdo, divergencia, discrepancia.

Asentimiento: aprobación, aquiescencia, anuencia, beneplácito.

Disentir: discrepar, discordar, divergir, contender.

Asentir: aprobar, convenir, concordar, consentir.

Diseño: esbozo, boceto, croquis, esquema.

Imagen: ideal, representación, símbolo, efigie.

Disertar: perorar, razonar, argumentar, predicar.

Desvariar: disociar, disolver, desintegrar, disparatar.

Disfrazar: desfigurar, ocultar, simular, embozar.

Sincerar: excusar, vindicar, justificar, disculpar.

Disfrutar: gozar, regocijar, divertirse, utilizar.

Aburrir: hastiarse, fastidiarse, molestar, inquietar.

Disgregar: disociar, desunir, separar, desligar.

Congregar: asociar, unir, enlazar, coordinar.

Disgustar: molestar, contrariar, enojar, repugnar.

Complacer: contender, agradar, gustar, satisfacer.

Disgusto: desazón, enfado, pesadumbre, angustia.

Gusto: sabor, rapidez, satisfacción, delicia.

Disidencia: cisma, secesión, ruptura, escisión.

Acuerdo: unión, armonía, conformidad, dictamen.

Disímil: distinto, diferente, desigual, opuesto.

Parecido: semejante, afín, análogo, equivalente

Disimular: fingir, aparentar, encubrir, disfrazar.

Reprender: censurar, amonestar, criticar, reprobar.

Disipación: liviandad, licencia, desenfreno, disolución.

Morigeración: prudencia, moderación, sobriedad, templanza.

Disipar: desperdiciar, malgastar, desestimar, olvidar.

Economizar: ahorrar, guardar, reservar, custodiar.

Disminuir: decrecer, aminorar, rebajar, reducir.

Aumentar: acrecer, añadir, anexar, acrecentar.

Disociar: desunir, desagregar, separar, dividir.

Asociar: unir, aliar, juntar, afiliar.

Disoluto: libertino, licencioso, calavera, inmoderado.

Virtuoso: incorrupto, íntegro, morigerado, intachable.

Disolver: deshacer, licuar, derretir, liquidar.

Concentrar: cuajar, solidificar, endurecer, congelar.

Disonancia: discrepancia, desacuerdo, inarmonía, desavenencia.

Armonía: consonancia, conformidad, concordancia, sincronía.

Dispar: diferente, desigual, disímil, heterogéneo.

Parejo: similar, parecido, semejante, homogéneo.

Disparar: lanzar, tirar, despedir, descargar.

Parar: cesar, detener, frenar, impedir.

Disparate: absurdo, desatino, despropósito, badomía.

Acierto: tino, tacto, oportunidad, congruencia.

Dispendio: gasto, derroche, desembolso, dilapidación.

Ahorro: economía, reserva, guarda, previsión.

Dispensar: conceder, otorgar, perdonar, eximir.

Denegar: desestimar, negar, invalorar, obligar.

Dispersar: diseminar, esparcir, desperdigar, ahuyentar.

Agrupar: reunir, apiñar, juntar, unificar.

Dispersión: diseminación, separación, disgregación, desperdigamiento.

Agrupación: unión, asociación, aglomeración, mancomunión.

Displicencia: apatía, indolencia, indiferencia, abulia.

Complacencia: satisfacción, alegría, aspiración, regocijo.

Displicente: indiferente, apático, flemático, indolente.

Complaciente: condescendiente, servicial, deferente, cordial.

Disponer: colocar, ordenar, prevenir, aderezar.

Trastornar: perturbar, altercar, desordenar, cambiar.

Disposición: decisión, resolución, determinación, prevención.

Indecisión: vacilación, hesitación, dubitación, irreflexión.

Dispuesto: preparado, listo, prevenido, consultado.

Descuidado: desprevenido, desapercibido, despreocupado.

Disputar: altercar, contender, discutir, cuestionar.

Concordar: avenirse, congeniar, conciliar, concertar.

Disquisición: examen, racionamiento, investigación, raciocinio.

Divagación: disgresión, distracción, delirio, extravío.

Distancia: espacio, diferencia, trayecto, recorrido.

Proximidad: cercanía, vecindad, contigüidad, adyacencia.

Distar: diferir, discrepar, diferenciar, distanciar.

Asemejar: parecerse, asimilarse, igualarse, coincidir.

Distender: torcer, aflojar, relajar, ablandar.

Endurecer: contraer, crispar, solidificar, agarrotar.

Distensión: relajación, aflojamiento, luxación, esguince.

Tensión: rigidez, tirantez, espasmo, crispación.

Distinción: honor, galardón, premio, recompensa.

Chabacanería: vulgaridad, ordinariez, ramplonería, trivialidad.

Distinguir: diferenciar, discriminar, separar, divisar.

Confundir: enredar, complicar, embrollar, dificultar.

Distintivo: señal, emblema, divisa, insignia.

Colectivo: común, público, general, sabido.

Distinto: diferente, diverso, desigual, preciso.

Idéntico: igual, semejante, parecido, análogo.

Distorsión: deformación, tergiversación, distensión, relajación.

Tensión: tirantez, agravación, hostilidad, enemistad.

Distorsionar: desvirtuar, trastocar, encubrir, deformar.

Revelar: descubrir, detectar, aceptar, admitir.

Distracción: esparcimiento, pasatiempo, entretenimiento, diversión.

Hastiamiento: fastidio, aburrimiento, cansancio, tedio.

Distraer: divertir, entretener, solazar, recrear.

Hastiar: cansar, aburrir, empalagar, molestar.

Distraído: bobo, desatento, olvidadizo, despreocupado.

Atento: solícito, cortés, aplicado, estudioso.

Distribución: reparto, partición, repartición, división.

Acumulación: acopio, recolección, recogida, hacinamiento.

Distribuir: compartir, dividir, fraccionar, prorratear.

Recoger: reunir, juntar, cosechar, recolectar.

Distrito: departamento, territorio, demarcación, jurisdicción.

Ramificación: división, bifurcación, escisión, segregación.

Disturbio: tumulto, desorden, perturbacion, asonada.

Tranquilidad: serenidad, orden, bonanza, apacibilidad.

Disuadir: apartar, desalentar, desaconsejar, descorazonar.

Persuadir: convencer, inducir, imbuir, encauzar.

Disuasión: desaliento, decepción, descorazonamiento, desengaño.

Persuasión: convencimiento, inducción, imbuición, impulsión.

Disyunción: desunión, división, separación, distanciamiento.

Coincidencia: enlace, concordia, aveniencia, sincronía.

Disyuntiva: dilema, alternativa, opción, situación.

Oportunidad: ocasión, momento, coyuntura, circunstancia.

Ditirámbico: ponderativo, exagerante, desmesurado, arrebatado.

Diatribista: ofensivo, vituperista, baldonista, escarnitivo.

Ditirambo: encomio, elogio, alabanza, apología.

Diatriba: denuesto, vituperio, baldón, escarnio.

Diurno: día, lucífero, f— durante el día.

Nocturno: nocturino, noctural, f—durante la noche.

Divagar: errar, vagar, equivocar, vagabundear

Laborar: funcionar, operar, trabajar, ejecutar.

Divergencia: separación, bifurcación, discrepancia, discordia.

Convergencia: unión, confluencia, coincidencia, enlace.

Divergir: discrepar, disentir, bifurcar, diferir.

Convergir: coincidir, concurrir, acudir, propender.

Diversificación: variación, cambio, transformación, multiplicidad.

Uniformidad: igualdad, semejanza, unificación, isocronismo.

Diversificar: variar, mudar, cambiar, transformar.

Uniformar: igualar, nivelar, aparear, unificar.

Diversión: distracción, esparcimiento, recreación, expansión.

Fastidio: disgusto, hastío, tedio, aburrimiento.

Diverso: diferente, distinto, desigual, disímil.

Igual: semejante, parecido, análogo, equivalente.

Divertido: alegre, festivo, entretenido, curioso.

Abrumado: disgustado, fastidiado, aburrido.

Divertir: distraer, solazar, recrear, alegrar.

Aburrir: disgustar, hastiar, molestar, hostilizar.

Dividendo: cuota, mensualidad, obligación, compromiso.

Razón: circunstancia, motivo, móvil, objeto.

Dividir: fraccionar, seccionar, repartir, distribuir.

Juntar: aunar, hacinar, anexar, fusionar.

Divinidad: deidad, Dios, beldad, sublimidad.

Materialidad: tangibilidad, somaticidad, fealdad, asquerosidad.

Divisa: señal, insignia, marca, moneda.

Muestra: prueba, modelo, ejemplar, rótulo.

Divisar: observar, avistar, alertar, vigilar.

Enervar: confundir, equivocar, enredar, complicar.

Divorciar: romper, desunir, separar, repulsar.

Casar: unir, juntar, encajar, abolir.

Divulgación: publicación, difusión, popularización, generalización.

Silencio: mudez, ocultación, encubrimiento, callamiento.

Divulgar: difundir, esparcir, propalar, pregonar.

Silenciar: callar, ocultar, encubrir, pausar.

Doblar: arquear, encorvar, torcer, duplicar.

Enderezar: estirar, extender, alargar, dilatar.

Doblegar: abatir, doblar, curvar, plegar.

Resistir: oponer, contrariar, aguantar, soportar.

Doblez: simulación, hipocresía, engaño, fingimiento.

Franqueza: llaneza, sinceridad, espontaneidad, exteriorización.

Docente: educativo, instructivo, didáctico, pedagógico.

Nesciente: rebuznante, ignorante, borricado, iletrado.

Dócil: sumiso, manejable, obediente, dúctil.

Díscolo: rebelde, renuente, huraño.

Docilidad: sumisión, disciplina, obediencia, acatamiento.

Indocilidad: indisciplina, desobediencia, insumisión, revoltosidad.

Docilitar: amansar, domesticar, domar, desembravecer.

Docto: erudito, sabio, instruido, esciente.

Doctor: médico, facultativo, sapiente,

Doctoral: magistral, sobresaliente, vanidoso, pedantesco.

Doctrina: disciplina, sistema, enseñanza, ministerio.

Documentación: credencial, documentos, contratos, escrituras.

Documentar: probar, evidenciar, patentizar, justificar.

Documento: escritura, contrato, convenio, instrumento.

Dogma: verdad, fundamento, base, ortodoxia.

Dogmático: decisivo, tajante, determinante, ortodoxo.

Dogmatizar: aseverar, afirmar, asegurar, declarar.

Dolencia: afección, padecimiento, enfermedad, sufrimiento.

Doliente: enfermo, achacoso, afligido, contristado.

Dolo: fraude, estafa, simulación, malversación.

Dolor: pesar, tormento, aflicción, sufrimiento.

Domar: domesticar, amansar, amaestrar, domeñar.

Domeñar: someter, dominar, sujetar, avasallar.

Domesticar: amansar, amaestrar, domar, desembravecer.

Doméstico: manso, domado, amaestrado, sirviente.

Embravecer: selvatizar, enfurecer, encrespar, irritar.

Indocto: inculto, iletrado, ignorante, nesciente.

Charlatán: parlachín, locuaz, hablador

Modesto: moderado, natural, sencillo, circunspecto.

Nadería: bagatela, friolera, bicoca, nimiedad.

Fruslería: nadización, vanización, recuerdo, sombra.

Falsificar: adulterar, falsear, corromper, mixtificar.

Rescisión: anulación, revocación, abolición, casación.

Falsedad: engaño, falacia, impostura, heterodoxia.

Disidente: discrepante, blasfemo, irreligioso, heterodoxo.

Denegar: desestimar, depreciar, desdeñar, desechar.

Salud: vitalidad, energía, vigor, potencia.

Contento: alegre, jubiloso, alborozado, encantado.

Obsequio: regalo, dádiva, donativo, erogación.

Gozo: fruición, júbilo, alegría, contento.

Embravecer: irritar, enfurecer, encrespar, sulfurar.

Libertar: liberar, emancipar, eximir, excarcelar.

Selvatizar: embravecer, encabritar, enfurecer, irritar.

Montaraz: salvaje, montés, indomado, arisco.

Domicilio: casa, morada, habitación, hábitat.

Dominante: avasallador, subyugante, domeñante, mancipante.

Dominar: avasallar, refrenar, someter, subyugar.

Dominio: autoridad, potestad, ascendencia, influencia.

Don: talento, cualidad, carisma, gracia.

Donar: dar, regalar, traspasar, transferir.

Doncel: adolescente, muchacho, mancebo, paje.

Doncella: joven, virgen, criada, camarera.

Donosura: donosidad, lindura, gracia, donaire.

Dopar: drogar, narcotizar, embrutecer, imbecilitar.

Doping: estimulante, incitante, excitante, aquijoneante.

Dormir: dormitar, descansar, reposar, pernoctar.

Dosificar: graduar, medir, equilibrar, prescribir.

Dosis: cantidad, porción, parte, razón.

Dotación: asignación, tripulación, personal, salario.

Dotar: asignar, donar, conceder, destinar.

Dote: asignación, caudal, patrimonio, prebenda.

Draconiano: inflexivo, severo, inexorable, impositivo.

Dragar: ahondar, profundizar, limpiar, expeditar.

Intemperie: desabrigue, destecho, deshabitación, inmorada.

Emancipante: libertante, independizante, manumitiente, libertador.

Obedecer: acatar, respetar, cumplir, observar.

Obediencia: sumisión, acatamiento, sujeción, obsecuencia.

Nulidad: incapacidad, ineptitud, ineficacia, inhabilidad.

Quitar: robar, hurtar, usurpar, arrebatar.

Anciano: viejo, vetusto, matusalén, abuelo.

Incasta: libertina, desprejuiciada, inética, poluta.

Fealdad: afeamiento, deformidad, indignidad, monstruosidad.

Normalizar: recuperar, recobrar, desatontar, concientizar.

Moderante: sujetante, frenante, reprimente, conteniente.

Velar: vigilar, cuidar, guardar, celar.

Flexibilizar: liberalizar, ilimitar, indeterminar, posibilitar.

Todo: entero, completo, cabal, íntegro.

Privación: suspensión, carencia, ausencia, despojo.

Despojar: quitar, arrebatar, privar, saquear.

Quita: privación, veda, quitamiento, arrebatamiento.

Indulgente: benévolo, comprensivo, asequible, tolerante.

Sedimentar: depositar, residuar, aconchar, solidificar.

Dragomán: intérprete, drogmán, trujumán, traductor.

Confusor: mezclador, enredador, enmarañador, embrollador.

Drama: tragedia, catástrofe, miseria, melodrama.

Dicha: felicidad, fortuna, ventura, alegría.

Dramático: conmovedor, impresionante, trágico, catastrófico.

Indiferente: apático, frío, indolente, displicente.

Dramatizar: conmover, impresionar, patetizar, emocionar.

Mofar: burlar, reír, ironizar, befar.

Drástico: inflexible, enérgico, irreflexivo, tajante.

Suave: dócil, comprensivo, apacible, pacífico.

Drogar: estimular, exhortar, narcotizar, enviciar.

Disuadir: apartar, alejar, distanciar, desviar.

Dualidad: doblecidad, bilateralidad, dilogía, ambigüedad.

Unicidad: singularidad, unilateralidad, peculiaridad, originalidad.

Dubitación: duda, incertidumbre, perplejidad, vacilación.

Seguridad: certeza, convicción, resolución, determinación.

Dúctil: dócil, flexible, blando, acomodaticio.

Rígido: severo, endurecido, tenso, agarrotado.

Ducho: diestro, versado, experto, hábil.

Inexperto: inhábil, inepto, bisoño, novato.

Dudar: vacilar, titubear, fluctuar, cuestionar.

Confiar: fiar, esperar, depositar, delegar.

Duelo: aflicción, dolencia, dolor, compasión.

Gozo: contento, satisfacción, complacencia, deleite.

Dueño: propietario, patrón, amo, empresario.

Proletario: trabajador, jornalero, obrero, artesano.

Dulcificar: endulzar, mitigar, sosegar, suavizar.

Amargar: acibarar, agrazar, afligir, apesadumbrar.

Dulzura: dulzor, deleite, placer, afabilidad.

Desabrimiento: amargura, acibaración, insipidez, sosedez.

Duplicidad: doblez, hipocresía, falsedad, fingimiento.

Sinceridad: llaneza, franqueza, veracidad, autenticidad.

Dumping: venta a precios artificiales. Campaña a precios de costo para conquistar un mercado extranjero.

Elitismo: venta de artículos a precios subidísimos. Ponderación de calidad y precios.

Duna: arenal, montículo, prominencia, movedicidad.

Montaña: sierra, cordillera, colina, elevación.

Duración: permanencia, persistencia, subsistencia, perennidad.

Duradero: estable, permanente, durable, constante.

Durante: mientras, momento, entretanto, f— en tanto.

Durar: persistir, continuar, permanecer, perdurar.

Transitoriedad: efimeridad, pasajeridad, fugacidad, temporalidad.

Efímero: pasajero, fugaz, transitorio, perecedero.

Permanente: estable, fijo, inmóvil, quieto.

Pasar: cesar, llevar, conducir, transitar.

Ebrio: beodo, borracho, bebido, dipsómano.

Ebullición: hervor, agitación, efervescencia, movimiento.

Eclecticismo: selección, elección, escogimiento, apartamiento.

Ecléctico: escogido, selecto, elegido, acendrado.

Eclesiástico: cura, sacerdote, clérigo, presbítero.

Eclipsar: obscurecer, tapar, exceder, superar.

Eclosión: comienzo, principio, manifestación, emersión.

Ecoico: imitativo, onomatopéyico, f— efecto del eco.

Ecología: relación, conexión, f— enlace entre los seres vivos y la naturaleza.

Economía: ahorro, previsión, reserva, parsimonia.

Económico: módico, barato, popular, reducido.

Economizar: ahorrar, guardar, reservar, preservar.

Sobrio: parco, medido, moderado, temperante.

Congelación: enfriamiento, coagulación, refrigeración, frigorífico.

Mezcolanza: abigarramiento, confusión, enmarañamiento, jaspeamiento.

Abigarrado: mezclado, confuso, heterogéneo, embrollado.

Laico: lego, profano, seglar, secular.

Iluminar: alumbrar, irradiar, encender, destellar.

Cerramiento: cerradura, obstrucción, impedimento, cicatrización.

Sonoro: canoro, rumoroso, melodioso, altísono.

Destrucción: devastación, asolamiento, aniquilación, extinción.

Derroche: despilfarro, dispendio, dilapidación, gasto.

Despilfarrador: dilapidador, derrochador, malversador, malgastador.

Prodigar: gastar, dilapidar, disipar, derrochar.

Ecuánime: equitativo, ponderado, general, equilibrado.

Versátil: variable, vacilante, parcial, arbitrario.

Ecuménico: católico, universal, general, mundial.

Singular: particular, individual, esencial, exclusivo.

Ecumenizar: convocar, congregar, generalizar, universalizar.

Dispersar: diseminar, desparramar, desperdigar, fraccionar.

Echar: arrojar, despedir, expulsar, erradicar.

Recibir: admirar, aceptar, acoger, albergar.

Edad: años, tiempo, época, período.

Interrupción: suspensión, detención, parada, impedimento.

Edificar: construir, levantar, erigir, restablecer.

Derribar: destruir, demoler, arrasar, desplomar.

Editar: publicar, imprimir, pregonar, propalar.

Ocultar: callar, silenciar, encubrir, disfrazar.

Editorializar: profundizar, penetrar, examinar, analizar.

Superficializar: aparentar, encimizar, externizar, futilizar.

Educar: enseñar, instruir, ilustrar, orientar.

Embrutecer: animalizar, abandonar, entorpecer, atontar.

Efectivo: auténtico, real, seguro, positivo.

Imaginario: falso, supuesto, irreal, fantástico.

Efecto: consecuencia, resultado, producto, secuela.

Causa: origen, principio, génesis, motivo.

Efectuar: realizar, ejecutar, verificar, culminar.

Silenciar: omitir, olvidar, prescindir, desatender.

Efeméride: memoria, aniversario, calendario, suceso.

Amnesia: olvido, omisión, abandono, falta.

Efervescencia: hervor, agitación, excitación, exaltación.

Frialdad: desapego, flojedad, indiferencia, frigidez.

Eficacia: eficiencia, energía, actividad, capacidad.

Ineficacia: ineptitud, inutilidad, incapacidad, esterilidad.

Eficiencia: eficacia, validez, vigencia, poder.

Ineficiencia: nulidad, infructuosidad, inactividad, improductividad.

Efigie: figura, imagen, retrato, representación.

Nadería: bagatela, nonada, zarandejas, insignificancia.

Efímero: pasajero, fugaz, momentáneo, transitorio.

Perenne: perdurable, permanente, constante, incesante.

Efluvio: emanación, irradiación, esparcimiento, destello.

Concentración: centralización, condensación, espesamiento, comprimición.

Efugio: evasiva, escapatoria, salida, subterfugio.

Efusión: expansión, derramamiento, cariño, ternura.

Efusivo: expansivo, afectuoso, afable, amable.

Égida: protección, amparo, patrocinio, defensa.

Ego: yo, ser, persona, consciente.

Egoísmo: egolatría, materialismo, narcisismo, personalismo.

Egregio: afamado, célebre, ínclito, conspicuo.

Ejecución: realización, cumplimiento, consumación, culminación.

Ejecutar: hacer, efectuar, realizar, consumar.

Ejecutividad: predisposición, voluntariedad, resolución, volición.

Ejemplificar: demostrar, ilustrar, probar, explicar.

Ejemplo: modelo, muestra, norma, pauta.

Ejercer: cultivar, practicar, profesar, actuar.

Ejercicio: movimiento, acción, práctica, adiestramiento.

Elaborar: producir, fabricar, confeccionar, preparar.

Elación: altivez, arrogancia, soberbia, orgullo.

Elástico: flexible, plástico, frágil, blando.

Electo: elegido, nombrado, seleccionado, preferido.

Acceso: entrada, ingreso, filtración, puerta.

Indiferencia: frialdad, apatía, displicencia, escepticismo.

Adusto: frío, severo, hosco, huraño.

Desvalimiento: desamparo, desabrigo, intemperie.

Nosotros: nuestro, sociedad, colectividad, humanidad.

Altruismo: filantropía, generosidad, benevolencia, magnificencia.

Despreciable: desdeñado, despreciado, denigrado, despectivo.

Suspensión: cesación, detenimiento, interrupción, privación.

Paralizar: inmovilizar, detener, suspender, atajar.

Abulia: displicencia, involuntariedad, desinterés, desidiosidad.

Ofuscar: confundir, enmarañar, enredar, enlobreguecer.

Adefesio: fealdad, extravagancia, horrorosidad, deformidad.

Impedir: obstaculizar, dificultar, imposibilitar, entorpecer.

Inacción: descanso, reposo, inercia, ociosidad.

Flojear: gandulear, holgazanear, haraganear, desanimar.

Humildad: modestia, sencillez, docilidad, sumisión.

Rígido: firme, consistente, duro, sólido.

Destituido: separado, depuesto, relevado, degradado.

Electrizar: animar, avivar, entusiasmar, exaltar.

Elegancia: distinción, delicadeza, donaire, galanura.

Elegiaco: triste, melancólico, lastimero, plañidero.

Elegir: escoger, seleccionar, preferir, designar.

Elemental: básico, principal, primordial, esencial.

Elemento: componente, parte, pieza, esencia.

Elenco: cuadro, equipo, lista, índice.

Elevación: encubrimiento, exaltación, prominencia, enaltecimiento.

Elevado: encumbrado, alto, eminente, prominente.

Elevar: realizar, enaltecer, aumentar, acrecentar.

Elidir: eliminar, suprimir, debilitar, fracasar.

Eliminación: exclusión, supresión, separación, descartamiento.

Eliminar: excluir, quitar, suprimir, descartar.

Elíptico: tácito, omitido, existido, subentendido.

Elisión: supresión, eliminación, omisión, exclusión.

Elixir: licor, brebaje, medicamento, remedio.

Elocuencia: oratoria, persuasión, convicción, conmoción.

Elocuente: convincente, expresivo, persuasivo, significativo.

Elogiar: encomiar, alabar, enaltecer, ensalzar.

Paralizar: detener, inmovilizar, atajar, impedir.

Cursilería: ridiculez, afectación, pedantería, ramplonería.

Festivo: divertido, regocijado, chistoso, saleroso.

Descartar: desechar, apartar, eliminar, extirpar.

Complicado: mezclado, dificultado, entorpecido, obstaculizado.

Nimiedad: poquedad, exigüidad, nonada, puerilidad.

Confuso: mezclado, surtido, variado, híbrido.

Rebajamiento: abatimiento, humillación, degradación, depresión.

Bajo: ruin, innoble, pequeño, diminuto.

Derribar: derrumbar, demoler, abatir, derruir.

Mantener: nutrir, sustentar, alimentar, proveer, conservar.

Inclusión: implicación, incorporación, comprensión, contención.

Incluir: agregar, acompañar, adjuntar, insertar.

Expreso: manifiesto, claro, evidente, específico.

Conservación: retención, mantención, reservación, expresión.

Sólido: duro, fuerte, denso, consistente.

Infecundia: aridez, infertilidad, esterilidad, improductividad.

Enigmático: incomprensible, enredado, confuso, arcano.

Vituperar: reprobar, censurar, condensar, reconvenir.

Elucidar: explicar, aclarar, dilucidar, esclarecer.

Eludir: evadir, rehusar, evitar, soslayar.

Emanar: proceder, nacer, originar, provenir.

Emancipación: autonomía, independencia, libertad, albedrío.

Emancipar: libertar, redimir, soltar, desligar.

Embair: engañar, embaucar, engatusar, embelesar.

Embalar: enfardar, envasar, empaquetar, envolver.

Embalsar: estancar, encharcar, rebalsar, acumular.

Embarazar: fecundar, preñar, entorpecer, dificultar.

Embarcar: navegar, transitar, singlar, aventurar.

Embargar: retener, suspender, impedir, confiscar.

Embarrar: enfangar, manchar, embadurnar, ensuciar.

Embarullar: embrollar, enredar, confundir, enmarañar.

Embate: ataque, acometida, arremetida, embestida.

Embaucar: engañar, engatusar, seducir, encandilar.

Embausar: abstraer, ensimismar, enajenar, absorber.

Embazar: asombrar, pasmar, suspender, detener.

Embeber: absorber, impregnar, empapar, encajar.

Confundir: desconcertar, turbar, enervar, perturbar.

Afrontar: desafiar, provocar, amagar, encarar.

Detener: frenar, atajar, parar, contener.

Sujeción: opresión, sumisión, avasallamiento, subyugación, mancipación.

Someter: sujetar, vincular, subyugar, dominar.

Repulsar: rechazar, desdeñar, repeler, rehusar.

Desembalar: desliar, desatar, desenfardar, desempacar.

Desembalsar: escurrir, vaciar, chorrear, destilar.

Facilitar: proporcionar, procurar, suministrar, favorecer.

Disuadir: apartar, mover, desaferrar, desaconsejar.

Devolver: restituir, reembolsar, recuperar, reintegrar.

Limpiar: lavar, asear, purificar, acicalar.

Desenredar: ordenar, organizar, metodizar, sistematizar.

Huida: fuga, evasión, deserción, éxodo.

Repeler: repudiar, despreciar, desechar, rechazar.

Distraer: recrear, solazar, entretener, desviar.

Reprimir: contener, sujetar, moderar, dominar.

Exprimir: estrujar, prensar, extraer, sacar.

Embelesar: embeleñar, cautivar, embriagar, extasiar.

Embellecer: hermosear, adornar, acicalar, abrillantar.

Embestir: atacar, arremeter, acometer, abalanzarse.

Emblema: símbolo, representación, escudo, insignia.

Embobar: admirar, maravillar, aturdir, embabiecar.

Embocar: meter, entrar, comenzar, empezar.

Embolsar: meter, guardar, recibir, envalijar.

Emborrachar: embriagar, ebriar, achispar, marearse.

Emborronar: garabatear, garrapatear, embadurnar, ensuciar.

Emboscada: celada, asechanza, encerrona, trampa.

Embotar: debilitar, enervar, entorpecer, despuntar.

Embozar: disfrazar, encubrir, ocultar, enmascarar.

Embravecer: encolerizar, enfurecer, sulfurar, encrespar.

Embrionario: elemental, inicial, básico, rudimentario.

Embrollar: enredar, confundir, enmarañar, revolver.

Embrollo: maraña, enredo, embuste, embaimiento, confusión.

Embromar: enredar, engañar, perjudicar, dañar.

Embrujo: hechizo, encanto, fascinación, seducción.

Desdeñar: repudiar, repeler, repulsar, desechar.

Afear: deslucir, desmejorar, deformar, opacar.

Esquivar: huir, escapar, evadirse, alejarse.

Bagatela: nadería, zarandejas, futesa, chabacanería.

Horrorizar: espantar, angustiar, espeluznar, aterrar.

Sacar: quitar, extraer, apartar, privar.

Extraer: sacar, separar, arrancar, segar.

Concientizar: personalizar, caracterizar, fortificar, vigorizar.

Caligrafiar: esmerar, cuidar, atender, escriturar.

Protección: amparo, refugio, resguardo, atrincheramiento.

Aguzar: avivar, aguijonear, incitar, estimular.

Descubrir: detectar, revelar, denunciar, delatar.

Aplacar: pacificar, aquietar, amansar, domesticar.

Desarrollado: acabado, perfeccionado, adelantado, conformado.

Desembrollar: aclarar, dilucidar, explicar, ilustrar.

Orden: armonía, claridad, equilibrio, proporción.

Beneficiar: favorecer, mejorar, utilizar, aprovechar.

Repulsión: repudio, aversión, disgusto, antipatía.

Embrutecer: entontecer, atontar, entorpecer, atolondrar.

Rescatar: recuperar, normalizar, recobrar, salvar.

Embudo: tragavino, fonil, enredo, discriminación.

Repudio: repulsión, exclusión, expulsión, divorcio.

Embuste: engaño, embrollo, infundio, patraña.

Verdad: certeza, veracidad, exactitud, realidad.

Embutir: rellenar, atiborrar, apretar, encajar.

Vaciar: desocupar, verter, secar, afluir.

Emergencia: incidencia, contingencia, suceso, accidente.

Obstáculo: dificultad, inconveniencia, impedimento, oposición.

Emerger: brotar, surgir, aparecer, germinar.

Fenecer: expirar, morir, fallecer, sucumbir.

Emigración: migración, traslación, trasmigración, éxodo.

Repatriación: regreso, vuelta, llegada, retorno.

Emigrar: migrar, expatriar, trasmigar, abandonar.

Repatriar: regresar, volver, llegar, inmigrar.

Eminencia: grandeza, prominencia, excelencia, elevación.

Insignificancia: pequeñez, futilidad, inferioridad, mediocridad.

Emisión: lanzamiento, difusión, producción, manifestación.

Limitación: restricción, demarcación, concreción, especificación.

Emitir: difundir, imprimir, formular, declarar.

Captar: absorber, atraer, fascinar, cautivar.

Emoción: excitación, agitación, turbación, conmoción.

Contraste: ajuste, acorde, oposición, disparidad.

Emocionar: enternecer, conmover, alterar, impresionar.

Atenuar: tranquilizar, calmar, sosegar, paliar.

Emolumento: estipendio, beneficio, retribución, honorario.

Desembolso: gasto, consumo, egreso, dispendio.

Emotivo: patético, conmovedor, emocionante, inquietante.

Aflictivo: doloroso, deplorable, sensible, luctuoso.

Empacar: empaquetar, embalar, encajonar, enfardar.

Desempacar: desenvolver, desembalar, desempaquetar, destapar.

Empachar: hartar, estomagar, indigestar, ahitar.

Enfadar: molestar, fastidiar, disgustar, desconcertar.

Empadronar: inscribir, asentar, enrolar, registrar.

Anular: tachar, borrar, suprimir, abolir.

Empalagar: hastiar, fastidiar, aburrir, importunar.

Complacer: agradar, deleitar, contentar, condescender.

Empalmar: unir, enlazar, contactar, entroncar.

Separar: aislar, apartar, desgajar, dividir.

Empantanar: estancar, detener, atascar, paralizar.

Desechar: desencharcar, liberar, desasir, desprenderse.

Empañar: obscurecer, deslucir, enturbiar, ensuciar.

Clarificar: iluminar, aclarar, purificar, esclarecer.

Empapar: embeber, impregnar, ensopar, imbuirse.

Exprimir: estrujar, prensar, secar, apretar.

Emparejar: juntar, reunir, igualar, conformar.

Bifurcar: separar, desligar, desunir, descohesionar.

Empastelar: transigir, componer, arreglar, acomodar.

Resistir: rechazar, repeler, pugnar, soportar.

Empatar: igualar, nivelar, parear, unificar.

Desempatar: desigualar, desnivelar, diferenciar, diversificar.

Empecinar: obstinarse, obcecarse, aferrarse, exigirse.

Reflexionar: cavilar, meditar, considerar, pensar.

Empedernido: contumaz, recalcitrante, despiadado, endurecido.

Arrepentido: contrito, compungido, remordido, lamentado.

Empedernir: endurecer, fortalecer, petrificar, insensibilizar.

Ablandar: molificar, reblandecer, conmover, enternecer.

Empeñar: pignorar, emprender, obligar, comprometer.

Resolver: solucionar, solventar, acabar, enfrentar.

Empeño: constancia, tesón, ahínco, pignoración.

Desidia: indiferencia, negligencia, dejadez, incuria.

Empeorar: decaer, agravarse, desmejorar, declinar.

Mejorar: aliviar, avanzar, convalecer, restablecerse.

Empequeñecer: reducir, minorar, achicar, comprimir.

Agrandar: ampliar, acrecentar, aumentar, expandir.

Emperifollar: acicalar, ataviar, engalanar, aderezar.

Desadornar: afear, descuidar, desatender, ensuciar.

Empezar: iniciar, comenzar, principiar, inaugurar.

Terminar: concluir, finiquitar, ultimar, rematar.

Empinar: elevar, alzar, subir, enarbolar.

Bajar: descender, decrecer, menguar, disminuir.

Empírico: práctico, experimental, positivo, pragmático.

Especulativo: teórico, supuesto, hipotético, conjeturado.

Emplazar: situar, ubicar, demandar, concertar.

Desplazar: despedir, desalojar, alejar, distancia.

Emplear: aplicar, utilizar, usar, consumar.

Sustituir: reemplazar, suplantar, suplir, subrogar.

Empleo: cargo, puesto, ocupación, destino.

Ociosidad: pereza, desocupación, inactividad, holganza.

Empobrecer: cuitar, mendigar, escasear, faltar.

Enriquecer: progresar, prosperar, avalorar, adornar.

Empollar: incubar, encobar, estudiar, meditar.

Abandonar: dejar, desistir, desatender, desertar.

Emponzoñar: envenenar, inficionar, corromper, pervertir.

Conservar: mantener, preservar, guardar, vigilar.

Emporcar: manchar, ensuciar, mancillar, enmugrentar.

Limpiar: lavar, asear, purificar, acendrar.

Emporio: mercado, negocio, ciudadela, casona.

Tienda: mercería, bazar, comercio, pabellón.

Empotrar: encajar, embutir, incrustar, engarzar.

Desconectar: separar, desunir, desenchufar, desembragar.

Empozar: estancar, detener, embotellar, encharcar.

Mover: cambiar, desplazar, mudar, trasladar.

Emprender: acometer, iniciar, comenzar, empezar.

Finalizar: concluir, culminar, terminar, extinguir.

Empresa: compañía, sociedad, firma, proyecto.

Nadería: zarandejas, bagatela, fruslería, chambonada.

Empujar: estimular, impulsar, excitar, concitar.

Contener: refrenar, detener, reprimir, moderar.

Empuñar: asir, apretar, coger, conseguir.

Soltar: desasir, desligar, libertar, desprender.

Emular: competir, contender, luchar, superar.

Contener: refrenar, estancar, sujetar, reprimir.

Émulo: rival, competidor, contrincante, opositor.

Adepto: adicto, afecto, partidario, afiliado.

Enajenación: éxtasis, arrobamiento, suspensión, aberración.

Discernimiento: criterio, juicio, penetración, apreciación.

Enajenar: traspasar, transferir, vender, endosar.

Adquirir: lograr, conseguir, comprar, conservar.

Enaltecer: encomiar, honrar, distinguir, encubrir.

Rebajar: deducir, descontar, achicar, degradar.

Enaltecimiento: elevación, exaltación, elogio, ensalzamiento.

Vituperio: rebajamiento, humillación, insulto, estigma.

Enamorar: galantear, cortejar, camelar, conquistar.

Desairar: despreciar, desdeñar, chasquear, decepcionar.

Enarbolar: levantar, izar, subir, hinchar.

Arriar: bajar, soltar, aflorar, largar.

Enardecer: animar, entusiasmar, avivar, excitar.

Calmar: enfriar, apaciguar, mitigar, suavizar.

Encabezar: acaudillar, dirigir, comenzar, principiar.

Acabar: finalizar, concluir, terminar, perfeccionar.

Encadenar: aprisionar, amarrar, sujetar, esclavizar.

Liberar: soltar, desatar, libertar, desceñir.

Encaje: ajuste, conciliación, enlace, acoplamiento.

Desencaje: desgaje, desunión, desenlace, disociación.

Encajonar: empacar, encerrar, comprimir, empaquetar.

Desencajonar: desempacar, descomprimir, desclavar.

Encallar: embarrancar, varar, atascar, atollar.

Flotar: emerger, sostenerse, ondular, flamear.

Encaminar: conducir, guiar, dirigir, orientar.

Desviar: separar, apartar, confundir, enervar.

Encamisar: enfundar, emparedar, disfrazar, encubrir.

Desencamisar: desenfundar, desemparedar, destapar, descubrir.

Encandilar: deslumbrar, ofuscar, alucinar, fascinar.

Desencandilar: desencantar, desilusionar, decepcionar, desembaucar.

Encantar: agradar, gustar, interesar, simpatizar.

Repeler: rechazar, repudiar, desdeñar, arrojar.

Encanto: embeleso, magia, sortilegio, éxtasis.

Horror: espanto, terror, miedo, temblor.

Encañonar: apuntar, apistolar, asestar, encarar.

Embotar: enervar, conturbar, confundir, entorpecer.

Encaprichado: obstinado, obsesionado, empecinado, empeñado.

Razonado: consciente, reflexivo, pensado, explicado.

Encaprichar: empecinar, obcecar, empeñar, obsesionar.

Razonar: reflexionar, discurrir, inferir, aducir.

Encaramar: levantar, alzar, escalar, trepar.

Descolgar: bajar, descender, aballar, sorprender.

Encarar: enfrentar, oponer, arrostrar, apuntar.

Rehuir: rehusar, eludir, esquivar, evitar.

Encarcelar: encerrar, recluir, aprisionar, enjaular.

Encarecer: enaltecer, ponderar, alabar, elogiar.

Encarecimiento: alza, carestía, subida, insistencia.

Encargar: confiar, encomendar, prevenir, recomendar.

Encarnar: personificar, representar, simbolizar, interpretar.

Encarnizar: embrutecer, enfurecer, sulfurar, irritar.

Encarrilar: guiar, dirigir, encaminar, encauzar.

Encasillar: catalogar, clasificar, encuadrar, ordenar.

Encauzar: guiar, dirigir, encaminar, infundir.

Encender: incendiar, inflamar, avivar, enardecer.

Encerrar: contener, incluir, comprender, enclaustrar.

Encíclica: carta, misiva, comisión, f— circular que dirige el Pontífice a las iglesias del Orbe.

Encimar: aupar, encaramar, levantar, elevar.

Enclaustrar: encerrar, enceldar, internar, recluir.

Enclavar: clavar, traspasar, atravesar, perforar.

Enclenque: enfermizo, achacoso, débil, raquítico.

Encoger: contraer, achicar, arrugar, plegar.

Encolerizar: enfurecer, sulfurar, enojar, exasperar.

Libertar: excarcelar, liberar, eximir, licenciar.

Rebajar: reducir, acortar, achicar, minimizar.

Abaratamiento: bajada, depreciación, rebaja, desvaloración.

Servir: atender, dedicar, convidar, invitar.

Imaginar: idear, forjar, inventar, crear.

Ennoblecer: humanizar, concientizar, enaltecer, exaltar.

Descarriar: extraviar, pervertir, inficionar, ponzoñar.

Liberalizar: desencasillar, deslistar, destrabar, desatollar.

Extraviar: desviar, desorientar, perder, confundir.

Apagar: extinguir, sofocar, reprimir, amortiguar.

Soltar: desasir, desligar, desprender, desunir.

Vademécum: memorándum, agenda, prontuario, memorial.

Descender: bajar, desmontar, descabalgar, decrecer.

Libertar: licenciar, rescatar, desaprisionar, excarcelar.

Taponar: tapar, cubrir, cerrar, obstruir.

Robusto: fuerte, vigoroso, resistente, fornido.

Extender: estirar, expandir, dilatar, magnificar.

Aplacar: pacificar, suavizar, calmar, moderar.

185

Encomendar: confiar, encargar, recomendar, depositar.

Recelar: maliciar, sospechar, desconfiar, temer.

Encomiar: loar, alabar, elogiar, ensalzar.

Vituperar: condenar, censurar, reprobar, insultar.

Encomiástico: halagador, lisonjero, laudatorio, ditirámbico.

Denostado: denigrado, injuriado, ofendido, motejado.

Enconar: envenenar, ensañar, exacerbar, exasperar.

Simpatizar: inclinar, congeniar, avenirse, estimar.

Encontrar: hallar, descubrir, ubicar, localizar.

Despistar: perder, desorientar, confundir, enervar.

Encrespar: rizar, ensortijar, erizar, engrifar.

Alisar: lisar, pulir, planchar, estirar.

Encrucijada: cruce, intersección, cruzamiento, dilema.

Solución: respuesta, raciocinio, explicación, decisión.

Encuadrar: insertar, incluir, encerrar, conformar.

Descartar: descuadrar, desencajar, exceptuar, apartar.

Encubrir: ocultar, esconder, disimular, complicar.

Revelar: mostrar, indicar, señalar, declarar.

Encuentro: descubrimiento, hallazgo, choque, competición.

Búsqueda: indagación, investigación, pesquisación, averiguación.

Encuesta: pesquisa, indagación, averiguación, información.

Ocultación: callamiento, silencio, escondite, disfraz.

Encumbrar: encaramar, levantar, subir, endiosar.

Descender: bajar, caer, provenir, derivar.

Endeble: débil, enclenque, fofo, enteco.

Resistente: firme, fuerte, robusto, vigoroso.

Endemia: epidemia, enfermedad, pandemia, politiquería.

Salubridad: sanidad, salvación, refugio, bienestar.

Endémico: epidémico, plagático, pandémico, enférmico.

Curativo: remedio, antídoto, sanífero, inmunitivo.

Enderezar: encaminar, rectificar, encauzar, dirigir.

Desviar: alejar, despistar, torcer, disuadir.

Endilgar: arrojar, encajar, lanzar, enflautar.

Contener: reprimir, sujetar, moderar, dominar.

Endiosar: divinizar, engrandecer, magnificar, sublimar.

Humillar: rebajar, doblegar, abatir, someter.

Endogamia: norma, hábito, tradición, f— costumbre de contraer matrimonio entre miembros de la misma tribu.

Exogamia: principio, sistema, norma. f— hábito de contraer matrimonio con personas ajenas al medio común.

Endosar: transferir, transpasar, trasladar, trasmitir.

Retener: guardar, conservar, detener, custodiar.

Endurecer: fortalecer, robustecer, potencializar, consolidar.

Ablandar: molificar, emolir, emblandecer, conmover.

Enemigo: adversario, contrario, opuesto, refractario.

Amigo: adicto, afecto, devoto, inclinado.

Enemistar: malquistar, indisponer, desavenir, rivalizar.

Amistar: reconciliar, reconsiderar, amigar, armonizar.

Energía: vigor, fuerza, potencia, dinamismo.

Debilidad: decaimiento, flaqueza, anemia, languidez.

Enérgico: vigoroso, poderoso, fuerte, activo.

Débil: endeble, enclenque, canijo, exangüe.

Energúmeno: arrebatado, exaltado, furioso, frenético.

Controlado: aplacado, moderado, mesurado, morigerado.

Enervación: debilitamiento, agotamiento, extenuación, enervamiento.

Incitación: estímulo, incentivo, excitación, exaltación.

Enervar: embotar, debilitar, extenuar, agotar.

Excitar: incitar, estimular, acicatear, provocar.

Enfadar: enojar, irritar, incomodar, disgustar.

Contener: complacer, agradar, satisfacer, alborozar.

Énfasis: afectación, pomposidad, ampulosidad, solemnidad.

Morigeración: sobriedad, moderación, circunspección, análisis.

Enfatizar: robustecer, ponderar, resaltar, exaltar.

Superficializar: debilitar, insubstanciar, ablandar, atenuar.

Enfermar: entecar, achacar, padecer, afectar.

Sanar: curar, convalecer, reponerse, mejorar.

Enfermizo: achacoso, débil, enteco, morboso.

Sano: inmune, incólume, lozano, robusto.

Enfervorizar: alentar, animar, confortar, impulsar.

Refrenar: contener, morigerar, templar, moderar.

Enflaquecer: adelgazar, enmagrecer, encanijarse, debilitarse.

Engordar: engrosar, abultar, acrecentar, incrementar.

Enfocar: encauzar, orientar, apuntar, conectar.

Disentir: divergir, separar, discordar, discrepar.

Enfrascarse: dedicarse, ocuparse, engolfarse, atarearse.

Distraerse: entretenerse, divertirse, recrearse, solazarse.

Enfrentar: arrostrar, contener, afrontar, encarar.

Soslayar: sortear, rehusar, evitar, escabullir.

Enfriar: helar, desanimar, desalentar, refrescar.

Calentar: entibiar, temperar, moderar, mitigar.

Enfurecer: enojar, sulfurar, irritar, encolerizar.

Aplacar: atribuir, achacar, destinar, poner.

Engalanar: hermosear, acicalar, adornar, ataviar.

Afear: tachar, deformar, deslucir, desfigurar.

Enganchar: enlazar, agarrar, asir, enrolar.

Desenganchar: desprender, desgarrar, descolgar, desasir.

Engañar: mentir, embaucar, engatusar, tergiversar.

Descubrir: destapar, esclarecer, descifrar, desenmarcarar.

Engaño: mentira, ardid, artificio, celada.

Certidumbre: verdad, autenticidad, convicción, evidencia.

Engarzar: engastar, enlazar, eslabonar, combinar.

Desengarzar: desempalmar, desenlazar, desprender, desligar.

Engatusar: embelecar, camelar, engañar, embaucar.

Repulsar: repudiar, disgustar, reprimir, repeler.

Engendrar: concebir, procrear, originar, generar.

Abortar: perder, fallar, malograr, fracasar.

Englobar: abarcar, comprender, contener, involucrar.

Excluir: exceptuar, eliminar, quitar, desglosar.

Engolosinar: incitar, atraer, estimular, impulsar.

Repeler: repulsar, arrojar, expeler, desechar.

Engrandecer: acrecentar, incrementar, agrandar, desarrollar.

Empequeñecer: reducir, achicar, aminorar.

Engrasar: lubricar, untar, aceitar, ensebar.

Limpiar: lavar, enjuagar, fregar, cepillar.

Engreído: ensoberbecido, altanero, presumido, vanidoso.

Humilde: modesto, recatado, pudibundo, vergonzoso.

Engreír: presumir, ufanarse, alardear, infatuarse.

Inhibir: humillarse, acomplejarse, aplastarse, apocarse.

Engrosar: aumentar, acrecentar, incrementar, extender.

Disminuir: reducir, decrecer, menguar, mermar.

Engrudar: engomar, encolar, pegar, enligar.

Desencolar: despegar, separar, desaglutinar, desenligar.

Engullir: ingerir, tragar, deglutir, zampar.

Arrojar: vomitar, expeler, lanzar, proyectar.

Enhebrar: enhilar, ensartar, enfilar, adiestrar.

Desenhebrar: deshilar, desensartar, desenfilar.

Enhiesto: derecho, erguido, levantado, recto.

Encorvardo: arqueado, doblado, torcido, inclinado.

Enhorabuena: felicitación, parabién, pláceme, complacencia.

Enhoramala: pésame, compasión, condolencia, incomplacencia.

Enigma: secreto, misterio, incógnita, acertijo.

Explícito: claro, expreso, formal, obvio.

Enigmático: abstruso, incomprensible, arcano, misterioso.

Comprensible: explicable, concebible, creíble, descifrable.

Enjambre: multitud, hormiguero, abejero, muchedumbre.

Poquedad: escasez, cortedad, miseria, apocamiento.

Enjoyar: adornar, engalanar, hermosear, embellecer.

Desaliñar: desaderezar, deteriorar, ajar, desordenar.

Enjuiciar: juzgar, sentenciar, procesar, encausar.

Absolver: perdonar, eximir, disculpar, indultar.

Enjundia: gordura, grasa, meollo, substancia.

Debilidad: delgadez, enflaquecimiento, languidez.

Enjuto: seco, delgado, flaco, magro.

Rollizo: gordo, grueso, recio, robusto.

Enlazar: ligar, trabajar, empalmar, cohesionar.

Bifurcar: separar, apartar, desertar, desasir.

Enlodar: embarrar, ensuciar, manchar, mancillar.

Limpiar: asear, lavar, desmanchar, enjabonar.

Enloquecer: trastornar, perturbar, enajenar, chalar.

Normalizar: regularizar, ordenar, conseguir, reflexionar.

Enlosar: embaldosar, enladrillar, pavimentar, adoquinar.

Desenlosar: desempedrar, desafaltar, despavimentar, pulimentar.

Enlucir: estucar, enyesar, bruñir, pulimentar.

Deslucir: deslustrar, desmejorar, deteriorar, opacar.

Enmarañar: confundir, revolver, embarullar, desgreñar.

Esclarecer: desmarañar, desembrollar, clarificar, despejar.

Enmendar: remediar, corregir, reparar, rectificar.

Reincidir: incurrir, cometer, faltar, continuar.

Enmienda: rectificación, corrección, arreglo, ajuste.

Avería: daño, menoscabo, deterioro, lesión.

Enmudecer: callar, silenciar, atisbar, observar.

Hablar: platicar, conversar, expresar, exteriorizar.

Ennegrecer: renegrear, negrear, obscurecer, sombrear.

Blanquear: blanquecer, armiñar, ennevar, relucir.

Ennoblecer: enaltecer, exaltar, esclarecer, afamar.

Envilecer: humillar, mancillar, manchar, deshonrar.

Enojar: molestar, irritar, exasperar, enfurecer.

Contentar: agradar, alegrar, complacer, satisfacer.

Enojo: irritación, desagrado, disgusto, furor.

Júbilo: contento, alegría, algazara, fruición.

Enorgullecer: envanecer, ufanar, presumir, engreír.

Avergonzar: ruborizar, sonrojar, abochornar, confundir.

Enorme: grande, excesivo, garrafal, gigantesco.

Minúsculo: chico, pequeño, reducido, mínimo.

Enormidad: desatino, atrocidad, disparate, barbaridad.

Pequeñez: exigüidad, futileza, nadería, tontería.

Enquistar: embutir, encajar, envolver, llenar.

Vaciar: desocupar, operar, arrojar, botar.

Enredar: embrollar, confundir, enmarañar, intrincar.

Desenredar: ordenar, metodizar, regularizar, concertar.

Enriquecer: prosperar, mejorar, aumentar, adinerar.

Empobrecer: decaer, arruinar, empequeñecer, perder.

Enrojecer: ruborizar, sonrojar, avergonzar, abochornar.

Palidecer: descolorar, deslucir, cadaverizar, lividecer.

Enrolar: alistar, afiliar, matricular, inscribirse.

Retirar: alejar, separar, apartar.

Enrollar: arrollar, envolver, encartuchar, encoger.

Desenrollar: desplegar, desarrollar, extender, desencajar.

Enrostrar: reprobar, criticar, tachar, censurar.

Aprobar: asentir, consentir, admitir, aceptar.

Ensalzar: alabar, celebrar, encarecer, elogiar.

Vituperar: censurar, criticar, motejar, denigrar.

Ensamblar: acopiar, unir, juntar, ajustar.

Bifurcar: desviar, derivar, separar, divergir.

Ensanchar: dilatar, extender, ampliar, agrandar.

Estrechar: encoger, reducir, ceñir, compeler.

Ensañamiento: ferocidad, crueldad, brutalidad, salvajismo.

Misericordia: compasión, lástima, piedad, conmiseración.

Ensañar: encarnizar, enfurecer, dañar, maltratar.

Ensartar: enhebrar, enhilar, enfilar, equivocarse.

Ensayar: experimentar, probar, examinar, entrenar.

Ensayo: prueba, experimento, examen, reconocimiento.

Enseguida: ahora, pronto, inmediatamente, prontamente.

Ensenada: rada, bahía, broa, fondeadero.

Enseña: pendón, estandarte, bandera, emblema.

Enseñanza: educación, instrucción, doctrina, exposición.

Enseñar: educar, instruir, indicar, exhibir.

Enseres: utensilios, útiles, instrumentos, efectos.

Ensimismado: absorto, abstraído, pensativo, cabizbajo.

Ensoberbecido: engreído, presumido, vánidoso, fatuo.

Ensombrecer: obscurecer, opacar, agrisar, contristar.

Ensordecer: asordar, aturdir, confundir, entontecer.

Ensuciar: enlodar, manchar, emporcar, desasear.

Ensueño: alucinación, ficción, quimera, imaginación.

Entablar: comenzar, emprender, preparar, promover.

Enteco: enfermizo, débil, enclenque, canijo.

Entelequia: esencia, substancia, ideal, clímax.

Subsanar: resarcir, reparar, indemnizar, compensar.

Recobrar: recuperar, reparar, rescatar, remediar.

Prescindir: olvidar, abandonar, desistir, renunciar.

Desistimiento: retracción, rescisión, abandono, olvido.

Después: luego, mañana, posteriormente, oportunamente.

Mar: océano, inmensidad, piélago, abundancia.

Nadería: bobería, nonada, bagatela, insignificancia.

Baquía: práctica, maestría, empirismo, experiencia.

Ocultar: esconder, cubrir, disfrazar, disimular.

Causas: motivos, orígenes, razones, circunstancias.

Indiferente: apático, abúlico, insensible, impertérrito.

Humilde: modesto, sumiso, sencillo, sincero.

Iluminar: aclarar, encender, alumbrar, destellar.

Vivificar: alentar, animar, confortar, reanimar.

Limpiar: asear, lavar, desmanchar, depurar.

Realidad: evidencia, efectividad, certidumbre, convicción.

Concluir: acabar, terminar, finalizar, consumir.

Robusto: fuerte, fornido, forzudo, resistente.

Evidencia: realidad, certidumbre, efectividad, convicción.

Entender: comprender, concebir, penetrar, interpretar.

Entendido: comprendido, enterado, docto, hábil.

Enterar: imponer, instruir, informar, orientar.

Entereza: integridad, perfección, rectitud, carácter.

Enternecer: ablandar, conmover, emocionar, suavizar.

Entero: completo, cabal, íntegro, exacto.

Enterrar: inhumar, sepultar, soterrar, introducir.

Entibiar: mitigar, moderar, templar, mortiguar.

Entidad: agrupación, colectividad, institución, empresa.

Entierro: enterramiento, sepelio, inhumación, sepultación.

Entonar: reparar, tonificar, fortalecer, vigorizar.

Entonces: en aquel tiempo, en tal caso, a la sazón.

Entornar: entrecerrar, entreabrir, inclinar, ladear.

Entorpecer: estorbar, obstruir, dificultar, impedir.

Entrabar: trabar, estorbar, impedir, dificultar.

Entrada: acceso, ingreso, puerta, boca.

Entraña: interior, centro, profundidad, órgano.

Entrañar: contener, implicar, incluir, introducir.

Entrar: ingresar, egresar, venir, pasar.

Descartar: excluir, eliminar, exceptar, separar.

Lego: iletrado, incompetente, incapaz, indocto.

Ocultar: encubrir, esconder, tapar, disimular.

Debilidad: decaimiento, languidez, flojedad, deterioro.

Insensibilizar: adormecer, aletargar, anestesiar, narcotizar.

Parcial: truncado, fraccionado, fragmentado, dividido.

Exhumar: desenterrar, sacar, autopsiar, extraer.

Enardecer: animar, alentar, inflamar, entusiasmar.

Insignificancia: bagatela, bicoca, nadería, nimiedad.

Exhumación: desentierro, desurnación, descajonamiento, autopsia.

Desentonar: desafinar, desconcertar, desmejorar, conturbar.

Ahora: actualidad, hodierno, f— en este momento. Hoy día.

Cerrar: clausurar, tapar, cubrir, obscurecer.

Facilitar: posibilitar, simplificar, favorecer, flexibilizar.

Posibilitar: facilitar, favorecer, desentrabar, viabilizar.

Salida: puerta, apertura, marcha, efugio.

Superficie: extensión, espacio, plano, inmensidad.

Deducir: inferir, concluir, colegir, desprender.

Salir: retirar, partir, irse, marcharse.

Entreacto: intermedio, intervalo, descanso, espera.

Inicial: preliminar, primordial, inaugural, original.

Entredicho: desavenencia, prohibición, censura, interdicto.

Aprobación: sanción, conformidad, asentimiento, anuencia.

Entregar: facilitar, dar, confiar, depositar.

Arrebatar: quitar, arrancar, tomar, conquistar.

Entrelazar: entrecruzar, entretejer, entreponer, mancomunar.

Desenlazar: desatar, soltar, deslazar, resolver.

Entremeterse: inmiscuir, intervenir, mezclarse, interponerse.

Desentenderse: abstenerse, prescindir, apartarse, alejarse.

Entrenar: adiestrar, amaestrar, ejercitar, practicar.

Reposar: descansar, detenerse, holgar, tenderse.

Entresacar: escoger, elegir, seleccionar, preferir.

Descartar: desechar, quitar, suprimir, eliminar.

Entretanto: durante, instante, momento, tiempo.

Entonces: ayer, antiguamente, antaño, anteriormente.

Entretelones: mediación, separación, intervalo, demarcación.

Confluencia: concurrencia, convergencia, coincidencia, concomitancia.

Entretener: recrear, divertir, distraer, solazar.

Aburrir: cansar, disgustar, fastidiar, abrumar.

Entretenimiento: distracción, diversión, solaz, pasatiempo.

Aburrimiento: hastío, cansancio, fastidio, molestia.

Entrever: vislumbrar, columbrar, divisar, sospechar.

Confundir: mezclar, enredar, embrollar, perturbar.

Entreverar: introducir, mezclar, entretejer, entremediar.

Apartar: separar, desviar, alejar, escoger.

Entrevero: desorden, confusión, batahola, trifulca.

Comprensión: entendimiento, agudeza, apaciguamiento, perspicacia.

Entrevistar: personificar, interrogar, consultar, averiguar.

Silenciar: callar, enmudecer, omitir, olvidar.

Entristecer: apenar, acongojar, afligir, angustiar.

Alegrar: alborozar, animar, regocijar, entusiasmar.

Entroncar: vincular, concatenar, enlazar, cohesionar.

Bifurcar: separar, desligar, dispersar, deshacer.

Entronizar: coronar, urgir, levantar, exaltar.

Destronar: derrotar, deponer, derribar, despeñar.

Entuerto: daño, perjuicio, agravio, ofensa.

Beneficio: servicio, merced, gracia, favor.

Entumecer: engarrotar, envarar, empalar, entumirse.

Desentumecer: desentumirse, desentorpecerse, avivarse, agilizarse.

Enturbiar: empañar, obscurecer, embarrar, ensuciar.

Clarificar: aclarar, depurar, filtrar, purificar.

Entusiasmar: apasionar, enardecer, exaltar, exultar.

Desalentar: desanimar, abrumar, abatir, postrar.

Entusiasmo: fervor, exaltación, frenesí, admiración.

Indiferencia: apatía, abulia, desidia, frialdad.

Enumeración: enunciación, inventario, recapitulación, catalogación.

Alternación: variedad, mutación, modificación, renovación.

Enumerar: contar, referir, relatar, considerar.

Omitir: callar, silenciar, prescindir, olvidar.

Enunciación: declaración, enunciado, explicación, exposición.

Ocultación: encubrimiento, sigilo, disimulación, callamiento.

Enunciar: exponer, manifestar, expresar, declarar.

Revocar: anular, abolir, desdecir, invalidar.

Envalentonar: animar, entusiasmar, esforzar, enfatizarse.

Acobardar: acoquinar, amedrentar, amilanar, arredrar.

Envanecerse: engreírse, infatuarse, ufanarse, hincharse.

Avergonzarse: ruborizarse, sonrojarse, abochornarse, acholarse.

Envasar: embotellar, enlatar, enfrascar, embarrilar.

Esparramar: esparcir, diseminar, derramar, desvasijar.

Envejecer: encanecer, ajarse, avejentarse, marchitarse.

Rejuvenecer: remozar, mejorar, renovarse, lozanear.

Envenenar: entoxicar, emponzoñar, atosigar, infeccionar.

Desemponzoñar: desintoxicar, desmalignar, desenconar, inmunizar.

Envergadura: anchura, amplitud, extensión, dilación.

Limitación: restricción, contención, condición, cortapisa.

Enviar: remesar, remitir, despachar, facturar.

Recibir: aceptar, percibir, acoger, embolsar.

Enviciar: dañar, corromper, viciar, pervertir.

Regenerar: restablecer, restituir, renovar, reconstituir.

Envidiar: codiciar, ambicionar, anhelar, apetecer.

Desdeñar: desechar, menospreciar, desestimar, esquivar.

Envidioso: ávido, sediento, celoso, deseoso.

Hartado: lleno, repleto, saciado, ahíto.

Envilecer: degradar, corromper, rebajar, mancillar.

Ennoblecer: esclarecer, exaltar, sobresalir.

Envío: remesa, expedición, despacho, remisión.

Recibo: recepción, recibimiento, admisión, conformidad.

Envoltura: cubierta, cobertura, casquete, corteza.

Desenvoltura: plegadura, arruga, fruncimiento, estrechamiento.

Envolver: cubrir, tapar, enrollar, involucrar.

Desenvolver: desempacar, descubrir, extender, descifrar.

Enyesar: blanquear, entablillar, entablar, jahorrar.

Desenyesar: desentablillar, ennegrecer, desjarrar. liberar.

Enyugar: acoyuntar, uncir, acollarar, embastar.

Desuncir: desenyugar, desacollarar, separar, rescatar.

Enzarzar: cizañar, azuzar, enardecer, enviscar.

Desenzarzar: concertar, concordar, convenir, conformar.

Épico: heroico, epopéyico, homérico, géstico.

Cobarde: miedoso, temeroso, medroso, tímido.

Epicúreo: sensual, voluptuoso, sibarita, placentero.

Asceta: sobrio, austero, selectivo, místico.

Epidemia: peste, plaga, endemia, politiquería.

Sanidad: salubridad, higiene, inmunidad, salvación.

Epígrafe: título, rótulo, encabezamiento, principio.

Innominado: anónimo, desconocido, ignorado, ignoto.

Epigrama: epígrafe, agudeza, pensamiento, contenido.

Necedad: bobería, simpleza, vaciedad, mentecatez.

Epílogo: conclusión, resumen, recapitulación, síntesis.

Prólogo: comienzo, principio, prefacio, prolegómeno.

Episodio: suceso, incidente, hecho, circunstancia.

Exégesis: comentario, glosa, acotación, interpretación.

Epíteto: adjetivo, calificación, apelativo, nota.

Panegírico: lisonja, encomio, alabanza, apología.

Epítome: compendio, resumen, sinopsis, recopilación.

Ampliación: incremento, extensión, profusión, vastedad.

Epítrope: concesión, permiso, f— figura de dición.

Negación: denegación, impedimento, negativa, rehusamiento.

Epulón: glotón, comilón, voraz, tragón.

Parco: sobrio, medido, moderado, mesurado.

Equidad: igualdad, paridad, justicia, ecuanimidad.

Parcialidad: injusticia, bandería, preferencia, inclinación.

Equidistante: paralelo, correspondiente, semejante, análogo.

Divergente: discrepante, diferente, desigual, discordante.

Equilibrar: nivelar, igualar, compensar, contrarrestar.

Desequilibrar: diferenciar, desnivelar, distinguir, discrepar.

Equipar: proveer, pertrechar, preparar, abastecer.

Expoliar: desposeer, desplumar, suspender, prohibir.

Equiparar: cotejar, comparar, confrontar, compulsar.

Diferir: aplazar, retardar, demorar, dilatar.

Equitativo: justo, imparcial, ecuánime, recto.

Injusto: parcial, arbitrario, ilegal, abusivo.

Equivalencia: paridad, igualdad, semejanza, analogía.

Desigualdad: inconformidad, disparidad, discrepancia, altibajos.

Equivaler: igualar, emparejar, trocar, conformar.

Desequivaler: desigualar, inconcordar, desarmonizar, diferenciar.

Equivocar: confundir, errar, marrar, desvirtuar.

Acertar: atinar, hallar, encontrar, visualizar.

Equívoco: ambiguo, anfibológico, dubitativo, receloso.

Inequívoco: cierto, evidente, manifiesto, patente.

Era: tiempo, época, período, temporada.

Eternidad: perpetuidad, perennidad, perdurabilidad, inmortalidad.

Erario: tesoro, fisco, arcas, fondos.

Carencia: privación, falta, pauperismo, miseria.

Erección: levantamiento, construcción, edificación, fundación.

Destrucción: desolación, devastación, aniquilación, demolición.

Erecto: erguido, tieso, rígido, derecho.

Doblado: tumbado, ladeado, fingido, quebrado.

Ergonomía: coordinación, armonía, concertación. f— hombre-máquina.

Discordancia: divergencia, disconformidad, incoherencia, desconexión.

Ergotizar: discurrir, reflexionar, conjeturar, presumir.

Disparatar: desatinar, desacertar, desbarrar, descabellar.

Erguir: levantar, enderezar, alzar, desdoblar.

Bajar: descender, declinar, desmontar, abaratar.

Erigir: alzar, elevar, levantar, instituir.

Revocar: anular, abolir, desechar, derogar.

Erizar: erguir, atiesar, levantar, llenar.

Inclinar: doblar, decaer, bajar, derribar.

Erogar: contribuir, distribuir, repartir, racionar.

Monopolizar: acaparar, acumular, almacenar, especular.

Erosión: desgaste, corrosión, consumación, debilitamiento.

Aumento: agrandamiento, crecimiento, desarrollo, desenvolvimiento.

Erótico: lúbrico, carnal, sensual, apasionado.

Púdico: recatado, pudoroso, casto, honesto.

Errante: vagabundo, ambulante, nómada, errático.

Sedentario: estable, fijo, estacionado, inmóvil.

Errar: fallar, marrar, vagar, deambular.

Acertar: atinar, hallar, encontrar, resolver.

Erróneo: falso, errado, equivocado, equívoco.

Acertado: atinado, oportuno, apropiado, convincente.

Error: falta, yerro, desatino, desacierto.

Acierto: tacto, tino, prudencia, cordura.

Eructar: regoldar, despedir, jactarse, pavonarse.

Aceptar: consentir, sufrir, tolerar, conceder.

Erudición: sabiduría, cultura, conocimiento, instrucción.

Nesciencia: ignorancia, necedad, incultura, insipiencia.

Erudito: docto, versado, capacitado, instruido.

Ignaro: ignorante, iletrado, inculto, nesciente.

Erupción: emisión, aparición, alhorre, fogaje.

Absorbencia: aspiración, chupamiento, embebamiento, impregnación.

Esbelto: espigado, gallardo, airoso, arrogante.

Achaparrado: aparragado, rechoncho, repolludo, pochocho.

Esbirro: alguacil, sayón, sicario, verdugo.

Compasivo: misericordioso, piadoso, bondadoso, indulgente.

Esbozar: bosquejar, proyectar, delinear, diseñar.

Realizar: hacer, efectuar, ejecutar, confeccionar.

Escabroso: dificultoso, arduo, peligroso, abrupto.

Llano: fácil, sencillo, natural, accesible.

Escabullirse: escurrirse, esfumarse, escaparse, desaparecer.

Comparecer: acudir, presentarse, apersonarse, asistir.

Escala: graduación, sucesión, proporción, tamaño.

Interrupción: detención, impedimento, separación, suspensión.

Escalar: subir, trepar, encararmar, encumbrarse.

Bajar: descender, apearse, descabalgar, decrecer.

Escalofrío: calofrío, estremecimiento, espeluzno, sacudimiento.

Sofocamiento: asfixiamiento, torridez, calentamiento, enervación.

Escalonar: graduar, situar, colocar, emplazar.

Desistir: cejar, cesar, abandonar, renunciar.

Escamar: desconfiar, recelar, sospechar, maliciar.

Confiar: fiar, esperar, depositar, encomendar.

Escamotear: quitar, birlar, ocultar, privar.

Recuperar: recobrar, restituir, rescatar, salvar.

Escampar: despejar, aclarar, desbrumar, serenarse.

Cubrirse: nublarse, brumarse, obscurecerse, taparse.

Escandalizar: gritar, chillar, alborotar, encolerizarse.

Apaciguar: pacificar, calmar, aquietar, tranquilizar.

Escándalo: alboroto, tumulto, griterío, bullicio.

Silencio: mutismo, reticencia, callamiento, ocultación.

Escapar: huir, fugarse, evadirse, escabullirse.

Acudir: llegar, asistir, presentarse, apelar.

Escapatoria: fuga, evasiva, huida, efugio.

Detención: retención, aprehensión, arresto, acusación.

Escaramuza: contienda, refriega, encuentro, enfrentamiento.

Conciliación: arreglo, avenencia, armonía, concordia.

Escarmentar: corregir, remediar, enmendar, rectificar.

Corromper: alterar, viciar, pervertir, depravar.

Escarnecer: burlarse, mofarse, zaherir, reirse.

Halagar: adular, lisonjear, agradar, deleitar.

Escarnio: burla, mofa, afrenta, ludibrio.

Adulación: lisonja, halago, carantoña, coba.

Escarpelo: raspador, raedor, estirpador, limpiador.

Espátula: cuchara, paleta, alisadora, emparejadora.

Escasear: faltar, escatimar, mezquinar, mermar.

Abundar: prodigar, pulular, exuberar, provenir.

Escasez: insuficiencia, falta, necesidad, carestía.

Abundancia: exuberancia, riqueza, suficiencia, frondosidad.

Escaso: corto, limitado, poco, insuficiente.

Abundante: numeroso, copioso, profuso, exuberante.

Escatimar: escasear, faltar, racionar, dosificar.

Prodigar: entregar, esparcir, distribuir, disipar.

Escena: tablas, teatro, escenario, acción.

Fruslería: bagatela, insignificancia, vulgaridad, friolidad.

Escepticismo: incredulidad, incertidumbre, desconfianza, indiferencia.

Creencia: convicción, convencimiento, crédito, confianza.

Escéptico: incrédulo, aprensivo, irresoluto, confuso.

Crédulo: confiado, ilusionado, cierto, candoroso.

Escindir: dividir, cercenar, partir, bifurcar.

Escisión: cisma, separación, ruptura, disensión.

Esclarecer: dilucidar, aclarar, explicar, iluminar.

Esclavitud: subyugación, opresión, sujeción, servidumbre.

Esclavizar: subyugar, oprimir, dominar, aherrojar.

Esclerosar: endurecer, trastornar, perturbar, insensibilizar.

Escoger: elegir, preferir, optar, seleccionar.

Escolar: estudiante, colegial, alumno, discípulo.

Escolio: nota, comentario, acotación, anotación.

Escoltar: acompañar, cuidar, proteger, custodiar.

Escollo: tropiezo, impedimento, dificultad, obstáculo.

Escombro: resto, ruina, desecho, despojo.

Esconder: ocultar, encubrir, encerrar, contener.

Escorar: inclinar, ladear, oblicuar, tumbar.

Escotar: cercenar, cortar, separar, desligar.

Escotilla: abertura, entrada, acceso, ventanilla.

Escribano: cartulario, escribiente, notario, pendolista.

Escribir: componer, redactar, apuntar, manuscribir.

Escritor: literato, autor, creador, grafómano.

Unir: enlazar, aglutinar, armonizar, conciliar.

Unión: alianza, conexión, concordia, fusión.

Confundir: embrollar, enredar, mezclar, perturbar.

Libertad: independencia, emancipación, liberación, rescate.

Liberar: libertar, emancipar, desencadenar, desenclaustrar.

Ablandar: emolir, desclerosar, molificar, sensibilizar.

Reemplazar: sustituir, relevar, suplantar, cambiar.

Trabajador: activo, dinámico, aplicado, estudioso.

Tilde: tacha, borrón, enmienda, mancilla.

Abandonar: dejar, desasistir, desamparar, desatender.

Facilidad: expedición, diligencia, soltura, actividad.

Pulcro: puro, intacto, depurado, acendrado.

Mostrar: indicar, señalar, designar, enseñar.

Enderezar: encauzar, rectificar, dirigir, erguir.

Enlazar. unir, ligar, conectar, cohesionar.

Oclusión: cierre, obstrucción, impedimento, escollo.

Ignorado: oculto, desconocido, ignoto, anónimo.

Borrar: tachar, anular, suprimir, eliminar.

Iletrado: ignorante, inculto, insapiente, nesciente.

Escritura: escrito, documento, copia, instrumento.

Escrúpulo: esmero, precisión, exactitud, prejuicio.

Escrutar: indagar, examinar, inquirir, averiguar.

Escrutinio: recuento, computación, averiguación, conclusión.

Escuálido: macilento, consumido, delgado, extenuado.

Escuchar: atender, oír, seguir, obedecer.

Escudar: resguardar, defender, cubrir, proteger.

Escudriñar: escrutar, investigar, analizar.

Escuela: colegio, academia, parvulario, establecimiento.

Escueto: conciso, lacónico, corto, resumido.

Esculpir: grabar, modelar, cincelar, tallar.

Escultura: modelación, esculpimiento, figuración, tallamiento.

Escurrir: filtrar, gotear, destellar, exudar.

Esencia: naturaleza, zumo, propiedad, substancia.

Esencial: principal, fundamental, substancia, indispensable.

Esencializar: seleccionar, depurar, perfeccionar, sublimar.

Esfera: clase, condición, jerarquía, círculo.

Esforzar: batallar, superar, pugnar, procurar.

Esfuerzo: empuje, ánimo, brío, denuedo.

Nadería: bagatela, friolera, minucia, vulgaridad.

Incuria: abandono, descuido, distracción, negligencia.

Callar: silenciar, enmudecer, omitir, encubrir.

Omisión: olvido, descuido, imprevisión, laguna.

Rollizo: robusto, fornido, resistente, cilíndrico.

Desatender: abandonar, olvidar, desestimar, desamparar.

Exponer: mostrar, exhibir, presentar, manifestar.

Descuidar: abandonar, desestimar, olvidar, omitir.

Corporación: entidad, sociedad, agrupación, convento.

Pormenorizado: extenso, difuso, dilatado, detallado.

Deshacer: dividir, romper, separar, quebrantar.

Espantajo: facha, adefesio, estafermo, mamarracho.

Cerrar: tapar, obturar, obstruir, detener.

Baladí: nimio, simple, minucia, superficialidad.

Insubstancial: fútil, nimio, baladí, intrascendente.

Rustificar: bastizar, ordinariar, burdificar, zafiar.

Futileza: nadería, nimiedad, bagatela, vaciedad

Desistir: abandonar, cesar, cejar, renunciar.

Letargo: sopor, sueño, pereza, somnolencia.

Esfumación: desaparecimiento, evaporación, escabullimiento, desvanecimiento.

Aparición: surgimiento, emersión, hallazgo, encuentro.

Esfumar: desvanecer, escabullir, evaporar, desaparecer.

Aparecer: surgir, emerger, hallarse, encontrarse.

Esgrimir: recurrir, utilizar, manejar, empuñar.

Prescindir: desechar, descartar, separar, apartar.

Eslabonar: enlazar, relacionar, empalmar, encadenar.

Desunir: apartar, distanciar, cercenar, desconectar.

Esmaltar: vitrificar, adornar, ornar, hermosear.

Afear: deslucir, deformar, desfigurar, ajar.

Esmerar: cuidar, pulir, limpiar, asear.

Descuidar: abandonar, olvidar, omitir, desasear.

Esmero: celo, cuidado, diligencia, escrupulosidad.

Descuido: dejadez, pereza, omisión, negligencia.

Esmirriado: desmedrado, perjudicado, extenuado, canijo.

Robusto: fuerte, potente, vigorizado, vigoroso.

Esnobismo: modernismo, hodiernismo. f— admiración por todo lo que es moda.

Misoneísmo: aversión, antipatía, f—fobia a las novedades.

Esnobista: modernista, hodiernista, f— afición exagerada a lo moderno.

Misoneísta: aversionista, opositor. f— animadverso a las cosas nuevas.

Esotérico: secreto, oculto, reservado, recóndito.

Claro: puro, diáfano, evidente, visible.

Espaciar: separar, distanciar, alejar, desunir.

Juntar: unir, enlazar, combinar, aunar.

Espacio: distancia, intervalo, separación, infinito.

Fracción: segmento, porción, trozo, fragmento.

Espantar: acobardar, amedrentar, asustar, ahuyentar.

Atraer: encantar, cautivar, fascinar, seducir.

Espantoso: horrible, aterrador, terrorífico, espeluznante.

Atractivo: encanto, gracia, seducción, carisma.

Esparcimiento: diversión, entretenimiento, distracción, recreo.

Fastidio: aburrimiento, hastío, tedio, desesperación.

Esparcir: dispersar, diseminar, desperdigar, separar.

Concentrar: reunir, condensar, mancomunar, aglutinar.

Espasmo: convulsión, contracción, contorsión, sacudida.

Tranquilidad: sosiego, quietud, serenidad, voluntad.

Espasmódico: convulso, contractivo, convulsivo, sacudido.

Especial: singular, particular, adecuado, peculiar.

Especializar: dominar, cultivar, f— avezarse en un conocimiento.

Especialidad: peculiaridad, particularidad, singularidad, valoración.

Especie: clase, tipo, grupo, asunto.

Especificar: detallar, definir, precisar, enumerar.   —

Específico: especial, típico, distinto, singular.

Espécimen: modelo, muestra, seña, tipo.

Espectacular: sobresalir, realzar, f— llamar la atención.

Espectacularidad: realce, preponderancia, visión, panorama.

Espectáculo: función, representación, panorama, visión.

Especular: teorizar, reflexionar, discurrir, traficar.

Especulativo: teórico, supuesto, discurrido, trascendido.

Espelunca: cueva, antro, gruta, concavidad.

Espejismo: ilusión, delirio, desvarío, ficción.

Espeluznar: estremecer, aterrar, horrorizar, espantar.

Esperanza: ilusión, creencia, confianza, seguridad.

Esperar: confiar, aguardar, creer, anhelar.

Espeso: denso, compacto, tupido, condensado.

Quieto: sereno, tranquilo, sosegado, apacible.

General: común, usual, corriente, frecuente.

Generalizar: extender, ampliar, expandir, aumentar.

Motivo: circunstancia, objeto, móvil, razón.

Vaguedad: confusión, indecisión, vaciedad, ligereza.

Generalizar: reflejar, implicar, repercutir, trascender.

Confuso: revuelto, mezclado, embrollado, desconcertado.

Copia: remedo, imitación, plagio, calco.

Opacar: deslucir, obscurecer, deteriorar, desmejorar.

Obscuridad: deterioro, menoscabo, deslucimiento, opacidad.

Realidad: objetividad, materialidad, existencia, concreción.

Practicar: ejercitarse, cultivar, desplegar, avezarse.

Empírico: práctico, experimental, rutinario, habitual.

Túnel: galería, arteria subterránea, f— vía abierta por ambos extremos.

Existencia: realidad, veracidad, materialidad, objetividad.

Fascinar: embelesar, encantar, hechizar, embrujar.

Temor: desesperación, congoja, recelo, vacilación.

Temer: dudar, recelar, sospechar, vacilar.

Fluido: derramado, esparcido, escapado, disperso.

Espesura: espesor, bosque, fronda, selva.

Espía: agente, confidente, soplón, delator.

Espiar: atisbar, observar, acechar, avizorar.

Espigado: alto, crecido, esbelto, medrado.

Espina: púa, aguijón, pena, pesar.

Espirar: exhalar, lanzar, infundir, animar.

Espiritar: endemoniar, conmover, agitar, enflaquecer.

Espíritu: alma, ánimo, esencia, brío.

Espiritualizar: sutilizar, atenuar, afinar, inmaterializar.

Espléndido: admirable, magnífico, suntuoso, liberal.

Esplendor: brillo, resplandor, lustre, magnificencia.

Esplendoroso: brillante, fúlgido, luminoso, resplandeciente.

Esplín: tedio, hastío, tristeza, hipocresía.

Espolear: aguijonear, acuciar, incitar, animar.

Espontaneidad: naturalidad, autenticidad, llaneza, exterioridad.

Espontáneo: natural, instintivo, voluntario, automático.

Esporádico: aislado, ocasional, suelto, excepcional.

Esposar: sujetar, aprisionar, apresar, capturar.

Esposo: marido, cónyuge, consorte, anillo.

Espuela: acicate, aguijón, estímulo, incentivo.

Raleza: arralación, dispersidad, claridad, porosidad.

Circunspecto: prudente, precavido, previsor, cauteloso.

Alertar: prevenir, avisar, advertir, adelantar.

Achaparrado: bajo, repolludo, rechoncho, zamborotudo.

Consuelo: alivio, calmante, lenitivo, bálsamo.

Absorber: aspirar, chupar, embeber, cautivar.

Serenar: despejar, sosegar, consolar, moderar.

Materia: cuerpo, soma, substancia, elemento.

Materializar: concretar, especificar, tipificar, tangibilizar.

Modesto: honesto, moderado, circunspecto, morigerado.

Obscuridad: opacidad, nebulosidad, sombra, lobreguez.

Opacado: obscuro, negro, nebuloso, sombrío.

Gozo: alegría, alborozo, satisfacción, fruición.

Frenar: contener, sujetar, parar, reprimir.

Deliberación: premeditación, discurrimiento, intencionalidad, preparacionalidad.

Deliberado: discurrido, afectado, artificial, premeditado.

Frecuente: usual, común, habitual, consuetudinario.

Desceñir: soltar, libertar, desligar, desamarrar.

Esposa: mujer, cónyuge, pareja, compañera.

Freno: coto, sujeción, tope, bocado.

Espulgar: examinar, analizar, reconocer, despulgar.

Descuidar: abandonar, desalentar, inadvertir, incuriar.

Espuma: sudor, saliva, baba, efervescencia.

Tranquilidad: quietud, sosiego, serenidad, pasividad.

Espurio: falso, adulterado, bastardo, ilegítimo.

Legítimo: genuino, real, auténtico, fidedigno.

Esqueleto: osamenta, armazón, esquicio, proyecto.

Estructura: composición, distribución, orden, contextura.

Esquema: sinopsis, croquis, esbozo, bosquejo.

Desarrollo: aumento, crecimiento, expansión, explanación.

Esquematizar: sintetizar, resumir, concentrar, pormenorizar.

Amplificar: extender, expandir, desarrollar, prolongar.

Esquilmar: empobrecer, arruinar, despojar, estrujar.

Enriquecer: prosperar, acrecentar, aumentar, florecer.

Esquirla: astilla, fragmento, partícula, trozo.

Todo: entero, unidad, total, conjunto.

Esquina: recodo, ángulo, cantón, arista.

Horizonte: confín, espacio, extensidad, inmensidad.

Esquivar: soslayar, sortear, evitar, eludir.

Afrontar: enfrentar, desafiar, encarar, arrostrar

Esquivo: huraño, huidizo, hosco, arisco.

Sociable: afable, cordial, tratable, educado.

Estabilidad: equilibrio, permanencia, inamovilidad, duración.

Inestabilidad: mutabilidad, inseguridad, incertidumbre, inconsistencia.

Estabilizar: afianzar, equilibrar, nivelar, emparejar.

Desnivelar: desigualar, debilitar, aflojar, discriminar.

Establecer: fundar, instituir, implantar, determinar.

Abolir: derogar, anular, invalidar, suprimir.

Establecimiento: fundación, institución, plantel, colegio.

Bobería: nimiedad, nadería, vulgaridad, frivolidad.

Estación: temporada, época, tiempo, detención.

Perennidad: perpetuidad, eternidad, perdurabilidad, estabilidad.

Estacionamiento: parada, detención, colocación, ubicación.

Movimiento: circulación, traslado, agitación, alternativa.

Estacionario: detenido, parado, frenado, contenido.

Continuo: ininterrumpido, perenne, perpetuo, asiduo.

Estada: permanencia, detención, f—tiempo insumido en una parada por una persona.

Circulación: tránsito, tráfico, movilización, recorrido.

Estadía: detención, estancia, f— permanencia de un barco o modelo de un escultor.

Estadista: gobernante, político, mandatario, conductor.

Estado: situación, condición etapa, disposición.

Estafar: timar, substraer, engañar, desfalcar.

Estallar: explotar, reventar, explosionar, detonar.

Estamento: cuerpo, clase, brazo, condición.

Estampar: marcar, imprimir, anotar, graficar.

Estancar: detener, parar, atascar, paralizar.

Estancia: morada, mansión, residencia, habitación.

Estanco: restricción, prohibición, impedimento, obstáculo.

Estandarizar: tipificar, ajustar, normalizar, generalizar.

Estar: existir, vivir, hallarse, encontrarse.

Estático: inmóvil, inmutable, quieto, atónito.

Estatismo: tendencia a exaltar la preeminencia del Estado.

Estatuir: fundar, crear, formar, constituir.

Estatuto: reglamento, normalogía, ordenanza, disposición.

Estela: aguaje, señal, rastro, vestigio.

Estenofonía: signifonía, sonemografía, fonografía, estenografía.

Estenotecnia: técnica de la reducción escritural de la Signofonía.

Prosecución: continuación, seguimiento, prolongación, interrupción.

Títere: fantoche, muñeco, pelele, monigote.

Inanidad: futilidad, vacuidad, inutilidad, nimiedad.

Obsequiar: regalar, donar, ofrendar, brindar.

Desbaratar: trastornar, desordenar, derrochar, trastocar.

Chabacanería: vulgaridad, ordinariez, tosquedad, grosería.

Olvidar: desaprender, desatender, revocar, anular.

Mover: desplazar, cambiar, trasladar, agitar.

Fuga: evasión, escapatoria, salida, retirada.

Licencia: permiso, autorización, consentimiento, anuencia.

Diversificar: variar, cambiar, invertir, metamorfosear.

Faltar: fallar, restar, consumirse, acabarse.

Dinámico: diligente, expeditivo, discurrente, activo.

Movilismo: inestabilidad, variabilidad, movedismo, accionabilidad.

Abolir: derogar, revocar, rescindir, invalidar.

Anarquía: confusión, desorden, imprecisión, desbarajuste.

Turbulencia: marasmo, alteración, revolución, turbiedad.

Estenotipia: letrigrafía, maquinografía, dactiloscritura, electroscritura.

Integrotecnia: técnica de la escritura corriente y habitual.

Estéril: infértil, infecundo, infructuoso, árido.

Esterilizar: desinfectar, pasteurizar, neutralizar, disertizar.

Esteriotipar: calcar, reproducir, clisar, inmutabilizar.

Estertor: agonía, postrimería, opresión, convulsión.

Estética: belleza, hermosura, primorosidad, calología.

Estibar: colocar, ordenar, distribuir, situar.

Estiércol: excremento, deyección, heces, defecación.

Estigma: marca, afrenta, mancilla, infamia.

Estigmatizar: afrentar, infamar, tachar, mancillar.

Estilizar: caracterizar, particularizar, señalar, simplificar.

Estilo: forma, norma, modalidad, método.

Estimación: aprecio, respeto, afecto, consideración.

Estimar: apreciar, considerar, respetar, conceptuar.

Estimular: impulsar, espolear, incitar, incentivar.

Estímulo: incentivo, acicate, aliciente, incitación.

Estipendio: honorario, remuneración, sueldo, retribución.

Estipulación: convenio, pacto, tratado, negociación.

Estipular: convenir, pactar, acordar, determinar.

Estirar: alargar, dilatar, prolongar, extender.

Fecundo: fértil, prolífero, feraz, productivo.

Fecundizar: fertilizar, asemillar, engendrar, preñar.

Variabilizar: diferenciar, desemejar, agilitar, desplazar.

Alborozo: júbilo, alegría, gozo, fruición, felicidad.

Fealdad: deformación, anormalidad, imperfección, antiestética.

Desestibar: desordenar, descolocar, desequilibrar.

Fertilizante: fecundante, productivo, fructuoso, ubérrimo.

Honra: reputación, fama, honor, decencia.

Distinguir: honrar, descollar, destacar, resaltar.

Enmarañar: enredar, confundir, revolver, embarullar.

Barullo: confusión, desorden, desconcierto, desbarajuste.

Desprecio: desdén, menosprecio, desaire, vilipendio.

Despreciar: desestimar, menospreciar, invalorar, desdeñar.

Contener: sujetar, refrenar, coartar, restringir.

Freno: sujeción, coto, moderación, retranca.

Dispendio: gasto, desembolso, egreso, expendio.

Polémica: controversia, discusión, disputa, litigio.

Cuestionar: discutir, deliberar, disputar, polemizar.

Encoger: contraer, estrechar, plegar, fruncir.

SINÓNIMOS

ANTÓNIMOS

Estirpe: prosapia, linaje, origen, progenie.

Promiscuidad: mezcolanza, confusión, heterogeneidad, mixtura.

Estocada: herida, vulneración, f— efecto profundo.

Integridad: inmunidad, intocabilidad, lozanía, saneamiento.

Estoico: insensible, inalterable, imperturbable, inmutable.

Impresionable: sensible, conmovible, afectivo, quisquilloso.

Estolidez: estupidez, insensatez, estulticia, idiotez.

Sensatez: juicio, cordura, discreción, prudencia.

Estólido: bobo, necio, bausán, tonto.

Juicioso: sensato, discreto, cuerdo, cauto.

Estorbar: impedir, dificultar, entorpecer, molestar.

Ayudar: asistir, amparar, auxiliar, aliviar.

Estrafalario: excéntrico, extravagante, chocante, estrambótico.

Normal: corriente, habitual, acostumbrado, prudente.

Estragar: arruinar, dañar, estropear, viciar.

Beneficiar: mejorar, meliorar, favorecer, utilizar.

Estrambótico: raro, irregular, excéntrico, extravagante.

Común: vulgar, frecuente, corriente, habitual, usual.

Estratagema: engaño, treta, astucia, artificio.

Simpleza: bobería, tontería, mentecatez, estupidez.

Estratega: militar, general, táctico, perito.

Torpe: inhábil, tardo, tolondro, mostrenco.

Estrategia: táctica, pericia, astucia, habilidad.

Torpeza: impericia, ineptitud, rusticidad, desmaña.

Estrechar: cercar, ajustar, apretar, compeler.

Aflojar: soltar, distender, relajar, permitir.

Estrechez: indigencia, privación, escasez, estrechura.

Holgura: amplitud, comodidad, desahogo, holgorio.

Estrecho: ceñido, ajustado, reducido, severo.

Holgado: amplio, abierto, desahogado, acomodado.

Estregar: restregar, frotar, friccionar, rozar.

Divertir: recrear, entretener, distraer, solazar.

Estrellar: chocar, colisionar, romper, arrojar.

Alejar: apartar, retirar, separar, ahuyentar.

Estremecer: sacudir, agitar, conmover, trepidar.

Tranquilizar: sosegar, serenar, pacificar, dulcificar.

Estrenar: iniciar, comenzar, novizar, primerificar, debutar.

Terminar: concluir, finalizar, acabar, suspender.

Estreñir: restringir, astringir, retrasar, dificultar.

Soltar: liberar, desatar, desprender, evacuar.

Estrépito: estruendo, ruido, fragor, estridencia.

Estrepitoso: estruendoso, ruidoso, fragoso, atronador.

Estribar: apoyarse, basarse, consistir, gravitar.

Estricto: ajustado, preciso, estrecho, matemático.

Estridente: estrepitoso, bullicioso, estruendoso, ensordecedor.

Estropear: dañar, lastimar, maltratar, perjudicar.

Estropicio: destrozo, deterioro, ruptura, descalabro.

Estructura: composición, contextura, armazón, esqueleto.

Estrujar: exprimir, prensar, comprimir, condensar.

Estuario: estero, restañadero, desembocadero, aguazal.

Estucar: enyesar, blanquear, enlucir, marmorar.

Estudiar: aprender, instruirse, cultivarse, adiestrarse.

Estudio: observación, examen, análisis, ensayo.

Estudioso: aplicado, aprovechado, analítico, investigador.

Estulticia: estupidez, tontería, necedad, bobería.

Estupefacción: sorpresa, estupor, asombro, perplejidad.

Estupefaciente: aletargante, soporífero, anestésico, narcótico.

Estupefacto: atónito, pasmado, suspenso, maravillado.

Sigilo: silencio, mutismo, callado, secreto.

Silencioso: sigiloso, oculto, encubierto, discreto.

Objetar: redargüir, oponer, contradecir, disputar.

Amplio: vasto, extenso, espacioso, dilatado.

Armonioso: suave, agradable, placentero, apacible.

Reparar: restaurar, reconstruir, arreglar, componer.

Compostura: arreglo, acomodo, remiendo, restauración.

Inconsistencia: endeble, enclenque, blando, frágil.

Impregnar: henchir, mojar, bañar, humedecer.

Laguna: alberca, balsa, aguaje, hueco.

Empapelar: envolver, cubrir, proceder, mezclar.

Enseñar: guiar, orientar, educar, aleccionar.

Desidia: negligencia, pereza, dejadez, inercia.

Haragán: gandul, holgazán, poltrón, desidioso.

Juicio: reflexión, prudencia, cordura, discernimiento.

Impasibilidad: serenidad, impavidez, aplomo, desplante.

Despabilante: desvelante, despertante, apremiante, avispante.

Impertérrito: impasible, inconmovible, imperturbable, tranquilo.

Etéreo: vaporoso, sutil, elevado, incorpóreo.

Corpóreo: somático, carnal, físico, material.

Eternidad: inmortalidad, perpetuidad, perdurabilidad, celestialidad.

Precariedad: inestabilidad, fragilidad, inseguridad, efimeridad.

Estupendo: sorprendente, asombroso, admirable, maravilloso.

Espantoso: horrible, horrendo, pavoroso, espeluznante.

Estupidez: torpeza, desatino, necedad, estolidez.

Perspicacia: inteligencia, vivacidad, ingeniosidad, habilidad.

Estupor: asombro, admiración, suspensión, aturdimiento.

Impavidez: serenidad, inalterabilidad, calmosidad, imperturbabilidad.

Estuprar: violar, mancillar, deshonrar, forzar.

Respetar: venerar, acatar, considerar, obedecer.

Eternizar: perpetuar, inmortalizar, permanecer, durabilizar.

Perecer: fallecer, morir, fenecer, extinguir.

Eterno: sempiterno, inmortal, imperecedero, eviterno.

Efímero: fugaz, pasajero, transitorio, perecedero.

Ética: moral, conciencia, conducta, integridad.

Prejuicio: escrúpulo, prevención, cuidado, obsesión.

Etiqueta: ceremonia, protocolo, formalidad, rito.

Sencillez: simplicidad, naturalidad, amabilidad, llaneza.

Eubolia: tino, acierto, prudencia, tacto.

Imprudencia: desatino, precipitación, atolondramiento, impremeditación.

Eufemismo: suavidad, circunloquio, paliación, sugestión.

Severidad: rigor, gravedad, seriedad, exactitud.

Euforia: excitación, lozanía, bienestar, tranquilidad.

Abatimiento: postración, decaimiento, extenuación, cansancio.

Euritmia: armonía, equilibrio, proporción, combinación.

Disonancia: desacuerdo, inarmonía, destemplanza, divergencia.

Eutanasia: autoeliminación, inmolación, eliminación, suicidio.

Resucitación: reavivamiento, renacimiento, vivificación, resurgimiento.

Eutaxia: euforia, excitación, conmoción, incitación.

Postración: desaliento, desánimo, languidez, abatimiento.

Eutrapelia: moderación, mesura, donaire, discreción.

Sosería: pesadez, gravedad, insipidez, insulsez.

Evacuación: desocupación, abandono, salida, deyección.

Ocupación: apoderamiento, posesión, toma, función.

Evacuar: dejar, abandonar, desocupar, defecar.

Ocupar: tomar, posesionarse, asir, penetrar.

Evadir: esquivar, evitar, eludir, soslayar.

Afrontar: desafiar, enfrentar, contrarrestar, encarar.

Evaluación: valuación, valoración, tasación, estimación.

Invaloración: anulación, invalidación, desestimación, depreciación.

Evaluar: estimar, apreciar, valorar, tasar.

Desechar: desestimar, despreciar, invalorar, desdeñar.

Evangelizar: catequizar, cristianizar, convertir, predicar.

Nihilizar: ateizar, anarquizar, confundir, irreverenciar.

Evaporizar: evaporar, vaporar, gasificar, volatilizar.

Solidificar: endurecer, condensar, densificar, consolidar.

Evasión: incumplimiento, huida, efugio, salida.

Cumplimiento: acatamiento, respeto, obediencia, sumisión.

Evasiva: pretexto, excusa, rodeo, subterfugio.

Certidumbre: evidencia, certeza, convencimiento, convicción.

Evento: caso, suceso, acaecimiento, circunstancia.

Certeza: evidencia, manifestación, realidad, veracidad.

Eventual: casual, accidental, circunstancial, imprevisto.

Seguro: cierto, indudable, verdadero, infalible.

Evicción: privación, despojo, desposesión, usurpación.

Restitución: devolución, reposición, integración, reversión.

Evidencia: certeza, certidumbre, convencimiento, demostración.

Hesitación: vacilación, incertidumbre, inseguridad, irresolución.

Evidenciar: demostrar, manifestar, comprobar, exteriorizar.

Vacilar: dudar, titubear, fluctuar, inquietar.

Evidente: manifiesto, obvio, cierto, efectivo.

Problemático: obscuro, inseguro, vago, indefinido.

Evitar: impedir, provenir, precaver, sortear.

Causar: originar, producir, suscitar, ocasionar.

Evocación: memoria, reminiscencia, memoración, recuerdo.

Olvido: omisión, desmemoria, preterición, amnesia.

Evocar: recordar, rememorar, retener, añorar.

Silenciar: olvidar, preterir, omitir, posponer.

Evocativo: recordatorio, memorativo, reminiscente, rememorativo.

Olvidadizo: inadvertido, amnésico, omitivo, ingratitudinario.

Evolución: cambio, desarrollo, avance, perfeccionamiento.

Regresión: estancamiento, retroceso, detención, retrogradación.

Evolucionar: progresar, desarrollar, adelantar, maniobrar.

Retroceder: retrogradar, recular, devolver, retirarse.

Exabrupto: brusquedad, aspereza, pesadez, desatino.

Gracejo: donaire, chispa, agudeza, ingenio.

Exacción: requerimiento, exigencia, presión, coerción.

Retención: detención, custodia, resguardo, precaución.

Exacerbar: ensañar, enconar, agravar, encolerizar.

Mitigar: calmar, apaciguar, aplacar, aquietar.

Exactitud: precisión, regularidad, fidelidad, veracidad.

Inexactitud: error, equivocación, falta, infidelidad.

Exacto: preciso, cabal, verdadero, puntual.

Inexacto: erróneo, equívoco, infiel, imperfecto.

Exageración: ponderación, hipérbole, exceso, fantasía.

Atenuación: paliación, amortiguación, disminución, aminoramiento.

Exagerar: magnificar, hiperbolizar, amplificar, dramatizar.

Atenuar: disminuir, aminorar, cercenar, reducir.

Exaltación: fervor, pasión, entusiasmo, frenesí.

Frialdad: indiferencia, descuido, impavidez, desidia.

Exaltar: realzar, elevar, enaltecer, ensalzar.

Rebajar: reducir, disminuir, deducir, depreciar

Examen: estudio, análisis, observación, prueba.

Evaluación: valoración, tasación, apreciación, cuantificación.

Examinar: analizar, inspeccionar, deliberar, investigar.

Responder: contestar, exponer, aducir, argüir.

Exangüe: exánime, desangrado, aniquilado, exhausto.

Pletórico: rebosante, henchido, repleto, exuberante.

Exánime: desmayado, inanimado, desfallecido, exangüe.

Vivaz: fuerte, revivido, vigoroso, perspicaz.

Exasperar: enfurecer, exacerbar, sulfurar, irritar.

Aplacar: clamar, serenar, moderar, mitigar.

Excarcelar: liberar, desencarcelar, soltar, desemplumar.

Encarcelar: aprisionar, encerrar, enjaular, recluir.

Excavar: cavar, hozar, socavar, dragar.

Vigorizar: robustecer, fortalecer, alentar, animar.

Excendente: sobrante, exceso, resto, residuo.

Déficit: falta, carencia, ausencia, deficiencia.

Exceder: aventajar, superar, rebasar, sobrepujar.

Excelencia: excelsitud, sublimidad, eminencia, superioridad.

Excelente: notable, superior, óptimo, relevante.

Excelso: eximio, egregio, altísimo, sublimidad.

Excentricidad: rareza, extravagancia, manía, ridiculez.

Excéntrico: anormal, extraño, extravagante, maniático.

Excepción: exclusión, omisión, anomalía, extrañeza.

Excepcional: único, original, singular, insólito.

Exceptuar: excluir, salvar, quitar, prescindir.

Excesivo: enorme, demasiado, desmesurado, desmedido.

Exceso: sobrante, excedente, demasiado, abuso.

Excitación: incitación, exaltación, agitación, nerviosismo.

Excitar: estimular, incitar, exhortar, instigar.

Exclamación: interjección, grito, imprecación, expresión.

Exclamar: preferir, pronunciar, prorrumpir, expresar.

Excluir: eliminar, exceptuar, suprimir, descartar.

Exclusión: supresión, eliminación, excepción, omisión.

Exclusivo: primitivo, individual, monopolio, privilegio.

Contener: moderar, sujetar, reprimir, dominar.

Medianía: inferioridad, regularidad, mediocridad, trivialidad.

Pésimo: deficiente, peor, defectuoso, malo.

Ínfimo: inferior, bajo, menguado, mínimo.

Normalidad: naturalidad, usualidad, regularidad, sistematicidad.

Normal: corriente, habitual, regular, natural.

Inclusión: normalidad, regularidad, contención, implicancia.

Corriente: común, normal, natural, llano.

Incluir: contener, implicar, comprender, mancomunar.

Insuficiente: escaso, falto, poco, apenas.

Falta: carencia, escasez, deficiencia, ausencia.

Impasibilidad: insensibilidad, indiferencia, impavidez, imperturbabilidad.

Aplacar: calmar, pacificar, apaciguar, mitigar.

Enmudecimiento: silencio, quietud, sigilo, inmovilidad.

Enmudecer: callar, silenciar, atisbar, observar.

Incluir: insertar, agregar, incorporar, introducir.

Inclusión: incorporación, afiliación, adjunción, acompañamiento.

Colectivo: general, común, público, sabido.

Exculpar: excusar, perdonar, justificar, valorar.

Excursión: viaje, paseo, caminata, travesía.

Excusar: disculpar, perdonar, exculpar, absolver.

Execrable: abominable, aborrecible, detestable, condenable.

Execración: abominación, aborrecimiento, imprecasión, maldición.

Execrar: aborrecer, abominar, detestar, maldecir.

Exégesis: interpretación, comprensión, explicación, manifestación.

Exegeta: intérprete, traductor, glosador, comentador.

Exención: privilegio, franquicia, ventaja, dispensa.

Exento: libre, dispensador, franco, impoluto.

Exequias: funerales, funerario, lugubricidad, luctuosidad.

Exhalar: lanzar, emitir, despedir, irradiar.

Exhaustivo: completo, cabal, agotante, todo.

Exhausto: extenuado, consumido, agotado, debilitado.

Exhibición: presentación, exposición, manifestación, ostentación.

Exhibir: exponer, mostrar, presentar, lucir.

Exhortación: incitación, impulsión, consejo.

Exhortar: invitar, incitar, alentar, aconsejar.

Inculpar: acusar, imputar, incrementar, culpar.

Descanso: reposo, tregua, alivio, tranquilidad.

Acusar: culpar, imputar, sindicar, achacar.

Admirable: asombroso, maravilloso, excelente, pasmoso.

Amor: afecto, cariño, admiración, bendición.

Admirar: elogiar, ensalzar, aprobar, premiar.

Entorpecimiento: oclusión, obstinación, impedimento, obliteración.

Oclusor: obturador, cerrador, obstructor, dificultante.

Obligación: exigencia, imposición, deber, constreñimiento.

Obligado: impuesto, exigido, constreñido, comprometido.

Cumpleaños: aniversario, conmemoración, celebración, festejos.

Absorber: captar, atraer, sorber, chupar.

Fragmentario: parcial, segmentario, porcional, inacabado.

Plétora: plenitud, abundancia, demasiado, henchido.

Ocultación: disimulación, aparentación, callamiento, encubrimiento.

Esconder: ocultar, encubrir, contener, guardar.

Amedrentación: intimidación, acoquinamiento, amilanación, acobardamiento.

Desaconsejar: disuadir, desalentar, desanimar, decepcionar.

Exhumar: desenterrar, superficializar, autopsiar, liberalizar.

Inhumar: enterrar, sepultar, soterrar, exequiar.

Exigencia: apremio, instación, conminación, requerimiento.

Desistimiento: abandono, cejación, cesación, renunciante,

Exigente: severo, rígido, recto, escrupuloso.

Tolerante: blando, apacible, paciente, benigno.

Exigir: apremiar, instar, conminar, requerir.

Desistir: cejar, renunciar, cesar, abandonar.

Exiguo: reducido, escaso, pequeño, corto.

Abundante: extenso, copioso, exuberante, ubérrimo.

Exilio: confinamiento, destierro, extrañamiento, proscripción.

Repatriación: retorno, regreso, vuelta, entrada.

Eximio: excelso, relevante, superior, eminente.

Pésimo: malo, imperfecto, inferior, deficiente.

Eximir: dispensar, liberar, perdonar, relevar.

Imponer: gravar, castigar, infligir, aplicar.

Existencia: ser, vida, nacimiento, mercadería.

Inexistencia: muerte, fallecimiento, defunción, expiración.

Existir: vivir, nacer, brotar, venir.

Perecer: morir, fallecer, fenecer, expirar.

Éxito: logro, triunfo, resultado, término.

Fracaso: derrota, fiasco, frustración, desacierto.

Éxodo: emigración, migración, expatriación, peregrinación.

Repatriación: regreso, retorno, entrada, vuelta.

Exógeno: fuera, alrededor, f— formado en el exterior.

Endógeno: dentro, centro, epicentro, f—nacido en el interior.

Exoneración: separación, destitución, privación, relevación.

Restitución: reposición, reintegración, restablecimiento, reversión.

Exonerar: eximir, liberar, privar, despojar.

Gravar: imponer, obligar, esculpir, hipotecar.

Exorar: pedir, solicitar, recabar, impetrar.

Conceder: dar, entregar, ceder, reafirmar.

Exorbitante: enorme, excesivo, exagerado, tremendo.

Limitado: escaso, exiguo, reducido, restringido.

Exorbitar: extremar, exagerar, exceder, desorbitar.

Moderar: sosegar, morigerar, aquietar, contener.

Exorcizar: conjeturar, alejar, desdemoniar, desendiablar.

Exigir: instar, conminar, apremiar, urgir.

Exordio: introducción, prefacio, preámbulo, proemio.

Epílogo: conclusión, resumen, recapitulación, término.

Exornar: adornar, acicalar, orlar, engalanar.

Exotérico: vulgar, corriente, común, público.

Exótico: extraño, ajeno, peregrino, extranjero.

Expandir: extender, difundir, propagar, divulgar.

Expansión: crecimiento, aumento, desarrollo, dilación.

Expectación: atención, curiosidad, preocupación, observación.

Expectativa: expectación, esperanza, perspectiva, posibilidad.

Expedición: facilidad, despacho, diligencia, excursión.

Expediente: recurso, medio, título, documentación.

Expedir: extender, despachar, enviar, cursar.

Expedito: despejado, libre, desembolso, despierto.

Expeler: lanzar, arrojar, despedir, expulsar.

Expender: vender, ubicar, colocar, remitir.

Experiencia: ensayo, prueba, tentativa, pericia.

Experimental: empírico, probacional, ensayatorio, tentativo.

Experimentar: probar, ensayar, intentar, examinar.

Experimento: prueba, ensayo, tentativa, posibilidad.

Experto: perito, experimentado, ducho, avezado.

Expiar: pagar, compensar, purgar, observar.

Afear: deslucir, deformar, ajar, marchitar.

Esotérico: oculto, secreto, reservado, enigmático.

Indígena: nativo, oriundo, vernáculo, aborigen.

Comprimir: apretar, restringir, prensar, estrujar.

Reducción: comprensión, restricción, contención, decrecimiento.

Indiferencia: insensibilidad, apatía, descuido, displicencia.

Displicencia: desidia, abulia, negligencia, frialdad.

Complicación: dificultad, tropiezo, embrollo, enredo.

Tentativa: tropiezo, dificultad, disculpa, excusa.

Dificultar: tropezar, complicar, enredar, estorbar.

Obstruido: cerrado, taponado, atascado, obsturado.

Atraer: cautivar, seducir, encantar, absorber.

Comprar: adquirir, obtener, alcanzar, lograr.

Inexperiencia: impericia, ineptitud, inhabilidad.

Teórico: hipotético, imaginado, supositivo, especulativo.

Ratificar: confirmar, reafirmar, aprobar, revalidar.

Especulación: reflexión, meditación, teoría, estudio.

Inexperto: inepto, inhábil, incapaz, neófito.

Dañar: lesionar, estropear, deteriorar, perjudicar.

Expirar: fallecer, perecer, morir, extinguir.

Nacer: brotar, germinar, existir, crecer.

Explanar: allanar, aplanar, igualar, nivelar.

Levantar: elevar, subir, encimar, enarbolar.

Explayarse: extenderse, prolongarse, esparcirse, solazarse.

Restringirse: reprimirse, limitarse, ceñirse, contraerse.

Explicación: exposición, aclaración, justificación, exégesis.

Dificultad: complicación, estorbo, obstrucción, entorpecimiento.

Explicar: aclarar, exponer, justificar, interpretar.

Obstruir: complicar, embrollar, confundir, enmarañar.

Explícito: evidente, manifiesto, claro, virtual.

Tácito: implícito, supuesto, callado, presunto.

Exploración: reconocimiento, investigación, sondeo, examen.

Desconocimiento: ignorancia, incomprensión, inexploración, inconciencia.

Explorar: reconocer, investigar, averiguar, examinar.

Desconocer: ignorar, inexplorar, incomprender, obscurecer.

Explosionar: reventar, estallar, detonar, volar.

Complicar: dificultar, embarazar, obstruir, obstaculizar.

Explotación: aprovechamiento, utilización, fabricación, industria.

Impedimento: obstaculización, dificultad, prohibición, vedamiento.

Explotar: aprovechar, utilizar, fabricar, industrializar.

Impedir: dificultar, imposibilitar, obstaculizar, coartar.

Expoliar: quitar, despojar, desposeer, usurpar.

Devolver: integrar, restituir, reponer, regresar.

Exponer: presentar, mostrar, exhibir, explicar.

Callar: ocultar, omitir, silenciar, enmudecer.

Exportar: sacar, enviar, remitir, despachar.

Importar: internar, introducir, ingresar, atañer.

Exposición: presentación, exhibición, declaración, explicación.

Ocultación: disfrazamiento, callamiento, cubrimiento, silencio.

Expósito: inclusero, huérfano, echadizo, guacho.

Apadrado: socorrido, cuidado, asistido, amparado.

Expresar: declarar, manifestar, exponer, significar.

Silenciar: callar, omitir, enmudecer, reservar.

Expresión: palabra, dicción, vocablo, locución.

Silencio: mutismo, mudez, olvido, omisión.

Expresivo: elocuente, significativo, explícito, plástico.

Inexpresivo: seco, tácito, enigmático, expletivo.

Expreso: manifiesto, claro, específico, preciso.

Tácito: callado, implícito, silencioso, sigiloso.

Exprimir: estrujar, prensar, apretar, comprimir.

Impregnar: empapar, embeber, mojar, humedecer.

Ex profeso: pensado, calculado, concebido, adrede.

Indeliberadamente: casualmente, espontáneo, ocasionalmente, fortuito.

Expropiar: confiscar, incautarse, desposeer, decomisar.

Restituir: devolver, reponer, restablecer, reintegrar,

Expuesto: aventurado, arriesgado, peligroso, riesgoso.

Seguro: protegido, abrigado, garantido, inequívoco.

Expugnar: irrumpir, invadir, tomar, asaltar.

Retirarse: alejarse, separarse, apartarse, desaparecer.

Expulsar: echar, despedir, arrojar, lanzar.

Admitir: aceptar, acoger, consentir, permitir.

Expulsión: destitución, lanzamiento, exclusión, evacuación.

Atracción: causa, motivo, circunstancia, ocasión.

Expurgación: poda, limpieza, purificación, censura.

Polución: contaminación, suciedad, mácula, contagio.

Expurgar: limpiar, purificar, acendrar, desechar.

Manchar: ensuciar, tiznar, enmugrar, evacuar.

Exquisitez: delicia, fruición, finura, delicadeza.

Insipidez: desabrimiento, acidulación, sosería, bastedad.

Exquisito: delicado, finísimo, delicioso, sabroso.

Insípido: soso, desabrido, insulso, zonzo.

Extasiado: suspendido, extático, arrobado, embelesado.

Horrorizado: espantado, aterrorizado, consternado, horripilante.

Éxtasis: suspenso, arrobamiento, embelesamiento, elevación.

Horror: espanto, terror, consternación, espeluznamiento.

Extemporáneo: inoportuno, intempestivo, impropio, inadecuado.

Oportuno: adecuado, acertado, conveniente, tempestivo.

Extender: desarrollar, desenvolver, desplegar, difundir.

Reducir: contraer, disminuir, acortar, rebajar.

Extensión: desarrollo, expansión, ampliación, ramificación.

Limitación: restricción, prohibición, condición, demarcación.

Extenso: vasto, amplio, espacioso, prolongado.

Reducido: ceñido, determinado, estrecho, circunscrito.

Extenuación: debilitamiento, agotamiento, consunción, postración.

Vigor: euforia, eutaxia, lozanía, gallardía.

Extenuar: debilitar, agotar, fatigar, enflaquecer.

Fortalecer: robustecer, vivificar, tonificar, estimular.

Exterior: externo, apariencia, periferia, superficie.

Interior: interno, adentro, central, secreto.

Exteriorizar: manifestar, demostrar, evidenciar, exponer.

Esconder: ocultar, disimular, embozar, enmascarar.

Exterminar: eliminar, aniquilar, diezmar, extirpar.

Crear: fundar, instituir, forjar, inventar.

Exterminio: extinción, destrucción, aniquilamiento, mortandad.

Creación: nacimiento, florecimiento, fundación, instauración.

Extinguir: apagar, sofocar, fenecer, acabar.

Encender: iluminar, inflamar, enardecer, irritar.

Extinto: muerto, fallecido, difunto, finado.

Vivo: existente, vigente, actual, presente.

Extintor: apagador, sofocador, acabante, fenecedor.

Encendedor: mechero, yesquero, quemador, inflamador.

Extirpar: acabar, concluir, suprimir, extraer.

Iniciar: empezar, comenzar, promover, principiar.

Extorsionar: chantajear, timar, engañar, mixtificar.

Restituir: reponer, rehabilitar, restablecer, corregir.

Extorsión: daño, perjuicio, menoscabo, chantaje.

Beneficio: provecho, reparación, rendimiento, concesión.

Extra: óptimo, excelente, superior, relevante.

Inferior: malo, peor, bajo, menor.

Extracción: origen, nacimiento, derivación, ramificación.

Extinción: extinto, fenecido, caduco, extemporáneo.

Extractar: resumir, compendiar, abreviar, sintetizar.

Ampliar: dilatar, extender, expandir, desarrollar.

Extraditar: entregar, ceder, trasladar, encontrar.

Considerar: examinar, reflexionar, estimar, resolver.

Extraer: extractar, extirpar, sacar, compendiar.

Introducir: meter, embutir, encajar, ingerir.

Extralimitarse: excederse, sobrepasarse, propasarse, desmedirse.

Limitarse: reprimirse, restringirse, delimitarse, deslindarse.

Extranjero: foráneo, extraño, forastero, exótico.

Indígena: nativo, aborigen, oriundo, autóctono.

Extrañar: desterrar, confinar, sorprender, inquietar.

Repatriar: volver, regresar, llegar, admitir.

Extrañeza: sorpresa, admiración, novedad, estupefacción.

Normalidad: regularidad, costumbre, hábito, práctica.

Extraño: impropio, chocante, insólito, exótico.

Normal: propio, habitual, natural, sistemático.

Extraordinario: excepcional, asombroso, sorprendente, inusitado.

Ordinario: frecuente, corriente, llano, normal.

Extravagancia: excentricidad, rareza, anormalidad, manía.

Normalidad: naturalidad, regularidad, lógica, racionalidad.

Extravagante: raro, excéntrico, ridículo, desatinado.

Común: normal, corriente, habitual, llano.

Extraviar: perder, desviar, desorientar, equivocar.

Encontrar: hallar, ubicar, descubrir, detectar.

Extravío: descarriamiento, desviación, aberración, viramiento.

Equidad: imparcialidad, rectitud, reflexión, integridad.

Extremar: exagerar, acentuar, extralimitarse, sobrepasarse.

Moderar: morigerar, atenuar, mitigar, ajustar.

Extremo: límite, término, confín, distancia.

Comienzo: principio, apertura, origen, iniciación.

Extrínseco: externo, exterior, casual, contingente.

Intrínseco: interior, propio, íntimo, esencial.

Extrovertido: franco, abierto, comunicativo, expansivo.

Introvertido: arisco, reservado, cortante, misántropo.

Exuberancia: abundancia, copiosidad, frondosidad, profusión.

Escasez: insuficiencia, poquedad, estrechez, carestía.

Exuberante: abundante, pródigo, ubérrimo, pletórico.

Escaso: limitado, corto, insuficiente, exiguo.

Exultación: alegría, regocijo, contento, jovialidad.

Abatimiento: tristeza, pesadumbre, tribulación, consternación.

Exultar: alegrar, entusiasmar, regocijar, alborozar.

Abatir: desalentar, desanimar, derribar, humillar.

Eyacular: expeler, lanzar, segregar, impulsar.

Contener: sujetar, dominar, reprimir, frenar.

Fábrica: industria, elaboración, producción, construcción.

Fabricar: producir, elaborar, forjar, levantar.

Fábula: mito, invención, ficción, patraña.

Fabuloso: fantástico, increíble, quimérico, portentoso.

Facción: parcialidad, bandería, partido, bando.

Faccioso: insurrecto, revolucionario, sedicioso, subversivo.

Faceta: aspecto, cara, apariencia, fase.

Fácil: simple, sencillo, elemental, hacedero.

Facilidad: posibilidad, disposición, expedición, comodidad.

Facilitar: allanar, proporcionar, entregar, posibilitar.

Facineroso: bandido, criminal, malhechor, forajido.

Facsímil: reproducción, copia, imitación, remedo.

Ingenio: ideación, creación, proyecto, habilidad.

Imaginar: concebir, inventar, idear, crear.

Realidad: evidencia, existencia, verdad, veracidad.

Real: verdadero, verídico, positivo, tangible.

Integridad: rectitud, probidad, honradez, equidad.

Leal: fiel, adicto, franco, noble.

Trivialidad: vulgaridad, ordinariez, futileza, frivolidad.

Difícil: complicado, arduo, dificultoso, complejo.

Dificultad: contrariedad, traba, tropiezo, complicación.

Dificultar: complicar, entorpecer, contrariar, problematizar.

Bondadoso: benévolo, indulgente, apacible, generoso.

Original: singular, único, propio, peculiar.

Factible: dable, ejecutable, realizable, probable.

Fáctico: real, cierto, verdadero, efectivo.

Factor: elemento, causa, agente, ejecutor.

Factura: cuenta, registro, cargo, documento.

Facturar: anotar, registrar, cargar, despachar.

Facultad: potestad, capacidad, aptitud, propiedad.

Facultar: autorizar, permitir, acceder, otorgar.

Facultativo: discrecional, potestativo, médico, cirujano.

Facundia: labia, palabrería, verbosidad, abundancia.

Facundo: verboso, elocuente, diserto, expresivo.

Facha: figura, presencia, apariencia, catadura.

Faena: trabajo, quehacer, labor, tarea.

Faja: corsé, alezo, veta, franja.

Fajar: ceñir, rodear, envolver, comprimir.

Falacia: engaño, falsedad, fraude, infundio.

Falange: legión, multitud, tropa, batallón.

Falaz: engañoso, mentido, fingido, embustero.

Falencia: quiebra, insolvencia, desatino, equivocación.

Falible: erróneo, engañoso, equívoco, incierto.

Falsear: adulterar, falsificar, corromper, flaquear.

Falsía: doblez, falsedad, hipocresía, falacia.

Irrealizable: imposible, impracticable, improbable, lejano.

Imaginario: irreal, falso, ficticio, teórico.

Bagatela: nadería, nonada, fruslería, poquedad.

Nimiedad: tilde, bagatela, tacha, estigma.

Anular: abolir, revocar, cancelar, invalidar.

Nadería: nimiedad, fatuidad, necedad, vanidad.

Denegar: rehusar, rechazar, negar, prohibir.

Obligatorio: indefectible, ineludible, necesario, forzoso.

Mutismo: silencio, mudez, callado, silente.

Premioso: ajustado, estricto, rígido, exigente.

Chabacanería: vulgaridad, ordinariez, tosquedad, ramplonería.

Vagancia: inacción, ociosidad, gandulería, haraganería.

Estría: surco, canal, raya, pliegue.

Soltar: desceñir, desatar, liberar, desunir.

Verdad: evidencia, certeza, veracidad, exactitud.

Poquedad: cortedad, escasez, menudencia, insignificancia.

Cierto: evidente, indiscutible, infalible, positivo.

Solvencia: crédito, garantía, responsabilidad, capacidad.

Infalible: cierto, seguro, indudable, indefectible.

Resistir: soportar, aguantar, sostener, defender.

Lealtad: nobleza, llaneza, rectitud, fidelidad.

Falsificación: adulteración, falseamiento, alteración, sofisticación.

Autentificación: autorización, certificación, legalización, oficialización.

Falsificar: adulterar, corromper, alterar, mixtificar.

Autentificar: certificar, autorizar, formalizar, legalizar.

Faltar: restar, quedar, pecar, incumplir.

Proveer: suministrar, aprovisionar, disponer, convenir.

Falto: escaso, necesitado, desprovisto, carente.

Provisto: abastecido, avituallado, dotado, suministrado.

Falla: falta, error, deficiencia, defecto.

Eficiencia: suficiencia, corrección, eficacia, capacidad.

Fallar: faltar, fracasar, flaquear, resolver.

Acertar: atinar, adivinar, descifrar, desentrañar.

Fallecer: expirar, morir, fenecer, perecer.

Nacer: emerger, brotar, despuntar, empezar.

Fallido: quebrado, frustrado, malogrado, fracasado.

Solvente: responsable, garantido, habilitado, boyante.

Fama: gloria, celebridad, reputación, notoriedad.

Obscuridad: opacidad, lobreguez, penumbra, ofuscamiento.

Famélico: desnutrido, hambriento, transido, malcomido.

Hartado: saciado, satisfecho, ahíto, henchido.

Familia: progiene, parentela, estirpe, descendencia.

Extrañeza: ajeno, raro, insólito, impropio.

Familiaridad: confianza, intimidad, llaneza, franqueza.

Afectación: doblez, amaneramiento, fingimiento, hipocresía.

Familiarizar: adaptar, acostumbrar, avezar, habituar.

Desajustar: deshabituar, desadaptar, desmontar, desavezar.

Famoso: reputado, renombrado, afamado, preclaro.

Obscuro: ignorado, opacado, desconocido, sombrío.

Fanático: obcecado, sectario, empecinado, extremista.

Equilibrado: ponderado, razonado, conforme, tolerante.

Fanatismo: exaltación, intolerancia, obsesión, obcecación.

Ponderación: mesura, equilibrio, sensatez, prudencia.

Fanfarrón: farolero, valentón, baladrón, bravucón.

Modesto: sencillo, llano, simple, humilde.

Fanfarronería: fanfarria, jactancia, vanagloria, pedantería.

Humildad: modestia, llaneza, obediencia, sumisión.

Fango: lodo, légamo, pecina, vicio.

Fantasía: ficción, inventiva, imaginación, utopía.

Fantasma: espectro, aparición, visión, espíritu.

Fantástico: quimérico, inverosímil, fabuloso, imaginario.

Fantoche: títere, marioneta, figurón, bufón.

Faramalla: vanilocuo: palabrero, charlatán, embaucador.

Farandulero: histrión, farsante, comediante, parolero.

Farfullar: barbotar, mascullar, balbucir, tartajear.

Fariseo: falso, impostor, comediante, hipócrita.

Fármaco: medicamentos, drogas, específicos, remedios.

Fárrago: confusión, hacinamiento, desorden, mezcolanza.

Farragoso: confuso, mezclado, enmarañado, desordenado.

Farsante: impostor, embaucador, embustero, cínico.

Fascículo: cuaderno, librito, opúsculo, libreta.

Fascinación: embrujo, hechizo, embeleco, atracción.

Fascinar: atraer, deslumbrar, encantar, hechizar.

Fase: aspecto, faceta, período, apariencia.

Fastidiar: hastiar, molestar, enfadar, disgustar.

Pureza: limpieza, perfección, pulcritud, candor.

Realidad: existencia, autenticidad, evidencia, veracidad.

Verosimilitud: credibilidad, probabilidad, admisión, creencia.

Verídico: real, cierto, existente, verdadero.

Conspicuo: ilustre, famoso, notable, sobresaliente.

Taciturno: triste, silente, callado, melancólico.

Adusto: austero, serio, severo, ascético.

Gritar: vociferar, vocear, chillar protestar.

Sincero: franco, llano, veraz, abierto.

Diferencia: diversidad, disparidad, desemejanza.

Orden: método, disposición, mandato, cofradía.

Ordenado: arreglado, organizado, preparado, decretado.

Íntegro: cabal, veraz, justo, honrado.

Libro: obra, volumen, ejemplar, tomo.

Desilusión: desengaño, decepción, disgusto, fastidio.

Repeler: rechazar, rehusar, desdeñar, desechar.

Condición: disposición, cláusula, trato, transacción.

Agradar: gustar, contentar, deleitar, alegrar.

Fastidio: molestia, disgusto, enfado, latosidad.

Fastidioso: molesto, desagradable, enfadoso, aburrido.

Fastigio: cumbre, cúspide, pináculo, pirámide.

Fastuoso: suntuoso, grandioso, espléndido, magnífico.

Fatal: inevitable, ineludible, inexorable, fatídico.

Fatalidad: adversidad, desdicha, infortunio, desgracia.

Fatídico: aciago, funesto, negasto, siniestro.

Fatiga: cansancio, molestia, penalidad, sufrimiento.

Fatigar: cansar, agotar, rendir, extenuar.

Fatuidad: necedad, vanidad, orgullo, jactancia.

Fatuo: vano, presumido, engreído, petulante.

Fausto: dichoso, afortunado, feliz, venturoso.

Favor: servicio, atención, ayuda, merced.

Favorable: propicio, benévolo, acogedor, benigno.

Favorecer: amparar, ayudar, proteger, beneficiar.

Favorito: preferido, privilegiado, predilecto, estimado.

Fe: creencia, confianza, convicción, religión.

Fealdad: deformidad, afeamiento, desproporción, monstruosidad.

Feble: débil, endeble, flaco, lánguido.

Amenidad: gracia, deleite, fruición, diversión.

Agradable: ameno, deleitoso, atrayente, entretenido.

Fondo: base, cimiento, profundo, hondura.

Sencillo: simple, llano, cortés, franco.

Eludible: evitable, soslayable, sorteable, esquivable.

Fortuna: felicidad, riqueza, destino, estrella.

Venturoso: propicio, favorable, promisorio, próspero.

Reposo: quietud, sosiego, descanso, recuperación.

Reposar: holgar, descansar, detenerse, respirar

Sensatez: cordura, conciencia, discreción, prudencia.

Modesto: humilde, llano, recatado, honesto.

Modestia: decoro, pudor, humildad, sencillez.

Obstáculo: impedimento, escollo, tropiezo, dificultad.

Desfavorable: contrario, adverso, hostil, perjudicial.

Perjudicar: obstaculizar, deteriorar, maltratar, lesionar.

Apartado: alejado, separado, retirado, rechazado.

Incredulidad: recelo, desconfianza, suspicacia, ateísmo.

Belleza: hermosura, preciosidad, lindeza, espiritualidad.

Fuerte: robusto, corpulento, fornido, imponente.

Febril: ardoroso, inquieto, turbado, agitado.

Fecundar: fertilizar, fecundizar, producir, engendrar.

Fecundidad: feracidad, riqueza, fertilidad, abundancia.

Fecundo: prolífero, fértil, feraz, fructuoso.

Fecha: data, día, tiempo, momento.

Fechoría: maldad, atentado, canallada, picardía.

Federación: confederación, unión, liga, coalición.

Fehaciente: fidedigno, verdadero, auténtico, evidente.

Felicidad: ventura, complacencia, satisfacción, delicia.

Felicitación: enhorabuena, parabién, cumplimiento, congratulación.

Felicitar: congratular, cumplimentar, alegrar, regocijar.

Feliz: dichoso, afortunado, venturoso, encantador.

Felón: traidor, alevoso, infiel, pérfido.

Felonía: traición, deslealtad, perfidia, alevosía.

Fenecer: fallecer, morir, expirar, sucumbir.

Fenómeno: manifestación, misterio, prodigio, portento.

Feo: repulsivo, horrible, malcriado, deforme.

Feria: mercado, comercio, provisión, certamen.

Fermentar: agriarse, alterarse, corromper, avinagrarse.

Tranquilo: calmado, amainado, apaciguado, dulcificado.

Esterilizar: secar, arizar, infecundar, inutilizar.

Esterilidad: aridez, sequedad, infertilidad, improductividad

Infecundo: improductivo, estéril, infértil, infructuoso.

Eternidad: perdurabilidad, perpetuidad, inmortalidad, sempiternidad.

Benignidad: bondad, dulzura, benevolencia, indulgencia.

Emancipación: separación, autonomía, disgregación, independencia.

Incierto: confuso, nebuloso, dudable, vacilante.

Infelicidad: tristeza, aflicción, tribulación, melancolía.

Compasión: lástima, comiseración, piedad, misericordia.

Compadecer: dolerse, apiadarse, entristecer, palidecer.

Infeliz: desventurado, aciago, importuno, desgraciado.

Leal: fiel, sincero, franco, devoto.

Lealtad: fidelidad, rectitud, adhesión, probidad.

Nacer: germinar, emanar, brotar, emerger.

Revelación: detectación, descubrimiento, revelamiento, declaración.

Bello: hermoso, lindo, precioso, delicado.

Usufructo: provecho, utilidad, disfrute, consumo.

Mantenerse: conservarse, preservarse, salvaguardarse, resistir.

Ferocidad: crueldad, fiereza, violencia, barbaridad.

Bondad: clemencia, piedad, indulgencia, sensibilidad.

Feroz: fiero, cruel, despiadado, salvaje.

Bondadoso: afable, apacible, generoso, indulgente.

Férreo: fuerte, duro, resistente, inflexible.

Blando: suave, muelle, tierno, leve.

Fértil: fecundo, feraz, productivo, generoso.

Arido: estéril, seco, infecundo, monótono.

Fertilidad: fecundidad, feracidad, abundancia, profusión.

Esterilidad: aridez, infecundidad, agotamiento, improductividad.

Férula: dominio, sujeción, subordinación, subyugación.

Liberación: emancipación, manumisión, redención, exención.

Ferviente: fervoroso, efusivo, ardiente, vehemente.

Frío: helado, congelado, aterrido, gélido.

Fervor: ardor, pasión, entusiasmo, fogosidad.

Frialdad: indiferencia, desapego, insensibilidad, rigidez.

Festejar: cortejar, galantear, obsequiar, regalar.

Repudiar: desdeñar, repeler, dejar, apartar.

Festivo: agudo, alegre, jovial, divertido.

Abatido: afligido, triste, atribulado, aciago.

Fetichismo: idolatría, adoración, superstición, patrioterismo.

Aversión: abominación, aborrecimiento, execración, odiosidad.

Fétido: hediendo, pestilente, viciado, inmundo.

Oloroso: perfumado, adorífero, aromático, fragante.

Feudatario: vasallo, sujeto, sumiso, mancipo.

Emancipado: libre, liberado, desvinculado, manumiso.

Fiador: garante, avalista, garantizador, avalador.

Acreedor: confiable, creíble, depositable, entregable.

Fianza: garantía, prenda, obligación, depósito.

Deuda: compromiso, débito, promesa, préstamo.

Fiar: confiar, entregar, garantizar, responder.

Desconfiar: recelar, temer, sospechar, prevenir.

Fiasco: chasco, fracaso, decepción, malogro.

Éxito: triunfo, victoria, gloria, reputación.

Fibra: vigor, resistencia, energía, fortaleza.

Debilidad: endeblez, lasitud, febledad, languidez.

Ficción: invención, cuento, apariencia, quimera.

Realidad: evidencia, existencia, propiedad, autenticidad.

Ficticio: falso, supuesto, fingido, convencional.

Fichar: personalizar, señalar, afiliar, anotar.

Fidedigno: verdadero, auténtico, fehaciente, exacto.

Fidelidad: lealtad, devoción, probidad, puntualidad.

Fiel: leal, constante, invariable, creyente.

Fiereza: crueldad, ferocidad, dureza, bravura.

Fiesta: festividad, conmemoración, solemnidad, diversión.

Figón: boliche, fonducho, f—fonda de mala clase.

Figura: forma, aspecto, semblante, fisonomía.

Figurar: delinear, imaginar, trazar, diseñar.

Fijar: determinar, precisar, establecer, señalar.

Filantropía: generosidad, altruismo, largueza, magnanimidad.

Filántropo: altruista, generoso, caritativo, desinteresado.

Filiación: dependencia, procedencia, identidad, descendencia.

Filial: hijar, familiar, sucursal, dependencia.

Filigrana: primor, delicadeza, adorno, marca.

Filípica: reprimenda, censura, invectiva, amonestación.

Filosofar: meditar, reflexionar, discurrir, especular.

Filosofía: sabiduría, erudición, discernimiento, reflexión.

Real: auténtico, fidedigno, fehaciente, verdadero.

Borrar: tachar, anular, suprimir, invalidar.

Artificial: supuesto, imaginario, ficticio, postizo.

Infidelidad: traición, alevosía, anormalidad, irresponsabilidad.

Infiel: desleal, traidor, felón, impío.

Ternura: cariño, afecto, piedad, comprensión.

Desdén: desprecio, desaire, desdeño, menosprecio.

Restaurante: comedor, fortificante, reconfortante, refectorio.

Bobada: necedad, simpleza, zafiedad, vaguedad.

Escoger: elegir, optar, preferir, seleccionar.

Soltar: desatar, desceñir, aflojar, relajar.

Egoísmo: egolatría, materialismo, narcisismo, misantropía.

Egoísta: mezquino, cicatero, avaro, misántropo.

Liberación: independencia, autodeterminación, autonomía, redención.

Libre: independiente, autónomo, voluntario, manumiso.

Rusticidad: tosquedad, rudeza, zafiedad, torpeza.

Alabanza: elogio, loa, encomio, apología.

Examinar: estudiar, observar, considerar, analizar.

Banalidad: nimiedad, nadería, bagatela, trivialidad.

Filtrar: destilar, colar, pasar, rezumar.

Confundir: trastocar, enredar, mezclar, perturbar.

Fin: término, final, conclusión, consumación.

Principio: comienzo, entrada, apertura, iniciación.

Finalidad: fin, intención, propósito, objetivo.

Origen: causa, fuente, motivo, génesis.

Finalizar: terminar, acabar, concluir, finiquitar.

Comenzar: principiar, iniciar, empezar, auspiciar.

Financiar: costear, aportar, proporcionar, entregar.

Resolver: determinar, decidir, solucionar, disponer.

Fineza: atención, deferencia, delicadeza, cortesía.

Rudeza: brusquedad, descortesía, aspereza, tosquedad.

Fingir: aparentar, disfrazar, simular, encubrir.

Desdeñar: rechazar, refutar, despreciar, desestimar.

Finiquitar: cancelar, liquidar, saldar, rematar.

Empezar: comenzar, iniciar, inaugurar, abrir.

Fino: delicado, puro, superior, acendrado.

Ordinario: común, usual, frecuente, cotidiano.

Finura: delicadeza, primor, fineza, atención.

Ordinariez: rudeza, incultura, brusquedad, incivilidad.

Firmamento: cielo, espacio, éter, atmósfera.

Tierra: orbe, mundo, globo, superficie.

Firme: fijo, sólido, estable, constante.

Móvil: mutable, débil, cambiable, flexible.

Firmeza: estabilidad, solidez, resistencia, fortaleza.

Volubilidad: inestabilidad, debilidad, transitoriedad, versatilidad.

Fiscalizar: controlar, supervisar, analizar, calificar.

Descuidar: abandonar, desprevenir, olvidar, desestimar.

Fisgar: atisbar, husmear, curiosear, indagar.

Aceptar: admitir, tolerar, asentir, comprender.

Fisiatra: naturista, vegetariano, frugívoro, verdulívoro.

Carniatra: carnívoro, piscívoro, omnívoro, marisquívoro.

Físico: corporal, material, natural, somático.

Síquico: espiritual, anímico, esencial, intangible.

Fisonomía: rostro, aspecto, semblante, expresión.

Variedad: diferencia, pluralidad, variación, diversidad.

Fláccido: blando, fofo, lacio, laxo.

Compacto: recio, denso, erecto, duro.

Flaco: magro, enteco, enjuto, macilento.

Obeso: gordo, grueso, voluminoso, pesado.

Flagelación: castigo, maltrato, azotamiento, fustigación.

Resarcimiento: compensación, indemnización, satisfacción, reposición.

Flagelar: azotar, fustigar, maltratar, contundir.

Resarcir: reparar, compensar, reponer, indemnizar.

Flagelo: plaga, peste, epidemia, politiquería.

Afecto: cariño, apego, amor, simpatía.

Flagrante: descubierto, localizado, encontrado, evidente.

Ficticio: supuesto, conjeturado, inventado, imaginado.

Flamante: nuevo, reciente, reluciente, rutilante.

Viejo: gastado, usado, apagado, caduco.

Flamear: ondear, llamear, flotar, ondular.

Estagnar: estancar, detenerse, paralizarse, anquilosarse.

Flanco: lado, costado, extremo, borde.

Frente: cara, semblante, faz, fachada.

Flaquear: aflojar, decaer, ceder, debilitar.

Soportar: aguantar, resistir, tolerar, sufrir.

Flaqueza: debilidad, consunción, extenuación, languidez.

Vigor: energía, vitalidad, robustez, fortaleza.

Flechar: lanzar, arrojar, seducir, atraer.

Repeler: desdeñar, rehusar, desechar, denegar.

Flema: lentitud, apatía, calma, desgarro.

Inquietud: impaciencia, nerviosidad, ansiedad, zozobra.

Flemático: frío, impasible, tranquilo, pachorriento.

Impetuoso: vehemente, impulsivo, apasionado, ferviente.

Fletar: cargar, embarcar, armar, arrendar.

Privar: impedir, prohibir, vedar, carecer.

Flexibilizar: ductilizar, adaptar, ajustar, compatibilizar.

Densificar: compactar, apiñar, espesar, incompatibilizar.

Flexible: elástico, dúctil, manejable, plástico.

Rígido: tieso, tenso, endurecido, agarrotado.

Flexión: alteración, accidente, inflexión, doblamiento.

Rigidez: inflexibilidad, dureza, rigurosidad, austeridad.

Flirtear: coquetear, galantear, piropear, cortejar.

Execrar: detestar, odiar, aborrecer, repulsar.

Flojo: negligente, indolente, tardo, pigre.

Activo: operante, eficiente, diligente, eficaz.

Flor: donosura, adorno, filigrana, galantería.

Insulsez: zoncería, simpleza, tontería, necedad

Florecer: progresar, adelantar, prosperar, desarrollar.

Languidecer: debilitar, marchitar, abandonar, enflaquecer.

Floreciente: brillante, próspero, boyante, sobresaliente.

Lánguido: débil, endeble, abatido, decaído.

Floresta: bosque, selva, arboleda, boscaje.

Baldío: yermo, vano, estéril, páramo.

Florilegio: selección, antología, colección, crestomatía.

Indistinción: confusión, esfumación, nubosidad, imprecisión.

Flotar: nadar, sostenerse, emerger, sobrenadar.

Hundirse: sumergirse, afondar, sumirse, deprimirse.

Fluctuar: oscilar, variar, ondular, vacilar.

Afianzar: afirmar, consolidar, asir, confirmar.

Fluir: manar, brotar, surgir, salir.

Ocluir: cerrar, impedir, obturar, obstruir.

Flujo: oleada, creciente, efusión, marea.

Distancia: intervalo, trecho, espacio, diferencia

Fobia: aversión, temor, horror, antipatía.

Afición: atracción, encanto, seducción, simpatía.

Fofo: esponjoso, blando, muelle, suelto.

Consistente: resistente, sólido, estable, firme.

Fogoso: ardiente, impetuoso, brioso, vehemente.

Frío: apático, flemático, displicente, indolente.

Fogueado: ducho, veterano, avezado, aguerrido.

Inexperto: inhábil, incapaz, inepto, novato.

Folio: página, hoja, carilla, plana.

Suceso: incidente, episodio, hecho, evento.

Follaje: fronda, espesura, frondosidad, ramaje.

Esterilidad: aridez, atocia, infecundidad, baldío.

Follón: perezoso, poltrón, remolón, cobarde.

Valiente: aguerrido, valeroso, bravo, decidido.

Fomentar: promover, impulsar, proteger, avivar.

Anquilosar: estancar, estagnar, frenar, contener.

Fondear: anclar, amarrar, atracar, registrar.

Zarpar: salir, navegar, desatracar, embarcarse.

Fondo: base, asiento, esencia, profundidad.

Superficie: espacio, cara, exterior, extensión.

Forajido: bandido, facineroso, criminal, asaltante.

Bienhechor: protector, benefactor, amparador, filántropo.

Foráneo: extraño, extranjero, alienígeno, exótico.

Autóctono: nativo, indígena, oriundo, vernáculo.

Foranizar: extranjerizar, barbarizar, f— sentir preferencia por lo extranjero.

Autoctonizar: nativizar, indigenizar, vernaculizar, oriundizar.

Forastero: extraño, foráneo, ajeno, extranjero.

Oriundo: nativo, aborigen, indígena, vernáculo.

Forcejear: forzar, batallar, bregar, pugnar.

Convenir: entenderse, avenirse, conciliar, amoldarse.

Forjar: concebir, urdir, inventar, crear.

Gandulear: holgazanear, haraganear, ociosear, apoltronarse.

Forma: diseño, estructura, aspecto, método.

Materia: contenido, elemento, sustancia, objeto.

Formalidad: fórmula, requisito, procedimiento, ceremonia.

Ligereza: superficialidad, liviandad, volubilidad, imprudencia.

Formalizar: determinar, precisar, concretar, legalizar.

Vacilar: dudar, titubear, trepidar fluctuar.

Formar: plasmar, modelar, componer, constituir.

Deformar: alterar, variar, mudar, trastornar.

Fórmula: norma, modelo, canon, pauta.

Anarquía: desorden, confusión, anormalidad, anomalía.

Formular: recetar, prescribir, enunciar, expresar.

Anular: revocar, abolir, invalidar, inutilizar.

Fornicar: cohabitar, convivir, copular, unionizar.

Abstenerse: prescindir, privarse, inhibirse, castidizar.

Fornido: robusto, recio, macizo, fuerte.

Débil: asténico, exangüe, endeble, enclenque.

Foro: abogacía, curia, planteamiento, disertación.

Silencio: mudez, mutismo, callamiento, reticencia.

Forrar: cubrir, revestir, tapizar, guarecer.

Desforrar: descubrir, desaforrar, desentapizar desfundar.

Fortalecer: fortificar, afianzar, consolidar, reforzar.

Debilitar: agotar, extenuar, flaquear, fatigar.

Fortaleza: vigor, resistencia, firmeza, solidez.

Debilidad: flaqueza, lasitud, extenuación, escualidez.

Fortificar: fortalecer, consolidar, reforzar, atrincherar.

Debilitar: desfallecer, fatigar, languidecer, desalentar.

Fortuito: casual, accidental, repentino, imprevisto.

Deliberado: discurrido, resuelto, consultado, reflexionado.

Fortuna: azar, casualidad, eventualidad, suerte.

Lógica: razón, dialéctica, razonamiento, deducción.

Forzar: obligar, violentar, compeler, forcejar.

Respetar: acatar, obedecer, venerar, honrar.

Forzoso: obligado, preciso, ineludible, indefectible.

Facultativo: libre, discrecional, potestativo, voluntario.

Forzudo: fornido, robusto, vigoroso, imponente.

Débil: enclenque, desfallecido, decaído, debilitado.

Fosa: huesera, yacija, cárcava, enterramiento.

Mausoleo: panteón, tumba, sepultura, nicho.

Fracasar: frustrar, malograr, fallar, faltar.

Triunfar: vencer, ganar, superar, conquistar.

Fracaso: frustración, fiasco, descalabro, infortunio.

Triunfo: éxito, conquista, laurel, palma.

Fraccionar: partir, dividir, romper, fragmentar.

Completar: integrar, añadir, agregar, totalizar.

Fracturar: quebrar, romper, partir, dividir.

Ensamblar: ligar, juntar, unir, trabar.

Fragancia: aroma, perfume, esencia, olor.

Fetidez: hedor, pestilencia, hediondez, tufo.

Frágil: débil, endeble, quebradizo, delicado.

Fuerte: resistente, sólido, vigoroso, férreo.

Fragilidad: debilidad, inconsistencia, lasitud, blandura.

Resistencia: vigor, fuerza, energía, potencia.

Fragmento: trozo, partícula, fracción, pedazo.

Todo: entero, completo, íntegro, conjunto.

Fragor: estruendo, estrépito, ruido, escándalo.

Sigilo: calma, pausa, silencio, tregua.

Fragoso: abrupto, escarpado, breñoso, fragoroso.

Silencioso: callado, silente, reservado, observador.

Fraguar: discurrir, idear, inventar, maquinar.

Confiar: fiarse, esperar, entregar, delegar.

Francachela: orgía, bacanal, holgorio, desenfreno.

Templanza: moderación, prudencia, continencia, sobriedad.

Franco: llano, veraz, cierto, fidedigno.

Falaz: falso, simulador, embustero, hipócrita.

Franquear: abrir, posibilitar, facilitar, liberar.

Cerrar: atajar, frenar, tapar, cubrir.

Franqueza: llaneza, naturalidad, sinceridad, liberalidad.

Hipocresía: falsedad, doblez, fingimiento, simulación.

Franquicia: dispensa, exención, privilegio, prorrogativa.

Obligación: exigencia, imposición, deber, dependencia.

Frase: locución, expresión, pensamiento, dicho.

Palabra: vocablo, dicción, voz, monosílabo.

Fraternidad: hermandad, unión, armonía, concordia.

Enemistad: rivalidad, aversión, odio, ojeriza.

Fraternizar: armonizar, hermanar, conciliar, simpatizar.

Enemistar: desavenir, desunir, beligerar, intrigar.

Fraude: engaño, dolo, estafa, falsificación.

Fraudulento: doloso, engañoso, simulado, capcioso.

Frecuencia: sucesión, periodicidad, usualidad, asiduidad.

Frecuentar: menudear, acostumbrar, visitar, concurrir.

Frecuente: usual, habitual, repetido, asiduo.

Fregar: frotar, restregar, limpiar, molestar.

Frenar: parar, refrenar, sujetar, detener.

Frenesí: exaltación, arrebato, delirio, desvarío.

Frenético: delirante, impulsivo, exaltado, arrebatado.

Freno: sujeción, moderación, bocado, religión.

Frente: faz, semblante, testuz, fachada.

Fresco: frío, helado, sano, insolente.

Frescura: frescor, amenidad, lozanía, atrevimiento.

Frialdad: frío, frigidez, indiferencia, flojedad.

Frío: helado, congelado, yerto, álgido.

Friolera: fruslería, bagatela, nadería, nimiedad.

Frívolo: ligero, superficial, voluble, baladí.

Frondosidad: espesura, ramaje, follaje, broza.

Frondoso: espeso, tupido, cerrado, exuberante.

Veracidad: verdad, certeza, evidencia, realidad.

Verídico: verdadero, real, cierto, veraz.

Interrupción: detención, oclusión, impedimento, suspensión.

Normalizar: ajustar, unificar, metodizar, tipificar.

Irregular: extraño, anormal, discontinuo, intermitente.

Impedir: entorpecer, obstaculizar, dificultar, imposibilitar.

Acelerar: activar, apresurar, aligerar, precipitar.

Sosiego: quietud, reposo, pasividad, serenidad.

Pacífico: plácido, reposado, quieto, sosegado.

Acicate: aliciente, incentivo, aguijón, estímulo.

Reverso: espalda, dorso, contrario, retaguardia.

Sensato: turbado, tímido, prudente, inquieto.

Turbación: inquietud, zozobra, timidez, prudencia.

Afición: apego, inclinación, gusto, ahínco.

Calor: ardor, energía, viveza, entusiasmo.

Importancia: significación, categoría, estimación, interés.

Constante: perseverante, asiduo, continuó, tenaz.

Aridez: sequedad, enjutez, esterilidad, infecundidad.

Ralo: disperso, esparcido, claro, extendido.

Frontera: límite, linde, confín, raya.

Principio: comienzo, nacimiento, origen, advenimiento.

Fronterizo: colindante, confinante, limítrofe, contiguo.

Opuesto: lejano, distante, extremo, alejado.

Frontis: fachada, portada, delantera, frontispicio.

Trasera: postrera, espalda, revés, zagueridad.

Frotar: ludir, estregar, restregar, rozar.

Apartar: alejar, distanciar, retirar, desviar.

Fructífero: provechoso, beneficioso, productivo, ventajoso.

Improductivo: estéril, infecundo, infructuoso, perjudicial.

Fructificar: producir, granar, rendir, beneficiar.

Perjudicar: dañar, lesionar, menoscabar, deteriorar.

Frugal: morigerado, sobrio, moderado, mesurado.

Intemperante: inmoderado, incontrolado, libertino, glotón.

Frugalidad: moderación, mesura, parquedad, sobriedad.

Intemperancia: exceso, demasiado, libertinaje, exaltación.

Fruición: deleite, gusto, delicia, complacencia.

Angustia: aflicción, ansiedad, pesar, sufrimiento.

Fruir: gozar, disfrutar, aprovechar, deleitar.

Sufrir: padecer, afligirse, torturar, atormentar.

Fruncir: plegar, comprimir, encoger, estrechar.

Alisar: estirar, extender, dilatar, desarrollar.

Fruslería: bagatela, nadería, futilidad, trivialidad.

Excelencia: categoría, jerarquía, clase, condición.

Frustración: fracaso, malogro, obstáculo, impedimento.

Triunfo: éxito, logro, acierto, conquista.

Frustrar: malograr, fracasar, dificultar, estropear.

Triunfar: ganar, conquistar, vencer, dominar.

Fruto: producto, resultado, objeto, cosecha.

Desecho: resto, residuo, desperdicio, escoria.

Fucilar: destellar, fulgurar, centellear, relumbrar.

Obscurecer: ensombrecer, entenebrecer, opacar, enlobreguecer.

Fuego: llama, ignición, lumbre, pasión.

Frigidez: frialdad, indiferencia, desapego, desamor.

Fuelle: pliegue, plegadura, repliegue, plisado.

Expande: extiende, despliegue, desenvuelve, propague.

Fuente: origen, principio, causa, manantial.

Término: meta, confín, objeto, límite.

Fuero: poder, franquicia, privilegio, exención.

Fuerte: firme, sólido, fornido, corpulento.

Fuerza: potencia, pujanza, eficacia, poder.

Fuga: huida, evasión, escapada, filtración.

Fugaz: breve, momentáneo, efímero, pasajero.

Fulano: mengano, zutano, perengano, robiñano.

Fulero: frangollón, chapucero, chafallón, remendón.

Fulgor: claridad, brillo, resplandor, destello.

Fulgurar: resplandecer, centellear, brillar, relumbrar.

Fulminante: exterminante, destructor, aniquilante, explosivo.

Fulminar: aniquilar, exterminar, destruir, arruinar.

Fullería: dolo, engaño, trampa, maulería.

Fumigar: desinfectar, purificar, sahumar, exorcizar.

Funcar: concordar, armonizar, orgamizar, congozar.

Función: ministerio, ejercicio, puesto, fiesta.

Funcionar: mover, marchar, operar, actuar.

Fundamental: esencial, cardinal, primordial, principal.

Fundamentar: cimentar, basar, documentar, establecer.

Fundamento: principio, origen, base, razonamiento.

Menoscabo: desventaja, perjuicio, inconveniente.

Débil: endeble, fofo, decaído, lánguido.

Impotencia: inanición, debilidad, endeblez, languidez.

Detención: retención, parada, detenimiento, estancamiento.

Duradero: estable, durable, persistente, constante.

Nombre: Pedro, José, Manuel, Alicia.

Esmerado: cuidadoso, pulcro, escrupuloso, afanoso.

Obscuridad: sombra, opacidad, lobreguez, tinieblas.

Obscurecer: apagar, ensombrecer, opacar, enlobreguecer.

Creador: restaurador, constructor, reparador, restablecedor.

Crear: concebir, inventar, instaurar, establecer.

Certidumbre: certeza, evidencia, manifestación, seguridad.

Apestar: infectar, inficionar, contagiar, corromper.

Desigualizar: diferizar, desarmonizar, inorgasmizar, incongozar.

Inacción: inercia, inmovilidad, inactividad, ociosidad.

Detener: frenar, parar, estancar, cesar.

Accidental: fortuito, eventual, casual, imprevisto.

Discutir: controvertir, examinar, estudiar, argumentar.

Menoscabo: deterioro, merma, debilitamiento, disminución.

Fundar: construir, edificar, establecer, instituir.

Fundir: licuar, derretir, liquidar, moldear.

Fúnebre: funerario, funeral, luctuoso, tétrico.

Funesto: aciago, infausto, nefasto, luctuoso.

Furia: cólera: arrebato, furor, frenesí.

Furibundo: rabioso, furioso, energúmeno, frenético.

Furioso: furibundo, irritado, sulfuroso, impetuoso.

Furor: delirio, exaltación, arrebato, excitación.

Furtivo: oculto, escondido, secreto, clandestino.

Fusible: fundible, fundente, licuante, fácil de fundirse.

Fusilar: ejecutar, ajusticiar, consumar, finalizar.

Fusión: mezcla, unión, conciliación, simbiosis.

Fusionar: juntar, unir, aunar, unificar.

Fuste: palo, vara, asta, importancia.

Fustigar: azotar, flagelar, vapulear, zaherir.

Fútil: baladí, insubstancial, nimio, insignificante.

Futilidad: fruslería, futileza, friolera, nadería.

Futurición: intención, proyección, preparación, concepción.

Futurizar: proyectar, imaginar, ficcionar, planificar.

Entorpecer: impedir, obstruir, estorbar, obstaculizar.

Solidificar: endurecer, condensar, comprimir, espesar.

Fausto: feliz, venturoso, dichoso, afortunado.

Alegre: fausto, dichoso, jubiloso, achispado.

Placidez: quietud, tranquilidad, sosiego, parsimonia.

Tranquilo: sereno, quieto, sosegado, afable.

Afable: sereno, sosegado, tranquilo, plácido.

Parsimonia: parquedad, prudencia, discreción, moderación.

Manifiesto: abierto, notorio, evidente, palmario.

Resistente: firme, duro, fuerte, sólido.

Vitalizar: vivificar, confortar, animar, alentar.

Separación: cercanamiento, fragmentación, aisladamiento, segregación.

Separar: dividir, fraccionar, detraer, divorciar.

Soga: cuerda, estrenque, cabuya, crizteja.

Acariciar: mimar, halagar, regalar, consentir.

Substancial: esencial, importante, principal, trascendente.

Clase: condición, jerarquía, categoría, excelencia.

Ejecución: realización, culminación, consumación, operación.

Realizar: culminar, coronar, ejecutar, efectivizar.

Futuro: venidero, próximo, porvenir, perspectiva.

Futurología: estudio, reflexión, lucubración, posibilidades.

Presente: actual, vigente, hodierno, contemporáneo.

Utopía: quimera, fantasía, sueño, ficción.

Gabela: impuesto, gravamen, contribución, tributo.

Gabinete: dependencia, cartera, ministerio, gobierno.

Gaceta: periódico, diario, boletín, informativo.

Gaje: estipendio, retribución, emolumento, molestia.

Gala: alarde, ostentación, gallardía, gracia.

Galán: galano, adonis, pretendiente, actor.

Galano: acicalado, pulcro, elegante, compuesto.

Galante: atento, cortés, solícito, admirador.

Galantería: atención, cortesía, gentileza, galanura.

Galanura: gallardía, galantería, donosura, gentileza.

Galardón: premio, recompensa, distinción, laurel.

Galaxia: conjunto, agrupación, fusión, vía láctea.

Exención: franquicia, privilegio, liberación, eximición.

Habitación: morada, vivienda, alcoba, hábitat.

Revista: semanario, septenario, control, inspección.

Pérdida: menoscabo, merma, perjuicio, carencia.

Vergüenza: rubor, sonrojo, turbación, bochorno.

Desagradable: desatento, desconsiderado, descomedido, desabrido.

Sencillo: llano, natural, franco, sincero.

Descortés: desatento, descomedido, desconsiderado, grosero.

Desaire: desatención, descortesía, desdén, chasco.

Poquedad: apocamiento, timidez, encogimiento, pusilanimidad.

Sanción: pena, castigo, corrección, escamiento.

Disyunción: separación, división, fraccionamiento, alejamiento.

Galería: mirador, solana, corredor, túnel.

Gálibo: elegancia, primorosidad, dimensión, plantilla.

Galimatías: desorden, confusión, germanía, jerigonza.

Gallardete: insignia, flámula, distintivo, banderola.

Gallardía: bizarría, brío, osadía, intrepidez.

Gallardo: airoso, desembarazado, apuesto, guapo.

Gama: escala, serie, graduación, matiz.

Gamberro: disoluto, licencioso, galocho, vicioso.

Ganancia: negocio, utilidad, provecho, rendimiento.

Ganapán: recadero, mandadero, portador, mediocre.

Ganar: adquirir, obtener, lograr, percibir.

Gandul: haragán, holgazán, indolente, remolón.

Ganga: ventaja, prebenda, sinecura, oportunidad.

Garante: fiador, avalista, afianzador, caucionante.

Garantía: protección, seguridad, afianzamiento, caución.

Garantizar: garantir, asegurar, avalar, responder.

Garboso: gallardo, gentil, airoso, apuesto.

Garganta: gaznate, tragadero, cuello, desfiladero.

Espectro: fantasía, visión, aparición, tacha.

Disyunción: separación, división, fraccionamiento, alejamiento.

Orden: armonía, disposición, organización, yunción.

Confuso: revuelto, mezclado, embrollo, confundido.

Pusilanimidad: temor, cobardía, vacilación, gallinería.

Farfallón: desgarbado, medroso, pusilánime, atropellado.

Monotonía: igualdad, uniformidad, regularidad, pesadez.

Virtuoso: probo, íntegro, honesto, honrado.

Pérdida: mermación, menguación, menoscabo, disminución.

Secretario: amanuense, actuario, escribano, memorialista.

Perder: deteriorar, disipar, derrochar, fracasar.

Trabajador: activo, laborioso, diligente, dinámico.

Inconveniente: dificultad, impedimento, estorbo, tropiezo.

Deudor: adeudador, comprometido, debedor, ditador.

Desvalimiento: desprotección, inseguridad, descubierto, intranquilidad.

Peligrar: arriesgar, aventurar, exponer, comprometer.

Cursi: afectado, ridículo, amanerado, siútico.

Espaciosidad: capacidad, anchura, extensión, distancia.

Garrafal: colosal, excesivo, exorbitante, morrocotudo.

Garrote: tranca, bastón, cayado, vara.

Gastar: consumir, agotar, derrochar, estropear.

Gastronomía: cocina, culinaria, guiso, condimento.

Gastronómico: comilón, tragón, epulón, zampón.

Gatuperio: intriga, embrollo, enjuague, chanchullo.

Gaucho: vaquero, pampero, hábil, astuto.

Gavilla: haz, fajo, brazada, manojo.

Gazapo: error, equivocación, traspié, lapsus.

Gazmoño: hipócrita, fariseo, mojigato, santurrón.

Gaznápiro: bobo, tonto, torpe, paludo.

Gélido: frío, helado, álgido, glacial.

Gema: brote, renuevo, yema, botón.

Gemebundo: quejoso, quejumbroso, jeremías, plañidero.

Gemelo: mielgo, hermanado, mellizo, lentes.

Gemir: lamentarse, quejarse, plañir, clamar.

Genealogía: serie de progenitores. Documentación que los contiene.

Generación: creación, concepción, descendencia, sucesión.

Generacional: diferencial, distincional, discrecional, divergencial.

Ínfimo: minúsculo, pequeño, mínimo, grupúsculo.

Cuerda: soga, cordel, guasca, maroma.

Conservar: guardar, ahorrar, economizar, depositar.

Malogración: desaliño, salamiento, desabrimiento, desazonado.

Frugalista: parco, mesurado, moderado, parsimonioso.

Veracidad: verdad, certidumbre, claridad, evidencia.

Urbano: cívico, ciudadano, comedido, atento.

Paquete: envoltorio, fardo, bulto, atado.

Verdad: veracidad, evidencia, certeza, ortodoxia.

Franco: sincero, abierto, veraz, sencillo.

Ladino: sagaz, astuto, hábil, sátrapa.

Ardiente: apasionado, fogoso, vehemente, fervoroso.

Exterminio: aniquilamiento, extinción, agotamiento, conclusión.

Sufrido: paciente, tolerante, resistente, resignado.

Singular: único, solitario, unigénito, aislado.

Regocijar: alegrarse, animarse, alborozarse, complacerse.

Especie: clase, grupo, asunto, género.

Consunción: agotamiento, extenuación, extinción, aniquilamiento.

Concordancial: coincidencial, concurrencial, sincrónico, armónico.

SINÓNIMOS   ANTÓNIMOS

General: corriente, frecuente, común, oficial.

Particular: singularizar, individual, esencial, exclusivo.

Generalizar: extender, difundir, publicar, trascender.

Particularizar: singularizar, individualizar, personificar.

Generar: originar, producir, crear, germinar.

Terminar: concluir, culminar, finalizar, finiquitar.

Género: clase, especie, manera, mercadería.

Dilema: alternativa, disyuntiva, problema, conflicto.

Generosidad: nobleza, grandeza, bondad, benevolencia.

Avaricia: mezquindad, cicatería, ruindad, codicia.

Generoso: dadivoso, pródigo, desprendido, magnánimo.

Mezquino: avaro, tacaño, cicatero, egoísta.

Génesis: principio, origen, fuente, embrión.

Efecto: consecuencia, secuela, relación, corolario.

Genial: sobresaliente, descollante, excelente, relevante.

Común: corriente, frecuente, vulgar, trivial.

Genio: carácter, temperamento, condición, índole.

Diversidad: diferencia, disparidad, variedad, heterogeneidad.

Gentil: galán, apuesto, atento, pagano.

Adusto: severo, rígido, huraño, esquivo.

Gentileza: cortesía, urbanidad, finura, cordialidad.

Rudeza: brusquedad, aspereza, torpeza, acritud.

Gentilhombre: hidalgo, noble, caballero, justo.

Malhombre: mezquino, maleducado, desatento, deshonesto.

Genotipo: prototipo, arquetipo, modelo, espécimen.

Vulgotipo: plebeyo, ramplón, ordinario, ganso.

Genuflexión: reclinación, reverencia, postración, sumisión.

Elevación: incorporación, señalación, enaltecimiento, alentamiento.

Genuino: auténtico, legítimo, propio, original.

Adulterado: falsificado, plagiado, ilegítimo, impuro.

Gerencia: administración, dirección, manejo, autoridad.

Propietario: empresario, dueño, patrón, amo.

Gerente: director, consejero, apoderado, comisionado.

Dependiente: subalterno, subordinado, oficial, satélite.

Germanía: jerga, jerigonza, caló, galimatías.

Concierto: ordenación, disposición, pureza, euritmia.

242

Germen: embrión, origen, principio, elemento.

Germinar: nacer, crecer, brotar, fecundar.

Gesta: hazaña, heroicidad, valentía, realce.

Gestación: germinación, formación, preñez, maduración.

Gesticular: gestear, mimicar, muecar, bracear.

Gestión: encargo, misión, diligencia, actividad.

Gestionar: intentar, diligenciar, tramitar, resolver.

Gesto: actividad, ademán, mueca, visaje.

Gibar: jorobar, corcovar, incomodar, vejar.

Gigante: titán, coloso, grande, descomunal.

Gigantesco: enorme, colosal, ciclópeo, extraordinario.

Gimotear: lloriquear, sollozar, gemir, suspirar.

Girar: rotar, rodar, circular, expedir.

Gitano: zíngaro, flamenco, marrullero, bohemio.

Glacial: frío, helado, gélido, desafecto.

Globo: esfera, bola, mundo, tierra.

Gloria: paraíso, fama, cielo, honor.

Glorificar: alabar, ensalzar, enaltecer, exaltar.

Glosa: observación, comentario, nota, paráfrasis.

Fruto: producto, resultado, objeto, consecuencia.

Fenecer: perecer, sucumbir, morir, expirar.

Cobardía: timidez, pusilanimidad, apocamiento, vergüenza.

Fenecimiento: muerte, occisión, óbito, defunción.

Observar: examinar, atisbar, atender, advertir.

Inanidad: vacuidad, vaciedad, inutilidad, futilidad.

Impedir: detener, obstener, dificultar, complicar.

Inmovilidad: pasividad, tranquilidad, inercia, inacción.

Distraer: divertir, entretener, solazar, recrear.

Enano: pigmeo, liliputiense, gorgojo, diminuto.

Pigmeo: enano, pequeño, diminuto, insignificante.

Reír: carcajear, desternillarse, sonreír, gozar.

Impedir: estorbar, dificultar, entorpecer, obstaculizar.

Estacionario: aposentado, parado, detenido, sedentario.

Caliente: candente, ardiente, cálido, quemante.

Cuadro: marco, lienzo, pintura, escena.

Obscuridad: averno, infierno, sombra, lobreguez.

Abominar: aborrecer, repudiar, despreciar, profazar.

Noticia: crónica, artículo, reportaje, exposición.

Glotón: comilón, tragón, epulón, voraz.

Sobrio: controlado, moderado, medido, morigerado.

Gnomo (nomo): duende, elfo, genio, espectro.

Figura: forma, aspecto, imagen, efigie.

Gnosis: conocimiento cabal, ciencia de los magos.

Obscurantismo: insapiencia, nesciencia, tinieblas, desinstrucción.

Gobernar: dirigir, conducir, administrar, regir.

Anarquizar: confundir, desordenar, desorganizar, descontrolar.

Goce: disfrute, posesión, usufructo, placer.

Dolor: sufrimiento, pesar, tribulación, angustia

Golfa: pilluela, granula, buscona, gamberra.

Integra: proba, recta, honrada, virtuosa.

Golfo: bahía, rada, ensenada, vagabundo.

Mar: océano, piélago, plétora, cantidad.

Golondro: deseo, apetito, antojo, ambición.

Repugnancia: repulsión, repelación, rechazo, desprecio.

Golosina: delicadeza, exquisitez, finura, delicia.

Insipidez: insulsez, insabor, sosería, insubstancialidad.

Golpear: herir, maltratar, pegar, zaherir.

Cuidar: velar, atender, conservar, vigilar.

Gordo: abultado, adiposo, atocinado, mofletudo.

Flaco: delgado, enjuto, magro, enteco.

Gorjear: entonar, trinar, canturrear, modular.

Callar: silenciar, enmudecer, sigilar, reservar.

Gotear: destilar, escurrir, chispear, lloviznar.

Estancar: parar, detener, retener, frenar.

Gozar: disfrutar, aprovechar, deleitarse, usufructuar.

Sufrir: padecer, afligirse, atormentarse, entristecerse.

Gozoso: contento, satisfecho, complacido, radiante.

Pesaroso: triste, apesadumbrado, dolido, atribulado.

Grabar: esculpir, tallar, cincelar, burilar.

Borrar: anular, suprimir, tachar, rayar.

Gracejo: agudeza, ingeniosidad, donaire, chispa.

Bobada: necedad, sandez, simpleza, vaciedad.

Gracia: merced, favor, beneficio, encanto.

Insulsez: sosería, tontería, zoncería, pesadez.

Gracioso: saleroso, donoso, festivo, ocurrente.

Aburrido: hastiado, disgustado, molestado, abrumado.

Grado: cargo, jerarquía, valor, calidad.

Origen: principio, motivo, causa, razón.

Gradual: escalonado, sucesivo, graduado, progresivo.

Discontinuo: interrumpido, intermitente, irregular, esporádico.

Graduación: escala, progresión, sucesión, secuela.

Graduar: dosificar, medir, escalonar, regular.

Gráfico: esquema, esbozo, diseño, bosquejo.

Granado: maduro, espigado, selecto, escogido.

Grande: crecido, enorme, considerable, magnate.

Grandeza: magnitud, superioridad, esplendor, relevancia.

Granítico: duro, compacto, fuerte, consistente

Granja: cortijo, estancia, rancho, alquería.

Granjear: captar, ganar, conquistar, conseguir.

Grano: semilla, gránulo, porción, pizca.

Granuja: pícaro, bribón, pillo, badulaque.

Gratificar: recompensar, retribuir, premiar, satisfacer.

Gratis: invaluado, incompensado, gratuitamente, graciosamente.

Gratitud: agradecimiento, reconocimiento, recuerdo, correspondencia.

Grato: agradable, placentero, gustoso, sabroso.

Gratuito: gratis, merecido, gracioso, infundado.

Gratular: felicitar, aplaudir, cumplimentar, congratular.

Gravamen: cargar, pesar, imponer, hipotecar.

Gravar: cargar, pesar, imponer, hipotecar.

Interrupción: detención, impedimento, oclusión, suspensión.

Interrumpir: impedir, cortar, obstaculizar, separar.

Vago: vacío, confuso, indefinido, impreciso.

Vano: vacuo, vacío, hueco, ineficaz.

Pequeño: chico, menudo, diminuto, limitado.

Pequeñez: menudencia, nimiedad, superfluidad, bagatela.

Blando: flojo, fofo, débil, suave.

Minucia: menudencia, insignificancia, nimiedad, mediocridad.

Desagradar: disgustar, molestar, enfadar, contrariar.

Germen: origen, embrión, elemento, fuente.

Noble: hidalgo, caballeroso, atento, cordial.

Mezquinar: cicatear, tacañar, escasear, miserablear.

Pagado: costeado, sufragado, compensado, saldado.

Ingratitud: olvido, desagradecimiento, descuido, inadvertencia.

Ingrato: desatento, desagradecido, frío, desleal.

Justificado: fundado, evidenciado, corregido, oneroso.

Compadecer: condoler, conmiserar, doler, afligir.

Franquicia: exención, dispensa, privilegio, prerrogativa.

Liberalizar: eximir, dispensar, perdonar, exonerar.

Grave: pesado, oneroso, peligroso, circunspecto.

Gravedad: circunspección, decoro, compostura, formalidad.

Gravidez: preñez, embarazo, gestación, dificultad.

Grávido: repleto, cargado, lleno, copioso.

Gravitar: pesar, descansar, sustentar, estribar.

Greguería: confusión, turbación, mezcolanza, alborozo.

Gremio: agrupación, sindicato, asociación, corporación.

Greña: maraña, enredo, confusión, cizaña.

Gresca: riña, pendencia, altercado, discusión.

Gris: apagado, triste, lánguido, tétrico.

Gritar: vociferar, protestar, desgañitarse, clamar.

Grosero: tosco, ordinario, patán, zafio.

Grotesco: chocante, rudo, tosco, extravagante.

Gruñir: bufar, roncar, gañir, refunfuñar.

Grupo: conjunto, reunión, masa, montón.

Gruta: cueva, cavidad, vacío, espelunca.

Guapo: agraciado, elegante, galano, soberbio.

Guardar: almacenar, conservar, custodiar, preservar.

Guardia: defensa, custodia, protección, centinela.

Baladí: insignificante, insubstancial, fútil, nimio.

Liviandad: ligereza, irresponsabilidad, impudicia, lascivia.

Vaciedad: vacuidad, oquedad, cavidad, hendidura.

Vacío: vacuo, hueco, vano, inactivo.

Liberar: eximir, condonar, emancipar, notificar.

Claridad: exactitud, precisión, distinción, diafanidad.

Aislamiento: división, separación, ramificación, secesión.

Armonía: comprensión, distinción, claridad, melodía.

Concordia: entendimiento, comprensión, armonía, unión.

Vivo: alegre, achispado, ardiente, impetuoso.

Callar: silenciar, enmudecer, omitir, observar.

Cortés: educado, ilustrado, atento, urbano.

Delicado: atento, cortés, culto, exquisito.

Observar: atisbar, mirar, silenciar, examinar.

Separación: bifurcación, división, disgregación, sucesión.

Peñasco: risco, roca, escarpado, acantilado.

Feo: repulsivo, asqueroso, avocastro, repugnante.

Dejar: abandonar, desamparar, soltar, desatender.

Descuido: inadvertencia, olvido, negligencia, desidia.

Guarecer: cobijar, proteger, conservar, socorrer.

Exponer: arriesgar, aventurar, atreverse, declarar.

Guarida: madriguera, cubil, manida, cueva.

Refugio: amparo, protección, cobijo, albergue

Guerrero: belicoso, marcial, militar, belicista.

Pacífico: tranquilo, sereno, reposado, antibelicoso.

Guiar: dirigir, gobernar, indicar, orientar.

Desorientar: despistar, extraviar, confundir, entorpecer.

Guijarro: pedrusco, morrillo, chinarro, callao.

Llano: liso, plano, raso, parejo.

Guión: argumento, sinopsis, materia, cuestión.

Suceso: hecho, resultado, contingencia, transcurso.

Guisa: modo, manera, forma, contenido.

Esencia: principio, naturaleza, substancia, meollo.

Guita: cordel, bramante, dinero, plata.

Avidez: codicia, ansia, ambición, apetencia.

Gula: glotonería, voracidad, tragonería, avidez.

Temperancia: templanza, continencia, abstinencia, sobriedad.

Gustar: paladear, agradar, encantar, satisfacer.

Disgustar: desagradar, contrariar, molestar, hostigar.

Gustoso: sabroso, apetecible, deleitoso, ameno.

Repugnante: repulsivo, sucio, repelente, rechazado.

Haber: tener, poseer, alcanzar, crédito.

Hábil: diestro, ducho, idóneo, ladino.

Habilidad: ingenio, sagacidad, pericia, destreza.

Habilitado: pagador, encargado, sustituto, experto.

Habilitar: capacitar, preparar, facultar, investigar.

Habitante: morador, residente, ciudadano, inquilino.

Habitar: morar, ocupar, residir, albergar.

Hábitat: contorno, derredor, ambiente, circuntancia.

Hábito: costumbre, tradición, práctica, rutina.

Habitual: usual, tradicional, familiar, ordinario.

Hablar: expresar, exteriorizar, conversar, departir.

Hacedero: realizable, posible, factible, probable.

Excluir: exceptuar, descartar, apartar, eliminar.

Inexperto: inhábil, aprendiz, novato, bisoño.

Impericia: incompetencia, inhabilidad, ineptitud, incapacidad.

Inepto: inhábil, incapaz, inexperto, novicio.

Inhabilitar: incapacitar, imposibilitar, nulificar, terminar.

Vagabundo: errante, nómada, trotamundo, orbitante.

Deshabitar: mudarse, cambiarse, trasladarse, irse.

Distancia: lejanía, espacio, alejamiento, ulterioridad.

Anomalía: rareza, anormalidad, excentricidad, extravagancia.

Inusitado: infrecuente, insólito, extraño, impropio.

Callar: silenciar, enmudecer, omitir, olvidar.

Imposible: improbable, irrealizable, impracticable, inalcanzable.

Hacendosa: diligente, laboriosa, cuidadosa, ocurrente.

Indolente: dejada, apática, negligente, haragana.

Hacer: crear, efectuar, realizar, materializar.

Consumir: aniquilar, arrasar, destruir, devastar.

Hacinar: acumular, acopiar, apilar, aglomerar.

Esparcir: diseminar, dispersar, derramar, extender.

Halagar: lisonjear, adular, complacer, agasajar.

Ofender: insultar, injuriar, ultrajar, vapulear.

Halagüeño: lisonjero, halagador, complaciente, encomiástico.

Desfavorable: adverso, hostil, perjudicial, lesivo.

Hálito: vapor, vaho, soplo, aliento.

Desaliento: desánimo, abatimiento, postración, amilanamiento.

Hallar: encontrar, descubrir, ubicar, inventar.

Perder: extraviar, desviar, confundir, disipar.

Hallazgo: encuentro, detección, invención, descubrimiento.

Pérdida: merma, disminución, quebranto, menoscabo.

Hambre: apetito, apetencia, deseo, necesidad.

Inapetencia: saciedad, hartazgo, satisfacción, anorexia.

Hambriento: insaciable, deseoso, ávido, necesitado.

Harto: satisfecho, saciado, hastiado, repleto.

Hampa: golfería, ladronería, pillería, escoria.

Selección: preferencia, escogimiento, elección, pléyade.

Haragán: gandul, harón, perezoso, poltrón.

Trabajador: laborioso, activo, diligente, acucioso.

Harapiento: andrajo, desarrapado, guiñaposo, roto.

Elegante: distinguido, gallardo, galano, presumido.

Harapo: andrajo, guiñapo, pingajo, colgajo.

Elegancia: distinción, delicadeza, donaire, gusto.

Harén: gineceo, serrallo. Conjunto de mujeres de los musulmanes.

Continencia: templanza, castidad, abstinencia, moderación.

Hartar: llenar, saciar, satisfacer, atiborrar.

Vaciar: verter, arrojar, sacar, modear.

Hastiar: aburrir, cansar, molestar, disgustar.

Agradar: gustar, halagar, complacer, contentar

Hazaña: proeza, valentía, gesta, denuedo.

Cobardía: temor, miedo, cortedad, pusilanimidad.

Hazmerreír: mamarracho, esperpento, adefesio, estrambótico.

Garboso: airoso, gallardo, compuesto, esbelto.

Hecatombe: matanza, mortandad, calamidad, catástrofe.

Restauración: reconstrucción, reedificación, restitución.

Hechicería: brujería, magia, maleficio, bebedizo.

Repulsión: repudio, aversión, repugnancia, antipatía.

Hechizar: seducir, cautivar, fascinar, embrujar.

Repeler: desdeñar, despreciar, desechar, objetar.

Hecho: suceso, asunto, acción, caso.

Dilema: alternativa, disyuntiva, contracción, problema.

Heder: malolor, apestar, enfadar, malestar.

Agradar: gustar, complacer, contentar, divertir.

Hedónico: deleitable, placentero, gustoso, deleitoso.

Desagradable: enfadoso, fastidioso, molesto, enojoso.

Hedonista: gozador, disfrutante, sensualista, concupiscente.

Triste: apesadumbrado, pesaroso, aciago, infeliz.

Hedonizar: gustar, disfrutar, fruicionar, sensualizar.

Desagradar: ingustar, rechazar, enfadar, rehusar.

Hegemonía: predominio, supremacía, poder, influencia.

Inferioridad: dependencia, subordinación, imperfección, insignificancia.

Helar: enfriar, congelar, paralizar, desalentar.

Calentar: entibiar, atemperar, deshelar, descongelar.

Hembra: mujer, dama, encaje, molde.

Macho: hombre, varón, semental, fuerte.

Henchir: colmar, llenar, repletar, atestar.

Vaciar: arrojar, verter, desaguar, evacuar.

Hender: abrir, agrietar, dividir, separar.

Cerrar: tapar, cubrir, curar, cicatrizar.

Heredad: predio, propiedad, posesión, bienes.

Indigencia: necesidad, pobreza, miseria, inopia.

Heredar: suceder, recibir, adquirir, beneficiar.

Privar: desposeer, desheredar, postergar, abandonar.

Hereditario: congénito, trasmisible, connatural, atávico.

Adquirido: contraído, obtenido, ganado, alcanzado.

Hereje: apóstata, irreligioso, heresiarca, impío.

Fiel: adicto, leal, asiduo, creyente.

Herejía: error, heterodoxia, impiedad, sacrilegio.

Ortodoxia: fidelidad, conformidad, creencia, adicción.

Herencia: patrimonio, bienes, beneficio, sucesión.

Inopia: carencia, privación, estrechez, indigencia.

Herir: lacerar, lesionar, lastimar, pungir.

Resarcir: compensar, indemnizar, favorecer, asistir.

Hermafrodita: andrógino, bisexual, bisexuado, bigénere.

Unisexual: singular, normal, natural, sistemático.

Hermanar: armonizar, unir, juntar, uniformar.

Deshermanar: separar, dividir, desligar, fraccionar.

Hermandad: cofradía, congregación, unión, hermanazgo.

Discordia: desacuerdo, desarmonía, pendencia, disensión.

Hermético: cerrado, impenetrable, misterioso, inescrutable.

Abierto: hendicho, agrietado, franco, despejado.

Hermetizar: impenetrar, indescifrar, arcanizar, ignotizar.

Penetrar: introducir, traspasar, comprender, entender.

Hermoso: bonito, bello, pulcro, perfecto.

Feo: horrible, despreciable, desgraciado, asqueroso.

Hermosura: belleza, beldad, preciosidad, primor.

Fealdad: deformidad, afeamiento, monstruosidad.

Héroe: valiente, sobresaliente, titán, cid.

Cobarde: medroso, tímido, temeroso, irresoluto.

Heroico: intrépido, valiente, decidido, perínclito.

Tímido: cobarde, vacilante, indeciso, pusilánime.

Herramienta: instrumento, utensilio, aparato, implemento.

Nadería: fruslería, bicoca, nonada, friolera.

Herrumbe: moho, orín, óxido, sarro.

Pulimiento: acabado, terminado, íntegro, abrillantado.

Hervir: burbujear, borbollar, bullir, pulular.

Enfriar: entibiar, amortiguar, mitigar, refrescar.

Hesitar: dudar, vacilar, titubear, trepidar.

Creer: confiar, entender, considerar, juzgar.

Heteróclito: extraño, raro, impropio, insólito.

Regular: normal, medido, ajustado, acompasado.

Heterodoxo: disconforme, disidente, cismático.

Ortodoxo: fiel, adicto, conforme, dogmático.

Heterogéneo: mezclado, abigarrado, surtido, híbrido.

Homogéneo: similar, parecido, semejante, equivalente.

Hez: sedimento, desecho, residuo, hampa.

Flor: selección, donosura, progreso, astucia.

Híbrido: cruzado, mi:.to, mestizo, mulato.

Puro: depurado, castizo, purificado, legítimo.

Hidalgo: ilustre, distinguido, noble, magnánimo.

Anónimo: ignorado, desconocido, anodino, insignificante.

Hierático: religioso, sacerdote, solemne, protocolar

Higiene: profilaxis, aseo, limpieza, esmero.

Hilarante: alegre, jocoso, gracioso, divertido.

Hilaridad: risa, risibilidad, algazara, alegría.

Hilo: filamento, hebra, fibra, continuación.

Hilvanar: urdir, tramar, forjar, proyectar.

Himineo: boda, casamiento, nupcias, enlace.

Hincapié: empeño, insistencia, empuje, ahínco.

Hincar: arrodillar, introducir, clavar, plantar.

Hincha: partidario, adicto, exaltado, fanático.

Hipérbole: ponderación, exageración, abultamiento, andaluzada.

Hipnosis: sueño, dormición, inercia, adormecimiento.

Hipnótico: sedante, somnífero, soporífero, letárgico.

Hipnotizar: adormecer, magnetizar, atraer, anestesiar.

Hipocondríaco: melancólico, afligido, triste, neurasténico.

Hipocresía: doblez, fingimiento, apariencia, fariseísmo.

Hipócrita: fariseo, gazmoño, fingido, comediante.

Hipotecar: empeñar, gravar, cargar, pesar.

Hipótesis: suposición, conjetura, posiblidad, teoría.

Sencillo: simple, franco, llano, natural.

Suciedad: desaseo, impureza, basura, asquerosidad.

Triste: melancólico, abatido, lagrimoso, aciago.

Tristeza: pena, melancolía, aflicción, pesadumbre.

Interrupción: detención, impedimento, obstáculo, oclusión.

Detener: frenar, parar, retener, suspender.

Divorcio: separación, disolución, ruptura, nulidad.

Indiferencia: apatía, desidia, displicencia, insensibilidad.

Pararse: levantarse, erguirse, enderezarse, incorporarse.

Controlado: mesurado, consciente, reflexivo, circunspecto.

Moderación: templanza, morigeración, sobriedad, sensatez.

Animación: viveza, actividad, movimiento, sensibilidad.

Excitante: incitativo, estimulante, provocativo, aguijoneante.

Despertar: avivar, animar, enardecer, entusiasmar.

Alegre: contento, sonriente, dichoso, risueño.

Franqueza: llaneza, naturalidad, sinceridad, liberalidad.

Franco: sincero, llano, veraz, campechano.

Deshipotecar: descargar, desgravar, desempeñar, acreditar.

Afirmación: verificación, demostración, comprobación, testimonio.

Hipotético: incierto, dudoso, infundado, teórico.

Hirsuto: enmarañado, enredado, erizado, despeinado.

Histeria: histerismo, neurastenia, nerviosismo, hipocondría.

Histérica: neurótica, convulsa, nerviosa, incontrolada.

Historia: anales, gesta, crónica, epopeya.

Histórico: averiguado, verificado, comprobado, auténtico.

Hito: señal, marca, límite, contiguo.

Hodierno: actual, presente, moderno, contemporáneo.

Hogaño: hoy, actualmente, presente, recientemente.

Hogar: domicilio, familia, casa, vivienda.

Holgado: cómodo, tranquilo, desahogado, desocupado.

Holgazán: vagabundo, haragán, atorrante, gandul.

Holgorio: bullicio, fiesta, diversión, jolgorio.

Holgura: amplitud, anchura, desahogo, comodidad.

Holocausto: sacrificio, ofrenda, abnegación, renunciamiento.

Hollar: pisar, trillar, abatir, atropellar.

Homenaje: distinción, galardón, respeto, exaltación.

Homérico: heroico, épico, valiente, ínclito.

Homogéneo: semejante, parecido, homólogo, análogo.

Cierto: comprobado, efectivo, evidente, demostrado.

Dócil: fácil, obediente, apacible, disciplinado.

Aplacamiento: sosiego, quietud, tranquilidad, apaciguamiento.

Aplacada: serena, dominada, aquietada, aplomada.

Ficción: invención, quimera, fábula, apariencia.

Fabuloso: mitológico, ficticio, inventado, apológico.

Inestable: cambiante, variable, precario, frágil.

Pretérito: pasado, sucedido, acontecido, anterior.

Antaño: ayer, antes, otrora, entonces.

Circunstancia: tranquilidad, comodidad, confianza, llaneza.

Atareado: ocupado, engolfado, preocupado, abrumado.

Diligente: activo, expedito, presto, prolijo.

Tristeza: pesadumbre, desconsuelo, tribulación, melancolía.

Estrechez: escasez, pobreza, privación, indigencia.

Beneficio: gracia, merced, favor, ganancia.

Levantar: subir, alzar, encumbrar, enaltecer.

Vituperio: baldón, oprobio, censura, vilipendio.

Irresoluto: indeciso, vacilante, incierto, perplejo.

Heterogéneo: diverso, desigual, diferente, distinto.

Homologar: aprobar, validar, igualar, uniformar.

Reprobar: desaprobar, condenar, censurar.

Homólogo: equivalente, análogo, concordante, similario.

Diferente: distinto, diverso, divergente, discrepante.

Homosexual: invertido, sodomita, anormal, soez.

Normal: natural, primoroso, metódico, escrupuloso.

Hondo: profundo, oculto, íntimo, recóndito.

Superficial: ligero, encimado, exterior, insubstancial.

Honestidad: decoro, moralidad, decencia, pudor.

Impudicia: descaro, desvergüenza, indecencia, corrupción.

Honesto: decente, honrado, decoroso, púdico.

Libertino: liviano, licencioso, disipado, inescrupuloso.

Honorabilidad: honradez, probidad, honestidad, moralidad.

Despreciabilidad: venalidad, deshonestidad, prevaricación, concusión.

Honor: fama, reputación, renombre, distinción.

Afrenta: ignominia, vileza, infamia, abyección.

Honorarios: estipendio, retribución, remuneración, devengamiento.

Sueldo: mensualidad, periodicidad, jornalidad, quincenalidad.

Honorífico: honroso, honorable, preeminente, honorario.

Ignomioso: infamante, innoble, abyecto, afrentoso.

Honradez: probidad, honorabilidad, moralidad, rectitud.

Indignidad: desmerecimiento, descrédito, deshonor, humillación.

Honrar: respetar, venerar, enaltecer, distinguir.

Despreciar: humillar, abatir, denigrar, mancillar.

Hontanar: manantial, fontana, fuente, venero.

Sequedad: aridez, marchitez, esterilidad, sequía.

Horadar: abrir, taladrar, perforar, agujerear.

Cerrar: tapar, obstruir, impedir, encubrir.

Horda: clan, tribu, chusma, ralea.

Escogimiento: selección, preferencia, elección, opción.

Horizonte: confín, extensión, espacio, perspectiva.

Restricción: limitación, cortapisa, prohibición, demarcación.

Horma: forma, molde, matriz, modelo.

Copia: reproducción, calco, duplicado, facsímil.

Hornada: producción, cosecha, promoción, pléyade.

Improductividad: infructuosidad, inutilidad, infecundidad, plebeyez.

Horóscopo: predicción, augurio, vaticinio, pronóstico.

Horrendo: espantoso, espeluznante, horripilante, siniestro.

Horrible: hórrido, horrorífico, horrendo, pavoroso.

Horror: espanto, consternación, terror, atrocidad.

Hosco: adusto, ceñudo, arisco, huraño.

Hospedar: albergar, acoger, alojar, aposentar.

Hospitalario: amable, acogedor, protector, refugiario.

Hostigar: fustigar, acosar, molestar, irritar.

Hostil: enemigo, contrario, adverso, opuesto.

Hostilizar: molestar, fastidiar, acometer, perseguir.

Hoyo: pozo, hoya, bache, agujero.

Hueco: vacío, vacuo, cóncavo, orondo.

Huelga: inactividad, holganza, interrupción, paro.

Huella: pisada, rastro, vestigio, marca.

Huérfano: abandonado, desamparado, guacho, espósito.

Huésped: invitado, convidado, alojado, comensal.

Hueste: tropa, batallón, legión, facción.

Huida: fuga, evasión, abandono, deserción.

Huir: escapar, fugarse, evadirse, alejarse.

Humanidad: carnalidad, mundo, gente, sensibilidad.

Humanitario: benévolo, caritativo, piadoso, comprensivo.

Evidencia: verificación, prueba, testamento, confirmación.

Admirable: espléndido, imponente, magnífico, soberbio.

Magnífico: esplendoroso, suntuoso, pomposo, magistral.

Atracción: encanto, seducción, cautivación, provocación.

Gentil: ameno, amable, atento, complaciente.

Echar: expulsar, arrojar, despedir, expeler.

Inhospitalario: desatento, grosero, contristor, acongojante.

Agradar: atraer, satisfacer, conquistar, encantar.

Amigo: adicto, afecto, seguidor, devoto.

Atraer: gustar, agradar, satisfacer, deleitar.

Lleno: ocupado, relleno, completo, pletórico.

Macizo: lleno, sólido, compacto, denso.

Actividad: trabajo, ocupación, empleo, profesión.

Olvido: abandono, descuido, omisión, amnesia.

Asistido: socorrido, ayudado, apadrado, auxiliado.

Anfitrión: invitador, convidante, albergador, cobijador.

Militar: soldado, guerrero, beligerante, recluta.

Entrada: ingreso, puerta, acceso, billete.

Afrontar: desafiar, oponerse, arrostrar, enfrentar.

Animalidad: bestialidad, brutalidad, animalada, caballada.

Inhumano: cruel, malvado, innoble, envilecido.

Humanizar: humanar, concientizar, dulcificar, cristianizar.

Deshumanizar: brutalizar, animalizar, cruelizar, salvajizar.

Humedecer: humectar, bañar, mojar, empapar.

Secar: desecar, enjugar, agostar, enjutar.

Humildad: docilidad, sumisión, modestia, sencillez.

Orgullo: arrogancia, altivez, soberbia, vanidad.

Humilde: modesto, sencillo, sumiso, obediente.

Engreído: vanidoso, fatuo, altanero, fanfarrón.

Humillar: rebajar, apocar, postrar, deprimir.

Enaltecer: levantar, alabar, ponderar, exaltar.

Humor: secreción, linfa, jovialidad, gracia.

Gravedad: decoro, seriedad, circunspección, compostura.

Humorada: fantasía, capricho, arranque, jocosidad.

Circunspección: seriedad, gravedad, formalidad, severidad.

Humorista: ironista, burlón, jocoso, divertidor.

Gravista: serio, grave, importante, difícil.

Hundimiento: inmersión, naufragio, declinación, postración.

Emersión: germinación, yemación, brotación, aparecimiento.

Hundir: sumir, sumergir, hincar, abrumar.

Subir: levantar, elevar, enarbolar, animar.

Huraño: arisco, esquivo, hosco, misántropo.

Sociable: tratable, afable, educado, comunicativo.

Hurgar: mover, remover, revolver, manosear.

Dejar: ceder, cejar, desechar, desistir.

Hurtar: robar, quitar, usurpar, substraer.

Regalar: obsequiar, donar, ofrendar, premiar.

Husmear: oler. olfatear, rastrear, barruntar.

Distraer: apartar, entretener, divertir, desviar.

Icástico: natural, propio, auténtico, regular.

Iconoclasta: vándalo, destructor, desolador, devastador.

Ida: alejamiento, distanciamiento, impulso, acometimiento.

Idea: visión, concepción, pensamiento, creencia.

Ideal: modelo, prototipo, arquetipo, elevación.

Idealizar: sublimar, elevar, enaltecer, ennoblecer.

Idear: discurrir, concebir, imaginar, proyectar.

Ideático: raro, extraño, impulsivo, extravagante.

Idéntico: igual, semejante, similar, equivalente.

Identificar: reconocer, asemejar, igualar, examinar.

Ideología: tendencia, pensamiento, conjunto, acervo de principios.

Idílico: paradisíaco, sublime, celestial, delicioso.

Aparente: artificial, ficticio, supuesto, fingido.

Constructor: reparador, levantador, hacedor, arquitecto.

Regreso: llegada, arribo, retorno, vuelta.

Realización: materialización, cristalización, objetividad, evidencia.

Vulgaridad: trivialidad, nimiedad, indiferencia, poquedad.

Materializar: rebajar, menospreciar, corporizar, objetivar.

Nadizar: minimizar, vagar, paralizar, interrumpir.

Mesurado: moderado, controlado, circunspecto, ponderado.

Diferente: distinto, desigual, opuesto, contrario.

Discriminar: diferenciar, distinguir, especificar, separar.

Aversión: repulsión, oposición, antipatía, renuencia.

Infernal: demoníaco, diabólico, satánico, dañino.

Idilio: amorío, enamoramiento, pasión, frenesí.

Odio: rencor, encono, abominación, antipatía.

Idioma: lenguaje, habla, lengua, expresión.

Maraña: embrollo, enredo, confusión, enigma.

Idiosincrasia: carácter, índole, naturalidad, personalidad.

Impersonalidad: imprecisión, indeterminación, vaguedad, abstracción.

Idiotez: imbecilidad, tontería, bobería, necedad.

Agudeza: sutileza, ingenio, gracia, perspicacia.

Idiotizar: bobizar, entontecer, imbecilitar, estupidizar.

Educar: afinar, instruir, formar, perfeccionar.

Idolatrar: adorar, amar, venerar, reverenciar.

Abominar: execrar, detestar, aborrecer, maldecir.

Idolatría: adoración, pasión, fetichismo, simpatía.

Aversión: odio, encono, rencor, antipatía.

Idoneidad: aptitud, capacidad, competencia, habilidad.

Ineptitud: torpeza, rudeza, nulidad, impericia.

Iglesia: templo, comunidad, basílica, devoción.

Ludibrio: escarnio, afrenta, mofa, oprobio.

Ignaro: ignorante, inculto, indocto, analfabeto.

Letrado: docto, culto, educado, erudito.

Ignavia: desidia, indolencia, flojedad, incuria.

Actividad: acción, diligencia, movimiento, presteza.

Ignavo: flojo, desidioso, abúlico, cobarde.

Alentado: activo, ocurrente, acucioso, discurrente.

Ignominia: afrenta, baldón, humillación, vergüenza.

Honorabilidad: honradez, probidad, moralidad, integridad.

Ignominioso: abyecto, infamante, innoble, oprobioso.

Honrado: preciado, decente, preeminente, honorífico.

Ignorancia: desconocimiento, incultura, nesciencia, ineptitud.

Conocimiento: cultura, ilustración, sapiencia, cognición.

Ignorante: iletrado, ignaro, profano, insipiente.

Ilustrado: docto, sabio, entendido, versado.

Ignoto: desconocido, ignorado, incierto, desacierto.

Conocido: nombrado, determinado, acreditado.

Igual: exacto, idéntico, similar, gemelo.

Distinto: desigual, diferente, diverso, impreciso.

Igualar: emparejar, nivelar, equiparar, uniformar.

Variar: desigualar, diferenciar, discrepar, disentir.

Igualdad: conformidad, identidad, exactitud, paralelismo.

Desigualdad: diferencia, disparidad, diversidad, discrepancia.

Igualitario: idéntico, uniforme, equivalente, conformatorio.

Diferente: distinto, desemejante, disímil, desigual.

Ilación: conexión, relación, enlace, mancomunación.

Inconexión: desunión, inconcordancia, desacuerdo, desavenencia.

Ilapso: éxtasis, contemplación, arrobamiento, embelesamiento.

Espanto: susto, sobresalto, pánico, temor.

Ilegal: ilícito, prohibido, ilegítimo, subrepticio.

Legal: lícito, justo, reglamentario, estatutario.

Ilegible: ininteligible, indescifrable, inconcebible, inabordable.

Legible: leíble, descifrable, comprensible, abordable.

Ilegítimo: falsificado, espurio, fraudulento, fomentido.

Legítimo: lícito, legal, fidedigno, auténtico.

Ileso: incólume, indemne, intacto, salvado.

Lesionado: lastimado, dañado, damnificado, perjudicado.

Ilícito: ilegal, indebido, injusto, malhabido.

Lícito: legal, legítimo, permitido, reglamentado.

Iluminar: encender, alumbrar, irradiar, destellar.

Apagar: extinguir, sofocar, reprimir, aplacar.

Iluso: engañado, embaucado, cándido, quimérico.

Realista: objetivo, preciso, verdadero, positivo.

Ilusorio: engañoso, embaucado, cándido, quimérico.

Veraz: cierto, verífico, fidedigno, sincero.

Ilusión: sueño, imagen, delirio, espejismo.

Decepción: desencanto, despacho, desengaño, frustración.

Ilustración: instrucción, educación, explanación, esclarecimiento.

Ignorancia: nesciencia, nulidad, analfabetismo, incultura.

Ilustrar: educar, enseñar, formar, instruir.

Abstenerse: privarse, inhibirse, omitir, silenciar.

Imagen: idea, representación, figuración, concepción.

Realidad: objetividad, materialidad, existencia, certidumbre.

Imaginación: inventiva, entelequia, quimera, fantasía.

Efectividad: realidad, tangibilidad, verdad, materialidad.

Imaginar: idear, crear, forjar, proyectar.

Imaginario: irreal, ficticio, falso, fantástico.

Imantar: imanar, atraer, captar, magnetizar.

Imbécil: alelado, bobo, estúpido, necio.

Imborrable: indeleble, inalterable, durable, permanente.

Imbuir: persuadir, convencer, inculcar, sugestionar.

Imitar: copiar, calcar, remedar, reproducir.

Impaciencia: ansiedad, inquietud, nerviosidad, alteración.

Impaciente: inquieto, agitado, alterado, excitado.

Impacto: impacción, balazo, conmoción, estremecimiento.

Imparcial: ecuánime, justiciero, razonable, correcto.

Impartir: comunicar, repartir, trasmitir, distribuir.

Impasibilidad: tranquilidad, serenidad, indiferencia, inalterabilidad.

Impasible: impávido, inalterable, impertérrito, sereno.

Impávido: impasible, sereno, imperturbable, valeroso.

Impecable: correcto, intachable, limpio, irreprochable.

Impedido: baldado, tullido, reumático, paralítico.

Impedimento: dificultad, obstáculo, estorbo, inconveniencia.

Impedir: obstruir, imposibilitar, estorbar, entorpecer.

Realizar: ejecutar, hacer, efectuar, culminar.

Real: concreto, material, verdadero, indiscutible.

Repeler: desdeñar, desechar, repulsar, objetar.

Listo: astuto, sagaz, despierto, diligente.

Efímero: fugaz, pasajero, corto, transitorio.

Disuadir: desencantar, decepcionar, desalentar, descorazonar.

Crear: inventar, concebir, producir, engendrar.

Tranquilidad: serenidad, calma, impasibilidad, impavidez.

Tranquilo: impasible, sosegado, aquietado, plácido.

Impasibilidad: serenidad, impavidez, inalterabilidad, imperturbabilidad.

Parcial: arbitrario, injusto, apasionado, antirreglamentario.

Omitir: olvidar, silenciar, prescindir, suprimir.

Impaciencia: ansiedad, nerviosidad, excitación, conturbación.

Diferente: considerado, respetuoso, atento, condescendiente.

Aturdido: atolondrado, precipitado, irreflexivo, imprudente.

Defectuoso: incompleto, insuficiente, defectivo, incorrecto.

Apto: sano, capacitado, inmune, incólume.

Facilidad: posibilidad, expedición, disposición, complacencia.

Facilitar: simplificar, obviar, allanar, aclarar.

Impeler: empujar, impulsar, propulsar, estimular.

Frenar: reprimir, sujetar, coercer, restringir.

Impender: gastar, expender, disipar, derrochar.

Conservar: preservar, cuidar, retener, mantener.

Impenetrable: hermético, cerrado, clausurado, inaccesible.

Accesible: asequible, alcanzable, comprensible, inteligible.

Impenitente: contumaz, obstinado, reincidente, empedernido.

Contrito: arrepentido, pesaroso, compungido, inteligible.

Imperante: dominante, sujetante, avasallador, reinante.

Carente: faltante, inexistente, ausente, desprovisto.

Imperar: dominar, avasallar, prevalecer, predominar.

Libertar: liberar, redimir, emancipar, recuperar.

Imperativo: dominante, autoritario, imperioso, categórico.

Discrecional: optativo, prudencial, potestativo, facultativo.

Imperceptible: insensible, inapreciable, invalorable, incomprensible.

Tangible: visible, palpable, real, manifiesto.

Imperdible: inadmisible, inaceptable, impropio, insostenible.

Olvidadizo: distraído, despreocupado, desmemoriado, amnésico.

Imperecedero: perpetuo, perenne, eterno, infinito.

Perecedero: finito, terminable, pasajero, efímero.

Imperfección: tacha, mancha, laguna, defecto.

Perfección: mejoramiento, progreso, completación. hermosura.

Imperfecto: incompleto, inadecuado, defectuoso, inconcluso.

Perfecto: cabal, insuperable, absoluto, magistral.

Impericia: inhabilidad, ineptitud, insuficiencia, desmaña.

Pericia: habilidad, práctica, destreza, maña.

Imperialismo: dependencia, hegemonía, subordinación, aherrojamiento.

Autonomía: independencia, autogobierno, liberalidad, autodeterminación.

Imperio: autoridad, dominio, mando, poder.

Humildad: modestia, timidez, docilidad, sumisión.

Imperioso: imperativo, altanero, soberbio, arrogante.

Sumiso: obediente, manejable, dócil, obsecuente.

Impermeabilizar: embrear, calafatear, hidrofugar, alquitranar.

Permeabilizar: filtrar, traspasar, penetrar, destilár.

Impertérrito: impávido, impasible, imperturbable, displicente.

Turbado: atónito, estupefacto, sorprendido, perplejo.

Impertinencia: indiscreción, despropósito, intrusión, injerencia.

Cortesía: tacto, prudencia, delicadeza, afabilidad.

Impertinente: inoportuno, descortés, indiscreto, fastidioso.

Respetuoso: caballeroso, considerado, reverente, acatante.

Imperturbabilidad: serenidad, equilibrio, impasibilidad, estocismo.

Impaciencia: conturbación, excitación, ansiedad, nerviosidad.

Impetrar: solicitar, rogar, recurrir, invocar.

Prescindir: rehusar, rehuir, excluir, abstenerse.

Ímpetu: vehemencia, impulso, arrebato, fogosidad.

Flema: calma, serenidad, impavidez, placidez.

Impetuoso: impulsivo, vehemente, violento, frenético.

Plácido: tranquilo, controlado, impávido, pacífico.

Impiedad: incredulidad, indevoción, laicismo, irreverencia.

Piedad: compasión, lástima, conmiseración, misericordia.

Impío: ateo, incrédulo, laico, heterodoxo.

Devoto: pío, religioso, creyente, beato.

Implacable: inexorable, inclemente, inflexible, intolerable.

Clemente: compasivo, piadoso, indulgente, benigno.

Implantación: constitución, fundación, creación, organización.

Abolición: anulación, abrogación, revocación, rescisión.

Implantar: establecer, estatuir, crear, instaurar.

Abrogar: abolir, anular, revocar, rescindir.

Implementación: realización, ejecución, consumación, culminación.

Flaqueamiento: aflojamiento, debilitación, cejamiento, decaimiento.

Implementar: realizar, ejecutar, efectuar, hacer.

Flaquear: decaer, desalentar, desanimar, debilitar.

Implemento: utensilio, herramienta, instrumento, trebejo.

Nadería: fruslería, friolera, bagatela, bicoca.

Implicancia: contradicción, implicación, incompatibilidad, involucración.

Concordancia: conformidad, concierto, armonía, acuerdo.

Implicar: envolver, involucrar, comprender, entrañar.

Excluir: separar, apartar, descartar, eliminar.

Implícito: incluido, expreso, manifiesto, virtual.

Explícito: excluso, patente, notorio, formal.

Implorar: pedir, rogar, clamar, suplicar.

Denegar: rechazar, rehusar, refutar, contradecir.

Impoluto: limpio, acendrado, purificado, inmaculado.

Manchado: ensuciado, poluto, enlodado, emporcado.

Imponderable: inestimable, relevante, sobresaliente, soberbio.

Imponente: grandioso, soberbio, formidable, ahorrante.

Imponer: afectar, cargar, asignar, dominar.

Impopular: malmirado, malquisto, inapreciado, desacreditado.

Importancia: significación, categoría, magnitud, trascendencia.

Importante: significativo, valioso, trascendente, esencial.

Importar: internar, introducir, convenir, interesar.

Importe: costo, valor, valía, monto.

Importunar: fastidiar, asediar, atosigar, hostigar.

Imposibilidad: impedimento, dificultad, oposición, incompatibilidad.

Imposibilitar: impedir, estorbar, obstruir, dificultar.

Imposible: absurdo, quimérico, utópico, improbable.

Imposición: obligación, exigencia, gravamen, coacción.

Impostar: reforzar, fortalecer, robustecer, graduar.

Impostor: difamador, calumniador, murmurador, comediante.

Impostura: falacia, artificio, fingimiento, simulación.

Impotencia: incapacidad, insuficiencia, debilidad, senilidad.

Imprecación: detestación, execración, anatema, maldición.

Incalificable: censurable, vergonzoso, vituperable, reprochable.

Empequeñecido: reducido, disminuido, acortado, diminuto.

Eximir: liberar, dispensar, perdonar, emancipar.

Popular: estimado, apreciado, considerado, público.

Insignificancia: nimiedad, futilidad, nulidad, menudencia.

Insignificante: pequeño, exiguo, baladí, bizantino.

Exportar: sacar, llevar, expedir, despachar.

Inanidad: vacuidad, vaciedad, futilidad, nimiedad.

Agradar: gustar, deleitar, complacer, satisfacer.

Posibilidad: probabilidad, viabilidad, potencialidad, caudalidad.

Facilitar: posibilitar, simplificar, favorecer, suministrar.

Posible: hacedero, realizable, concebible, plástico.

Exención: franquicia, liberación, liberalidad, facultad.

Debilitar: disminuir, atenuar, extenuar, enervar.

Auténtico: natural, real, espontáneo, honesto.

Verdad: certeza, evidencia, realidad, ortodoxia.

Capacidad: competencia, aptitud, talento, idoneidad.

Alabanza: elogio, encomio, apología, adulación.

Imprecar: maldecir, renegar, condenar, detestar.

Elogiar: alabar, encomiar, celebrar, aplaudir.

Impreciso: vago, ambiguo, confuso, incierto.

Preciso: exacto, necesario, puntual, concluyente.

Impregnar: absorber, embeber, empapar, humedecer.

Exprimir: secar, enjugar, estrujar, vaciar.

Imprescindible: indispensable, necesario, forzoso, ineludible.

Prescindible: evitable, eludible, superfluo, inoperante.

Impresión: emoción, sensación, afectación, imprenta.

Insensibilidad: impasibilidad, indiferencia, inercia, ignavia.

Impresionante: impactante, emocionante, conmovedor, exaltante.

Aquietante: serenante, ataráxico, sosegante, imperturbante.

Impresionar: emocionar, conmover, sobresalir, afectar.

Insensibilizar: adormecer, anestesiar, magnetizar, obstaculizar.

Imprevisión: descuido, negligencia, ligereza, desprevención.

Previsión: precaución, suposición, conjetura, sugerencia.

Imprevisto: accidental, casual, súbito, repentino.

Previsto: conocido, sabido, resuelto, presentido.

Imprimir: grabar, estampar, editar, tirar.

Olvidar: abandonar, dejar, omitir, preterir.

Improbable: imposible, inadmisible, ilógico, inaudito.

Probable: cierto, contingente, posible, factible.

Improbidad: infamia, iniquidad, perversidad, perfidia.

Rectitud: probidad, bondad, integridad, imparcialidad.

Ímprobo: penoso, excesivo, fatigoso, exhaustivo.

Fácil: sencillo, hacedero, expedito, cómodo.

Improcedente: inadecuado, impropio, inconveniente, extemporáneo.

Procedente: pertinente, oportuno, dimanante, consecuente.

Improductivo: infecundo, estéril, infructífero, baldío.

Fértil: feraz, fecundo, copioso, prolífero.

Improperio: denuesto, dicterio, insulto, diatriba.

Lisonja: halago, agasajo, cumplimiento, complacencia.

Impropiedad: incongruencia, disonancia, inoportunidad, impureza.

Propiedad: peculiaridad, singularidad, posesión, pureza.

Impropio: inadecuado, inoportuno, incongruente, improcedente.

Propio: peculiar, característico, patrimonial, exclusivo.

Improrrogable: definitivo, consumado, estable, indiscutible.

Prorrogable: diferible, aplazable, demorable, compartible.

Impróvido: imprevisor, descuidado, desprevenido, desadvertido.

Previsor: precavido, ocurrente, advertido, discurrente.

Improvisación: repentización, instantanización, inmaduración, irresponsabilidad.

Planificación: preconcepción, lucubración, planteamiento, proyección.

Improvisar: repentizar, instantanizar, divagar, versificar.

Planificar: planear, preconcebir, lucubrar, presuponer.

Imprudencia: precipitación, irreflexión, atolondramiento, imprevisión.

Prudencia: cautela, mesura, sensatez, madurez.

Imprudente: irreflexivo, desatinado, atrevido, osado.

Sensato: prudente, juicioso, cuerdo, ponderado.

Impudicia: liviandad, obscenidad, procacidad, sicalipsis.

Pudicia: honestidad, recato, pudor, incorrupción.

Impúdico: inmundo, licencioso, desvergonzado, procaz.

Púdico: honesto, recatado, decoroso, honrado.

Impudor: impudicia, deshonestidad, libertinaje, cinismo.

Pudor: delicadeza, honestidad, decencia, castidad.

Impuesto: tributo, gravamen, derecho, contribución.

Exoneración: alivio, eximición, liberación, destitución.

Impugnar: combatir, contradecir, replicar, discutir.

Aprobar: consentir, asentir, admitir, sancionar.

Impulsar: empujar, impeler, inducir, arrojar.

Contener: frenar, detener, sujetar, reprimir.

Impulsivo: vehemente, ardoroso, impelente, impetuoso.

Flemático: reposado, calmoso, lento, sereno.

Impulso: envión, empujón, ímpetu, incentivo.

Desaliento: desánimo, decaimiento, abatimiento, postración.

Impune: perdonado, liberado, incastigado, libertado.

Penado: castigado, condenado, sancionado, encarcelado.

Impunidad: impunición, insanción, incondenación, condonación.

Sanción: castigo, punición, condena, cárcel.

Impureza: turbiedad, suciedad, mancha, corrupción.

Pureza: limpidez, perfección, nitidez, candor.

Imputación: acusación, reconvención, reproche, amonestación.

Exoneración: liberación, descargo, eximición, separación.

Imputar: achacar, atribuir, inculpar, acusar.

Inaccesible: imposible, inabordable, difícil, abrupto.

Inacción: inercia, inactividad, quietud, gandulería.

Inactivo: parado, estático, inmóvil, inerte.

Inadecuado: impropio, inapropiado, improcedente, extraño.

Inadmisible: inaceptable, impropio, improbable, injusto.

Inadvertencia: irreflexión, oscilación, distracción, descuido.

Inadvertido: desadvertido, irreparado, distraído, descuidado.

Inadmisible: imperdible, indestructible, inabordable, impervertible.

Inagotable: infinito, imperecedero, fecundo, indefinido.

Inalcansable: inasequible, inasible, difícil, inabordable.

Inalienable: inenarrable, ineludible, intraspasable, irrenunciable.

Inalterable: permanente, estable, fijo, invariable.

Inamovible: fijo, estable, sujeto, inmutable.

Inane: baladí, fútil, vano, inútil.

Inanidad: vacuidad, inutilidad, futilidad, puerilidad.

Inanición: debilidad, agotamiento, extenuación, caquexia.

Inanizar: baladizar, nulizar, futilizar, nadizar.

Inapreciable: inestimable, valioso, precioso, excelente.

Excusar: disculpar, perdonar, eximir, justificar.

Fácil: hacedero, probable, cómodo, asequible.

Actividad: movimiento, acción, diligencia, prontitud.

Activo: diligente, operante, eficaz, funcional.

Adecuado: propio, oportuno, conveniente, admisible.

Admisible: conveniente, beneficioso, provechoso, ventajoso.

Advertencia: atención, cuidado, esmero, cortesía.

Advertido: reparado, notado, percatado, observado.

Admisible: admitible, aceptable, acogible, tolerable.

Finito: agotable, terminable, gastable, extinguible.

Fácil: cómodo, hacedero, sencillo, tratable.

Adquirible: alcanzable, tráspasable, cedible, factible.

Tornadizo: alterable, movible, inestable, versátil.

Dinámico: activo, diligente, móvil, evolutivo.

Útil: ventajoso, provechoso, beneficioso, preeminente.

Utilidad: beneficio, ventaja, provecho, conveniencia.

Fortaleza: vigor, fuerza, potencia, firmeza.

Utilizar: usar, emplear, beneficiar, aplicar.

Baladí: trivial, fútil, nimio, superficial.

Inasequible: inasible, inabordable, inalcanzable, imposible.

Asequible: fácil, sencillo, accesible, alcanzable, complaciente.

Inaudito: extraño, increíble, sorprendente, insólito.

Corriente: usual, habitual, ordinario, conocido.

Inaugurar: abrir, comenzar, estrenar, principiar.

Clausurar: cerrar, cesar, finalizar, concluir.

Incalculable: infinito, inmenso, enorme, ilimitado.

Calculable: mensurable, apreciable, limitado, restricto.

Incalificable: inconcebible, censurable, vituperable, reprochable.

Encomiable: loable, elogiable, ensalzable, restricto.

Incansable: infatigable, invencible, incesante, persistente.

Cansado: fatigado, cansino, extenuado, exánime.

Incapacidad: ineptitud, nulidad, inhabilidad, torpeza.

Aptitud: capacidad, suficiencia, disposición, idoneidad.

Incapacitar: inhabilitar, nulificar, invalidar, eliminar.

Capacitar: habilitar, facilitar, facultar, comisionar.

Incapaz: inhábil, inepto, necio, torpe.

Hábil: idóneo, ocurrente, competente, habilidoso.

Incautación: confiscación, embargo, requisición, expoliación.

Devolución: restitución, reintegro, reposición, recuperación.

Incauto: crédulo, ingenuo, cándido, infantil.

Despierto: listo, advertido, despabilado, suspicaz.

Incendiar: inflamar, encender, quemar, conflagrar.

Apagar: extinguir, sofocar, debilitar, contener.

Incentivar: estimular, acicatear, incitar, impulsar.

Sujetar: refrenar, reprimir, detener, contener.

Incentivo: estímulo, aliciente, acicate, aguijón.

Paliativo: atenuante, calmante, sedante, analgésico.

Incertidumbre: duda, vacilación, perplejidad, irresolución.

Certidumbre: certeza, convicción, convencimiento, demostración.

Incesante: perpetuo, eterno, perenne, infinito.

Efímero: pasajero, temporario, transitorio, fugaz.

Incesto: prohibición, impedimento. f— proscripción, cohabitativa entre familiares del primer grado.

Admisión: aceptacion, permisión. f— normalidad carnal entre extraños.

Incestuoso: manchado, estigmatizado. f— persona que comete incesto.

Permitido: normalizado, aceptado, casado, desposado.

Incidencia: circunstancia, ocasión, emergencia, episodio.

Perspectiva: condición, aspecto, transición, cambio.

Incidente: suceso, acontecimiento, cuestión, entrevero.

Armonía: concordia, acuerdo, conformidad, arreglo.

Incidir: caer, incurrir, faltar, contravenir.

Eludir: esquivar, evitar, huir, rechazar.

Incierto: indeciso, inseguro, vacilante, indeterminado.

Cierto: demostrado, verdadero, evidente, auténtico.

Incinerar: calcinar, quemar, incendiar, abrasar.

Respetar: estimar, considerar, apreciar, venerar.

Incipiente: novicio, naciente, novel, novizado.

Avezado: adiestrado, consumado, ducho, experto.

Incisión: corte, hendidura, cortadura, punción

Juntura: empalme, unión, ensambladura, sutura.

Incisivo: cortante, tajante, punzante, cáustico.

Impreciso: indefinido, incierto, ambiguo, confuso.

Inciso: separado, dividido, cortado, coma.

Unido: juntado, enlazado, fundido, ligado.

Incitación: incentivo, incitamiento, acicate, aliciente.

Desaliento: desánimo, abatimiento, postración, anonadación.

Incitar: acuciar, animar, alentar, influir.

Disuadir: apartar, desengañar, alejar, desviar.

Incivil: malcriado, inurbano, incorrecto, impertinente.

Educado: cortés, urbano, formado, deferente.

Inclemencia: severidad, crueldad, aspereza, dureza.

Bondad: benignidad, benevolencia, piedad, suavidad.

Inclemente: severo, riguroso, duro, despiadado.

Benigno: suave, compasivo, bondadoso, apacible.

Inclinación: propensión, preferencia, tendencia, predisposición.

Desapego: frialdad, alejamiento, distancia, desinterés.

Inclinar: bajar, ladear, impulsar, persuadir.

Disuadir: convencer, desaconsejar, mover, enderezar.

Ínclito: célebre, esclarecido, afamado, renombrado.

Vulgar: corriente, trivial, común, populachero.

Incluir: contener, comprender, implicar, englobar.

Separar: alejar, apartar, dividir, incomunicar.

Inclusive: comprendido, contenido, conllevado, implícito.

Excluido: descartado, separado, eliminado, suprimido.

Incoar: empezar, principar, iniciar, comenzar.

Terminar: acabar, finalizar, concluir, clausurar.

Incoercible: irreductible, irrefrenable, incontable, indomable.

Apacible: manso, benigno, dócil, manejable.

Incógnita: enigma, misterio, secreto, arcano.

Revelación: manifestación, declaración, descubrimiento, evidencia.

Incognoscible: abstruso, inescrutable, recóndito, hermético.

Asequible: comprensible, entendible, conocible, exotérico.

Incoherente: confuso, indescifrable, discordante, inconexo.

Conexo: trabado, ligado, equivalente, continuado.

Íncola: morador, poblador, habitante, residente.

Dueño: propietario, poseedor, señor, hacendado.

Incólume: intacto, indemne, ileso, íntegro.

Contuso: dañado, averiado, lesionado, accidentado.

Incombustible: ininflamable, inquemable, refracterio, desapasionado.

Ustión: quemable, combustible, incendiable, conmovible.

Incomodar: disgustar, desagradar, molestar, fastidiar.

Agradar: contentar, satisfacer, complacer, deleitar.

Incomodidad: molestia, enfado, fastidio, mortificación.

Agrado: comodidad, holgura, bienestar, ventaja.

Incomparable: inconmensurable, inmensurable, extraordinario, imparangonable.

Mensurable: medible, comparable, parangonable, confrontable.

Incompatible: desacorde, opuesto, disconforme, discordante.

Acorde: compatible, armónico, concordante, congruente.

Incompatibilidad: desarmonía, discordancia, disconformidad, impedimento.

Avenencia: congruencia, conveniencia, concordia, conexión.

Incompetencia: incapacidad, ineptitud, inhabilidad, deficiencia.

Competencia: incumbencia, idoneidad, capacidad, suficiencia.

Incompleto: deficiente, defectuoso, imperfecto, truncado.

Cabal: acabado, absoluto, perfecto, completo.

Incomprensible: inescrutable, enigmático, abstruso.

Manifiesto: evidente, claro, comprensible, despejado.

Incomprensión: desunión, discrepancia, desavenencia, descontrol.

Acuerdo: armonía, convergencia, conformidad, congruencia.

Incomunicar: apartar, retraer, aislar, separar.

Relacionar: conectar, enlazar, unir, conexionar

Inconcebible: inexplicable, increíble, ilógico, sorprendente.

Inconciencia: abstracción, ensimismamiento, irreflexión, volubilidad.

Inconciliable: disconforme, desacorde, incompatible, contrario.

Inconcuso: cierto, seguro, evidente, incuestionable.

Incondicional: absoluto, ilimitado, prosélito, adicto

Inconexo: incoherente, inadecuado, discordante, inarticulado.

Inconfundible: distinto, claro, preciso, característico.

Incongruente: incoherente, improcedente, impropio, discontinuo.

Inconmensurable: infinito, extenso, incontable, ilimitado.

Inconmovible: firme, permanente, estable, inalterable.

Inconsciente: ilógico, irreflexivo, ligero, incierto.

Inconsecuente: impensado, fortuito, casual, informal.

Inconsistente: frágil, deleznable, endeble, maleable.

Inconstancia: volubilidad, ligereza, liviandad, mudanza.

Incontable: innumerable, incalculable, infinito, inconmensurable.

Incontenible: irresistible, fuerte, infrenado, pujante.

Incontestable: irrefutable, irrebatible, axiomático, incontrovertible.

Incontinencia: exceso, inmoderación, desenfreno, intemperancia.

Normal: corriente, común, concebible, explicable.

Conciencia: meditación, reflexión, responsabilidad, discernimiento.

Armónico: conforme, concorde, concertante, aveniente.

Dubitativo: vacilante, incierto, ambiguo, irresoluto.

Disidente: discorde, cismático, separado, divergido.

Coherente: unido, enlazado, adherido, ilativo.

Indistinguible: imprecisado, confundible, indeterminado, impersonal.

Oportuno: coincidente, adecuado, conveniente, pertinente.

Finito: medible, extinguible, efímero, perecedero.

Conmovible: tornadizo, cambiable, transformable, incierto.

Responsable: meditado, discurrido, resuelto, proyectado.

Ilativo: consecuente, inferente, deductivo, lógico.

Consistente: compacto, espeso, tramado, tupido.

Firmeza: constancia, resolución, entereza, seguridad.

Determinable: precisado, determinado, controlado, posible.

Contable: medible, mensurable, resistible, dominable.

Discutible: incierto, inseguro, contestable, problemático.

Sobriedad: mesura, moderación, parquedad, circunspección.

Incontrovertible: seguro, indiscutible, demostrado palmario.

Inconveniencia: incomodidad, contrariedad, impedimento, contrariedad, disconformidad.

Inconveniente: complicación, dificultad, impedimento, obstáculo.

Incordio: postema, absceso, tumor, contrariedad.

Incorporación: anexión, aditamiento, añadidura, mancomunión.

Incorpóreo: inmaterial, intangible, impalpable, imperceptible.

Incorporar: integrar, asociar, mezclar, mancomunar.

Incorrección: defecto, anormalidad, irregularidad, imprudencia.

Incorrecto: anormal, irregular, deficiente, erróneo.

Incorregible: rebelde, pertinaz, contumaz, recalcitrante.

Incorruptible: incorrupto, virtuoso, intachable, íntegro.

Incrédulo: ateo, impío, suspicaz, desconfiado

Increíble: inaudito, inverosímil, insólito, extraño.

Incrementar: agregar, aumentar, acrecentar prosperar.

Incremento: aumento, desarrollo, crecimiento, incrementación.

Increpar: amonestar, reprender, regañar, reñir.

Incriminar: acusar, inculpar, imputar atribuir.

Incrustar: encajar, embutir, empotrar, engastar.

Cuestionable: discutible, debatible, dudoso, controvertible.

Conveniencia: provecho, beneficio, comodidad, respeto.

Facilidad: posibilidad, factibilidad, expedición, disposición.

Alivio: descanso, consuelo, mejoría, melioración.

Separación: desgaje, disolución, apartamiento, análisis

Material: carnal, tangible, visible, somático.

Separar: apartar, desglosar, desgajar, dividir

Perfección: conformidad, cortesía, atención, progreso.

Perfecto: acabado, completo, íntegro, absoluto.

Enmendable: corregible, manejable, disciplinable, obediente.

Corrompido: vicioso, disoluto, libertino, crápula.

Creyente: confiado, convencido, crédulo, piadoso.

Cierto: verosímil, creíble, aceptable, probable.

Disminuir: decrecer, mermar, rebajar, reducir.

Disminución: decrecimiento, descenso, menoscabo, reducción.

Alabar: elogiar, encomiar, exaltar, ponderar

Liberar: excusar, disculpar, perdonar, dispensar.

Desprender: sacar, separar, soltar, desligar.

Incubar: empollar, encobar, crear, fomentar.

Incuestionable: indiscutible, incontrovertible, irretutable, irredargüible.

Inculcar: inducir, infundir, introducir, imbuir.

Inculpar: incriminar, acusar, culpar, atribuir.

Inculto: iletrado, indocto, ignorante, bruto.

Incumbencia: obligación, atingencia, competencia, atribución.

Incumbir: concernir, corresponder, competer, pertenecer.

Incumplir: vulnerar, inflingir, quebrantar, contravenir.

Incuria: apatía, dejadez, desidia, ignavia.

Incurrir: caer, incidir, cometer, causar.

Incursión: irrupción, correría, invasión, exploración.

Indagar: inquirir, averiguar, pesquisar, investigar.

Indebido: ilícito, vedado, ilegítimo, prohibido.

Indecencia: liviandad, deshonestidad, obscenidad, grosería.

Indecente: deshonesto, obsceno, cochino, grosero.

Indecisión: irresolución, incertidumbre, perplejidad, dubitación.

Indeciso: vacilante, perplejo, confuso, incierto.

Indefectible: seguro, cierto, infalible, indudable.

Indefenso: abandonado, solo, inerme, desamparado.

Infecundar: enhuerar, infructificar, inutilizar, aridecer.

Problemático: dudoso, incierto, cuestionable, difícil.

Disuadir: desalentar, desanimar, decepcionar, descorazonar.

Disculpar: excusar, absolver, perdonar, exculpar.

Culto: atildado, educado, instruido, erudito.

Desentendimiento: incompetencia, desligamiento, desprendimiento, inconsistencia.

Eludir: esquivar, rehusar, soslayar, evadir.

Cumplir: satisfacer, complacer, efectuar, realizar.

Diligencia: prisa, actividad, prontitud, gestión.

Eludir: evitar, esquivar, rehusar, sortear.

Retirada: retroceso, repliegue, regreso, alejamiento.

Permitir: consentir, facultar, tolerar, autorizar.

Permitido: consentido, autorizado, tolerado, facultado.

Decencia: honestidad, recato, compostura, decoro.

Honesto: decente, recatado, decoroso, púdico.

Determinación: certeza, seguridad, resolución, audacia.

Resoluto: resuelto, decidido, determinado, denotado.

Precario: efímero, perecedero, frágil, inestable.

Amparado: protegido, defendido, apoyado, escudado.

Indefinido: impreciso, vago, confuso, indeterminado.

Concreto: preciso, determinado, fijado, clarificado.

Indeleble: imborrable, durable, inalterable, permanente.

Fugaz: efímero, pasajero, incidental, circunstancial.

Indeliberado: fortuito, espontáneo, irreflexivo, involuntario.

Consciente: reflexivo, concebido, pensado, propuesto.

Indemne: exento, libre, ileso, incólume.

Dañado: perjudicado, lesionado, deteriorado, estropeado.

Indemnizar: compensar, resacir, reparar, remediar.

Perjudicar: dañar, menoscabar, deteriorar, maltratar.

Independencia: autonomía, libertad, emancipación, resolución.

Sujeción: obediencia, sumisión, ligadura, esclavitud.

Independiente: libre, exento, emancipado, manumitir.

Dependiente: sujeto, subalterno, subordinado, oficinista.

Indescifrable: enredado, embrollado, misterioso, impenetrado.

Diáfano: claro, inteligible, comprensible, penetrable.

Indescriptible: inexplicable, impenetrable, misterioso.

Explicable: palmario, manifiesto, evidente, comprensible.

Indeterminado: indefinido, impreciso, irresoluto, vacilante.

Seguro: resoluto, cierto, positivo, confiado.

Indicación: señalación, anunciación, significación, sugerencia.

Omisión: supresión, silenciamiento, olvido, inadvertencia.

Indicar: señalar, mostrar, apuntar, exteriorizar.

Esconder: encubrir, ocultar, contener, encerrar.

Índice: catálogo, tabla, repertorio, lista.

Ignoto: marginación, desconocimiento, ignorancia, obscuridad.

Indicio: señal, muestra, asomo, vestigio.

Realidad: evidencia, certeza, convicción, testimonio.

Indiferencia: displicencia, apatía, frialdad, desinterés.

Aprecio: estimación, distinción, afecto, consideración.

Indiferente: displicente, desafectado, apático, indolente.

Apasionado: vehemente, férvido, ardoroso, fanático.

Indígena: nativo, originario, oriundo, autóctono.

Forastero: foráneo, extraño, ajeno, extranjero.

Indigencia: necesidad, estrechez, miseria, pobreza.

Opulencia: abundancia, copiosidad, esplendidez, riqueza.

Indigente: menesteroso, pobre, desvalido, necesitado.

Pudiente: acaudalado, potentado, opulento, acomodado.

Indigesto: nocivo, dañino, indigerible, insoportable.

Saludable: benévolo, provechoso, benéfico, sano.

Indignación: ira, enojo, rabia, molestia.

Complacencia: agrado, placer, contento, satisfacción.

Indignar: enfadar, encolerizar, irritar, exasperar.

Complacer: agradar, contentar, gustar, alegrar.

Indigno: inmerecido, injusto, abyecto, infame.

Justo: noble, leal, ecuánime, equitativo.

Indirecto: desviado, equivocado, separado, erróneo.

Recto: derecho, justo, íntegro, severo.

Indiscernible: oscuro, confuso, esparcido, imperceptible.

Claro: diáfano, puro, cristalino, manifiesto.

Indisciplina: indocilidad, desobediencia, insumisión, rebeldía.

Docilidad: sumisión, obediencia, flexibilidad, disciplina.

Indiscreción: imprudencia, indelicadeza, intromisión, curiosidad.

Delicadeza: discreción, tacto, finura, primor.

Indiscreto: importuno, imprudente, entrometido, impertinente.

Juicioso: cuerdo, sensato, discreto, delicado.

Indiscutible: incontrovertible, irrefutable, palmario, evidente.

Incierto: dudoso, vacilante, variable, aleatorio.

Indispensable: insustituible, indefectible, preciso, fundamental.

Accidental: prescindible, contingente, incidental, provisional.

Indisponer: enemistar, desavenir, malquistar, intrigar.

Amigar: conciliar, amistar, armonizar, convenir.

Indistinto: indiscernible, imperceptible, confuso, nebuloso.

Claro: agudo, perspicaz, despierto, abierto.

Individual: particular, propio, privativo, personal.

Colectivo: común, general, social, compartido, masivo.

Individualidad: personalidad, particularidad, idiosincrasia, carácter,

Despersonificación: indistinción, heterogeneidad, indefinición, hibridez.

Individualizar: personificar, determinar, especificar, particularizar.

Generalizar: extender, ampliar, divulgar, sintetizar.

Individuo: persona, sujeto, ser, prójimo.

Quid: motivo, razón, causa, esencia.

Indiviso: unitario, indivisible, uno, indesligable.

Fraccionado: separado, dividido, partido, fragmento.

Indócil: indisciplinado, díscolo, rebelde, insumiso.

Dócil: obediente, apacible, fácil, suave.

Indocto: inculto, iletrado, ignorante, rústico.

Docto: instruido, entendido, sabio, erudito.

Índole: condición, carácter, idiosincrasia, naturaleza.

Defecto: carencia, falla, imperfección, deficiencia.

Indolencia: negligencia, apatía, flojera, desidia.

Diligencia: actividad, atención, prontitud, celo.

Indolente: apático, frío, dejado, poltrón.

Diligente: dinámico, rápido, activo, diestro.

Indómito: arisco, cerril, salvaje, impetuoso.

Dócil: sumiso, apacible, obediente, manejable.

Inducción: incitación, instigación, impulsión, ilación.

Disuasión: desaferramiento, decepción, convencimiento, desaliento.

Inducir: exhortar, empujar, incitar, instigar.

Disuadir: apartar, convencer, mover, desanimar.

Indudable: indubitable, indiscutible, manifiesto, incuestionable.

Incierto: dudoso, vacilante, confuso, impreciso.

Indulgencia: tolerancia, benignidad, perdón, transigencia.

Inflexibilidad: empecinamiento, terquedad, obsesión, porfía.

Indulgente: benévolo, tolerante, compasivo, condescendiente.

Empecinado: obstinado, tozudo, terco, encaprichado.

Indultar: dispensar, absolver, condonar, excarcelar.

Condenar: sancionar, castigar, reprobar, encerrar.

Indumentaria: vestimenta, ropaje, indumento, prenda.

Descuido: desliz, falta, omisión, incuria.

Industria: actividad, destreza, pericia, manufactura.

Impericia: torpeza, ineptitud, desmaña, insuficiencia.

Industriar: instruir, amaestrar, adiestrar, aleccionar.

Lerdizar: tardar, lentificar, cansar, entorpecer.

Industrioso: diestro, práctico, ingenioso, hábil.

Torpe: inhábil, lerdo, pesado, cansino.

Inédito: nuevo, impublicado, reciente, fresco.

Publicado: divulgado, difundido, esparcido, televisado.

Inefable: indecible, inenarrable, inexplicable, extraordinario.

Obvio: evidente, objetivo, patente, manifiesto.

Ineficaz: inerte, inactivo, incapaz, inepto.

Eficiente: provechoso, beneficioso, activo, ágil.

Ineludible: forzoso, obligatorio, necesario, imprescindible.

Eludible: evitable, innecesario, prescindible, superfluo.

Inepcia: necedad, tontería, estupidez, majadería.

Diligencia: expedición, viveza, presteza, sagacidad.

Ineptitud: incapacidad, torpeza, nulidad, impericia.

Aptitud: capacidad, suficiencia, ideoneidad, maestría.

Inepto: inhábil, incapaz, inexperto, ineficaz.

Apto: capaz, hábil, ocurrente, diligente.

Inequívoco: cierto, manifiesto, palpable, comprobado.

Incierto: dudoso, vacilante, ambiguo, discutible.

Inercia: desidia, flojedad, apatía, indiferencia.

Actividad: movilidad, dinamismo, prontitud, voluntad.

Inerme: indefenso, vulnerable, desarmado, expugnable.

Protegido: defendido, armado, amparado, sostenido.

Inerte: inmóvil, exánime, pasivo, ignavo.

Activo: diligente, ocurrente, ágil, efectivo.

Inescrutable: impenetrable, misterioso, insonsable, inescudriñable.

Cognoscible: concebible, comprensible, penetrable, inteligible.

Inesperado: imprevisto, insospechado, repentino, casual.

Previsto: sabido, conocido, supuesto, considerado.

Inestable: variable, transitorio, cambiante, precario.

Seguro: cierto, fijo, determinado, aseverado.

Inevitable: ineludible, necesario, irrevocable, determinante.

Evitable: solucionable, prevenible, eludible, soslayable.

Inexacto: erróneo, equívoco, falso, imperfecto.

Estricto: fiel, ceñido, preciso, exacto.

Inexorable: inflexible, implacable, despiadado, severo.

Evitable: flexible, tolerante, indulgente, compasivo.

Inexperto: inepto, inhábil, torpe, neófito.

Ducho: hábil, entendido, versado, experto.

Inexplicable: inaudito, increíble, misterioso, incomprensible.

Racional: lógico, justo, razonable, auténtico.

Inexpresivo: enigmático, adusto, seco, reservado.

Elocuente: expresivo, significativo, gráfico, convincente.

Inexpugnable: invencible, insuperable, invulnerable, infranqueable.

Expugnable: franqueable, vencible, vulnerable, feble.

Inextenso: corto, finito, limitado, reducido.

Vasto: grande, extendido, dilatado, inmenso.

Inextinguible: inagotable, interminable, eterno, infinito.

Extinguible: finito, perecedero, corto, efímero.

Inextricable: complejo, confuso, enredado, embrollado.

Claro: diáfano, cristalino, manifiesto, evidente.

Infalible: seguro, cierto, positivo, verdadero.

Incierto: errado, inseguro, dudoso, vacilante.

Infamar: denigrar, difamar, afrentar, ultrajar.

Honrar: enaltecer, ennoblecer, realzar, alabar.

Infame: indigno, inicuo, abyecto, corrompido.

Honorable: bueno, noble, honrado, respetable.

Infamia: vileza, afrenta, ignominia, ruindad.

Bondad: abnegación, mansedumbre, generosidad, magnanimidad.

Infando: torpe, necio, indigno, repugnante.

Digno: delicado, íntegro, decoroso, escrupuloso.

Infatigable: incansable, inagotable, activo, diligente.

Cansino: cansado, agotado, exhausto, debilitado.

Infausto: aciago, azaroso, funesto, nefasto.

Feliz: alegre, risueño, contento, sonriente.

Infección: contagio, contaminación, epidemia, corrupción.

Inmunización: protección, vacunación, preservación, salubridad.

Infecundo: estéril, infructuoso, infértil, improductivo.

Fecundo: fértil, feraz, productivo, abundante.

Infelicidad: infortunio, desdicha, adversidad, malventura.

Dicha: ventura, felicidad, prosperidad, bienestar.

Inferencia: ilación, consecuencia, deducción, corolario.

Causa: principio, origen, motivo, fuente.

Inferior: subalterno, secundario, doméstico, accesorio.

Mejor: deseable, preferible, anhelable, perfeccionable.

Inferioridad: subordinación, desmedro, dependencia, desventaja.

Superioridad: supremacía, preeminencia, categoría, ventaja.

Inferiorizar: depreciar, invalorar, desestimar, subestimar.

Valorizar: evaluar, valorar, ponderar, enfatizar.

Inferir: colegir, deducir, vislumbrar, causar.

Determinar: precisar, señalar, delimitar, resolver.

Infernal: satánico, diabólico, maléfico, perjudicial.

Angelical: seráfico, angélico, elevado, sublimado.

Inficionar: infectar, apestar, contagiar, viciar.

Purificar: depurar, acendrar, acrisolar, refinar.

Infidelidad: deslealtad, felonía, perfidia, traición.

Lealtad: fidelidad, rectitud, nobleza, franqueza.

Infidencia: deslealtad, perfidia, infidelidad, felonía.

Fidelidad: lealtad, sinceridad, rectitud, amistad.

Infiel: traidor, aleve, pérfido, incrédulo.

Fiel: leal, firme, asiduo, creyente.

Infierno: averno, orco, abismo, érebo.

Cielo: gloria, paraíso, empíreo, firmamento.

Infiltrar: penetrar, introducir, infundir, inspirar.

Disuadir: convencer, impeler, desanimar, desalentar.

Ínfimo: reducido, menguado, inferior, pequeño.

Notable: grande, importante, vasto, extraordinario.

Infinidad: sinfín, infinito, inmensidad, multitud.

Escasez: poquedad, necesidad, insuficiencia, exigüidad.

Infinito: ilimitado, interminable, incalculable, indefinido.

Limitado: pequeño, diminuto, finito, escaso.

Inflación: alza, recargo, aumento, desvaluación.

Deflación: baja, descenso, reducción, depreciación.

Inflamar: abrasar, encender, avivar, enardecer.

Apagar: aplacar, extinguir, sofocar, apaciguar.

Inflar: soplar, abultar, exagerar, levantar.

Reducir: disminuir, acortar, rebajar, limitar.

Inflexible: rígido, firme, inabordable, tenaz.

Benévolo: indulgente, complaciente, clemente, razonable.

Inflexión: desviación, torcimiento, desinencia, inclinación.

Rectitud: equidad, justicia, integridad, honestidad.

Infligir: aplicar, imponer, condenar, sancionar.

Aliviar: atenuar, mitigar, moderar, paliar.

Influencia: poder, atribución, efecto, predominio.

Inacción: inactividad, inercia, quietud, inutilidad.

Influir: ejercer, actuar, pesar, intervenir.

Inhibirse: abstenerse, prescindir, vedarse, limitarse.

Influyente: importante, poderoso, acreditado, vigoroso.

Insignificante: exiguo, baladí, nimio, inoperante.

Información: averiguación, pesquisa, encuesta, requerimiento.

Omisión: silencio, sigilo, olvido, inadvertencia.

Informal: irregular, inconvencional, inconsecuente, voluble.

Expreso: manifiesto, evidente, explícito, terminante.

Informar: anunciar, comunicar, avisar, participar.

Callar: silenciar, enmudecer, omitir, olvidar.

Informe: referencia, testimonio, noticia, exposición.

Infortunio: fatalidad, adversidad, desventura, desgracia.

Infracción: contravención, violación, transgresión, vulneración.

Infraestructura: construcción, instalación. Organización interna. f— armazón básico.

Infranqueable: difícil, abrupto, intrincado, imposible.

Infrascrito: suscrito, firmante, él, ella.

Infringir: quebrantar, vulnerar, violar, contravenir.

Infructuoso: infructífero, inútil, ineficaz, improductivo.

Ínfulas: vanidad, fatuidad, presunción, engreimiento.

Infundado: pueril, falso, ficticio, aparente.

Infundir: inspirar, inducir, infiltrar, comunicar.

Ingenio: talento, habilidad, perspectiva, iniciativa.

Ingénito: innato, natural, nonato, congénito.

Ingente: enorme, infinito, grandioso, exorbitante.

Ingenuidad: candidez, inocencia, naturalidad, simplicidad.

Ingerir: comer, tragar, chupar, introducir.

Ingratitud: olvido, desprecio, desdén, desagradecimiento.

Ingrávido: ligero, liviano, vaporoso, tenue.

Ingrediente: componente, aditivo, condimento, salsa.

Conforme: aprobación, asentimiento, ordenación, precisión.

Suerte: azar, casualidad, eventualidad, estrella.

Acatamiento: obediencia, sumisión, respeto, sometimiento.

Revestimiento: recubrimiento, adornamiento, encosturación, conformación.

Fácil: manejable, dócil, sencillo, acomodaticio.

Nosotros: nos, nuestro, yo, mí.

Cumplir: acatar, respetar, ejecutar, obedecer.

Fecundo: fértil, prolífero, fructuoso, ubérrimo.

Modestia: humildad, sencillez, moderación, mesura.

Justificado: evidenciado, demostrado, probado, documentado.

Disuadir: apartar, alejar, desaconsejar, desorientar.

Necedad: torpeza, inercia, bobada, estolidez.

Adquirido: logrado, obtenido, contraído, conseguido.

Minúsculo: diminuto, pequeño, infante, grupúsculo.

Astucia: sagacidad, sutileza, perspicacia, picardía.

Arrojar: echar, despedir, lanzar, vomitar.

Reconocimiento: gratitud, agradecimiento, bondad, obligación.

Pesado: macizo, grave, intenso, profundo.

Exclusión: supresión, elisión, cesación, excepción.

Ingresar: entrar, inscribirse, afiliarse, matricularse.

Egresar: salir, abandonar, echarse, gastar.

Inhábil: novato, torpe, imperito, novicio.

Experto: perito, práctico, experimentado, entendido.

Inhabilitar: incapacitar, imposibilitar, eliminar, invalidar.

Capacitar: habilitar, facultar, autorizar, comisionar.

Inhalar: aspirar, absorber, respirar, inspirar.

Exhalar: arrojar, lanzar, despedir, irradiar.

Inherente: relativo, relacionado, tocante, concomitante.

Separado: apartado, aislado, alejado, distanciado.

Inhibición: retraimiento, abstención, alejamiento, separación.

Intromisión: injerencia, indiscreción, entrometido, intrusión.

Inhibir: prohibir, vedar, impedir, privar.

Permitir: consentir, tolerar, facultar, aceptar.

Inhóspito: desierto, inhospitalario, salvaje, agreste.

Acogedor: protector, cobijador, aceptante, admitente.

Inhumano: despiadado, cruel, brutal, inclemente.

Humanitario: benévolo, benigno, compasivo, sensible.

Inhumar: sepultar, enterrar, soterrar, ocultar.

Exhumar: desenterrar, sacar, evocar, autopsiar.

Iniciación: comienzo, principio, preparación, aprendizaje, debut.

Terminación: consumación, conclusión, culminación, finalización.

Iniciado: afiliado, adepto, partidario, adherido.

Profano: extraño, indocto, licencioso, mundano.

Iniciar: comenzar, empezar, principiar, emprender.

Acabar: terminar, finiquitar, finalizar, determinar.

Iniciativa: delantera, anticipación, adelanto, decisión.

Resultado: consecuencia, secuela, efecto, deducción.

Inicuo: injusto, arbitrario, inmerecido, improcedente.

Justo: bueno, recto, ecuánime, imparcial.

Ininteligible: ambiguo, incomprensible, abstruso, difícil.

Comprensible: claro, inteligible, concebible, explicable.

Ininterrumpido: constante, incesante, inacabable, inagotable.

Interrumpido: detenido, impedido, truncado, estorbado.

Iniquidad: impiedad, inclemencia, corrupción, perversidad.

Justicia: rectitud, equidad, probidad, ecuanimidad.

Injerencia: intromisión, indiscreción, intrusión, impertinencia.

Discreción: moderación, reserva, sensatez, prudencia.

Injerir: insertar, incluir, agregar, introducir.

Injuriar: agraviar, ultrajar, afrentar, vulnerar.

Injusticia: iniquidad, arbitrariedad, abuso, atropello.

Injusto: indebido, ilegal, arbitrario, inmerecido.

Inmaculado: puro, limpio, casto, impoluto.

Inmaduro: precoz, prematuro, adelantado, verde.

Inmanente: unido, inseparable, inherente, constante.

Inmarcesible: eterno, imperecedero, inmortal, inmarchable.

Inmaterial: intangible, incorporal, invisible, etéreo.

Inmediación: contigüidad, vecindad, proximidad, adyacencia.

Inmediato: contiguo, colindante, seguido, próximo.

Inmejorable: perfecto, óptimo, insuperable, imponderable.

Inmemorial: remoto, arcaico, histórico, vetusto.

Inmensidad: vastedad, magnitud, enormidad, infinidad.

Inmenso: incontable, indefinido, innumerable, desmedido.

Inmerecido: injusto, arbitrario, indebido, inadecuado.

Inmersión: zambullida, sumersión, calada, hundido.

Inminente: cercano, próximo, perentorio, imperioso.

Inmiscuir: mezclarse, participar, entremeterse, interferir.

Alejar: apartar, separar, distanciar, ahuyentar.

Honrar: enaltecer, ensalzar, respetar, realzar.

Justicia: equidad, rectitud, conciencia, moralidad.

Equitativo: justo, razonable, recto, imparcial.

Poluto: sensual, lujurioso, erótico, pornográfico.

Maduro: sensato, juicioso, prudente, sesudo.

Separado: fraccionado, apartado, segregado, disociado.

Marcesible: mustiable, secable, agotable, debilitable.

Material: corporal, tangible, visible, corpóreo.

Lejanía: distancia, alejamiento, distanciamiento, apartamiento.

Lejano: apartado, retirado, remoto, otrora.

Pésimo: defectuoso, deficiente, imperfecto, malísimo.

Reciente: actual, nuevo, flamante, novísimo.

Limitación: restricción, cortapisa, condición, circunspección.

Exiguo: mínimo, limitado, reducido, escaso.

Merecido: justo, apropiado, adecuado, premiado.

Emersión: aparición, surgimiento, flotamiento, sostenimiento.

Remoto: pasado, antiguo, arcaico, vetusto.

Abstenerse: privarse, apartarse, inhibirse, liberarse.

Inmobiliario: hacendario, fincario. f— pertenencias de orden material.

Mobiliario: moblaje, menaje. f— conjunto de muebles y objetos.

Inmodestia: altanería, engreimiento, presunción, fatuidad.

Timidez: decoro, modestia, cortedad, turbación.

Inmolar: sacrificar, ofrendar, ofrecer, consagrar.

Aceptar: admitir, recibir, reconocer, tolerar.

Inmoral: disoluto, impúdico, indecoroso, indigno.

Decoroso: honesto, casto, digno, pundoroso.

Inmoralidad: impudicia, indignidad, deshonestidad, liviandad.

Honestidad: decoro, pudor, pudicia, recato.

Inmóvil: inactivo, quieto, estable, estacionario.

Movible: móvil, variable, movedizo, voluble.

Inmovilidad: pasividad, estabilidad, paralización, parálisis.

Movimiento: acción, actividad, agitación, circulación.

Inmovilizar: detener, paralizar, suspender, sujetar.

Movilizar: agitar, armar, reclutar, llamar.

Inmuebles: casas, fincas, hacienda, bienes.

Bagatelas: frioleras, nimiedades, fruslerías, minucias.

Inmundicia: basura, suciedad, mugre, asquerosidad.

Limpieza: aseo, higiene, pulcritud, pureza.

Inmune: exento, libre, protegido, preservado.

Vulnerable: débil, atacable, dañable, censurable.

Inmunidad: prerrogativa, protección, privilegio, invulnerabilidad.

Afección: enfermedad, dolencia, nocividad, epidemia.

Inmunizar: proteger, preservar, pasteurizar, purificar.

Contaminar: contagiar, infectar, entoxicar, emponzoñar.

Inmutable: invariable, inalterable, impasible, estoico.

Impaciente: agitado, alarmado, intranquilo, soliviantado.

Inmutarse: alterarse, conturbarse, agitarse, emocionarse.

Sosegarse: tranquilizarse, apaciguarse, serenarse, pacientarse.

Innato: peculiar, congénito, connatural, propio.

Adquirido: logrado, obtenido, alcanzado, conseguido.

Innecesario: inútil, sobrado, superfluo, sobrante.

Imprescindible: forzoso, necesario, esencial, primordial.

Innegable: indispensable, incontrovertible, evidente, apodístico.

Discutible: dudoso, vacilante, incierto, impugnable.

Innoble: infame, indigno, vil, abyecto.

Caballeroso: noble, leal, digno, merecedor.

Innocuo: inofensivo, anodino, inocente, insubstancial.

Dañino: nocivo, perjudicial, pernicioso, lesivo.

Innovación: novedad, invención, creación, revolución.

Reacción: resistencia, oposición, tradición, conservadurismo.

Innovar: cambiar, alterar, mudar, modificar,

Conservar: mantener, persistir, sustentar, retener.

Innumerable: incontable, incalculable, múltiple, indeterminable.

Concreto: finito, preciso, determinado, cabal.

Inocencia: sencillez, pureza, simpleza, ingenuidad.

Malicia: astucia, picardía, maldad, sagacidad.

Inocular: inyectar, contagiar, dañar, infestar.

Depurar: purificar, pasteurizar, desinfectar, higienizar.

Inofensivo: pacífico, tranquilo, sereno, inocuo.

Dañino: perjudicial, pernicioso, nocivo, menoscabante.

Inoficioso: innecesario, inútil, ineficaz, improcedente.

Beneficioso: favorable, benéfico, provechoso, productivo.

Inolvidable: imperecedero, inmemorial, histórico, perenne.

Negligente: olvidable, abúlico, omitible, inadvertido.

Inopia: miseria, pobreza, escasez, privación.

Riqueza: abundancia, opulencia, exuberancia, magnificencia.

Inoportuno: inadecuado, importuno, intempestivo, extemporáneo.

Oportuno: tempestivo, puntual, pertinente, adecuado.

Inquebrantable: firme, consistente, inalterable, inexorable.

Quebrantable: rompible, hendible, divisible, asequible.

Inquietar: alarmar, conmover, excitar, fastidiar.

Calmar: sosegar, apaciguar, aplacar, pacificar.

Inquieto: impaciente, nervioso, excitado, dinámico.

Quieto: sosegado, pacífico, controlado, silente.

Inquietud: ansiedad, agitación, nerviosidad, alteración.

Tranquilidad: serenidad, quietud, reposo, silencio.

Inquina: aversión, odio, ojeriza, antipatía.

Simpatía: inclinación, amistad, predilección, afición.

Inquirir: averiguar, indagar, pesquisar, escarbar.

Prescindir: desechar, alejar, olvidar, abstenerse.

Inquisición: averiguación, indagación. f— Tribunal eclesiástico.

Insaciable: insatisfecho, ansioso, ambicioso, ávido.

Insalubre: malsano, contagiado, perjudicial, nocivo.

Insania: demencia, alienación, locura, vesania.

Insatisfecho: descontento, agraviado, disconforme, discorde.

Inscribir: alistar, registrar, anotar, apuntar.

Inscripción: epígrafe, epigrama, cartel, leyenda.

Inseguridad: indecisión, indeterminación, vacilación, perplejidad.

Insensatez: necedad, simpleza, tontería, nesciencia.

Insensibilidad: dureza, frialdad, indiferencia, inercia.

Insensibilizar: adormecer, endurecer, entorpecer, anestesiar.

Insensible: indiferente, impasible, endurecido, apático.

Inseparable: adherido, ligado, amalgamado, adicto.

Insertar: incluir, agregar, acompañar, incorporar.

Inservible: deteriorado, destrozado, destruido, inútil.

Insidia: perfidia, celada, intriga, traición.

Insidioso: pérfido, traidor, malvado, capcioso.

Insigne: notable, egregio, eximio, relevante.

Insignia: emblema, distintivo, divisa, estandarte.

Abstracción: callamiento, silenciamiento, omisión, prescindencia.

Ahíto: satisfecho, harto, colmado, repleto.

Saludable: sano, higiénico, inmune, conveniente.

Cordura: juicio, sensatez, mesura, prudencia.

Contento: alegre, jubiloso, satisfecho, complacido.

Borrar: tachar, rayar, anular, esfumar.

Anulación: revocación, abolición, invalidación.

Certidumbre: resolución, determinación, seguridad, garantía.

Sesudez: sensatez, cordura, juicio, discreción.

Ternura: afecto, dulzura, sensibilidad, comprensión.

Despertar: avivar, sensibilizar, ablandar, suavizar.

Deferente: atento, sensible, cordial, afecto.

Extraño: alejado, distanciado, enemigo, adversario.

Excluir: eliminar, apartar, descartar, exceptuar.

Útil: servible, aprovechable, beneficioso, necesario.

Franqueza: rectitud, dignidad, naturalidad, llaneza.

Leal: franco, sincero, noble, honrado.

Vulgar: común, obscuro, ignorado, mediocre.

Nimiedad: nonada, nadería, futileza, poquedad.

Insignificante: baladí, trivial, ordinario, bizantino.

Importante: valioso, substancial, trascendente, preponderante.

Insinuación: sugerencia, indicación, consejo, sugestión.

Imposición: orden, mandato, exigencia, conminación.

Insinuante: sugeridor, indicador, impulsante, manifestante.

Rehusante: rechazante, objetante, desestimante, inaceptante.

Insinuar: sugerir, indicar, aludir, proponer.

Disuadir: apartar, alejar, distraer, desviar.

Insípido: desabrido, insulso, anodino, zonzo.

Sabroso: gustoso, apetecible, delicioso, agradable.

Insipiencia: incultura, nesciencia, ineptitud, torpeza.

Conocimiento: entendimiento, ilustración, instrucción, erudición.

Insipiente: nesciente, ignorante, ignaro, inepto.

Sensato: discreto, prudente, razonable, discurrente.

Insistente: porfiado, pertinaz, obstinado, testarudo.

Condescendiente: complaciente, accesible, indulgente, tolerante.

Insistir: persistir, preservar, iterar, machacar.

Desistir: abandonar, prescindir, dimitir, renunciar.

Insobornable: probo, correcto, honrado, íntegro.

Cohechable: sobornable, corrompible, deshonesto, comprable.

Insolencia: atrevimiento, procacidad, desfachatez, temeridad.

Respeto: miramiento, consideración, fidelidad, deferencia.

Insolente: descarado, desvergonzado, irreverente, irrespetuoso.

Respetuoso: cortés, deferente, considerado, venerante.

Insólito: raro, extraño, nuevo, inaudito.

Tradicional: acostumbrado, corriente, rutinario, consuetudinario.

Insoluble: difícil, intrincado, abstruso, espinoso.

Explicable: comprensible, concebible, creíble, clarificado.

Insolvente: arruinado, endeudado, escaso, atrasado.

Solvente: acreditado, boyante, próspero, floreciente.

Insomnio: desvelo, vigilia, trasnoche, desvelado.

Sueño: dormición, descanso, pesadilla, ilusión.

Insondable: inescrutable, indescifrable, recóndito, inescudriñable.

Comprensible: entendible, penetrable, concebible, asequible.

Insoportable: intolerable, insufrible, enojoso, irritante.

Ameno: agradable, tolerable, entretenido, placentero.

Insostenible: indefectible, infundado, contestable, rebatible.

Inspeccionar: examinar, controlar, investigar, fiscalizar.

Inspector: vigilante, interventor, verificador, intendente.

Inspiración: iluminación, vocación, sugestión, numen.

Instalación: emplazamiento, colocación, disposición, acomodamiento.

Instalar: emplazar, colocar, establecer, apostar.

Instancia: petición, solicitud, petitorio, súplica.

Instante: momento, punto, lugar, tiempo.

Instar: apremiar, apurar, insistir, pretender.

Instaurar: restaurar, reponer, renovar, restablecer.

Instigar: inducir, impulsar, incitar, impeler.

Instintivo: inconsciente, involuntario, impulsivo, automático.

Instinto: inclinación, tendencia, impulsión, propensión.

Institución: fundación, creación, establecimiento, centro.

Instituir: establecer, crear, fundar, estatuir.

Instituto: academia, colegio, plantel, corporación.

Instrucción: educación, enseñanza, ilustración, conocimiento.

Instruir: aleccionar, enseñar, educar, adoctrinar.

Irrefutable: irrechazable, incontradecible, incuestionable, irrehusable.

Tolerar: admitir, permitir, aguantar, conllevar.

Facultante: autorizante, permitente, anuente, habilitante.

Perdimiento: perdición, carencia, falta, quebranto.

Desmontaje: desacomodo, desajuste, desguace, deshacimiento.

Desarmar: descomponer, desaticular, desmontar, alejar.

Negación: rechazo, negativa, denegación, objeción.

Destiempo: inadecuado, indebido, vedado, inoportuno.

Desistir: renunciar, cesar, desestimar, abandonar.

Deponer: desistir, apartar, deshacer, abolir.

Disuadir: desanimar, desalentar, decepcionar, descorazonar.

Deliberado: resuelto, discurrido, consultado, acordado.

Reflexión: meditación, cavilación, discurrimiento, juicio.

Anarquía: desorden, confusión, embrollo, desorganización.

Abolir: derogar, anular, abrogar, rescindir.

Desorden: anarquía, confusión, indisciplina, desobedecimiento.

Obscurantismo: ignorancia, nesciencia, analfabetismo, insapiencia.

Nescienciar: desinstruir, iletrar, ignorar, analfabetizar.

Instructivo: educativo, ilustrativo, informativo, correctivo.

Destructivo: aniquilante, arruinante, descalabroso, demoliente.

Instrumento: utensilio, herramienta, artefacto, complemento.

Incongruencia: inconveniencia, desproporción, incoherencia, inconexión.

Insubordinación: levantamiento, rebeldía, insumisión, escalada.

Docilidad: sumisión, acatamiento, obediencia, disciplina.

Insubstancial: vano, anodino, vacuo, insulso.

Trascendente: importante, vital, culminante, eminente.

Insuficiencia: incapacidad, ineptitud, ignorancia, incompetencia.

Competencia: capacidad, eficiencia, disposición, idoneidad.

Insuficiente: escaso, exiguo, defectuoso, deficiente.

Suficiente: extenso, abundante, pródigo, pingüe.

Insuflar: soplar, henchir, inflar, ponderar.

Variar: sacar, verter, arrojar, desocupar.

Insulso: zonzo, sandio, estúpido, necio.

Sabroso: gustoso, agradable, expresivo, deleitoso.

Insultar: ofender, injuriar, vilipendiar, denostar.

Loar: ensalzar, elogiar, homenajear, engrandecer.

Insumir: gastar, consumir, emplear, invertir.

Economizar: guardar, reservar, preservar, ahorrar.

Insumo: gasto, materia, costo, elaboración.

Economía: reserva, ahorro, parquedad, prudencia.

Insurgente: amotinado, sublevado, rebelde, insurrecto.

Sumiso: obediente, manejable, dócil, obsecuente.

Insurrección: asonada, alzamiento, sedición, sublevación.

Sumisión: obediencia, disciplina, acatamiento, rendición.

Insustituible: Irremplazable, indispensable, imprescindible, esencial.

Superfluo: innecesario, sobrante, inútil, excesivo.

Intacto: completo, íntegro, intocado, indemne.

Deteriorado: menoscabado, dañado, quebrantado, mermado.

Intachable: probo, honrado, íntegro, irreprochable.

Censurable: incalificable, vituperable, reprochable, detractivo.

Intangible: impalpable, intocable, invisible, inmaterial.

Vulnerable: tangible, perceptible, sensible, evidente.

Integración: completación, unión, mancomunación, totalización.

Substracción: disminución, deducción, quitamiento, disgregación.

Integral: entero, completo, cabal, total.

Falto: incompleto, carente, escaso, necesitado.

Integrar: completar, totalizar, reponer, restituir.

Deshacer: disolver, dispersar, desintegrar, despedazar.

Integridad: honradez, probidad, rectitud, equidad.

Corrupción: vicio, perversión, putrefacción, depravación.

Íntegro: entero, completo, intachable, incorrupto.

Deshonesto: impúdico, indecente, licencioso, obsceno.

Intelecto: mente, entendimiento, cacumen, capacidad.

Necedad: vaciedad, bobería, torpeza, inepcia.

Intelectual: docto, erudito, sabio, estudioso.

Material: corpóreo, tangible, sensible, manifiesto.

Inteligencia: intelecto, entendimiento, conocimiento, capacidad.

Torpeza: inhabilidad, incapacidad, insuficiencia, zafiedad.

Inteligible: claro, comprensible, legible, transparente.

Difícil: arduo, ímprobo, impedido, embarazoso.

Intemperancia: exceso, inmoderación, abuso, incontinencia.

Templanza: moderación, sobriedad, prudencia, temperancia.

Intemperante: inmoderado, descomedido, destemplado, incontrolado.

Morigerado: moderado, controlado, discreto, prudente.

Intemperie: desprotegido, desguarnecido, destechado, indefendido.

Guarnecido: defendido, equipado, revestido, provisto.

Intempestivo: inoportuno, extemporáneo, inadecuado, desacertado.

Oportuno: adecuado, tempestivo, atinado, pertinente.

Intención: propósito, intento, anhelo, proyecto.

Dejación: renuncia, abandono, renunciamiento, cesación.

Intencional: meditado, pensado, resuelto, deliberado.

Inconsciente: instintivo, involuntario, maquinal, automático.

Intendencia: dirección, ayuntamiento, administración, gobierno.

Monigotidad: desconsideración, irresponsabilidad, desacato, desprecio.

Intendente: director, administrador, superior, mandante.

Pelele: monigote, muñeco, espantajo, simplón.

Intensidad: fuerza, energía, vehemencia, ímpetu.

Debilidad: lasitud, extenuación, decaimiento, languidez.

Intensificar: acrecentar, fortificar, vigorizar, reforzar.

Debilitar: agotar, extenuar, consumir, marchitar.

Intentar: tantear, pretender, probar, procurar.

Intercalar: entremeter, introducir, interpolar, insertar.

Intercambio: canje, permuta, cambio, trueque.

Interceder: mediar, intervenir, rogar, abogar.

Interceptar: entorpecer, obstruir, estorbar, detener.

Interdicción: restricción, limitación, coerción, contreñimiento. .

Interdicto: prohibición, privación, vedamiento, denegación.

Interés: provecho, utilidad, beneficio, rendimiento.

Interesante: atrayente, cautivante, importante, relevante.

Interesar: atraer, cautivar, concernir, impresionar.

Interino: transitorio, pasajero, provisional, suplente.

Interior: interno, profundo, secreto, íntimo.

Interlinear: entreverar, escoliar, intercambiar, interpolar.

Interlocución: diálogo, práctica, charla, coloquio.

Intermediar: mediar, intervenir, interceder, promediar.

Intermedio: intervalo, entreacto, interludio, pausa.

Intermitencia: interrupción, discontinuidad, periodicidad, irregularidad.

Intermitente: esporádico, discontinuo, entrecortado, interrumpido.

Desistir: cesar, dejar, abandonar, acobardar.

Entresacar: escoger, elegir, optar, preferir.

Unilateridad: permanencia, inmutabilidad, persistencia, durabilidad.

Desentenderse: prescindir, abstenerse, inhibirse, privarse.

Permitir: consentir, tolerar, facultar, autorizar.

Libertad: independencia, albedrío, autonomía, liberalización.

Permiso: anuencia, asentimiento, consentimiento, autorización.

Desinterés: desapego, desatención, desafecto, frialdad.

Indiferente: displicente, desafecto, apático, insensible.

Aburrir: enfadar, fastidiar, contrariar, disgustar.

Permanente: estable, firme, duradero, continuado.

Exterior: externo, superficie, extrínseco, esotérico.

Marginar: apostillar, acotar, anotar, ubicar.

Soliloquio: monólogo, uniloquio, aislado, ermitaño.

Desentenderse: abstenerse, prescindir, inhibirse, despreocuparse.

Continuación: prolongación, prosecución, seguimiento, persistencia.

Continuidad: persistencia, insistencia, consecuencia, conexión.

Continuo: regular, proseguido, encadenado, prolongado.

Internacional: mundial, orbital, universal, cosmopolita.

Local: sectorial, comarcal, municipal, provincial.

Internar: introducir, penetrar, adentrar, encerrar.

Sacar: extraer, extirpar, arrancar, obtener.

Interpelar: interrogar, preguntar, requerir, averiguar.

Responder: contestar, replicar, explicar, manifestar.

Interpolación: escolio, intercalación, requerimiento, encuesta.

Respuesta: contestación, réplica, objeción, refutación.

Interpolar: intercalar, interlinear, interponer, injertar.

Marginar: escoliar, apostillar, acotar, parafrasear.

Interponer: entremeter, intercalar, introducir, intervenir.

Sacar: extraer, vaciar, quitar, excluir.

Interpretación: exégesis, comentario, explicación, razonamiento.

Confusión: embrollo, desorden, equivocación, perturbación.

Interpretar: comprender, deducir, entender, descifrar.

Confundir: errar, equivocar, fallar, perturbar.

Intérprete: traductor, comentador, exegeta, dragamán.

Embaucador: engañador, engatusador, alucinante, encandilador.

Interrogar: preguntar, examinar, consultar, escudriñar.

Responder: contestar, corresponder, replicar, objetar.

Interrogatorio: cuestionario, sondeo, examen, pesquisa.

Contestación: respuesta, réplica, satisfacción, objeción.

Interrumpir: detener, suspender, discontinuar, impedir.

Proseguir: continuar, seguir, durar, permanecer.

Interrupción: intermisión, detención, suspensión, obstáculo.

Continuación: prosecución, seguimiento, prolongación.

Intersección: cruce, encuentro, empalme, cruzamiento.

Desviación: bifurcación, separación, apartamiento, distorsión.

Intersticio: abertura, hendidura, ranura, resquicio.

Juntura: unión, empalme, coyuntura, articulación.

Intervalo: pausa, tregua, descanso, espacio.

Continuidad: prolongación, prosecución, prorrogación, permanencia.

Intervención: intromisión, mediación, injerencia, participación.

Abstención: privación, abstinencia, prescindencia, inhibición.

Interventor: fiscalizador, inspector, verificador, mediador.

Perdulario: descuidado, negligente, desidioso, pigre.

Intimar: advertir, avisar, amigar, fraternizar.

Intimidad: familiaridad, confianza, amistad, relación.

Intimidar: apremiar, compeler, asustar, amedrentar.

Íntimo: privado, interno, adicto, dilecto.

Intitular: nombrar, llamar, designar, denominar.

Intolerable: fastidioso, molestoso, sobrepasado.

Intolerancia: intransigencia, fanatismo, desarmonía, contradicción.

Intoxicar: envenenar, emponzoñar, inficionar, enconar.

Intranquilizar: inquietar, desasosegar, obcecado, perturbar.

Intransigencia: empecinamiento, obcecación, tozudez, obsesión.

Intransigente: intolerante, testarudo, obcecado, pertinaz.

Intrigante: urdidor, tramante, conspirador, complotador.

Intrigar: urdir, maquinar, tramar, enredar.

Intrincado: complicado, enmarañado, confuso, embrollado.

Intrincar: enredar, enmarañar, embrollar, confundir.

Intríngulis: busilis, quid, incógnita, intención.

Intrínseco: esencial, propio, primordial, íntimo.

Introducción: prólogo, preámbulo, exordio, propedéutica.

Introducir: entrar, meter, insertar, intercalar.

Aceptar: admitir, asentir, reconocer, aprobar.

Enemistad: distanciamiento, alejamiento, malquerencia, ojeriza.

Animar: incitar, alentar, exhortar, confortar.

Extraño: ajeno, foráneo, externo, exótico.

Ignorar: callar, omitir, silenciar, desconocer.

Llevadero: soportable, aguantable, tolerable, reflexivo.

Indulgencia: benevolencia, condescendencia, benignidad, tolerancia.

Desentoxicar: purificar, acendrar, depurar, desinfectar.

Calmar: aquietar, serenar, sosegar, suavizar.

Tolerancia: transigencia, complacencia, conciliación, comprensión.

Comprensivo: complaciente, tolerante, reflexivo, consciente.

Indiferente: displicente, apático, indolente, escéptico.

Hermanar: amistar, fraternizar, avenir, conciliar.

Despejado: franco, expedito, transitable, viable.

Aclarar: iluminar, explicar, dilucidar, despejar.

Claridad: precisión, exactitud, transparencia, llaneza.

Extrínseco: accidental, ocasional, eventual, contingente.

Epílogo: conclusión, desenlace, recapitulación, finalización.

Extraer: sacar, alejar, arrancar, quitar.

Intromisión: injerencia, penetración, indiscreción, intrusión.

Introspección: meditación, reflexión, cavilación, abstracción.

Introversión: abstracción, ensimismamiento, reflexión, cavilación.

Intuición: percepción, concepción, aprehensión, presentimiento.

Intuir: percibir, vislumbrar, entrever, columbrar.

Inundar: anegar, desbordar, empantanar, esparcir.

Inusitado: desusado, insólito, extraño, anticuado.

Inútil: innecesario, ineficaz, inservible, improductivo.

Inutilizar: anular, abolir, incapacitar, inhabilitar.

Invadir: penetrar, asaltar, violentar, irrumpir.

Invalidar: abolir, anular, abrogar, recocar.

Inválido: lisiado, tullido, mutilado, impedido.

Invariable: inmutable, inalterable, inconmovible, constante.

Invasión: irrupción, entrada, incursión, ocupación.

Invectiva: diatriba, sátira, insulto, mordacidad.

Invencible: invicto, invulnerable, indomable, insuperable.

Invención: hallazgo, creación, innovación, descubrimiento.

Inventar: crear, descubrir, concebir, forjar.

Inventario: relación, contenido, registro, catálogo.

Desentendimiento: desestimación, abstención, despreocupación, olvido.

Divagación: ligereza, inconsecuencia, contemplación, enervamiento.

Extroversión: comunicación, llaneza, expansión, franqueza.

Meditación: reflexión, pensamiento, consideración, discurrimiento.

Reflexionar: meditar, cavilar, hesitar, filosofar.

Decrecer: bajar, descender, declinar, menguar.

Corriente: habitual, cotidiano, usual, acostumbrado.

Capaz: útil, apto, hábil, fértil.

Confirmar: corroborar, ratificar, revalidar, aseverar.

Retirarse: retroceder, alejarse, abandonar, desocupar.

Validar: aprobar, admitir, aceptar, homologar.

Sano: intacto, ileso, indemne, sobreviviente.

Mudable: móvil, mutable, cambiable, movedizo.

Retirada: retorno, regreso, repliegue, retroceso.

Elogio: alabanza, encomio, halago, homenaje.

Vencido: derrotado, doblegado, dominado, conquistado.

Imitación: hecho, falsificado, copiado, hurtado.

Imitar: copiar, falsificar, remedar, fotocopiar.

Objetivo: fin, propósito, finalidad, intención.

Inventiva: cabeza, imaginación, genio, perspectiva.

Vaciedad: vacuidad, necedad, sandez, insulsez.

Invernal: hibernal, aquilonal, hibernizo, hiemal.

Veraniego: estival, calorífico, veránico, vacacional.

Inverosímil: improbable, increíble, imposible, inadmisible.

Verosímil: posible, real, dable, factible.

Inversión: alteración, trastocación, colocación, transposición.

Ordenación: normalización, disposición, organización, mandato.

Invertir: trocar, alterar, trastornar, trabucar.

Colocar: ocupar, emplear, destinar, ordenar.

Investidura: dignidad, título, cargo, honorabilidad.

Indignidad: bajeza, vileza, alevosía, infamia.

Investigar: averiguar, pesquisar, inquirir, examinar.

Descubrir: hallar, encontrar, exhumar, detectar.

Investir: conferir, urgir, conceder, otorgar.

Desposeer: privar, suspender, despojar, prohibir.

Inveterado: arraigado, enviciado, habituado, enraizado.

Renovado: remozado, restaurado, cambiado, reciente.

Invisible: incorpóreo, oculto, impalpable, intangible.

Visible: material, tocable, tangible, somático.

Invitación: convite, llamada, incitación, inducción.

Repulsión: disgusto, antipatía, aversión, distanciamiento.

Invitar: convidar, ofrecer, servir, brindar.

Disuadir: convencer, persuadir, apartar, catequizar.

Inviolable: venerable, respetable, intangible, intocable.

Abominable: odiable, censurable, nefando, execrable.

Invocación: imploración, súplica, plegaria, ruego.

Repulsión: repudio, repulsa, disgusto, maldición.

Invocar: llamar, implorar, suplicar, impetrar.

Rechazar: repeler, repudiar, rehusar, expulsar.

Involución: regresión, retrocesión, retrogradación, retroceso.

Progresión: avance, adelantamiento, evolución, proyección.

Involucrar: implicar, mezclar, envolver, comprender.

Excluir: eliminar, descartar, exceptuar, desconectar.

Involuntario: indeliberado, instintivo, impensado, irreflexivo.

Consciente: reflexivo, pensado, considerado, responsable.

Invulnerable: intocable, inviolable, inexpugnable, invicto.

Dañable: vulnerable, débil, vencible, expugnable.

Inyectar: inocular, introducir, irrigar, infundar.

Ir: acudir, asistir, concurrir, comparecer.

Ira: furia, saña, furor, rabia.

Iracundo: belicoso, irascible, furioso, bilioso.

Irascible: excitable, irritable, arrebatado, incontrolado.

Irisar: reflejar, colorear. f— tener los colores del arco iris.

Ironía: mofa, sarcasmo, burla, escarnio.

Irónico: burlesco, cáustico, mordaz, sarcástico.

Irracional: bruto, bestia, animal, insensato.

Irradiar: esparcir, difundir, destellar, perifonear.

Irrealizable: imposible, utópico, quimérico, inaplicable.

Irrebatible: irrefutable, impugnable, indiscutible, categórico.

Irreductible: irreducible, incoercible, intransigente, obstinado.

Irreflexión: precipitación, atolondramiento, confusión, inconsecuencia.

Irreflexivo: instintivo, maquinal, impulsivo, precipitado.

Irrefutable: irrebatible, incontrovertible, incuestionable, categórico.

Irregular: anómalo, anormal, cambiante, variable.

Irremisible: culpable, delincuente, imputable, imperdonable.

Irreprochable: irreprendible, intachable, virtuoso, perfecto.

Extraer: sacar, quitar, separar, arrancar.

Venir: volver, retornar, llegar, regresar.

Placidez: calma, sosiego, serenidad, tranquilidad.

Pacífico: tranquilo, reposado, sereno, comprensivo.

Tranquilo: calmado, controlado, aquietado, sereno.

Descolorar: desirisar, palidecer, desteñir, despintar.

Alabanza: halago, adulación, cumplido, obsequio.

Halagüeño: lisonjero, adulador, apoligista, panegirista.

Lógico: racional, razonable, justo, llano.

Concentrar: condensar, reunir, amalgamar, centralizar.

Hacedero: factible, posible, realizable, concretable.

Hipotético: dudable, inseguro, probable, supuesto.

Comprensivo: tolerante, penetrante, conciliador, ocurrente.

Meditación: reflexión, cavilación, ponderación, equilibrio.

Deliberado: pensado, premeditado, considerado, reflexionado.

Refutable: objetable, rebatible, replicable, redargüible.

Normal: natural, regular, sistemático, matemático.

Inocente: inculpado, absuelto, inocuo, inofensivo.

Reprochable: reprobable, reconvenible, amonestable, vituperable.

Irresistible: pujante, avasallador, indomable, fuerte.

Domeñable: dominable, vencible, sometible, sujetable.

Irresoluto: vacilante, titubeante, indeciso, incierto.

Decidido: resuelto, dispuesto, seguro, estable.

Irrespetuoso: desatento, descortés, irreverente, descomedido.

Deferente: atento, cortés, respetuoso, considerado.

Irresponsable: insensato, necio, bobo, inconsciente.

Juicioso: recto, consecuente, consciente, derecho.

Irreverente: atrevido, insolente, procaz, irrespetuoso.

Considerado: deferente, atento, comedido, respetuoso.

Irreversible: inalterable, incambiable, invariable, inquebrantable.

Reversible: alterable, cambiable, mutable, trocable.

Irrevocable: invariable, inmutable, decidido, determinado.

Anulable: abrogable, suprimible, abolible, omitible.

Irrigar: rociar, bañar, regar, mojar.

Secar: desecar, enjugar, agostar, marchitar.

Irrisión: burla, risa, mofa, desprecio.

Respeto: miramiento, consideración, deferencia, admiración.

Irritación: ira, rabia, agitación, inflamación.

Apacibilidad: suavidad, agradabilidad, tranquilidad, placenteridad.

Irritar: enojar, enfadar, sulfurar, encolerizar.

Suavizar: calmar, sosegar, pacificar, pulimentar

Irrogación: causa, motivo, ocasionamiento, provocación.

Impedimento: sorteamiento, soslayamiento, rehusamiento, esquivación.

Irrogar: causar, provocar, ocasionar, motivar.

Evitar: impedir, esquivar, soslayar, prevenir.

Irrumpir: entrar, invadir, asaltar, incursionar.

Alejarse: irse, partir, marcharse, distanciarse.

Irrupción: entrada, intrusión, incursión, invasión.

Alejamiento: salida, partida, marcha, escapatoria.

Isla: ínsula, cayo, islote, cuadra.

Continente: Europa, Asia, América, Africa.

Ítem: agregado, aditamiento, anexión, añadidura.

Substracción: merma, disminución, deducción, descuento.

Iterar: repetir, reiterar, insistir, renovar.

Desistir: cejar, cesar, abandonar, acabar.

Iterativo: repetitivo, insistido, reiterado, renovado.

Único:, singular, extraño, solitario, aislado.

Itinerario: recorrido, camino, senda, dirección.

Izar: subir, levantar, alzar, ascender.

Parada: detención, detenimiento, descanso, suspensión.

Arriar: bajar, descender, soltar, deliberar.

Jacobino: demagogo, revolucionario, agitador, verbogogo.

Jactancia: vanagloria, vanidad, fatuidad, petulancia.

Jactancioso: vanidoso, presumido, fatuo, petulante.

Jadear: acezar, bufar, fatigarse, sofocarse.

Jaez: guarnición, aderezo, calidad, carácter.

Jalar: tirar, atraer, correr, comer.

Jaleo: bulla, bullicio, jarana, alboroto.

Jalonar: señalar, destacar, alinear, amojonar.

Jamás: nunca, tampoco. f— de ningún modo.

Jamurar: apocar, amilanar, achicar el agua.

Jaque: peligro, amenaza, valentón, guapo.

Jaqueca: encefalgia, cerebralgia, neuralgia, fastidio.

Jarana: bullicio, holgorio, trampa, tumulto.

Conservador: conciliador, mediador, tradicionalista, reaccionario.

Humildad: sencillez, modestia, recato, espontaneidad.

Humilde: discreto, llano, juicioso, mesurado.

Reposar: descansar, holgar, detenerse, aquietarse.

Nadería: bagatela, vulgaridad, futileza, insignificancia.

Recoger: juntar, reunir, acumular, apilar.

Quietud: silencio, tranquilidad, serenidad, inalterabilidad.

Invalidar: anular, revocar, abolir, suprimir.

Siempre: continuamente, constantemente, eternamente, invariablemente.

Animar: alentar, entusiasmar, exhortar, incitar

Halago: lisonja, agrado, agasajo, apariencia.

Salud: gracia, bienestar, refugio, felicidad.

Silencio: quietud, calma, pausa, tregua.

Jardín: vergel, parque, pensil, floresta.

Jaspeado: listado, salpicado, irisado, malmolado.

Jauría: perrería, traílla. f— conjunto de perros.

Jefatura: autoridad, poder, mando, dirección.

Jefe: principal, gerente, superior, adalid.

Jehová: Dios, Hacedor, Creador, Señor.

Jerarca: director, principal, autócrata, superior.

Jerarquía: grado, escala, categoría, posición.

Jerarquizar: elevar, ponderar, enaltecer, relievar.

Jeremías: llorón, plañidero, quejoso, melindroso.

Jerga: jerigonza, galimatías, monserga, germanía.

Jeroglífico: enigma, secreto, problema, dificultad.

Jesús: Jesucristo, Cristo, Mesías, Unigénito.

Jeta: hocico, morro, boca, gripo.

Jingoísmo: patriotería, chovinismo, exaltación, ponderación.

Jirón: parte, trozo, pedazo, harapo.

Jocosidad: donaire, alegría, diversión, festividad.

Jocoso: gracioso, festivo, chistoso, saleroso.

Jocundo: alegre, jovial, jocoso, divertido.

Ansiedad: congoja, aflicción, angustia, tribulación.

Clarificado: unicolor, ponderado, limpiado, purificado.

Gatería: gatunada, gatada. f— conjunto de gatos.

Insuficiencia: incapacidad, ineptitud, incompetencia, inhabilidad.

Dependiente: auxiliar, subalterno, subordinado, oficial.

Destructor: exterminador, aniquilador, extirpador, genocida.

Subalterno: subordinado, dependiente, inferior, súbdito.

Futilidad: inanidad, nimiedad, nadería, futileza.

Rebajar: humillar, minimizar, despreciar, menospreciar.

Jocosidad: gracejo, festividad, comicidad, humorismo.

Concierto: orden, ajuste, armonía, precepto.

Facilidad: simplicidad, posibilidad, comprensión, expedición.

Lucifer: diablo, satanás, belsebú, perverso.

Liso: llano, plano, pulido, parejo.

Atenuación: moderación, mitigación, morigeración, amortiguación.

Todo: entero, unidad, conjunto, totalidad.

Sandez: necedad, simpleza, tontería, majadería.

Mustio: melancólico, lánguido, triste, mohíno.

Triste: afligido, tribulado, abatido, sombrío.

Jolgorio: bulla, algazara, fiesta, bullicio.

Abatimiento: desaliento, desánimo, debilidad, postración.

Jornada: camino, trecho, trayecto, faena.

Inactividad: cesantía, vagancia, reposo, huelga.

Jornal: estipendio, salario, diario, retribución.

Sueldo: mensualidad, emolumento, remuneración, honorarios.

Jorobar: molestar, fastidiar, incomodar, mortificar.

Agradar: gustar, deleitar, alegrar, complacer.

Joven: adolescente, muchacho, mancebo, doncel (lolo—a, pibe).

Anciano: viejo, senecto, vetusto, provecto.

Jovial: alegre, festivo, alborozado, comunicativo.

Abatido: triste, sombrío, deprimido, desconsolado.

Joya: alhaja, collar, gargantilla, anillo.

Bisuta: baratija, chuchería, friolera, bicoca.

Júbilo: contento, entusiasmo, exultación, alegría.

Tristeza: pena, aflicción, melancolía, pesadumbre.

Judicatura: dignidad, jerarquía. f— conjunto de jueces.

Procuraduría: procuración, mandato, diligencia, cumplimiento.

Judío: israelita, hebreo, cicatero, usurero.

Pródigo: desprendido, dadivoso, generoso, magnánimo.

Jugar: recrearse, divertirse, travesear, actuar.

Aburrirse: cansar, hastiar, fastidiar, abrumar.

Juglar: coplero, trovador, bardo, picaresco.

Zonzo: soso, bobo, simple, desabrido.

Jugo: zumo, substancia, néctar, esencia.

Beneficio: provecho, utilidad, rendimiento, servicio.

Juicio: criterio, mesura, cordura, comprensión.

Necedad: sandez, desatino, sinrazón, bobada.

Juicioso: maduro, sesudo, sensato, meolludo.

Atolondrado: precipitado, imprudente, irreflexivo, distraído.

Julepe: miedo, susto, espanto, admonición.

Elogio: encomio, halago, alabanza, homenaje.

Juntar: reunir, acopiar, agrupar, mancomunar.

Separar: apartar, alejar, aislar, dividir.

Juramento: afirmación, voto, asertorio, testimonio.

Blasfemia: maldición, imprecación, renegación, execración.

Jurar: prometer, afirmar, asegurar, atestiguar.

Rehusar: rechazar, negarse, desechar, declinar.

Jurisdicción: competencia, facultad, autoridad, potestad.

Incompetencia: inhabilidad, incapacidad, ineptitud, ineficacia.

Jurisprudencia: jurisdicción, derecho, interpretación, dictamen.

Justa: torneo, competencia, certamen, lucha.

Justicia: rectitud, ecuanimidad, probidad, imparcialidad.

Justificar: demostrar, acreditar, evidenciar, ajustar.

Justipreciar: valorar, apreciar, evaluar, estimar.

Justo: ecuánime, equitativo, imparcial, íntegro.

Juventud: mocedad, pubertad, nubilidad, adolescencia.

Juzgar: sentenciar, dictaminar, deliberar, analizar.

Reversibilidad: contrariedad, oposición, inhabilidad, impracticidad.

Armonía: arreglo, avenencia, confraternidad, conciliación.

Parcialidad: bandería, arbitrariedad, inclinación, sinrazón.

Atribuir: imputar, inculpar, sospechar, acusar.

Menospreciar: despreciar, rebajar, desdeñar, desestimar.

Parcial: injusto, arbitrario, partidario, sectario.

Ancianidad: vejez, senectud, senilidad, vetustez.

Titubear: vacilar, dudar, recelar, sospechar.

Karma: llevado, encadenado. f— carga espiritual de un hecho penoso.

Karmizar: arrastrar, llevar, cargar, espaldar.

Kermese: fiesta, diversión, caridad, tómbola.

Anulación: defensión, superación, detención, contrarresto.

Neutralizar: anular, contrarrestar, frenar, superar.

Menosprecio: desprecio, desdén, desaire, vilipendio.

Laberinto: confusión, caos, embrollo, complicación.

Labia: verbosidad, verborrea, palabrería, facundia.

Labor: trabajo, quehacer, faena, tarea.

Laborar: trabajar, cultivar, remover, producir.

Laboratorio: investigatorio, experimentativo. f— Recinto de trabajo jerarquizado.

Labrar: trabajar, laborear, cultivar, formar.

Labriego: campesino, labrador, agricultor, lugareño.

Lacayo: criado, mozo, sirviente, doméstico.

Lacerar: lastimar, vulnerar, mancillar, perjudicar.

Lacio: mustio, marchito, ajado, blando.

Lacónico: breve, conciso, corto, sucinto.

Laconismo: concisión, brevedad, parquedad, compendio.

Claridad: precisión, exactitud, orden, luminosidad.

Mutismo: silencio, mudez, callamiento, reticencia.

Ocio: inacción, ociosidad, holgazanería, poltronería.

Descansar: reposar, detenerse, pararse, inmovilizarse.

Ocultatorio: encubritorio, simulación, disfrazamiento, ficcionario.

Deshacer: destruir, desarreglar, desmejorar, discordar.

Urbano: ciudadano, cívico, sociable, afable.

Amo: patrón, señor, dueño, principal.

Velar: cuidar, socorrer, vigilar, auxiliar.

Lozano: gallardo, airoso, fresco, frondoso.

Florido: elegante, ameno, galano, retórico.

Ampulosidad: pomposidad, exuberancia, abundancia, redundancia.

Lacra: defecto, vicio, estigma, marca.

Virtud: dignidad, honestidad, integridad, potestad.

Lactar: criar, amamantar, alimentar, fortalecer.

Debilitar: extenuar, marchitar, enflaquecer, raquitizar.

Ladear: inclinar, soslayar, sesgar, torcer.

Enderezar: rectificar, encarrilar, encauzar, encaminar.

Ladino: sagaz, astuto, hábil, perspicaz.

Necio: tonto, torpe, pánfilo, incauto.

Lado: costado, flanco, ala, valimiento.

Espalda: dorso, costilla, revés, reverso.

Ladrar: bulliciar, aullar, gruñir, gritar.

Callar: silenciar, enmudecer, sigilar, reservar.

Ladrón: hurtador, ratero, caco, estafador.

Honrado: probo, recto, íntegro, incorrupto.

Lagotear: halagar, adular, lisonjear, embelecar.

Criticar: censurar, reprobar, murmurar, impugnar.

Lagrimoso: lloroso, doliente, molestado, compungido.

Contento: alegre, jubiloso, gozoso, festivo.

Laguna: alberca, cocha, espacio, olvido.

Relleno: repleto, colmado, atiborrado, saciado.

Laico: seglar, lego, profano, neutro.

Clérigo: religioso, sacerdote, prelado, párroco.

Lama: lodo, cieno, fango, monje.

Masa: pasta, argamasa, masilla, materia.

Lamentación: llanto, lamento, clamor, plañidez.

Alabanza: loa, elogio, encomio, apología.

Lamentar: sentir, deplorar, llorar, quijarse.

Lagotear: adular, loar, elogiar, agasajar.

Lámina: chapa, plancha, hoja, figura.

Nadería: friolera, bicoca, fruslería, chabacanería.

Lance: suceso, incidente, percance, contienda.

Elusión: elusivo, huidizo, rehusamiento, esquivación.

Lancha: bote, barca, falucho, chalupa.

Muelle: dique, malecón, dársena, puerto.

Languidecer: debilitar, enflaquecer, extenuar, anonadar.

Robustecer: vigorizar, fortalecer, reforzar, remozar.

Lánguido: débil, fatigado, flaco, macilento.

Fuerte: robusto, firme, resistente, enérgico.

Lanzar: arrojar, despedir, echar, botar.

Sujetar: retener, tomar, coger, atrapar.

Lapidar: apedrear, maltratar, dañar, lesionar.

Mimar: acariciar, regalar, halagar, beneficiar.

Lapidario: terminante, categórico, cortante, tajante.

Redundante: ampuloso, sobrante, innecesario, repetido.

Lapsus: error, falta, desliz, chambonada.

Largar: soltar, aflojar, desplegar, tirar.

Largo: luengo, extenso, amplio, continuado.

Largueza: generosidad, desprendimiento, esplendidez, prodigalidad.

Lascivia: lujuria, concupiscencia, voluptuosidad, sensualidad.

Lascivo: lujurioso, lúbrico, sensual, libidinoso.

Lasitud: cansancio, fatiga, desgano, postración.

Lástima: piedad, compasión, clemencia, conmiseración.

Lastimar: dañar, herir, lesionar, vulnerar.

Lata: hoja, tabla, rollo, fastidio.

Latente: escondido, encubierto, recóndito, indefinible.

Lateral: contiguo, adyacente, pegado, tangente.

Latifundio: extensión, inmensidad, hacienda, territorio.

Latir: palpitar, pulsar, tocar, tañer.

Latitud: amplitud, vastedad, anchura, extensión.

Lato: extenso, amplio, vasto, desarrollado.

Latoso: pesado, molesto, aburrido, fastidioso.

Latrocinio: robo, hurto, rapiña, estafa.

Laudatorio: encomiástico, laudativo, lisonjero, ditirámbico.

Acierto: tino, tacto, destreza, habilidad.

Amarrar: atar, ligar, encadenar, liar.

Corto: breve, chico, conciso, limitado.

Estrechez: penuria, escasez, indigencia, miseria.

Templanza: moderación, sobriedad, prudencia, continencia.

Púdico: casto, puro, honesto, mesurado.

Energía: fuerza, vigor, potencia, dinamismo.

Inexorabilidad: inflexibilidad, dureza, rigidez, firmeza.

Beneficiar: mejorar, utilizar, aprovechar, favorecer.

División: reparto, distribución, repartición, participación.

Manifiesto: evidente, ostensible, perceptible, expreso.

Frontal: frental, testuz, semblante, rostro.

Minifundio: predio, sitio, finca, propiedad.

Paralizar: detener, inmovilizar, sujetar, estancar.

Estrechez: angostura, estrechura, pequeñez, exigüidad.

Estrecho: ceñido, ajustado, apretado, angosto.

Divertido: ameno, entretenido, jovial, chistoso.

Devolución: retorno, regreso, expedición, remisión.

Censurable: incalificable, vituperable, tachable, tildable.

Laudo: fallo, sentencia, decisión, dictamen.

Laurear: honrar, premiar, enaltecer, engrandecer.

Lavar: limpiar, asear, purificar, bañar.

Laxante: laxativo, solutivo, purgante, catártico.

Laxar: relajar, aflojar, ablandar, suavizar.

Laxitud: atonía, flojedad, debilidad, distensión.

Laya: calidad, clase, condición, pundonor.

Lazo: unión, vínculo, atadura, lazada.

Leal: fiel, franco, sincero, verídico.

Lealtad: fidelidad, rectitud, nobleza, acatamiento.

Lección: enseñanza, adiestramiento, instrucción, capítulo.

Lectivo: escolar, educacional. f— período normal de clases.

Lecho: cama, alveo, fondo, capa.

Ledo: alegre, jubiloso, contento, fruidoso.

Leer: deletrear, descifrar, penetrar, profundizar.

Legación: legacía, misión, comisión, representación.

Legado: donación, dejación, herencia, enviado.

Legajo: atado, expediente, pliego, manojo.

Legal: justo, verídico, lícito, oficial.

Absolución: exculpación, perdón, excusa, justificación.

Reprobar: vituperar, censurar, condenar, vilipendiar.

Ensuciar: manchar, embadurnar, mancillar, defecar.

Constipante: cerrante, apretante, constriñente, resfriante.

Mantener: defender, sustentar, proveer, estreñir.

Tensión: rigidez, tirantez, espasmo, convulsión.

Banalidad: trivialidad, vulgaridad, friolera, bagatela.

Independencia: integridad, entereza, firmeza, autodeterminación.

Traidor: desleal, infiel, pérfido, innoble.

Felonía: traición, perfidia, alevosía, deslealtad.

Equivocación: error, falta, aberración, desatino.

Vacacional: tregual, inactivo, ocioso, respiracional.

Futileza: frivolidad, trivialidad, bagatela, nadería.

Triste: abatido, afligido, lloroso, abrumado.

Iletrar: ignorar, nescenciar, insignificar, nadizar.

Función: oficio, empleo, cargo, puesto.

Propiedad: posesión, matrimonio, pertenencia, dominio.

Embrollo: lío, enredo, maraña, embeleco.

Ilegal: injusto, vedado, ilícito, clandestino.

Legalizar: validar, oficializar, formalizar, legitimar.

Invalidar: anular, abrogar, abolir, denegar.

Legar: dejar, transferir, donar, testar.

Adquirir: obtener, lograr, conseguir, alcanzar.

Legatario: heredero, fiduciario, recibiente, beneficiado.

Legante: dejante, donante, testador, disponente.

Legendario: antiguo, tradicional, vetusto, épico.

Reciente: actual, nuevo, flamante, moderno.

Legible: leíble, claro, comprensible, inteligible.

Abstruso: difícil, recóndito, impenetrable, esotérico.

Legión: hueste, cuerpo, multitud, caterva.

Insignificancia: nulidad, pequeñez, futilidad, fruslería.

Legislar: codificar, estatuir, clarificar, establecer.

Anarquizar: desordenar, desorganizar, confundir, enmarañar.

Legitimar: legalizar, autentificar, certificar, normalizar.

Desmentir: contradecir, objetar, rebatir, impugnar.

Legítimo: probado, genuino, fidedigno, auténtico.

Ilícito: ilegal, indebido, supuesto, hipotérico.

Lego: indocto, profano, iletrado, incompetente.

Conocedor: leído, letrado, instruido, cultor.

Lejano: distante, apartado, alejado, extremo.

Próximo: cercano, vecino, inmediato, aledaño.

Lelo: simple, bobo, tonto, zafio.

Listo: activo, diligente, astuto, despierto.

Lema: divisa, contraseña, distintivo, seña.

Confusión: trastorno, imprecisión, complejidad, desconcierto.

Lene: suave, blando, agradable, leve.

Ingrato: olvidadizo, desagradecido, indiferente, pesado.

Lenguaje: lengua, expresión, estilo, idioma.

Dilema: problema, dificultad, contrariedad, disyuntiva.

Lenguaraz: atrevido, insolente, deslenguado, malhablado.

Tímido: apocado, corto, miedoso, receloso.

Lenidad: suavidad, blandura, apacibilidad, benevolencia.

Severidad: dureza, rigidez, gravedad, rigor.

Lenificar: calmar, tranquilizar, dulcificar, suavizar.

Exasperar: irritar, enojar, encolerizar, sulfurar.

Lenitivo: calmante, sedativo, emoliente, paliativo.

Excitante: estimulante, incitante, incentivo, acicate.

Lentitud: tardanza, pachorra, pesadez, flema.

Rapidez: prontitud, celeridad, ligereza, premura.

Lerdo: lento, tardo, cansino, torpe.

Presto: listo, ligero, hábil, astuto.

Lesbiana: ginesexual, homosexual. f— mujer afecta al sexo de su especie.

Natural: normal, real, auténtica, icástica, femenina.

Letal: mortal, mortífero, venenoso, deletéreo.

Vivificante: alentador, animoso, confortante, exhortativo.

Letargo: modorra, sopor, somnolencia, aturdimiento.

Viveza: agudeza, ingenio, sensibilidad, perspicacia.

Letra: signo, rasgo, trazo, sonema.

Fórmula: pauta, norma, canon, modelo.

Letrina: excusado, deyectivo, urinario, water.

Rastrillo: rastra, recogedero, sartero, estelero.

Levantar: subir, alzar, elevar, erizar.

Derribar: abatir, arruinar, demoler, derrumbar.

Levante: oriente, saliente, este, naciente.

Poniente: occidente, oeste, ocaso, declinación.

Levantisco: revoltoso, rebelde, sedicioso, indómito.

Sumiso: obediente, dócil, manejable, consciente.

Leve: ligero, liviano, tenue, suave.

Grave: pesado, macizo, intenso, compacto.

Léxico: glosario, vocabulario, diccionario, enciclopedia.

Ideario: pensamiento, poemario, ideograma, pictograma.

Lexicogenesia: composición, parasíntesis, derivación, analogía.

Dogmaticidad: tajancia, academicismo, inaceptación, invaloración.

Ley: norma, regla, precepto, ordenanza.

Anarquía: confusión, desorden, libertinaje, nihilismo.

Leyenda: tradición, historia, cuento, fábula.

Realidad: existencia, evidencia, propiedad, atributo.

Liar: ligar, trabar, atar, enredar.

Desliar: desligar, desunir, separar, fraccionar.

Libar: beber, chupar, sorber, catar.

Vomitar: arrojar, devolver, desembuchar, regurgitar.

Liberación: rescate, quitanza, restitución, emancipación.

Subyugación: opresión, dominación, avasallamiento, esclavitud.

Liberal: desprendido, generoso, dadivoso, expedito.

Mezquino: tacaño, sórdido, miserable, judío.

Libertad: independencia, liberación, autonomía, autodeterminación.

Esclavitud: opresión, cautiverio, prisión, cadena.

Libertar: liberar, emancipar, eximir, licenciar.

Libertino: disoluto, licencioso, disipado, depravado.

Liberto: libre, emancipado, autónomo, manumiso.

Libidinoso: lujurioso, voluptuoso, sicalíptico.

Librar: expedir, libertar, entregar, girar.

Licencia: permiso, autorización, consentimiento, anuencia.

Licenciar: consentir, autorizar, facultar, otorgar.

Licitar: subastar, rematar, ofertar, amonedar.

Lícito: justo, legal, permitido, legítimo.

Licuar: diluir, disolver, liquidar, fundir.

Lid: lucha, contienda, pelea, batalla.

Lidiar: luchar, pelear, contender, combatir.

Liga: unión, aleación, mezcla, alianza.

Ligar: atar, liar, encadenar, mezclar.

Ligereza: celeridad, presteza, velocidad, premura.

Ligero: veloz, ágil, leve, liviano.

Liliputiense: enano, pigmeo, diminuto, pequeño.

Limar: pulir, raer, retocar, enmendar.

Limbo: redentorio, esperanzorio, alelación, nonadamiento.

Limitación: restricción, condición, cortapisa, prohibición.

Oprimir: sujetar, comprimir, dominar, subyugar.

Virtuoso: probo, digno, honesto, ético.

Esclavo: siervo, paria, rendido, sujeto.

Ético: moralista, probo, virtuoso, candoroso.

Aceptar: recibir, admitir, asentir, tolerar.

Prohibición: negación, impedimento, vedamiento, interdicción.

Denegar: desestimar, rechazar, rehusar, objetar.

Consignar: enviar, depositar, entregar, expedir.

Ilícito: ilegal, indebido, encubierto, clandestino.

Solidificar: endurecer, condensar, comprimir, coagular.

Paz: armonía, concordia, acuerdo, unión.

Fraternizar: convivir, simpatizar, avenirse, alternar.

Separación: aislamiento, apartamiento, alejamiento, incomunicación.

Separar: desligar, desliar, desunir, disgregar.

Lentitud: demora, dilación, tardanza, aplazamiento.

Tardo: lento, pausado, calmado, perezoso.

Gigante: coloso, ciclópeo, colosal, gigantesco.

Fortalecer: tonificar, vigorizar, robustecer, vivificar.

Hastiamiento: aburrimiento, cansancio, fastidio, tedio.

Indeterminación: imprecisión, indecisión, irresolución, versatilidad.

Limitante: restrictivo, coartante, limitativo, taxativo.

Limitar: acortar, cercenar, reducir, determinar.

Límite: confín, borde, término, frontera.

Limítrofe: contiguo, colindante, adyacente, aledaño.

Limosna: caridad, óbolo, dádiva, ayuda.

Limpiar: asear, depurar, lavar, bañar.

Limpieza: pulcritud, limpiamiento, nitidez, higiene.

Límpido: inmaculado, impoluto, nítido, diáfano.

Linaje: estirpe, alcurnia, progenie, prosapia.

Lince: rápido, veloz, agudo, genio.

Lindar: limitar, confinar, colindar, demarcar.

Lindo: bonito, hermoso, gracioso, bello.

Línea: raya, ruta, rasgo, clase.

Lipotimia: desmayo, desfallecimiento, síncope, desvanecimiento.

Liquidar: derretir, disolver, licuar, ajustar.

Lirón: perezoso, dormilón, gandul, haragán.

Lisiar: mutilar, baldar, lesionar, lastimar.

Liso: llano, parejo, plano, raso.

Lisonjear: adular, alabar, complacer, homenajear.

Amplificante: ampliativo, extensivo, expansivo, aumentante.

Ampliar: extender, aumentar, ensanchar, desarrollar.

Principio: apertura, iniciación, comienzo, fundamento.

Lejano: distante, alejado, separado, apartado.

Mezquindad: avaricia, cicatería, ambición, ruindad.

Ensuciar: manchar, enmugrar, tiznar, ennegrecer.

Suciedad: impureza, desaseo, bazofia, inmundicia.

Maculado: poluto, mancillado, ensuciado, embarrado.

Sucesión: prole, hijos, herederos, dinastía.

Torpe: lerdo, rudo, tardo, incapaz.

Distanciar: preceder, sobrepasar, prevenir, alejar.

Feo: deforme, anómalo, contrahecho, anormal.

Sofirma: argucia, ambigüedad, tergiversación, sofisticación.

Recuperación: recobramiento, restablecimiento, convalecimiento, fortalecimiento.

Cuajar: solidificar, endurecer, congelar, condensar.

Diligente: activo, discurrente, dinámico, ocurrente.

Sanar: curar, mejorar, restablecer, convalecer.

Aspero: disparejo, rugoso, escabroso, brusco.

Desairar: despreciar, desdeñar, apocar, desagradar.

Lista: franja, veta, catálogo, enumeración.

Listado: rayado, veteado, entreverado, jaspeado.

Lisura: ternura, pulimiento, finura, llaneza.

Literal: fiel, propio, recto, textual.

Literato: escritor, autor, novelista, intelectual.

Literatura: filosofía, novelística, bibliografía, publicaciones.

Litigar: demandar, querellarse, altercar, polemizar.

Litigio: querella, pleito, contienda, controversia.

Litoral: ribera, costo, orilla, playa.

Liviandad: impudicia, desenfreno, lascivia, concupiscencia.

Liviano: ligero, leve, voluble, anodino.

Lívido: amoratado, azulado, demacrado, pálido.

Loar: elogiar, alabar, enaltecer, ensalzar.

Lóbrego: obscuro, sombrío, tenebroso, mustio.

Local: lugareño, comarcal, municipal, provincial.

Localizar: situar, precisar, fijar, encontrar.

Locatario: arrendatario, inquilino, ocupante, alquilador.

Loco: alienado, demente, perturbado, vesánico.

Locuaz: hablador, verboso, parlachín, charlador.

Nada: hueco, vacío, vacuo, vano.

Liso: natural, plano, raso, llano.

Arruga: ajamiento, rugosidad, marchitez, estría.

Inexacto: erróneo, equívoco, anacrónico, informal.

Lego: indocto, iletrado, ignaro, nesciente.

Nesciencia: necedad, ignorancia, vaciedad, vacuidad.

Convenir: acordar, pactar, aceptar, admitir.

Avenencia: convenio, pacto, acuerdo, arreglo.

Interior: profundidad, inferioridad, centralidad, internidad.

Virtuosidad: dignidad, integridad, honestidad, templanza.

Pesado: macizo, grave, intenso, profundo.

Sano: robusto, fuerte, recio, pujante.

Reprobar: criticar, censurar, condenar, vituperar.

Claro: límpido, diáfano, cristalino, manifiesto.

Nacional: patrio, contornal, estatal, paisal.

Generalizar: difundir, popularizar, extender, divulgar.

Propietario: dueño, arrendador, rentero, poseedor.

Cuerdo: sano, sensato, juicioso, prudente.

Silente: callado, mudo, parco, taciturno.

Locución: expresión, frase, oración, giro.

Locura: demencia, insania, enajenación, vesanía.

Lodazal: cenegal, barrizal, ciénaga, pantano.

Lógica: razonamiento, método, raciocinio, dialéctica.

Logogrifo: embrollo, enredo, enigma, acertijo.

Lograr: obtener, alcanzar, conseguir, disfrutar.

Longanimidad: grandeza, magnanimidad, constancia, resignación.

Longevo: anciano, viejo, veterano, vetusto.

Longitud: distancia, largura, largor, eslora.

Lontananza: lejanía, distancia, pasado, extramuros.

Lote: parte, fracción, porción, fragmento.

Lozanía: frondosidad, frescura, tersura, gallardía.

Lozano: gallardo, robusto, frondoso, reverdecido.

Lúbrico: obscuro, lujurioso, sátiro, resbaladizo.

Lucero: brillo, lustre, esplendor, vistosidad.

Lucidez: claridad, penetración, perspicacia, garbosidad.

Lúcido: brillante, luminoso, sagaz, perspicaz.

Lucir: brillar, descollar, alumbrar, sobresalir.

Lucrar: lograr, ganar, alcanzar, conseguir.

Figura: imagen, retraro, persona, fisonomía.

Sensatez: prudencia, tino, acierto, madurez.

Yermo: erial, alijar, páramo, baldío.

Confusión: mezcolanza, enredo, embrollo. vacilación.

Precepto: canon, orden, instrucción, estructura.

Perder: extraviar, malograr, desperdiciar, frustrar.

Pusilanimidad: apocamiento, cortedad, temeridad.

Joven: (lolo-a, pibe): adolescente, mancebo, mozalbete, muchacho.

Cortedad: interrupción, detenimiento, suspensión, paralización.

Proximidad: cercanía, inmediación, vecindad contigüidad.

Todo: entero, conjunto, cada, completo.

Agostamiento: marchitez, sequedad, ajamiento, surcamiento.

Agostado: decaído, marchito, secado, abrasado.

Púdico: recatado, pudoroso, honesto, modesto.

Opacidad: obscuridad, turbiedad, lobreguez, nebulosidad.

Ofuscación: turbación, trastorno, ofuscamiento, alucinación.

Torpe: obtuso, lerdo, rudo, tardo.

Disminuir: opacar, enturbiar, decrecer, esconder.

Perder: malograr, disipar, despreciar, derrochar.

Lucrativo: beneficioso, fructífero, productivo, provechoso.

Perjudicial: dañino, ruinoso, nocivo, inconveniente.

Luctuoso: lloroso, lastimero, lamentable, funesto.

Alegre: jubiloso, gozoso, contento, regocijado.

Lucubración: estudio, examen, meditación, trabajo.

Divagación: sinrazón, error, aberración, extravío.

Lucubrar: reflexionar, cavilar, estudiar, considerar.

Divagar: improvisar, descuidar, desatender, errar.

Luchar: lidiar, combatir, altercar, bregar.

Coincidir: concordar, convenir, ajustar, concertar.

Ludibrio: mofa, escarnio, oprobio, desprecio.

Loa: elogio, loor, alabanza, encomio.

Luego: pronto, enseguida, después, mañana.

Nunca: jamás, tampoco, en ningún momento.

Lugar: ciudad, pueblo, aldea, espacio.

Espacio: distancia, separación, tiempo, momento.

Lúgubre: sombrío, lóbrego, tétrico, funesto.

Alegre: contento, regocijado, alborozado, entusiasmado.

Lujo: exceso, opulencia, ostentación, riqueza.

Limitación: restricción, condición, cortapisa, sobriedad.

Lujuria: sensualidad, liviandad, concupiscencia, lubricidad.

Templanza: moderación, temperancia, atenuación, suavidad.

Lumbre: llama, fuego, lumbrera, esplendor.

Obscuridad: sombra, noche, tiniebla, deslucimiento.

Lunático: maniático, anormal, insano, caprichoso.

Sensato: cuerdo, discreto, juicioso, atinado.

Lupanar: prostíbulo, burdel, mancebía, lumiada.

Cenobio: convento, monasterio, abadía, claustro.

Luto: duelo, aflicción, pesadumbre, pena.

Gozo: júbilo, contento, alegría, alborozo.

Luxación: dislocación, torcedura, esguince, descoyuntamiento.

Articulación: juntura, coyuntura, unión, enlazamiento.

LL

Llaga: úlcera, herida, fístula, plaga.

Llama: flama, pasión, fogonazo, ardor.

Llamamiento: llamada, advertencia, señalación, citación.

Llamar: citar, vocear, gritar, emplazar.

Llamativo: provocador, ocasionador, excitante, atrayente.

Llamear: arder, flamear, rutilar, centellear.

Llaneza; naturalidad, sencillez, confianza, familiaridad.

Llano: sencillo, afable, natural, franco.

Llanto: sollozo, lloramiento, lamento, gemido.

Llanura: planicie, explanada, llanada, desierto.

Llave: corchete, grifo, apretador, picaporte.

Llegar: venir, arribar, penetrar, irrumpir.

Llenar: colmar, henchir, ocupar, atestar.

Curación: sanamiento, recobramiento, remedio, atención.

Extinción: apagamiento, sofocación, cesasión, expiración.

Callamiento: enmudecimiento, silencio, mudez, olvido.

Callar: silenciar, omitir, olvidar, desatender.

Inadvertido: descuidado, omitido, olvidado, distraído.

Apagar: extinguir, sofocar, reprimir, amortiguar.

Engreimiento: vanidad, envanecimiento, fanfarronería, petulancia.

Difícil: arduo, dificultoso, complicado, complejo.

Risa: carcajada, hilaridad, risotada, irrisión.

Montaña: sierra, monte, cordillera, colina.

Cierre: cerrojo, cerradura candado, oclusión.

Salir: partir, irse, retirarse, marcharse.

Vaciar: desalojar, desocupar, arrojar, evacuar.

Lleno: completo, repleto, colmado, satisfecho.

Llevar: conducir, transportar, trasladar, manejar.

Llorar: lagrimear, sollozar, sentir, deplorar.

Llover: gotear, lloviznar, rociar, chispear.

Lluvia: aguacero, chaparrón, llovizna, pluviosidad.

Vacío: hueco, vacuo, vano, laguna.

Enviar: expedir, remitir, remesar, cursar.

Reír: carcajear, alegrar, chacotear, bromear.

Solear: brillar, alumbrar, serenar, despejar.

Sequedad: sequía, erial, aspereza, dureza.

Macabro: horroroso, espeluznante, desconcertante, tenebroso.

Macaco: simio, feo, deforme, grotesco.

Macana: maza, bola, garrote, palo.

Macanudo: estupendo, magnífico, excelente, espléndido.

Macerar: ablandar, exprimir, estrujar, diluir.

Macilento: descolorido, alecaído, mustio, escuálido.

Macizo: sólido, compacto, firme, fuerte.

Macuco: cuco, taimado, astuto, sagaz.

Mácula: mancha, deshonra, estigma, baldón.

Macular: mancillar, enlodar, emporcar, embarrar.

Macrobiótica: macrobia, longevidad. f— sistema de vivir muchos años.

Machacar: majar, moler, triturar, quebrantar.

Macho: semental, mulo, firme, fuerte.

Vital: estimulante, alentador, reconfortante, nutritivo.

Bello: hermoso, precioso, bonito, guapo.

Portento: maravilla, prodigio, asombro, milagro.

Común: general, universal, frecuente, habitual.

Confortar: reanimar, entusiasmar, consolar, fortalecer.

Robusto: fuerte, vigoroso, resistente, hercúleo.

Hueco: blando, inconsistente, fofo, esponjoso.

Tardo: lento, pausado, pesado, ganso.

Reputación: fama, honor, prestigio, renombre.

Limpiar: asear, purificar, lavar, cepillar.

Microbiótica: microbia, minibiótica. f— procedimiento de vivir pocos años.

Comedirse: contenerse, moderarse, arreglarse, ocurrirse.

Hembra: mujer, rosca, molde, encaje.

Madre: origen, raíz, causa, principio.

Exterminio: desolación, asolamiento, destrucción, devastación.

Madriguera: guarida, refugio, cueva, cubil.

Intemperie: desamparo, aislamiento, desvalimiento, orfandad.

Madrugar: alborear, mañanear, alborecer, crepuscular.

Tardecer: anochecer, obscurecer, palidecer, eclipsar.

Madurez: cordura, prudencia, sensatez, juicio.

Irreflexión: precipitación, desconcierto, atolondramiento, insensatez.

Maduro: madurado, sazonado, juicioso, prudente.

Reflexivo: pensativo, caviloso, deliberativo, precoz.

Maestría: destreza, habilidad, pericia, ingenio.

Impericia: torpeza, ineptitud, desmaña, insuficiencia.

Maestro: avezado, adiestrado, experto, músico.

Inhábil: torpe, nulo, inepto, incapaz.

Mafia: pandilla, caterva, coluvie, colusión.

Benignidad: bondad, dulzura, piedad, benevolencia.

Mafioso: pandillero, colusioso, tramposo, corruptoso.

Bondadoso: benévolo, generoso, correcto, leal.

Magaña: trampa, ardid, engaño, artificio.

Torpeza: impericia, inhabilidad, incapacidad, zafiedad.

Magia: ocultismo, hechicería, encantamiento, sortilegio.

Antipatía: aversión, ojeriza, animadversión, inquina.

Mágico: asombroso, prodigioso, maravilloso, portentoso.

Natural: normal, corriente, habitual, existente.

Magín: entendimiento, mente, cabeza, imaginación.

Torpeza: ineptitud, incapacidad, zafiedad, sandez.

Magistral: admirable, magnífico, perfecto, superior.

Defectuoso: imperfecto, incompleto, insuficiente, deficiente.

Magnánimo: generoso, noble, longánimo, altruista.

Mezquino: avaro, cicatero, miserable, innoble.

Magnate: grande, poderoso, importante, ilustre.

Pequeño: diminuto, chico, minúsculo, corto.

Magnetizar: imantar, fascinar, hipnotizar, subyugar.

Repeler: desechar, desdeñar, rehusar, repudiar.

Magnificar: engrandecer, ensalzar, enaltecer, exaltar.

Empequeñecer: reducir, aminorar, achicar, disminuir.

320

Magnificencia: esplendidez, grandeza, ostentación, maravillosidad.

Penuria: pobreza, escasez, falta, carestía.

Magnífico: espléndido, soberbio, grandioso, suntuoso.

Baladí: pobre, exiguo, basto, ordinario.

Magnitud: dimensión, extensión, volumen, excelencia.

Nadería: bagatela, bicoca, friolera, vulgaridad.

Magno: grande, superior, ínclito, extraordinario.

Parvo: pequeño, chico, diminuto, menor.

Mago: brujo, hechicero, encantante, prestidigitador.

Desdeño: rehuso, desecho, repelo, repulsa.

Magro: seco, flaco, enjuto, chupado.

Obeso: gordo, adiposo, grueso, rollizo.

Magullar: lastimar, herir, golpear, contundir.

Cuidar: velar, asistir, atender, vigilar.

Maja: vistosa, ataviada, curra, chula.

Fea: deforme, avocastra, repulsiva asquerosa.

Majadería: sandez, estupidez, idiotez, fastidio.

Sensatez: juicio, cordura, gravedad, mesura.

Majadero: molesto, fastidioso, porfiado, encordio.

Prudente: sensato, cuerdo, juicioso, reservado.

Majar: machacar, quebrantar, aplastar, importunar.

Moderar: controlar, aplacar, templar, refrenar.

Majestad: soberanía, dignidad, grandeza, magnificencia.

Modestia: humildad, honestidad, acatamiento, pudor.

Majestuoso: eminente, espléndido, grandioso, mayestático.

Modesto: moderado, decente, honesto, pudoroso.

Mal: dolencia, enfermedad, daño, desgracia.

Bien: favor, beneficio, provecho, utilidad.

Malabarista: equilibrista, trapecista, acróbata, unámbulo.

Mixtificador: embaucador, burlesco, engatusador, enlabiador.

Malandrín: bellaco, pillo, ruin, maleante.

Bueno: benévolo, bondadoso, virtuoso, indulgente.

Malbaratar: dilapidar, derrochar, malgastar, espilfarrar.

Ahorrar: guardar, juntar, acumular, economizar.

Malcriar: mimar, consentir, viciar, invalorar.

Educar: formar, dirigir, enseñar, instruir.

Maldad: ruindad, infamia, iniquidad, perverlad.

Bondad: generosidad, benevolencia, piedad, caridad.

Maldecir: detractar, imprecar, murmurar, exer.

Adular: loar, ensalzar, exaltar, lagotear.

SINÓNIMOS   ANTÓNIMOS

Maldición: reprobación, condenación, imprecación, execración.

Alabanza: aplauso, elogio, ditirambo, lagoteo.

Maldito: aborrecido, execrado, miserable, malévolo.

Benévolo: estimado, apreciado, benigno, indulgente.

Maleable: manejable, flexible, obediente, plástico.

Resistente: firme, fuerte, sólido, vigoroso.

Maleante: maligno, perverso, dañino, salteador.

Correcto: justo, honrado, puro, cabal.

Malear: pervertir, enviciar, corromper, depravar.

Beneficiar: favorecer, aprovechar, mejorar, pulimentar

Maledicencia: denigración, detracción, murmuración, chismografía.

Lagotería: adulación, elogio, lisonja, homenaje.

Maleficio: hechizo, encanto, magia sortilegio.

Beneficio: gracia, merced, favor, fruto.

Maléfico: nocivo, perjudicial, dañino, pernicioso.

Benéfico: beneficioso, saludable, meritorio, provechoso.

Malestar: angustia, fastidio, disgusto, ansiedad.

Bienestar: tranquilidad, quietud, holgura, comodidad.

Malgastar: dilapidar, despilfarrar, derrochar, malbaratar.

Ahorrar: economizar, preservar, guardar, custodiar.

Malhechor: criminal, delincuente, salteador, asaltante.

Bienhechor: protector, favorecedor, defensor, amparador.

Malicia: maldad, picardía, estratagema, malignidad.

Bobería: aturdimiento, idiotez, tontería, insulsez.

Maligno: malo, malandrín, dañino, ponzoñoso.

Beneficioso: benéfico, fructuoso, provechoso, productivo.

Malo: malvado, ruin, extremista, violentista.

Bueno: benévolo, clemente, bondadoso, espiritual.

Malograr: estropear, dañar, desaprovechar, abortar.

Aprovechar: servir, utilizar, valer, evaluar.

Malquerencia: enemistad, ojeriza, aversión, malevolencia.

Bienquerencia: afecto, amistad, cariño, ternura.

Malquistar: desavenir, indisponer, disgustar, enemistar.

Bienquistar: considerar, estimar, apreciar, distinguir.

Malsano: insano, enfermo, dañado, enclenque.

Sano: lozano, robusto, fuerte, saludable.

Maltratar: maltraer, lastimar, dañar, injuriar.

Atender: cuidar, velar, vigilar, oír.

322

Malvado: malo, maligno, perverso, malandrín.

Malversar: defraudar, estafar, usurpar, escamotear.

Mamarracho: espantajo, adefesio, esperpento, moharracho.

Manada: rebaño, grey, piara, bandada.

Manantial: fuente, fontana, hontanar, venero.

Manar: brotar, aflorar, fluir, salir.

Mancebo: joven, muchacho, adolescente, mozo.

Mancillar: manchar, empañar, deslucir, desdorar.

Manco: defectuoso, incompleto, mutilado, lisiado.

Mancomunar: aunar, enlazar, unir, asociar.

Manchar: emporcar, ensuciar, enlodar, entiznar.

Mandar: ordenar, decretar, disponer, dictaminar.

Mandatario: gobernante, presidente, jerarca, poderhabiente.

Mandato: orden, disposición, precepto, mandamiento.

Manejar: dirigir, conducir, usar, manipular.

Manera: método, procedimiento, forma, sistema.

Manga: red, colador, tromba, unidad.

Mangonear: ingerirse, entremeterse, gobernar, muñequear.

Manía: rareza, extravagancia, capricho, antojo.

Bueno: noble, sano, agradable, atento.

Restituir: devolver, reponer, reintegrar, rembolsar.

Atractivo: aliciente, encanto, incentivo, donaire.

Desperdigamiento: separación, dispersión, disgregamiento, esparcimiento.

Sequedad: sequía, aridez, marchitez, descortesía.

Detener: parar, estancar, frenar, atajar.

Bebé: crío, nene. f— niño pequeño.

Acendrar: limpiar, purificar depurar, abrillantar.

Completo: indemne, entero, acabado, intacto.

Desunir: dividir, separar, bifurcar, desligar.

Limpiar: asear, lavar, blanquear, depurar.

Obedecer: acatar, cumplir, respetar, observar.

Cumplimiento: dependiente, subordinado, subalterno, auxiliar.

Acatamiento: obediencia, sumisión, cumplimiento.

Confundir: equivocar, perturbar, desconcertar, desordenar.

Desconcierto: confusión, trastorno, complejidad, alteración.

Bonanza: calma, serenidad, sosiego, tranquilidad, prosperidad.

Desentenderse: apartarse, distanciarse, prescindir, inhibirse.

Sensatez: mesura, cordura, cortesía, compostura.

Maniaco: caprichoso, antojadizo, extravagante, lunático.

Cuerdo: juicioso, sensato, prudente, sesudo.

Manido: usado, ajado, sobrado, vulgar.

Original: singular, nuevo, personal, ejemplar.

Manifestar: expresar, exponer, evidenciar, declarar.

Callar: ocultar, esconder, contener, encerrar.

Manifiesto: claro, evidente, ostensible, notorio.

Oculto: callado, silente, encubierto, escondido.

Maniobra: operación, movimiento, manejo, estratagema.

Realidad: evidencia, existencia, verdad, veracidad.

Maniobrar: ejecutar, manipular, operar, maquinar.

Paralizar: detener, inmovilizar, suspender, estancar.

Manipular: operar, manejar, usar, hacer.

Perturbar: alterar, desconcertar, desordenar, equivocar.

Manjar: deleite, exquisitez, delicia, alimento.

Bazofia: desperdicio, porquería, suciedad, bodrio.

Manojo: hato, mazo, ramillete, puñado.

Fardo: bulto, lío, atadijo, fardel.

Mansedumbre: placidez, apacibilidad, sumisión, tranquilidad.

Arrebato: rabia, indignación, irritación, exasperación.

Mansión: morada, residencia, casa, vivienda.

Pocilga: chiquero, establo, corral, tugurio.

Mantener: conservar, salvaguardar, sostener, sustentar.

Descuidar: abandonar, desamparar, desatender, desistir.

Manual: compendio, vademécum, manejable, manuable.

Completo: complicado, intrincado, abstruso, difícil.

Manubrio: manivela, manija, cigüeñal, volante.

Permanente: fijo, inamovible, invariable, inalterable.

Manumitir: liberar, emancipar, soltar, desligar.

Esclavizar: subyugar, dominar, oprimir, tiranizar.

Manutención: alimentación, sustento, mantenimiento, conservación.

Abandono: desamparo, descuido, incumplimiento, irresponsabilidad.

Maña: arte, habilidad, maestría, destreza.

Torpeza: inhabilidad, lentitud, impericia, rudeza.

Mañoso: diestro, habilidoso, capaz, industrioso.

Inhábil: torpe, lerdo, incapaz, desmañado.

Mapa: atlas, plano, carta, planisferio.

Crucigrama: enigma, misterio, acertijo, adivinanza.

Maqueta: modelo, diseño, bosquejo, figura.

Copia: calco, facsímil, trasunto, reproducción.

Maquiavélico: astuto, sagaz, falaz, pérfido.

Noble: hidalgo, distinguido, elevado, aristocrático.

Máquina: aparato, artilugio, motor, locomotora.

Bártulos: trastos, utensilios, aperos, enseres.

Maquinación: intriga, complot, ardid, confabulación.

Corrección: castigo, censura, represión, rectificación.

Maquinal: instintivo, automático, involuntario, irreflexivo.

Deliberado: reflexivo, premeditado, resuelto, consciente.

Maquinizar: mecanizar, motorizar, automatizar, maquinarizar.

Manualizar: realizar, ejecutar, trabajar, manuabilizar.

Maraña: espesura, maleza, matorral, confusión.

Claridad: orden, método, sistema, clasificación.

Marasmo: enflaquecimiento, debilitamiento, apatía, suspensión.

Obesidad: corpulencia, gordura, adiposidad, rollicidad.

Maravilla: admiración, asombro, prodigio, portento.

Espanto: pavor, horror, pánico, espeluznamiento.

Maravillar: admirar, sorprender, asombrar, fascinar.

Horrorizar: espantar, horripilar, palidecer, consternar.

Marbete: etiqueta, marca, cédula, rótulo.

Indistinción: confusión, nebulosidad, esfumación, carátula.

Marca: señal, distintivo, medida, escala.

Consigna: orden, mandato, secreto, enigma.

Marcial: militar, guerrero, bizarro, intrépido.

Civil: ciudadano, cívico, cortés, afable.

Marcha: partida, movimiento, encaminamiento, salida.

Regreso: retorno, vuelta, retroceso, regresión.

Marchitar: ajar, secar, agostar, enmustiar.

Lozanear: remozar rejuvenecer, renovar, fortalecer.

Marchitez: deslucidez, agostez, enmustiez, ajadez.

Lozaneamiento: remozamiento, rejuvenecimiento, fortalecimiento, renovación.

Marchito: ajado, mustio, lacio, muerto.

Lozano: remozado, verde, florido, renovado.

Marear: enfadar, molestar, fastidiar, agobiar.

Distraer: recrear, divertir, entretener, solazar.

Maremágnum: tumulto, confusión, alboroto, bullicio.

Tranquilidad: sosiego, serenidad, pasividad, quietud.

Marfuz: desechado, rechazado, desdeñado, despreciado.

Admitido: aceptado, recibido, acogido, permitido.

Margen: borde, ribera, límite, motivo.

Centro: foco, núcleo, eje, medio.

Marginación: separación, apartamiento, alejamiento, escoliario.

Fusión: anexión, unión, mancomunación, amalgamiento.

Marginal: secundario, accesorio, accidental, circunstancial.

Trascendente: importante, valioso, decisivo, concluyente.

Marginar: apostillar, escoliar, separar, alejar.

Agregar: añadir, adicionar, anexar, juntar.

Mariconear: afeminar, falsear. f— efectuar hechos torcidos.

Honestar: honrar, corregir, honorar, inmacular.

Marina: costa, litoral, náutico, navegación.

Terrestre: terrenal, terráqueo, terrícola, material.

Marinería: dotación, tripulación, marinaje, nauticidad.

Ejército: tropa, hueste, milicia, soldada.

Marioneta: títere, fantoche, muñeco, juguete.

Personaje: insigne, eximio, sobresaliente, ilustre.

Mariposear: revolotear, volar, variar, cambiar.

Permanecer: persistir fijar, estabilizar, inmovilizar.

Marital: matrimonial, conyugal, nupcial, connubial.

Solteril: mozal, celibal, liberal, independiente.

Marrano: cerdo, chancho, cochino, sucio.

Limpio: aseado, pulcro, puro, intacto.

Marrar: fallar, errar, faltar, equivocar.

Atinar: aceptar, encontrar, hallar, topar.

Marrullería: zalamería, artimaña, maulería, martingala.

Lealtad: nobleza, sinceridad, franqueza, rectitud.

Martirio: tortura, sufrimiento, suplicio, sacrificio.

Diversión: distracción, pasatiempo, entretenimiento, esparcimiento.

Martirizar: torturar, sacrificar, atormentar, angustiar.

Agradar: contentar, satisfacer, gustar, deleitar.

Marxocracia: comunismo, leninismo, dictadura, aherrojamiento.

Democracia: soberanía, libertad. f— gobierno ejercido por el pueblo.

Masa: cuerpo, suma, todo, materia.

Porción: parte, fracción, ración, fragmento.

Masificar: generalizar, socializar, proletarizar, vulgarizar.

Particularizar: singularizar, individualizar, determinar, precisar.

Masivo: generalizado, corporizado, sumado, masificado.

Mascar: masticar, machacar, triturar, mascullar.

Máscara: antifaz, careta, excusa, pretexto.

Mascullar: musitar, murmurar, susurrar, barbotar.

Masoquismo: perversión, depravación, degradación, corrupción.

Masoquista: maltratante, pervertido, vicioso, depravado.

Masticar: marcar, triturar, molificar, meditar.

Mástil: palo, árbol, tallo, tronco.

Matanza: carnicería, exterminio, hecatombe, genocidio.

Matar: asesinar, ejecutar, sacrificar, ultimar.

Matasanos: medicastro, curandero, mediquillo, doctorzuelo.

Matemático: preciso, exacto, justo, riguroso.

Materia: elemento, razón, cuerpo, objeto.

Material: corpóreo, tangible, perceptible, tocable.

Materialización: plasmación, ejecución, realización, culminación.

Materializar: plasmar, conformar, corporizar, realizar.

Matiz: aspecto, gama, viso, rasgo.

Matizar: combinar, mezclar, variar, diversificar.

Matón: guapetón, valentón, bravucón, pendenciero.

Matorral: maleza, barzal, breñal, soto.

Solitario: aislado, único, fraccionado, incomunicado.

Razonar: reflexionar, pensar, meditar, resolver.

Verdad: evidencia, certeza, veracidad, ortodoxia.

Exclamar: emitir, proferir, pronunciar, vociferar.

Virtuosidad: honestidad, integridad, morigeración, normalidad.

Virtuoso: íntegro, probo, justo, normal.

Tragar: ingerir, deglutir, manducar, soportar.

Vástago: retoño, brote, hijo, descendiente.

Resucitación: vivificación, renacimiento, resurgimiento, palingenesia.

Salvar: liberar, librar, excluir, proteger.

Doctor: médico, facultativo, catedrático, sabio.

Erróneo: falso, errado, inexacto, equivocado.

Esencia: alma, espíritu, mente, aliento.

Metafísico: abstracto, indefinido, impreciso, abstruso.

Motivo: circunstancia, móvil, objetivo, razón.

Prescindir: privar, desechar, rehusar, abstenerse.

Necedad: tontería, estolidez, vulgaridad, trivialidad.

Unificar: uniformar, centralizar, armonizar, emparejar.

Tranquilo: sereno, mesurado, sobrio, controlado.

Erial: yermo, baldío, páramo, eriazo.

Matraca: burla, molestia, mofa, porfía.

Discreción: prudencia, sencillez, circunspección, moderación.

Matrícula: inscripción, registro, rol, alistamiento.

Pérdida: baja, disminución, perdimiento, privación.

Matrimonio: boda, casamiento, enlace, desposorio.

Divorcio: separación, desunión, ruptura, rompimiento.

Matriz: molde, generadora, reproducción, tuerca.

Razón: motivo, circunstancia, móvil, sistema.

Matute: contrabando, garito, fraude, alijo.

Punición: sanción, castigo, pena, reprobación.

Matutino: mañadero, madrugador, matinal, albal.

Vespertino: anochecido, atardecido, ensombrado, obscurecido.

Maula: treta, engaño, fraude, dolo.

Rectitud: integridad, corrección, honradez, honestidad.

Mausoleo: tumba, sepulcro, panteón, sepultura.

Casa: habitación, vivienda, morada chalé.

Máxime: principalmente, esencialmente, básicamente, fundamentalmente.

Entonces: antaño, otrora, antiguamente, remotamente.

Maximizar: expandir, esparcir, extender, propagar.

Minorar: disminuir, reducir, rebajar, minimizar.

Máximo: extremo, término, confín, frontera.

Mínimo: diminuto, ínfimo, exiguo, menudo.

Mayeréutica: razonamiento, inducción, conclusión, deducción.

Disparate: desatino, despropósito, equivocación, desviación.

Mayestático: imponente, majestuoso, augusto, sobresaliente.

Modesto: humilde, moderado, pudibundo, decente.

Mayor: superior, jefe, principal, gerente.

Menor: inferior, pequeño, diminuto, insignificante.

Mayoral: caporal, rabadán, tronquista, conductor.

Mozo: mandado, servidor, gañán, ganapán.

Mayorazgo: primogenitura, mayoritura. f— predominio del hijo mayor.

Menorazgo: minoritura, benjaminitura. f— influencia del hijo menor.

Mayoría: ventaja, delantera, superioridad, excelencia.

Minoría: minoridad, disminución, acortamiento, atenuación.

Mecanismo: ingenio, dispositivo, estructura, habilidad.

Torpeza: yerro, descuido, equivocación, error.

Mecenas: protector, bienhechor, patrocinante, favorecedor.

Perjudicante: desairante, desdeñante, despreciativo, empequeñeciente.

Mecer: balancear, columpiar, acunar, menear.

Medalla: distinción, premio, galardón, honor.

Mediación: acuerdo, arbitraje, intervención, participación.

Mediano: regular, moderado, módico, razonable.

Mediar: intervenir, interceder, terciar, participar.

Mediatizar: privar, dosificar, influir, ejercer.

Medida: medición, mensuración, dimensión, evaluación.

Medio: mitad, mediano, interior, corazón.

Mediocre: común, vulgar, deficiente, imperfecto.

Mediocridad: medianía, pequeñez, insuficiencia, deficiencia.

Mediocrizar: medianizar, inferiorizar, superficializar, poquizar.

Medios: fortuna, bienes, caudal, posibilidades.

Medir: estimar, evaluar, mensurar, calcular.

Meditabundo: pensativo, reflexivo, caviloso, excogitante.

Meditación: reflexión, cavilación, cogitamiento, concentración.

Meditar: reflexionar, cavilar, discurrir, proyectar.

Medrar: lucrar, adelantar, mejorar, aprovechar.

Medroso: temeroso, apocado, miedoso, cobarde.

Médula: meollo, centro, substancia, esencia.

Parar: detener, paralizar, suspender, concluir.

Chabacanería: vulgaridad, trivialidad, ramplonería, ordinariez.

Desentendimiento: abstención, apartamiento, alejamiento, indiferencia.

Óptimo: excelente, superior notable, soberbio.

Desentenderse: abstenerse, apartarse, alejarse, distanciarse.

Amplificar: extender, aumentar, incrementar, desarrollar.

Consecuencia: conclusión, resultado, deducción, inferencia.

Extremo: exterior, corteza, límite, término.

Excelente: superior, eminente, culminante, rectorial.

Excelencia: superioridad, celsitud, alteza, notabilidad.

Superiorizar: elevar, enaltecer, sobresalir, preponderar.

Escasez: pauperismo, pobreza penuria, necesidad.

Inferir: colegir, deducir, suponer, motivar.

Distraído: desatento, olvidadizo, desmemoriado, descuidado.

Observación: atisbo, examen, atención, estudio, evaluación.

Observar: examinar, atender, evaluar. estudiar.

Perder: decaer, declinar, descender, perjudicar.

Decidido: resuelto, desenvuelto, emprendedor, iniciante.

Necesidad: inepcia, vaciedad, bobería, alelamiento.

Medular: substancial, esencial, fundamental, principal.

Mefítico: ponzoñoso, infecto, fétido, malsano.

Megalomanía: perturbación, vanagloria, delirio de grandeza.

Megalómano: alucinado, perturbado, enajenado, quimerizado.

Mejor: superior, preferible, perfeccionado, mejorado.

Mejorar: avanzar, adelantar, aumentar, aventajar.

Mejoría: alivio, restablecimiento, curación, sanamiento.

Melancolía: tristeza, pesadumbre, abatimiento, languidez.

Melancólico: triste, mustio, mohíno, hipocondriaco.

Melancolizar: entristecer, desanimar, contristar, apesadumbrar.

Melindre: dengue, dulcificado, afectado, nimiado.

Melindroso: delicado, afectado, remilgoso, debilitado.

Melinfluo: dulce, meloso, melificado, melífero.

Meliorar: mejorar, aliviar, ganar, prosperar.

Melodía: armonía, sinfonía, cadencia, consonancia.

Melodrama: drama, tragedia. f-- obra teatral sentimentalizada.

Meloso: dulce, almibarado, melinfluo, afectado.

Mella: deterioro, merma, menoscabo, falla.

Accidental: incidental, contingente, provisional, eventual.

Saludable: higiénico, salubre, sanífero, incontaminado.

Razonamiento: raciocinio, reflexión, discernimiento, deducción.

Morigerado: mesurado, moderado, razonado, equilibrado.

Inferior: peor, malo, bajo, secundario.

Desmerecer: desmejorar, empeorar, desmeritar, desvalorar.

Empeoramiento: agravamiento, declinación, desmejoramiento, periclitación.

Alegría: gozo, júbilo, fruición, alborozo.

Alegre: achispado, jubiloso, jovial, satisfecho.

Alborozar: alegrar, entusiasmar, avivar regocijar.

Fuerte: potente, resistente, sólido, acentuado.

Robusto: fuerte, vigoroso, fornido, resistente.

Amargo: acibarado, acerbo, agrio, acidificado.

Peyorar: perder, deteriorar, despreciar, invalorar.

Cacofonía: inarmonía, discordancia, disonancia, destemplanza.

Extravagancia: ridiculez burla, mofa, sátira.

Hosco: adusto, ceñudo, intratable, fosco.

Aumento: incremento, crecimiento, auge, progreso.

Memorándum: memorando, agenda, recordatorio, comunicación.

Memorar: recordar, rememorar, evocar, mencionar.

Memorativo: recordativo, rememorante, reminiscente, remembrante.

Memoria: retentiva, recuerdo, reminiscencia, estudio.

Mencionar: nombrar, recordar, aludir, referir.

Mendigo: indigente, limosnero, mendigante, pordiosero.

Mendrugo: migaja, pellizco, pizca, pedazo.

Menear: mover, agitar, sacudir, revolver.

Menester: necesidad, falta, apuro, apremio.

Menesteroso: necesitado, pobre, falto, indigente.

Menguar: atenuar, mermar, amainar, reducir.

Menoscabar: deteriorar, reducir, acortar, perjudicar.

Menospreciar: despreciar, desdeñar, rebajar, minimizar.

Mensaje: recado, encargo, noticia, información.

Mentalidad: razón, conocimiento, pensamiento, concepción.

Mentecato: necio, tonto, simple, idiota.

Mentir: fingir, engañar, falsificar, embustir.

Mentís: desmentido, desdicho, denegación, contradicción.

Mentor: guía, consejero, maestro, instructor.

Galimatías: embrollo, confusión, desorden, jerigonza.

Olvidar: omitir, dejar, preterir, descuidar.

Olvidante: omitivo, amnésico, abandonante, despreocupante.

Olvido: desmemoria, amnesia, aturdimiento, inadvertencia.

Omitir: callar, ocultar, silenciar, prescindir.

Rico: adinerado, opulento, fecundo, próspero.

Completo: entero, todo, íntegro, justo.

Aquietar: sosegar, apaciguar, calmar, tranquilizar.

Abundancia: riqueza, profusión, exceso, fortuna.

Opulento: rico, abundante, pudiente, copioso.

Aumentar: crecer, incrementar, acrecentar, añadir.

Incrementar: aumentar, crecer, adicionar, extender.

Justipreciar: valorar, apreciar, evaluar, considerar.

Idea: plan, proyecto, juicio, imagen.

Incapacidad: insuficiencia, ineficiencia, torpeza, ignorancia.

Sensato: cuerdo, hábil, prudente, discreto.

Autentificar: evidenciar, demostrar, probar, aseverar.

Confirmación: ratificación, corroboración, afirmación, sancionamiento.

Anarquista: desorientador, desordenador, disociador, mixtificador.

Menudear: frecuentar, asistir, detallar, pormenorizar.

Generalizar: ampliar, extender, publicar, divulgar.

Menudencia: nadería, minucia, bagatela, nimiedad.

Categoría: clase, condición, esfera, jerarquía.

Menudo: chico, pequeño, corriente, habitual.

Importante: significativo, esencial, notable, valioso.

Meollo: juicio, sensatez, fondo, esencia,

Necedad: sandez estupidez, inepcia, bobada.

Mequetrefe: pelele, monigote, pelagato, muñeco.

Insigne: célebre. famoso, preclaro, ilustre.

Mercadear: negociar, comerciar, traficar, mercantilizar.

Asolar: destruir, arruinar, devastar, pillajear.

Mercadería: mercancía, artículos, géneros, existencia.

Nadería: futilidad, frustería, vacuidad, vaguedad.

Mercancía: objeto, cosa, bien, estupefaciente.

Medio: razón, motivo, circunstancia, causa.

Merced: don, gracia, dádiva, servicio.

Impiedad: irreverencia, indevoción, irrespeto, laicismo.

Mercenario: soldado, combatiente, interesado, dinerista.

Idealista: desinteresado, desprendido, liberal, quimerista.

Mercería: menudencia, bujería, baratija, chuchería.

Ferretería: ferrería, forja, herramentería, argamasa.

Merecer: alcanzar, lograr, meritar, vencer.

Frustrar: perder, fracasar, fallar igualar.

Merecimiento: valía, mérito, virtud, derecho.

Demérito: bajeza, ruindad, vileza, abyección.

Meretriz: ramera, golfa, bagasa, buscona.

Rehabilitada: reformada dignificada, restituida, ennoblecida.

Meridional: austral, antártica, hielífero, surífero.

Septentrional: boreal, ártico, nórdico, norteñal.

Mérito: merecimiento, virtud, estimación, valía.

Desmerecimiento: demérito, desaprobación, minimización, nadización.

Meritorio: digno, alabable, loable, sobresaliente.

Reprochable: censurable reprendible, repudiable, vituperable.

Mermar: reducir, disminuir, menguar, perder.

Aumentar: acrecentar, agregar, agrandar, extender.

Mero: simple, puro, exacto, pez.

Complejo: complicado, difícil, enredado, abstruso.

Merodear: circundar, rodear, reconocer, examinar.

Mestizo: calpamulo, cholo, mulato, ñapango.

Mesura: prudencia, cordura, compostura, gravedad.

Meta: fin, término, objetivo, finalidad.

Metafísico: obscuro, difícil, abstruso, complicado.

Metáfora: figura, tropo, alegoría, traslación.

Metaforizar: figurar, alegorizar, simbolizar, espiritualizar.

Metagogizar: animar, vivificar, humanizar, prosopopeyizar.

Metalizar: dineralizar, materializar. f-- cultivar el afán del dinero.

Metamorfosis: transformación, transmutación, mudanza, mutación.

Metasíquica: ocultismo, transmigración, telepatía, ultratumba.

Meteco: advenedizo, forastero, extraño, intruso.

Meter: incluir, encajar, introducir, ocasionar.

Meticuloso: escrupuloso, concienzudo, minucioso, exacto.

Metido: refutado, impugnado, resistido, colocado.

Metódico: sistemático, cuidadoso, ordenado, dispuesto.

Metodizar: normalizar, sistematizar, regularizar, reglamentar.

Método: norma, regla, orden, precepto.

Mezclar: juntar, agregar, amalgamar, incorporar.

Desconocer: ignorar, insaber, inexplorar, nesciar.

Blanco: níveo, albo, claro, llamativo.

Irreverencia: desacato, irresponsabilidad, desobedicimiento, profanación.

Origen: principio, comienzo, génesis, pedigrí.

Fácil: sencillo, elemental, hacedero, manejable.

Substancia: esencia, principio, valor, importancia.

Objetivar: materializar, substantivar, substancializar, puntualizar.

Deshumanizar: deshumanar, materializar desvitalizar, desanimar.

Desinteresar: liberalizar abnegar, desentenderse, desmetalizarse.

Inalterabilidad: invariabilidad, permanencia, estabilidad, inmutabilidad.

Realismo: objetivismo, materialismo, somatismo, existencialismo.

Oriundo: indígena, aborigen, nativo. autóctono.

Sacar: extraer, quitar, apartar. trasladar.

Irreflexivo: atropellado, atolondrado, inconsecuente, maquinal.

Consenso: conformidad, asentimiento, consentimiento, aprobación.

Desordenado: descuidado, desorganizado, desbarajustado, despreocupado.

Desordenar: descuidar, desorganizar, confundir enfedar.

Desorden: desconcierto, trastorno, entrevero, desbarajuste.

Desembrollar: separar, desunir. apartar, incomunicar.

Mezcolanza: mezcla, revoltijo, lío, promiscuidad.

Mezquindad: avaricia, cicatería, ruindad, sordidez.

Mezquino: tacaño, avaro, infeliz, menguado.

Microbio: bacilo, bacteria, virus, microfito.

Miedo: temor, recelo, ansiedad, espanto.

Mientras: durante, entretanto, momentáneo, circunstancial.

Migaja: partícula, fragmento, pedazo, resto.

Milagro: prodigio, portento, maravilla, fenómeno.

Milagroso: prodigioso, sobrenatural, portentoso, asombroso.

Militar: servir, actuar, figurar, estratega.

Militárico: guerrero, combatiente, beligerante, militarense.

Millonario: rico, acaudalado, potentado, capitalista.

Mimar: halagar, acariciar, regalar, obsequiar.

Mímica: pantomima, mueca, visaje, gesticulación.

Minar: socavar, debilitar, consumir, extinguir.

Ministerio: gabinete, función, ejercicio, empleo.

Ministro: secretario, representante, comisionado, enviado.

Minorar: acortar, atenuar, disminuir, reducir.

Minucia: bagatela, nimiedad, menudencia, nadería.

Separación: ruptura, disolución, discordia, divorcio.

Generosidad: desprendimiento, nobleza, caridad, idealismo.

Generoso: feliz, dichoso, piadoso, noble.

Macroorganismo: macrobacteria, macroinfusorio, macrocéfalo, macrocosmo.

Valentía: valor, virtud, aliento, osadía.

Cese: cesamiento, cesación, interrupción, detención, paralización.

Completo: entero, íntegro, cabal, total.

Artificio: engaño, artimaña, apariencia, ilusión.

Natural: real, propio, verdadero, lógico.

Reposado: pacifista, aquietado, sosegado, conciliador.

Pacífico: tranquilo, pausado, quieto, benigno.

Pobre: indigente, misérrimo, paupérrimo, menesteroso.

Despreciar: desdeñar, desairar, desestimar, denigrar.

Naturalidad: originalidad, propiedad, realidad, inmutabilidad.

Vigorizar: fortalecer, robustecer, tonificar, reforzar.

Vaciedad: necedad, vacuidad, oquedad, vulgaridad.

Torpe: inútil, nulo, vago, ocioso.

Acrecer: aumentar, incrementar, añadir, ponderar.

Importancia: cuantía, trascendencia, magnitud, consideración.

Minucioso: meticuloso, escrupuloso, puntilloso, quisquilloso.

Negligente: descuidado, dejado, indolente, apático.

Minúsculo: mínimo, ínfimo, enano, microscópico.

Mayúsculo: inmenso, máximo, magno, coloso.

Minuta: apunte, esbozo, esquema, agenda.

Desarrollo: aumento, ampliación, crecimiento, incremento.

Miramiento: cautela, circunspección, atención, consideración.

Desaire: desdén, indiferencia, desprecio, desafecto.

Mirar: observar, examinar, atender, considerar.

Inhibir: abstenerse, eximirse, apartarse, alejarse.

Mirífico: asombroso, maravilloso, admirable, portentoso.

Desdeñable: despreciable, repelente, repulsivo, vilipendiable.

Misántropo: huraño, esquivo, insociable, introvertido.

Sociable: afable, comunicativo, efusivo, extrovertido.

Misceláneo: diverso, mezclado, mixto, revuelto.

Natural: puro, propio, común, corriente.

Miserable: desdichado, infeliz, desgraciado, infortunado.

Dichoso: feliz, afortunado, venturoso, fausto.

Miseria: desdicha, desgracia, infortunio, indigencia.

Riqueza: abundancia, holgura, opulencia, fortuna.

Misericordia: lástima, piedad, compasión, conmiseración.

Impiedad: irreverencia, indevoción, irreligiosidad, irrespetuosidad.

Misérrimo: indigente, mendicante, pordiosero, desventurado.

Riquísimo: millonario, acaudalado, capitalista, esplendoroso.

Misión: cometido, delegación, encargo, representación.

Cumplimiento: realización, ejecución, finalización, urbanidad.

Mismo: exacto, propio, igual, idéntico.

Diferente: distinto, diverso, desigual, divergente.

Misógeno: anormal, anómalo, extraño, raro.

Normal: natural, sistemático, metódico, morigerado.

Misoneísmo: tradicionalismo, rutinarismo, antigüismo, involucionismo.

Modernismo: novedismo, evolucionismo, novismo, innovacionismo.

Misoneísta: tradicionalista, conservadurista, antigüista, neófobo.

Modernista: evolucionista, innovista, progresista, neófilo.

Misterio: enigma, secreto, sigilo, arcano.

Revelación: manifestación, descubrimiento, detección, confesión.

Místico: religioso, espiritual, asceta, misterioso.

Hereje: incrédulo, antirreligioso, disidente, discordante.

Mitigar: moderar, aminorar, atenuar, aliviar.

Exasperar: exacerbar, agravar, irritar, enfurecer.

Mixtificar: adulterar, embair, sofisticar, tergiversar.

Esclarecer: dilucidar, aclarar, iluminar, ilustrar.

Mixto: mezclado, compuesto, combinado, alternado.

Simple: sencillo, elemental, uniforme, incauto.

Mito: leyenda, fábula, ficción, tradición.

Realidad: efectividad, concreción, existencia, objetividad.

Mocedad: adolescencia, muchachez, juventud, pubertad.

Vejez: ancianidad, senilidad, vetustez, madurez.

Moción: indicación, proposición, inclinación, concreción.

Realización: ejecución, materialización, terminación, complementación.

Moda: usanza, actualidad, novedad, boga.

Desuso: olvido, cesación, relegación, antigüedad.

Modalidad: manera, peculiaridad, singularidad, propiedad.

· **Extemporaneidad:** ʼinoportunidad, inconveniencia, intempestividad, inadecuación.

Modelar: formar, crear, esculpir, pautar.

Calcar: copiar, reproducir, xerografiar remedar.

Modelo: muestra, pauta, molde, medida.

Copia: remedo, calco, reproducción, xerografía.

Moderación: mesura, sobriedad, templanza, sencillez.

Ostentación: vanidad, vanagloria, inmoderación, fastuosidad.

Moderador: frenador, atenuador, ordenador, contenedor.

Mixtificador: tergiversador, engañador, sofisticador, enmarañador.

Moderar: templar, ajustar, atenuar, aplacar.

Exagerar: ponderar, magnificar, abultar, exacerbar.

Modernidad: actualidad, contemporaneidad, hodiernidad, novedad.

Antigüedad: vetustez, proclividad, prehistoria, inmemorialidad.

Modernizar: renovar, actualizar, rejuvenecer, metamorfosear.

Envejecer: avejentar, aviejar, encanecer, caducar.

Moderno: actual, hoy, nuevo, reciente.

Antiguo: viejo, ayer, vetusto, remoto.

Modestia: humildad, recato, decencia, pudor.

Vanidad: fatuidad, altanería, orgullo, presunción.

Modesto: humilde, reservado, honesto, moderado.

Módico: reducido, limitado, barato, económico.

Modificación: reforma, corrección, enmendatura, rectificación.

Modificar: cambiar, alterar, mudar, variar.

Modismo: forma, giro, manera, copia.

Modo: forma, manera, medio, gusto.

Modorra: letargo, sopor, soñolencia, adormecimiento.

Modulación: entonación, inflexión, regularización, peculiaridad.

Modular: articular, variar, afinar, modificar.

Módulo: tipo, canon, regla, forma.

Mofa: burla, broma, escarnio, ludibrio.

Mohatra: fraude, engaño. f— venta fraudulenta.

Mohíno: apesarado, mustio, triste, melancólico.

Mohoso: herrumbroso, ruginoso, enmohecido, oxidado.

Mojar: remojar, bañar, calar, empapar.

Mojigato: simulador, hipócrita, gazmoño, fariseo.

Mojón: señal, hito, poste, muga.

Moldear: formar, ajustar, moldurar, fundir.

Orgulloso: altivo, soberbio, presumido, jactancioso.

Caro: subido, exagerado, elevado, querido.

Conservación: mantención, preservación, inalterabilidad, inflexibilidad.

Conservar: mantener, guardar, cuidar, preservar.

Antigüedad: vetustez, vejez, proclividad, remoticidad.

Cambio: variación, mutación, alteración, modificación.

Vigilia: Desvelo, insomnio, despierto, abstinencia.

Farfullación: barbotamiento, tartamudez, balbucimiento, inseguridad.

Tartamudear: tartajear farfullar, tartalear balbucir.

Generalización: divulgación, publicación, difusión, estandarización.

Respeto: consideración, estimación, acatamiento, sumisión.

Autenticidad: verdad, corrección, fidedignidad, legitimidad.

Achispado: alegre, jubiloso, contento, feliz.

Inoxidable: inmohecible, inherrumbroso inruginoso, inmohoso.

Secar: enjugar, agostar, desecar, marchitar.

Sincero: llano, abierto, franco, natural.

Escondite: escondrijo, ocultamiento, encubrimiento, encierro.

Deformar: desfigurar, desproporcionar, alterar, cambiar.

Mole: corpulencia, macicez, volumen, magnitud.

Pequeñez: chiquitez, cortedad, parvidad, pigmedad.

Moler: pulverizar, triturar, desmenuzar, machacar.

Unir: juntar, reunir, trabar, fundir.

Molestar: fastidiar, enfadar, enojar estorbar.

Deleitar: agradar, complacer, encantar, amenizar.

Molestia: estorbo, fastidio, asedio, contrariedad.

Delicia: agrado, gozo, complacencia, fruición.

Molicie: blandura, comodidad, deleite, voluptuosidad.

Sacrificio: abnegación, privación, renunciamiento, inmolación.

Molido: triturado, pulverizado, cansado, dolorido.

Reposado: íntegro, sereno, tranquilo, acostado.

Molificar: ablandar, suavizar, emolir, reblandecer.

Endurecer: endurar, robustecer, fortalecer, insensibilizar.

Molondro: poltrón, perezoso, torpe, pigro.

Hábil: ocurrente, diligente, activo, listo.

Mollera: seso, cacumen, cabeza, caletre.

Cuerpo: tronco, espesor, contorno, consistencia.

Momentáneo: transitorio, fugaz, pasajero, instantáneo.

Duradero: perdurable, imperecedero, permanente, ininterrumpido.

Momento: instante, actualidad, circunstancia, coyuntura.

Eternidad: perpetuidad, perdurabilidad, inmortalidad, permanencia.

Momificar: desecar, embalsamar, aromatizar, perpetuar.

Descuidar: olvidar, dejar, abandonar, omitir.

Momio: magro, blanco. f— cosa de poco valor.

Obeso: gordo, adiposo, grueso, cuadrado.

Monarca: soberano, rey, alteza, emperador.

Pelele: monigote, muñeco, inútil, bobalicón.

Monasterio: convento, claustro, abadía, cenobio.

Guarida: cubil, madriguera, antro, cueva.

Mondar: limpiar, purificar, pelar, poder.

Ensuciar: manchar, embadurnar, empañar, tiznar.

Moneda: dinero, pecunio, fondos, plata.

Inopia: indigencia, pobreza, miseria, estrechez.

Monería: monada, gracia, zalamería, arrumaco.

Desprecio: menosprecio, desestimación, desaire, desdén.

Monina: graciosa, divertida, donosa, agraciada.

Desgarbada: desmejorada, desaliñada, desgalichada, desagradable.

Monitor: ayudante, auxiliar, instructor, dependiente.

Superior: rector, director, gerente, jefe.

Monje: religioso, fraile, acólito, ermitaño.

Malandrín: malvado, bellaco, ruin, bribón.

Monogamia: unimarido, unimujer, monomarido, monomujer.

Bigamia: bimarido, bimujer, multimarido, multimujer.

Monolítico: compacto, macizo, consistente, íntegro.

Fragmentario: trozado, fraccionado, despedazado, desintegrado.

Monólogo: soliloquio, recitación, ensimismamiento, aislamiento.

Coloquio: plática, conversación, diálogo, comunicación.

Monomanía: manía, capricho, obsesión, paranoia.

Consecuencia: resultado, conclusión, secuela, inferencia.

Monopolio: concesión, exclusividad, privilegio, estanco.

Competencia: emulación, disputa, competición, convergencia.

Monopolizar: acaparar, centralizar, almacenar, especular.

Distribuir: repartir, racionar, compartir prorratear.

Monotonía: igualdad, uniformidad, regularidad, paralelo.

Variedad: desigualdad, diversidad, mutabilidad, diferencia.

Monstruoso: informe, fenomenal, antinatural, teratológico.

Natural: corriente, común, normal, habitual, espontáneo.

Montar: cabalgar, jinetear, ajustar, preparar.

Bajar: apearse, descabalgar, desmontar desmoronar.

Montepío: socorro, auxilio, protección, beneficio.

Sueldo: emolumento, mensualidad, compensación, remuneración.

Monta: valor, valía, calidad, categoría.

Insignificancia: nulidad, inutilidad, menudencia, nadería.

Montaña: sierra, cordillera, colina, montículo.

Llanura: meseta, planicie, valle, cuenca.

Montañoso: escarpado, abrupto, montuoso, alpinero.

Llano: liso, plano, parejo, palmario.

Montaraz: montés, arisco, agreste, rebelde.

Domado: domesticado, amaestrado, amansado, domeñado.

Montón: cúmulo, pila, porrada, infinidad.

Poquedad: bagatela, minucia, insignificancia, nimiedad.

Monumental: grandioso, inmenso, colosal, fenomenal.

Minúsculo: pequeño, ínfimo, exiguo, mínimo.

Monumento: estatua, obra, sepultura, mausoleo.

Busto: cabeza, recuerdo, efigie, imagen.

Moño: copete, penacho, rodete, orgullo.

Nada: cericio, sombricio, · fluidicia, inmateria.

Mora: tardanza, demora, retraso, dilación.

Puntualidad: exactitud, cumplimiento, precisión, regularidad.

Morada: habitación, vivienda, domicilio, hogar.

Carpa: gajo, lona, llano, campo.

Moral: decoro, ética, pundonor, corrección.

Corrupción: indecencia, deshonestidad, obscenidad, voluptuosidad.

Moraleja: enseñanza, máxima, lección, consejo.

Resultado: consecuencia, circunstancia, motivo, razón.

Moralizar: ejemplarizar, aleccionar, sanear, catequizar.

Corromper: envilecer, pervertir, viciar, podrir.

Moratoria: demora, espera, plazo, prórroga.

Taxatividad: exactitud, puntualidad, precisión, conclusión.

Morbo: afección, epidemia, enfermedad, politiquería.

Inmune: protegido, invulnerable, incólume, exento.

Morbosidad: enfermedad, epidemia, anormalidad, politiquería.

Inmunidad: exención, protección, preservación, incontaminación.

Morboso: enfermizo, endeble, achacoso, anormal.

Sano: entero, robusto, fuerte, potente.

Mordaz: cáustico, sarcástico, insidioso, satírico.

Benigno: apacible, tranquilo, respetuoso, piadoso.

Morder: mordiscar, mordisquear, masticar, murmurar.

Acariciar: mimar halagar, alabar, bientratar.

Moribundo: agonizante, expirante, mortecino, caquéxico.

Naciente: comenzante, germinante, existente, brotante.

Morigeración: templanza, moderación, mesura, sobriedad.

Corrupción: descomposición, putrefacción, perversión, enviciamiento.

Morigerar: moderar, templar, mesurar, contemporanizar.

Viciar: dañar, lesionar, corromper, adulterar.

Morir: fallecer, fenecer, perecer, sucumbir.

Nacer: empezar, germinar existir, brotar.

Morrocotudo: fenomenal, colosal, monumental, titánico.

Insignificante: nimio, poco, vacío, pueril.

Mortal: letal, fatal, mortífero, deletéreo.

Mortandad: matanza, mortalidad, hecatombe, desolación.

Mortificar: atormentar, apesadumbrar, torturar, martirizar.

Mosaico: compuesto, mezclado. f— propio de Moisés.

Mostrar: indicar, señalar, presentar, exhibir.

Mostrenco: torpe, bruto, mesteño, rudo.

Motejar: criticar, calificar, censurar, zaherir.

Motivación: estimulación, incitación, exaltación, incentivación.

Motivar: originar, causar, ocasionar, suscitar.

Motivo: razón, causa, asunto, fundamento.

Mover: desplazar, trasladar, cambiar, inducir.

Movilizar: llamar, levantar, armar, militarizar.

Movimiento: actividad, animación, circulación, movilidad.

Mozalbete: muchachuelo, mozuelo, chicuelo, lolillo.

Muchedumbre: gentío, multitud, infinidad, abundancia.

Mucho: bastante, suficiente, numeroso, abundante.

Mudanza: cambio, traslado, mutación, variación.

Mudar: alterar, cambiar, variar, transformar.

Mueca: gesto, mohín, visaje, contorsión.

Muelle: suave, blando, delicado, flexible.

Vital: activo, eficaz, vivificante, nutritivo.

Salvación: conservación, preservación, creación, nacimiento.

Agradar: contentar, complacer, animar, vivificar.

Simple: sencillo, elemental, único, circunspecto.

Esconder: ocultar, encerrar, encubrir, contener.

Culto: letrado, instruido, ocurrente, despierto.

Aplaudir: alabar, elogiar, encomiar, felicitar.

Desaliento: desánimo, amilanación, esquivamiento, rehusamiento.

Eludir: rehusar, obviar, soslayar, esquivar.

Consecuencia: deducción, inferencia, resultado.

Fijar: colocar, consolidar, sujetar, estabilizar.

Licenciar: despedir, despachar, autorizar, consentir.

Interrupción: detención, impedimento, entorpecimiento, frenada.

Príncipe: infante, alteza, soberano, señorito.

Escasez: insuficiencia, falta, exigüidad, inopia.

Poco: escaso, limitado, corto, falto.

Inalterabilidad: estabilidad, fijeza, permanencia, imperturbabilidad.

Fijar: sujetar, clavar, consolidar, determinar.

Naturalidad: sencillez, llaneza, simplicidad, expresión.

Tosco: áspero, vulgar, brusco, inculto.

Muérgano: mamarracho, inútil. f— persona. de mal aspecto.

Galano: gallardo, distinguido, airoso, esbelto.

Muestra: prueba, señal, indicio, modelo.

Copia: remedo, imitación, plagio, facsímil.

Muestrario: selección, colocación, catálogo, repertorio.

Envoltorio: paquete, fardo, baúl, maleta.

Mugir: rugir, tronar, bramar, resonar.

Callar: silenciar, sigilar, enmudecer, reservar.

Mujeriego: enamorado, mocero, faldero, damero.

Sobrio: moderado, ponderado, mesurado, cauteloso.

Multa: pena, castigo, sanción, deterioro.

Premio: galardón, medalla, distinción, estímulo.

Multiplicar: reproducir, acrecentar, procrear, amplificar.

Dividir: separar, fraccionar, distribuir, compartir.

Multitud: infinidad, muchedumbre, gentío, afluencia.

Escasez: estrechez, inopia, carencia, indigencia.

Mullir: ahuecar, esponjar, ablandar, acoginar.

Endurecer: fortalecer, robustecer, insensibilizar, empedernir.

Mundano: terrenal, profano, frívolo, mundanal.

Espiritual: anímico, síquico, intangible, imperceptible.

Mundial: universal, global, internacional, orbal.

Nacional: particular, patrio, territorial, estatal.

Mundología: tacto, tino, cortesía, vivencia.

Rusticidad: tosquedad, rudeza, torpeza, vacuidad, incultura.

Munición: armamento, pertrechos, bastimento, provisión.

Efecto: resultado, consecuencia, secuela, derivación.

Municipio: comuna, ayuntamiento, cabildo, consistorio.

Aldea: villorrio, caserío, poblado, villa.

Munificencia: generosidad, liberalidad, esplendidez, excelsitud.

Avaricia: codicia, mezquindad, tacañería, cicatería.

Muñequear: proteger, amparar, favorecer, mixtificar.

Atacar: embestir, arremeter, asaltar, invadir.

Murmullo: rumor, susurro, bisbiseo, murmurio.

Encomio: alabanza, loa, aplauso, palmoteo.

Murmuración: censura, crítica, mascullamiento, desacreditamiento.

Ensalzamiento: realce, ponderación, celebración, exaltación.

Murmurar: susurrar, musitar, criticar, refunfuñar.

Aplaudir: palmotear, enaltecer, alabar, ensalzar.

Museo: exposición, exhibición, presentación, galería.

Teatro: coliseo, escenario, pantalla, telón.

Música: armonía, melodía, concierto, concordancia.

Cacofonía: discordancia, desarmonía, incoherencia, desafinamiento.

Musicólogo: musicómano, melómano, armoniómano, melodiómano.

Melófobo: armoniófobo, melodiófobo, conciertófobo, concordiáfobo.

Mustio: lacio, marchito, mohíno, triste.

Lozano: airoso, gallardo, jovial, galano.

Mutar: cambiar, mudar, variar, transformar.

Permanecer: continuar, seguir, mantener, persistir.

Mutación: cambio, variación, alteración, modificación.

Permanencia: estabilidad, firmeza, duración, persistencia.

Mutilar: cercenar, cortar, truncar, amputar.

Conservar: cuidar, mantener, preservar salvaguardar.

Mutismo: silencio, mudez, sigilo, mudización.

Conservación: charla, parlación, diálogo, plática.

Mutualidad: corporación, unión, solidaridad, previsionalidad.

Bifurcación: separación, disociación, desmembramiento, disgregación.

N

Nacer: germinar, brotar, provenir, emerger.

Naciente: nuevo, inicial, levante, oriente.

Nacimiento: origen, principio, fuente, natividad.

Nación: país, estado, pueblo, potencia.

Nacionalismo: preferencia, inclinación, nativismo, autoctonismo.

Nada: sombricio, inmateria, inexistencia.

Nadería: cericia, fluidicia, esfumicio, extinguicio.

Nadizar: nadificar, vanificar, vacuizar, nulizar.

Narcótico: estupefacienté, dormitivo, alcaloide, soporífero.

Narración: relato, relación, exposición, narrativa.

Narrar: relatar, referir, contar, describir.

Natalicio: aniversario, cumpleaños, nacimiento, conmemoración.

Perecer: fenecer, extinguirse, terminar, concluir.

Poniente: occidente, oeste, ocaso, decadencia.

Consecuencia: deducción, corolario, resultado, inferencia.

Región: provincia, distrito, zona, departamento.

Extranjerismo: foranismo, forasterismo, exoterismo, chovinismo.

Todo: entero, completo, cabal, conjunto.

Categoría: rango, graduación, jerarquía, posición.

Abundar: existir pulular, aumentar, acrecer.

Excitante: estimulante, incitante, exhortante, irritante.

Callamiento: silencio, encubrimiento, mudez, mudización.

Callar: enmudecer, silenciar, omitir, esconder.

Óbito: muerte, defunción, fallecimiento, sucumbimiento.

Nativo: autóctono, oriundo, nato, originario.

Foráneo: extranjero, forastero, extraño, inmigrante.

Nato: nacido, puro, original, intacto.

Muerto: difunto, inerte, inmóvil, occiso.

Natural: nativo, original, legítimo, oriundo.

Artificial: falso, ficticio, aparente, ilusorio.

Naturaleza: esencia, substancia, especie, natura.

Razón: causa, motivo, móvil, lógica.

Naturalidad: sencillez, franqueza, espontaneidad, llaneza.

Afectación: doblez, amaneramiento, disimulo, hipocresía.

Naturalizar: nacionalizar, habituar, aclimatar, introducir.

Extranjerizar: foranizar, desnaturalizar, desalentar.

Naufragar: zozobrar, hundirse, sumergirse, fracasar.

Flotar: nadar, emerger, ondular, flamear.

Náusea: arcada, vómito, asco, disgusto.

Apetito: hambre, apetencia, deseo, bulimia.

Nauseabundo: inmundo, asqueroso, repugnante, repulsivo.

Atractivo: captante, granjeante, aliciente, cautivante.

Navegación: náutica, singlación, bogación, fluvialización.

Fondeo: recalación, anclaje, atraque, detención.

Navegar: singlar, bojear, timonear, gobernar.

Recalar: atracar, fondear, anclar, encorar.

Nebuloso: nublado, brumoso, sombrío, confuso.

Despejado: claro, abierto, avisado, expedito.

Necedad: estupidez, sandez, bobada, desatino.

Sensatez: acierto, discreción, cordura, razonabilidad.

Necesario: forzoso, indispensable, ineludible, imprescindible.

Superfluo: innecesario, inútil, sobrado, sobrante.

Necesidad: penuria, azar, indigencia, miseria.

Holgura: desahogo, alivio, acomodo, esparcimiento.

Necesitar: requerir, precisar, demandar, apremiar.

Sobrar: exceder, rebosar, quedar, holgar.

Necio: inepto, torpe, incapaz, zafio.

Listo: despierto, prudente, presto, veloz.

Necrópolis: cementerio, camposanto, mausoleo, panteón.

Floresta: arboleda, bosque, selva, follaje.

Néctar: jugo, elixir, licor, refresco.

Sed: necesidad, anhelo, deseo, dipsomanía.

Nefario: malvado, impío, inhumano, salvaje.

Benigno: humano, clemente, benévolo, piadoso.

Nefasto: aciago, funesto, adverso, siniestro.

Negar: denegar, rehusar, objetar, rechazar.

Negativa: negación, denegación, impedimento, vedamiento.

Negligencia: dejadez, abandono, pereza, ignavia.

Negligente: dejado, desidioso, omiso, descuidado.

Negociar: tratar, manejar, ventilar, comerciar.

Negociación: tratativa, convenio, acuerdo, equiparidad.

Negocio: comercio, negociación, tráfico, "afer" (affaire).

Neófito: bisoño, novato, novicio, novel.

Nequicia: maldad, perversidad, corrupción, depravación.

Nervio: tendón, aponeurosis, energía, vigor.

Nervioso: sensible, excitable, perturbado, neurasténico.

Nesciencia: ignorancia, necedad, bobería, aberración.

Neto: claro, limpio, inmaculado, diáfano.

Neurálgico: preocupante, inquietante, impactante, neurodoliente.

Neurótico: neurasténico, neurópata, histérico, hipocondriaco.

Neutralizar: contrarrestar, oponer, anular, detener.

Neutro: neutral, imparcial, justo, equitativo.

Nexo: vínculo, enlace, nudo, lazo.

Dichoso: alegre, regocijado, feliz, risueño.

Afirmar: aseverar, asegurar, confirmar ratificar.

Afirmación: aserción, aseveración, certificación, atestiguamiento.

Diligencia: actividad, atención, rapidez, prisa.

Atento: diligente, activo, cuidadoso, solícito.

Acertar: atinar, encontrar resolver, solucionar.

Desacuerdo: desavenencia, disconformidad, disentimiento, discrepancia.

Estudio: examen, observación, análisis, lucubración.

Avezado: diestro, experto, ducho, baqueano.

Virtud: probidad, bondad, integridad, verecundia.

Apatía: displicencia, negligencia, flema, desidia.

Tranquilo: apacible, reposado, calmado, reflexivo.

Sapiencia: saber, sabiduría, conocimiento, ilustración.

Sucio: empañado, obscurecido, tiznado, maculado.

Tranquilizante: sedante, calmante, aquietante, paliativo.

Fortalecido: reconfortado, animado, controlado, vivificado.

Eludir: rehusar, esquivar, soslayar, sortear.

Parcial: arbitrario, injusto, secuaz, fraccionario.

Separación: aislamiento, alejamiento, reclusión, apartamiento.

Nicho: fosa, sepultura, tumba, cripta.

Nielar: componer, engalanar; aderezar, adornar.

Nimiedad: poquedad, cortedad, pequeñez, banalidad.

Nimio: banal, ocioso, mezquino, significante.

Ninfa: sílfide, sirena, ondina, duende.

Ninfómana: lúbrica, lasciva, lujuriosa, sensualista.

Ninfomanía: exacerbación, sensualidad. f—sexualidad femenina.

Nihilismo: negación, incredulidad, ateísmo, irreverencia.

Nihilista: incrédulo, impío, ateo, desconfiado.

Niño: crío, bebé, nene, pibe.

Nitidez: pureza, limpidez, claridad, transparencia.

Nítido: claro, limpio, brillante, impoluto.

Nivelar: emparejar, allanar, aplanar, equiparar.

Noble: ilustre, preclaro, hidalgo, distinguido.

Nobleza: hidalguía, distinción, elevación, aristocracia.

Noción: idea, comienzo, rudimento, sentido.

Nocivo: dañino, pernicioso, perjudicial, tóxico.

Noctámbulo: trasnochador, noctívago, sonámbulo; pernoctívago.

Noche: sombra, tinieblas, obscuridad, vigilia.

Fondo: base, asiento, cimiento, radiel.

Deslucir: descomponer, deteriorar, desaliñar, estropear.

Importante: valioso, esencial, conveniente, cardenal.

Importante: valioso, esencial, conveniente, cardenal.

Bailarina: danzarina, bayadera, danzante, artista.

Casta: correcta, púdica, pudorosa, continente.

Ponderación: normalidad, parsimonia, parquedad, frugalidad.

Creencia: convicción, confianza, piedad, religiosidad.

Creyente: crédulo, pío, devoto, confiante.

Viejo: veterano, anciano, antiguo, derruido.

Nebulosidad: brumosidad, opacidad, obscuridad, tristeza.

Nebuloso: brumoso, opaco, turbio, abstruso.

Desnivelar: desplomar desigualar, diferenciar, rebajar.

Plebeyo: vulgar, ordinario, rústico, innoble.

Plebeyez: inferioridad, vulgaridad, bajeza, villanía.

Nesciencia: ignorancia, desconocimiento, incultura, aberración.

Beneficioso: provechoso, benéfico, saludable, conveniente.

Diámbulo: albívago, madrugador, luzámbulo, nómada.

Día: claridad, diafanidad, alba, aurora.

Nómada: errante, ambulante, gitano, vagabundo.

Sedentario: estable, estacionario, aposentado, permanente.

Nombrar: designar, elegir, escoger, seleccionar.

Deponer: destituir exonerar privar, separar.

Nombre: distintivo, apelativo, título, reputación.

Anónimo: desconocido, ignorado, innominado, anodino.

Nómina: lista, registro, control, asiento.

Circunstancia: razón, motivo, móvil, causa.

Nominar: nombrar, designar, llamar, titular.

Desestimar: ignorar, desconocer, rechazar, desechar.

Nonada: nadería, bagatela, frivolidad, exigüidad.

Trascendencia: importancia, efecto, consecuencia, vastedad.

Norma: pauta, guía, regla, principio.

Anarquía: confusión, embrollo, barullo, desorden.

Normal: común, habitual, corriente, cotidiano.

Insólito: anómalo, anormal, irregular, inaudito.

Normalizar: regularizar, sistematizar, metodizar, pautar.

Desordenar: trastornar, desconcertar, desbaratar, desorientar.

Normativa: regla, método, sistema, procedimiento.

Desconcierto: trastorno, desbarajuste, confusión, contradicción.

Norte: septentrión, dirección, orientación, finalidad.

Sur: antártico, austro, horizonte, desorientación.

Nosocomio: hospital, clínica, consultorio, policlínica.

Campiña: campo, arboleda, parque, recreación.

Nostalgia: añoranza, evocación, recordación, reminiscencia.

Alegría: contento, satisfacción, júbilo, alborozo.

Nota: apunte, dato, informe, cuestión.

Tacha: censura, tilde, crítica, baldón.

Notable: valioso, importante, insigne, prestigioso.

Insignificante: íntimo, nimio, fútil, exiguo.

Notar: señalar, observar, reparar, advertir.

Inadvertir: olvidar, descuidar, omitir, distraer.

Noticia: conocimiento, suceso, novedad, anuncio.

Ignorancia: desconocimiento, nesciencia, incultura, ignariedad.

Notificación: comunicación, participación, anunciamiento, información.

Ocultamiento: encubrimiento, velamiento, encerramiento, escondite.

Notificar: informar, anunciar, comunicar, participar.

Esconder: ocultar, encubrir, contener, encerrar.

349

Notoriedad: fama, nombradía, celebridad, reputación.

Notorio: palmario, manifiesto, palpable, patente.

Novar: renovar, cambiar, remplazar trocar.

Novato: novel, novicio, neófito, aprendiz.

Novedad: noticia, actualidad, creación, innovación.

Novela: ficción, narración, fábula, entretención.

Novicio: principiante, aprendiz, bisoño, aficionado.

Novísimo: reciente, modernísimo, flamante, singular.

Novizar: estrenar, primerizar, recientizar, debutar.

Nube: barda, nubarrón, velo, cortina.

Núbil: desposable, matrimoniable. f— mujer apta para casarse.

Núcleo: centro, meollo, médula, corazón.

Nudo: medida, unión, lazo, dificultad.

Nuevo: fresco, flamante, actual, reciente.

Nulidad: caducidad, invalidez, inutilidad, incapacidad.

Numen: inspiración, ingenio, inventiva, intuición.

Numerar: foliar, cifrar, marcar, señalar.

Numerario: numeral, efectivo, activo, pecuniario.

Número: cifra, cantidad, guarismo, categoría.

Anonimato: desconocimiento, incógnita, anodinario, poquedad.

Desconocido: ignorado, inadvertido, opacado, invalorado.

Resolver: solucionar, enfrentar, afrontar, determinar.

Veterano: anciano, viejo, antiguo, añejo.

Tradición: costumbre, hábito, familiaridad, leyenda.

Realidad: materialidad, objetividad, concreción, existencia.

Experto: perito, fogueado, ducho, decano.

Caduco: antiguo, añejo, marchito, vetusto.

Contener: refrenar, reprimir, dominar, moderar.

Claridad: despejez, luminosidad, limpidez, llaneza.

Inúbil: inmatrimoniable, inconyugable. f— mujer no apta para desposarse.

Necedad: nimiedad, vaciedad, sandez, bobería.

Motivo: razón, fin, objetivo, circunstancia.

Viejo: usado, ajado, deteriorado, caduco.

Validez: vigencia, valía, duración, irrevocabilidad.

Impavidez: impasibilidad, insensibilidad, indiferencia, displicencia.

Anular: revocar, abolir, invalidar, tachar.

Honorario: honorífico, meritorio, plausible, benemérito.

Sonsería: tontería, necedad, bobería, majadería.

Nuncio: enviado, emisario, ministro, representante.

Nupcias: casamiento, boda, matrimonio, desposamiento.

Nutrición: alimentación, manutención, nutrimiento, sustentación.

Nutrir: alimentar, sustentar, mantener, aumentar.

Nutritivo: alimenticio, sustancioso, nutricio, suculento.

Conserje: mayordomo, ordenanza, portero, vigilante.

Solterío: celibato, libertad, solitariedad, misoginismo.

Desnutrición: debilitamiento, extenuación, escualidez, pauperismo.

Ayunar: abstenerse, privarse, desnutrirse, desalimentarse.

Insubstancial: debilitante, enflaqueciente, desnutricional, atrofiante.

Ñagaza: señuelo, cebo, engaño, emboscada.

Ñangar: desfigurar, deformar, falsear, camuflar.

Ñato: chato, romo, mocho, despuntado.

Ñeque: fuerte, vigoroso, hábil, ocurrente.

Ñoñería: ñoñez, necedad, sandez, simpleza.

Ñoñicio: consentido, mimado, indesarrollado, tonticio.

Ñoño: corto, apocado, remilgado, quejoso.

Verdad: realidad, evidencia, autenticidad, certidumbre.

Conformar: figurar, delinear, adaptar, concordar.

Aguzado: afilado, puntiagudo, avivado, estimulado.

Débil: enteco, decaído, achacoso, famélico.

Decisión: firmeza, determinación, ánimo, resolución.

Despierto: avivado, ocurrente, discurrente, iniciático.

Decidido: valiente, resuelto, impulsivo, impávido.

Oasis: vegetación, manantial, alivio, consuelo.

Obcecación: ofuscamiento, ceguera, obstinación, porfía.

Obcecarse: obstinarse, enceguecerse, emperrarse, ofuscarse.

Obedecer: acatar, cumplir, respetar, someterse.

Obediencia: sumisión, disciplina, docilidad, acatamiento.

Obertura: preludio, introducción, sinfonía, armonía.

Obesidad: adiposidad, gordura, corpulencia, abultamiento.

Óbice: impedimento, embarazo, estorbo, inconveniente.

Óbito: fallecimiento, defunción, fenecimiento, deceso.

Objeción: observación, impugnación, réplica, oposición.

Objetar: oponer, refutar, replicar, cuestionar.

Objetivo: meta, fondo, motivo, propósito.

Desierto: yermo, despoblado, estepa, abandono.

Claridad: diafanidad, luminosidad, transparencia, limpidez.

Liberarse: vedar, entregar, abandonar, olvidar.

Contravenir: desobedecer, desacatar, rebelarse, vulnerar.

Rebeldía: alzamiento, sublevación, sedición, levantamiento.

Conclusión: final, término, epílogo, resultado.

Delgadez: flaqueza, escualidez, demacración, enflaquecimiento.

Facilidad: expedición, desenvoltura, presteza, diligencia.

Nacimiento: principio, comienzo, origen, fuente.

Aprobación: consentimiento, afirmación, evidencia, confirmación.

Confirmar: afirmar, aprobar, aseverar, acreditar.

Imaginario: supuesto, irreal, falso, fantástico.

Objeto: materia, cosa, asunto, finalidad.

Idea: imagen, concepto, noción, diseño.

Oblación: ofrenda, dádiva, obsequio, sacrificio.

Rechazo: repudio, impugnación, desestimación, repulsión.

Oblicuo: inclinado, sesgado, soslayado, diagonal.

Derecho: directo, recto, paralelo, erguido.

Obligación: imposición, exigencia, deber, necesidad.

Facultad: derecho, atribución, potestad, poder.

Obligar: exigir, compeler, imponer, impulsar.

Permitir: consentir, autorizar, facultar, acceder.

Obligatorio: necesario, indispensable, forzoso, ineludible.

Voluntario: libre, emancipado, independiente, autónomo.

Obliterar: obturar, obstruir, cerrar, clausurar.

Abrir: hendir, destapar, separar, desligar.

Obra: faena, labor, producto, composición.

Forma: diseño, estructura, conformación, tamaño.

Obrar: hacer, plasmar, operar, funcionar.

Paralizar: detener, inmovilizar, suspender, impedir.

Obrero: trabajador, jornalero, asalariado, operario.

Empleador: patrón, dueño, señor, principal.

Obsceno: licencioso, lúbrico, lascivo, lujurioso.

Púdico: pudoroso, decente, honesto, correcto.

Obscurecer: encapotarse, ensombrecerse, deslucir, deslustrar.

Abrillantar: resplandecer, pulimentar, aclarar, amanecer.

Obsecuente: sumiso, dúctil, obediente, manejable.

Renuente: rebelde, reacio, desobediente, insumiso.

Obsequio: regalo, agasajo, presente, deferencia.

Descortesía: desconsideración, desatención, desabrimiento, desprecio.

Observación: atención, advertencia, examen, reflexión.

Desatención; descortesía, desaire, despreocupación, negligencia.

Observancia: cumplimiento, observación, acatamiento, respeto.

Desacato: desprecio, invaloración, desobediencia, irrespeto.

Observar: escudriñar, vigilar, respetar, advertir.

Distraerse: desatender, desadvertir, desoír, abandonar.

Obsesión: manía, sicosis, prejuicio, preocupación.

Ecuanimidad: mesura, equidad, juicio, razón.

Obsolecto: anticuado, caduco, antiguo. f--caído en desuso.

Moderno: actual, nuevo, flamante, reciente.

Obsolescente: caducante, envejeciente, desusante, inhabituante.

Hodierniente: actualizante, novizante, modernizante, flamantizante.

Obstáculo: dificultad, impedimento, óbice, tropiezo.

Facilidad: posibilidad, expedición, disposición, complacencia.

Obstar: obviar, impedir, estorbar, contrariar.

Facilitar: posibilitar, simplificar, allanar, proveer.

Obstinación: porfía, testarudez, pertinacia, intransigencia.

Docilidad: disciplina, subordinación, sumisión, obediencia.

Obstrucción: oclusión, cierre, impedimento, dificultad.

Abrimiento: cerramiento, destapamiento, taladramiento, horadación.

Obstruir: cerrar, tapar, obturar, atascar.

Abrir: destapar, perforar, horadar, trepanar.

Obtención: logro, beneficio, alcance, adquisición.

Pérdida: daño, perjuicio, merma, menoscabo.

Obtener: conseguir, alcanzar, lograr, adquirir.

Perder: malograr, destruir, deteriorar, desorientarse.

Obturar: obstruir, cerrar, tapar, ocluir.

Hendir: abrir, franquear, separar, destapar.

Obtuso: lerdo, tardo, torpe, necio.

Astuto: listo, sagaz, despierto, diestro.

Obvención: emolumento, remuneración, gratificación, estipendio.

Regalo: obsequio, presente, dádiva, donativo.

Obviar: evitar, prevenir, eludir, precaver.

Entorpecer: estorbar, dificultar, impedir, suscitar.

Obvio: manifiesto, claro, notorio, evidente.

Obscuro: opaco, sombrío, lóbrego, complicado.

Ocasión: oportunidad, circunspección, motivo, contingencia.

Dilema: alternativa, disyuntiva, opción, conflicto.

Ocasional: fortuito, accidental, eventual, imprevisto.

Determinado: resuelto, decidido, dispuesto, establecido.

Ocasionar: causar, originar, producir, promover.

Suceder: ocurrir, acaecer, acontecer, concurrir.

Ocaso: oeste, poniente, decadencia, crepúsculo.

Esplendor: brillo, magnificencia, auge, incremento.

Occidental: ponéntico, poentisco, poniental, decadencial.

Oriental: naciente, levante, amanecer, aparición.

Ocio: vago, haragán, vano, inútil.

Trabajo: labor, función, actividad, lucubración.

Ociosidad: holganza, pereza, holgazanería, poltronería.

Diligencia: actividad, operatividad, presteza, esmero.

Ocioso: inactivo, parado, desocupado, inoperante.

Activo: operante, eficaz, eficiente, enérgico.

Ocluir: cerrar, obturar, tapar, clausurar.

Abrir: destapar, descubrir, taladrar, horadar.

Ocular: presenciar, observar, mirar, inspeccionar.

Ausentar: alejar, ahuyentar, anular, invidentar.

Ocultar: esconder, encubrir, disfrazar, disimular.

Descubrir: encontrar, hallar, destapar, exhumar.

Oculto: encubierto, invisible, escondido, disfrazado.

Visible: manifiesto, evidente, notorio, perceptible.

Ocupación: trabajo, empleo, posesión, faena.

Renuncia: dejación, abandono, dimisión, contradicción.

Ocupar: morar, asaltar, habitar, invadir.

Evacuar: dejar, abandonar, desocupar, retroceder.

Ocurrir: suceder, acontecer, acaecer, sobrevenir.

Originar: ocasionar, causar, provocar, motivar.

Ocurrencia: suceso, ocasión, circunstancia, ingenio.

Simpleza: necedad, sandez, bobada, desatino.

Odalisca: concubina, turca. f— mujer del harén.

Esposa: cónyuge, consorte, pareja, compañera.

Odiar: abominar, aborrecer, detestar, despreciar.

Amar: querer, estimar, apasionar, adorar.

Odioso: detestable, execrable, repelente, antipático.

Simpático: amable, agradable, atractivo, gentil.

Odisea: aventura, riesgo, contingencia, incidencia.

Normalidad: regularidad, habitualidad, seguridad, tranquilidad.

Odorífico: odorante, aromático, perfumado, balsámico.

Pestilente: maloliente, hediondo, pestífero, nauseabundo.

Ofender: insultar, ultrajar, herir, dañar.

Alabar: elogiar, encomiar, adular, exaltar.

Ofensa: insulto, agravio, ultraje, injuria.

Alabanza: elogio, aplauso, loor, ensaltecimiento.

Ofensivo: injurioso, afrentoso, insultante, atacante.

Lisonjero: adulador, halagador, zalamero, laudatorio.

Oferente: proponente, brindante. f— persona que ofrece.

Resolvente: solucionante, decidor. f— persona que resuelve.

Oferta: promesa, ofrecimiento, propuesta, proposición.

Resolución: dilema, problema, disyuntiva, providencia.

Oficial: legal, público, solemne, secretario.

Servicial: oficioso, extraoficial, solícito, mediador.

Oficializar: validar, aprobar, sancionar, autorizar.

Invalidar: anular, desautorizar, incapacitar, inhabilizar.

Oficiar: celebrar, solemnizar, comunicar, participar.

Denigrar: infamar murmurar, calumniar, desacreditar.

Oficina: escritorio, despacho, agencia, bufete.

Trabajo: labor, faena, función, actividad.

Oficio: ocupación, trabajo, labor, empleo.

Júbilo: animación, entusiasmo, contento, alborozo.

Oficioso: solícito, servicial, diligente, laborioso.

Indiferente: apático, displicente, discreto, flemático.

Ofrecer: brindar, ofrendar, prometer, proponer.

Resolver: determinar, decidir, solucionar, enfrentar.

Ofuscar: perturbar, confundir, alucinar, trastornar.

Esclarecer: iluminar, dilucidar, aclarar, explicar.

Oír: escuchar, atender, sentir, percibir.

Desatender: desoír, denegar, omitir incomunicar.

Ojear: mirar, exminar, trasojar revisar.

Inhibirse: retraerse, abstenerse, apartarse, prohibirse.

Ojeriza: inquina, antipatía, aversión, malquerencia.

Simpatía: afinidad, inclinación, propensión, atracción.

Oleaginoso: oleoso, aceitoso, grasiento, untoso.

Seco: exprimido, marchito, enjuto, chupado.

Oler: olfatear, husmear, sospechar, inquirir.

Distraer: desviar, separar, apartar, retirar.

Oligarquía: supremacía, familiarismo. f— gobierno de pocos.

Oclocracia: plebemanía, muchedumbre. f— gobierno ejercido por la multitud.

Oligofrenia: incapacidad, mediocridad, deficiencia metal, insuficiencia síquica.

Inteligencia: habilidad, capacidad, intelección, razonamiento.

359

Olímpico: engreído, orgulloso. f— relativo a la olimpiada.

Humilde: modesto, sumiso, dócil, sencillo.

Ológrafo: autógrafo, autoescritural, manuscritural, autoquirográfico.

Dactilógrafo: mecanógrafo, obségrafo, electrógrafo, mimeógrafo.

Olvidar: abandonar, desatender, descubrir, preterir.

Recordar: evocar, rememorar, acordarse, retener.

Olvido: amnesia, negligencia, desmemoria, omisión.

Memoria: retentiva, recuerdo, reminiscencia, evocación.

Ominoso: aciago, execrable, odioso, siniestro.

Fausto: alegre, feliz, afortunado, dichoso.

Omisión: dejadez, descuido, supresión, laguna.

Atención: cuidado, preocupación, vigilancia, urbanidad.

Omiso: remiso, flojo, dejado, descuidado.

Atento: aplicado, cuidadoso, esmerado, cortés.

Omitir: callar, prescindir, suprimir, descuidar.

Atender: escuchar, oír, considerar, advertir.

Omnímodo: autoritario, absoluto, omnipotente, tiránico.

Libertario: rebelde, inconformista, revolucionario, subversivo.

Omnisciencia: sabiduría, sapiencia. f— conocimiento de todas las cosas.

Nesciencia: ignorancia, desconocimiento, insapiencia, analfabetismo.

Omnisciente: omniscio, sabio, erudito, Dios.

Ignorante: ignaro, inculto, indocto, nesciente.

Onda: oscilación, ondulación, sinuosidad, curvatura.

Inmovilidad: inactividad, pasividad, invariabilidad, tranquilidad.

Ondear: flamear, ondular, fluctuar, serpentear.

Inmovilizar: detener, parar, atajar, estancar.

Oneroso: gravoso, pesado, molesto, dispendioso.

Barato: módico, económico, rebajado, conveniente.

Opaco: sombrío, obscuro, turbio, velado.

Transparente: claro, limpio, cristalino, diáfano.

Opción: elección, selección, posibilidad, alternativa.

Coacción: imposición, exigencia, violencia, apremio.

Operación: maniobra, movimiento, evolución, ejecución.

Inactividad: inacción, sosiego, tregua, descanso.

Operar: realizar, ejecutar, maniobrar, negociar.

Escoliar: comentar, explicar, acotar, anotar.

Operativo: obrante, ejecutante, activo, actuante.

Inoperante: sosegado, inactivo, abstenido, cómodo.

Opinar: juzgar, calificar, discurrir, apreciar.

Concordar: convenir, converger, concertar, permitir.

Opinión: juicio, concepto, parecer, criterio.

Necedad: bobería, estolidez, desatino, inepcia.

Opíparo: abundante, copioso, espléndido, suculento.

Escaso: poco, exiguo, limitado, insuficiente.

Oponer: enfrentar, impugnar, contradecir, objetar.

Aceptar: consentir, reconocer, facilitar, admitir.

Oportunidad: ocasión, coyuntura, conveniencia, casualidad.

Inoportunidad: inconveniencia, contrariedad, disconformidad, despropósito.

Oportuno: adecuado, conveniente, pertinente, favorable.

Inadecuado: impropio, extemporáneo, incongruente, inoportuno.

Oposición: contraste, desacuerdo, antítesis, impugnación.

Conformidad: acuerdo, consentimiento, resignación, anuencia.

Opresión: dominación, avasallamiento, subyugación, aherrojamiento.

Libertad: emancipación, independencia, autonomía, liberación.

Oprimir: apretar, comprimir, agobiar, esclavizar.

Libertar: soltar, liberar, redimir, emancipar.

Oprobio: afrenta, vergüenza, agravio, ignominia.

Honor: honra, fama, virtud, honestidad.

Optar: escoger, elegir, preferir, adoptar.

Desechar: rechazar excluir apartar, renunciar.

Optativo: electivo, opcional, selectivo, admitivo.

Renunciativo: desistente abandonante, dimitivo, dejante.

Optimar: optimizar, refinar, meliorar, perfeccionar.

Empeorar: agravar malignar periclinar, estropear.

Optimismo: confianza, tranquilidad, seguridad, esperanza.

Pesimismo: derrotismo, frustración, desfallecimiento, fiasco.

Óptimo: abundante, cuantioso, copioso, rico.

Indigente: pobre, desvalido, necesitado, cuitado.

Opuesto: contrario, adverso, antagónico, divergente.

Favorable: propicio, oportuno, auspicioso, promisorio.

Opugnar: rebatir, contradecir, dificultar oponer.

Conformar: ajustar adaptar, complacer, concordar.

Opulencia: abundancia, exuberancia, copiosidad, fortuna.

Indigencia: pobreza, miseria, inopia, estrechez.

Opulento: pudiente, adinerado, abundante, ubérrimo.

Indigente: pobre, desvalido, escaso, exiguo.

Opúsculo: ensayo, intento, prueba, experiencia.

Libelo: panfleto, pasquín, burla, epigrama.

Oquedad: vacío, cavidad, hueco, ventana.

Prominencia: saliente, relieve, elevación, protuberancia.

Oración: rezo, plegaria, jaculatoria, invocación.

Disquisición: examen, discusión, investigación, análisis.

Oráculo: vaticinio, augurio, profecía, predicción.

Evidencia: certeza, certidumbre, convicción, demostración.

Oral: verbal, bucal, diccional, expresional.

Escrito: manuscrito, textual, redactado, concebido.

Orar: rezar, rogar, pedir, implorar.

Blasfemar: maldecir, renegar, jurar, imprecar.

Oratoria: retórica, elocuencia, dialéctica, facundia.

Premiosidad: dificultad, encogimiento, mudicia, analocución.

Orbe: mundo universo, esfera, globo.

Partícula: corpúsculo, pedazo, trozo, fracción.

Órbita: curva, trayectoria, espacio, ámbito.

Nadería: friolera, bagatela, ápice, pizca.

Orden: disposición, colocación, método, comunidad.

Confusión: caos, desconcierto, trastorno, desorden.

Ordenanza: régimen, reglamento, estatuto, disposición.

Cumplimiento: ejecución, realización, acatamiento, obsecuencia.

Ordenar: disponer, establecer, preceptuar, organizar.

Revocar: anular, abrogar, abolir, extinguir.

Ordinario: común, corriente, frecuente, chabacano.

Selecto: fino, delicado, primoroso, puro.

Orfandad: abandono, desamparo, descuido, desvalidez.

Amparo: asistencia auxilio, favor, protección.

Organismo: cuerpo, integridad, corporación, entidad.

Singularidad: rareza, propiedad, extrañeza, curiosidad.

Organizar: constituir, coordinar, instituir, fundar.

Disolver: deshacer, anular, abolir, desordenar.

Órgano: medio, instrumento, conducto, relación.

Ajuste: acomodo, composición, arreglo, concierto.

Orgía: banquete, festín, bacanal, desenfreno.

Continencia: moderación, templanza, abstinencia.

Orgullo: altanería, engreimiento, jactancia, arrogancia.

Humildad: modestia, docilidad, sumisión, timidez.

Orientar: guiar, dirigir, encaminar, asesorar.

Desviar: desorientar, alejar, apartar desencaminar.

Orificio: abertura, agujero, hendidura, rendija.

Cerramiento: taponadura, cierre, valla, hermetismo.

Origen: comienzo, principio, nacimiento, estirpe.

Término: fin, final, objetivo, meta.

Original: singular, único, peculiar, modelo.

Copia: calco, reproducción, trasunto, imitación.

Originalidad: novedad, propiedad, singularidad, esnobismo.

Falsedad: engaño, falacia, doblez, mixtificación.

Originar: ocasionar, causar, motivar, plasmar.

Terminar: finalizar, expirar, ultimar, concluir.

Originario: natural, oriundo, nativo, aborigen.

Advenedizo: extranjero, forastero, foráneo, exótico.

Orillar: concluir, terminar, solventar, resolver.

Enredar: embrollar, confundir, enmarañar. intrigar.

Ornamento: adorno, atavío, ornato, aderezo.

Sencillez: simplicidad, llaneza, franqueza, afabilidad.

Orografía: explicación, especificación. f—descripción de las montañas.

Ocultación: encubrimiento, silenciamiento, desconocimiento, subrepticiamiento.

Orondo: esponjado, hinchado, ufano, presumido.

Modesto: humilde, decoroso, templado, pudibundo.

Oropel: baratija, quincalla, ficción, apariencia.

Alhaja: joya, presea, joyel, hermosura.

Orlar: adornar, ornar, ataviar, ornamentar.

Afear: deformar deslucir, ajar, marchitar.

Ortodoxo: dogmático, imperativo, tajante, creyente.

Heterodoxo: hereje, irreligioso, disidente, apóstata.

Ortogenia: ordenamiento, metodización. f—regularidad de los nacimientos.

Anarcogenia: desorden, desorganización. f—procreación incontrolada.

Ortografía: corrección, adecuación, precepto, hermosura.

Cacografía: desacierto, confusión, imperfección, incorrección.

Ortología: fonética, fonología, prosodia, fonometría.

Cacología: cacosonía, cacofonía, malofonía, cacodicción.

Osadía: arrojo, intrepidez, audacia, resolución.

Cobardía: miedo, timidez, temor, julepe.

Osar: atreverse, arriesgarse, emprender, iniciar.

Titubear: vacilar, dudar, hesitar, desconfiar.

Ostensible: visible, notable, viable, patente.

Intangible: invisible, incorpóreo, inmaterial, impalpable.

Ostentación: jactancia, afectación, vanidad, alarde.

Modestia: humildad, sencillez, decencia, honestidad.

Ostentar: luicr, exhibir, alardear, expresar.

Ocultar: esconder, encubrir, encerrar, enfrascar.

Ostracismo: destierro, exilio, relegación, proscripción.

Acogimiento: admisión, recibimiento, aceptación, protección.

Otear: espiar, avizorar, escudriñar, vigilar.

Descubrir: encontrar, hallar, inventar, destapar.

Otorgar: conceder, disponer, autorizar, permitir.

Negar: denegar, rehusar, refutar, objetar.

Otrosí: además, también, asimismo, igualmente.

Superfluo: innecesario, sobrante, inútil, redundancia.

Ovación: aplauso, aclamación, alabanza, homenaje.

Reprobación: abucheo, silbatina, pifia, rechifla.

Oxidar: enroñar, enmohecer, corroer carcomer.

Permeabilizar: impregnar, revestir, guarecer, defender.

P

Pabellón: bandera, enseña, estandarte, edificio.

Pábulo: alimento, comida, sustento, tema.

Pacato: tímido, apocado, manso, tranquilo.

Paciencia: aguante, resignación, conformidad, tolerancia.

Paciente: enfermo, doliente, resignado, conformado.

Pacificar: apaciguar, aquietar, tranquilizar, mitigar.

Pacífico: tranquilo, quieto, reposado, pasivo.

Pactar: convenir, estipular, concertar, tratar.

Pachorra: calma, tranquilidad, tardanza, demora.

Padecer: soportar, tolerar, sufrir, aguantar.

Padre: progenitor ascendiente, principal, capital.

Padrón: modelo, registro, índice, matrícula.

Divergencia: extrañeza, discrepancia, anomalía, disentimiento.

Necesidad: indigencia, miseria, penuria, escasez.

Audaz: decidido, temerario, intrépido, atrevido.

Impaciencia: inquietud, intranquilidad, enfado, intemperancia.

Impaciente: agitado, inquieto, excitado, nervioso.

Intranquilizar: conmover, alarmar, soliviantar, perturbar.

Inquieto: intranquilo, impaciente, agitado, nervioso.

Disentir: divergir, discordar, discrepar, desarmonizar.

Actividad: presteza, movimiento, prontitud, diligencia.

Gozar: disfrutar, regocijar, complacer, aprovechar.

Destructor: demoledor, aniquilante, devastador, derrochante.

Remedo: copia, imitación, parodia, caricatura.

Pagano: idólatra, gentil, infiel, incrédulo.

Creyente: religioso, devoto, piadoso, místico.

Pagar: cancelar, remunerar, recompensar, finiquitar.

Cobrar: percibir, recaudar, recuperar, embolsar.

Página: hoja, carilla, plana, folio.

Consecuencia: razón, motivo, causa, fundamento.

País: estado, territorio, región, patria.

Ciudad: urbe, población, pueblo, vecindad.

Paisaje: panorama, vista, campiña, perspectiva.

Boscaje: espesura, selva, arboleda, montaña.

Pájaro: ave, volátil, pajarillo, dormido.

Animal: bestia, bruto, irracional, cuadrúpedo.

Pala: zapa, badilla, ástil, raqueta.

Clase: calidad, especie, condición, género.

Palabra: dicción, término, voz, vocablo.

Contexto: contenido, fondo, párrafo, trozo.

Palaciego: palaciario, cortesano, urbano, educado.

Grosero: rústico, rudo, patán, palurdo.

Paladear: gustar, saborear, degustar, catar.

Repugnar: repeler, rehusar, rechazar, despreciar.

Paladín: defensor, sostenedor, sustentador, campeón.

Malandrín: ruin, bellaco, perverso, agresor.

Paladino: caballero, señor, público, manifiesto.

Escogido: selecto, excelente, óptimo, superior.

Paliar: atenuar, aminorar, mitigar, atemperar.

Exacerbar: agravar, agrandar, exasperar, magnificar.

Paliativo: atenuante, sedativo, calmante, suavizante.

Excitante: estimulante, incentivo, provocativo, exaltante.

Pálido: macilento, paliducho, cadavérico, empañado.

Lozano: gallardo, garboso, arrogante, jovial.

Palingenesia: regeneración, renacimiento, reconstitución, restauración.

Degeneración: declinación, decadencia, decaimiento, bastarización.

Palinodia: retractación, recantación, rectificación, modificación.

Ratificación: confirmación, corroboración, aprobación, revalidación.

Palique: verbosidad, charla, comadreo, charlatanería.

Formalidad: seriedad, compostura veracidad, exactitud.

Paliza: zurra, tunda, azotaina, vapuleo.

Caricia: mimo, halago, arrumaco, agasajo.

Palma: mano, gloria, triunfo, laurel.

Fiasco: fracaso, frustración, chasco, decepción.

Palmario: notorio, evidente, manifiesto, patente.

Secreto: callado, escondido, reservado, oculto.

Palmotear: aplaudir, vitorear, alabar, halagar.

Censurar: criticar, juzgar, reprobar, condenar.

Palpar: tocar, tentar, probar, examinar.

Detectar: revelar, descubrir, manifestar, declarar.

Palpitante: emocionante, interesante, penetrante, anhelante.

Indiferente: indolente, displicente, apático, escéptico.

Palpitar: latir, pulsar, vivir, durar.

Aquietar: sosegar, tranquilizar, apaciguar aplacar.

Pálpito: presentimiento, corazonada, conjetura, prenoción.

Imprevisión: irreflexión, inadvertencia, descuido, negligencia.

Palurdo: rústico, tosco, inculto, rudo.

Urbano: atento, cortés, amable, educado.

Pampa: llanura, pradera, sabana, explanada.

Selva: espesura, monte, montaña, bosque.

Pamplina: nadería, bagatela, tontería, payasada.

Rango: clase, condición, categoría, jerarquía.

Panacea: remedio, medicina, droga, sanalotodo.

Toxina: veneno, ponzoña, virus, infección.

Panal: casilla, orificio, agujero, resquicio.

Taponadura: corcho, burlete, obturador, cerradura.

Pandectas: recopilatorio, compilación, colección, recordatorio.

Separación: apartamiento, desgaje, desprendimiento, disyunción.

Pandemia: epidemia, enfermedad, endemia, tiranía.

Inmunidad: salubridad, sanidad, protección, invulnerabilidad.

Pandemónium: confusión, desorden, bullicio, griterío.

Tranquilidad: apacibilidad, sosiego, serenidad, bonanza.

Pandilla: caterva, cuadrilla, mafia, camarilla.

Pléyade: falange, legión, séquito, selección.

Panegírico: encomio, alabanza, palmoteo, lisonja.

Reprobación: condena, represión, censura, dicterio.

Panel: compartimiento, división, fajas, conjunto.

Ornamento: atavío, adorno, aderezo, decoración.

Pánfilo: tardo, lento, necio, bobo.

Ágil: ligero, veloz, rápido, listo.

Paniagudo: allegado, servidor, favorecido, protegido.

Apartado: distante, separado, alejado, ausente.

Pánico: terror, espanto, pavor, horror.

Panorama: paisaje, vista, horizonte, perspectiva.

Panorámico: perspectivo, general, contensivo, matizado.

Panoramanizar: generalizar, sintetizar, abreviar, extractar.

Pantagruélico: descomunal, monumental, desmesurado, glotón.

Pantalla: reflector, visera, sombra, cinematógrafo.

Pantano: aguazal, barrial, laguna, dificultad.

Pantomima: mímica, remedo, imitación, parodia.

Paño: género, tela, materia, asunto.

Papa: Pontífice, Magnosanto, Vicario de Cristo.

Paparrucha: mentira, falsedad. f— noticia falsa o desatinada.

Papel: hoja, pliego, encargo, documento.

Papelón: papelero, farolero, apariencia, bochorno.

Paquete: envoltorio, atadijo. f— conjunto de cosas o de acciones.

Par: igual, semejante, parejo, elemento.

Para: hacia, término, ayuda, complemento.

Parabién: felicitación, pláceme, enhorabuena, congratulación.

Parábola: alegoría, narración, fábula, moraleja.

Parabolizar: representar, ejemplificar, simbolizar, figurar.

Valor: aliento, hálito, ánimo, fuerza.

Distracción: esparcimiento, entretenimiento, diversión, solazamiento.

Fraccional: fragmento, segmentario, participonal, trozal.

Amplificar: aumentar extender, desarrollar, complementar.

Pequeño: diminuto, escaso, corto, minúsculo.

Ocultación: simulación, velamiento, disfrazamiento, encubrimiento.

Auxilio: amparo, apoyo, asistencia, cooperación.

Inventiva: ingenio, creación, talento, perspicacia.

Apariencia: aspecto, forma, figura, trazado.

Impío: irreligioso, incrédulo, infiel, sacrílego.

Veracidad: verdad, autenticidad, certeza, fidedignidad.

Muestra: señal, indicio, modelo, espécimen.

Inverecundia: insolencia, impudicia, desvergüenza, descocamiento.

Requisito: formalidad, condición, precición, circunstancia.

Impar: desigual, diferente, imparejo, distinto.

Objetivo: razón, circunstancia, motivo, deducción.

Pésame: condolencia, contristación, compasión, conmiseración.

Realidad: evidencia, veracidad, certidumbre, efectividad.

Imitar: copiar, reproducir, plagiar, remedar.

Parada: pausa, término, estación, detenimiento.

Paradero: detención, interrupción, estación, detenimiento.

Paradisiaco: dichoso, feliz, jubiloso, celestial.

Paradigma: modelo, muestra, ejemplo, norma.

Paradoja: contradicción, réplica, refutación, impugnación.

Paradójico: contradictorio, absurdo, exagerado, extraño.

Paráfrasis: comentario, glosa, explicación, interpretación.

Paragoge: adición, agregado. f— añadidura de una letra o sílaba final.

Paragogizar: adicionar, agregar, añadir, anexar.

Paraíso: edén, cielo, elíseo, olimpo.

Paraje: lugar, sitio, posición, situación.

Paralelo: análogo, semejante, directo, derecho.

Paralizar: detener, inmovilizar, impedir, obstaculizar.

Paralogismo: autoengaño, autoembaucamiento. f— razonamiento falso.

Paralogizar: engatusar, embaucar, engañar, aparentar.

Paramento: ornato, adorno, atavío, vestidura.

Parámetro: medida, cuantificación, valuativo, valorativo.

Páramo: yermo, desierto, erial, baldío.

Caminata: andada, excursión, viaje, jornada.

Continuación: prosecución, prolongación, prorrogación, alargamiento.

Infernal: abismoso, avernal, horripilante, espeluznante.

Xerografía: copia, reproducción, imitación, trasunto.

Racionalidad: naturalidad, equilibrio, ecuanimidad, exactitud.

Racional: lógico, natural, razonable, justo.

Silencio: sigilo, reserva, entendimiento, comprensión.

Substracción: resta, disminución, quitación, merma.

Restar: disminuir, mermar, quitar, substraer.

Suplicio: tormento, tortura, martirio, sacrificio.

Visión: imagen, percepción, quimera, fantasía.

Divergente: contrario, opuesto, discrepante, diferente.

Impulsar: impeler, empujar, incitar, inducir.

Esclarecimiento: aclaración, dilucidación, iluminación, autoexplicación.

Esclarecer: explicar, aclarar dilucidar, iluminar.

Afeamiento: deslucimiento, deformación, ajamiento, censura.

Finalidad: objetivo, motivo, móvil, circunstancia.

Fecundo: fértil, feraz, productivo, poblado.

Parangón: comparación, cotejo, confrontación, equivalencia.

Diferencia: disparidad, desigualdad, discrepancia, desavenencia.

Parangonar: comparar, confrontar, cotejar, compulsar.

Diferenciar: desigualar, distinguir, discrepar, divergir.

Paraninfo: anunciante, discursante, padrino. Salón de actos.

Visitador: inspector, examinador, registrante, recibiente.

Paranoia: locura, manía, monomanía, alienación.

Cordura: mesura, juicio, prudencia, sensatez.

Paranoico: alienado, maniático, decentrado, precipitado.

Cuerdo: mesurado, circunspecto, atinado, aplomado.

Parapetarse: protegerse, resguardarse, atrincherarse, esconderse.

Exponerse: arriesgarse, aventurarse, atreverse, comprometerse.

Parar: detener, atajar, paralizar, suspender.

Continuar: proseguir, reanudar, avanzar, proceder.

Parasíntesis: formación, constitución. f— formación de palabras por composición o derivación·

Circunstancialidad: objetividad, necesidad, motividad, finalidad.

Parásito: insecto, gorrión, ratero, oportunista.

Trabajador: emprendedor activo, laborioso, acucioso.

Parcelar: dividir, señalar, fincar, hijuelar.

Integrar: completar totalizar, reponer, agrupar.

Parcial: injusto, arbitrario, partidario, adicto.

Completo: exacto, entero, justo, cabal.

Parcialidad: bando, bandería, preferencia, injusticia.

Ecuanimidad: imparcialidad, equilibrio, ponderación, justicia.

Parco: sobrio, mesurado, templado, frugal.

Copioso: abundante, extenso, fecundo, pingüe.

Parecer: crear, opinar, juzgar, estimar.

Discrepar: disentir, discordar, diferir, diferenciar.

Pareja: par, dúo, matrimonio, novios.

Dispareja: desigual, distinto, anulación, divorcio.

Parejo: similar, parecido, semejante, idéntico.

Disímil: dispar, diferente, distinto, heterogéneo.

Paremia: sentencia, refrán, proverbio, aforismo.

Axioma: verdad, evidencia, principio, demostración.

Parénesis: exhortación, incitación, animación, amonestación.

Disuasión: desaconsejamiento, convicción, alejamiento, distanciamiento.

Parentesco: lazo, vínculo, unión, entronque.

Paréntesis: digresión, inciso, interrupción, suspensión.

Paria: separado, excluido, rechazado, aciago.

Paridad: igualdad, similitud, conformidad, simetría.

Parir: alumbrar, crear, producir, germinar.

Paritario: igualado, equivalente, paralelo, proporcional.

Parlachín: charlatán, hablador, verboso, fanfarrón.

Parlamentar: conversar, hablar, dialogar, platicar.

Parodia: remedo, imitación, reproducción, disfraz.

Paranomasia: aliteración, repetición, iteración, semejanza.

Paroxismo: exaltación, vehemencia, impetuosidad, fogosidad.

Parquedad: templanza, moderación, sobriedad, parsimonia.

Párrafo: aparte, parágrafo, división, capítulo.

Parranda: fiesta, jarana, holgorio, jaleo.

Parroquiano: feligrés, habitúe, pensionista, consumidor.

Parsimonia: parquedad, prudencia, discreción, moderación.

Parte: porción, pedazo, fracción, partícula.

Participación: intervención, colaboración, notificación, comunicación.

Descendencia: vástago, hijo, sucesor, retoño.

Continuación: prosecución, prolongación, continuidad, encadenamiento.

Admitido: recibido, aceptado, acogido, consentido.

Disparidad: diferencia, diversidad, variedad, controversia.

Infecundar: inconcebir, extinguir, vanizar.

Distinto: desigual, diferente, disímil, dispar.

Silente: callado, enmudecido, observador, parco.

Enmudecer: callar, silenciar, omitir, esconder.

Originalidad: novedad, autenticidad, innovación, esnobismo.

Variación: cambio, mutación, alteración, variabilidad.

Parsimonia: parquedad, prudencia, moderación, morigeración.

Hipérbole: exceso, demasía, abundancia, exageración.

Contexto: argumento, trabazón, texto, trama.

Tristeza: aflicción, pesadumbre, abatimiento, consternación.

Proveedor: abastecedor, vencedor, aprovisionador, suministrador.

Exageración: ponderación, exceso, hipérbole, encarecimiento.

Todo: entero, completo, unidad, conjunto.

Prescindencia: silencio, callamiento, privación, exclusión.

Participar: notificar, avisar, comunicar, anunciar.

Prescindir: callar, silenciar, abstraer, abstenerse.

Partícipe: coactuante, cointeresado, porcionero, particionero.

Extraño: ajeno, impropio, forastero, singular.

Particular: personal, individual, peculiar, especial.

General: común, público, colectivo, divulgado.

Particularizar: singularizar, determinar, individualizar, personalizar.

Generalizar: publicar, difundir, divulgar, televisar.

Partida: ida, salida, registro, remesa.

Llegada: venida, aparición, arribo, entrada.

Partidario: simpatizante, prosélito, secuaz, banderizo.

Enemigo: contrario, adversario, opuesto, contrincante.

Partido: encuentro, contienda, entidad, fuerza.

Finalidad: intención, objetividad, motivo, propósito.

Partir: trozar, romper, distribuir, dividir.

Unir: atar, fusionar, cohesionar, enlazar.

Partitivo: mitad, medio, tercio, cuarto.

Entero: todo, completo, cabal, íntegro.

Parvedad: pequeñez, levedad, tenuidad, cortedad.

Grandeza: magnitud, amplitud, enormidad, esplendidez.

Parvificar: empequeñecer, achicar, amenguar, atenuar.

Engrandecer: aumentar, acrecentar, agrandar, desarrollar.

Párvulo: chico, pequeño, nene, niño.

Maduro: formado, madurado, sazonado, juicioso.

Pasado: ayer, anteayer, anterior, prehistoria.

Presente: hoy, hodierno, vigente, actual.

Pasaje: valor, travesía, estrecho, trozo.

Razón: motivo, causa, sistema, pauta.

Pasar: cruzar, caminar, llevar, conducir.

Permanecer: quedarse, detenerse, esperar, aguardar.

Pase: permiso, autorización, licencia, permisión.

Prohibición: impedimento, vedación, interdicción, negativa.

Pasear: andar, vagar, solazarse, descansar.

Laborar: trabajar, faenar, cultivar, costurear.

Pasión: ardor, vehemencia, entusiasmo, fogosidad.

Indiferencia: apatía, frialdad, desinterés, desafecto.

Pasivo: paciente, víctima, inmóvil, estático.

Activo: ágil, diligente, inquieto, eficaz.

Pasmar: helarse, aterirse, aturdir, maravillar.

Serenar: despejar, escampar, aclarar, sosegar.

Pasquín: cartel, publicación, sátira, burla.

Pastiche: imitación, copia, apropiación, plagio.

Pastor: zagal, mayoral, vaquero, sacerdote.

Patache: comida, condumio, merienda, embarcación.

Pataleta: rabieta, inconformidad, desmayo, convulsión.

Patán: palurdo, gañán, rústico, campesino.

Patatús: desmayo, síncope, desvanecimiento, lipotimia.

Patente: manifiesto, palmario, evidente, exclusivo.

Patentizar: revelar, evidenciar, demostrar, exteriorizar.

Patético: conmovedor, emocionante, enternecedor, sentimental.

Patibulario: siniestro, horrendo, terrible, repugnante.

Patíbulo: tormento, suplicio, cadalso, horca.

Patógeno: causativo, mórbico, orgánico, originativo.

Patología: estudio, investigación. f— estudio de las enfermedades.

Patraña: falacia, embuste, infundio, mentira.

Patricio: noble, señor, aristócrata, prócer.

Patrimonio: bienes, haberes, pertenencia, dominio.

Patrocinar: proteger, favorecer, amparar, resguardar.

Patrocinio: favor, protección, amparo, refugio.

Reconocimiento: examen, inspección, admisión, agradecimiento.

Original: propio, singular, peculiar, auténtico.

Depredador: rapiñador, pillajista, despojador, devastador.

Coctel: bebida, licores, picado, ingredientes.

Entereza: voluntad, integridad, serenidad, fortaleza.

Educado: pulido, afinado, formado, instruido.

Recuperación: recobramiento, fortalecimiento, reavivamiento, vivificación.

Incierto: equívoco, ambiguo, problemático, vacilante.

Esconder: ocultar, encubrir, reservar, encerrar.

Alegre: alborozado, jubiloso, contento, achispado.

Atrayente: atractivo, interesante, captante, seductor.

Complacencia: gozo, júbilo, alegría, fruición.

Salutífero: saludable, higiénico, beneficioso, salubre.

Motivo: causa, fundamento, finalidad, objetivo.

Verdad: verosímil, franqueza, autenticidad, exactitud.

Plebeyo: vulgar, ordinario, chabacano, grosero.

Indigencia: pobreza, miseria, inopia, carencia.

Rechazar: repeler, repudiar, refutar, resistir.

Imputación: culpación, incriminación, acusación, denuncia.

Patrón: dueño, señor, jefe, empleador.

Dependiente: subalterno, subordinado, oficinista, trabajador.

Patrono: defensor, amparador, velador, vigilante.

Seguidor: adepto, adicto, adherente, escolta.

Patrulla: ronda, partida, resguardo, piquete.

Soldado: militar, recluta, aislador, militárico.

Patudo: descarado, fresco. f— pies grandes.

Equilibrado: sereno, justo, ecuánime, ponderado.

Paulatino: lento, pausado, sistemático, controlado.

Rápido: ágil, apresurado, veloz, raudo.

Pauperismo: miseria, pobreza, carencia, penuria.

Riqueza: abundancia, fertilidad, opulencia, esplendor.

Paupérrimo: pobrísimo, misérrimo, escaso, empobrecido.

Rico: acaudalado, opulento, adinerado, latifundista

Pausa: flema, lentitud, calma, sosiego.

Rapidez: prontitud, velocidad, celeridad, agilidad.

Pauta: muestra, guía, sistema, padrón.

Circunstancia: caso, evento, pormenor, coyuntura.

Pavada: bobería, necedad, mentecatería, sandez.

Acierto: tino, tacto, prudencia, sensatez.

Pávido: temeroso, cobarde, medroso, amilanado.

Valiente: resuelto, resoluto, aguerrido, gallardo.

Pavimentar: losar, asfaltar, cementar, entramar.

Ripiar: residuar, entierrar, cascajear, escombrar.

Pavonear: presumir, ostentar, fachentar, blasonar.

Moderar: templar, decentar, reservar, recatar.

Pavor: temor, pánico, espanto, terror.

Valentía: andacia, osadía, aliento, arrojo.

Pavoroso: terrorífico, espantoso, espeluznante, horripilante.

Atractivo: encanto, incentivo, aliciente, donaire.

Payasada: bufonada, ridiculez, extravagancia, mamarrachada.

Circunspección: discreción, prudencia, cautela, formalidad.

Paz: sosiego, quietud, tregua, neutralidad.

Discordia: división, desavenencia, disensión, divergencia.

Peatón: caminante, viadante, traseúnte, estafeta.

Caballero: hidalgo, noble, pudiente, turista.

Pecaminoso: errado, faltado, maliciado, sospechado.

Pecar: errar, equivocar, faltar, fallar.

Peculiar: singular, particular, especial, propio.

Peculiaridad: singularidad, particularidad, especialidad, idiosincrasia.

Peculio: caudal, dinero, fondo, haberes.

Pechar: cargar, insistir, persistir, asumir.

Pedagogía: educación, instrucción, enseñanza, didáctica.

Pedante: vanidoso, afectado, presumido, sabihondo.

Pedazo: trozo, parte, fragmento, astilla.

Pedigüeño: pedidor, pedibundo, mendicante, pordiosero.

Pedir: requerir, desear, solicitar, demandar.

Pegar: adherir, aglutinar, juntar, zurrar.

Pegote: parche, emplasto, impertinente, inconvidado.

Pelafustán: perdido, extraviado, holgazán, calavera.

Pelar: rapar, trasquilar, criticar, despellejar.

Peldaño: descanso, escalera, escalón, grada.

Pelear: reñir, luchar, compartir, contender.

Pelele: monigote, muñeco, espantajo, simple.

Peliagudo: complicado, escabroso, intrincado, enredado.

Película: cinta, film, cutícula, visión.

Atinado: acertado, oportuno, adecuado, conveniente.

Corregir: enmendar, rectificar, modificar, subsanar.

Corriente: común, vulgar, afectado, chabacano.

Generalidad: mayoría, totalidad, pluralidad, imprecisión.

Inopia: miseria, pobreza, estrechez, escasez.

Retroceder: cejar, recular, desistir, regresar.

Obscurantismo: ignorancia, nesciencia, retroceso, retrogradación.

Modesto: humilde, realista, moderado, controlado.

Entero: completo, íntegro, cabal, exacto.

Donante: dador, regalador, obsequiante, dadivoso.

Dar: ceder, donar, ofrecer, obsequiar.

Separar: despegar, desasir, apartar, desprender.

Anfitrión: invitante, convidante. f - persona que invita a su casa.

Virtuoso: probo, honesto, honrado, correcto.

Cabellar: encabellar, pilar, envellar, crecer.

Vestíbulo: portal, pórtico, atrio, porche.

Amigar: amistar, armonizar, convivir, reconciliar.

Insigne: célebre, ilustre, preclaro, eximio.

Fácil: sencillo, elemental, simple, factible.

Espesura: densidad, condensación, frondosidad, corpulencia.

Peligrar: zozobrar, exponer, fluctuar, arriesgar.

Asegurar: afirmar, ratificar, garantizar, afianzar.

Peligro: riesgo, amenaza, inseguridad, contingencia.

Seguridad: garantía, caución, certeza, tranquilidad.

Pena: castigo, penitencia, penalidad, aflicción.

Alegría: gozo, alborozo, júbilo, contento.

Penalidad: molestia, contrariedad, mortificación, incomodidad.

Delicia: encanto, complacencia, deleite, amenidad.

Pendencia: disputa, altercado, querella, incidente.

Concordia: armonía, concierto, conformidad, comprensión.

Pendiente: ladera, cuesta, inclinación, esperado.

Enhiesto: derecho, erguido, acabado, concluso.

Pendolista: escribano, amanuense, calígrafo, escribiente.

Estenofonista: sonemógrafo, demoscritor, breviscritor, quirógrafo.

Pendón: estandarte, divisa, insignia, emblema.

Inanidad: vacuidad, fatuidad, futilidad, insubstancialidad.

Penetración: comprensión, intuición, talento, agudeza.

Recapitulación: meditación, examen, sopesamiento, consideración.

Penetrante: profundo, agudo, sutil, perspicacia.

Obtuso: rudo, lerdo, cerrado, torpe.

Penetrar: entrar, introducir, atravesar, comprender.

Quedarse: retrasarse, sucumbir, detenerse, subsistir.

Penitencia: castigo, expiación, atricción, presidio.

Absolución: perdón, indulgencia, amnistía, reconciliación.

Penoso: arduo, dificultoso, enojoso, apesadumbrado.

Fácil: sencillo, simple, posible, natural.

Pensamiento: raciocinio, reflexión, opinión, proyección.

Entorpecimiento: dificultad, obstáculo, impedimento, obstrucción.

Pensar: idear, imaginar, concebir, discurrir.

Distraerse: descuidarse, olvidarse, entretenerse, divertirse.

Pensativo: caviloso, reflexivo, absorto, preocupado.

Distraído: olvidado, entretenido, abobado, conturbado.

Pensión: canon, renta, pena, pesar.

Inopia: pobreza, miseria, indigencia, estrechez.

Penuria: carestía, falta, escasez, privación.

Abundancia: opulencia, riqueza, fortuna, frondosidad.

Peña: roca, risco, círculo, tertulia.

Pequeñez: futileza, nadería, cortedad, parvedad.

Pequeño: chico, diminuto, enano, pigmeo.

Percance: contratiempo, infortunio, accidente, desgracia.

Percatarse: advertir, reparar, notar, considerar.

Percepción: sensación, impresión, imagen, clarividencia.

Percibir: recibir, divisar, descubrir, avistar.

Percutir: golpear, maltratar, batir, romper.

Perder: disipar, derrochar, destruir, deteriorar.

Perdición: daño, ruina, destrucción, devastación.

Pérdida: merma, carencia, privación, destrucción.

Perdonar: absolver, indultar, dispensar, condonar.

Perdurable: perpetuo, eterno, inmortal, imperecedero.

Perdurar: permanecer, mantener, continuar, subsistir.

Perecer: sucumbir, fallecer, acabar, finalizar.

Peregrino: remero, viajero, caminante, penitenciante.

Perenne: eterno, perpetuo, constante, interminable.

Perentorio: determinante, urgente, decisivo, tajante.

Pereza: indolencia, gandulería, poltronería, pigricia.

Nadería: bagatela, friolera, nimiedad, inanidad.

Grandeza: importancia, magnitud, corpulencia, superioridad.

Grande: crecido, considerable, vasto, magno.

Causa: motivo, origen, razón, móvil.

Ignorar: desconocer, negar, extrañar, confundir.

Indiferencia: frialdad, displicencia, indolencia, apatía.

Fallar: equivocar, frustrar, fracasar, resolver.

Beneficiar: favorecer, utilizar, mejorar, progresar.

Recuperar: recobrar, rescatar, salvar, restablecer.

Salvación: liberación, protección, defensión salvaguarda.

Análisis: examen, determinación, reconocimiento, corolario.

Sancionar: castigar, condenar, corregir, ajusticiar.

Perecedero: efímero, corto, breve, fugaz.

Perecer: fenecer, extinguirse, acabar, exterminar.

Nacer: surgir, brotar, germinar, provenir.

Normal: natural, habitual, acostumbrado, sistemático.

Dilatorio: retardo, detención, demora, retraso.

Dilatorio: retardo, detención, demora, retraso.

Actividad: prontitud, prisa, rapidez, diligencia.

Perfección: progreso, adelanto, mejora, refinamiento.

Estancamiento: detención, parada, suspensión, estagnación.

Perfeccionar: mejorar, completar, progresar, ultimar.

Estancarse: detenerse, estagnarse, paralizarse, atascarse.

Perfecto: cabal, acabado, absoluto, excelente.

Defectuoso: incompleto, imperfecto, tosco, inacabado.

Perfidia: traición, alevosía, falsedad, insidia.

Lealtad: nobleza, rectitud, fidelidad, honradez.

Pérfido: desleal, alevoso, felón, traidor.

Fiel: leal, sincero, perseverante, cristiano.

Perfil: contorno, periferia, entorno, alrededor.

Núcleo: centro, médula, corazón, meollo.

Perfilar: afinar, perfeccionar, mejorar, pulimentar.

Desentonar: destemplar, disonar, deteriorar, malear.

Perforar: horadar, taladrar, agujerear, penetrar.

Cerrar: tapar, taponar, ocluir, obturar.

Perfumar: sahumar, fumigar, aromatizar, coloniar.

Heder: apestar, fetidizar, pestilenciar, viciar.

Pergeñar: ejecutar, realizar, preparar, bosquejar.

Impedir: estorbar, imposibilitar, dificultar, entorpecer.

Pericia: habilidad, práctica, destreza, técnica.

Impericia: inhabilidad, ineptitud, incompetencia, torpeza.

Perico: ave, planta, animal. f— cualquier sujeto.

Motivo: razón, causa, efecto, objetivo.

Periferia: contorno, perímetro, ámbito, suburbio.

Centro: núcleo, eje, meta, entidad.

Periférico: contornal, circunsferencial, suburbial, perimetral.

Central: céntrico, focal, nucléico, corazonal.

Perífrasis: circunloquio, rodeo, ambages, evasiva.

Precisión: exactitud, claridad, determinación, requisito.

Perínclito: insigne, preclaro, heroico, ínclito.

Anónimo: sombrío, confuso, obscuro, turbio.

Periódico: regular, temporal, habitual, rotativo.

Irregular: desigual, discontinuo, variable, anómalo.

Período: etapa, fase, ciclo, párrafo.

Complejo: compuesto, mezcla, múltiple, complicado.

Peripatético: ridículo, chocante, extravagante, estrafalario.

Normal: natural, sistemático, común, ritual.

Peripecia: suceso, incidente, lance, hecho.

Contingencia: circunstancia, riesgo, coyuntura.

Perisología: superfluo, innecesario, inadecuado, indebido.

Necesario: útil, provechoso, ineludible, imprescindible.

Perito: capaz, experto, hábil, entendido.

Torpe: incompetente, inexperto, inhábil, obtuso.

Perjudicar: dañar, lesionar, deteriorar, estropear.

Favorecer: beneficiar, amparar, proteger, auxiliar.

Perjudicial: dañino, nocivo, pernicioso, destructor.

Benigno: benévolo, protector, defensor, amparador.

Perjuicio: daño, quebranto, detrimento, menoscabo.

Protección: favor, ayuda, asistencia, servicio.

Perjurar: prevaricar, anatematizar, profanar, mentir.

Confesar: reconocer, declarar, admitir, confidenciar.

Perjurio: perfidia, mentira, falsedad, patraña.

Consecuencia: corrección, sanción, penitencia, correctivo.

Permanecer: continuar, seguir, residir, persistir.

Alejarse: retirarse, marcharse, irse, apartarse.

Permanencia: duración, persistencia, invariabilidad, perdurabilidad.

Inconstancia: inestabilidad, volubilidad, versatilidad, inconsistencia.

Permanente: estable, continuo, firme, invariable.

Transitorio: pasajero, fugaz, momentáneo, provisional.

Permeable: impregnable, penetrable, filtrable, absorbente.

Impermeable: impenetrable, infiltrable, alquitranable, embreable.

Permiso: consentimiento, autorización, beneplácito, aquiescencia.

Negativa: negación, denegación, prohibición, impedimento.

Permitir: facultar, autorizar, acceder, consentir.

Prohibir: negar, impedir, vedar, estorbar.

Permutar: trocar, cambiar, canjear, invertir.

Permanecer: persistir, continuar, residir, mantenerse.

Pernicioso: dañino, perjudicial, peligroso, nefasto.

Beneficioso: benéfico, útil, provechoso, productivo.

Pernoctar: dormir, descansar, posar, detenerse.

Continuar: seguir, proseguir, persistir, perdurar.

Pero: aunque, empero, sino, dificultad.

Pues: puesto, causa, efecto, facilidad.

Perogrullada: ficción, apariencia, principio, evidencia.

Hipérbole: ponderación, abultamiento, ampliación, quimerización.

Perorar: hablar, charlar, declamar, conferenciar.

Callar: silenciar, observar, enmudecer, contemplar.

Perpetrar: cometer, consumar, ejecutar, delinquir.

Respetar: acatar, honrar, venerar, considerar.

Perpetuar: eternizar, inmortalizar, glorificar, perdurar.

Perecer: fenecer, sucumbir, fallecer, eclipsar.

Perpetuo: perdurable, eterno, imperecedero, perenne.

Perecedero: efímero, momentáneo, incierto, frágil.

Perplejidad: indecisión, vacilación, titubeo, confusión.

Seguridad: tranquilidad, certeza, confianza, garantía.

Perplejo: irresoluto, vacilante, confuso, indeciso.

Cierto: seguro, fijo, resoluto, estable.

Perquirir: averiguar, indagar, investigar, pesquisar.

Hallar: encontrar, descubrir, inventar, tropezar.

Persecución: seguimiento, casa, alcance, acecho.

Interrupción: suspensión, detención, obstáculo, impedimento.

Perseguir: acosar, hostigar, estorbar, atosigar.

Huir: escapar, escurrirse, evadirse, esquivar.

Persecutorio: acosante, atormentador, perseguidor, acorralante.

Protestatorio: cuestionante, oposicionante, refutante, injustificante.

Perseverancia: constancia, tenacidad, insistencia, persistencia.

Inconstancia: inestabilidad, volubilidad, versatilidad, mudanza.

Perseverar: persistir, continuar, insistir, porfiar.

Abandonar: dejar, desistir, renunciar, marcharse.

Persistencia: permanencia, insistencia, constancia, firmeza.

Inestabilidad: inconstancia, mudanza, volubilidad, ligereza.

Persistir: perdurar, permanecer, continuar, durar.

Renunciar: dejar, dimitir, abdicar, ceder.

Personación: comparecencia, presentación, acudición, demostración.

Ausencia: falta, omisión, carencia, impersonación.

Personaje: figura, actor, persona, personalidad.

Pelele: muñeco, monigote, espantajo, necio.

Personal: particular, privativo, peculiar, singular.

Colectivo: común, social, general, heterogéneo.

Personalidad: particularidad, singularidad, carácter, distintivo.

Impersonalidad: despersonificación, indistinción, imprecisión, indeterminación.

Personalizar: personificar, individualizar, nominar, tipificar.

Impersonalizar: despersonificar, innominar, generalizar, ecuanimizar.

Personificar: encarnar, representar, simbolizar, interpretar.

Definir: distinguir, identificar, calificar, caracterizar.

Perspectiva: contingencia, posibilidad, apariencia, factibilidad.

Complejidad: obstáculo, complicación, dificultad, impedimento.

Perspicacia: agudeza, penetración, sagacidad, inteligencia.

Torpeza: inhabilidad, ineptitud, rusticidad, zafiedad.

Perspicaz: sagaz, agudo, penetrante, zahorí.

Torpe: rudo, tardo, desmañado, lerdo.

Perspicuo: claro, manifiesto, terso, notable.

Oculto: callado, encubierto, disfrazado, furtivo.

Persuadir: convencer, decidir, inducir, demostrar.

Disuadir: alejar, apartar, desaferrar, desaconsejar.

Persuasión: sugestión, convencimiento, certeza, convicción.

Vacilación: duda, perplejidad, incertidumbre, enervación.

Persuasivo: convincente, decisivo, concluyente, categórico.

Titubeante: vacilante, dubitativo, incierto, trepidante.

Pertenecer: atañer, incumbir, concernir, convenir.

Desvincular: desligar, alejar, aislar, dispersar.

Perteneciente: relativo, referente, tocante, concerniente.

Ajeno: extraño, impropio, inadecuado, extemporáneo.

Pertenencia: propiedad, dominio, dependencia, inmueble.

Sujeción: subordinación, dependencia, atadura, ligamiento.

Pertinacia: tenacidad, testarudez, obstinación, contumacia.

Volubilidad: inconstancia, variabilidad, cambiabilidad, inestabilidad.

Pertinencia: obstinación, persistencia, testarudez, tenacidad.

Docilidad: flexibilidad, obediencia, sumisión, disciplina.

Pertinente: referente, relativo, concerniente, oportuno.

Extraño: ajeno, inoportuno, insólito, extravagante.

Pertrechar: abastecer, aprovisionar, preparar, suministrar.

Consumir: concluir, realizar, acabar, ejecutar.

Perturbación: turbación, alteración, desconcierto, anarquía.

Tranquilidad: sosiego, serenidad, apacibilidad, orden.

Perturbar: alterar, trastornar, inmutar, desorganizar.

Ordenar: concertar, disponer, arreglar, organizar.

Perversión: corrupción, depravación, desenfreno, inmoralidad.

Probidad: integridad, rectitud, honradez, ecuanimidad.

Perverso: infame, perdido, malvado, depravado.

Virtuoso: íntegro, noble, honesto, probo.

Pervertir: depravar, corromper, viciar, perturbar.

Regenerar: corregir, restablecer, renovar, restaurar.

Pesado: macizo, grave, obeso, deprimente.

Leve: liviano, ligero, rápido, flaco.

Pesadumbre: pesadez, pesantez, gravedad, aflicción.

Satisfacción: agrado, contento, gusto, placer.

Pesar: disgusto, aflicción, pena, consternación.

Gozo: contento, felicidad, alegría, dicha.

Pesaroso: afligido, sentido, dolido, consternado.

Alegre: gozoso, satisfecho, alborozado, radiante.

Pesimismo: desconfianza, desaliento, desánimo, hipocondría.

Optimismo: aliento, esperanza, confianza, certidumbre.

Pesimista: desalentado, desanimado, decepcionado, triste.

Optimista: confiado, seguro, cierto, jubiloso.

Pesquisa: perquisición, averiguación, información, búsqueda.

Ocultación: escondite, furtividad, encubrimiento, simulación.

Pesquisar: inquirir, investigar, averiguar, escudriñar.

Esconder: ocultar, encubrir, disfrazar, contener.

Petardo: cohete, explosivo, fraude, timo.

Realidad: evidencia, verdad, veracidad, existencia.

Petición: ruego, pedido, solicitud, súplica.

Resolución: decisión, determinación, conclusión, sentencia.

Petimetre: presumido, vanidoso, jactancioso, fatuo.

Humilde: modesto, sencillo, sumiso, apocado.

Petrificar: endurecer, solidificar, fosilizar, compactar.

Ablandar: molificar, suavizar, enternecer, conmover.

Petulancia: vanidad, presunción, fatuidad, insolencia.

Humildad: modestia, llaneza, docilidad, encogimiento.

Petulante: vano, presumido, vanidoso, vanaglorioso.

Peyorar: empeorar, periclitar, malignar, despreciar.

Piadoso: compasivo, humano, religioso, devoto.

Picante: excitante, condimentado, cáustico, mordaz.

Picar: clavar, punzar, triturar, provocar.

Picardía: astucia, travesura, maldad, bellaquería.

Pícaro: villano, granuja, bellaco, canalla.

Pico: boca, lengua, hocico, punta.

Pie: pata, base, origen, cuota.

Piedad: devoción, veneración, caridad, lástima.

Piel: dermis, epidermis, pellejo, sensibilidad.

Pieza: trozo, parte, fragmento, moneda.

Pifiar: fallar, marrar, patear, reprobar.

Pignorar: empeñar, hipotecar, prendar, gravar.

Pigricia: flojera, dejadez, incuria, haraganería.

Píldora: gragea, comprimido, oblea, patraña.

Piloto: conductor, guía, timonel, mentor.

Pillar: atrapar, aprehender, coger, capturar.

Pinacoteca: exposición, galería, sala, colección.

Modesto: humilde, reservado, observador, cauto.

Meliorar: mejorar, enmendar, perfeccionar, valorar.

Inmisericorde: impío, desalmado, incompasible, despiadado.

Suave: moderado, sazonado, quieto, blando.

Conservar: preservar, cuidar, custodiar, conformar.

Sensatez: discreción, mesura, prudencia, decoro.

Bueno: abnegado, generoso, compasivo, virtuoso.

Silente: tranquilo, sosegado, controlado, reposado.

Cuerpo: tronco, grosor, densidad, tamaño.

Crueldad: atrocidad, ferocidad, impiedad, salvajismo.

Hueso: cuesco, grano, dureza, osamenta.

Unidad: singularidad, conformidad, concordancia, totalidad.

Palmotear: encomiar, ponderar, alabar, loar.

Despignorar: retirar, llevar, deshipotecar, desgravar.

Diligencia: actividad, ocurrencia, laboriosidad, esmero.

Venia: inclinación, indulgencia, permisión, beneplácito.

Desconcierto: confusión, desorden, embrollo, incoherencia.

Liberar: soltar, libertar, emancipar, arrancar.

Promiscuidad: mezcolanza, confusión, hacinamiento, acumulación.

Pináculo: cumbre, altura, cúspide, apogeo.

Pinchar: picar, punzar, herir, flirtear.

Pingajo: andrajo, colgajo, harapo, guiñapo.

Pingüe: copioso, apreciable, considerable, abundante.

Pintar: teñir, colocar, describir, exagerar.

Pintoresco: ameno, agradable, curioso, hermoso.

Pipiolo: inexperto, novicio, novato, principiante.

Pirata: corsario, filibustero, bucanero, malvado.

Pisar: hollar, pisotear, apretar, humillar.

Pisotear: aplastar, endurecer, ollar, atropellar.

Pista: indicio, huella, rastro, vestigio.

Pitonisa: adivina, sibila, hechicera, sacerdotisa.

Placentero: agradable, deleitoso, ameno, regocijo.

Placer: agrado, gozo, deleite, delicia.

Plaga: epidemia, flagelo, llaga, infortunio.

Plagar: llenar, cubrir, pulular, abundar.

Plagiar: calcar, copiar, imitar, reproducir,

Plan: proyecto, intento, esbozo, argumento.

Planear: planificar, concebir, trazar, fraguar.

Fondo: hondura, entraña, asiento, hondonada.

Reparar: remediar, componer, restaurar, subsanar.

Finura: primor, fineza, delicadeza, sutilidad.

Magro: flaco, exiguo, nimio, carente.

Despintar: desteñir, descolorar, silenciar, opacar.

Aburrido: hastiado, molesto, cansado, pesado.

Ducho: diestro, experto, entendido, perito.

Marino: navegante, marinero, tripulante, nauta.

Encubrir: tapar, ocultar, subir, elevar.

Emparejar: cuidar, ablandar, patear, encubrir.

Olvido: omisión, descuido, inadvertencia, desidia.

Intuición: percepción, visión, concepción, presentimiento.

Majadero: enojoso, fastidioso, molesto, chocante.

Disgusto: molestia, contrariedad, sinsabor, pesadumbre.

Salubre: higiene, sano, saludable, remedio.

Faltar: quedar, testar, fallar, pecar.

Crear: idear. producir, inventar, concebir, forjar.

Realidad: objetividad, materialización, culminación, conclusión.

Realizar: ejecutar, efectuar, hacer, plasmar.

Planicie: llanura, estepa, meseta, sabana.

Planificación: organización, proyección, programación, sistematización.

Planificar: planear, proyectar, concebir, sugerir.

Plantear: establecer, ejecutar, planificar, proponer.

Plantilla: modelo, padrón, norma, modalidad.

Plañidero: lloroso, triste, lúgubre, deplorable.

Plañir: gemir, gimotear, clamar, llorar.

Plasmación: realización, formación, creación, concreción.

Plasmar: formar, moldear, crear materializar.

Plástico: flexible, maleable, dúctil, formativo.

Plataforma: tribuna, tablado, tema, motivo.

Platicar: charlar, conversar, departir, parlamentar.

Platónico: ideal, romántico, sentimental, elevado.

Plausible: digno, laudable, meritorio, admirable.

Play-boy: buscón, oportunista. f— conquistar mujeres famosas o de fortuna.

Plaza: ciudadela, villa, mercado, puesto.

Plebeyo: vulgar, ordinario, tosco, ramplón.

Plebiscito: referéndum, votación, determinación, sufragio.

Plegar: doblar, arquear, encorvar, arrugar.

Montaña: sierra, monte, colina, cordillera.

Enmarañamiento: confusión, embrollo, tergiversación, mixtificación.

Improvisar: repentizar, imprevisionar, acometer.

Anular: abolir, derogar, invalidar, revocar.

Imitación: improvisación, copia, remedo, tincada.

Alegre: contento, alborozado, satisfecho, risueño.

Reír: alegrarse, contentarse, bromear, chanzar.

Irrealización: anulación, tachamiento, rayamiento, borramiento.

Borrar: tachar, anular, nadizar, esfumar.

Consistente: recio, sólido, firme, incierto.

Apariencia: figura forma, aspecto, ficción.

Callar: silenciar, enmudecer, observar, inmovilizar.

Interesado: codicioso, proponente, material, ambicioso.

Inadmisible: inaceptable, absurdo, inadoptable, injustificable.

Correcto: honesto, púdico, moralista, ético.

Planicie: llanura, meseta, abrigo, descanso.

Noble: digno, ilustre, esclarecido, egregio.

Controversia: discusión, polémica, debate, impugnación.

Estirar: alargar, prolongar, dilatar, ensanchar.

Plegaria: oración, rezo, ruego, rogativa.

Blasfemia: reniego, maldición, juramento, detracción.

Pleitesía: reverencia, inclinación, veneración, avenencia.

Irreverencia: desacato, desatención, desprecio, profanación.

Plenitud: integridad, totalidad, conjunto, esplendor.

Defecto: falta, deficiencia, falla, tacha.

Pleonasmo: redundancia, repetición, batología, perisología.

Precisión: claridad, utilidad, variedad, exactitud.

Pletórico: henchido, pleno, rebosante, atestado.

Vacío: hueco, vacuo, inactivo, desocupado.

Pléyade: falange, legión, séquito, cortejo.

Poquedad: insuficiencia, pequeñez, ordinariez, vulgaridad.

Pliego: cuadernillo, hoja, cartapacio, documento.

Libro: obra, texto, volumen, ejemplar.

Pluralidad: variedad, diversidad, disparidad, multiplicidad.

Singularidad: particularidad, distinción, extrañeza, sobresaliente.

Plus: viático, propina, regalía, adehala.

Mezquindad: cicatería, tacañería, avaricia, sordidez.

Plusvalía: utilidad, excedente, sobreprecio, aumento.

Equilibrio: mesura, ecuanimidad, nivelación, ponderación.

Población: ciudad, pueblo, urbe, cantidad.

Desierto: páramo, yermo, estepa, erial.

Pobreza: necesidad, inopia, penuria, indigencia.

Riqueza: abundancia, exuberancia, fertilidad, opulencia.

Pocilga: corral, establo, barraca, porqueriza.

Mansión: residencia, morada, vivienda, estancia.

Poco: escaso, insuficiente, limitado, estrecho.

Mucho: suficiente, demasiado, excesivo, numeroso.

Podar: cortar, purgar, recortar, desmochar.

Continuar: intocar, mantener, alargar, prolongar.

Poder: dominio, potestad, hegemonía, jurisdicción.

Debilidad: ineptitud, incapacidad, impotencia, flaqueza.

Poderhabiente: representante, facultado, apoderado, ejecutor.

Poderdante: comisionante, delegante, misionante, mandante.

Poderío: poder, mando, fuerza, imperio.

Freno: sujeción, sometimiento, coyunda, dependencia.

Poderoso: pudiente, acaudalado, adinerado, rico.

Débil: endeble, enclenque, escuálido, canijo.

Podredumbre: pudrición, podredura, infección, putrefacción.

Depuración: purificación, acendramiento, incorrección, acrisolamiento.

Poema: poesía, elegía, trova, inspiración.

Fealdad: deformación, inconexión, afeamiento, monstruosidad.

Poetizar: embellecer. idealizar, hermosear adornar.

Afear: deslucir, deformar, desfigurar, censurar.

Polarizar: concentrar reunir, condensar centralizar.

Despolarizar: desconectar, desligar, desunir destrabar.

Polémica: discusión, disputa, controversia, altercado.

Acuerdo: armonía, avenencia, parecer, resolución.

Polemizar: discutir, controvertir, disputar, debatir.

Concordar: armonizar, convergir, funcar, operar.

Policía: vigilancia, cuidado, seguridad, salvaguarda.

Delincuencia: infracción, criminalidad, complicidad, maldad.

Polifacético: multifacético, polilateral, diversivo, variabilizado.

Unifacético: unilateral, singular, particular monofacético.

Polígrafo: escritor, tratadista, novelista, intérprete.

Lector: veedor, leyente, monitor, profesor.

Polinomio: polidicción, variedad, bilateralidad, pluralidad.

Monoacepción: unicidad, singularidad, monosentido, taxatividad.

Polisemia: variedad, multiplicidad. f— pluralidad de significados.

Unilateralidad: singularidad, unicidad, monodicción. f - voces con un sólo significado.

Polisémico: variado, pluralizado, diverso, distinto.

Unisémico: singular, único, monodicto, sólico.

Política: manejo, doctrina, habilidad, cortesía.

Desconcierto: desgobierno, desorden, confusión, discordia.

Politizar: abanderizar, partidarizar, sectorizar. f— inculcar ideas políticas.

Despolitizar: pluralizar, unificar, mancomunar. f - quitar el carácter político.

Polivalente: adecuado, apropiado,. f— congruente con diversos fines

Monovalente: determinado, señalado. f - útil para un solo fin.

Polizón: ocioso, sin destino. f— embarcante, clandestino.

Navegante: nauta, marino, naval, marítimo.

Poltrón: gandul, holgazán, perezoso, indolente.

Diligente: activo, discurrente, útil, ingenioso.

Poltronería: haraganería, gandulería, holgaza- nería, negligencia.

Actividad: acción, movimiento, diligencia, presteza.

Polución: efusión, contaminación, corrupción, profanación.

Preservación: conservación, defensión, protec- ción, salvamiento.

Poluto: contaminado, manchado, infectado, contagiado.

Limpio: sano, fuerte, indemne, inmunizado, inmaculado.

Polvo: ceniza, pavesa, tierra, molinada.

Elemento: cuerpo, materia, substancia, asun- to.

Polvoriento: ceniciento, polvoroso, obscureci- do, opacado.

Límpido: impoluto, nítido, terso, diáfano.

Polla: moza, muchacha, fúlica. f— gallina joven.

Madura: sazonada, madurada, provecta, jui- ciosa.

Pompa: ostentación, grandeza, esplendor, sun- tuosidad.

Sencillez: llaneza, cordialidad, benevolencia, franqueza.

Pomposo: suntuoso, ostentoso, aparatoso, magnificante.

Sencillo: llano, natural, espontáneo, simple.

Ponderación: encarecimiento, exageración, abultamiento, hipérbole.

Atenuación: aminoramiento, disminución, aplacamiento, amortiguación.

Ponderar: considerar, examinar, enaltecer, equilibrar.

Moderar: morigerar, desmesurar, justipreciar, valorar.

Ponencia: proposición, sugerencia, informe, determinación.

Consideración: estudio, revisión, análisis, dis- cusión.

Poner: situar, colocar, determinar, concurrir.

Sacar: extraer , extirpar, conseguir, obtener.

Pontificar: aseverar, asegurar, hiperbolizar, magnificar.

Minimizar: reducir, empequeñecer, minorar, jibarizar.

Ponzoña: veneno, tósigo, toxina, virus.

Antídoto: contraveneno, antitóxico, atósigo, inmunización.

Popular: común, habitual, público, renom- brado.

Detestado: odiado, aborrecido, abominado, execrado.

Popularidad: fama, crédito, notoriedad, glo- ria.

Impopularidad: opacidad, desconocimiento, innotoriedad, obscurecimiento.

Poquedad: escasez, cortedad, apocamiento, timidez.

Abundancia: cantidad, cuantía, profusión, copiosidad.

Porcentaje: proporción, relación. f— tanto por ciento.

Desproporción: desarmonía, inconveniencia, inconformidad, incongruencia.

Porción: parte, fracción, trozo, ración.

Porche: atrio, cobertizo, soportal, pórtico,

Porfiar: disputar, contender, discutir, insistir.

Pormenor: detalle, antecedente, menudencia, circunstancia.

Pormenorizar: detallar, enumerar, especificar, catalogar.

Pornografía: obscenidad, inmoralidad, indecencia, sicalipsis.

Pornográfico: licencioso, inmoral, obsceno, impúdico.

Porqué: motivo, causa, razón, móvil.

Porquería: basura, inmundicia, suciedad, indedencia.

Portada: ornato, adorno, frontispicio, presencia.

Portador: portante, conductor, cargador, contagiador.

Portar: llevar, transportar, trasladar, conducir.

Portátil: manual, movible, conducible, cómodo.

Portavoz: caudillo, cabecilla, adalid, heraldo.

Porte: traslado, transporte, aspecto, prestancia.

Portento: asombro, milagro sorpresa, maravilla.

Portentoso: asombroso, maravilloso, prodigioso, pasmoso.

Portero: guardián, bedel, vigilante cancerbero.

Porvenir: futuro, venidero, mañana, posterior.

Entero: completo, cabal, íntegro, todo.

Barraca: galpón, almacen, tinglado, choza.

Ceder: concordar, armonizar, desistir renunciar.

Conjunto: completo, entero, íntegro, compuesto.

Embrollar: confundir, enredar, mezclar enmarañar.

Decencia: decoro, recato, honestidad, pulcritud.

Honesto: decente, pudoroso, decoroso, moralista.

Consecuencia: deducción, conclusión, infiderencia, corolario.

Limpieza: aseo, pulcritud, higiene, integridad.

Reverso: dorso, revés, contrahaz, vuelta.

Descargador: desembarcador, descargante, disculpante.

Dejar: olvidar, abandonar, desamparar, faltar.

Fijo: firme, seguro, permanente, asentado.

Subordinado: dependiente, inferior sumiso vendedor.

Circunstancia: motivo, objeto, causa efecto.

Insignificancia: nimiedad, pequeñez, nulidad, menudencia.

Fútil: vano, nimio, insignificante, baladí

Policía: guardia, carabinero, agente, detective.

Incertidumbre: inestabilidad, vacilación, indecisión, inseguridad.

Posada: casa, domicilio, descanso, hostería.

Posar: descansar, ubicarse, colocarse, sedimentarse.

Pose: actitud, postura, . apariencia, afectación.

Poseer: tener, gozar, saber, conocer.

Posesión: heredad, propiedad, pertenencia, disfrute.

Posibilidad: factibilidad, probabilidad, eventualidad, perspectiva.

Posibilitar: facilitar. adecuar, viabilizar, probabilizar.

Posible: probable, viable, hacedero, concebible.

Posición: situación, condición, categoría, estado.

Positivizar: probabilizar, viabilizar, porvenizar, hacederizar.

Positivo: real, auténtico, seguro, efectivo.

Poso: sedimento, zupia, haces, acopio.

Posponer: postergar, preterir, aplazar, demorar.

Postergación: posposición, preterición, relegación, menosprecio.

Postergar: demorar, retrasar, posponer, relegar.

Posterior: ulterior subsiguiente, siguiente, continuamente.

Posteriorizar: ulteriorizar, postergar, retrasar, aplazar.

Postizo: añadido, agregado artificial, engañoso.

Postración: desaliento, languidez, abatimiento, extenuación.

Parada: fin, término, estación, pausa.

Caminar: andar, transitar, circular, cruzar.

Naturalidad: sencillez, llaneza, simplicidad, franqueza.

Carecer: faltar, privar, restar, fallar.

Indigencia: necesidad, miseria, inopia, pobreza.

Impedimento: imposibilidad, infructuosidad, improbabilidad, oposición.

Dificultar: entorpecer, complicar, estorbar, impedir.

Imposible: improbable, irrealizable, absurdo, quimérico.

Vaguedad: imprecisión, incertidumbre, hesitación, confusión.

Negativizar: improbabilizar dificultar, estorbar, impedimentar.

Negativo: negación, evasión, excusa, tampoco.

Superficie: espacio, plano, extensión, terreno.

Adelantar: anticipar acelerar, avanzar apresurar.

Adelantamiento: anticipación, antelación, avance, madrugación.

Apresurar: apurar, correr, precipitar, aligerar.

Anterior: previo, procedente, antecedente, preliminar.

Anteriorizar: anticipar, adelantar, acelerar, avanzar.

Verdadero: legítimo, auténtico, verídico, veraz.

Animo: aliento, valor, esfuerzo, denuedo.

Postrar: abatir, anquilar, anonadar, desalentar.

Postrer: posterior, postrero, último, final.

Postrimería: final, ocaso, decadencia, declinación.

Postulante: aspirante, solicitante, demandante, candidato.

Postular: aspirar, anhelar, conseguir, recabar.

Postura: actitud, posición, estado, alternativa.

Potable: bebible, tomable, usable, saludable.

Potencia: poder, capacidad, posibilidad, aptitud.

Potentado: monarca, soberano, príncipe, jerarca.

Potente: vigoroso, pujante, poderoso, enérgico.

Potestad: poder, dominio, autoridad, fuerza.

Práctica: destreza, expedición, experiencia, rutina.

Práctico: diestro, avezado, experto, positivo.

Practicar: ejercitarse, ejercer, usar, emplear.

Pragmático: diestro, experto, hábil, versado.

Pragmatismo: baqueanismo, avezamiento, positivismo, expertismo.

Preámbulo: introducción, prólogo, proemio, prefacio.

Prebenda: beneficio, ventaja, oportunidad, sinecura.

Alentar: animar entusiasmar, avivar excitar.

Primero: inicial, primitivo, primario, principal.

Comienzo: principio, iniciación, origen, nacimiento.

Rehusante: rechazante, excusante, denegante, desdeñante.

Ofrecer: prometer, mostrar, brindar, ofrendar.

Situación: aspecto, disposición, variación, modalidad.

Viciado: contagiado, impuro, sucio, impotable.

Deficiencia: insuficiencia, falta, defección, ineficacia.

Necesitado: indigente, menesteroso, pordiosero, mendigo.

Débil: decaído, endeble, lánguido, enflaquecido.

Impotencia: ineptitud, incapacidad, insuficiencia, imposibilidad.

Torpeza: yerro, descuido, desatención, incapacidad.

Inhábil: teórico, inexperto, desavezado, lerdo.

Teorizar: observar, examinar, suponer quimerizar.

Inhábil: inexperto, torpe, principiante, novato.

Inhabilidad: inepcia, torpeza, impracticidad, inexperiencia.

Epílogo: término, final, conclusión, culminación.

Gravamen: obligación, gabela, impuesto, canon.

Precario: transitorio, efímero, perecedero, inestable.

Estable: constante, duradero, permanente, durable.

Precaución: cautela, prudencia, prevención, moderación.

Imprevisión: descuido, desprevención, negligencia, imprudencia.

Precaver: prevenir, prever, cautelar, impedir.

Objetar: rechazar contradecir, cuestionar, rebatir.

Precavido: cauto, astuto, sagaz, circunspecto.

Precipitado: imprudente, alocado, atarantado, irreflexivo.

Precedencia: posteridad, prelación, antelación, anterioridad.

Posterioridad: ulterioridad, consecutividad, preteridad.

Precedente: antecedente, motivo, noticia, referencia.

Consecuente: siguiente, consiguiente, razonable, ecuánime.

Preceder: adelantar, aventajar, presidir, superar.

Suceder: acontecer, ocurrir, pasar, acaecer.

Precepto: orden, regla, disposición, mandamiento.

Abrogación: abolición, anulamiento, revocación, abolimiento.

Preceptuar: disponer, ordenar, pautar, codificar.

Revocar: anular, abrogar, denegar, retrotraer.

Preces: ruego, súplica, demanda, instancia.

Resolución: abordamiento, examen, decisión, providencia.

Preciar: apreciar, estimar, tasar, valuar, considerar.

Invalorar: depreciar, rebajar, disminuir, desestimar.

Precio: valor, importe, costo, monto.

Cómputo: cálculo, tasa, avalúo, estimación.

Precioso: valioso, primosoroso, excelente, magnífico.

Desestimado: invalorado, desdeñado, despreciado, intrascendente.

Precipicio: acantilado, barranco, abismo, depresión.

Cúspide: cumbre, cresta, pináculo, culminación.

Precipitación: atolondramiento, imprudencia, aturdimiento, irreflexión.

Serenidad: entereza, valor, dominio, placidez.

Precipitar: arrojar, empujar, lanzar, derrumbar.

Sujetar: detener, interrumpir, atajar, sostener.

Precisar: fijar, determinar, concretar, puntualizar.

Confundir: embrollar, enredar, mezclar, perturbar.

Precisión: exactitud, puntualidad, estrictez, delimitación.

Imprecisión: indefinición, equívoco, indistinción, indeterminación.

Preciso: exacto, justo, cabal, concluyente.

Preclaro: célebre, afamado, insigne, ilustre.

Preconcebir: preconocer, imaginar, crear, forjar.

Precognición: preconocimiento, preconcepción, percepción, clarividencia.

Preconizar: auspiciar, patrocinar, proponer, ponderar.

Precoz: anticipado, adelantado, prematuro, aprovechado.

Precursor: predecesor, iniciador, pionero, ascendiente.

Predecir: adivinar, anunciar, profetizar, presagiar.

Predestinar: anunciar, señalar, proponer, sugerir.

Predicamento: opinión, juicio, concepto, principio.

Predicar: exhortar, estimular, evangelizar, persuadir.

Predicción: augurio, pronóstico, profecía, vaticinio.

Predilección: preferencia, inclinación, propensión, primacía.

Predilecto: elegido, preferido, favorito, privilegiado.

Predio: dominio, posesión, feudo, hacienda.

Predisponer: inclinar, preparar, disponer, propender.

Predisposición: propensión, tendencia, inclinación, disposición.

Predominar: prevalecer, preponderar, dominar, resaltar.

Errado: impreciso, inexacto, equivocado, supuesto.

Anónimo: desconocido, ignorado, insignificante, empequeñecido.

Realizar: ejecutar, coronar, plasmar, culminar.

Ignaria: nesciencia, insipiencia, desconocimiento, ignorancia.

Reprobar: invalorar, reprochar, censurar, increpar.

Tardío: retrasado, retardado, torpe, lento.

Posterior: siguiente, subsiguiente, sucesor, ocaso.

Silenciar: ocultar, encubrir, callar, reservar.

Disuadir: desaconsejar, desengañar, decepcionar, despertar.

Desacierto: aburdo, desatino, disparate, exabrupto.

Interrumpir: intermitir, repulsar, rechazar, acallar.

Realidad: concreción, existencia, objetividad, efectividad.

Aversión: aborrecimiento, renuencia, oposición, animosidad.

Execrado: detestado, aborrecido, maldecido, condenado.

Proletariedad: indigencia, inopia, pobreza, necesidad.

Entorpecer: estorbar, dificultar, oponer, molestar.

Entorpecimiento: dificultad, indisposición, fastidio, oposición.

Anonadar: confundir, abatir, frustrar, deteriorar.

Predominio: imperio, hegemonía, supeditación, potestad.

Preeminencia: superioridad, ventaja, supremacía, elevación.

Preeminente: relevante, culminante, superior, descollante.

Preexistencia: antelación, anticipación. f— existencia previa.

Preferencia: primacía, superioridad, precedencia, privilegio.

Preferir: elegir, optar, distinguir, designar.

Prefijar: determinar, precisar, predeterminar, anteponer.

Pregonar: divulgar, publicar, proclamar, anunciar.

Preguntar: interrogar, interpelar, requerir, examinar.

Prejuicio: escrúpulo, tradición, prevención, aprensión.

Prelación: antelación, anticipación, preferencia, predilección.

Prelado: clérigo, sacerdote, primado, obispo.

Preliminar: anterior, precedente, antecesor, comienzo.

Preludio: obertura, preámbulo, introducción, principio.

Prematuro: adelantado, anticipado, precoz, adelanto,

Premeditación: discernimiento, reflexión, preconcepción, recapacitación.

Premeditar: reflexionar, deliberar, discernir, recapacitar.

Premiar: laurear, recompensar, distinguir, retribuir.

Dependencia: inferioridad, subordinación, desventaja, menoscabo.

Inferioridad: desventaja, dependencia, bajeza, insignificancia.

Inferior: peor, bajo, malo, mejor.

Inexistencia: suposición, hipótesis, presunción, sospecha.

Menosprecio: desprecio, bajeza, desestimación, desdeñamiento.

Desechar: desestimar, excluir, apartar, rechazar.

Vacilar: titubear, hesitar, dudar, flctuar.

Callar: omitir, silenciar, enmudecer, olvidar.

Contestar: responder, replicar, aducir, argüir.

Justiprecio: apreciamiento, evaluación, valoración, ecuanimidad.

Demora: espera, retraso, retardo, tardanza.

Acólito: sacristán, monaguillo, monje, cristiano.

Final: término, culminación, epílogo, límite.

Conclusión: final, deducción, efecto, consecuencia.

Retrasado: demorado, tardío, atrasado, retardado.

Actuación: ejecución, realización, elaboración, plasmación.

Actuar: proceder, hacer, ejecutar, conducir.

Castigar: sancionar, condenar, reprender, escarmentar.

Premioso: apretado, estrecho, ajustado, estricto.

Holgado: desahogado, aliviado, acomodado, descansado.

Premisa: antecedente, indicio, proposición, sugestión.

Resultado: efecto, consecuencia, secuela, acuerdo.

Premonitorio: anticipatorio, presentivo, presagiante, barruntativo.

Cogitatorio: reflexivo, recapacitativo, cavilatorio, lucubrativo.

Premura: prisa, apuro, urgencia, prontitud.

Calma: sosiego, reposo, flema, bonanza.

Prenda: fianza, garantía, caución, protección.

Riesgo: contingencia, peligro, aventura, amenaza.

Prender: apresar, detener, asir, aprisionar.

Soltar: liberar, excarcelar, desligar, desatar.

Prensa: diario, periódico, revista, rotativo.

Trasmisión: radiodifusión, televisión, telescritura, telefonía.

Preñado: lleno, colmado, fecundo, henchido.

Vacuo: vacío, carente, hueco, ausente.

Preocupación: impaciencia, conturbación, enervamiento, ansiedad.

Serenidad: predominio, tranquilidad, sosiego, pasividad.

Preocupar: inquietar, turbar, enervar, ofuscar.

Tranquilizar: aquietar, pacificar, calmar, dominarse.

Preparación: disposición, preparamiento, previsión, organización.

Improvisación: irreflexión, imprecisión, inmaduración, tincamiento.

Preparar: alistar, aprestar, organizar, proyectar.

Realizar: ejecutar, plasmar, efectuar, confeccionar.

Preponderancia: preeminencia, predominio, relevancia, supremacía.

Dependencia: supeditación, subordinación, sujeción, limitación.

Preponderante: predominante, preeminente, elevado, superior.

Dependiente: subordinado, supeditado, accesorio, inferior.

Preponderar: predominar, decidir, influir, determinar.

Acatar: ceder, cumplir, respetar, honrar.

Prerrogativa: ventaja, privilegio, proyección, dispensa.

Desventaja: inconveniente, perjuicio, menoscabo, quebranto.

Presagiar: anunciar, augurar, predecir, profetizar.

Silenciar: callar, enmudecer, sigilar, preservar.

Prescindencia: abstracción, exclusión, abstención, omisión.

Análisis: examen, estudio, observación, separación.

Prescindir: desechar, omitir, dejar, silenciar.

Analizar: considerar, examinar, juzgar, estimar.

Prescribir: señalar, ordenar, caducar, expirar.

Prescripción: expiración, término, plazo, taxatividad.

Presencia: aspecto, figura, traza, apariencia.

Presenciar: contemplar, observar, mirar, concurrir.

Presentación: demostración, exhibición, exposición, manifestación.

Presentar: mostrar, exhibir, exponer, explanar.

Presente: asistente, concurrente, espectador, veedor.

Presentimiento: sospecha, conjetura, intuición, clarividencia.

Presentir: antever, intuir, vislumbrar, columbrar.

Preservación: conservación, protección, defensión, salvamento.

Preservar: conservar, guardar, defender, proteger.

Presidencia: jefatura, superioridad, directiva, privilegio.

Presidio: cárcel, prisión, penitenciaría, alcázar.

Presidir: dirigir, conducir, regir, administrar.

Presión: opresión, comprensión, apremio, insistencia.

Prestación: beneficio, canon, tributo, préstamo.

Prestancia: galardón, dignidad, distinción, arresto.

Prestar: facilitar, favorecer, suministrar, beneficiar.

Obedecer: acatar, respetar, validar, actualizar.

Causalidad: circunstancia, motivo, razón, incidencia.

Ausencia: alejamiento, abandono, partida, separación.

Ignorar: desconocer, ocultar, esconder, callar.

Disimulación: ocultación, encubrimiento, furtividad, disfraz.

Ocultar: callar, omitir, silenciar, guardar.

Ausente: alejado, distante, separado, inhibido.

Evidencia: revelación, descubrimiento, hallazgo, encuentro.

Verificar: cerciorarse, cuidarse, asegurar, corroborar.

Peligro: riesgo, aventura, contingencia, amenaza.

Arriesgar: aventurar, exponer, osar, atreverse.

Inferioridad: dependencia, subordinación, medianía, desventaja.

Excarcelación: libertad, emancipación, soltamiento, redención.

Obedecer: cumplir, acatar, someterse, entregarse.

Relajación: depresión, liberalidad, ablandamiento, suavización.

Motivo: razón, causa, objetivo, finalidad.

Vulgaridad: chabacanería, tosquedad, trivialidad, ramplonería.

Devolver: restituir, reintegrar, reponer, compensar.

Presteza: prontitud, agilidad, diligencia, ligereza.

Lentitud: demora, dilación, retraso, lenidad.

Prestidigitador: ilusionista, ficcionario, imaginista, quimerista.

Entretenimiento: pasatiempo, recreación, distracción, esparcimiento.

Prestigio: ascendencia, reputación, influencia, autoridad.

Vilipendio: escarnio, desprecio, calumnia, diatriba.

Prestigioso: acreditado, influyente, reputado, renombrado.

Desprestigiado: desacreditado, difamado, denigrado, empequeñecido.

Presumido: vanidoso, jactancioso, presuntuoso, pretensioso.

Humilde: sencillo, moderado, modesto, reservado.

Presumir: suponer, maliciar, conjeturar, barruntar.

Afirmar: aseverar, asegurar, atestiguar, sostener.

Presunción: suposición, sospecha, conjetura, engreimiento.

Modestia: recato, moderación, sencillez, honestidad.

Presunto: supuesto, probable, achacable, imputable.

Flagrante: evidente, indudable, cierto, descubierto.

Presuponer: admitir, aceptar, conjeturar, tolerar.

Rehusar: excusar, disculpar, denegar, apartar.

Presupuesto: cálculo, cómputo, importe, valor.

Certeza: certidumbre, convicción, evidencia, veracidad.

Pretender: intentar, ambicionar, procurar, aspirar.

Renunciar: dimitir, desistir, ceder, abdicar.

Pretensión: aspiración, ambición, intención, ansia.

Resolución: ánimo, valor, decisión, conclusión.

Preterición: omisión, olvido, dejación, descuido.

Futuridad: posteridad, perspectiva, mañana, porvenir.

Preterir: descuidar, postergar, posponer, diferir.

Preceder: aventajar, anticipar, adelantar, superar.

Pretérito: pasado, caducado, remoto, acaecido.

Futuro: venidero, pasado, porvenir, perspectiva.

Pretexto: motivo, resquicio, disculpa, evasiva.

Certidumbre: seguridad, convicción, realidad, evidencia.

Prevalecer: predominar, reinar, sobresalir, descollar.

Perder: derrochar, desperdiciar, disipar, extraviar.

Prevaricar: delinquir, inflingir, quebrantar, transgredir.

Obedecer: cumplir, acatar, observar, respetar.

Prevención: medida, disposición, preparación, previsión.

Improvisación: precipitación, impetuosidad, atolondramiento, imprudencia.

Prevenir: prever, evitar, advertir, avisar.

Facilitar: simplificar, posibilitar, favorecer, proporcionar.

Prever: precaver, prevenir, presentir, oliscar.

Descuidar: desatender, omitir, abandonar, olvidar.

Previo: anticipado, adelantado, anterior, prematuro.

Posterior: siguiente, consecuente, ulterior, subsiguiente.

Previsión: cautela, ocurrencia, prudencia, preocupación.

Imprevisión: inadvertencia, impremeditación, imprudencia, osadía.

Previsto: presentido, concebido, conocido, deliberado.

Imprevisto: casual, fortuito, eventual, súbito.

Prez: honor, gloria, estimación, consideración.

Afrenta: ofensa, agravio, deshonra, vilipendio.

Prima: cuota, comisión, porción, premio.

Sanción: castigo, represión, punción, escarmiento.

Primacía: ventaja, preponderancia, superioridad, predominio.

Inferioridad: menoscabo, desventaja, miñoría, insignificancia.

Primado: primero, principal, preeminente, preponderante.

Auxiliar: dependiente, subordinado, inferior, accesorio.

Primario: principal, esencial, primitivo, primero.

Secundario: inferior, accesorio, dependiente, auxiliar.

Primavera: renovación, palingenesia, florecimiento, restitución.

Invierno: caducidad, anestesia, dormimiento, tristeza.

Primaveral: nuevo, alegre, juvenil, fresco.

Otoñal: autumnal, soporal, letárgico, somnolencia.

Primicia: principio, privilegio, comienzo, exclusivo.

Perjuicio: deterioro, menoscabo, nimiedad, incongruencia.

Primificar: primerizar, novízar, comenzar, debutar.

Abordar: considerar, determinar, interdependenciar, ulteriorizar.

Primigenio: primero, primitivo, inicial, prístino.

Postrero: posterior, último, final, resultado.

Primitivo: antiguo, remoto, arcaico, prehistórico.

Actual: moderno, presente, vigente, hodierno.

Primor: cuidado, esmero, habilidad, destreza.

Descuido: dejadez, negligencia, torpeza, incuria.

Primordial: principal, fundamental, esencial, cardinal.

Secundario: accidental, eventual, accesorio, suplementario.

Primoroso: delicado, perfecto, diestro, habilidoso.

Imperfecto: tosco, rústico, vulgar, deficiente.

Principal: primero, preferente, primordial, básico.

Accesorio: secundario, inferior, complementario, incidental.

Principiar: comenzar, iniciar, empezar, encabezar.

Acabar: fenecer, finalizar, concluir, ultimar.

Principio: comienzo, empiezo, iniciación, origen.

Término: conclusión, culminación, objetivo, propósito.

Pringar: manchar, infectar, untar, engrasar.

Reponer: reparar, restituir, restaurar, restablecer.

Pringado: infectado, enfermado, manchado, ensuciado.

Sanado: mejorado, restablecido, recuperado, repuesto.

Prioridad: anterioridad, antelación, procedencia, prelación.

Posterioridad: después, posteriormente, postergación, aplazamiento.

Priorizar: prevalecer, primerizar, anticipar, adelantar.

Posteriorizar: retrasar, postergar, aplazar, retardar.

Prisa: prontitud, presteza, premura, urgencia.

Calma: sosiego, quietud, reposo, apacibilidad.

Prisión: captura, detención, presidio, aprehensión.

Liberación: exoneración, eximición, excarcelación, soltamiento.

Prístino: original, singular, primigenio, originario.

Vigente: actual, ahora, hogaño, reciente.

Privación: carencia, falta, ausencia, escasez.

Abundancia: exuberancia, frondosidad, opulencia, profusión.

Privar: impedir, prohibir, despojar, destituir.

Permitir: acceder, consentir, autorizar, posibilitar.

Privativo: propio, personal, particular, peculiar.

General: común, colectivo, sabido, público.

Privatizar: particularizar, personalizar, posesionar. f— pasar al sector privado.

Estatificar: estadizar, nacionalizar, comunizar, sociabilizar.

Privilegio: ventaja, prerrogativa, franquicia, protección.

Perjuicio: daño, desventaja, inconveniente, atropello.

Probabilidad: posibilidad, contingencia, eventualidad, apariencia.

Improbabilidad: imposibilidad, infactibilidad, inverosimilitud, rareza.

399

Probable: posible, contingente, verosímil, plausible.

Improbable: imposible, ilógico, inaudito, extraño.

Probar: tantear, degustar, examinar, experimentar.

Resolver: solucionar, determinar, decidir, afrontar.

Probidad: rectitud, delicadeza, integridad, moralidad.

Deshonestidad: impudor, impudicia, liviandad, inmoralidad.

Problema: cuestión, asunto, dificultad, complicación.

Solución: explicación, resultado, conclusión, aclaración.

Problemático: incierto, inseguro, cuestionable, discutible.

Seguro: cierto, certero, garantido, protegido.

Probo: íntegro, honrado, virtuoso, correcto.

Venal: indigno, corruptible, sobornable, chantajista.

Procacidad: descaro, desfachatez, desvergüenza, insolencia.

Pudor: recato, decencia, honradez, rubor.

Procaz: desvergonzado, descarado, cínico, licencioso.

Pudibundo: honesto, correcto, púdico, decoroso.

Procedencia: origen, naturaleza, causa, advenimiento.

Destino: meta, término, situación, efecto.

Procedente: originario, proveniente, derivado, dimanante.

Improcedente: inadecuado, incongruente, impropio, extemporáneo.

Proceder: obrar, actuar, operar, realizar.

Abstenerse: privarse, inhibirse, abstraerse, prescindir.

Procedimiento: curso, forma, marcha, método.

Suspensión: cesación, interrupción, tregua, pausa.

Prócer: prohombre, eminente, sobresaliente, insigne.

Mediocre: común, vulgar, ordinario, anodino.

Procesar: encausar, enjuiciar, sentenciar, resolver.

Absolver: indultar, perdonar, sobreseer, conmutar.

Procesión: desfile, fila, comitiva, acompañamiento.

Dispersión: separación, diseminación, disgregación, desperdigamiento.

Proceso: transcurso, desarrollo, causa, asunto.

Análisis: estudio, examen, revisión, resolución.

Proclamar: aclamar, publicar, elegir, celebrar.

Deponer: destituir, destronar, someter, conquistar.

Proclive: adepto, partidario, prosélito, secuaz.

Ajeno: apartado, alejado, distante, extraño.

Procrear: engendrar, producir, ampliar, aumentar.

Limitar: restringir, ceñir, estrechar, demarcar.

Procurar: intentar, pretender, tratar, probar.

Desistir: abandonar, renunciar, cesar, amilanar.

Prodigar: gastar, dilapidar, esparcir, diseminar.

Economizar: ahorrar, guardar, reservar, depositar.

Prodigio: maravilla, portento, asombro, fenómeno.

Banalidad: vulgaridad, ordinariez, trivialidad, insubstancialidad.

Prodigioso: portentoso, milagroso, maravilloso, mirífico.

Ordinario: común, habitual, corriente, frecuente.

Pródigo: liberal, munificiente, generoso, desprendido.

Avaro: cicatero, mezquino, tacaño, codicioso.

Producir: originar, crear, causar, irrogar.

Consumir: agotar, gastar, acabar, extinguir.

Productividad: producción, fertilidad, rendimiento, fabricación.

Infecundidad: esterilidad, improductividad, infertilidad, aridez.

Productivo: fecundo, feraz, fructífero, fértil.

Improductivo: estéril, infecundo, vano, innecesario.

Producto: resultado, fruto, trabajo, cosecha.

Desecho: residuo, sobras, desperdicio, escoria.

Pródromo: síntoma, presagio, síndrome, principio.

Término: final, conclusión, efecto, consecuencia.

Proeza: hazaña, valía, osadía, audacia.

Cobardía: temor, pavor, pánico, espanto.

Profanación: sacrilegio, violación, blasfemia, herejía.

Reverencia: veneración, respeto, consideración, devoción.

Profanar: quebrantar, mancillar, envilecer, violar.

Respetar: considerar, honrar, venerar, exaltar.

Profecía: predicción, presagio, vaticinio, premonición.

Realidad: evidencia, objetividad, verosimilitud, clarividencia.

Proferir: pronunciar, exclamar, manifestar, aducir.

Callar: silenciar, omitir, enmudecer, observar.

Profesar: ejercer, practicar, crear, desempeñar.

Escuchar: oír, atender, cuidar, vigilar.

Profesión: carrera, especialidad, función, ocupación.

Vocación: tendencia, inclinación, propensión, predisposición.

Profesor: educador, maestro, catedrático, pedagogo.

Profeta: vidente, clarividente, vaticinador, visionario.

Profetizar: predecir, augurar, vaticinar, pronosticar.

Prófugo: fugitivo, desertor, evadido, escapado.

Profundizar: ahondar, penetrar, sondear, escudriñar.

Profundo: hondo, abismal, insondable, recóndito.

Profusión: abundancia, plétora, exuberancia, raudal.

Profuso: abundante, exuberante, excesivo, cuantuoso.

Programa: plan, proyecto, sistema, método.

Progresar: adelantar, desarrollar, avanzar, acrecentar.

Progresivo: creciente, gradual, promisorio, sistemático.

Progreso: evolución, prosperidad, desarrollo, adelanto.

Prohibición: obstáculo, impedimento, privación, proscripción.

Prohibir: impedir, estorbar, privar, vedar.

Prójimo: semejante, análogo, similar, individuo.

Proletario: obrero, trabajador, operario, jornalero.

Proliferar: aumentar, crecer, producir, propagar.

Prolífero: fértil, prolífico, feraz, fecundo.

Discípulo: estudiante, alumno, escolar, colegial.

Sofisticador: falseante, embaucador, engatusador, adulterador.

Sofisticar: engañar, embaucar, falsear, mentir.

Aprisionado: cautivado, arrestado, recluido, encarcelado.

Superficializar: observar, acechar, atestar, novediar.

Superficial: aparente, frívolo, ficticio, ilusorio.

Escasez: poquedad, exigüidad, penuria, carestía.

Exiguo: escaso, insuficiente, reducido, limitado.

Realización: ejecución, materialización, consumación, culminación.

Retroceder: cejar, refluir, recular, retrogradar.

Retrotraído: retrocedido, desandado, opuesto, contraproducente.

Retroceso: regresión, empeoramiento, retirada, desactivación.

Permisión: habilitación, toleramiento, admisión, autorización.

Autorizar: permitir, aprobar, asentir, conceder.

Diferente: distinto, desigual, lejano, divergente.

Autócrata: burgués, burócrata, rico, capitalista.

Reducir: disminuir, mermar, acortar, escasear.

Estéril: seco, desértico, infecundo, improductivo.

Prolijidad: atención, minuciosidad, contracción, primorosidad.

Indiferencia: apatía, ignavia, negligencia, displicencia.

Prolijo: esmerado, cuidadoso, meticuloso, diligente.

Descuidado: indolente, negligente, desidioso, incurioso.

Prólogo: preámbulo, prefacio, prolegómeno, introito.

Epílogo: conclusión, finalización, término, recapitulación.

Prolongar: aumentar, alargar, extender, dilatar.

Acortar: reducir, abreviar, compendiar, extractar.

Promediar: terciar, intermediar, interceder, mediar.

Desentenderse: apartarse, alejarse, retirarse, desestimar.

Promesa: ofrecimiento, ofrenda, promisión, oferta.

Cumplimiento: realización, ejecución, coronación, observación.

Prometer: asegurar, afirmar, proponer, ofrecer.

Negar: contradecir, denegar, desmentir, refutar.

Prominencia: saliente, relieve, protuberancia, turgencia.

Profundidad: hondura, cavidad, depresión, inmensidad.

Prominente: elevado, descollante, sobresaliente, abultado.

Profundo: penetrante, intenso, abismal, recóndito.

Promiscuidad: mezcolanza, entremezcladura, confusión, miscibilidad.

Selección: preferencia, distinción, opción, antología.

Promiscuo: mixto, revuelto, listado, heterogéneo.

Separado: aislado, apartado, segregado, divorciado.

Promisorio: promitente, augurante, esperanzante, prometivo.

Malignante: dañino, perjudicial, maleativo, pernicioso.

Promoción: impulso, desarrollo, adelanto, avance.

Interrupción: detención, oclusión, suspensión, estancamiento.

Promotor: iniciador, organizador, impulsor, inspirador.

Silenciador: detenedor, paralizante, atajador, desvirtuador.

Promover: suscitar, iniciar, impulsar, levantar.

Detener: parar, atajar, abolir, paralizar.

Promulgar: anunciar, decretar, divulgar, difundir.

Contener: sujetar, atajar, refrenar, dificultar.

Pronosticar: vaticinar, anunciar, augurar, predecir.

Alarmar: inquietar, intranquilizar, atemorizar, confundir.

Prontitud: presteza, celeridad, premura, agilidad.

Lentitud: demora, retraso, dilación, pachorra.

Pronto: rápido, presuroso, veloz, raudo.

Prontuario: esquema, esbozo, compendio, resumen.

Pronunciamiento: exclamación, juzgamiento, decisión, alzamiento.

Pronunciar: preferir, articular, revelar, manifestar.

Propaganda: difusión, divulgación, moda, promoción.

Propagar: difundir, irradiar, divulgar, esparcir.

Propasar: avanzar, adelantar, rebasar, extralimitarse.

Propedéutica: iniciación, comienzo. f— enseñanza introductoria.

Propender: tender, inclinarse, preferir, orientarse.

Propensión: inclinación, preferencia, tendencia, disposición.

Propenso: afecto, devoto, adicto, proclive.

Propiciar: ablandar, atenuar, inclinar, facilitar.

Propiciatorio: favorable, confluyente, propiciativo, adecuatorio.

Propicio: oportuno, adecuado, dispuesto, favorable.

Propiedad: pertenencia, posesión, tenencia, patrimonio.

Propinar: aplicar, administrar, atizar, asestar.

Propio: peculiar, natural, legítimo, conveniente.

Proponente: insinuante, manifestante, sugestivo, indicante.

Lento: tardo, clamoso, pausado, lerdo.

Instructivo: guiador, adoctrinador, educante, monitor.

Resolución: decisión, determinación, providencia, osadía.

Silenciar: callar, omitir, enmudecer, reservar.

Sujeción: dependencia, subordinación, constreñimiento, sometimiento.

Restringir: limitar, circunscribir, coartar, contener.

Quedarse: detenerse, permanecer, subsistir, terminar.

Conclusión: terminación, coronación, finalización, resultado.

Contrariar: entorpecer, dificultar, oponer, detestar.

Aversión: repulsión, renuencia, antipatía, fobia.

Contrario: adverso, opuesto, enemigo, contrincante.

Dificultar: entorpecer, complicar, estorbar, molestar.

Lesivo: dañino, nocivo, perjudicial pernicioso.

Adverso: contrario, opuesto, émulo, perjudicial.

Indigencia: penuria, privación, pobreza, inopia.

Recibir: percibir, tomar, admitir, acoger.

Impropio: inoportuno, improcedente, inadecuado, extraño.

Disuasivo: apartante, desengañante, induciente, alejante.

Proponer: plantear, insinuar, indicar, determinar.

Proporcionar: facilitar, proveer, suministrar, abastecer.

Proposición: ofrecimiento, propuesta, oferta, oración.

Propósito: intención, ánimo, idea, plataforma.

Propuesta: proposición, ofrecimiento, promesa, licitación.

Propugnar: proteger, defender, amparar, ayudar.

Propulsar: impeler, empujar, mover, provocar.

Prorratear: cuotar, repartir, proporcionar, distribuir.

Prorrogar: aplazar, demorar, diferir, retrasar.

Prórroga: aplazamiento, demora, dilación, postergación.

Prorrogar: aplazar, demorar, diferir, retrasar.

Prorrumpir: proferir, emitir, exclamar, articular.

Prosaico: vulgar, trivial, común, chabacano.

Prosapia: ascendencia, linaje, progenie, abolengo.

Proscribir: desterrar, confinar, expatriar, deportar.

Prosecución: seguimiento, persecución, prolongación, continuación.

Proseguir: continuar, seguir, reanudar, persistir.

Prosélito: partidario, adepto, secuaz, afiliado.

Disuadir: apartar, desaconsejar, desalentar, desengañar.

Denegar: rechazar, rehusar, esquivar, impedir.

Respuesta: contestación, réplica, objeción, opugnación.

Realización: ejecución, culminación, finalización, consumación.

Contestación: respuesta, satisfacción, refutación, contradicción.

Atacar: embestir, acometer, arremeter, asaltar.

Reprimir: refrenar, coartar, restringir, coercer.

Totalizar: completar, integrar, juntar, enterar.

Anticipar: adelantar, abreviar, acortar, madrugar.

Expiración: término, conclusión, cumplimiento, anulación.

Anticipar: adelantar, abreviar, acortar, madrugar.

Impedir: estorbar, dificultar, cercenar, obstruir.

Elevado: excelso, sublime, eminente, poético.

Sucesión: generación, descendencia, dinastía, clan.

Acoger: admitir, recibir, amparar, favorecer.

Interrupción: suspensión, detención, impedimento, cercenamiento.

Interrumpir: detener, refrenar, atajar, rechazar.

Enemigo: adversario, contrincante, beligerante, hostil.

Prosopopeya: personificación, afectación, presunción, encarnación.

Naturalidad: sencillez, originalidad, llaneza, espontaneidad.

Prospección: exploración, sondeamiento, investigación, reconocimiento.

Desconocimiento: nesciencia, inexploración, invaloración, desestimación.

Prospectar: examinar, cuantificar, explorar, reconocer.

Ignorar: desconocer, invalorar, desestimar, superficializar.

Prosperar: progresar, adelantar, surgir, acrecentar.

Atrasar: retardar, demorar, detenerse, rezagar.

Prosperidad: progreso, adelanto, ventura, bienestar.

Penuria: escasez, falta, carestía, miseria.

Próspero: venturoso, propicio, feliz, favorable.

Infausto: desdichado, infeliz, desafortunado, aciago.

Prosternarse: arrodillarse, hincarse, humillarse, postrarse.

Erguirse: levantarse, alzarse, enderezarse, enhiestarse.

Prostíbulo: lenocinio, burdel, lupanar, fornicio.

Impolutez: madurez, reflexión, limpidez, incorrupción.

Prostitución: corrupción, degradación, deshonra, meretricio.

Pudicia: castidad, honestidad, reserva, virtuosidad.

Prostituir: degradar, corromper, envilecer, pervertir.

Corregir: regenerar, reformar, enmendar, rehabilitar.

Protagonizar: actuar, participar, realizar, efectuar.

Abstenerse: inhibirse, privarse, silenciar, mudizar.

Protección: amparo, auxilio, defensa, patrocinio.

Persecución: seguimiento, acosamiento, acorralamiento, atosigamiento.

Proteger: amparar, socorrer, resguardar, prevenir.

Perseguir: acosar, comprimir, hostigar, asediar.

Proteico: versátil, cambiante, evolutivo, variable.

Constante: perseverante, persistente, tenaz, duradero.

Protervia: maldad, corrupción, depravación, perfidia.

Bondad: caridad, piedad, sensibilidad, tolerancia.

Protestar: reclamar, alegar, discutir, rezongar.

Aceptar: admitir, aprobar, confesar, reconocer.

Protocolizar: formalizar, ritualizar, etiquetar, ceremoniar.

Futilizar: empequeñecer, frivolizar, insubstanciar, vanificar.

Prototipo: modelo, ejemplar, original, molde.

Copia: imitación, remedo, falsificación, plagio.

Protuberancia: saliente, turgencia, abolladura, relieve.

Depresión: hondonada, concavidad, bajada, desaliento.

Provecto: antiguo, vetusto, caduco, decrépito.

Reciente: nuevo, actual, flamante, adolescente.

Provecho: beneficio, ventaja, rendimiento, ganancia.

Pérdida: perjuicio, daño, quebranto, bancarrota.

Proveer: abastecer, proporcionar, suministrar, aprovisionar.

Privar: despojar, desposeer, quitar, carecer.

Proveniente: procedente, originante, naciente, derivante.

Determinante: concluyente, resolvente, decidor, causante.

Provenir: proceder, descender, emanar, derivar.

Causar: determinar, disponer, decidir, resolver.

Proverbial: tradicional, habitual, sentencioso, axiomático.

Inusitado: desconocido, ignorado, extraño, inaudito.

Providencia: Dios, Creador, medida, disposición.

Cumplimiento: ejecución, realización, culminación, cortesía.

Providencial: predestinado, elegido, asignable, adecuado.

Inoportuno: inadecuado, extemporáneo, impropio, inconveniente.

Próvido: benévolo, diligente, propicio, providente.

Imprevisor: descuidado, desprevenido, negligente, confiado.

Provisión: abastecimiento, depósito, almacenamiento, suficiencia.

Escasez: carencia, insuficiencia, desabastecimiento, cortedad.

Provisional: accidental, temporal, pasajero, transitorio.

Perpetuo: definitivo, eterno, concluyente, imperecedero.

Provocación: desafío, reto, incitación, impulsión.

Disuasión: desviación, apartamiento, engañamiento, desaliento.

Provocar: incitar, excitar, exacerbar, suscitar.

Tranquilizar: aquietar, sosegar, mitigar, paliar.

Proxeneta: alcahuete, celestina, encubridor, rufián.

Reformante: corrector, disciplinado, restaurante, meliorativo.

Proximidad: vecindad, cercanía, confinidad, contigüidad.

Lejanía: distancia, alejamiento, espacio, discrepancia.

Próximo: continuo, inmediato, adyacente, rayano.

Lejano: distante, apartado, alejado, retirado.

Proyección: concepción, planeamiento, preparación, trazamiento.

Realización: ejecución, culminación, concreción, materialización.

Proyectar: planificar, preparar, bosquejar, programar.

Proyectil: obús, granada, bala, bomba.

Proyecto: esbozo, esquema, bosquejo, concepción.

Prudencia: moderación, cordura, sensatez, parsimonia.

Prueba: ensayo, tentativa, experimento, demostración.

Prurito: manía, hábito, deseo, picazón.

Publicar: divulgar, editar, propagar, imprimir.

Publicidad: anuncio, difusión, propaganda, folleto.

Público: gentío, auditorio, difundido, manifiesto.

Pudicia: castidad, reserva, honestidad, llaneza.

Púdico: recatado, honesto, pudoroso, decoroso.

Pudiente: poderoso, rico, adinerado, opulento.

Pudor: recato, decoro, castidad, pudicia.

Pudrición: descomposición, putrefacción, podredumbre, pudrimiento.

Pueblo: población, vecindario, país, nación.

Puente: viaducto, acueducto, pasarela, cordel.

Pueril: infantil, cándido, ingenuo, inocente.

Puerilidad: simpleza, candidez, futilidad, nimiedad.

Realizar: ejecutar, efectuar, hacer, plasmar.

Arma: artefacto, instrumento, aviación, ametralladora.

Respuesta: contestación, satisfacción, fruto, producto.

Necedad: desatino, disparate, desenfreno, sandez.

Temario: materia, asunto, proposición, tesis.

Cordura: seso, juicio, prudencia, sensatez.

Ocultar: encubrir, disfrazar, guardar, esconder.

Silencio: mudez, sigilo, mutismo, reticencia.

Secreto: callado, omitido, reservado, misterio.

Indecencia: obscenidad, impudicia, vergüenza, procacidad.

Impúdico: procaz, inmundo, libertino, licencioso.

Paupérrimo: pobre, desvalido, misérrimo, escuálido.

Impudor: liviandad, indecencia, lascivia, perfidia.

Asepsia: limpieza, desinfección, purificación, saneamiento.

Minucia: futilidad, bagatela, insignificancia, nadería.

Senda: camino, sendero, atajo, ruta.

Maduro: juicioso, sensato, reflexivo, sazonado.

Malicia: sospecha, sutilidad, cautela, astucia.

Puerta: pórtico, acceso, entrada, abertura.

Puesto: cargo, empleo, lugar, sitio.

Pugnacidad: hostilidad, enemistad, porfía, tozudez.

Pugnar: luchar, pelear, reñir, lidiar.

Pujanza: poder, fuerza, vigor, potencia.

Pujar: aumentar, mejorar, propulsar, empujar.

Pulcritud: cuidado, esmero, aseo, limpieza.

Pulcro: limpio, aseado, esmerado, correcto.

Pulir: alisar, pulimentar, refinar, educar.

Pulsación: latido, pulsada, palpitación, estremecimiento.

Pulsar: tocar, tañer, digitar, sondear.

Pulular: abundar, bullir, brotar, dimanar.

Pulverizar: polvificar, triturar, moler, polverizar.

Pundonor: honor, delicadeza, decencia, reputación.

Pungir: punzar, pinchar, picar, clavar.

Punición: castigo, sanción, pena, condena.

Puntilloso: minucioso, esperado, meticuloso, delicado.

Punto: lugar, sitio, momento, pasaje.

Puntual: exacto, preciso, normal, diligente.

Custodia: defensa, cuidado, guardia, protección.

Vagancia: cesantía, huelga, desempleo, inactividad.

Docilidad: sumisión, obediencia, disciplina, subordinación.

Desistir: renunciar, cejar, cesar, abandonar.

Debilidad: decaimiento, flojedad, lasitud, extenuación.

Cejar: ceder, aflojar, flaquear, recular.

Suciedad: mugre, inmundicia, desaseo, asquerosidad.

Sucio: desaseado, descuidado, manchado, inmundo.

Empañar: enturbiar, obscurecer, deslucir, manchar.

Tranquilidad: serenidad, sosiego, placidez, reposo.

Marrar: errar, fallar, equivocar, desacertar.

Escasear: faltar, carecer, necesitar, escatimar.

Comprimir: prensar, compactar, condensar, concentrar.

Degradación: abyección, bajeza, ruindad, servilismo.

Cuidar: velar, atender, conservar, vigilar.

Caricia: mimo, cariño, simpatía, ternura.

Indiferente: apático, impasible, inmutable, insensible.

Circunstancia: accidente, acontecimiento, particularidad, pormenor.

Impreciso: incierto, inadecuado, vago, equívoco.

Puntualizar: detallar, particularizar, recalcar, señalar.

Puntuar: trazar, diseñar, señalar, determinar.

Punzar: picar, pungir, pinchar, aguijonear.

Puñete: puñetazo, puñada, combo, moquete.

Pureza: perfección, puridad, incorrupción, candor.

Purgar: limpiar, purificar, acrisolar, expiar.

Purificar: acendrar, acrisolar, higienizar, inmunizar.

Puritano: grave, estricto, rígido, severo.

Purulento: ponzoñoso, maligno, virulento, dañino.

Pusilánime: miedoso, temeroso, tímido, aprensivo.

Putativo: supuesto, hipotético. f— tenido por padre no siéndolo.

Putrefacción: pudrición, corrupción, polución, podredumbre.

Putrefacto: corrompido, podrido, desintegrado, descompuesto.

Generalizar: extender, vulgarizar, popularizar, esbozar.

Emborronar: garrapatear, rayar, rasgar, enmarañar.

Adormecer: calmar, aplacar, disminuir, anestesiar.

Mimo: cariño, halago, regalo, caricia.

Corrupción: depravación, perversión, vicio, cohecho.

Mancillar: manchar, enmugrecer, tildar, ennegrecer.

Contaminar: infectar, contagiar, intoxicar, emponzoñar.

Tolerante: indulgente, abierto, aguantador, paciente.

Beneficioso: provechoso, útil, benéfico, servicial.

Osado: audaz, valeroso, resuelto, arrojado.

Auténtico: verdadero, legítimo, fidedigno, real.

Preservación: conservación, mantención, defensión, profilaxis.

Preservado: defendido, protegido, conservado, incontaminado.

Quebradizo: delicado, quebrajoso, frágil, vidrioso.

Quebrado: fraccionado, dividido, debilitado, fallido.

Quebrantar: dividir, romper, hendir, vulnerar.

Quebranto: desaliento, desánimo, debilidad, deterioro.

Quebrar: romper, separar, fracturar, doblar.

Quedar: estar, permanecer, detenerse, subsistir.

Queja: clamor, descontento, lamento, declamación.

Quejoso: disgustado, resentido, gemebundo, melindroso.

Quemar: incinerar, incendiar, arder, destruir.

Querella: pendencia, disputa, discordia, pleito.

Querencia: afecto, tendencia, inclinación, propensión.

Querer: amar, apreciar, desear, anhelar.

Resistente: firme, fuerte, duro, robusto.

Entero: completo, íntegro, todo, total.

Fortalecer: conformar, reforzar, robustecer, alentar.

Beneficio: favor, servicio, provecho, fruto.

Unir: enlazar, juntar, ligar, fusionar.

Irse: marcharse, partir, largarse, trasladarse.

Conformidad: anuencia, aprobación, acuerdo, aquiescencia.

Sufrido: paciente, tolerante, resistente, soportante.

Apagar: extinguir, sofocar, disipar, aplacar.

Avenencia: arreglo, acuerdo, convenio, anuencia.

Frialdad: apatía, indiferencia, desapego, frigidez.

Odiar: detestar, abominar, despreciar, aborrecer.

Quid: razón, causa, motivo, busilis.

Consecuencia: efecto, corolario, conclusión, deducción.

Quídam: ente, sujeto, alguien, cualquiera.

Persona: individuo, prójimo, mortal, criatura.

Quiebra: abertura, hendidura, grieta, perjuicio.

Provecho: beneficio, ganancia, usufructo, conveniencia.

Quietismo: inacción, inercia, quietud, inactividad.

Activación: aceleración, apresuramiento, avivación, apuramiento.

Quieto: inmóvil, calmado, reposado, tranquilo.

Activo: inquieto, agitado, convulso, excitado.

Quietud: sosiego, tranquilidad, reposo, silencio.

Inquietud: impaciencia, intranquilidad, nerviosidad, dinamismo.

Quijote: soñador, iluso, idealista, escritor.

Realista: materialista, objetivista, evidente, existencial.

Quimera: ilusión, utopía, ensueño, ficción.

Realidad: verdad, autenticidad, existencia, propiedad.

Quimérico: fantástico, fabuloso, ilusorio, imaginario.

Verdadero: cierto, auténtico, efectivo, fidedigno.

Quincalla: mercería, bujería, baratija, chuchería.

Tienda: bazar, abacería, depósito, comercio.

Quinta: villa, torre, chalé, casaquinta.

Hacienda: predio, heredad, propiedad, fortuna.

Quintaesencia: extracto, refinamiento, pureza, acendramiento.

Vulgaridad: trivialidad, banalidad, fruslería, rusticidad.

Quirógrafo: manuscritor, breviscritor, estenofonista, signofonista.

Dactilógrafo: mecanógrafo, estenotipista, telescritor, linógrafo.

Quisicosa: problema, dificultad, tropiezo, sutileza.

Solución: enfrentamiento, terminación, resolución, explicación.

Quisquilloso: susceptible, delicado, puntilloso, meticuloso.

Indiferente: apático, insensible, frío, impertérrito.

Quitar: separar, apartar, librar, robar.

Devolver: entregar, regresar, restituir, reivindicar.

Quizás: acaso, dable, creíble, posiblemente.

Cierto: evidente, seguro, indudable, infalible.

Quórum: mayoría, ventaja, superioridad, pluralidad.

Minoría: nimiedad, poquedad, inferioridad, disminución.

R

Rabia: enojo, ira, enfado, furia.

Rabiar: encolerizarse, enfurecerse, enojarse, irritarse.

Rabioso: iracundo, colérico, furioso, sulfuroso.

Rábula: charlatán, abogadillo, leguleyo, picapleitos.

Racial: étnico, racista, etnográfico, etnológico.

Raciocinio: razonamiento, deducción, reflexión, descernimiento.

Ración: porción, medida, parte, pedazo.

Racional: justo, lógico, normal, legítimo.

Racionalizar: organizar, normalizar, coordinar, sistematizar.

Racionar: distribuir, repartir, proveer, dotar.

Racha: ráfaga, viento, clima, atmósfera.

Rada: bahía, fondeadero, ensenada, golfo.

Radiante: feliz, alegre, animado, jubiloso.

Serenidad: quietud, tranquilidad, sosiego, apacibilidad.

Serenarse: dominarse, posesionarse, aquietarse, reflexionar.

Pacífico: tranquilo, aquietado, calmado, reposado.

Abogado: jurista, defensor, legislador, letrado.

Arracial: igual, homogéneo, similar, plural.

Dubitación: perplejidad, vacilación, incertidumbre, indecisión.

Integridad: cabalidad, unidad, cantidad, rectitud.

Irracional: absurdo, insensato, ilógico, animal.

Desordenar: desarreglar, desbarajustar, trastornar, enmarañar.

Regalar: donar, obsequiar, festejar, agasajar.

Calma: sosiego, quietud, silencio, serenidad.

Mar: océano, piélago, plétora, olas.

Opaco: apagado, sombrío, obscuro, compungido.

Radiar: brillar, centellear, irradiar, resplandecer.

Radical: esencial, principal, fundamental, primordial.

Radicar: arraigar, residir, vivir, morar.

Radio: perímetro, círculo, metal, radiodifusión.

Raer: raspar, rasar, quitar, limar.

Ráfaga: racha, tromba, fulgor, destello.

Rahez: vil, bajo, villano, soez.

Rahezar: envilecer, rebajar, humillar, mancillar.

Raído: usado, gastado, deteriorado, estropeado.

Raigambre: comienzo, principio, firmeza, estabilidad.

Raíz: origen, principio, causa, comienzo.

Rajar: abrir, hendir, separar, agrietar.

Ralea: tribu, clan, familia, horda.

Ralo: disperso, separado, esparcido, diseminado.

Rallar: triturar, desmenuzar, moler, machacar.

Rama: gajo, vástago, brote, derivación.

Ramificar: dividir, esparcir, extender, bifurcar.

Ramillete: ramo, conjunto, grupo, manojo.

Rampa: declive, cuesta, talud, gradiente.

Ramplón: vulgar, inculto, ordinario, tosco.

Apagar: obscurecer, atenuar, disminuir, extinguir.

Accesorio: accidental, secundario, superficial, casual.

Erradicar: desarraigar, desacostumbrar, deshabitar, desterrar.

Centro: núcleo, foco, club, asiento.

Fortalecer: reforzar, reparar, reanimar, remozar.

Penumbra: sombra, nebulosidad, opacidad, lobreguez.

Noble: hidalgo, señorial, ilustre, augusto.

Ennoblecer: agrandar, enaltecer, exaltar, elevar.

Intacto: entero, completo, incólume, nuevo.

Inestabilidad: cambiabilidad, precariedad, debilidad, fragilidad.

Efecto: resultado, consecuencia, impresión, sensación.

Juntar: adherir, cohesionar, mancomunar, enlazar.

Alcurnia: prosapia, linaje, estirpe, casta.

Tupido: espeso, denso, compacto, cerrado.

Cernir: tamizar, separar, afinar, depurar.

Clase: orden, género, tipo, categoría.

Cohesionar: ligar, unir, juntar, enlazar.

Separata: aparte, desglose, desgajo, disyunción.

Ascensión: subida, elevación, altura, prominencia.

Selecto: escogido, preferido, elegido.

Ramplonería: tosquedad, ordinariez, chabacanería, zafiedad.

Rancio: descompuesto, picado, avinagrado, podrido.

Rancho: granja, cortijo, estancia, choza.

Rango: clase, categoría, condición, jerarquía.

Ranura: hendidura, raja, estría, surco.

Rapacidad: rapiña, rapacería, latrocinio, ladronicio.

Rapaz: muchacho, chaval, mozalbete, ladronzuelo.

Rapidez: ligereza, prontitud, presteza, premura.

Rápido: raudo, veloz, acelerado, activo.

Rapiñar: saquear, robar, pillar, desfalcar.

Raptar: secuestrar, arrancar, arrebatar, rapiñar.

Raquítico: débil, endeble, anémico, desmedrado.

Rareza: anomalía, raridad, tenuidad, extravagancia.

Rarificar: enrarecer, rarefacer, maniatizar, inusitar.

Raro: tenue, escaso, ralo, estrambótico.

Rasgar: romper, desgarrar, deshilar, rasguñar.

Rasgo: carácter, cualidad, atributo, expresión.

Rasguñar: arañar, gatuñar, arpar, lacerar.

Raso: llano: plano, liso, común.

Selección: elección, preferencia, escogimiento, primorosidad.

Fresco: nuevo, reciente, flamante, saludable.

Pocilga: corral, establo, porqueriza, chiquero.

Bobada: necedad, tontería, simpleza, bobería.

Relleno: colmado, abarrotado, repleto, llenado.

Honradez: rectitud, moralidad, integridad, probidad.

Adulto: maduro, hecho, perfecto, honrado.

Lentitud: calma, tardanza, flema, pereza.

Lento: pausado, demoroso, calmado, paulativo.

Regalar: obsequiar, donar, ofrendar, aportar.

Liberar: libertar, rescatar, soltar, eximir.

Fuerte: vigoroso, robusto, fornido, acentuado.

Normalidad: naturalidad, usanza, frecuencia, regularidad.

Normalizar: regularizar, pautar, metodizar, preceptuar.

Normal: corriente, habitual, natural, sistemático.

Arreglar: componer, reparar, remendar, ajustar.

Miedo: temor, timidez, cobardía, medrosidad.

Acariciar: mimar, abrazar, halagar, besar.

Desigual: diferente, distinto, disímil, caprichoso.

Rastraer: buscar, averiguar, indagar, inquirir.

Descubrir: hallar, encontrar, detectar, revelar.

Rastro: huella, vestigio, indicio, estela.

Detección: revelación, descubrimiento, encuentro, exhumación.

Rasurar: rapar, pelar, afeitar, descalvar.

Barbar: barbear, barbillar, barbizar, barbadar.

Ratear: robar, hurtar, rapiñar, despojar.

Devolver: restituir, reponer, reintegrar, entregar.

Ratificar: confirmar, corroborar, aprobar, reafirmar.

Rectificar: modificar, reformar, corregir, enmendar.

Raudal: torrente, cascada, cauce, abundancia.

Escasez: falta, insuficiencia, penuria, necesidad.

Raya: línea, límite, confín, término,

Principio: origen, base, fundamento, causa.

Rayano: colindante, contiguo, cercano, limítrofe.

Lejano: distante, apartado, retirado, remoto.

Rayar: marcar, alinear, subrayar, lindar.

Borrar: anular, tachar, suprimir, raspar.

Raza: casta, estirpe, linaje, familia.

Clase: tipo, orden, calidad, género.

Razia: redada, incursión, bandada, irrupción, correría.

Permanencia: estancia, estacionamiento, parada, cesación.

Razón: raciocinio, discernimiento, argumento, demostración.

Consecuencia: resultado, inferencia, producto, conclusión.

Razonar: aducir, discurrir, argüir, argumentar.

Desatinar: disparatar, delirar, perturbar, equivocar.

Reacción: resistencia, oposición, rebeldía, renuencia.

Conformidad: paciencia, resignación, aprobación, anuencia.

Reaccionar: activar, oponerse, resistir, protestar.

Soportar: sostener, llevar, tolerar, sobrellevar.

Reaccionario: opositor, contrario, opugnante, aboliente.

Innovador: reformador, cambiador, iniciador, revolucionario.

Reacio: rebelde, indócil, difícil, terco.

Disciplinado: dócil, obediente, sumiso, apacible.

Reactivar: reavivar, reacelerar, reapurar, reexcitar.

Anquilosar: estancar, detener, paralizar, inmovilizar.

Real: verdadero, auténtico, verídico, soberano.

Falso: ficticio, irreal, falaz, impostor.

Realce: brillo, lustro, esplendor, grandeza.

Realeza: majestad, soberanía, poder, grandiosidad.

Realidad: existencia, materialidad, evidencia, efectividad.

Realizar: ejecutar, efectuar, cristalizar, materializar.

Realzar: elevar, enaltecer, exaltar, resaltar.

Reanimar: revivir, reconfortar, alentar, vitalizar.

Reanudar: continuar, proseguir, renovar, reiterar.

Rebajar: reducir, disminuir, descontar, humillar.

Rebalsar: recoger, detener, exceder, sobresalir.

Rebanar: cortar, fraccionar, dividir, partir.

Rebasar: exceder, sobrepasar, traspasar, derramarse.

Rebatir: rechazar, refutar, repeler, impugnar.

Rebelarse: alzarse, levantarse, sublevarse, indignarse.

Rebelde: sedicioso, insurgente, insurrecto, insumiso.

Rebelión: rebeldía, insurrección, sedición, insubordinación.

Reblandecer: molificar, liquidar, fundir, derretir.

Rebosante: derrochante, exultante, derramante, rebalsante.

Rebosar: desbordar, derramar, vaciar, botar.

Obscuridad: sombra, tiniebla, tenebrosidad, ofuscación.

Humildad: modestia, reserva, timidez, encogimiento.

Quimera: fantasía, alucinación, ficción, ensueño.

Inmovilizar: detener, parar, atajar, paralizar.

Bajar: descender, rebajar, depreciar, menguar.

Amilanar: aterrar, asustar, atemorizar, atormentar.

Interrumpir: detener, impedir, interceptar, suspender.

Aumentar: añadir, agregar, sumar, agrandar.

Escurrir: filtrar, escapar, chorrear, esfumar.

Unir: enlazar, ligar, juntar, articular.

Limitar: medir, moderar, controlar, refrenar.

Confirmar: afirmar, asegurar, acreditar, justificar.

Obedecer: cumplir, acatar, respetar, proceder.

Obediente: sumiso, dócil, dúctil, manejable.

Fidelidad: sumisión, lealtad, probidad, puntualidad.

Endurecer: fortalecer, robustecer, contraer, apretar.

Compungido: contrito, afligido, atribulado, remordido.

Destapar: abrir, descubrir, revelar, manifestar.

Rebotar: devolver, remachar, rechazar, resistir.

Rebozar: tapar, cubrir, embozar, enfundar.

Rebrotar: retoñar, renovar, pimpollar, retoñecer.

Rebuscar: buscar, recoger, inquirir, escrutar.

Recabar: alcanzar, obtener, conseguir, lograr.

Recado: mensaje, encargo, misión, cometido.

Recaer: reincidir, repetir, volver, reiterar.

Recalar: fondear, ancorar, entrar, penetrar.

Recalcar: repetir, insistir, acentuar, subrayar.

Recalcitrar: volver, retroceder, pugnar, oponer.

Recalcitrante: obstinado, pertinaz, porfiado, testarudo.

Recámara: hornillo, depósito, reserva, alcoba.

Recapacitar: reflexionar, meditar, considerar, excogitar.

Recapitular: resumir, revisar, repetir, extractar.

Recargar: aumentar, agravar, doblar, triplicar.

Recatado: honesto, reservado, cauteloso, prudente.

Recato: pudor, decoro, honestidad, discreción.

Recaudar: cobrar, percibir, recibir, recolectar.

Admitir: aceptar, recibir, acoger, permitir.

Destapar: abrir, descubrir, revelar, manifestar.

Agostar: secar, marchitar, fenecer, abrasar.

Abandonar: olvidar, ceder, desistir, flaquear.

Ofrecer: prometer, mostrar, brindar, ofrendar.

Problema: compromiso, dificultad, cuestión, asunto.

Recuperar: restablecer, recobrar, reponer, rehacer.

Salir: partir, irse, marcharse, alejarse.

Soslayar: esquivar, rehuir, sortear, evitar.

Obedecer: cumplir, acatar, ceder, respetar.

Arrepentido: apesadumbrado, afligido, compungido, contrito.

Improvisación: inadvertencia, descuido, irreflexión, impremeditación.

Divagar: desatinar, descuidar, despreocuparse, distraerse.

Olvidar: omitir, silenciar, enmudecer, desaprender.

Aliviar: moderar, aligerar, mejorar, descargar.

Indiscreto: liviano, desatinado, deshonesto, descriteriado.

Indiscreción: imprudencia, indelicadeza, impertinencia, fisgonería.

Pagar: cancelar, cumplir, abonar, acreditar.

Recaudo: seguridad, cuidado, caución, precaución.

Descuidado: dejado, negligente, desidioso,

Recelar: sospechar, maliciar, temer, vacilar.

Confiar: creer, esperar, fiarse, entregar.

Recepción: recibimiento, admisión, ingreso, llegada.

Visita: presencia, estada, audiencia, entrevista.

Receptáculo: cavidad, recipiente, vasija, tálamo.

Aceptación: asentimiento, acogida, admisión, aprobación.

Receso: descanso, recreo, cesación, detenimiento.

Actividad: movimiento, acción, reanudación, prontitud.

Recetar: prescribir, ordenar, preceptuar, señalar.

Tomar: beber, tragar, comer, aceptar.

Recibir: percibir, tomar, admitir, albergar.

Dar: entregar, otorgar, obsequiar, facilitar.

Reciclar: reconvertir, metamorfosear, reconsiderar, modernizar.

Anquilosar: atrofiar, agarrar, tullir, paralizar.

Reciedumbre: vitalidad, fortaleza, fuerza, potencia.

Debilidad: abatimiento, desnutrición, decaimiento, extenuación.

Reciente: actual, nuevo, flamante, moderno.

Antiguo: viejo, pasado, remoto, vetusto.

Recinto: espacio, lugar, circuito, perímetro.

Hora: tiempo, momento, instante, circunstancia.

Recio: fuerte, firme, robusto, corpulento.

Débil: decaído, endeble, debilitado, blando.

Recipiente: receptáculo, valija, balón, acogedor.

Dador: portador, llevador, recadero, trasladante.

Reciprocidad: correlatividad, correspondencia, reciprocación, intercambio.

Mezquindad: personalismo, egoísmo, roñosidad, unilateralismo.

Recíproco: mutuo, solidario, viceversa, bilateral.

Unilateral: único, impar, solamente, singular.

Recitar: declamar, pronunciar, contar, referir.

Silenciar: enmudecer, callar, omitir, anular.

Reclamación: revisión, exigencia, apelación, solicitud.

Estudio: examen, sopesamiento, determinación, conclusión.

Reclamar: clamar, protestar, demandar, requerir.

Resolver: solucionar, decidir, determinar, examinar.

Reclinar: recostarse, tenderse, descansar, detenerse.

Levantar: alzarse, erguirse, pararse, estirarse.

Recluir: encerrar, encarcelar, internar, secuestrar.

Reclusión: prisión, cautiverio, encierro, claustro.

Reclutar: alistar, enganchar, enrolar, prender.

Recobrar: recuperar, reconquistar, rescatar, restaurar.

Recoger: reunir, acumular, acopiar, cosechar.

Recogimiento: abstracción, reconcentración, reflexión, unción.

Recolectar: recoger, cosechar, hacinar, recaudar.

Recomendar: confiar, encargar, encomendar, ponderar.

Recompensar: premiar, galardonar, retribuir, remunerar.

Reconcentrar: concentrarse, ensimismarse, discurrir, especular.

Reconciliar: restablecer, armonizar, congeniar, concordar.

Recóndito: oculto, escondido, secreto, encubierto.

Reconfortar: confortar, reanimar, revivir, consolar.

Reconocer: examinar, inspeccionar, registrar, convenir.

Reconocimiento: examen, registro, inspección, exploración.

Reconquistar: recuperar, recobrar, reocupar, doblegar.

Reconstituir: rehacer, reparar, reformar, restablecer.

Reconstruir: restablecer, rehacer, reedificar, construir.

Libertar: liberar, emancipar, redimir, eximir.

Liberación: redención, rescate, salvación, evasión.

Licenciar: despedir, despachar, permitir, consentir.

Perder: dañar, zozobrar, arruinar, menoscabar.

Desechar: excluir, rechazar, desestimar, desdeñar.

Divagación: extravío, equivocación, confusión, inconciencia.

Abandonar: desatender, arrancar, quitar, arrebatar.

Censurar: reprobar, criticar, juzgar, tildar.

Castigar: sancionar, corregir, enmendar, sentenciar.

Evidenciar: demostrar, manifestar, patentizar, justificar.

Enemistar: distanciar, desunir, desavenir, dividir.

Evidencia: conocido, manifiesto, notorio, indudable.

Desalentar: desanimar, descorazonar, amedrentar, amilanar.

Negar: desconocer, ignorar, rehusar, denegar.

Negación: negativa, denegación, contradicción, repulsa.

Perder: fallar, malograr, fracasar, frustrar.

Debilitar: ablandar, flaquear, extenuar, marchitar.

Demoler: derrumbar, destruir, desplomar, arrasar.

Reconvenir: censurar, regañar, reprobar, recriminar.

Aprobar: consentir, admitir, aplaudir, felicitar.

Recopilación: resumen, compendio, compilación, colección.

Desperdigamiento: disgregación, separación, apartamiento, divorcio.

Recopilar: coleccionar, juntar, seleccionar, reunir, extractar.

Separar: apartar, aislar, bifurcar, desgajar, distanciar, clasificar.

Recordar: evocar, memorar, acordarse, despertar.

Olvidar: desatender, preterir, dejar, omitir.

Recortar: cortar, cercenar, truncar, desligar.

Mantener: insistir, reiterar, porfiar, obstinar.

Recoveco: recodo, revuelta, rodeo, artificio.

Simplicidad: sencillez, naturalidad, ingenuidad, franqueza.

Recrear: deleitar, distraer, alegrar, entretener.

Aburrir: cansar, abrumar, incomodar, molestar.

Recriminar: reconvenir, censurar, reprochar, amonestar.

Alabar: encomiar, elogiar, enaltecer, adular.

Rectificar: alinear, enderezar, modificar, corregir.

Ratificar: corroborar, aseverar, sostener, certificar.

Rectitud: integridad, equidad, justicia, imparcialidad.

Parcialidad: preferencia, inclinación, prejuicio, desigualdad.

Recto: derecho, justo, sincero, imparcial.

Injusto: parcial, arbitrario, indebido, irregular.

Recuento: repaso, inventario, arqueo, revaluamiento.

Invaluación: invaloración, menosprecio, anulación, invalidación.

Recuerdo: recordación, memoria, evocación, remembranza.

Olvido: silencio, omisión, descuido, distracción.

Recular: retroceder, ceder, cejar, volver.

Avanzar: adelantar, progresar, anticipar, prosperar.

Recuperar: apelar, acudir, acogerse, refugiarse.

Perder: extraviar, dejar, confundir, derrochar.

Recurso: medio, manera, procedimiento, arbitrio.

Resolución: examen, conclusión, decisión, determinación.

Rechazar: denegar, contradecir, expulsar, rehusar.

Aceptar: admitir, reconocer, obligarse, comprometerse.

Rechinar: crujir, chirriar, gruñir, chillar.

Callar: enmudecer, silenciar, sigilar, anular.

Red: malla, enlace, conexión, vínculo.

Desunión: desconexión, interrupción, separación, división.

Redacción: composición, escritura, armonía, coordinación.

Enmarañamiento: confusión, complicación, entorpecimiento, discordancia.

Redactar: escribir, componer, anotar, concordar.

Enmarañar: enredar, confundir, complicar, embrollar.

Redargüir: refutar, opugnar, rechazar, discutir.

Admitir: aceptar, acoger, exponer, consentir.

Redención: libertad, liberación, rescate, desligamiento.

Servilidad: esclavitud, humillación, villanía, sumisión.

Redentor: Jesucristo, Señor, libertador, emancipador.

Subyugante: esclavizante, domeñante, dominador, avasallador.

Redil: establo, majada, cortel, ovil.

Dehesa: potrero, campo, manzana, cancha.

Redimir: eximir, emancipar, rescatar, recobrar.

Oprimir: agobiar, vejar, dominar, esclavizar.

Rédito: rendimiento, renta, ganancia, beneficio.

Capital: fortuna, caudal, bienes, dinero.

Redituar: rendir, producir, rentar, originar.

Improducir: perder, frustrar, desperdiciar, baldizar.

Redondo: circular, anular, cilíndrico, esférico.

Lineal: recto, plano, liso, horizontal.

Reducción: rebaja, disminución, restricción, rebajamiento.

Aumento: incremento, auge, elevación, extensión.

Reducir: disminuir, condensar, restringir, abreviar.

Aumentar: ampliar, ensanchar, acrecentar, agrandar.

Reducto: defensa, resguardo, protección, fortificación.

Ataque: acometida, embestida, arremetida, asalto.

Redundancia: abundancia, reiteración, repetición, pleonasmo.

Parquedad: parsimonia, mesura, moderación, sobriedad.

Redundante: repetido, reiterado, dicho, expuesto.

Parco: medido, sencillo, necesario, imprescindible.

Redundar: rebosar, sobrar, salirse, derramar.

Escasear: faltar, fallar, escatimar, mezquinar.

Reedificar: reconstruir, rehacer, restablecer, reconstruir.

Derribar: destruir, devastar, demoler, derrumbar.

Reencarnación: rehumanización, reincorporización. f— tomar cuerpo humano de nuevo.

Fenecimiento: extinción, fallecimiento, óbito, occisión.

Reencarnar: rehumanizar, renacer, revivir, reincorporizar.

Fenecer: morir, extinguir, fallecer, expirar.

Reencuentro: encuentro, amistamiento, descubrimiento, encontronazo.

Distanciamiento: enemistamiento, separación, división, lejanía.

Refacción: remozamiento, reparación, colación, refrigerio.

Ayuda: abstinencia, parquedad, moderación, continencia.

Refectorio: comedor, cantina, merendero, fonda.

Campamento: acantonamiento, vivaque, campo, toldería.

Referencia: informe, noticia, semejanza, relación.

Omisión: olvido, supresión, desidia, indolencia.

Referir: contar, relatar, narrar, describir.

Callar: ocultar, silenciar, esconder, guardar.

Refinado: culto, pulido, educado, sobresaliente.

Vulgar: trivial, chabacano, rústico, inculto.

Refinar: depurar, acendrar, purificar, acrisolar.

Empeorar: agravarse, malignarse, enfermar, peyorar.

Reflectar: reflejar, realumbrar, proyectar, telescopiar.

Obscurecer: ensombrecer, enlobreguecer, entenebrecer, apagar.

Reflejar: reflectar, repercutir, reverberar, meditar.

Absorber: atraer, captar, sorber, secar.

Reflejo: destello, vislumbre, reverberación, consecuencia.

Absorción: aspiración, chupamiento, sorbimiento, impregnación.

Reflexionar: meditar, cavilar, discurrir, pensar.

Actuar: proceder, obrar, operar, trabajar.

Reflexivo: caviloso, pensativo, cogitabundo, pronominal.

Atolondrado: precipitado, irreflexivo, alocado.

Refocilar: alegrar, entretener, solazar, recrear.

Entristecer: amargar, acongojar, afligir, angustiar.

Reformar: modificar, rectificar, corregir, enmendar.

Conservar: sustentar, retener, mantener, preservar.

Reforzar: acrecentar, engrosar, aumentar, vigorizar.

Debilitar: aflojar, agotar, consumir, extenuar.

Refuerzo: ayuda, socorro, auxilio, concurso.

Debilitamiento: decaimiento, desfallecimiento, agotamiento, aplanamiento.

Refractario: contrario, renuente, rebelde, reacio.

Disciplinado: dócil, obediente, sumiso, manejable.

Refrán: aforismo, proverbio, sentencia, apotegma.

Episodio: narración, oración, historieta, cuento.

Refrenar: reprimir, detener, moderar, contener.

Acuciar: animar, apresurar, acelerar, estimular.

Refrendar: avisar, revalidar, revisar, legalizar.

Rehusar: negar, denegar, excusar, prohibir.

Refrescar: enfriar, refrigerar, helar, moderar.

Calentar: entibiar, templar, atemperar, descongelar.

Refriega: pelea, encuentro, contienda, combate.

Paz: sosiego, calma, tranquilidad, serenidad.

Refrigeración: refrescadura, refrigerio, solidificación, congelación.

Calefacción: calentamiento, caldeamiento, temperación, activación.

Refrigerar: refrescar, enfriar, helar, congelar.

Entibiar: calentar, templar, descongelar, refrescar.

Refrigerio: refresco, piscolabis, bocadillo, tentempié.

Almuerzo: comida, cena, merienda, desayuno.

Refugiarse: defenderse, guarecerse, arrimarse, cubrirse.

Exponerse: exhibirse, mostrarse, presentarse, arriesgarse.

Refugio: amparo, albergue, asilo, madriguera.

Desamparo: abandono, desatendido, deshabitado, desierto.

Refulgir: brillar, fulgurar, rutilar, irradiar.

Obscurecer: apegar, opacar, atenuar, disminuir.

Refundir: rehacer, compilar, reformar, contener.

Excluir: eliminar, exceptuar, descartar, suprimir.

Refunfuñar: rezongar, murmurar, mascullar, protestar.

Gritar: vociferar, desgañitarse, vocear, abuchear.

Refutar: contradecir, rebatir, impugnar, rechazar.

Aprobar: consentir, admitir, confirmar, asentir.

Regalar: obsequiar, donar, dar, agasajar.

Vender: expender, entregar, traspasar, enajenar.

Regalía: privilegio, prebenda, prorrogativa, excepción.

Restricción: limitación, cortapisa, impedimento, obstáculo.

Regañar: contender, reñir, disputar, reconvenir.

Alabar: elogiar, celebrar, aplaudir, felicitar.

Regar: rociar, mojar, humedecer, humectar.

Secar: enjugar, desecar, marchitar, agostar.

Regatear: discutir, debatir, insistir, argumentar.

Resolver: determinar, decidir, considerar, evaluar.

Regazo: amparo, refugio, cobijo, arrullo.

Abandono: desamparo, desatención, dejación, negligencia.

Regenerar: corregir, reformar, reconstituir, restablecer.

Degenerar: declinar, empeorar, decaer, perder.

Regentar: gobernar, administrar, regir, ejercer.

Sancionar: legalizar, decretar, promulgar, refrendar.

Régimen: gobierno, estado, administración, trato.

Subordinación: dependencia, sumisión, sujeción, sometimiento.

Regio: magnífico, soberbio, llamativo, majestuoso.

Burdo: tosco, ordinario, rústico, basto.

Región: localidad, poblado, comarca, aldea.

País: patria, nación, territorio, provincia.

Regir: mandar, disponer, conducir, guiar.

Impedir: obstruir, obstaculizar, estorbar, dificultar.

Registrar: examinar, inspeccionar, observar, controlar.

Obstaculizar: impedir, interferir, desaprobar, estorbar.

Regla: norma, medida, pauta, forma.

Desorden: trastorno, confusión, enredo, embrollo.

Reglamentario: reglamentado, establecido, sistemático, formalizado.

Antirreglamentario: revuelto, trastornado, desordenado, enredado.

Reglamento: ordenanza, estatuto, código, disposición.

Trastorno: desorden, embrollo, mezcolanza, perturbación.

Regocijar: alborozar, contentar, satisfacer, complacer.

Apesadumbrar: apenar, entristecer, atribular, contristar.

Regocijo: alborozo, júbilo, contento, satisfacción.

Tristeza: pena, melancolía, aflicción, abatimiento.

Regresar: volver, retornar, llegar, repatriar.

Confinar: deportar, exiliar, desterrar, extrañar.

Regresión: retroceso, retrocesión, retorno, retrogradación.

Progresión: avance, desarrollo; incremento, perfeccionamiento.

Regular: ajustar, medir, acompasar, disponer.

Irregular: quebrantar, destrozar, deteriorar, interrumpir.

Regularidad: uniformidad, periodicidad, orden, exactitud.

Irregularidad: anomalía, anormalidad, variabilidad, desorden.

Regularizar: normalizar, metodizar, sistematizar, reglamentar.

Regurgitar: vomitar, arrojar, devolver, trasbocar.

Rehabilitar: reivindicar, reponer, restituir, restablecer.

Rehacer: restituir, reconstruir, reparar, subsanar.

Rehén: prenda, garantía, fianza, seguro.

Rehuir: eludir, evitar, esquivar, soslayar.

Rehusar: rehuir, eludir, declinar, rechazar.

Reinante: imperante, dominante, existente, actuante.

Reinar: dirigir, gobernar, guiar, regir.

Reincidencia: repetición, reiteración, iteración, inconciencia.

Reincidente: reiterante, repitiente, contumaz, inconsciente.

Reincidir: recaer, incurrir, repetir, reiterar.

Reincorporación: retomamiento, recontratación, reintegración, reaceptación.

Reincorporar: retomar, recontratar, reagregar, reintegrar.

Reintegrar: reponer, devolver, rembolsar, restituir.

Reír: carcajear, desternillarse, chancear, bromear.

Reiterar: repetir, insistir, reafirmar, reproducir.

Reivindicar: demandar, reclamar, recuperar, apremiar.

Desordenar: desorganizar, descomponer, desarreglar, desvencijar.

Comer: engullir, manducar, devorar, tragar.

Prostituir: degradar, mancillar, rebajar, corromper.

Destruir: aniquilar, arruinar, asolar, abatir.

Indefensión: inermidad, desamparo, abandono, desvalimiento.

Afrontar: resistir, oponer, enfrentar, apechugar.

Aceptar: admitir, acoger, permitir, conceder.

Desplazado: pospuesto, inexistente, superado, expulsado.

Anarquizar: desgobernar, desorganizar, desorientar, enmarañar.

Corrección: enmienda, modificación, rectificación, mejoramiento.

Escarmentado: corregido, concientizado, sancionado, penado.

Escarmentar: corregir, disciplinar, aprender, advertir.

Despido: echamiento, alejamiento, lanzamiento, desprendimiento.

Despedir: echar, alejar, expulsar, desprender.

Apropiarse: adueñarse, posesionarse, quedarse, usurpar.

Llorar: sollozar, gimotear, plañir, lagrimear.

Interrumpir: atascar, truncar, impedir, discontinuar.

Desistir: renunciar, cejar, cesar, dejar.

Reivindicatorio: reclamativo, demandatorio, recuperativo, protestatorio.

Rejuvenecer: remozar, mejorar, lozanear, fortalecer.

Relación: conexión, vínculo, índice, informe.

Relacionar: enlazar, cohesionar, conectar, armonizar.

Relajar: debilitar, aflojar, suavizar, aliviar.

Relapso: reincidente, terco, contumaz, inconsciente.

Relatar: contar, narrar, referir, televisar.

Relatividad: proporcionalidad, contingencia, variabilidad, probabilidad.

Relativo: referente, tocante, concerniente, inherente.

Relegar: extrañar, desterrar, despreciar, posponer.

Relevancia: notabilidad, excelencia, descollamiento, preeminencia.

Relevante: notable, superior, sobresaliente, descollante.

Relevar: resaltar, acentuar, remplazar, sustituir.

Relievar: realzar, sobresalir, señalar, destacar.

Relieve: realce, saliente, protuberancia, orografía.

Religión: creencia, devoción, piedad, convicción.

Religioso: devoto, piadoso, místico, fiel.

Reliquia: ídolo, recuerdo, huella, antigüedad.

Desistente: renunciante, cejante, cesetorio, abandonatorio.

Envejecer: encanecer, avejentarse, ajarse, mustiarse.

Desconexión: desunión, inconexión, discordancia, disconformidad.

Independizar: separar, apartar, desconectar, desligar.

Apretar: comprimir, sujetar, aplastar, constreñir.

Escarmentado: corregido, penado, censurado, experimentado.

Callar: silenciar, ocultar, enmudecer, despistar.

Seguridad: certidumbre, firmeza, confianza, garantía.

Ajeno: extraño, impropio, exótico, distinto.

Protestar: oponerse, reclamar, condenar, reprobar.

Vulgaridad: ordinariez, mediocridad, insignificancia, insubstancialidad.

Insignificante: baladí, fútil, ordinario, despreciable.

Desvirtuar: falsear, viciar, adulterar, mixtificar.

Rebajar: abatir, menospreciar, reducir, depreciar.

Hondura: hondonada, depresión, abismo, profundidad.

Laicismo: impiedad, incredulidad, secularidad, irreligiosidad.

Irreligioso: impío, ateo, infiel, seglar.

Fetichismo: idolatría, adoración, amuleto, superstición.

Reluciente: brillante, resplandeciente, fulgurante, esplendente.

Apocado: tímido, corto, encogido, medroso.

Relucir: brillar, fulgurar, destacar, sobresalir.

Apagar: extinguir, sofocar, aplacar, amortiguar.

Relumbrar: brillar, relucir, resplandecer, irradiar.

Opacar: obscurecer, sombrar, enturbiar, nubilizar.

Rellenar: llenar, colmar, abarrotar, repletar.

Vaciar: desocupar, sacar, descargar, derramar.

Remachar: enclavar, machacar, aplastar, martillar.

Debilitar: extenuar, ablandar, marchitar, enervar.

Remanente: sobrante, restante, sobrado, sedimento.

Necesario: imprescindible, ineludible, indispensable, inevitable.

Rematar: terminar, acabar, finalizar, adjudicar.

Comenzar: empezar, iniciar, principiar, abrir.

Remate: término, conclusión, adjudicación, penacho.

Principio: iniciación, comienzo, apertura, inauguración.

Rembolsar: (empleo 'e' contracta), devolver, indemnizar, resarcir, restituir.

Apropiarse: quedarse, adueñarse, tomar, usurpar.

Remedar: imitar, parodiar, copiar, fotocopiar.

Crear: inventar, imaginar, producir, instituir.

Remediar: reparar, corregir, subsanar, auxiliar.

Dejar: abandonar, ceder, cejar, dimitir.

Remedo: copia, imitación, parodia, burla.

Original: propio, nuevo, auténtico, singular.

Remembrar: recordar, rememorar, evocar, retener.

Olvidar: posponer, relegar, omitir, descuidar.

Remendar: zurcir, reparar, hilvanar, urdir.

Romper: Cortar, astillar, quebrar, fracturar.

Remesar: enviar, despachar, expedir, remitir.

Recibir: aceptar, admitir, percibir, embolsar.

Remilgo: alfeñique, melindre, marengue, enclenque.

Desenvuelto: presto, listo, ocurrente, desembarazado.

Reminiscencia: evocación, recuerdo, añoranza, nostalgia.

Olvido: inadvertencia, descuido, omisión, amnesia.

Remisión: envío, remesa, expedición, facturación.

Recepción: recibimiento, admisión, ingreso, acogida.

Remiso: reacio, renuente, dejado, flojo.

Remitir: enviar, expedir, remesar, facturar.

Remojar: humedecer, humectar, empapar, embeber.

Remolcar: arrastrar, conducir, llevar, acarrear.

Remolino: vorágine, vórtice, torbellino, tempestad.

Remolón: gandul, indolente, zángano, pelafustán.

Remontar: encumbrar, elevar, levantar, escalar.

Rémora: atraso, atranco, atasco, entorpecimiento.

Remorder: inquietar, atormentar, atribular, entristecer.

Remordimiento: contrición, inquietud, pesar, arrepentimiento.

Remoto: lejano, distante, retirado, antiguo.

Remover: mover, agitar, hurgar, deponer.

Remozar: rejuvenecer, renovar, robustecer, novizar.

Remplazar: (uso 'e' contracta), sustituir, suplir, cambiar, subrogar.

Remuneración: beneficio, recompensa, retribución, premiación.

Remunerar: recompensar, retribuir, premiar, gratificar.

Remunerativo: productivo, retributivo, provechoso, compensativo.

Renacentista: retornante, resurrecto, retoñante, reviviente.

Sumiso: obediente, dócil, obsecuente, sometido.

Recibir: aceptar, acoger, percibir, internar.

Secar: enjugar, tender, asolear, ventilar.

Empujar: mover, avanzar, impulsar, impeler.

Pasividad: serenidad, caimosidad, tranquilidad, quietud.

Diligente: activo, trabajador, aplicado, estudioso.

Descender: bajar, descolgar, arriar, inclinar.

Facilidad: posibilidad, factibilidad, comodidad, desenvoltura.

Tranquilizar: serenar, aquietar, apaciguar, imperturbar.

Contumacia: pertinencia, porfía, tozudez, rebeldía.

Inmediato: junto, próximo, cercano, adyacente.

Mantener: insistir, porfiar, reiterar, machacar.

Envejecer: Ajarse, arrugarse, achicarse, encanecer.

Mantener: conservar, defender, sostener, patrocinar.

Detrimento: menoscabo, deterioro, perjuicio, sanción.

Devengar: ganar, percibir, cobrar, adquirir.

Improductivo: infructuoso, infértil, infecundo, baldío.

Decadente: declinante, desfalleciente, ocasorio, disminuyente.

Renacer: revivir, resucitar, retoñar, aparecer.

Morir: perecer, fenecer, sucumbir, extinguirse.

Renacimiento: revivamiento, resucitación, resurrección, palingenesia.

Decadencia: ocaso, decrecimiento, declinación, postración.

Rencilla: disputa, incidente, trifulca, tumulto.

Concordia: acuerdo, conciliación, entendimiento, avenencia.

Rencor: encono, odio, aversión, antipatía.

Afecto: amor, cariño, apego, simpatía.

Rencoroso: rencilloso, vengativo, cojijoso, quisquilloso.

Indulgente: benévolo, inmisericordioso, benigno, tolerante.

Rendimiento: rendición, entrega, sumisión, beneficio.

Resistencia: oposición, defensión, afrontamiento, enfrentamiento.

Rendir: someter, vencer, producir, redituar.

Resistir: sufrir, soportar, repeler, rechazar.

Renegado: maldiciente, adjurante, desalmado, apóstata.

Converso: convertido, creyente, corregido, trasmutado.

Renegar: detestar, maldecir, protestar, abominar.

Celebrar: aprobar, encomiar, aplaudir, vitorear.

Renombrado: acreditado, reputado, famoso, connotado.

Mediocre: vulgar, ignorado, desconocido, anodino.

Renombre: fama, crédito, gloria, honra.

Descrédito: desdoro, deshonor, deslumbre, desmerecimiento.

Renovación: novedad, sustitución, mudanza, modificación.

Conservación: mantenimiento, invariación, preservación, sostenimiento.

Renovar: remozar, restaurar, modernizar, restablecer.

Mantener: sostener, defender, preservar, sustentar.

Renta: emolumento, provecho, remuneración, fruto.

Merma: menoscabo, pérdida, perjuicio, daño.

Rentabilizar: beneficiar, producir, rentar, fructificar.

Perjudicar: dañar, deteriorar, quebrantar, menoscabar.

Renuencia: repugnancia, oposición, insumisión, aversión.

Avenencia: anuencia, conformidad, convenio, coalición.

Renuente: reacio, remiso, refractario, díscolo.

Dócil: dúctil, obediente, disciplinado, gobernable.

Renuevo: retoño, vástago, brote, capullo.

Envejecido: caduco, acabado, añoso, decadente.

Renunciar: desistir, someterse, entregarse, flaquear.

Mantener: quedarse, insistir, porfiar, reiterar.

Reñir: luchar, pelear, altercar, querellar.

Conciliar: amistar, congeniar, fraternizar, armonizar.

Reo: convicto, culpable, confeso, autor.

Inocente: suelto, absuelto, sobreseído, excarcelado.

Reorganizar: mejorar, reparar, modificar, innovar.

Anquilosar: estancar, inmovilizar, detener, atrofiar.

Reparación: remiendo, arreglo, reposición, resarcimiento.

Agravio: ofensa, insulto, injuria, afrenta.

Reparar: componer, corregir, enderezar, enmendar.

Estropear: dañar, maltratar, lesionar, lastimar.

Reparo: objeción, observación, censura, reparación.

Conformidad: anuencia, aprobación, aquiescencia, consentimiento.

Repartir: distribuir, dividir, promediar, prorratear.

Unificar: aunar, juntar, agrupar, mancomunar.

Repasar: retocar, perfeccionar, corregir, reconsiderar.

Olvidar: omitir, desechar, abandonar, archivar.

Repelente: inadmisible, inceptable, repugnante, repulsivo.

Atrayente: atractivo, cautivante, seductor, hechizante.

Repeler: ahuyentar, alejar, repudiar, desdeñar.

Atraer: conquistar, cautivar, embrujar, embelesar.

Repentino: súbito, inesperado, imprevisto, fortuito.

Liberado: meditado, reflexionado, premeditado, previsto.

Repentizar: improvisar, prontizar, primerizar, presentizar.

Demorar: dilatar, retrasar, aplazar, diferir.

Repercutir: reflejar, implicar, resultar, trascender.

Absorber: aspirar, embeber, impregnar, captar.

Repertorio: colección, compilación, catálogo, inventario.

Diseminatorio: desperdigamiento, desparramamiento, dispersión, repartición.

Repetición: iteración, reiteración, reproducción, reincidencia.

Variación: mutación, variedad, cambio, alteración.

Repetir: iterar, reiterar, insistir, proseguir.

Lamentar: sentir, deplorar, arrepentirse, justificar.

Repitiente: iterante, duplicante. f— el que repite los estudios.

Pasante: trasladante, atravesante, ayudante, auxiliar.

Replegarse: retirarse, retroceder, recogerse, recular.

Repletar: llenar, colmar, atochar, abarrotar.

Réplica: repetición, objeción, respuesta, contestación.

Replicar: responder, argumentar, aducir, argüir'

Reponer: restituir, devolver, rembolsar, integrar.

Reportar: obtener, conseguir, lograr, significar.

Reportaje: información, reseña, antículo, reporte.

Reposar: descansar, detenerse, holgar, acostarse.

Reposición: restitución, reversión, renovación, recuperación.

Reprender: censurar, amonestar, corregir, advertir.

Reprensión: admonición, filípica, regaño, reprimenda.

Represa: detención, estancamiento, contención, embalse.

Represalia: desquite, venganza, castigo, revancha.

Representación: sustitución, subrogación, nombramiento, drama.

Representar: subrogar, remplazar, encarnar, simbolizar.

Represión: freno, restricción, detención, contención.

Reprimir: sujetar, contener, refrenar, coercer.

Reprobación: crítica, reprensión, censura, desaprobación.

Avanzar: penetrar, invadir, ocupar, acometer.

Vaciar: desocupar, descargar, sacar, verter.

Proposición: ofrecimiento, propuesta, enunciación, expresión.

Inquirir: interrogar, consultar, averiguar, examinar.

Arrebatar: despojar, usurpar, apañar, expoliar.

Perder: derrochar, desperdiciar, malgastar, deteriorar.

Silencio: omisión, olvido, callamiento, silenciamiento.

Despertar: despabilarse, desvelarse, incitarse, inquietarse.

Requisición: incautación, confirmación, apropiamiento, expropiación.

Ensalzar: encomiar, celebrar, palmotear, vitorear.

Elogio: alabanza, aplauso, halago, satisfacción.

Lago: laguna, albufera, alberca, pantano.

Indulgencia: perdón, clemencia, absolución, piedad.

Oposición: reprobación, desautorización, prohibición, vedamiento.

Disentir: discrepar, discordar, divergir, incoincidir.

Autorización: permiso, consentimiento, venia, anuencia.

Soltar: desatar, aflorar, desasir, desceñir.

Aprobación: asentimiento, asenso, conformidad, beneplácito.

Reprobar: censurar, reprochar, condenar, vituperar.

Reprochar: reprobar, regañar, increpar, amonestar.

Reproducir: calcar, multiplicar, propagar, remedar.

Reptar: arrastrarse, desafiar, andar, arrastrarse.

Repudiar: desdeñar, desestimar, repugnar, repeler.

Repudio: repulsión, rechazo, desdeñamiento, dejación.

Repuesto: recambio, provisión, restitución, renovación.

Repugnar: repeler, rechazar, excluir, opugnar.

Repulsar: rechazar, reprimir, repudiar, aborrecer.

Repulsión: repudio, repulsa, aversión, repugnancia.

Repulsivo: asqueroso, repugnante, repelente, inaceptable.

Repuntar: empezar, comenzar, rebrotar, reverdecer.

Reputación: prestigio, crédito, renombre, celeridad.

Reputar: estimar, considerar, conceptuar, calificar.

Requerimiento: aviso, amonestación, intimación, exigencia.

Requerir: precisar, demandar, necesitar, solicitar.

Requiebro: piropo, galantería, lisonja, cortejo.

Requilorio: nimiedad. f— requisito innecesario.

Admitir: aceptar, acoger, tomar, permitir.

Aprobar: celebrar, elogiar, loar, aplaudir.

Destruir: exterminar, consumar, asolar, aniquilar.

Correr: apresurarse, precipitarse. f— andar con rapidez.

Acoger: admitir, aceptar, aprobar, consentir.

Aceptación: admisión, aprobación, beneplácito, conformidad.

Depuesto: destituido, exonerado, separado, alejado.

Aceptar: admitir, recibir, acoger, acomodar.

Atraer: captar, cautivar, encantar, seducir.

Atracción: seducción, fascinación, encanto, tentación.

Agradable: deleitoso, delicioso, placentero, simpático.

Decaer: declinar, desmejorar, decrecer, debilitarse.

Estigma: mácula, baldón, ignominia, denigración, deshonra.

Difamar: denigrar, detractar, calumniar, murmurar.

Renunciamiento: dejación, desistimiento, dimisión, resignación.

Disuadir: apartar, alejar, situar, orientar.

Ofensa: insulto, injuria, dicterio, improperio.

Normalidad: regularidad, usanza, método, sistema.

Requisar: confiscar, decomisar, embargar, incautarse.

Requisición: embargo, decomiso, confiscación, expoliación.

Requisito: condición, antecedente, exigencia, formalidad.

Resabio: vicio, achaque, disgusto, disconformidad.

Resaltar: sobresalir, descollar, prevalecer, preponderar.

Resarcimiento: compensación, reparación, restitución.

Resarcir: compensar, indemnizar, reparar, reponer.

Resbaladizo: escurridizo, deslizante, jabonoso, gredoso.

Rescatar: redimir, recobrar, liberar, recuperar.

Rescindir: abolir, invalidar, anular, revocar.

Resentimiento: resquemor, ojeriza, tirria, animosidad.

Resentirse: lastimarse, agravarse, debilitarse, ofenderse.

Reseñar: detallar, especificar, enterar, informar.

Reserva: previsión, depósito, economía, prudencia.

Reservar: ahorrar, economizar, guardar, almacenar.

Resguardar: proteger, preservar, amparar, escudar.

Residencia: morada, vivienda, domicilio, mansión.

Residir: habilitar, morar, radicarse, establecerse.

Entregar: devolver, restituir, reponer, remitir.

Devolución: rembolso, reintegro, restitución, reposición.

Circunstancia: particularidad, motivo, deficiencia, acontecimiento.

Cualidad: atributo, condición, peculiaridad, propiedad.

Empequeñecer: reducir, minorar, menguar, minimizar.

Perjuicio: quebranto, menosprecio, detrimento, daño.

Perjudicar: deteriorar, estropear, damnificar, lesionar.

Pegadizo: adherente, encolante, aglutinante, unitivo.

Perder: extraviar, confundir, desperdiciar, derrochar.

Validar: aprobar, admitir, aceptar, legitimar.

Perdón: remisión, absolución, indulto, clemencia.

Resarcirse: repararse, recobrarse, compensarse, alegrarse.

Comprender: entender, penetrar, evaluar, justipreciar.

Imprevisión: descuido, negligencia, desidia, ligereza.

Dispendiar: malgastar, derrochar, despilfarrar, desembolsar.

Exponer: razonar, argumentar, expresar, aducir.

Vagabundez: errabudez, atorrancia, trotamundez, erraticidad.

Trasladarse: irse, mudarse, cambiarse, trasuntar.

Residuo: remanente, sobrante, sobra, despojo.

Resignación: conformidad, mansedumbre, paciencia, sumisión.

Resignarse: conformarse, allanarse, entregarse, renunciar.

Resistencia: vigor, energía, potencia, vitalidad.

Resistente: firme, fuerte, duro, incansable.

Resistir: soportar, sufrir, tolerar, enfrentar.

Resolución: decisión, determinación, providencia, presteza.

Resoluto: resuelto, decidido, experto, diestro.

Resolver: decidir, determinar, solucionar, acordar.

Resollar: respirar, jadear, bufar, acezar.

Resonancia: repercusión, impacto, influencia, significación.

Resonar: repercutir, retumbar, atronar, bocinar.

Resorte: balleta, muelle, espiral, influencia.

Respaldar: apoyar, auxiliar, favorecer, proteger.

Respectivo: análogo, recíproco, atinente, concerniente.

Respecto: proporción, razón, relación, conexión.

Respetar: acatar, honrar, venerar, reverenciar.

Respingar: protestar, resistir, replicar, rezongar.

Faltante: carente, deficiente, restante, adicional.

Sufrimiento: padecimiento, tormento, aflicción, martirio.

Considerar: pensar, meditar, resolver, decidir.

Debilidad: decaimiento, desfallecimiento, endeblez, marchitez.

Vulnerable: vacilante, inconstante, variable, tornadizo.

Ceder: flaquear, resignarse, desistir, renunciar.

Indecisión: incertidumbre, perplejidad, irresolución, vacilación.

Irresoluto: perplejo, indeciso, vacilante, confuso.

Cuestionar: discutir, polemizar, altercar, debatir.

Asfixiar: ahogar, agobiar, sofocar, estrangular.

Silencio: mutismo, sigilo, reserva, secreto.

Silenciar: acallar, enmudecer, callar, encubrir.

Cuerda: cordel, soga, estrenque, cabuya.

Atacar: arremeter, embestir, agredir, asaltar.

Diferencia: distinto, desigual, divergente, discrepante.

Inconexión: desunión, desarmonía, discordancia, incoherencia.

Desacatar: desobedecer, irreverenciar, rebelarse, levantarse.

Acatar: obedecer, aceptar, respetar, cumplir.

Respingo: enfado, despego, rezongo, refunfuño.

Contento: alegría, satisfacción, alborozo, júbilo.

Respiración: inspiración, inhalación, aliento, resuello.

Asfixia: ahogamiento, opresión, sofocación, agobio.

Respirar: inhalar, inspirar, aspirar, animarse.

Asfixiarse: ahogarse, sofocarse, oprimirse, estrangularse.

Respiro: calma, reposo, sosiego, descanso.

Ajetreo: trajín, movimiento, actividad, quehacer.

Resplandecer: relucir, brillar, refulgir, resaltar.

Opacar: obscurecer, extinguir, velar, ennubecer.

Resplandor: lucimiento, fulgor, luminosidad, diafanidad.

Opacidad: obscurecimiento, sombreamiento, eclipse, nebulosidad.

Responder: contestar, replicar, objetar, garantir.

Preguntar: indagar, interrogar, examinar, demandar.

Responsabilidad: cumplimiento, obligación, incumbencia, exigencia.

Informalidad: irresponsabilidad, incumplimiento, descuido, dejación.

Responsabilizar: responder, garantizar, avalar, asegurar.

Fallar: fracasar, malograr, faltar, flaquear.

Responsable: solidario, comprometido, garante, subsidiario.

Irresponsable: incumplidor, negligente, insensato, desequilibrado.

Respuesta: contestación, réplica, satisfacción, conformidad.

Proposición: anunciación, propuesta, interrogación, cuestionario.

Resquemor: recelo, escrúpulo, sospecha, escozor.

Desidia: indiferencia, negligencia, descuido, incuria.

Resquicio: intersticio, grieta, hendidura, pretexto.

Consecuencia: resultado, conclusión, inferencia, corolario.

Restablecer: reponer, restaurar, restituir, recuperar.

Destruir: aniquilar, devastar, empeorar, exterminar.

Restablecimiento: recuperación, convalecencia, curación, mejoramiento.

Empeoramiento: agravación, recrudecimiento, recaída, declinación.

Restar: deducir, quitar, substraer, sacar.

Añadir: sumar, agregar, adicionar, incrementar.

Restauración: reparación, reposición, reconstrucción, erección.

Revocación: anulación, casación, abrogación, estropicio.

Restaurante: reconfortante, reparador, restorán, comedor.

Destructor: aniquilador, derribador, desquiciante, devastador.

Restaurar: recobrar, recuperar, reponer, fortalecer.

Restitución: reposición, reintegración, devolución, restablecimiento.

Restituir: reponer, reintegrar, devolver, restablecer.

Resto: sobrante, despojo, residuo, sedimento.

Restregar: refregar, frotar, rascar, ludir.

Restricción: limitación, impedimento, obstáculo, cortapisa.

Restrictivo: limitativo, represivo, taxativo, determinado.

Restricto: limitado, preciso, cabal, definido.

Restringir: limitar, circunscribir, coartar, condicionar.

Resucitar: revivir, renacer, reavivar, vivificar.

Resuelto: decidido, determinado, expedito, diligente.

Resultado: secuela, consecuencia, solución, prueba.

Resultar: producir, redundar, deducir, trascender.

Resumen: síntesis, sinopsis, recopilación, epítome.

Resumir: abreviar, compendiar, concretar, extractar.

Resurgir: renacer, revivir, recobrar, resucitar.

Retablo: conjunto, figuras, obras, decoración.

Retaguardia: zaga, trasero, después, detrás.

Destrozar: destruir, rasgar, desgarrar, despedazar.

Apropiación: incautación, confiscación, retención, apoderamiento.

Apropiarse: adueñarse, arrogarse, apoderarse, usurpar.

Total: unidad, totalidad, entero, intacto.

Deterger: limpiar, asear, lavar, alcorzar.

Licencia: permiso, consentimiento, autorización, anuencia.

Ilimitado: indefinido, indeterminado, inconmensurable, inagotable.

Indefinido: irrestricto, ilimitado, confuso, impreciso.

Ilimitar: indeterminar, indefinir, imprecisar, inalterar.

Sepultar: enterrar, inhumar, soterrar, encubrir.

Irresoluto: indeciso, indeterminado, irresuelto, vacilante.

Causa: origen, fuente, raíz, génesis.

Promover: originar, ocasionar, motivar, impulsar.

Ampliación: extensión, desarrollo, dilatación, ensanche.

Dilatar: ampliar, desarrollar, amplificar, prolongar.

Fenecer: sucumbir, extinguirse, apagarse, expirar.

Nadería: nimiedad, futileza, bicoca, insignificancia.

Vanguardia: delantera, avanzada, reconocimiento, exploración.

Retahíla: serie, conjunto, unidad, acervo.

Separación: clasificación, división, desviación, bifurcación.

Retar: desafiar, provocar, reprender, reprobar.

Elogiar: elevar, encarecer, ennoblecer, ponderar.

Retardar: retrasar, atrasar, aplazar, rezagar.

Apresurar: acelerar, aligerar, activar, acuciar.

Retardatario: lento, perezoso, demoroso, postergado.

Apremiado: instado, acosado, apurado, urgido.

Retardo: retraso, atraso, demora, lentitud, calmosidad.

Apresuramiento: aceleración, activación, precipitación, aligeramiento.

Retención: conservación, preservación, custodia, salvaguardia.

Liberación: rescate, recuperación, salvación, emancipación.

Retener: guardar, conservar, mantener, reservar.

Soltar: librar, libertar, desprender, independizar.

Reticencia: reserva, mesura, disimulo, tapujo.

Expansión: desahogo, efusión, solaz, distracción.

Reticente: mesurado, circunspecto, parco, medido.

Efusivo: locuaz, alegre, expresivo, cordial.

Retirar: apartar, alejar, sacar, descartar.

Acercar: aproximar, arrimar, poner, ubicar.

Retiro: apartamiento, retraimiento, alejamiento, encierro.

Actividad: movimiento, operación, diligencia, prontitud.

Reto: desafío, incitación, incentivo, provocación.

Respuesta: réplica, contestación, refutación, objeción.

Retobar: forrar, envolver, enfardar, amarrar.

Soltar: desligar, desliar, desatar, desenvolver.

Retocar: modificar, corregir, restaurar, delinear.

Conservar: mantener, reservar, retener, velar.

Retorcer: torcer, enroscar, curvar, arquear.

Estirar: extender, alargar, prolongar, enderezar.

Retórica: corrección, comprensión, grandilocuencia, claridad.

Confusión: embrollo, mezcolanza, perturbación, vacilación.

Retornar: regresar, devolver, desandar, retroceder.

Salir: partir, irse, marcharse, confinar.

Retorsión: encurvamiento, enroscamiento, entorchamiento, arqueamiento.

Estiramiento: alargamiento, prolongación, extensión, crecimiento.

Retozar: brindar, saltar, travesear, cabriolar.

Retracción: rectificación, modificación, corrección, denegación.

Retractar: anular, revocar, invalidar, desdecirse.

Retraer: apartar, alejar, disuadir, distanciar.

Retraído: reservado, retirado, refugiado, misántropo.

Retraimiento: alejamiento, apartamiento, incomunicación, reclusión.

Retrasar: atrasar, retardar, demorar, suspender.

Retratar: imitar, copiar, describir, pincelar.

Retribución: recompensa, premio, bonificación, remuneración.

Retribuir: recompensar, premiar, remunerar, estimular.

Retroceder: desandar, retirarse, retrogradar, alejarse.

Retroceso: regresión, retirada, empeoramiento, recrudecimiento.

Retrogradar: retroceder, retirar, recular, replegar.

Retrógrado: atrasado, reaccionario, tradicionalista, conservador.

Retrospección: examen, análisis. f— mirada hacia atrás.

Retrospectivo: retroceso, regresión. f— examen del tiempo pasado.

Retumbar: tronar, resonar, estallar, explosionar.

Reunir: agrupar, acopiar, congregar, juntar.

Revalidar: ratificar, confirmar, convalidar, asegurar.

Reprimir: contener, refrenar, sujetar, dominar.

Ratificación: confirmación, corroboración, revalidación, asentimiento.

Validar: admitir, aceptar, aprobar, sancionar.

Juntar: unir, ligar, enlazar, acoplar.

Comunicativo: afable, expansivo, efusivo, extrovertido.

Acercamiento: aproximamiento, convivencia, comunidad, compartición.

Adelantar: anticipar, alcanzar, activar, apresurar.

Anular: velar, revocar, rehusar, nulificar.

Privación: suspensión, carencia, disminución, descuento.

Castigar; advertir, reprender, amonestar.

Avanzar: progresar, prosperar, acometer emprender.

Avance: adelanto, progreso, prosperidad, embestida.

Avanzar: progresar, prosperar, adelantar, vanguardiar.

Progresista: innovador, renovador, novizado, futurizado.

Progresión: adelantamiento, avance, proyección, prospección.

Progresivo: avanzante, adelantante, anticipante, conjeturante.

Silenciar: acallar, enmudecer, aquietar, aplacar.

Separar: aislar, apartar, incomunicar, dividir.

Rectificar: corregir, enmendar, modificar, reformar.

Revelación: descubrimiento, declaración, manifestación, detectamiento.

Ocultación: silencio, enmudecimiento, sigilo, secreto.

Revelar: mostrar, declarar, detectar, confesar.

Encubrir: esconder, ocultar, aparentar, camuflar.

Reventar: romper, abrirse, estallar, denotar.

Restaurar: remendar, parchar, reparar, zurcir.

Reverberar: reflejar, flamear, reflectar, reverdecer.

Absorber: embeber, empapar, obscurecer, condonar.

Reverdecer: renovarse, rejuvenecerse, restablecerse, remozarse.

Agostar: marchitar, ajar, enlaciar, enmustiar.

Reverencia: respeto, veneración, consideración, salutación.

Desacato: irrespeto, irreverencia, desprecio, contravención.

Reversible: invertible, alterable, cambiable, contrafacible.

Irreversible: estable, inamovible, inalterable, permanente.

Reverso: revés, dorso, contrafaz, percance.

Anverso: cara, rostro, mirada, rectitud.

Revertir: invertir, alterar, trabucar, restituir.

Restablecer: reponer, reconsiderar, reparar, substituir.

Revestir: cubrir, vestir, recubrir, ocultar.

Descubrir: desnudar, destapar, exhumar, revelar.

Revezar: remplazar, sustituir, suplir, sobrogar.

Mantener: conservar, sostener, defender, amparar.

Revindicar: defender, amparar, proteger, apoyar.

Atacar: agredir, asaltar, arremeter, embestir.

Revisar: controlar, inspeccionar, analizar, examinar.

Inadvertir: distraer, descuidar, omitir, desechar.

Revisión: control, inspección, revista, verificación.

Valoración: aceptación, estimación, asentimiento, aprobacióm.

Revisionismo: examinismo, rectifiquismo, corregismo, inconformismo.

Conformismo: avenismo, aceptismo, anuencismo, consentismo.

Revocar: anular, desautorizar, abrogar, omitir.

Promulgar: publicar, difundir, decretar, sancionar.

Revolcar: revolver, maltratar, pisotear, derribar.

Exaltar: ensalzar, elevar, realzar, honrar.

Revoltijo: enredo, mezcolanza, confusión, argamasa.

Ordenación: arreglo, preparación, método, armonía.

Revoltoso: sedicioso, insurrecto, alborotado, intrigante.

Revolución: conmoción, agitación, perturbación, revuelta.

Revolucionar: agitar, sublevar, amotinar, soliviantar.

Revolucionario: sedicioso, rebelde, amotinado, subversido.

Revolver: inquietar, enredar, agitar, mezclar.

Revuelto: enredado, intrincado, revesado, abstruso.

Reyerta: riña, pendencia, contienda, trifurca.

Rezagar: diferir, atrasar, retardar, suspender.

Rezar: orar, implorar, glorificar, divinizar.

Rezongar: refunfuñar, mascullar, bufar, murmurar.

Ribera: orilla, borde, margen, litoral.

Ribete: aumento, añadidura, acrecentamiento, adorno.

Rico: adinerado, opulento, acaudalado, fecundo.

Ridiculizar: abochornar, mortificar, avergonzar, satirizar.

Ridículo: divertido, extravagante, extraño, impertinente.

Rienda: mando, dirección, gobierno, sujeción.

Riesgo: peligro, inseguridad, aventura, tropiezo,

Rifar: sortear, apostar, albur, azar.

Rigidez: tensión, inflexibilidad, endurecimiento, rigurosidad.

Tranquilo: sereno, aquietado, apaciguado, conciliador.

Tranquilidad: serenidad, apaciguamiento, normalidad, conformidad.

Aquietar: calmar, tranquilizar, sosegar, subordinar.

Reaccionario: conservador, tradicionalista, opositor, sometido.

Adecuar: arreglar, acondicionar, disponer, adaptar.

Desenredado: desembrollado, desenmarañado, ordenado, comprendido.

Paz: concordia. armonía, apacibilidad, tregua.

Avanzar: adelantar, apurar, apresurar, acuciar.

Blasfemar: maldecir, imprecar, renegar, perjurar.

Gritar: vociferar, vocear, chillar, bramar.

Centro: foco, corazón, epicentro, núcleo.

Disminución: merma, decrecimiento, descenso, afeamiento.

Pobre: indigente, mendigo, necesitado, paupérrimo.

Alabar: enaltecer, elogiar, ensalzar, ponderar.

Normal: común, habitual, equilibrado, sereno.

Incontinencia: desenfreno, incontrol, deshonestidad, disparación.

Protección: seguridad, amparo, resguardo, solución.

Confiar: fiar, esperar, encomendar, depositar.

Flexibilidad: ductilidad, docilidad, blandura, maleabilidad.

Rígido: tieso, duro, tenso, severo.

Rigor: dureza, severidad, crueldad, inclemencia.

Rigurosidad: adustez, seriedad, severidad, austeridad.

Rimar: versificar, componer, asonantar, coordinar.

Rimbombante: altisonante, retumbante, ampuloso, enfático.

Riña: pendencia, pelea, altercado, camorra.

Riqueza: opulencia, abundancia, magnificencia, fertilidad.

Risible: irrisorio, cómico, ridículo, burlesco.

Ristra: fila, hilera, línea, cola.

Risueño: alegre, placentero, gozoso, exultante.

Ritmo: armonía, compás, simetría, sinfonía.

Ritual: ceremonial, protocolar, colemne, litúrgico.

Rival: competidor, antagonista, contrario, adversario.

Rivalidad: oposición, competencia, antagonismo, adversidad.

Rivalizar: emular, lidiar, competir, adversario.

Rizar: ondular, ensortijar, serpentear, enredar.

Robar: hurtar, timar, substraer, rapiñar.

Robustecer: vigorizar, remozar, fortalecer, consolidar.

Robusto: fuerte, forzado, firme, pujante.

Dúctil: dócil, blando, flexible, laxo.

Comprensión: entendimiento, perspicacia, agudeza, transigencia.

Benevolencia: bondad, comprensión, indulgencia, abnegación.

Prosificar: liberalizar, escribir. f— graficar en prosa.

Sencillo: natural, simple, corriente, discreto.

Tranquilidad: serenidad, apaciguamiento, conciliación, concordia.

Pobreza: privación, inopia, carencia, pauperismo.

Serio: grave, formal, mesurado, cauto.

Desorden: desconcierto, trastorno, desbarajuste, revoltijo.

Compungido: triste, melancólico, transido, acongojado.

Disonía: arritmia, disonancia, inarmonía, destemplanza.

Informal: irregular, ligero, voluble, vago.

Adicto: aliado, partidario, amigo, colega.

Alianza: liga, unión, concordia, coalición.

Confraternizar: amistar, intimar, armonizar, concordar.

Alisar: pulir, pulimentar, planchar, aderezar.

Regalar: obsequiar, congratular, donar, ofrendar.

Debilitar: fatigar, extenuar, agotar, languidecer.

Débil: enteco, lánguido, exangüe, exánime.

Rociar: regar, humedecer, esparcir, irrigar.

Rocoso: pedregoso, riscoso, roqueroso, enriscado.

Rodar: caer, resbalar, balear, tropezar.

Rodear: cercar, acordonar, encerrar, bloquear.

Rodeo: perífrasis, circunloquio, diversión, vacuneo.

Roer: carcomer, corroer, debilitar, deteriorar.

Rogar: instar, implorar, suplicar, solicitar.

Roído: deteriorado, estropeado, apolillado, maltratado.

Rol: lista, nómina, catálogo, índice.

Rolar: circular, rodar, catalogar, nominar.

Romance: flirteo, pololeo, poema, novela.

Romper: quebrar, fragmentar, demoler, destruir.

Rompimiento: ruptura, quebrantamiento, fractura, desavenencia.

Roncar: gamitar, bramar, rugir, ulular.

Ronda: guardia, vigilancia, custodia, rondinada.

Rondar: vigilar, observar, cuidar, velar.

Roñoso: sucio, repulsivo, asqueroso, deteriorado.

Rostro: cara, semblante, aspecto, fisonomía.

Rotar: girar, virar, circular, rodar.

Secar: enjugar, tender, asolear, ventilar.

Terroso: terrífero, gredoso, pastoso, terruñoso.

Levantar: alzar, parar, erguir, ensalzar.

Eludir: huir, escapar, arrancar, evadirse.

Precisión: exactitud, claridad, regularidad, caracterización.

Conservar: mantener, preservar, cuidar, retener.

Intimar: asustar, amedrentar, atemorizar, amilanar.

Intacto: sano, completo, entero, incólume.

Objeto: cosa, asunto, materia, propósito.

Inmovilizar: detener, paralizar, fijar, clavar.

Antagonismo: enemistad, distancia, oposición, competencia.

Componer: arreglar, remendar, adornar, acicalar.

Amistad: afecto, apego, afición, devoción.

Silenciar: callar, enmudecer, inmovilizar, aquietar.

Acometida: ataque, agresión, embestida, asalto.

Acometer: atacar, embestir, agredir, embestir.

Pulcro: aseado, limpio, decoroso, correcto.

Espalda: dorso, revés, columna, trasero.

Estacionar: detener, situar, colocar, parquear.

Rotario: benévolo, generoso, magnánimo, fraternal.

Rotatorio: giratorio, circulatorio, volvible, viratorio.

Rotular: marcar, etiquetar, sellar, caracterizar.

Rótulo: letrero, inscripción, marca, etiqueta.

Rotundo: concluyente, terminante, imperativo.

Rotura: rompimiento, rasgadura, fractura, destrozo.

Rozar: tocar, palpar, raspar, cortar.

Rubor: sonrojo, bochorno, turbación, timidez.

Ruborizar: sonrojar, avergonzar, abochornar, confundir.

Rubricar: firmar, suscribir, avisar, autografiar.

Rudeza: brusquedad, aspereza, terquedad, descortesía.

Rudimentario: elemental, embrionario, primario, preparatorio.

Rudo: torpe, duro, violento, impetuoso.

Rueda: círculo, rodaje, llanta, forro.

Ruego: súplica, plegaria, instancia, petición.

Rufián: alcahuete, chantajista, desvergonzado, malvado.

Rugir: bramar, rechinar, crujir, chirriar.

Ruido: rumor, murmullo, bulla, griterío.

Ruin: bajo, servil, abyecto, vil.

Malévolo: malintencionado, venenoso, perverso, malandrín.

Estacionario: detenido, parado, inmovilizado, paralizado.

Inrotular: anular, borrar, suprimir, invalidar.

Envoltorio: bulto, fardo, equipaje, bagaje.

Indefinido: impreciso, vacilante, perplejo, enervado.

Reparación: arreglo, compostura, restauración, remiendo.

Sosegar: templar, aplacar, serenar, moderar.

Desvergüenza: impudicia, descaro, procacidad, inverecundia.

Desvergonzar: atreverse, osarse, envalentonar, zafarse.

Analizar: descomponer, estudiar, observar, deducir.

Cortesía: amabilidad, cordialidad, gentileza, delicadeza.

Acabado: completo, consumado, perfecto, pulido.

Refinado: cortés, fino, cordial, atento.

Interior: centro, entraña, secreto, enigma.

Pretensión: aspiración, exigencia, demanda, anhelos.

Honesto: íntegro, virtuoso, correcto, pudoroso.

Callar: enmudecer, silenciar, omitir, observar.

Silencio: mutismo, enmudecimiento, sigilo, reticencia.

Digno: meritorio, respetable, noble, señorial.

Ruina: destrucción, perdición, desolación, quebranto.

Ruindad: infamia, bajeza, vileza, abyección.

Ruinoso: decadente, desmedrado, desmirriado, empobrecido.

Rumbo: dirección, ruta, orientación, curso.

Rumboso: ostentoso, pomposo, lujoso, espléndido.

Rumor: susurro, murmullo, hablilla, habladuría.

Rumorear: decirse, secretear, susurrar, sonar.

Ruptura: enemistad, rompimiento, riña, distanciamiento.

Rural: campestre, campesino, bucólico, silvestre.

Rústico: burdo, ramplón, tosco, ordinario.

Ruta: vía, senda, camino, rumbo.

Rutilar: llamear, resplandecer, brillar, sobresalir.

Rutina: costumbre, tradición, hábito, repetición.

Rutinario: frecuente, habitual, maquinal, inconsciente.

Ruzafa: jardín, parque, vergel, pensil.

Apogeo: auge, plenitud, cumbre, esplendor.

Generosidad: dignidad, decoro, voluntad, pundonor.

Remozado: lozano, gallardo, rejuvenecido, engrandecido.

Desconcierto: confusión, desorientación, complejidad, laberinto.

Inopioso: miserable, mezquino, indigente, estrecho.

Mutismo: silencio, pausa, mudez, detención.

Silenciar: callar, enmudecer, mudizar, afonizar.

Amistad: armonía, comprensión, entendimiento, concordia.

Urbano: cívico, ciudadano, metropolitano, amable.

Educado: fino, amable, cordial, urbano, delicado.

Desconcierto: confusión, mezcolanza, desorientación, barullo.

Apagar: extinguir, sofocar, contener, reprimir.

Anormalidad: rareza, extrañeza, estolidez, esnobismo.

Insólito: desusado, extraño, inaudito, anómalo.

Desierto: yermo, erial, páramo, estepa.

S

Sabana: llanura, planicie, explanada, llano.

Sabandija: bicho, alimaña, animal, bicharraco.

Saber: conocer, entender, dominar, erudición.

Sabiduría: saber, sapiencia, conocimiento, cognición.

Sabihondo: sabelotodo, pedante, petulante, vanaglorioso.

Sabio: culto, docto, erudito, sapiente.

Sabor: gusto, sapidez, paladar, agrado.

Saborear: gustar, agradar, paladear, catar.

Sabotaje: perjuicio, deterioro, desperfecto, boicoteo.

Sabroso: delicioso, agradable, suculento, exquisito.

Sabueso: pesquisador, investigador, husmeador, intuitivo.

Sacar: quitar, mermar, extraer, descontar.

Selva: bosque, espesura, arboleda, monte.

Pájaro: ave, alado, volátil, pajarillo.

Ignorar: desconocer, equivocar, desentender, rebuznar.

Ignorancia: incultura, tiniebla, nesciencia, ineptitud.

Modesto: sencillo, moderado, natural, espontáneo.

Inculto: indocto, ignorante, iletrado, inadecuado.

Desagrado: disgusto, enfado, fastidio, descontento.

Desagradar: disgustar, desconcertar, molestar, enfadar.

Reparación: compensación, resarcimiento, indemnización, recompensa.

Insulso: soso, insubstancial, desabrido, acibarado.

Simplón: soso, insulso, inculto, bobo.

Poner: colocar, concurrir, agregar, añadir.

Sacerdote: clérico, prelado, eclesiástico, presbítero.

Saciar: satisfacer, hartar, saturar, llenar.

Saciedad: hartura, hartazgo, saturación, bacanal.

Saco: bolsa, gabán, vestón, talego.

Sacramento: misterio, secreto, arcano, sigilo.

Sacrificar: inmolar, ofrendar, asesinar, aniquilar.

Sacrificio: abnegación, inmolación, renunciamiento, holocausto.

Sacrilegio: blasfemia, herejía, profanación, perjuicio.

Sacrílego: impío, profano, blasfemo, profanador.

Sacudir: mover, menear, vapulear, zurrar.

Saeta: dardo, flecha, manecilla, brújula.

Sagacidad: astucia, perspicacia, penetración, refinamiento.

Sagaz: ladino, perspicaz, cauto, prudente.

Sagrado: bendito, santificado, sacramento, venerable.

Sahumar: perfumar, aromatizar, aromar, incensar.

Sajar: cortar, sangrar, hendir, escarificar.

Salario: estipendio, emolumento, pago, sueldo.

Saldar: pagar, cubrir, cancelar, cumplir.

Saliente: visible, prominente, aparente, manifiesto.

Salir: partir, ausentarse, marcharse, largarse.

Seglar: laico, lego, civil, irreligioso.

Ayunar: privarse, abstenerse, desnutrirse, adiestrarse.

Necedad: penuria, escasez, indigencia, apuro.

Canasto: cesto, banesta, canastillo, cuévano.

Revelación: descubrimiento, manifestación, detectación, intuición.

Beneficiar: favorecer, utilizar, aprovechar, colaborar.

Beneficio: provecho, usufructo, utilidad, aprovechamiento.

Veneración: respeto, reverencia, aprecio, distinción.

Fiel: pío, devoto, piadoso, religioso.

Aquietar: detener, parar, sosegar, estancar.

Bastón: palo, vara, báculo, bordón.

Obtusidad: torpeza, rudeza, estupidez, bobería.

Necio: obtuso, tonto, zonzo, bobo.

Inverecundo: profano, impúdico, insolente, irrespetuoso.

Heder: apestar, oliscar, fetidificar, desagradar.

Cerrar: tapar, curar, cubrir, cicatrizar.

Gasto: expendio, dispendio, consumo, egreso.

Cobrar: recaudar, recibir, percibir, colectar.

Poniente: entrante, escondido, occidente, oeste.

Llegar: arribar, venir, entrar, irrumpir.

SINÓNIMOS   ANTÓNIMOS

Salpicar: rociar, chapotear, esparcir, humedecer.

Saltar: brindar, cabriolar. atravesar, franquear.

Salud: vitalidad, energía, potencia, robustez.

Saludable: higiénico, salutífero, sano, benéfico.

Salutación: saludo, besamano, reverencia, inclinación.

Salvaguardia: custodia, garantía, amparo, tutela.

Salvaje: cruel, bárbaro, feroz, vándalo.

Salvajismo: brutalidad, atrocidad, barbariedad, monstruosidad.

Salvar: librar, saltar, guarecer, salvaguardar.

Salvedad: excepción, pretexto, enmienda, subterfugio.

Salvoconducto: pasaporte, licencia, autorización, execuátur.

Sambenito: deshonra, descrédito, difamación, vituperio.

Sanción: castigo, punición, norma, ordenanza.

Sancionar: autorizar, confirmar, aprobar, homologar.

Sandio: necio, cretino, estúpido, mentecato.

Sandunga: fiesta, garbosidad, donaire, jocosidad.

Sanear: purificar, acendrar, higienizar, remediar.

Sangrar: desangrar, derramar, salir, sisar.

Limpiar: lavar, asear, enjugar, purificar.

Impedir: obstaculizar, obstruir, dificultar, fastidiar.

Enfermedad: dolencia, malestar, padecimiento, afección.

Malsano: dañino, nocivo, malo, pernicioso.

Irreverencia: desconsideración, indelicadeza, irrespetuosidad, desacato.

Desamparo: abandono, dejación, desvalimiento, soledad.

Refinado: civilizado, cultivado, pulido, educado.

Civilidad: cultura, educación, pulimiento, cortesía.

Condenar: castigar, sentenciar, sancionar, reprobar.

Inclusión: anexión, incorporación, agregación, introducción.

Registro: anotación, inscripción, nomenclatura, archivo.

Honra: honor, reputación, nombradía, integridad.

Absolución: indulto, conmutación, perdón, excarcelación.

Desaprobar: reprobar, censurar, condenar, vituperar.

Sensato: cuerdo, juicioso, prudente, mesurado.

Insulsez: sosería, estupidez, tontería, insubstancialidad.

Estropear: deteriorar, empeorar, perjudicar, averiar.

Estancar: detener, curar, restañar, detener.

Sangriento: sangrante, cruento, mortífero, insultante.

Apacible: calmado, sereno, reflexivo, controlado.

Santiamén: instante, momento, segundo, soplo.

Continuado: extenso, seguido, dilatado, ininterrumpido.

Santificar: consagrar, bendecir, glorificar, canonizar.

Condenar: castigar, sancionar, penar, encarcelar.

Santiguar: persignarse, maravillarse. f— acción supersticiosa.

Jurar: afirmar, certificar, asegurar, blasfemar.

Santuario: templo, capilla, iglesia, tabernáculo.

Vituperio: baldón, diatriba, censura, insulto.

Santurrón: santón, misticón, mojigato, gazmoño.

Piadoso: devoto, religioso, ferviente, místico.

Saña: encono, furia, crueldad, violencia.

Apacibilidad: mansedumbre, suavidad, tranquilidad, paciencia.

Sápido: sabroso, gustoso, apetitoso, deleitoso.

Desabrido: malo, desagradable, soso, insípido.

Sapiencia: sabiduría, erudición, ilustración, conocimientos.

Ignorancia: insipiencia, nesciencia, tinieblas, analfabetismo.

Saquear: saltear, depredar, merodear, defraudar.

Custodiar: proteger, preservar, guardar, vigilar.

Sarcasmo: mordacidad, causticidad, irritación, ironía.

Adulación: halago, lisonja, elogio, aplauso.

Sarcástico: sardónico, virulento, punzante, burlesco.

Elogiador: adulador, seductor, encantador, fascinante.

Sarcófago: tumba, sepulcro, sepultura, cripta.

Cavidad: oquedad, hendidura, vaciedad, depresión.

Sardónico: cáustico, sarcástico, irónico, mordaz.

Gracioso: cómico, jocoso, jovial, risueño.

Satánico: diabólico, demoníaco, perverso, protervo.

Angélico: celestial, angelical, seráfico, virtuoso.

Sátira: ironía, burla, mordacidad, incisión.

Elogio: alabanza, loa, halago, lisonja.

Satirizar: censurar, burlar, zaherir, escarnecer.

Agradar: contentar, complacer, regocijar, deleitar.

Satisfacción: contentamiento, fruición, recompensa, excusa.

Mortificación: lesión, martirio, castigo, zaherimiento.

SINÓNIMOS   ANTÓNIMOS

Satisfacer: agradar, complacer, saciar, solventar.

Mortificar: atormentar, lesionar, martirizar, ridiculizar.

Satisfactorio: agradable, grato, lisonjero, regocijante.

Desagradable: molesto, ingrato, fastidioso, incómodo.

Sátrapa: astuto, ocurrente, jerarca, dignatario.

Torpe: rudo, rústico, incapaz, deshonesto.

Saturar: llenar, impregnar, colmar, satisfacer.

Vaciar: sacar, arrojar, afluir, desocupar.

Savia: jugo, fuerza, energía, sangre.

Impotencia: debilidad, insuficiencia, imposibilidad, agotamiento.

Sayo: capote, vestido, censura, murmuración.

Loor: elogio, alabanza, encomio, enaltecimiento.

Sazón: madurez, sensatez, oportunidad, culminación.

Inmadurez: precipitación, ofuscamiento, irreflexión, tontería.

Sazonar: aderezar, aliñar, condimentar, perfeccionar.

Descuidar: desaliñar, malear, salar estropear.

Secar: enjugar, desecar, marchitar, agotar.

Mojar: humedecer, impregnar, rociar, empapar.

Sección: división, departamento, sector, fracción.

Unidad: completación, integridad, totalidad, concordancia.

Secesión: separación, segregación, bifurcación, disgregamiento.

Unión: enlace, trabazón, vínculo, integración.

Secretario: colaborador, ayudante, actuario, ministro.

Jefe: director, superior, patrón, líder.

Secreto: confidencia, ocultación, misterio, reserva.

Manifiesto: revelado, divulgado, declarado, notorio.

Secta: grupo, tribu, clan, doctrina.

Alcurnia: linaje, prosapia, abolengo, tronco.

Sectario: secuaz, partidario, fanático, extremista.

Transigente: tolerante, conciliador, comprensivo, paciente.

Sector: parte, fracción, división, hatajo.

Conjunto: todo, entero, completo, fusión.

Secuaz: partidario, adicto, prosélito, satélite.

Antagonista: adversario, rival, contrario, émulo.

Secuela: consecuencia, efecto, resultado, deducción.

Causa: motivo, móvil, origen, fuente.

Secuencia: serie, cadena, sucesión, frecuencia.

Secuestrar: aprehender, encerrar, retener, aprisionar.

Secular: antiguo, añejo, longevo, veterano.

Secundar: auxiliar, coadyuvar, cooperar, colaborar.

Secundario: accesorio, auxiliar, ayudante, dependiente.

Sed: necesidad, deseo, anhelo, dipsomanía.

Sedante: calmante, lenitivo, sedativo, paliativo.

Sedar: apaciguar, calmar, sosegar, tranquilizar.

Sede: silla, trono, asiento, diócesis.

Sedentario: estacionario, fijo, inmóvil, permanente.

Sedición: rebeldía, insurrección, levantamiento, alzamiento.

Sedicioso: insurrecto, sublevado, rebelde, faccioso.

Sediento: anheloso, ansioso, deseoso, ambicioso.

Sedimento: pósito, residuo, heces, concho.

Seducción: persuasión, fascinación, atracción, engaño.

Seducir: atraer, encantar, cautivar, embrujar.

Segar: tronchar, guadañar, cortar, enceguecer.

Segmento: porción, fragmento, fracción, cupo.

Segregar: gotear, rezumar, separar, apartar.

Eventualidad: intermitencia, discontinuidad, interrupción, ocasionalidad.

Libertar: rescatar, liberar, recuperar, recobrar.

Nuevo: flamante, reciente, fresco, moderno.

Rechazar: objetar, opugnar, enfrentar, encarar.

Primordial: esencial, primario, fundamental, capital.

Saciedad: hartazgo, repletación, hartura, saturación.

Excitante: estimulante, incitante, instigante, enardeciente.

Excitar: exaltar, instigar, promover, provocar.

Núcleo: centro, corazón, foco, médula.

Errante: nómada, vagabundo, gitano, ambulante.

Sumisión: sometimiento, acatamiento, rendimiento, obediencia.

Sumiso: obediente, dócil, sujeto, disciplinado.

Ahíto: repleto, hartado, saciado, empachado.

Base: cimiento, basamento, fundamento, principio.

Repulsión: repudio, aversión, repugnancia, antipatía.

Repeler: rechazar, repudiar, arrojar, repulsar.

Aglutinar: unir, juntar, mancomunar, cohesionar.

Todo: completo, íntegro, entero, conjunto.

Mancomunar: unir, fusionar, juntar, incorporar.

Seguido: continuo, frecuente, incesante, ininterrumpido.

Interrumpido: cortado, separado, roto, cercenado.

Seguir: continuar, proseguir, adoptar, practicar.

Interrumpir: cortar, detener, impedir, romper.

Segundo: instante, soplo, ayudante, suplente.

Principal: gerente, director, superior, importante.

Seguridad: certeza, garantía, caución, certidumbre.

Inseguridad: confusión, desacierto, desorden, ambigüedad.

Seguro: cierto, indudable, infalible, positivo.

Incierto: erróneo, falible, confuso, nebuloso.

Selección: elección, preferencia, opción, colección.

Indistinción: indistinguible, indefinible, impreciso, indistinto.

Selecto: escogido, preferido, prototipo, dechado.

Común: frecuente, trivial, ordinario, general.

Selva: bosque, espesura, monte, algaba.

Desierto: despoblado, inhabitado, yermo, páramo.

Selvático: silvestre, tosco, rudo, palurdo.

Cultivado: pulido, refinado, educado, ilustrado.

Sellar: timbrar, estampar, franquear, terminar.

Abrir: destapar, descubrir, descorrer, desgarrar.

Semana: septésima, hebdómana, septenaria, hebdomadaria.

Mes: mensualidad, docedario, sueldo, emolumento.

Semántica: semasiología, innovación, trayectoria, evolución.

Invariabilidad: permanencia, estabilidad, inmutabilidad, inmanencia.

Sembrar: esparcir, derramar, desparramar, difundir.

Cosechar: recoger, recolectar, reunir, acumular.

Semblanza: biografía, resumen, analogía, historial.

Disparidad: heterogeneidad, desigualdad, diversidad, contraste.

Semejante: parecido, similar, análogo, equivalente.

Diferente: distinto, diverso, divergente, opuesto.

Semejanza: igualdad, analogía, afinidad, similitud.

Desigualdad: desemejanza, disparidad, disimilitud, discrepancia.

Semilla: germen, origen, simiente, embrión.

Fruto: beneficio, provecho, cosecha, producto.

Seminario: cultivatorio, investigatorio, semillerío, enseñatorio.

Rebuznatorio: incultivatorio, analfabetario, nescienzario, lagunario.

Sempiterno: eterno, perpetuo, imperecedero, inmortal.

Perecedero: efímero, fugaz, pasajero, transitorio.

Senado: congreso, parlamento, asamblea, cámara.

Auditorio: público, oyente, concurrencia, asistencia.

Sencillez: simplicidad, afabilidad, franqueza, llaneza.

Orgullo: arrogancia, altanería, altivez, engreimiento.

Sencillo: simple, natural, llano, franco.

Altanero: altivo, orgulloso, soberbio, arrogante.

Senda: camino, sendero, ruta, arteria.

Llanura: páramo, desierto, sabana, yermo.

Sendos: respectivos, compartidos. f— uno para cada cual.

Consecuencia: razón, motivo, objeto, finalidad.

Senectud: ancianidad, vejez, senilidad, vetustez.

Juventud: mocedad, nubilidad, adolescencia, lolería.

Senior: adulto, maduro, reflexivo, sazonado.

Junior: adolescente, mozo, muchacho.

Seno: regazo, pecho, busto, ensenada.

Columna: espinazo, espalda, dorso, posaderas.

Sensación: impresión, emoción, percepción, exaltación.

Indiferencia: apatía, frialdad, displicencia, escepticismo.

Sensacional: impresionante, increíble, extraño, sobresaliente.

Normal: común, corriente, conocido, cotidiano.

Sensatez: cordura, discreción, juicio, mesura.

Necedad: simpleza, sandez, nesciencia, bobedad.

Sensato: discreto, prudente, razonable, reflexivo.

Insensato: imprudente, bobo, necio, tonto.

Sensibilidad: delicadeza, comprensión, ternura, sentimentalidad.

Insensibilidad: indiferencia, frialdad, indolencia, impasibilidad.

Sensible: manifiesto, susceptible, impresionable, perceptible.

Insensible: adormecido, entorpecido, exánime, indiferente.

Sensual: sensitivo, deleitable, materialidad, sibarita.

Espiritual: anímico, incorrupto, desinteresado, idealista.

Sensualidad: sensualismo, materialismo, voluptuosidad, lujuria.

Castidad: continencia, pureza, virginidad, honestidad.

Sentado: establecido, fijado, determinado, precisado.

Impaciente: inquieto, preocupado, turbado, nervioso.

Sentar: acomodar, allanar, aplanar, registrar.

Sentencia: juicio, fallo, dictamen, sanción.

Sentencioso: grave, enfático, afectado, aforístico.

Sentido: significado, acepción, expresión, conocimiento.

Sentimiento: emoción, impresión, percepción, consideración.

Sentir: percibir, experimentar, padecer, deplorar.

Sentina: sumidero, cloaca, albañal, lupanar.

Señal: jalón, hito, nota, imagen.

Señalar: indicar, mostrar, apuntar, especificar.

Señero: único, indistinto, solitario, separado.

Señorío: hidalguía, distinción, dominio, gravedad.

Señuelo: carnada, cebo, cimbel, anzuelo.

Separación: clasificación, análisis, desacuerdo, desavenencia.

Separar: apartar, desglosar, clasificar, desplazar.

Septenario: semanal, hebdomedario. f— período de siete días.

Sepultar: inhumar, enterrar, soterrar, ocultar.

Sepultura: tumba, sepulcro, yacija, sarcófago.

Sequedad: sequía, aridez, baldío, yermo.

Dificultar: entorpecer, obstaculizar, impedir, fastidiar.

Exculpación: perdón, absolución, condonación, eximición.

Desdoblado: desenvuelto, extendido, desplegado, desarrollado.

Confusión: desconcierto, desorientación, complejidad, trastorno.

Alegría: contento, exultación, regocijo, satisfacción.

Alegrarse: animarse, alentarse, alborozarse, complacerse.

Pulcritud: limpieza, atildamiento, delicadeza, escrupulosidad.

Diferencia: disparidad, diversidad, defecto, tacha.

Esconder: ocultar, embozar, disfrazar, enmascarar.

Distinto: diverso, diferente, preciso, inconfundible.

Vulgaridad: insignificancia, poquedad, trivialidad, vilanía.

Apariencia: forma, figura, aspecto, traza.

Unión: vinculación, mancomunación, confluencia, asociación.

Juntar: unir, ligar, asociar, congregar.

Cotidiano: diario, periódico, jornalero, habitual.

Exhumar: desenterrar, descubrir, autopsiar, levantar.

Lozanía: verdor, frondosidad, gallardía, jovialidad.

Humedad: rocío, vapor, riego, fertilidad.

Séquito: acompañamiento, comitiva, cortejo, escolta.

Ser: ente, esencia, existir, subsistir.

Serenar: sosegar, aquietar, tranquilizar, consolar.

Serenidad: tranquilidad, quietud, sosiego, imperturbabilidad.

Serie: sucesión, encadenamiento, progresión, catálogo.

Seriedad: gravedad, circunspección, formalidad, mesura.

Serrar: cortar, aserruchar, aserrar, fraccionar.

Servicio: favor, ayuda, atención, asistencia.

Servil: bajo, rastrero, esclavo, lacayo.

Servilismo: bajeza, humillación, abyección, envilecimiento.

Servir: ofrecer, dedicar, atender, recurrir.

Sesgar: torcer, atravesar, oblicuar, equivocar.

Sesión: reunión, deliberación, asamblea, concilio.

Seso: mollera, juicio, discreción, madurez.

Seudo: falso, supuesto, falaz, ficticio.

Seudónimo: distintivo, simulativo, señalativo, sobrenombre.

Severidad: dureza, rigidez, gravedad, adustez.

Sexismo: discriminación, diferencia, especificación, separación.

Aislamiento: soledad, incomunicación, retraimiento, abandono.

Fallar: faltar, restar, morir, fenecer.

Inquietar: turbar, azorar, preocupar, conturbar.

Inquietud: impaciencia, excitación, agitación, azoramiento.

Interrupción: detención, estancamiento, cercenamiento, oclusión.

Informalidad: irresponsabilidad, dejación, descuido, irregularidad.

Unir: trabar, fundir, concordar, enlazar.

Indiferencia: desidia, negligencia, desatención, desaire.

Digno: meritorio, honorable, atento, noble.

Orgullo: altanería, arrogancia, engreimiento, vanagloria.

Perjudicar: dañar, lesionar, entropear, deteriorar.

Rectizar: horizontalizar, derechar, moralizar, rectificar.

Dispersión: disociación, disgregación, separación, discriminación.

Insensatez: necedad, imbecilidad, sandez, simpleza.

Auténtico: verdadero, verídico, veraz, legítimo.

Nombre: calificativo, apelativo, título, denominación.

Dulzura: suavidad, bondad, amabilidad, afabilidad.

Confusión: machismo, conturbación, atavismo, equivocación.

Sexo: género, sexualidad. f— diferente de macho a hembra.

Asexuado: insexo, anómalo, infecundo, ánor mal.

Sibarita: voraz, degustador, probador, saboreador.

Frugal: parco, templado, moderado, sobrio.

Sibila: adivina, pifonisa, profetisa, gitana.

Factible: posible, admisible, probable, aceptable.

Sibilino: obscuro, confuso, misterioso, indescifrable.

Claro: diáfano, cristalino, transparente, límpido.

Sicalipsis: pornografía, obscenidad, impudicia, deshonestidad.

Honestidad: rectitud, pudicia, decencia, pudorosidad.

Sicodélico: seducido, deslumbrado, ensoñado, alucinogenado.

Consciente: responsable, advertido, juicioso, escrupuloso.

Sicastenia: indecisión, vacilación, angustia, ansiedad.

Ataraxia: tranquilidad, impasibilidad, quietud, serenidad.

Sicofante: vituperador, zaheridor, impostor, detractor.

Loador: elogiador, apologista, ensalzador, glorificador.

Sicopatía: oligofrenia, sicofrenia, conturbación, anormalidad.

Normalidad: regularidad, naturalidad, salubridad, espontaneidad.

Sideración: sideralización, atmósferización, celestialización, astrorización.

Neutralización: anulación, ambientación, superación, acostumbramiento.

Siempre: ahora, constantemente, continuamente, eternamente.

Nunca: jamás, inexorablemente, infaliblemente, indefectiblemente.

Siervo: cautivo, oprimido, esclavizado, servidor.

Señor: calificado, señalado, noble, aristócrata.

Sigilo: reserva, secreto, silencio, disimulo.

Indiscreción: curiosidad, intromisión, husmeamiento, revelación.

Sigilar: silenciar, callar, ocultar, esconder.

Revelar: descubrir, detectar, mostrar, manifestar.

Signar: señalar, distinguir, marcar, rubricar.

Particularizar: ampliar, extender, desarrollar, incrementar.

Signatario: firmante, suscribiente, rubricante, infrascrito.

Hojeante: leyente, revisor, informante, observador.

Significar: denotar, figurar, expresar, contener.

Omitir: prescindir, silenciar, suprimir, descuidar.

Significación: acepción, significado, sentido, concepto.

Indefinición: incierto, indefinido, indeterminado, ambiguo.

Significativo: expresivo, elocuente, revelador, característico.

Inexpresivo: seco, vacilante, indeterminado, enigmático.

Signo: señal, huella, indicio, emblema.

Causa: motivo, origen, razón, principio.

Signofonía: estenofonía, sonemografía, signoscritura, demoscritura. f— escritura signológico-alfabética.

Dactilografía: mecanografía, teletiposcritura, estenotipia. f— taquigrafía antigua.

Siguiente: subsiguiente, sucesor, posterior, ulterior.

Anterior: precedente, previo, antecedente, anteriormente.

Silencio: pausa, calma, sigilo, mutismo.

Bulla: griterío, algazara, estridencia, vocinglería.

Silente: silencioso, tranquilo, sosegado, taciturno.

Intranquilo: alarmado, perturbado, inquieto, impaciente.

Silogismo: conclusión, deducción, resultado, consecuencia.

Premisa: proposición, enunciación, indicio, seña.

Silogizar: argüir, exponer, disputar, cuestionar.

Silenciar: olvidar, callar, ocultar, mutisar.

Silueta: contorno, croquis, perfil, trazo.

Modelo: muestra, tipo, pauta, regla.

Silvestre: selvático, campestre, salvaje, bucólico.

Cultivado: sembrado, laborado, colonizado, civilizado.

Simbiótico: asociante, mancomunante, sinergético, sinestésico.

Separatista: separante, bifurcante, desviante, dividiente.

Simbolizar: representar, encarnar, interpretar, personificar.

Parodiar: imitar, semejar, plagiar, reproducir.

Símbolo: imagen, emblema, figura, insignia.

Realidad: evidencia, certidumbre, convicción, efectividad.

Simetría: armonía, proporción, conformidad, cadencia.

Asimetría: desigualdad, irregularidad, desarmonía, desavenencia.

Similar: análogo, símil, sinónimo, homólogo.

Disímil: distinto, diferente, desigual, antagónico.

Similitud: semejanza, analogía, parecido, gemelidad.

Disparidad: desigualdad, diferencia, discrepancia, heterogeneidad.

Simpatía: afinidad, similitud, relación, avenimiento.

Antipatía: aversión, ojeriza, inquina, animadversión.

Simpático: amable, gentil, agradable, placentero.

Antipático: molesto, fastidioso, cargante, chocante.

Simpatizar: congeniar, entenderse, avenirse, comprenderse.

Desavenirse: malquistar, desacordar, dividir, discordar.

Simple: sencillo, elemental, fácil, evidente.

Complejo: enredado, difícil, intrincado, arduo.

Simpleza: bobería, tontería, necedad, zoncería.

Astucia: sagacidad, picardía, sutileza, perspicacia.

Simplificar: facilitar, ayudar, resumir, compendiar.

Complicar: obstaculizar, confundir, enmarañar, dificultar.

Simulación: fingimiento, doblez, falsedad, apariencia.

Verdad: certeza, veracidad, realidad, axioma.

Simulacro: representación, maniobra, apariencia, simulación.

Verosimilitud: creencia, credibilidad, probabilidad, aceptación.

Simular: fingir, aparentar, engañar, encubrir.

Detectar: revelar, descubrir, reconocer, admitir.

Simultaneidad: coincidencia, concurrencia, concomitancia, concordancia.

Divergencia: diferencia, anacronía, desacuerdo, disentimiento.

Simultáneo: sincrónico, coincidente, concordante, isócrono.

Anacrónico: anticuado, desusado, caduco, extemporáneo.

Sinalefa: enlace, unión, trabazón, ligamiento.

Hiato: separación, desarmonía, desunión, azeuxis.

Sinceridad: franqueza, veracidad, lealtad, rectitud.

Hipocresía: doblez, simulación, fingimiento, mojigatería.

Sincero: franco, veraz, real, formal.

Falso: insincero, hipócrita, simulador, artificial.

Sincopar: abreviar, resumir, compendiar, acortar.

Ampliar: extender, expandir, amplificar, desarrollar.

Sincrético: acumulado, condensado, concentrado, conciliado.

Esparcido: separado, desperdigado, divergente, inarmónico.

Sincretismo: conciliación, armonía, concordancia, condensación.

Divergencia: discordancia, discrepancia, desarmonía, bifurcación.

Sincronía: simultaneidad, coincidencia, concordancia, isocronismo.

Asincronía: contrariedad, oposición, disimilitud, inisocronismo.

Sincronizar: armonizar, coincidir, concordar, encajar.

Contrastar: discordar, divergir, desarmonizar, desigualar.

Sindicar: acusar, delatar, incriminar, inculpar.

Exculpar: defender, disculpar, justificar, cohonectar.

Síndrome: síntoma, pródromo, indicio, principio.

Sinecura: prebenda, ventaja, delantera, beneficio.

Sinéresis: comprensión, entendimiento, contracción, perspicacia.

Sinergia: asociación, mancomunicación, aunamiento, simbiosis.

Sinfín: sinnúmero, infinidad, pluralidad, cúmulo.

Sinfonía: armonía, concordancia, conformidad, eufonía.

Singular: extraño, inusitado, particularidad, único.

Singularidad: particularidad, propiedad, especialidad, originalidad.

Singularizar: distinguir, separar, particularizar, caracterizar.

Siniestrado: dañado, incendiado, accidentado, naufragado.

Siniestro: trágico, avieso, aciago, funesto.

Sino: destino, estrella, suerte, azar.

Sínodo: asamblea, reunión, concilio. f— junta eclesiástica y deliberativa.

Sinopsis: resumen, síntesis, suma, referencia.

Sinrazón: disgusto, pesar, molestia, contrariedad.

Síntesis: compendio, resumen, extracto, eclecticismo.

Sintetizar: compendiar, extractar, resumir, esquematizar.

Síntoma: indicio, presagio, señal, augurio.

Causa: origen, motivo, razón, circunstancia.

Perjuicio: quebranto, detrimento, daño, desmedro.

Diéresis: desunión, separación, disgregación, complejidad.

Asinergia: desarmonía, desconexión, desarticulación, discordancia.

Confín: término, linde, límite, frontera.

Inarmonía: disonancia, discordancia, destemplanza, cacofonía.

Plural: normal, común, ordinario, usual.

Normalidad: naturalidad, regularidad, sistematicidad, proverbialidad.

Generalizar: divulgar, pluralizar, publicar, televisar.

Indañado: intocado, intacto, completo, ileso.

Próvido: propicio, benévolo, dichoso, correcto.

Consecuencia: efecto, secuela, inferencia, deducción.

Sociedad: agrupación, compañía, entidad, corporación.

Desarrollo: aumento, ampliación, incremento, crecimiento.

Justicia: rectitud, probidad, ecuanimidad, corrección.

Desarrollo: aumento, progreso, auge, amplitud.

Amplificar: ampliar, extender, aumentar, acrecentar.

Causa: razón, origen, enfermedad, proceso.

Sinuosidad: concavidad, ondulación, serpenteo, deformidad.

Sinuoso: confuso, zigzagueante, ondulante, diagonal.

Sinvergüenza: desfachatado, inverecundo, bribón, descriteriado.

Síquico: inmaterial, espiritual, mental, intelectual.

Siquiera: aunque, por lo menos, con tal que, haz esto.

Sisar: hurtar, robar, escamotear, substraer.

Sistema: método, régimen, norma, técnica.

Sistemático: metódico, regular, preceptivo, consecuente.

Sistematizar: reglamentar, normalizar, metodizar, coordinar.

Sitiar: asediar, rodear, bloquear, apremiar.

Situación: condición, estado, categoría, disposición.

Situar: colocar, emplazar, estacionar, consignar.

Soberanía: poder, autoridad, imperio, independencia.

Soberbia: orgullo, altivez, altanería, arrogancia.

Soberbio: altanero, orgulloso, arrogante, irascible.

Sobornar: corromper, cohechar, inducir, malear.

Soborno: corrupción, vicio, maleamiento, cohecho.

Sobrar: quedar, restar, exceder, sobrepasar.

Derechura: lisidez, llanura, verticalidad, rectitud.

Recto: derecho, lineal, paralelo, horizontal.

Circunspecto: discreto, prudente, correcto, compuesto.

Somático: corporal, carnal, corpóreo, material.

Nunca: jamás, de ningún modo, ninguna vez, en algún tiempo.

Devolver: restituir, reintegrar, regresar, tornar.

Anarquía: confusión, caos, desorden, acracia.

Confuso: desordenado, anárquico, revuelto, embrollado.

Desconcertar: confundir, trastornar, sorprender, alterar.

Romper: quebrar, destrozar, irrumpir, desgajar.

Alteración: variación, mutación, cambio, perturbación.

Escapar: huir, evadirse, escabullirse, escurrirse.

Dependencia: sujeción, subordinación, supeditación, subyugación.

Modestia: humildad, sencillez, docilidad, moderación.

Humilde: dócil, sumiso, natural, discreto.

Moralizar: corregir, enmendar, limpiar, depurar.

Integridad: honradez, probidad, rectitud, perfección.

Faltar: fallar, escasear, necesitar, carecer.

Sobre: encima, referente, relativo, acerca de, además de.

Bajo: debajo, abajo, pequeño, menudo.

Sobrecargar: exceder, recargar, abrumar, traspasar.

Aligerar: aliviar, moderar, atenuar, apresurar.

Sobrecoger: sorprender, alarmar, asombrar, amedrentar.

Tranquilizar: serenar, moderar, atenuar, apresurar.

Sobregirar: exceder, extralimar, sobrepasar, traspasar.

Contener: reprimir, moderar, dominar, sujetar.

Sobrentendido: implícito, virtual, tácito, incluido.

Explícito: expreso, manifiesto, claro, concluyente.

Sobrellevar: aguantar, soportar, sufrir, tolerar.

Quejarse: lamentar, dolerse, protestar, padecer.

Sobrenatural: inmaterial, mágico, milagroso, metafísico.

Natural: real, propio, original, lógico.

Sobreponer: aplicar, cubrir, recubrir, adaptar.

Preparar: prevenir, arreglar, acondicionar, proyectar.

Sobresaliente: notable, destacado, excelente, descollante.

Reprobado: censurado, criticado, execrado, vituperado.

Sobresalir: resaltar, descollar, prevalecer, aventajar.

Inadvertir: omitir, descuidar, oscilar, distraer.

Sobresalto: sorpresa, temor, susto, turbación.

Confianza: tranquilidad, serenidad, esperanza, seguridad.

Sobreseer: liberar, exculpar, suspender, nulificar.

Sancionar: encarcelar, castigar, condenar, encerrar.

Sobreseído: liberado, soltado, excarcelado, exculpado.

Castigado: sancionado, condenado, multado, encarcelado.

Sobrevenir: suceder, acontecer, ocurrir, surgir.

Prever: prevenir, precaver, preconizar, sospechar.

Sobreviviente: superviviente, librado, escapado, salvado.

Excluido: eliminado, apartado, descartado, exceptuado.

Sobriedad: moderación, parsimonia, cautela, ponderación.

Incontinencia: deshonestidad, liviandad, inmoderación, desenfreno.

Sobrio: moderado, templado, mesurado, prudente.

Vicioso: corrompido, desenfrenado, disoluto, inmoral.

Socavar: minar, debilitar, carcomer, dragar.

Reforzar: vigorizar, fortalecer, robustecer, renovar.

SINÓNIMOS   ANTÓNIMOS

Sociabilidad: cortesía, civilidad, trato, comunicabilidad.

Sociable: tratable, afable, educado, comunicativo.

Social: beneficial, ciudadario, generalario, civilario.

Socializar: colectivizar, estatizar, nacionalizar, usualizar.

Sociedad: asociación, agrupación, empresa, compañía.

Socorrer: auxiliar, amparar, ayudar, proteger.

Sodomita: invertido, homosexual, anormal, maricón.

Soez: bajo, vil, zafio, patán.

Sofisma: argucia, sutileza, engaño, tergiversación.

Sofisticar: falsear, adulterar, engañar, mixtificar.

Sofístico: aparente, fingido, supuesto, artificial.

Sofocar: oprimir, asfixiar, ahogar, enervar.

Sofrenar: detener, reprimir, atajar, refrenar.

Sojuzgar: someter, avasallar, dominar, subyugar.

Solana: solanada, soleamiento. f— lugar donde el sol da de lleno.

Solapar: esconder, ocultar, velar, encubrir.

Solaz: distracción, expansión, esparcimiento, diversión.

Solazar: alegrar, divertir, distraer, expandir.

Descortesía: desatención, incivilidad, desconsideración, indiferencia.

Hosco: adusto, ceñudo, intratable, tosco.

Especial: particular, singular, peculiar, propio.

Individualizar: particularizar, personalizar, pormenorizar, especificar.

Insociedad: disolución, ruptura, anulación, divorcio.

Abandonar: desamparar, descuidar, entregar, desproteger.

Natural: moralizado, normalizado, púdico, pudoroso.

Delicado: fino, atento, correcto, amable.

Naturalidad: sencillez, simplicidad, llaneza, verosimilitud.

Autentificar: validar, certificar, formalizar, legalizar.

Real: existente, verdadero, auténtico, verídico.

Avivar: reanimar, estimular, vitalizar, resucitar.

Excitar: estimular, impulsar, incitar, provocar.

Emancipar: liberar, redimir, manumitir, rescatar.

Umbría: sombra, follaje, sombrío, opaco.

Manifestar: mostrar, exhibir, expresar, presentar.

Aburrimiento: fastidio, tedio, hastío, cansancio.

Aburrir: fastidiar, molestar, agobiar, jorobar.

Soledad: aislamiento, abandono, retraimiento, enclaustramiento.

Solemne: suntuoso, grandioso, pomposo, majestuoso.

Solemnizar: celebrar, festejar, honrar, engrandecer.

Solicitar: pedir, buscar, requerir, procurar.

Solícito: Atento, afectuoso, cuidadoso, diligente.

Solidario: junto, unido, asociado, recíproco.

Solidarizar: unirse, aherirse, compartir, concordar.

Solidez: consistencia, cohesión, firmeza, fortaleza.

Solidificar: endurecer, condensar, concentrar, comprimir.

Sólido: firme, duro, denso, macizo.

Soliloquio: monólogo, sólogo, d— conversación con uno mismo.

Solio: asiento, silla, trono, butaca.

Soliviantar: sublevar, inducir, incitar, subvertir.

Soltar: libertar, emancipar, excarcelar, desatar.

Soltura: agilidad, destreza, presteza, desenvoltura.

Solución: resultado, terminación, desenlace, decisión.

Solvencia: garantía, crédito, capital, responsabilidad.

Solventar: responder, solucionar, resolver, determinar.

Sollozar: gimotear, llorar, sentir, deplorar.

Compañía: séquito, comitiva, cortejo, sociedad.

Sencillo: natural, simple, fácil, evidente.

Minimizar: empequeñecer, achicar, comprimir, enfrascar.

Resolver: estudiar, examinar, decidir, determinar.

Desatento: descortés, desconsiderado, insolente, irrespetuoso.

Unilateral: único, solo, separado, inconexo.

Discrepar: divergir, disentir, discordar, diferir.

Debilidad: lasitud, extenuación, decaimiento, languidez.

Licuar: fluidificar, liquidar, diluir, disolver.

Fluido: corrido, derramado, claro, brotado.

Coloquio: conversación, diálogo, plática, conferencia.

Camilla: parihuela, angarilla, andas.

Disuadir: convencer, desalentar, desanimar.

Aprisionar: apresar, asir, capturar, aprehender.

Torpeza: ineptitud, inhabilidad, impericia, zafiedad.

Dificultad: tropiezo, complicación, contrariedad, entorpecimiento.

Insolvencia: deuda, débito, compromiso, adeudamiento.

Dificultar: complicar, obstaculizar, enredar, involucrar.

Reír: gozar, carcajear, sonreír, regocijarse, alegrarse.

Sombra: obscuridad, opacidad, nebulosidad, lobreguez.

Sombrío: lúgubre, tétrico, obscuro, tenebroso.

Somero: sucinto, superficial, ligero, sinóptico.

Someter: avasallar, conquistar, dominar, reducir.

Sometimiento: sumisión, acatamiento, rendición, obediencia.

Somnífero: soporífero, letargo, hipnótico, soporoso.

Somnolencia: sopor, pesadez, soñolencia, modorra.

Sonámbulo: andante, hablante. f— persona que anda y habla de noche.

Sonar: bocinar, retumbar, tronar, golpear.

Sondear: ahondar, pulsar, inquirir, explorar.

Sonoro: melodioso, canoro, sonante, rumoroso.

Sonrojar: confundir, avergonzar, abochornar, soflamar.

Sonriente: alegre, contento, risueño, placentero.

Sonsacar: averiguar, indagar, obtener, procurar.

Soñar: ensoñar, trasoñar, evocar, idealizar.

Sopesamiento: tanteamiento, reflexionamiento, pulsamiento, examinación.

Sopesar: tantear, balancear, medir, pulsar.

Soplar: bufar, insuflar, acesar, sugerir.

Soplonear: denunciar, delatar, acusar, descubrir.

Luz: claridad, luminosidad, resplandor, diafanidad.

Claro: diáfano, despejado, visible, manifiesto.

Extenso: esmerado, cuidadoso, mesurado, dilatado.

Liberar: libertar, emancipar, licenciar, soltar.

Rebeldía: indisciplina, rebelión, asonada, escalada.

Excitante: incitante, despertante, activánte, estimulante.

Vivacidad: vigilia, actividad, dinamismo, voluntad.

Diámbulo: levantante, ambulante, errante, vagabundo.

Callar: silenciar, enmudecer, olvidar, esconder.

Detenerse: estancar, atascar, frenarse, estacionarse.

Silencioso: callado, silente, áfono, mudo.

Palidecer: blanquecer, amarillentar, descolorar, debilecer.

Triste: afligido, melancólico, abatido, atribulado.

Ocultar: tapar, encubrir, esconder, silenciar.

Concretar: precisar, aclarar, determinar, expresar.

Desistimiento: cejamiento, cesación, abandonamiento, renunciamiento.

Desistir: cejar, cesar, abandonar, renunciar.

Aspirar: inspirar, ansiar, anhelar, desear.

Ocultar: reservar, callar, velar, disfrazar.

Sopor: letargo, adormecimiento, carosis, aletargamiento.

Avivamiento: despabilación, despertamiento, viveza, actividad.

Soporífero: hipnótico, soñoliento, soporoso, somnífero.

Excitante: estimulante, provocante, aguijoneante, exaltante.

Soportar: sobrellevar, aguantar, sufrir, padecer.

Reaccionar: oponer, resistir, argüir, renunciar.

Sorber: aspirar, absorber, tragar, masticar.

Expeler: arrojar, lanzar, echar, expulsar.

Sórdido: tacaño, mezquino, impuro, escandaloso.

Pródigo: generoso, liberal, desprendido, honesto.

Sordo: insonoro, callado, silencioso, inflexible.

Insordo: oyente, atento, cordial, deferente.

Sorna: burla, broma, disimulo, irrisión.

Mesura: seriedad, circunspección, moderación, ocurrencia.

Sorprendente: asombroso, imprevisto, prodigioso, impresionante.

Normal: corriente, usual, regular, común.

Sorprender: asombrar, pasmar, admirar, maravillar.

Reaccionar: resistir, oponer, encarar, enfrentar.

Sorpresa: asombro, estupor, admiración, estupefacción.

Aplomo: serenidad, quietud, reflexión, impavidez.

Sortear: rifar, burlar, evadir, esquivar.

Afrontar: arrostrar, enfrentar, encarar, apechugar.

Sortija: anillo, alianza, sello, compromiso.

Circunstancia: oportunidad, coyuntura, ocasión, motivo.

Sortilegio: adivinación, auguración, hechicería, superstición.

Realidad: efectividad, objetividad, concreción, naturalidad.

Sosegar: moderar, templar, aplacar, pacificar.

Inquietar: impacientar, intranquilizar, alterar, fastidiar.

Sosería: insulsez, pesadez, insipidez, bobería.

Interés: atención, curiosidad, afabilidad, provecho.

Soslayar: inclinar, sesgar, esquinar, sortear.

Afrontar: desafiar, oponer, resistir, enfrentar.

Sospechar: conjeturar, barruntar, presumir, maliciar.

Confiar: fiar, esperar, entregar, delegar.

Sospechoso: equívoco, desconfiado, receloso, suspicaz.

Confiado: fiado, entregado, depositado, esperado.

Sostener: soportar, sustentar, mantener, apoyar.

Ceder: renunciar, desistir, cejar, abandonar.

Sostenimiento: sostén, apoyo, mantenimiento, nutrimiento.

Abandono: desamparo, defección, deserción, dimisión.

Soterrar: sepultar, enterrar, esconder, ocultar.

Exhumar: desenterrar, descubrir, autopsiar, necropsiar.

Sovietizar: comunizar, subyugar, esclavizar, oprimir.

Democratizar: liberar, emancipar, independizar, manimitir.

Suavidad: lisura, blandura, finura, esponjosidad.

Asperidad: rudeza, brusquedad, rigidez, escabrosidad.

Suavizar: alisar, moderar, mitigar, pulimentar.

Asperizar: quebrantar, rayar, asperar, resquebrajar.

Subalterno: inferior, dependiente, subordinado, sometido.

Superior: jefe, líder, · gerente, empleador.

Subasta: encante, ofrecimiento, almoneda, licitación.

Determinación: decisión, resolución, precisión, disposición.

Subir: trepar, escalar, ascender, remontar.

Bajar: descender, apearse, rebajar, decrecer.

Súbito: imprevisto, repentino, inesperado, precipitado.

Concebido: pensado, deliberado, voluntario, previsto.

Subjetivo: personal, individual, intransferible, intangible.

Objetivo: fin, meta, razón, sustantivo.

Sublevar: amotinarse, subvertir, soliviantar, rebelarse.

Apaciguar: aquietar, sosegar, pacificar, dulcificar.

Sublimar: enaltecer, ensalzar, exaltar, engrandecer.

Despotricar: menospreciar, desestimar, empequeñecer, minimizar.

Subordinar: someter, sujetar, disciplinar, clasificar.

Independizar: eximir, libertar, manumitir, emancipar.

Subrayar: recalcar, valorar, ponderar, trascender.

Invalorar: desmerecer, empequeñecer, apocar, subestimar.

Subrepticio: disimulado, oculto, ilícito, encubierto.

Manifiesto: evidente, notorio, palpable, ostensible.

Subrogar: sustituir, remplazar, suplir, representar.

Permanecer: persistir, continuar, quedarse, mantenerse.

Subsanar: enmendar, corregir, rectificar, remediar.

Dañar: lastimar, perjudicar, deteriorar, malear.

Subsidiario: accesorio, complementario, secundario, auxiliante.

Valioso: importante, trascendente, significativo, sustancial.

Subsidio: ayuda auxilio, socorro, subvención.

Desamparo: abandono, descuido, soledad, desvalimiento.

Subsistencia: estabilidad, permanencia, conservación, mantenimiento.

Alteración: cambio, variación, mudanza, perturbación.

Subsistir: existir, vivir, durar, permanecer.

Perecer: fallecer, expirar, sucumbir, desaparecer.

Substancia: esencia, principio, valor, enjundia.

Nadería: nimiedad, vulgaridad, bagatela, friolera.

Substancial: principal, fundamental, esencial, cardinal.

Insubstancial: soso, insulso, vano, hueco.

Substituir: cambiar, remplazar, subrogar, conmutar.

Permanecer: continuar, seguir, proseguir, persistir.

Substituto: remplazante, suplente, sustituyente, sucedáneo.

Conservante: preservado, sosteniente, continuante, persistente.

Subterfugio: pretexto, excusa, evasiva, ambages.

Certeza: seguridad, convicción, evidencia, veracidad.

Subterráneo: sótano, caverna, bóveda, catacumbas.

Superficie: cubierta, sobrehaz, encima, techo.

Suburbio: afuera, barrio, arrabal, contorno.

Centro: interior, medio, núcleo, movimiento.

Subvención: ayuda, socorro, auxilio, asistencia.

Desamparo: abandono, aislamiento, desvalimiento, desatención.

Subvenir: ayudar, sostener, socorrer, proteger.

Desamparar: abandonar, dejar, aislar, desatender.

Subversión: motín, revolución, revuelta, conmoción.

Ordenamiento: mandato, decreto, disposición, organización.

Subversivo: revoltoso, sedicioso, trastornado, revolucionario.

Leal: fiel, consciente, noble, sincero.

Subvertir: resolver, trastornar, perturbar, desordenar.

Ordenar: disponer, coordinar, arreglar, preceptuar.

Subyugar: domeñar, someter, avasallar, supeditar.

Rescatar: liberar, redimir, emancipar, desligar.

Succión: libación, sorbo, chupada, gustación.

Echamiento: lanzamiento, arrojación, vomitación, expulsión.

Suceder: acaecer, acontecer, ocurrir, provenir.

Sucesión: continuación, decurso, descendencia, generación.

Sucesivo: siguiente, continuo, consecutivo, correlativo.

Suceso: acontecimiento, incidente, hecho, contingencia.

Suciedad: impureza, ascosidad, desaseo, inmundicia.

Sucinto: somero, conciso, ceñido, escueto.

Sucio: mugriento, grasiento, inmundo, asqueroso.

Suculento: sabroso, nutritivo, substancioso, exquisito.

Sucumbir: perecer, fenecer, expirar, extinguirse.

Sucursal: agencia, filial, rama, dependencia.

Sudario: mortaja, envoltorio, envoltura, cubrimiento.

Suelto: desligado, desembarazado, diestro, expedito.

Sueño: dormición, descanso, olvido, quimera.

Suerte: ventura, casualidad, estrella, sino.

Suficiencia: capacidad, aptitud, competencia, copiosidad.

Suficiente: bastante, asaz, capaz, idóneo.

Sufragar: auxiliar, ayudar, favorecer, costear.

Sufragio: ayuda, protección, voto, dictamen.

Conservar: mantener, cuidar, permanecer, ostentar.

Estirpe: linaje, alcurnia, tronco, origen.

Interrumpido: cortado, cercenado, impedido, suspendido.

Perspectiva: faceta, matiz, cariz, aspecto.

Limpieza: aseo, higiene, pulcritud, brillantez.

Vasto: amplio, grande, ancho, extenso.

Limpio: aseado, pulcro, morondo, inviolado.

Insípido: soso, desabrido, insulso, anodino.

Vivir: existir, subsistir, morar, residir.

Matriz: central, núcleo, corazón, madre.

Ataúd: féretro, cajón, sarcófago, catafalco.

Encadenado: fijado, amarrado, dificultado, entorpecido.

Realidad: verdad, vigilia, concreción, existencia.

Lógica: razón, motivo, deducción, certidumbre.

Insuficiencia: poquedad, escasez, carencia, restricción.

Insuficiente: poco, escaso, corto, incompleto.

Desamparar: abandonar, dejar, olvidar, omitir.

Abandono: desamparo, dejación, olvido, desidia.

Sufrimiento: resignación, paciencia, conformidad, tolerancia.

Sufrir: padecer, tolerar, sentir, deplorar.

Sugerir: insinuar, aconsejar, inspirar, exhortar.

Sugestión: sugerencia, insinuación, consejo, recomendación.

Sujeción: obediencia, dependencia, subordinación, contención.

Sujetar: detener, atajar, frenar, sojuzgar.

Sujeto: individuo, persona, asunto, causante.

Sulfurar: irritar, enojar, encolerizar, enfurecer.

Sumar: añadir, agregar, adicionar, juntar.

Sumario: resumen, extracto, proceso, sinopsis.

Sumergir: hundir, zambullir, inmergir, zozobrar.

Sumersión: sumergimiento, hundimiento, inmersión, zambullida.

Suministrar: proveer, entregar, abastecer, surtir.

Sumisión: acatamiento, sometimiento, rendimiento, obediencia.

Sumiso: obediente, dócil, manejable, obsecuente.

Sumo: supremo, altísimo, elevado, máximo.

Suntuosidad: esplendor, fastuosidad, ostentación, pomposidad.

Suntuoso: opulento, regio, señorial, magnífico.

Alegría: contento, satisfacción, gozo, alborozo.

Confortar: consolar, reanimar, alentar, aliviar.

Disuadir: desalentar, desanimar, decepcionar, desilusionar.

Disuasión: convicción, razonamiento, reflexión, discernimiento.

Liberación: redención, emancipación, rescate, salvación.

Libertar: desligar, desunir, soltar, desasir.

Independiente: liberto, manumiso, desligado, autónomo.

Apaciguar: calmar, tranquilizar, pacificar, sosegar.

Restar: sacar, quitar, substraer, desligar.

Extenso: ampliado, vasto, largo, espacioso.

Emerger: flotar, bracear, nadar, extraer.

Emersión: flotación, braceamiento, extracción, nadamiento.

Desproveer: quitar, despojar, privar, desposeer.

Insumisión: indocilidad, desobediencia, desacato, contravención.

Rebelde: insurrecto, sublebado, insurgente, reacio.

Inferior: bajo, mínimo, accesorio, subalterno.

Inopia: pobreza, indigencia, necesidad, pauperismo.

Miserable: mísero, avaro, tacaño, mezquino.

Supeditación: dependencia, sujeción, sumisión, subordinación.

Supeditar: someter, doblegar, avasallar, oprimir.

Superabundancia: exceso, colmo, plétora, demasía.

Superación: vencimiento, dominio, avasallamiento, victoria.

Superar: vencer, sobrepasar, soslayar, sortear.

Superávit: exceso, demasía, residuo, sobrante.

Superchería: engaño, falsedad, impostura, artificio.

Superficial: ligero, frívolo, somero, feble.

Superficie: espacio, plano, extensión, terreno.

Superfluo: inútil, innecesario, prescindible, eludible.

Superintendencia: sobreintendencia, sobredirección, superadministración, sobregcbierno.

Superior: preeminente, dominante, óptimo, excelente.

Superioridad: supremacía, preeminencia, eminencia, preponderancia.

Superlativo: máximo, superior, descollante, preeminente.

Superstición: hechicería, fetichismo, magia, cábala.

Supersticioso: agorero, fetichista, maniático, ingenuo.

Supervisar: revisar, examinar, controlar, vigilar.

Supino: tendido, horizontal, ignaro, otario.

Ascendencia: dominio, elevación, superioridad, predominio.

Liberar: emancipar, rescatar, libertar, desvincular.

Escasez: falta, penuria, poquedad, exigüidad.

Frustración: fracaso, derrota, zozobra, malogramiento.

Entorpecer: dificultar, estorbar, complicar, embarazar.

Déficit: falta, carencia, ausencia, escasez.

Verdad: certidumbre, autenticidad, evidencia, realidad.

Fundamental: esencial, principal, cardinal, primordial.

Profundidad: hondura, fondo, interioridad, depresión.

Esencial: básico, necesario, indispensable, substancial.

Portería: conserjería, ordenanza, mayordomía, guardería.

Inferior: pésimo, deficiente, peor, subalterno.

Inferioridad: medianía, minoría, dependencia, subordinación.

Mínimo: exiguo, pequeño, diminuto, ínfimo.

Creencia: fe, convicción, confianza, opinión.

Escéptico: realista, objetivista, humano, observante.

Consentir: permitir, tolerar, admitir, acceder.

Frontal: frente, anverso, prono, amistoso.

Suplantar: relevar, substituir, remplazar, suplir.

Suplementario: accesorio, adicional, secundario, subsidiario.

Suplemento: remplazo, complemento, suplición, aditamiento.

Suplicar: rogar, clamar, implorar, invocar.

Suplicio: tortura, tormento, martirio, punición.

Suplir: substituir, suplantar, revezar, remplazar.

Suponer: conjeturar, presumir, estimar, considerar.

Suposición: conjetura, hipótesis, posibilidad, presunción.

Supremacía: superioridad, hegemonía, preeminencia, desiderátum.

Supremo: soberano, superior, sumo, potente.

Supresión: eliminación, omisión, cesación, exterminio.

Suprimir: anular, abolir, abrogar, eliminar.

Supuesto: imaginario, presunto, hipotético, apócrifo.

Supuración: segregación, manación, secreción, escurrimiento.

Supurar: segregar, manar, correr, escurrir.

Surcar: cortar, henchir, andar, atravesar.

Surgimiento: brotamiento, aparecimiento, surtimiento, levantamiento.

Surgir: aparecer, aflorar, manar, germinar.

Surtido: conjunto, muestrario, existencia, mercadería.

Designar: nombrar, elegir, escoger, preferir.

Principal: esencial, fundamental, trascendental, conspicuo.

Fundamento: base, apoyo, sostén, principio.

Denegar: rehusar, rechazar, objetar, refutar.

Diversión: pasatiempo, entretención, distracción, esparcimiento.

Permanecer: quedarse, mantenerse, seguir, persistir.

Verificar: comprobar, compulsar, demostrar, evidenciar.

Comprobación: verificación, demostración, confirmación, testimonio.

Inferioridad: desventaja, insignificancia, medianía, dependencia.

Ínfimo: bajo, inferior, último, mínimo.

Incorporación: anexión, fusión, adjunción, yuxtaposición.

Mantener: sostener, conservar, patrocinar, amparar.

Implícito: real, verdadero, auténtico, verídico.

Curación: sanamiento, mejoría, remedio, recuperación.

Curar: sanar, atender, remediar, cuidar.

Llenar: henchir, colmar, ocupar, plantar.

Desaparecimiento: ocultación, esfumación, pérdida, marchitez.

Desaparecer: perderse, esconderse, ocultarse, esfumarse.

Poquedad: escasez, exigüidad, cortedad, insuficiencia.

Surtir: abastecer, proveer, suministrar, aprovisionar.

Surto: anclado, fondeado, detenido, varado.

Susceptible: capaz, dispuesto, apto, quisquilloso.

Suscitar: causar, provocar, producir, irrogar.

Suscribir: firmar, rubricar, asentir, acceder.

Suscrito: firmante, infrascrito, certificante, rubricante.

Susodicho: citado, referido, aludido, antedicho.

Suspender: detener, interrumpir, asombrar, maravillar.

Suspensión: interrupción, detenimiento, tregua, cesación.

Suspenso: asombro, atónito, admirado, absorto.

Suspicacia: recelo, desconfianza, sospecha, resquemor.

Suspicaz: malicioso, desconfiado, escéptico, irresoluto.

Suspirar: quejarse, afligirse, llorisquear, sollozar.

Sustantivo: existencia, independencia, f—expresión substancial de una cosa.

Sustentar: alimentar, nutrir, sostener, mantener.

Susto: miedo, pavor, julepe, sobresalto.

Susurrar: musitar, murmurar, mascullar, rumorear.

Sutil: tenue, fino, delgado, elegante.

Cesar: suspender, interrumpir, acabar, terminar.

Inquieto: intranquilo, impaciente, importuno, turbulento.

Tolerable: llevadero, soportable, permisible, inapto.

Eliminar: alejar, apartar, descartar, excluir.

Rectificar: modificar, reformar, corregir, acendrar.

Impugnante: objetante, refutante, denegante, contradictor.

Olvidado: omitido, descuidado, callado, abandonado.

Proseguir: continuar, insistir, prolongar, persistir.

Prosecución: continuación, continuidad, prolongación, alargamiento.

Reflexivo: atento, pensativo, caviloso, introspectivo.

Confianza: esperanza, seguridad, tranquilidad, llaneza.

Confiado: crédulo, candoroso, llano, sencillo.

Celebrar: aplaudir, encomiar, conmemorar, encarecer.

Inexistencia: irrealidad, falacia, ilusión, quimera.

Considerar: examinar, estudiar, analizar, valorar.

Entereza: ánimo, valentía, valor, energía.

Observar: atender, vigilar, contemplar, estudiar.

Basto: tosco, burdo, vulgar, rudo.

Sutileza: sutilidad, perspicacia, astucia, argucia.

Sutilizar: limar, pulir, afinar, profundizar.

Necedad: sandez, estupidez, simpleza, desatino.

Engrosar: acrecentar, aumentar, ensanchar, agrandar.

Taberna: cantina, fonda, bodega, tasca.

Tabernáculo: altar, sagrario, trono, solio.

Tabla: plancha, pliegue, catálogo, rol.

Tabú: prohibición, vedación, intocable, inabordable.

Tabular: columnar, cuadrar, calcular, marginar.

Tacaño: avaro, mezquino, cicatero, miserable.

Tácito: virtual, implícito, silencioso, presunto.

Taciturno: melancólico, cazurro, apesadumbrado, silente.

Táctica: sistema, método, procedimiento, escuela.

Tacto: tino, acierto, habilidad, juicio.

Tachar: borrar, eliminar, suprimir, difamar.

Tahúr: jugador, fullero, garitero, apostador.

Refugio: asilo, amparo, protección, cobijo.

Cenáculo: sala, reunión, círculo, centro.

Circunstancia: incidencia, particularidad, evento, coyuntura.

Permisión: permiso, autorización, consentimiento, licencia.

Diferir: diferenciar, discrepar, retardar, retrasar.

Dadivoso: generoso, bondadoso, filántropo, ofrendante.

Expreso: manifiesto, evidente, explícito, concreto.

Alegre: gozoso, jubiloso, divertido, contento.

Campaña: acción, operación, gestión, expedición.

Indiscreción: imprudencia, desatino, intromisión, precipitación.

Incorporar: agregar, adicionar, añadir, acompañar.

Honrado: correcto, estimado, considerado, enaltecido.

Taimado: ladino, tunante, marrullero, bellaco.

Tajada: fragmento, trozo, porción, rebanada.

Tajante: cortante, incisivo, categórico, lapidario.

Tajar: cortar, partir, abrir, rebanar.

Taladrar: horadar, perforar, penetrar, atravesar.

Tálamo: lecho, cama, yacija, álveo.

Talar: cortar, tajar, segar, devastar.

Talento: ingenio, capacidad, habilidad, pericia.

Talón: pulpejo, comprobante, resguardo, recibo.

Tallar: librar, esculpir, modelar, plasmar.

Taller: obradero, plantel, tienda, escuela.

Tallo: retoño, vástago, renuevo, pimpollo.

Tamaño: dimensión, espacio, magnitud, medida.

Tambalear: oscilar, bambolear, moverse, inclinarse.

También: además, asimismo, otrosí, siempre.

Tamiz: cedazo, criba, harnero, cernidor.

Tanda: vuelta, serie, cantidad, alternativa.

Tangente: tocante, rayano, lindante, eludible.

Tangible: palpable, tocable, visible, evidente.

Tantear: pulsar, probar, explorar, ensayar.

Bobo: tonto, pánfilo, leso, imbécil, alcornoque.

Todo: entero, íntegro, bloque, completo.

Difuso: amplio, extenso, dilatado, latoso.

Unir: juntar, reunir, englobar, fundir.

Cerrar: obstruir, taponar, obturar, juntar.

Alcoba: dormitorio, aposento, estancia, recámara.

Crecer: desarrollar, aumentar, incrementar, progresar.

Torpeza: inercia, simplicidad, tontería, estulticia.

Motivo: razón, causa, móvil, objeto.

Forjar: concebir, crear, urdir, formar.

Morada: habitación, vivienda, hogar, motel.

Savia: jugo, esencia, fuerza, sangre.

Tenuidad: debilidad, fragilidad, delgadez, levedad.

Afianzar: inmovilizarse, estabilizarse, inflexibilizar, densificar.

Nunca: jamás, tampoco, ninguno, imposible.

Amalgama: mezcolanza, combinación, atadura, ligadura.

Razón: motivo, móvil, causa, fundamento.

Lejano: distante, apartado, alejado, extremo.

Intangible: imperceptible, etéreo, invisible, imaginario.

Lograr: alcanzar, obtener, llegar, concretar.

Tanto: punto, unidad, ficha, baza.

Tañer: pulsar, tocar, palpar, llamar.

Tapar: cubrir, taponar, abrigar, arropar.

Tapete: sobremesa, mantelillo, cubierta, armadillo.

Tapón: tapador, taco, corcho, burlete.

Tapujo: disfraz, embozo, disimulo, pretexto.

Taquigrafía: estenografía, quirografía, velocigrafía, criptografía.

Taquilla: ventanilla, boletería, billetería, casillero.

Tara: peso, embalaje, envase, mercadería.

Tardanza: demora, detención, dilación, lentitud.

Tardar: durar, diferir, rezagar, retener.

Tardío: retraso, pausado, retardo, moroso.

Tardo: lento, pausado, pesado, calmoso.

Tarea: faena, labor, trabajo, lección.

Tarifa: tasa, arancel, derecho, cuota.

Tarima: estrado, entablado, plataforma, estribo.

Tarjeta: cédula, papeleta, etiqueta, ficha.

Tartamudear: tartajear, cecear, susurrar, farfullar.

Tarugo: cuña, clavija, coda, zoquete.

Tasar: valorar, valuar, calcular, estimar.

Poco: corto, escaso, limitado, apenas.

Recitar: decir, declamar, contar, referir.

Destapar: abrir, descubrir, exponer, señalar.

Tabla: tablilla, tablero, temario, rol.

Agujero: orificio, ojo, boca, hoyo.

Pesquisa: indagación, averiguación, investigación, encuesta.

Estenotipia: dactilografía, mimeografía, magnetofonía, xerografía.

Control: vigilancia, cuidado, inspección, contabilidad.

Cualidad: don, maestría, disposición, capacidad.

Premura: prisa, prontitud, urgencia, instancia.

Anticipar: adelantar, avanzar, aventajar, madrugar.

Precoz: maduro, desarrollado, anticipado, prematuro.

Rápido: ligero, veloz, ágil, presto.

Ocio: descanso, reposo, inacción, holganza.

Prerrogativa: privilegio, dispensa, exención, ventaja.

Cátedra: aula, clase, paraninfo, tribuna.

Credencial: título, acreditativo, justificativo, nombre.

Gritar: vociferar, bramar, vocear, llamar.

Hoyo: hueco, vacío, vacuo, hondura.

Invalorar: desestimar, devaluar, desechar, subestimar.

Taumaturgia: sobrenaturalidad, prodigiosidad, milagro, prodigio.

Taxativo: concreto, expreso, limitado, especificado.

Taxonomía: clasificación, ordenamiento, encasillamiento, disposición.

Teatro: coliseo, escena, tablas, candilejas.

Técnica: sistema, procedimiento, norma, pericia.

Tecnología: conjunto de técnicas; acervo de conocimientos propios de cada procedimiento u oficio.

Tedio: desgano, esplín, hastío, aburrimiento.

Tedioso: aburrido, fastidiado, enfadado, pesado.

Tejemaneje: habilidad, destreza, diligencia, actividad.

Tejer: ordenar, componer, entrelazar, cruzar.

Tela: tejido, género, lienzo, casimir.

Telaraña: futilidad, fruslería, friolera, bagatela.

Telegrama: radiograma, cablegrama, mensaje, telefonema.

Teleología: causa, motivo, objeto, principio.

Telepatía: trasmisión, comunicación, participacion, telestesia.

Televisivo: trasmisible, televisable. f— lo que puede ser televisuado.

Televisual: televisuante, televisional. f— perteneciente a la televisión.

Tema: materia, asunto, contenido, plan.

Necedad: sandez, estupidez, inepcia, disparate.

Tácito: implícito, comprendido, presunto, teórico.

Revocación: anulación, abrogación, retracción, disuasión.

Morada: habitación, casa, hogar, domicilio.

Torpeza: ineptitud, inhabilidad, zafiedad, inexperiencia.

Incipiencia: principio, comienzo, nasciencia, novatoria.

Esparcimiento: distracción, diversión, recreación, pasatiempo.

Distraído: divertido, recreado, descuidado, atolondrado.

Tranquilidad: sosiego, descanso, tregua, pausa.

Destejer: desordenar, trastornar, desarreglar, desbaratar.

Tabla: plancha, tablilla, bandal, contenido.

Importancia: significación, trascendencia, categoría, consideración.

Crucigrama: estenograma, sonemograma, criptograma, jeroglífico.

Efecto: resultado, consecuencia, implicancia, secuela.

Discordancia: inconexión, desconexión, desarmonía, incoherencia.

Intelevisivo: intrasmisible, intelevisuable. f— lo que no puede ser televisado.

Radial: radiodifusional, radioemisional. f— relativo a la radiodifusión.

Olvido: descuido, omisión, desmemoria, amnesia, inadvertencia.

Temblor: sacudida, remezón, sismo, vibración.

Temer: dudar, recelar, sospechar, inquietarse.

Temeridad: arrojo, osadía, decisión, irreflexión.

Temible: espantoso, terrible, horrendo, aterrador.

Temor: espanto, pavor, pánico, timidez.

Temperamental: impulsivo, descontrolado, impelente, extravagante.

Temperamento: carácter, naturaleza, índole, constitución.

Temperante: templado, moderado, calmado, abstemio.

Temperar: atemperar, calmar, templar, apaciguar.

Tempestad: tormenta, temporal, torbellino, borrasca.

Tempestivo: oportuno, conveniente, provechoso, congruente.

Templanza: moderación, sobridad, prudencia, continencia.

Temple: condición, carácter, idiosincrasia, naturaleza.

Temporal: tempestad, tormenta, torbellino, vendaval.

Temporalizar: precarizar, transitoriar, brevizar, efimerizar.

Temprano: anticipado, prematuro, adelantado, precoz.

Tenacidad: obstinación, pertinencia, constancia, porfía.

Tendencia: proporción, inclinación, disposición, vocación.

Quietud: pasividad, inmovilidad, serenidad, inalterabilidad.

Osar: atreverse, arriesgarse, emprender, incursionar.

Reflexividad: deliberación, mesura, circunspección, morigeración.

Apacible: sereno, calmado, bueno, pacífico.

Valentía: valor, gesta, hazaña, intrepidez.

Controlado: juicioso, sereno, reflexivo, consciente.

Personalidad: individualidad, singularidad, peculiaridad, modalidad.

Cálido: caliente, caldeado, caluroso, expresivo.

Soliviantar: inducir, impulsar, llevar, alborotar.

Bonanza: tranquilidad, quietud, calma, inalterabilidad.

Extemporáneo: intempestivo, inoportuno, incongruente, improcedente.

Intemperancia: inmoderación, exceso, abuso, exageración.

Debilidad: decaimiento, lasitud, languidez, desnutrición.

Permanente: estable, firme, continuo, persistente.

Eternizar: perpetuar, inmortalizar, glorificar, perdurabiliizar.

Tardío: atrasado, rezagado, fallado, demorado.

Inconstancia: volubilidad, ligereza, versatilidad, mutabilidad.

Aversión: repudio, repulsión, fobia, antipatía.

Tendencioso: propenso, aficionado, partidario, simpatizante.

Tender: dilatar, estirar, espandir, propender.

Tendiente: inclinado, propenso, colgante, dilatado.

Tenebroso: obscuro, sombrío, tétrico, misterioso.

Tenencia: posesión, adquisición, impulsión, jefatura.

Tener: poseer, adquirir, detener, coger.

Teniente: poseedor, adquiridor, maduro. Oficial, grado militar.

Tenor: cantante, soprano, texto, contenido.

Tensión: rigidez, tirantez, contracción, crispación.

Tentación: atracción, seducción, fascinación, estímulo.

Tentar: probar, ensayar, palpar, emprender.

Tentativa: prueba, experimento, conato, ensayo.

Tentempié: bocadillo, refrigerio, coctel, refresco.

Tenue: sutil, delicado, frágil, grácil.

Tenuidad: sutileza, delicadeza, fragilidad, escualidez.

Teñir: almagrar, entintar, colorear, alheñar.

Teofonía: aparición, epifonía, percepción, visión.

Teoría: hipótesis, suposición, especulación, medición.

Terapéutica: tratamiento, medicina, método, control.

Adverso: opuesto, contrario, enemigo, adversario.

Encoger: contraer, plagar, retraer, estrechar.

Plegante: encogente, contrayente, recogido, estrechado.

Diáfano: claro, cristalino, transparente, nítido.

Carencia: falta, privación, inexistencia, ausencia.

Carecer: faltar, privar, restar, precisar.

Indigente: desvalido, necesitado, menesteroso, paupérrimo.

Monótono: uniforme, igual, pesado, molesto.

Relajación: afloramiento, distorsión, laxitud, atenuación.

Repulsión: repudio, repulsa, disgusto, distanciamiento.

Desistir: cejar, abandonar, cesar, renunciar.

Hallazgo: encuentro, descubrimiento, detección, novedad.

Almuerzo: comida, alimento, banquete, comilona.

Denso: espeso, macizo, poblado, duro.

Densidad: consistencia, macicez, condensación, compacticidad.

Desteñir: despintar, descolorar, desblanquecer, destintar.

Realidad: concreción, veracidad, materialidad, efectividad.

Práctica: método, sistema, experiencia, empirismo.

Desidia: incuria, dejadez, pigricia, negligencia.

Terciar: intervenir, participar, mediar, interferir.

Terco: tenaz, testarudo, tozudo, pertinaz.

Tergiversación: sutileza, deformación, elusión, trastocamiento.

Tergiversar: falsear, mixtificar, desfigurar, deformar.

Terminación: conclusión, finalización, consumación, cristalización.

Terminante: concluyente, categórico, tajante, obligatorio.

Terminar: concluir, finalizar, acabar, suspender.

Término: fin, objeto, meta, vocablo.

Ternura: afecto, delicadeza, amor, sensibilidad.

Terquedad: porfía, tozudez, pertinencia, obstinación.

Terrateniente: latifundista, hacendado, estanciero, prediario.

Terraza: azotea, glorieta, galería, veranda.

Terrible: espantoso, terrorífico, pavoroso, aterrador.

Terror: miedo, pavor, temor, pánico.

Terrorismo: confusión, convulsión, amedrentamiento, extremismo.

Terrorista: amotinador, revolucionario, activista, extremista.

Terso: limpio, bruñido, brillante, resplandeciente.

Tertulia: reunión, peña, charla, conversación.

Apartarse: abstenerse, privarse, alejarse, desligarse.

Corregible: arrepentido, disuasivo, enmendable, modificable.

Verdad: realidad, evidencia, certeza, autenticidad.

Esclarecer: dilucidar, aclarar, descubrir, descifrar.

Iniciación: principio, comienzo, apertura, instalación.

Indeciso: vacilante, cambiante, incierto, trepidante.

Comenzar: empezar, iniciar, principiar, auspiciar.

Origen: causa, fuente, génesis, raíz.

Animosidad: rencor, odio, encono, aversión.

Comprensión: tolerancia, transigencia, convivencia, indulgencia.

Miniteniente: minifundista, sitioísta, huertista, patioísta.

Techo: cielo, techumbre, cubierta, tejado.

Atrayente: ameno, delicioso, encantador, placentero.

Atracción: seducción, fascinación, embelesamiento, júbilo.

Repelimiento: rechazo, repudio, aversión, repugnancia.

Pacifista: tranquilo, respetuoso, benigno, conciliador.

Empañado: pálido, descolorido, desteñido, grisado.

Soledad: aislamiento, abandono, tristeza, melancolía.

Tesis: conclusión, deducción, exposición, proposición.

Antítesis: oposición, antinomia, paradoja, contradicción.

Tesón: constancia, empeño, firmeza, asiduidad.

Abulia: apatía, dejadez, desidia, indiferencia.

Tesoro: reserva, erario, fisco, santuario.

Imprevisión: inadvertencia, descuido, impremeditación, desacierto.

Testar: testamentar, disponer, otorgar, legar.

Regalar: donar, obsequiar, festejar, deleitar.

Testarudez: tozudez, terquedad, obcecación, obsesión.

Condescendencia: benevolencia, indulgencia, blandura, complacencia.

Testimoniar: testificar, atestiguar, aseverar, demostrar.

Impugnar: refutar, rebatir, contradecir, controvertir.

Tétrico: lúgubre, sombrío, funesto, lóbrego.

Animado: alentado, conformado, movido, divertido.

Texto: cuerpo, contenido, pasaje, párrafo.

Parte: trozo, fragmento, pedazo, porción.

Tiberio: confusión, alboroto, griterío, desorden.

Orden: concierto, método, disposición, armonía.

Tibieza: templanza, suavidad, benignidad, blandicia.

Indiferencia: apatía, desapego, frialdad, displicencia.

Tiempo: era, edad, época, periodo.

Circunstancia: causa, hecho, evento, condición.

Tierno: cariñoso, delicado, suave, nuevo.

Hosco: rígido, rústico, aborrecible, detestable.

Tierra: orbe, mundo, suelo, superficie.

Espacio: aire, viento, nube, firmamento.

Tildar: tachar, censurar, criticar, culpar.

Honrar: reverenciar, distinguir, favorecer, proteger.

Timar: estafar, robar, desfalcar, escamotear.

Regalar: obsequiar, donar, ofrendar, dedicar.

Timbre: señal, marca, sello, blasón.

Razón: motivo, causa, móvil, sistema.

Timidez: cortedad, turbación, apocamiento, encogimiento.

Osadía: valentía, arrojo, audacia, temeridad.

Timón: mando, dirección, gobierno, voluntad.

Motivo: causa, fundamento, objetivo, razón.

Timorato: tímido, temeroso, pávido, acomplejado.

Resuelto: decidido, resoluto, osado, denodado.

Tino: acierto, destreza, juicio, cautela.

Típico: peculiar, característico, propio, significativo.

Tipificar: normalizar, plasmar, representar, caracterizar.

Tiranía: abuso, arbitrariedad, opresión, iniquidad.

Tirante: tenso, tieso, estirado, rígido.

Tirantez: tensión, rigidez, enemistad, hostilidad.

Tirar: lanzar, echar, arrojar, botar.

Tiritar: temblar, dentellar, castañear, trepidar.

Tirocinio: aprendizaje, enseñanza, pasantía, instrucción.

Tirria: ojeriza, odio, aversión, aborrecimiento.

Titánico: grandioso, coloso, descomunal, prodigioso.

Titubear: vacilar, dudar, fluctuar, sospechar.

Titular: señalar, rotular, f— estar en propiedad.

Título: nombre, denominación, rótulo, acreditativo.

Tiznar: manchar, ensuciar, almagrar, mancillar.

Tocador: lavabo, neceser, toilette, aseófico.

Tocar: palpar, rozar, pulsar, tañer.

Todo: completo, íntegro, entero, absoluto.

Toldería: campamento, acantonamiento, vivaque, atropamiento.

Desacierto: desatino, imprudencia, intromisión, impertinencia.

Extraño: ajeno, impropio, raro, insólito.

Desordenar: desconcertar, confundir, transtornar.

Libertad: autonomía, independencia, liberación, prerrogativa.

Relajante: suavizado, ablandado, debilitado, atenuado.

Relajación: atenuación, alivio, distorsión, aflojamiento.

Recoger: juntar, aunar, acumular, acopiar.

Aquietar: tranquilizar, aplacar, serenar, inmutabilizar.

Ocultación: tapamiento, velación, cubrimiento, furtividad.

Simpatía: querencia, amistad, atractivo, gracia.

Pequeño: chico, enano, menudo, pigmeo.

Resolver: decidir, determinar, definir, disponer.

Innominar: desechar, desestimar, remplazar, sustituir.

Circunstancia: razón, motivo, causa, asunto.

Limpiar: lavar, asear, bañar, enjuagar.

Excusado: deyectivo, excrementario, depositivo, excretario.

Guardar: cuidar, vigilar, velar, custodiar.

Nada: cero, esfumo, inmateria, inexistencia.

Ciudadela: fortaleza, alcázar, castillo, resistencia.

Tolerancia: anuencia, indulgencia, aguante, comprensión.

Tolerante: condescendiente, complaciente, indulgente, paciente.

Tolerar: soportar, aguantar, resistir, conllevar.

Tolondro: aturdido, alocado, desatinado, irreflexivo.

Tomar: recibir, aceptar, ocupar, conquistar.

Tonalidad: matiz, gema, tono, modo.

Tonificar: vigorizar, fortalecer, alentar, remozar.

Tongo: trampa, maula, enjuague, engaño.

Tono: inflexión, matiz, manera, carácter.

Tópico: asunto, materia, tema, expresión.

Topología: razonamiento, consideración, estudio, reflexión.

Torcer: arquear, encorvar, doblar, tergiversar.

Tormenta: tempestad, vendaval, tornado, torbellino.

Tormento: suplicio, martirio, tortura, sufrimiento.

Tornadizo: cambiante, voluble, veleidoso, versátil.

Tornar: volver, regresar, retornar, restituir.

Torneo: justa, liza, combate, lucha.

Torpe: inhábil, inútil, incapaz, deficiente.

Inconsideración: irreverencia, intolerancia, rebelión, inclimencia.

Intolerante: severo, arisco, hosco, cruel.

Rebelarse: oponerse, encarar, enfrentar, sublevar.

Reflexivo: pensativo, madurado, aplomado, concienzudo.

Entregar: dar, ceder, devolver, complacer.

Imprecisión: indefinición, indistinción, indecisión, vaguedad.

Debilitar: desanimar, desalentar, fatigar, extenuar.

Autenticidad: verdad, efectividad, veracidad, vericidad.

Singularidad: acentuación, propiedad, distinción, originalidad.

Particularidad: propiedad, singularidad, extrañeza, excentricidad.

Consecuencia: deducción, inferencia, conclusión, secuela.

Enderezar: rectificar, destorcer, estirar, esclarecer.

Calma: reposo, sosiego, serenidad, pasivilidad.

Gozo: dicha, alegría, júbilo, felicidad.

Constante: firme, inalterable, incambiable, persistente.

Marcharse: irse, alejarse, distanciarse, olvidarse.

Concordia: armonía, conformidad, amistad, avenencia.

Hábil: listo, astuto, ocurrente, sagaz.

Torpeza: impericia, inhabilidad, ineptitud, rusticidad.

Habilidad: sagacidad, aptitud, ingenio, baquía.

Torre: atalaya, torreón, alminar.

Cerro: colina, montículo, alcor, monte.

Torrente: cascada, arroyo, chorro, multitud.

Poquedad: escasez, cortedad, insignificancia penuria.

Tórrido: ardiente, quemante, abrasador, tropical.

Helado: gélido, glacial, frío, congelado

Tortuoso: sinuoso, torcido, serpenteado, artificioso.

Recto: justo, íntegro, derecho, normal.

Torturar: atormentar, martirizar, sacrificar, angustiar.

Complacer: agradar, satisfacer, alegrar, regocijar.

Torvo: fiero, hosco, avieso, aterrador.

Benévolo: amable, indulgente, clemente, magnánimo.

Tosco: rudo, basto, inculto, grosero.

Culto: educado, instruido, refinado, erudito.

Tósigo: ponzoña, veneno, toxina, congoja.

Antídoto: contraveneno, antitóxico, neutralizante, aliviante.

Total: completo, entero, conjunto, integral.

Parcial: fragmento, truncado, fraccionario, secuaz.

Totalitario: dictatario, absoluto, hegemónico, poderativo.

Libertario: ácrata, anarquista, desenfrenatorio, orgiario.

Totalizar: sumar, completar, integrar, concretar.

Deducir: inferir, colegir, desprender, descontar.

Toxicomanía: vicio consistente en el uso del éter, morfina, cocaína y opio.

Virtuosidad: integridad, temperancia, salubridad, honestidad.

Tozudo: porfiado, pertinaz, obstinado, contumaz.

Dócil: condescendiente, fácil, apacible, sumiso.

Trabajar: laborar, ejecutar, obrar, elaborar.

Gandulear: holgar, descansar, reposar, poltronear.

Trabajador: activo, laborioso, diligente, aplicado.

Perezoso: dejado, abúlico, desidioso, pigricio.

Trabar: enlazar, juntar, unir, coordinar.

Soltar: desunir, destrabar, desligar, desprender.

Trabazón: unión, enlace, atadura, mancomunión.

Desunión: separación, disgregación, divergencia, discrepancia.

Trabucar: alterar, desbaratar, enredar, confundir.

Tracción: arrastre, tiramiento, remolque, transporte.

Tractivo: arrastrante, trasportante, conducente, remolcante.

Tradición: usanza, costumbre, hábito, rutina.

Traducir: interpretar, trasladar, verter, convertir.

Traer: trasladar, conducir, transportar, acercar.

Traficar: comerciar, negociar, especular, contratar.

Tráfico: tránsito, ajetreo, inquietud, negocio.

Tragar: deglutir, ingerir, devorar, zampar.

Tragedia: desastre, catástrofe, hecatombe, drama.

Trágico: funesto, infausto, deplorable, adverso.

Traición: felonía, infidelidad, perfidia, alevosía.

Traicionar: engañar, felonizar, abandonar, desertar.

Trajinar: moverse, agitarse, cruzar, atravesar.

Tramar: fraguar, maquinar, urdir, complotar.

Tramitar: gestionar, diligenciar, despachar, expedir.

Trámite: diligencia, tramitación, papeleo, burocracia.

Tramo: trecho, proyecto, recorrido, distancia.

Ordenar: componer, arreglar, preparar, regularizar.

Frenamiento: sujeción, detención, estancamiento, sofrenamiento.

Inactivo: estable, detenido, paralizado, estático.

Novedad: primicia, creación, innovación, esnobismo.

Marrar: errar, faltar, desacertar, equivocar.

Eludir: evitar, obviar, rehusar, soslayar.

Adquirir: obtener, lograr, conseguir, cancelar.

Sosiego: reposo, calma, silencio, serenidad.

Ayunar: privarse, abstenerse, desnutrirse, inhibirse.

Contingencia: eventualidad, casualidad, salvación, excepción.

Fausto: feliz, venturoso, dichoso, afortunado.

Lealtad: fidelidad, rectitud, nobleza, devoción.

Fidelizar: lealizar, noblizar, invulnerabilizar, respetar.

Detenerse: parar, descansar, estancar, suspender.

Moralizar: aleccionar, predicar, reformar, educar.

Resolver: examinar, decidir, determinar, entorpecer.

Dificultad: obstáculo, impedimento, obstrucción, complicación.

Conjunto: unidad, contigüidad, combinación, integridad.

Tramoya: artilugio, farsa, enlabio, trabazón.

Trampa: ardid, engaño, artificio, timación.

Tramposo: embustero, estafador, engatusador, maulero.

Trance: suceso, aprieto, ocurrencia, duelo.

Transacción: avenencia, acuerdo, negociación, estipulación.

Transar: ceder, convenir, pactar, negociar.

Tranquilidad: serenidad, sosiego, apacibilidad, ataraxia.

Tranquilizar: serenar, aquietar, apaciguar, reprimir.

Transcribir: trasladar, trasuntar, insertar, reproducir.

Transcripción: versión, trasladación, traducción, trasunto.

Transcurrir: suceder, pasar, ocurrir, acontecer.

Transeúnte: caminante, paseante, viadante, ambulante.

Transferencia: traspaso, cesión, trasmisión, entrega.

Transferir: traspasar, trasmitir, trasladar, diferir.

Transfigurar: transformar, mudar, cambiar, metamorfosear.

Transformación: cambio, mudanza, mutación, alteración.

Transformar: cambiar, alterar, trasmutar, modificar.

Transgredir: vulnerar, quebrantar, infringir, profanar.

Invención: creación, hallazgo, concepción, ideación.

Integridad: rectitud, derechura, justicia, imparcialidad.

Honesto: honrado, correcto, justo, pudoroso.

Concurrencia: coincidencia, concomitancia, convergencia.

Deliberación: planteamiento, reflexión, discusión, controversia.

Discutir: debatir, controvertir, altercar, disputar.

Intranquilidad: inquietud, impaciencia, agitación, nerviosidad.

Conturbar: azorar, preocupar, alterar, alarmar.

Relatar: referir, contar, narrar, relacionar.

Relato: narración, referencia, mención, citación.

Conservar: guardar, retener, mantener, preservar.

Turista: visitante, excursionista, veraneante, peregrino.

Apropiación: retención, apoderación, adueñamiento, confiscación.

Adelantar: avanzar, preceder, anticipar, aventajar.

Permanecer: continuar, seguir, persistir, quedarse.

Inalterabilidad: invariabilidad, permanencia, impasibilidad, estabilidad.

Mantener: repetir, persistir, conservar, permanecer.

Cumplir: realizar, efectuar, ejecutar, acatar.

Transgresión: violación, contravención, infracción, culpabilidad.

Sanción: castigo, pena, punición, enjuiciamiento.

Transición: mutación, cambio, metamorfosis, evolución.

Inmutabilidad: permanencia, inmovilidad, estabilidad, durabilidad.

Transigir: avenirse, entenderse, condescender, contemporizar.

Resistir: sostener, contrarrestar, afrontar, forcejear.

Transitar: caminar, andar, circular, deambular.

Estacionar: parar, detenerse, colocar, situar.

Transitorio: pasajero, momentáneo, efímero, temporal.

Permanente: fijo, continuo, inamovible, imperecedero.

Transparencia: diafanidad, claridad, luminosidad, refulgencia.

Opacidad: obscuridad, nebulosidad, lobreguez, obscurecimiento.

Transparente: claro, limpio, cristalino, trasluciente.

Obscuro: opaco, sombrío, fosco, umbroso.

Transpiración: sudor, trasudor, diaforesis, trabajo.

Preocupación: inquietud, intranquilidad, tribulación, ansiedad.

Transpirar: sudar, exhalar, rezumar, trasudar.

Padecer: sufrir, enfermar, soportar, dañar.

Transponer: atravesar, cruzar, traspasar, franquear.

Detenerse: pararse, contenerse, retenerse, inmovilizarse.

Transportar: conducir, trasladar, acarrear, llevar.

Inmovilizar: paralizar, estancar, detener, embotar.

Transporte: conducción, traslado, arrastre, transportación.

Indiferencia: apatía, dejadez, negligencia, frialdad.

Transposición: trocamiento, alteración, permutación, metátesis.

Inmutabilidad: permanencia, estabilidad, constancia, fijeza.

Trascendencia: importancia, repercusión, resonancia, impacto.

Futilidad: bagatela, insignificancia, pequeñez, frivolidad.

Trascendental: culminante, trascendente, mirífico, sobresaliente.

Insignificante: fútil, baladí, trivial, nimio.

Trascender: penetrar, extenderse, difundirse, comunicarse.

Moderar: templar, mitigar, atenuar, contener.

Trasladar: llevar, conducir, transportar, trasmutar.

Permanecer: mantener, persistir, continuar, estabilizar.

Traslucir: verse, transparentar, divisar, reflejar.

Obscurecer: ensombrecer, palidecer, atardecer, anochecer.

Trasmisión: comunicación, difusión, divulgación, televisión.

Silenciamiento: enmudecimiento, sigilo, ocultamiento, callamiento.

Trasmitir: comunicar, participar, difundir, divulgar.

Retener: mantener, guardar, silenciar, enmudecer.

Trasmutación: cambio, evolución, metamorfosis, mudanza.

Estabilidad: inalterabilidad, permanencia, fijeza, quietud.

Traspasar: transferir, endosar, trasmitir, ceder.

Retener: conservar, guardar, preservar, custodiar.

Traspié: resbalón, tropiezo, tropezón, caída.

Cuidado: precaución, cautela, prudencia, vigilancia.

Trasplantar: replantar, trasladar, llevar, convertir.

Asegurar: fijar, afianzar, garantir, inmovilizar.

Trastabillar: tambalear, tropezar, vacilar, tartalear.

Estabilizar: afirmar, asegurar, afianzar, consolidar.

Trasto: utensilio, trebejo, cosa, muebles pequeños.

Bagatela: futesa, nimiedad, minucia, friolera.

Trastocar: revolver, enmarañar, trastornar, desordenar.

Ordenar: arreglar, preparar, clasificar, decretar.

Trastornar: perturbar, enredar, confundir, enloquecer.

Coordinar: ordenar, juntar, preceptuar, cohesionar.

Trastorno: desorden, desarreglo, confusión, embrollo.

Orden: concierto, disposición, armonía, equilibrio.

Trasuntar: trasladar, copiar, registrar, transcribir.

Conservar: mantener, retener, preservar, observar.

Trasunto: copia, remedo, imitación, traslado.

Original: singular, único, propio, peculiar.

Tratable: amable, sociable, cortés, deferente.

Hosco: intratable, adusto, ceñudo, inmutable.

Tratamiento: procedimiento, forma, sistema, método.

Razón: motivo, móvil, objetivo, circunstancia.

Tratar: usar, manejar, atender, gestionar.

Desatender: descuidar, abandonar, olvidar, desestimar.

Tratativa: acuerdo, móviles, pactación, decisión.

Incongruencia: desarmonía, inconexión, desacuerdo, inconveniencia.

Trauma: herida, lesión. f— choque emocional e impresivo.

Ilesión: indemnia, incolumia, zafomiento, salvamiento.

Traumatizar: contundir, golpear. f— producir lesiones cerebrales.

Proteger: preservar, salvaguardar, prevenir, resguardar.

Travesía: recorrido, trayecto, viaje, excursión.

Descanso: reposo, quietud, respiro, tregua.

Travieso: astuto, listo, agudo, sagaz.

Sosegado: quieto, calmado, reposado, tranquilo.

Trayecto: recorrido, dirección, distancia, itinerario.

Detención: estacionamiento, permanencia, aposento, asentamiento.

Trazar: marcar, delinear, dibujar, proyectar.

Borrar: tachar, rayar, anular, esfumar.

Trebejos: enseres, útiles, bártulos, utensilios.

Valores: beneficios, provecho, comodidad, trascendencia.

Trecho: espacio, distancia, recorrido, trayecto.

Extremo: término, fin, extremidad, límite.

Tregua: pausa, cesación, descanso, interrupción.

Movimiento: actividad, diligencia, prontitud, dinamismo.

Tremebundo: terrible, tremendo, terrorífico, trémulo.

Atractivo: encanto, seducción, fascinación, atrayente.

Tremendo: enorme, colosal, gigantesco, grandioso.

Pequeño: menudo, ínfimo, mínimo, exiguo.

Tremolar: ondear, flamear, enarbolar, izar.

Arriar: bajar, descender, aflojar, soltar.

Trémulo: tembloroso, convulso, vibratorio, nervioso.

Inmutable: tranquilo, sereno, quieto, controlado.

Trenzar: entrelazar, entretejer, cruzar, entremezclar.

Destrenzar: desprender, soltar, liberar, destrabar.

Trepanar: perforar, horadar, taladrar, agujerear.

Obsturar: cerrar, tapar, obstruir, clausurar.

Trepar: subir, elevar, encaminar, escalar.

Bajar: descender, decrecer, menguar, desgradar.

Trepidar: temblar, vibrar, estremecer, palpitar.

Calmar: aquietar, sosegar, serenar, tranquilizar.

Treta: trampa, ardid, fraude, artificio.

Corrección: enmienda, arreglo, rectificación, modificación.

Tribulación: congoja, amargura, sufrimiento, aflicción.

Alegría: regocijo, gozo, alborozo, fruición.

Tribunal: juzgado, justicia, fiscalía, magistratura.

Tributario: dependiente, subordinado, vasallo, feudatario.

Tributo: impuesto, gravamen, contribución, gabela.

Trifurca: pendencia, pelea, alboroto, discusión.

Trillar: palear, apalear, traspalear, pisotear.

Trinar: gorjear, cantar, gorgoritar, murmurar.

Trincar: atar, ligar, trabar, sujetar.

Trinchar: cortar, dividir, separar, rebanar.

Trinchera: zanja, parapeto, fosa, excavación.

Tripulación: dotación, personal, equipo, conjunto.

Tripular: equipar, dotar, conducir, pilotear.

Triste: afligido, tribulado, amargado, cabizbajo.

Tristeza: aflicción, tribulación, pesadumbre, abatimiento.

Triturar: moler, machacar, desmenuzar, fraccionar.

Triunfar: ganar, vencer, derrotar, dominar.

Trivial: vulgar, baladí, ordinario, trillado.

Trivialidad: vulgaridad, ordinariez, pamplina, friolera.

Trizar: trozar, destrozar, romper, destruir.

Trocar: cambiar, canjear, permutar, compravender.

Consecuencia: deducción, inferencia, efecto, conclusión.

Independiente: libre, emancipado, autónomo, exento.

Erario: fisco, tesoro, hacienda, reserva.

Conciliación: entendimiento, avenencia, armonía, concordia.

Rehuir: eludir, evitar, esquivar, soslayar.

Silenciar: sosegar, aquietar, mirar, observar.

Desatar: desligar, desasir, deshacer, desenlazar.

Unir: juntar, englobar, enlazar, coordinar.

Explanada: llanura, explanación, planicie, extensión.

Enmarañamiento: enredo, confusión, embrollo, entrevero.

Perderse: extraviarse, desorientarse, conturbarse, confundirse.

Alegre: feliz, risueño, dichoso, venturoso.

Alegría: alborozo, regocijo, fruición, júbilo.

Juntar: mezclar, unificar, amalgamar, cohesionar.

Sucumbir: perder, derrotar, superar, parecer.

Singular: único, extraordinario, excepcional, especial.

Importancia: categoría, trascendencia, significación, calidad.

Componer: remedar, arreglar, acomodar, restaurar.

Conservar: mantener, continuar, preservar, estagnarse.

Trocha: senda, camino, atajo, sendero.

Trofeo: premio, conquista, triunfo, victoria.

Tromba: tifón, huracán, torbellino, ciclón.

Tronar: estallar, rugir, detonar, retumbar, resonar.

Tronchar: romper, cortar, segar, truncar.

Trono: solio, sitial, sede, asiento.

Tropa: batallón, legión, manada, recua.

Tropel: movimiento, agitación, turba, alboroto.

Tropelía: abuso, injusticia, arbitrariedad, violencia.

Tropezar: chocar, topar, encontrar, estrellarse.

Tropical: ardiente, caliente, sofocante, tórrido.

Tropiezo: tropezón, resbalón, desliz, caída.

Trotar: correr, apresurarse, apurarse, jadear.

Trovar: versificar, componer, imitar, poetizar.

Trozar: fragmentar, dividir, rebanar, desmenuzar.

Truco: ardid, treta, artimaña, artificio.

Truculento: tremendo, violento, tremebundo, despiadado.

Truhán: bellaco, bribón, pícaro, granuja.

Truncar: mutilar, cortar, cercenar, suprimir.

Tugurio: garito, pocilga, chamizo, chabola.

Llanura: yermo, desierto, sabana, paramo.

Botín: robo, despojo, saqueo, pillaje.

Brisa: airecillo, vientecillo, céfiro, aura.

Refulgir: brillar lucir, fulgurar, irradiar.

Componer: arreglar, acomodar, ajustar, restaurar.

Escaño: banco, poyo, banquete, arrimero.

Milico: soldado, miliciano, militar, trópaco.

Tranquilidad: quietud, sosiego, calma, reposo.

Equidad: ecuanimidad, igualdad, justicia, ordenamiento.

Esquivar: eludir, evitar, evadir, soslayar.

Frío: helado, gélido, congelado, glacial.

Acierto: tiento, tino, cuidado, destreza.

Detenerse: pararse, estacionarse, inmovilizarse, permanecer.

Borrar: anular, tachar, suprimir, esfumar.

Juntar: unir, ligar, enlazar, trabar.

Naturalidad: llaneza, simplicidad, espontaneidad, corrección.

Suavizado: dulcificado, calmado, apaciguado, indulgente.

Honesto: honrado, decoroso, pudoroso, digno.

Mantener: conservar, preservar, cuidar, defender.

Casa: chalé, morada, casona, granja.

Tuición: tutería, cuidado, protección, defensa.

Tullir: baldar, lisiar, incapacitar, estropear.

Tumbar: abatir, derribar, derrumbar, derrocar.

Tumulto: alboroto, agitación, disturbio, insurrección.

Tupé: atrevimiento, frescura, desfachatez, irreverencia.

Tupir: intensificar, densificar, compactar, apretar.

Turbación: aturdimiento, alteración, confusión, trastorno.

Turbar: azorar, aturdir, perturbar, intranquilizar.

Turbio: confuso, borroso, perturbado, embrollado.

Turbulencia: turbiedad, revoltosidad, confusión, alteración.

Turgente: elevado, prominente, abultado, abombado.

Turificar: estimular, acicatear, turibular, incensar.

Turulato: atónito, estupefacto, alelado, sobrecogido.

Tutela: tutoría, curaduría, patrocinio, defensa.

Tutor: guardador, curador, protector, amparador.

Indefensión: desamparado, abandonado, desprotegido, inerme.

Capacitar: habilitar, facultar, agilizar, posibilitar.

Levantar: alzar, elevar, subir, enarbolar.

Orden: norma, regla, método, estructura.

Cortesía: atención, deferencia, finura, urbanidad.

Ralear: arralar, clarear, dispersar, esparcir.

Serenidad: imperturbabilidad, inalterabilidad, impavidez, dominio.

Tranquilizar: serenar, sosegar, contener, refrenar.

Clarificado: comprendido, fácil, ordenado, encasillado.

Tranquilidad: concierto, trabazón, armonía, transparencia.

Fláccido: lacio, ajado, marchito, mustio.

Desalentar: desanimar, descorazonar, desturizar, encarecer.

Despierto: despejado, despabilado, avivado, desembarazado.

Desamparo: desvalimiento, desatención, soledad, aislamiento.

Extraño: ajeno, desconocido, desatento, hosco.

U

Ubérrimo: abundante, fecundo, fértil, fructuoso.

Ubicar: encontrar, situar, hallar, estacionar.

Ubicuo: presente, eterno, absoluto, omnímodo.

Ufano: envanecido, engreído, arrogante, presuntuoso.

Ujier: portero, bedel, guardián, ordenanza.

Ulterior: posterior, siguiente, allende, consecutivo.

Ultimar: acabar, concluir, finalizar, terminar.

Último: final, posterior, extremo, remoto.

Ultrajar: insultar, ofender, injuriar, agravar.

Ultraje: insulto, afrenta, agravio, baldón.

Ulular: aullar, gritar, clamar, chillar.

Umbral: limen, entrada, acceso, comienzo.

Umbroso: umbrío, sombrío, opaco, obscuro.

Estéril: árido, infecundo, vano, inútil.

Sacar: quitar, alejar, apartar, separar.

Ficticio: falso, inventado, supuesto, fingido.

Modesto: humilde, pudoroso, decente, moderado.

Patrón: amo, dueño, principal, jefe.

Anterior: precedente, previo, antecedente, primero.

Comenzar: iniciar, principiar, empezar, emprender.

Primero: inicial, primitivo, primario, primado.

Honrar: respetar, enaltecer, admirar, ensalzar.

Adulación: alabanza, aplauso, halago.

Callar: silenciar, enmudecer, omitir, olvidar.

Término: fin, meta, confín, terminal.

Claro: transparente, límpido, diáfano, cristalino.

495

Unánime: acorde, concorde, conforme, general.

Unanimidad: conformidad, totalidad, fraternidad, concordia.

Unción: fervor, piedad, devoción, arrobamiento.

Uncir: enyugar, acoyuntar, enlazar, hermanar.

Undoso: ondulante, enrizado, rugoso, ensortijado.

Ungir: proclamar, investir, conferir, sacramentar.

Único: singular, extraordinario, original, solitario.

Unidad: conformidad, avenencia, unión, afinidad.

Unificar: agrupar, aunar, juntar, centralizar.

Uniformar: igualar, asimilar, equilibrar, nivelar.

Uniformidad: igualdad, semejanza, exactitud, coincidencia.

Unión: armonía, concordancia, alianza, vínculo.

Unir: atar, ligar, enlazar, fusionar.

Unísono: acorde, unánime, concorde, conforme.

Unitario: indiviso, inseparable, indivisible, gemelo.

Universal: mundial, internacional, cosmopolita, ecuménico.

Uno: simple, indiviso, solo, único.

Untar: ensuciar, manchar, engrasar, ensebar.

Urbanidad: civilidad, cortesía, afabilidad, corrección.

Discorde: disconforme, disonante, discrepante, divergente.

Discordia: disconformidad, divergencia, contrariedad, oposición.

Impiedad: laicismo, ateísmo, apostasía, herejía.

Separar: dividir, fraccionar, alejar, distanciar.

Liso: plano, llano, parejo, raso.

Deponer: relevar, despedir, inhabilitar, destituir.

Común: general, usual, corriente, frecuente.

Desavenencia: disconformidad, desarmonía, discusión, incidencia.

Desunir: alejar, distanciar, desarticular, disociar.

Diversificar: diferenciar, desigualar, cambiar, variar.

Diversidad: variedad, diferencia, desigualdad, disparidad.

Desunión: separación, oposición, inconexión, antagonismo.

Separar: alejar, aislar, dividir, incomunicar.

Discorde: contrario, opuesto, disonante, incoherente.

Separable: disociable, segregable, fragmentario, desviable.

Particular: personal, individual, singular, unilateral.

Plural: varios, muchos, algunos, ciertos.

Limpiar: asear, lavar, depurar, purificar.

Rusticidad: desatención, incorrección, aspereza, descortesía.

Urbe: ciudad, capital, región, circunspección.

Campo: villorrio, pueblo, aldea, villa.

Urdir: tejer, tramar, preparar, maquinar.

Apartar: alejar, retirar, desviar, disuadir.

Urgencia: premura, emergencia, apremio, prontitud.

Demora: dilación, retraso, detención, tardanza.

Urgente: apremiante, perentorio, inminente, terminante.

Aplazable: dilatorio, demorable, prorrogable, retenible.

Urgir: instar, apremiar, apurar, apresurar.

Contener: reprimir, sujetar, frenar, dominar.

Usar: emplear, manejar, disfrutar, utilizar.

Desechar: malograr, inutilizar, desperdiciar, deteriorar.

Usual: común, frecuente, habitual, general.

Inusual: inusitado, anómalo, extraño, insólito.

Usuario: beneficiario, provechario. f— persona que usa una cosa.

Perjudiciario: dañado. lesivo, menoscabado, quebrantado.

Usufructo: utilidad, posesión, provecho, beneficio.

Pérdida: privación, quebranto, daño, ruina.

Usufructuario: beneficiario, usuario, favorecido, aprovechado.

Perjudiciario: quebrantado, menoscabado, lesionado, deteriorado.

Usura: ventaja, logro, provecho, exceso.

Generosidad: largueza, magnanimidad, munificiencia, caridad.

Usurpación: incautación, apropiación, apoderamiento, arrogamiento.

Restitución: reposición, devolución, integración, reversión.

Usurpar: adueñarse, apropiarse, incautarse, expoliar.

Restituir: devolver, reponer, reintegrar, rembolsar.

Útil: provechoso, ventajoso, beneficioso, conveniente.

Perjudicial: dañino, pernicioso, inservible, improductivo.

Utilidad: provecho, beneficio, ventaja, conveniencia.

Pérdida: perdición, perdimiento, extravío, privación.

Utilizar: emplear, aprovechar, usar, usufructuar.

Malograr: desperdiciar, derrochar, malbaratar, nulificar.

Utopía: quimera, fantasía, ficción, delirio.

Realidad: evidencia, objetividad, verdad, existencia.

Utópico: fantástico, irreal, quimérico, ilusorio.

Real: positivo, efectivo, cierto, auténtico.

Uxoricidio: ginecidio, mujercidio. f— muerte de la mujer por su marido.

Protección: cuidado, salvaguardia, defensa, salvamento.

V

Vacación: descanso, reposo, veraneo, feriado.

Vacante: inactivo, desierto, desocupado, disponible.

Vacar: cesar, holgar, faltar, carecer.

Vaciar: verter, desocupar, arrojar, desaguar.

Vaciedad: necedad, bobería, simpleza, sandez.

Vacilación: dubitación, perplejidad, incertidumbre, escepticismo.

Vacilar: dudar, titubear, hesitar, trepidar.

Vacuidad: vacío, hueco, oquedad, vaciedad.

Vacunar: inmunizar, defender, preservar, higienizar.

Vacuo: vacío, vaciedad, vacuidad, oquedad.

Vadear: cruzar, pasar, atravesar, orillar.

Vagabundo: errante, callejero, errabundo, andarín.

Vagancia: ociosidad, inactividad, holgazanería, cesantía.

Trabajo: labor, faena, obra, tarea.

Ocupado: atareado, entretenido, poseído, enfrascado.

Tener: poseer, disfrutar, haber, sostener.

Llenar: colmar, cubrir, repletar, henchir.

Ingenio: agudeza, ocurrencia, chispa, gracejo.

Certidumbre: firmeza, convicción, evidencia, demostración.

Afirmar: asegurar, confirmar, convicción, evidencia, demostración.

Cabalidad: completación, totalidad, hartura, saturación.

Contaminar: contagiar, infectar, intoxicar, emponzoñar.

Cabal: entero, exacto, justo, completo.

Obstaculizar: estorbar, impedir, enredar, dificultar.

Sedentario: estacionario, aposentado, detenido, inmovilizado.

Ocupación: quehacer, trabajo, empleo, actividad.

Vagar: holgar, errar, vagabundear, gandulear.

Trabajar: laborar, cultivar, formar, promover.

Vagido: llanto, llorisqueo, plañido, gemido.

Risa: hilaridad, irrisión, carcajada, risotada.

Vago: vagabundo, harón, vilordo, baldragas.

Diligente: activo, dinámico, esmerado, rápido.

Vaguedad: imprecisión, irresolución, confusión, indefinición.

Precisión: exactitud, regularidad, claridad, comprensión.

Vahído: desmayo, desvanecimiento, vértigo, síncope.

Recobramiento: recuperación, reanimamiento, restablecimiento, reposición.

Vaina: funda, envoltura, estuche, cubierta.

Contenido: fondo, esencia, sumo, entraña.

Vaivén: oscilación, fluctuación, inestabilidad, variabilidad.

Estabilidad: equilibrio, inmovilidad, permanencia, durabilidad.

Valentía: arrojo, aliento, esfuerzo, osadía.

Cobardía: temor, pavor, pusilanimidad, irresolución.

Valentudinario: enfermizo, delicado, enclenque, achacoso.

Fuerte: sano, vigoroso, resistente, saludinario.

Valer: costar, importar, equivaler, estimar.

Computar: registrar, calcular, inventariar, catalogar.

Valeroso: poderoso, eficaz, eficiente, decidido.

Ineficaz: inactivo, inerte, nulo, inepto.

Valía: aprecio, mérito, poder, influencia,

Depreciación: rebaja, demérito, desvalimiento, desmerecimiento.

Validación: admisión, aprobación, confirmación, ratificación.

Inseguridad: incertidumbre, inestabilidad, vacilación, perplejidad.

Validar: aprobar, homologar, legalizar, legitimar.

Depreciar: rebajar, menguar, disminuir, invalorar, desestimar.

Válido: útil, provechoso, firme, robusto.

Desahuciado: despedido, apartado, desligado, alejado.

Valiente: intrépido, impávido, temerario, osado.

Cobarde: miedoso, temeroso, asustado, acobardado.

Valimiento: amparo, apoyo, valía, protección.

Desvalimiento: desamparo, descuidado, desatención, abandono.

Valioso: importante, inestimable, inapreciable, meritorio.

Inútil: vano, vacuo, fútil, inane.

Valor: importe, valentía, osadía, coraje.

Pavor: miedo, susto, pánico, espanto.

Valorar: apreciar, evaluar, cotizar, valorizar.

Depreciar: subestimar, rebajar, reducir, disminuir.

Valorizar: incrementar, valorar, aumentar, acrecentar.

Desvalorizar: rebajar, decrecer, depreciar, menguar.

Valla: dificultad, obstáculo, estorbo, inconveniente.

Facilidad: posibilidad, factibilidad, expedición, destreza.

Vanagloria: engreimiento, vanidad, fatuidad, jactancia.

Modestia: llaneza, sencillez, humildad, espontaneidad.

Vandalismo: asolación, devastación, asolamiento, destrucción.

Benevolencia: clemencia, bondad, simpatía, magnanimidad.

Vándalo: destructor, vandálico, cruel, inhumano.

Benévolo: bondadoso, generoso, benigno, clemente.

Vanguardia: avanzada, delantera, embestida, exploración.

Retaguardia: zaga, detrás, trasera, atrás.

Vanidad: ostentación, pompa, vanagloria, engreimiento.

Modestia: humildad, timidez, sencillez, moderación.

Vanilocuo: hablador, parlachín, charlatán, farolero.

Parco: mesurado, templado, sobrio, circunspecto.

Vano: vacío, hueco, vacuo, inútil.

Modesto: sencillo, natural, simple, espontáneo.

Vapor: fluido, vaho, hálito, nave.

Consecuencia: resultado, producto, corolario, conclusión.

Vaporoso: humano, espiritoso, gaseiforme, sutil.

Denso: compacto, macizo, apretado, tupido.

Vapulear: azotar, zurrar, golpear, zamarrear.

Arrullar: mimar, halagar, adular, acariciar.

Vara: varal, garrocha, bastón, percha.

Traba: estorbo, obstáculo, dificultad, impedimento.

Variabilidad: variedad, alternabilidad, variación, diversidad.

Certidumbre: certeza, seguridad, constancia, convicción.

Variabilizar: diferenciar, pluralizar, diversificar, disparidar.

Fijar: determinar, inmovilizar, concretar, señalar.

Variación: mutación, modificación, transformación, alteración.

Permanencia: duración, estabilidad, continuación, invariación.

Variar: mudar, cambiar, invertir, transformar.

Mantener: conservar, resistir, defender, preservar.

Vasallo: tributo, feudatario, obediente, súbdito.

Vástago: descendiente, retoño, renuevo, sucesor.

Vastedad: anchura, dilatación, grandeza, espaciosidad.

Vasto: amplio, extenso, dilatado, considerable.

Vate: poeta, bardo, adivino, astrólogo.

Vaticinar: predecir, presagiar, profetizar, augurar.

Vecino: cercano, contiguo, inmediato, lindante.

Vedar: privar, prohibir, impedir, oponer.

Veedor: registrador, observador, investigador, examinador.

Vegetalizar: insentir, insensibilizar, adormecer, alborizar.

Vegetar: germinar, crecer, vivir, existir.

Vegetativo: invivificado, autómata, lerdizado, plantizado.

Vehemencia: fogosidad, ardor, impetuosidad, pasión.

Vehemente: apasionado, impetuoso, ardiente, exaltado.

Vehículo: coche, automóvil, carruaje, camión.

Vejamen: afrenta, ofensa, vejación, calumnia.

Vejar: mortificar, molestar, oprimir, estorbar.

Vejez: senectud, vetustez, ancianidad, longecidad.

Monarca: rey, soberano, príncipe, general.

Antepasado: ascendiente, antecesor, padre, progenitor.

Estrechez: encogimiento, cortedad, apocamiento, pusilanimidad.

Pequeño: chico, minúsculo, limitado, diminuto.

Enmarañado: complicado, complejo, intrincado, revuelto.

Intuir: vislumbrar, percibir, entrever, comprender.

Lejano: apartado, distante, retirado, distanciado.

Permitir: asentir, acceder, otorgar, consentir.

Resolutor: decididor, resolvedor, solucionador, discurrente.

Sensibilizar: comprender, evaluar, sentir, manifestar.

Gestionar: diligenciar, procurar, intentar, resolver.

Vivificado: energizado, dinámico, animado, exhortado.

Indiferencia: apatía, insensibilidad, desafición, frialdad.

Indiferente: displicente, desafecto, apático, escéptico.

Ferrocarril: automotor, metro, macrobus, tren.

Ensalzamiento: elogio, alabanza, aplauso, glorificación.

Honrar: enaltecer, venerar, ennoblecer, engrandecer.

Juventud: infancia, niñez, nibilidad, mocedad.

Velar: cuidar, vigilar, guardar, guarecer.

Descuidar: desatender, abandonar, dejar, olvidar.

Veleidad: ligereza, capricho, antojo, inconstancia.

Constancia: estabilidad, fidelidad, tenacidad, perseverancia.

Velo: manto, céfiro, simulación, obscuridad.

Nimiedad: futileza, friolera, vaguedad, insignificancia.

Velocidad: prontitud, ligereza, presteza, celeridad.

Lentitud: calma, demora, tardanza, aplazamiento.

Veloz: ágil, raudo, presto, diligente.

Lento: tardo, calmoso, moroso, pausado.

Vena: vaso, veta, filón, musa.

Embotamiento: enervamiento, debilitamiento, entorpecimiento, vacuidad.

Venal: sobornable, vendible, inmoral, chantajista.

Íntegro: cabal, honesto, honrado, intacto.

Vencer: zanjar, dominar, allanar, solventar.

Perder: fracasar, malograr, fallar, deterriorar.

Vencido: dominado, subyugado, abatido, conquistado.

Triunfador: ganador, dominador, vencedor, conquistador.

Vendaval: ventarrón, sobreviento, tromba, temporal.

Bonanza: serenidad, calma, placidez, apacibilidad.

Vender: ceder, transferir, transpasar, despachar.

Comprar: adquirir, obtener, captar, conquistar.

Venerable: respetado, considerado, honrado, honorable.

Despreciable: aborrecible, indigno, carcamán, ruin.

Venerar: acatar, respetar, considerar, realzar.

Despreciar: desestimar, invalorar, denigrar, desdeñar.

Venero: manantial, fuente, veta, principio.

Aridez: sequedad, esterilidad, sequía, marchitez.

Venganza: revancha, represalia, desquite, vindicta.

Indulgencia: remisión, perdón, piedad, comprensión.

Venia: permiso, licencia, autorización, anuencia.

Negación: rechazo, negativa, repulsa, refutación.

Venial: ligero, pequeño, leve, intrascendente.

Grave: pesado, arduo, oneroso, capital.

Venir: arribar, retornar, volver, regresar.

Irse: marcharse, retirarse, despedirse, alejarse.

Ventaja: beneficio, provecho, utilidad, quórum.

Desventaja: inferioridad, minoría, inconveniente, impedimento.

Ventana: abertura, ventilación, lumbrera, entrada.

Ventilar: airear, crear, aclarar, dilucidar.

Ventura: felicidad, dicha, fortuna, estrella.

Venturoso: afortunado, dichoso, feliz, alegre.

Ver: advertir, distinguir, avistar, atender.

Veracidad: autenticidad, verdad, naturalidad, sinceridad.

Veraz: cierto, verdadero, certero, fidedigno.

Verbosidad: labia, facundia, locuacidad, verborrea.

Verboso: hablante, facundo, parlante, divagante.

Verdad: certeza, certidumbre, veracidad, evangelio.

Verdadero: cierto, evidente, exacto, verídico.

Verdarizar: veridizar, fidedignizar, dogmatizar, axiomatizar.

Verde: inmaduro, tierno, precoz, inconsistente.

Verdor: verdosidad, follaje, verdura, lozanía.

Verdugo: criminal, cruel, sanguinario, electrocutador.

Veredicto: fallo, sentencia, dictamen, resolución.

Vergüenza: cortedad, aturdimiento, turbación, confusión.

Vericueto: laberinto, senderillo, vertiginario, reventadero.

Cerradura: cerramiento, cubrimiento, cerraja, cicatrización.

Ocultar: esconder, acallar, encubrir, disimular.

Adversidad: desgracia, contratiempo, fatalidad, infortunio.

Desgraciado: infeliz, infortunado, desdichado, aciago.

Desconocer: ignorar, incomprender, confundir, desadvertir.

Falsedad: engaño, embuste, fraude, mentira.

Falaz: falso, inexacto, ficticio, infundado.

Concisión: brevedad, precisión, laconismo, sobriedad.

Conciso: preciso, breve, cabal, lacónico.

Mentira: falsedad, engaño, impostura, cuento.

Falso: engañoso, ficticio, adventicio, supuesto.

Falsear: mentir, engañar, falsificar, adulterar.

Maduro: sazonado, madurado, sabroso, juicioso.

Marchitez: ajamiento, arrugadura, mustiedad, enlaciamiento.

Misericordioso: clemente, piadoso, indulgente, bondadoso.

Revocación: anulación, casación, abrogación, abolición.

Desplante: despabilación, arrogancia, osadía, aplomo.

Llanidad: planicie, parejidad, lisura, llanura.

Verídico: sincero, verdadero, cierto, fehaciente.

Embustero: falso, mentiroso, impostor, hipócrita.

Verificación: examen, comprobación, control, justificación.

Rectificación: modificación, revisión, alineamiento, enderezamiento.

Verificar: comprobar, compulsar, demostrar, revisar.

Conjeturar: presentir, barruntar, sospechar, vislumbrar.

Vernáculo: autóctono, nativo, aborigen, indígena.

Foráneo: forastero, afuerino, advenedizo, extranjero.

Verosímil: creíble, factible, admisible, viable.

Increíble: inverosímil, inconcebible, inadmisible, sorprendente.

Verosimilitud: creencia, credulidad, certidumbre, probabilidad.

Imposibilidad: improbabilidad, inverosimilitud.

Versado: docto, erudito, letrado, instruido.

Inexperto: iletrado, inculto, indocto, analfabeto.

Versar: tratar, manejar, atender, comerciar.

Disentir: discordar, discrepar, divergir, desavenir.

Versátil: tornadizo, voluble, mudable, variable.

Constante: persistente, consecuente, permanente, perdurable.

Versificar: matrificar, versear, componer, poetizar.

Estropear: dañar, malograr, averiar, lesionar.

Versión: traducción, interpretación, explicación, presentación.

Antinomia: oposición, antítesis, contradicción, paradoja.

Verter: derramar, volcar, vaciar, difundir.

Llenar: completar, repletar, atestar, atiborrar.

Vertical: inhiesto, erguido, tieso, eréctil.

Horizontal: tendido, supino, yacente, acostado.

Vértice: ángulo, cúspide. f— punto en que se unen los extremos.

Línea: raya, rasgo, trazo, barra.

Vertiginoso: acelerado, raudo, impetuoso, presuroso.

Lento: tardo, pausado, lerdo, torpe.

Vértigo: mareo, desmayo, vahído, desvanecimiento.

Recuperación: rehacimiento, recobramiento, fortalecimiento, restablecimiento.

Vesania: demencia, furia, delirio, enajenación.

Sensatez: cordura, juicio, discreción, prudencia.

Vesánico: demente, loco, enajenado, paranoico.

Sensato: cuerdo, razonable, reflexivo, juicioso.

Vespertino: atardecido, anochecido, obscurecido, crepusculado.

Matutino: amanecido, clareado, alboreado, madrugado.

Vestíbulo: pórtigo, atrio, portal, antesala.

Glorieta: pérgola, pabellón, caseta, plazoleta.

Vestigio: señal, huella, indicio, pista.

Esfumación: disipación, escurrimiento, evaporación, desvanecimiento.

Vestir: cubrir, envolver, embozar, engalanar.

Desnudar: desvestir, desropar, desabrigar, descubrir.

Veterano: avezado, aguerrido, ducho, experimentado.

Novicio: principiante, empezante, iniciante, novato.

Vetusto: antiguo, añejo, viejo, ruinoso.

Nuevo: flamante, reciente, fresco, moderno.

Vez: punto, razón, ocasión, vicisitud.

Consecuencia: efecto, secuela, resultado, corolario.

Vía: camino, ruta, senda, medio.

Impedimento: traba, obstáculo, dificultad, cercenamiento.

Viable: factible, posible, hacedero, realizable.

Improbable: irrealizable, imposible, impracticable, quimérico.

Viajar: rodar, pasear, salir, escursionar.

Reposar: descansar, yacer, detenerse, acostarse.

Viandante: peatón, transeúnte, caminante, vagabundo.

Sentado: detenido, parado, establecido, tranquilo.

Viático: complemento, suplemento, provisión, reserva.

Sueldo: mensualidad, estipendio, pago, emolumento.

Vibrante: cimbreante, oscilante, resonante, retumbante.

Silenciante: aquietante, sigiloso, callante, silente.

Vibrar: agitarse, conmoverse, emocionarse, enternecerse.

Apaciguar: serenar, calmar, sosegar, tranquilizar.

Viceversa: contrario, opuesto, invertido, inverso.

Coincidente: concomitante, concurrente, sincrónico.

Viciar: corromper, dañar, pervertir, perder.

Corregir: dignificar, beneficiar, renovar, moralizar.

Vicioso: corrompido, pervertido, depravado, impúdico.

Virtuoso: honesto, honrado, probo, digno.

Vicisitud: alternativa, mudanza, cambio, altibajos.

Estabilidad: inmovilidad, permanencia, duración, seguridad.

Víctima: herido, lesionado, sacrificado, martirizado.

Incólume: sano, ileso, indemne, intacto.

Victoria: triunfo, conquista, laurel, trofeo.

Derrota: fracaso, frustración, desastre, descalabro.

Vida: existencia, savia, energía, biografía.

Muerte: óbito, deceso, extinción, fallecimiento.

Vidente: adivino, profeta, iluminado, veedor.

Ciego: invidente, obsesionado, tozudo, obnubilado.

Video: representación, electrovisión, sonorización, prosopopeyización.

Instantanización: momentanización, vivificación, presentización, vivencialización.

Viejo: anciano, veterano, longevo, provecto.

Joven: mancebo, adolescente, lozano, nuevo.

Viento: corriente, racha, soplo, rumbo.

Quietud: sosiego, calma, silencio, inalterabilidad.

Vigencia: actualidad, validez, permanencia, vigor.

Caducidad: prescripción, anulación, nulidad, rescisión.

Vigente: actual, presente, moderno, efectivo.

Pasado: anterior, lejano, remoto, antiguo.

Vigía: atalaya, vigilante, oteador, centinela.

Letargo: sopor, modorra, soñolencia, durmimiento.

Vigilancia: cuidado, atención, custodia, prolijidad.

Negligencia: incuria, indolencia, omisión, olvido.

Vigilar: atender, custodiar, velar, observar.

Descuidar: olvidar, desatender, desalentar, desprevenir.

Vigilia: abstinencia, abstención, insomnio, agripnia.

Sueño: dormición, soñolencia, letargo, sopor.

Vigor: energía, fuerza, entereza, vitalidad.

Debilidad: decaimiento, desánimo, languidez, marchitez.

Vigorizar: robustecer, alentar, tonificar, fortificar.

Abatir: debilitar, agotar, fatigar, extenuar.

Vileza: ruindad, bajeza, alevosía, villanía.

Dignidad: decencia, decoro, señorío, pundonor.

Vilipendiar: despreciar, rebajar, detractar, escarnecer.

Ensalzar: elogiar, alabar, encomiar, enaltecer.

Villanía: vileza, bajeza, ruindad, obscenidad.

Honestidad: bondad, pudor, decoro, compostura.

Villano: bajo, vil, plebeyo, rústico.

Noble: ilustre, hidalgo, elevado, insigne.

Villorrio: aldea, poblado, aldehuela, lugarejo.

Ciudad: urbe, población, región, zona.

Vincular: relacionar, enlazar, supeditar, sujetar.

Desvincular: desligar, emancipar, liberar, independizar.

Vínculo: unión, atadura, enlazamiento, mancomunión.

Disolución: discordia, desavenencia, desacuerdo, separación.

Vindicar: defender, reivindicar, exculpar, rehabilitar.

Incriminar: culpar, imputar, acusar, sindicar.

Vindicta: venganza, satisfacción, desquite, represalia.

Perdón: remisión, absolución, indulto, indulgencia.

Violación: infracción, quebrantamiento, conculcación, profanación.

Acatamiento: respeto, veneración, reverencia, sumisión.

Violar: vulnerar, quebrantar, transgredir, estropear.

Respetar: acatar, obedecer, cumplir, venerar.

Violencia: ímpetu, virulencia, furor, saña.

Mansedumbre: apacibilidad, tranquilidad, dulzura, benignidad.

Violentar: forzar, violar, atropellar, vulnerar.

Suplicar: implorar, instar, invocar, impetrar.

Violento: agresivo, brusco, irascible, impetuoso.

Pacífico: controlado, afable, reposado, plácido.

Viperino: vipéreo, venenoso, maldiciente, insidioso.

Leal: fiel, noble, afecto, devoto.

Virar: girar, torcer, volver, doblar.

Continuar: seguir, proseguir, persistir, permanecer.

Virgen: impoluta, pura, casta, incorrupta.

Incasta: maculada, poluta, corrupta, erótica.

Virginidad: castidad, inocencia, doncellez, entereza.

Sensualidad: sexualidad, lujuria, concupiscencia, voluptuosidad.

Viril: masculino, varonil, fuerte, vigoroso.

Femenil: femíneo, doncellil, delicado, frágil.

Virtual: implícito, tácito, aparente, sobrentendido.

Expreso: notorio, manifiesto, palmario, explícito.

Virtud: potestad, poder, integridad, dignidad.

Vicio: defecto, corrupción, lacra, desviación.

Virtuoso: probo, justo, íntegro, honesto.

Disoluto: vicioso, licencioso, perverso, crápula.

Virulencia: encono, saña, violencia, malignidad.

Benevolencia: generosidad, delicadeza, afabilidad, benignidad.

Virulento: maligno, ponzoñoso, purulento, punzante.

Beneficioso: útil, provechoso, fructuoso, generoso.

Visar: examinar, refrendar, firmar, reconocer.

Ratificar: confirmar, revalidar, reafirmar, corroborar.

Visibilizar: entrever, trasparentizar. f— hacer visible una cosa.

Invisibilizar: inmaterializar, ocultar, encubrir, esconder.

Visible: perceptible, sensible, manifiesto, palmario.

Invisible: intangible, escondido, encubierto, inmaterial.

Visión: imagen, figura, espectro, ilusión.

Realidad: evidencia, objetividad, veracidad, convicción.

Visitar: cumplimentar, saludar, recibir, inspeccionar.

Invitar: convidar, animar, brindar, ofrecer.

Vislumbrar: entrever, atisbar, divisar, sospechar.

Verificar: comprobar, compulsar, demostrar, constatar.

Viso: reflejo, aspecto, destello, vislumbre.

Obscuro: opaco, umbroso, sombrío, lúbrego.

Víspera: proximidad, cercanía, inmediación, vecindad.

Lejanía: distancia, alejamiento, avanzada, diferencia.

Vista: ojos, mirada, visión, panorama.

Ceguera: obscuridad, ceguedad, obnubilación, ofuscación.

Vistoso: llamativo, atrayente, sugestivo, brillante.

Repulsivo: desagradable, desdeñable, repugnante, repelente.

Visualizar: visibilizar, representar, imaginar, concebir.

Obscurecer: opacar, ennegrecer, enturbiar, confundir.

Vital: trascendente, importante, esencial, nutritivo.

Intrascendente: fútil, irrelevante, insubstancial, superficial.

Vitalidad: vigor, fuerza, potencia, vivacidad.

Decaimiento: declinación, debilitamiento, decadencia, declive.

Vitalizar: robustecer, rejuvenecer, vivificar, notificar.

Debilitar: marchitar, extenuar, disminuir, enervar.

Vitorear: aplaudir, aclamar, palmotear, homenajear.

Abuchear: reprobar, pifiar, silbar, gritar.

Vítrio: diáfano, transparente, cristalino, clarificado.

Opaco: obscuro, sombrío, velado, turbio.

Vitualla: provisiones, víveres, abastecimiento, almacenamiento.

Escasez: penuria, necesidad, falta, miseria.

Vituperar: condenar, censurar, reprobar, reprochar.

Encomiar: alabar, ensalzar, celebrar, palmotear.

Vituperio: baldón, vilipendio, reproche, reprobación.

Elogio: alabanza encomio, ensalzamiento, ponderación.

Viudedad: pensión asignada a una viuda. Haber que recibe una viuda.

Casamiento: matrimonio, desposamiento, enlace, unión.

Vivacidad: viveza, agilidad, presteza, energía.

Indolencia: inercia, pigricia, apatía, abulia.

Vivaracho: avispado, listo, vivo, travieso.

Desmañado: torpe, inhábil, lerdo, molondro.

Vivaz: despierto, agudo, sagaz, ingenioso.

Zonzo: lerdo, mortecino, pánfilo, estólico.

Viveza: vivacidad, presteza, prontitud, perspicacia.

Torpeza: inhabilidad, impericia, ineptitud, tontería.

Vivificar: alentar, animar, confortar, infundir.

Desalentar: intimidar, anonadar, amedrentar, amilanar.

Vivir: existir, durar, mantenerse, habitar.

Morir: fallecer, expirar, perecer, sucumbir.

Vocabulario: diccionario, léxico, glosario, enciclopedia.

Ideario: pensamiento, invención, proceso, ideograma.

Vocación: inclinación, propensión, aptitud, disposición.

Aversión: oposición, antipatía, aborrecimiento, animosidad.

Vocativo: llamativo, distintivo, demarcativo, interpretativo.

Oración: alocución, proposición, sermón, peroración.

Vocear: gritar, bramar, chillar, desgañitarse.

Silbar: chiflar, pitar, rechiflar, reprobar.

Vociferar: gritar, clamar, vocear, loquear.

Callar: enmudecer, silenciar, omitir, disimular.

Volante: suelto, cuartilla, plana, papel.

Fijo: clavo, sujeto, firme, estable.

Volar: volitar, revolotear, elevarse, levantarse.

Pararse: detenerse, estacionarse, inmovilizarse, descansar.

Volátil: etéreo, vaporoso, tornadizo, mudable.

Sólido: duro, firme, resistente, macizo.

Volatilizar: vaporizar, evaporizar. gasificar, esfumarse.

Licuar: diluir, fundir, disolver, liquidar.

Volitar: revolotear, volar, f— volar en rededor de algo.

Detenerse: parar, paralizar, suspender, frenar.

Volitivo: voluntativo, autoexhortativo. f—impulso de la voluntad.

Volubilidad: variabilidad, mudanza, versatilidad, frivolidad.

Voluble: variable, versátil, inconstante, caprichoso.

Volumen: cuerpo, bulto, libro, tomo.

Voluntad: ánimo, disposición, propósito, resolución.

Voluntario: espontáneo, discrecional, facultativo, volitivo.

Voluptuosidad: apasionamiento, morbidez, sensualismo, concupiscencia.

Voluptuoso: apasionado, vehemente, sensual, mórbido.

Volver: regresar, tornar, retornar, restituir.

Vomitar: arrojar, devolver, regurgitar, trasbocar.

Voracidad: avidez, adefagia, glotonería, gula.

Vorágine: remolino, torbellino, tromba, enmarañamiento.

Votar: sufragar, elegir, señalar, nominar.

Votivo: ofrecido, prometido, jurado, comprometido.

Voz: sonido, grito, voto, palabra.

Vuelta: rotación, virada, retorno, regreso.

Vulgaridad: trivialidad, tosquedad, chabacanería, rusticidad.

Vulgarizar: difundir, extender, familiarizarse, generalizar.

Negativo: contradictivo, abominativo, vedativo, retractivo.

Constancia: persistencia, tenacidad, perseverancia, fidelidad.

Constante: fiel, tenaz, asiduo, persistente.

Envase: recipiente, embotellado, vasija, envoltura.

Negación: rechazo, repulsa, negativa, objeción.

Indeliberado: involuntario, impuesto, obligado, irreflexivo.

Honestidad: decencia, compostura, moderación, pudicia.

Púdico: pudoroso, continente, recatado, decoroso.

Irse: retirarse, marcharse, ausentarse, alejarse.

Ingerir: tragar, comer, yantar, masticar.

Sobriedad: mesura, moderación, cautela, normalidad.

Quietud: naturalidad, placidez, inmovilidad, pasividad.

Abstenerse: inhibirse, privarse, prescindir, indiferenciarse.

Denegativo: desestimativo, inconsiderado, desaprobado, opositivo.

Silencio: quietud, sosiego, mutismo, insonoridad.

Detenimiento: detención, inmovilidad, paralización, frenamiento.

Genialidad: singularidad, excelencia, relevancia, eminencia.

Guardar: silenciar, callar, esconder, ocultar.

Vulnerabilidad: debilidad, lasitud, ablandamiento, extenuación.

Vulnerar: dañar, herir, lesionar, transgredir.

Invulnerabilidad: resistencia, protección, inmunidad, inexpugnabilidad.

Respetar: considerar, estimar, favorecer, beneficiar.

Xenofilia: foranismo, extranjerismo, afue-
rismo, exotismo.

Xerografía: fotocopia, reproducción, repetición, producción.

Xenofobia: antiextranjerismo, antiforanismo,
antiexotismo. f— odio a lo extranjero.

Originalidad: autenticidad, personalidad, singularidad, espontaneidad.

Yacer: reposar, dormir, descansar. f— cópula matrimonial.

Yaciente: tendido, plano, acostado, horizontal.

Yacimiento: mina, filón, veta, petróleo.

Yantar: comer, manjar, alimento, vianda.

Yema: retoño, renuevo, brote, capullo.

Yermo: baldío, infértil, páramo, desierto.

Yerro: error, equivocación, olvido, confusión.

Yerto: rígido, tieso, gélido, álgido.

Yesca: pajuela, hupe, acicate, incentivo.

Yugo: dominio, opresión, sujeción, sumisión.

Yunque: bigornia, forzado, paciente, esforzado.

Yusión: precepto, mandato, orden, disposición.

Despabilar: animarse, despertar, moverse, avivarse.

Enhiesto: levantado, erguido, parado, apuesto.

Piedra: peñasco, roca, risco, pedrusco.

Desperdicio: sobra, residuo, desecho, excedente.

Fruta: producto, provecho, beneficio, cosecha.

Feraz: fecundo, fértil, productivo, óptimo.

Acierto: tino, tacto, tiento, destreza.

Animado: movido, reanimado, alentado, confortado.

Razón: finalidad, objetivo, circunstancia, resultado.

Autonomía: libertad, independencia, emancipación, liberación.

Inane: vacuo, hueco, vano, baladí.

Motivo: razón, móvil, causa, efecto.

Yuxtaponer: arrimar, apoyar, acercar, aproximar.

Yuxtaposición: aposición, adosamiento, aplicación, amalgama.

Separar: alejar, distanciar, apartar, desperdigar.

Distanciamiento: apartamiento, aislamiento, alejamiento, desperdigamiento.

Zaborro: gordiflón, rechoncho, grueso, obeso.

Zafar: soltar, desligar, liberar, desprender.

Zafarrancho: desembarazo, limpieza, descalabro, combate.

Zafiedad: rusticidad, incultura, rudeza, poquedad.

Zafio: rústico, tosco, rudo, inculto.

Zafo: libre, suelto, incólume, indemne.

Zaga: detrás, atrás, reverso, espalda.

Zagal: muchacho, mozo, chaval, mancebo.

Zahareño: esquivo, hosco, huraño, desdeñoso;

Zaherir: mortificar, censurar, vejar, criticar.

Zahorí: adivino, sibila, vate, perspicaz.

Zahúrda: pocilga, cuchitril, porqueriza, buhardilla.

Zaino: falso, hipócrita, negro, castaño.

Zalagarda: pelea, lucha, emboscada, celada.

Delgado: espigado, esbelto, alto, elevado.

Amarrar: atar, ligar, sujetar, trincar.

Tranquilidad: quietud, calma, reposo, sosiego.

Cultura: educación, ilustración, saber, civilización.

Culto: ilustrado, educado, erudito, docto.

Lesionado: dañado, herido, vulnerado, afectado.

Delantera: vista, primera, frente, fachada.

Viejo: anciano, veterano, cano, longevo.

Amable: afable, atento, cordial, afectuoso.

Complacer: agradar, deleitar, satisfacer, contentar.

Obtuso: torpe, lerdo, tonto, leso, imbécil.

Morada: habitación, vivienda, casa, hogar.

Fiel: leal, constante, perseverante.

Concordia: unión, amistad, conformidad, funcamiento.

Zalama: zalamería, carantoña, fiesta, saludo.

Desprecio: indiferencia, desdeñosamiento, menosprecio, desapego.

Zalamero: adulador, alabador, halagüeño, lagotero.

Indiferente: apático, displicente, desdeñoso, despreciativo.

Zamborrocotudo: tosco, rudo, grosero, ordinario.

Refinado: culto, distinguido, primoroso, delicado.

Zambullir: sumergir, hundir, meter, introducir.

Emerger: aparecer, surgir, encimar, brotar.

Zángano: gandul, perezoso, holgazán, haragán.

Diligente: activo, ocurrente, expeditivo, dinámico.

Zanjar: allanar, transar, superar, resolver.

Suscitar: causar, producir, provocar, ocasionar.

Zarandear: agitar, sacudir, revolver, ajetrear.

Asegurar: afirmar, mantener, consolidar, sostener.

Zarpar: salir, partir, navegar, timonear.

Arribar: llegar, atracar, recalar, fondear.

Zarpazo: zarpada, porrazo, golpe, arañazo.

Prevención: cautela, precaución, esquivamiento, soslayamiento.

Zarrapastroso: andrajoso, roto, sucio, mugriento.

Elegante: galano, gallardo, apuesto.

Zeugma: adjunción, elipsis. f— empleo de un verbo o adjetivo no repetido dentro de la oración.

Repetición: iteración, insistencia, imitación, monotonía.

Zonzo: soso, insulso, leso, insípido, desabrido.

Ameno: grato, entretenido, deleitoso, placentero.

Zopenco: bobo, rudo, bruto, tonto.

Listo: ocurrente, avispado, diligente, despierto.

Zozobra: inquietud, angustia, aflicción, sobresalto.

Tranquilidad: serenidad, reposo, inalterabilidad, impasibilidad.

Zozobrar: peligrar, afligir, angustiar, naufragar.

Proteger: amparar, preservar, resguardar, prevenir.

Zumbar: retumbar, matraquear, frisar, rayar.

Aquietar: tranquilizar, sosegar, inmovilizar, pacificar.

Zurcir: remediar, recomponer, coser, tramar.

Romper: destrozar, rajar, deteriorar, destruir.

Zurrar: tundir, azotar, apalear, vapulear.

Acariciar: mimar, halagar, apreciar, considerar.

SEGUNDA PARTE: Paronimia y Paronomasia Frasificadas

Se denominan voces parónimas o vocablos homónimos, las palabras que se pronuncian iguales; pero que tienen diferente escritura y distinto significado. Entre los Parónimos usuales de nuestro idioma, cabe considerar:

a : prep. que indica dirección, situación o término: Luego iré **a** Maipú.

ha : forma indic. del verbo haber, empleada antes de los participios pasivos: Creo que ese señor **ha** ido al sur.

¡ay! : Interj. que significa dolor o pena: ¡**Ay**!, qué angustia.

¡ah! : interj. que expresa admiración o aflicción: ¡**Ah**!, qué noble es él.

hay : forma impersonal del verbo haber: **Hay** señales de movimiento.

En cuanto a las interjecciones AY—AH, como en otros casos de nuestro idioma, según la entonación o el significado que se quiera dar, es la escritura correcta de cada caso. De ahí que ambas interpretaciones tienen mucha similitud.

había: pret. imperf. del verbo haber: En la casa **había** varios invitados (Recuérdese que todas las formas del verbo haber que indican impersonalidad, siempre se emplean en singular y nunca en plural).

avía: presente indic. del verbo aviar (prevenir, alistar): Ella siempre **avía** los hechos en la senda.

abría: pret. imperf. del verbo abrir: Bernarda **abría** la puerta de calle.

habría: modo potencial del verbo haber: Ella **habría** llegado a las 22 hrs.

ablando: presente indic. del verbo ablandar: Mientras **ablando** la masa, escucho música selecta.

hablando: gerundio del verbo hablar: Betty está **hablando** con Marilda.

abalar: zarandear, agitar, mover: No **abale** el ambiente sin motivo alguno.

avalar: garantir por medio del aval un compromiso: Es preciso que **avale** nuevamente al comprador.

abitar: amarrar las bitas: Es menester **abitar** los implementos del navío.

habitar: vivir o morar en una vivienda: Ella anhela **habitar** esa morada.

acechar: observar, aguardar o atisbar cautelosamente: El veedor **acecha** al transeúnte.

asechar: engañar con artificio para causar daño: El ratero **asecha** al pasajero.

acechanza: espionaje u observación cautelosa: Cuídese de la **acechanza** de los malvados.

asechanza: engaño o artificio para causar perjuicio: La **asechanza** del forajido es ostensible en ese villorio.

acervo: conjunto de cosas: Paul ostenta un **acervo** de conocimientos útiles.

acerbo: áspero, tosco, cruel: El campesino tiene un rostro **acerbo**.

aceros: plural del sust. acero: Los **aceros** bien trabajados son eternos.

haceros: forma complem. del verbo hacer: Creo **haceros** un favor con esta medida.

acecinar: salar la carne para que se seque y se conserve: Teresa **acecina** la carne para el invierno.

asesinar: quitar la vida a un ser humano: El hampón **asesina** a su víctima.

acezar: respirar anhelosamente: El joven observa cómo **aceza** el can.

asesar: adquirir seso o tener criterio: Jorge ahora **asesa** obviamente.

abrasar:	quemar o reducir las brasas: La madre pereció **abrasada** con su hija.
abrazar:	ceñir con los brazos: La madre está **abrazada** con su hija mayor.
asenso:	asentimiento de lo dicho por otra persona: El **asenso** fue unánime en la reunión del directorio.
ascenso:	promoción a un cargo superior: El **ascenso** del Capitán fue muy bien acogido.
ase:	forma de los verbos asar y asir: El detective **ase** al carterero.
hace:	presente indic. del verbo hacer: ¿A qué hora **hace** el aseo?
asiendo:	gerundio del verbo asir: El policía está **asiendo** al malhechor.
haciendo:	gerundio del verbo hacer: la dueña de casa está **haciendo** la cena.
asciendo:	presente indic. del verbo ascender: Gabriel está **asciendo** al cerro La Campana.
asar:	cocer al fuego alimentos: Es preciso **asar** esta tarde la carne.
azar:	casualidad o asunto fortuito: Encontré por **azar** el can perdido.
asa:	forma del verbo asar: La cocinera **asa** la carne.
aza:	porción de tierra cultivable: la mitad de la **aza** del valle es de Sergio Swttt.
as :	carta del naipe o persona que sobresale en algo: Patricio es el **as** del balompié.
has :	presente indic. del verbo hacer: **Has** lo que te dije.
haz:	imperativo del verbo hacer: porción de leña o hierbas: Bernardo trae un **haz** de pasto. **Haz** ahora lo que dijiste ayer.
abollar:	hundir alguna cosa: El tapabarro del automóvil está **abollado**.
aboyar:	poner las boyas en el mar: Ese rincón del mar está **aboyado**.
abocar:	tomar con la boca o aproximar una cosa: Es menester **abocar** la artillería.
avocar:	hacerse cargo el juez de una cosa: El magistrado cree **avocar** esta semana la causa de la sucesión Sánchez—Morales.
arte:	conjunto de normas de una disciplina: El **arte** distrae el espíritu.
harte:	presente indic. del verbo hartarse (saciarse, llenarse): Come hasta que te **hartes**.
arroyo:	pequeña corriente de agua: En el **arroyo** está el ganso.
arrollo:	presente indic. del verbo arrollar: El camión **arrolló** las aves.
asolar:	destruir, arrasar o arruinar: El fuego suele **asolar** las montañas.
azolar:	desbastar la madera con la azuela: Es menester **azolar** las vigas del chalé que se está construyendo.
asta:	palo en que se coloca la **bandera**: Ahí está el **asta** de la bandera.
hasta:	prep. que indica término o fin: "Hasta mañana", dice el sereno.
hacia:	prep. que denota dirección de un movimiento: Voy **hacia** el norte.
Asia:	uno de los cinco continentes del orbe: **Asia** es cuatro veces más extensa que Europa.
ases:	plural del sust. as: Aquéllos son los **ases** del atletismo.
haces:	plural de haz y forma del verbo hacer: Allí están los **haces** del pasto que necesita.
aremos:	presente indic. plural del verbo arar: Pedro dice: "Ahora **aremos** la tierra del bajo".
haremos:	futuro imp. del verbo haber: ¡Qué **haremos** este mes!
ato:	presente indic. del verbo atar: En tanto **ato** este pasto, ve por la hoz.
hato:	porción de ganado: En el potrero está el **hato** de bueyes.
atajo:	pres. indic. del verbo atajar. Además, senda por donde se acorta el camino: Todos los excursionistas iban por el **atajo**.
hatajo:	división o porción de ganado: Dirija con acierto ese **hatajo** de animales.
aya:	mujer encargada de la crianza y cuidado de niños: La **aya** se encuentra en este momento en La Haya (capital de Holanda).
haya:	pres. subj. del verbo haber: Quien **haya** encontrado el anillo, debe devolverlo a su dueña.
halla:	forma del verbo hallar (encontrar): En esa librería se **halla** el texto: "Ética Secretarial y Principios de Ejecutividad".
ayes:	quejas o plural de ay: Los **ayes** no solucionan los problemas humanos.

halles: pres. subj. del verbo hallar: Cuando te **halles** en ese trance, piensa bondadosamente en el Creador.

¡bah!: interj. que denota duda o desprecio: ¡**Bah,** que sorpresa!

va: forma del verbo ir y símbolo en electricidad: Ella **va** para el huerto.

bacía: vasija que usan los barberos: La **bacía** está en el baño.

vacía: cosa o envase desocupado: Ahí está la caja **vacía.**

baca: cubierta o portaequipaje: los bultos van en la **baca** del automóvil.

vaca: hembra del toro: La lecha de **vaca** es un gran alimento de los niños.

Basta: forma del verbo bastar (suficiente); hilván cosido en puntadas grandes: **Basta** con lo que dice sobre este asunto.

vasta: extensa, dilatada, amplia: ¡Qué **vasta** es aquella región!

basar: fundamentar o apoyar una base: Es preciso **basar** con lógica los argumentos.

vasar: mueble o estantería llena de vasos: El **vasar** de Ema está manchado.

bazar: tienda de objetos diversos: En el **bazar** "La Conquista" se venden toda clase de artículos de hogar.

bacante: mujer ebria o lujuriosa: Esa mujer **bacante** es sorda.

vacante: cargo o empleo sin proveer: Esa joven aspira a esa **vacante.**

bale: pres. subj. del verbo balar. Deje que el animal **bale** hasta la noche.

vale: pres. indic. del verbo valer: Ese objeto **vale** cinco dólares.

bacilo: microbio: Ese **bacilo** ya está medio exterminado.

vacilo: pres. indic. del verbo vacilar: Aún **vacilo** en esta materia.

balón: bala grande o recipiente para contener cuerpos gaseosos: ¿Dónde está el **balón** de gas?

valón: gentilicio de un pueblo francés: El **valón** se jacta de su linaje.

bao: pieza de consolidación de los buques: el **bao** del navío está trizado.

vaho: vapor que despiden algunos cuerpos: El **vaho** de la tetera hace sonar la tapa.

banal: común, vulgar, trivial: El vulgarismo **banal** es usual en la lengua española.

vanal: adj. derivado de vano: Este asunto **vanal** no es tema del día.

bario: metal blanco y oxidable: El **bario** es un metal fusible a los 710º.

vario: diverso, mutable: ¡Cómo aunar lo único con lo **vario**!

barón: título de nobleza: El **barón** de Ide vive aún en esa mansión.

varón: sexo masculino: El matrimonio Bells—Hill tuvo otro **varón.**

baso: pres. indic. del verbo basar: En ese hecho **baso** mi parecer.

vaso: receptáculo para contener líquidos: El **vaso** está lleno de agua.

bazo: glándula vascular situada en el hipocondrio izquierdo: El anciano se queja de un dolor agudo al **bazo.**

baya: fruto carnoso y jugoso de ciertas plantas: La **baya** de la grosella es exquisita.

vaya: forma del verbo ir: **Vaya** ahora al hermoso paseo cordillerano.

valla: obstáculo, impedimento: ¡Cómo obviar la **valla** del camino!

bate: pres. indic. del verbo batir: Isolina **bate** el huevo con parsimonia.

vate: poeta, adivino: El **vate** del villorrio es un hombre generoso.

basca: ansia, desazón, furia: Ese hombre actúa según la **basca** del momento.

vasca: gentilicio de mujer e idioma de los vascos: La **vasca** se halla en esa habitación.

bello: hermoso, bonito: ¡Qué **bello** es aquel caserío ribereño!

vello: pelo corto y suave del cuerpo humano: El **vello** de los brazos es propio de los varones.

beso: acción de besar: El **beso** es sinónimo de cariño o estimación.

bezo: labio grueso: La doncella es notoria por el **bezo.**

baga: cápsula, soga: Asegure la **baga** de la caballería.

vaga: ociosa, inactiva: La **vaga** se encuentra en la plaza.

beta: letra del alf. griego: Hay voces que suelen graficarse con "**beta**".

veta: filón de lámina de mina: La **veta** de oro es valiosísima.

bienes: conjunto de cosas que se poseen: son cuantiosos los **bienes** del barbicano.

vienes: pres. indic. del verbo venir: ¡Cuándo **vienes** a esta región?

vienés: gentilicio de los ciudadanos de Viena, y gramaticalmente un "paronomástico" y no un parónimo: El **vienés** regresa el próximo lunes.

billar: juego de destreza con tacos y bolas de marfil: El **billar** es un juego muy entretenido.

villar: pueblo pequeño o villorrio: En el **villar** "El Pardo" vive el profesor de "Signofonía" o de Segunda Escritura Estenofónica.

bidente: que tiene dos dientes: El niño **bidente** es la admiración de sus padres, pues sólo tiene dos meses.

vidente: adivino: El **vidente** profetiza hechos desvelantes

bizco: bisojo o turnio: El bizco es un taciturno impactante.

visco: liga o materia viscosa para cazar aves: En el **visco** hay varios jilgueros.

binaria: compuesto de dos elementos: El caso lidante mb—mp, es gramaticalmente una fusión **binaria** o bilítera.

vinario: adj. relativo al vino: El caldo **vinario** está en el tonel.

bobina: carrete o pieza mecánica: La **bobina** de la máquina de coser está deteriorada.

bovina: adj. que se aplica a los vacunos: La carne **bovina** está en el frigorífico.

bocal: adj. relativo a la boca: Ese rictus **bocal** no es natural.

vocal: derivado de voz; cada una de las vocales; persona con alguna representación: El **vocal** aún no firma el acta. La A es la **vocal** más frecuente del español.

botar: arrojar con violencia: Ahora debe **botar** ese papel deteriorado.

votar: emitir el voto: Ya es hora de ir a **votar** por ese candidato.

bote: forma del verbo botar o barco pequeño: No **bote** el papel rayado.

vote: forma imperativa del verbo votar: Es posible que **vote** por ese candidato.

boyero: persona que cuida los bueyes: El **boyero** se quedó dormido.

bollero: persona que hace o vende bollos: El **bollero** viene con el canasto vacío.

brasa: leña o carbón encendido: La **brasa** de leño calienta la alcoba.
medida de longitud equivalente a 1.671 metros.

braza: medida de longitud, equivalente a 1.671 metros. El barco avanza a 100 brazas.

brisa: aura, céfiro, airecillo: La **brisa** es un viento suave y fresco.

briza: planta gramínea, utilizada frecuentemente como adorno: ¡Qué única es esa mata de **briza**.

cabo: extremo de una cosa; grado superior de soldado: ¿Dónde está el **cabo** Von Schart?

cavo: presente indic. del verbo cavar: ¿Hasta dónde **cavo** la tierra?

cabe: forma del verbo cabar: Esa ropa no **cabe** dentro de este ropero.

cave: forma del verbo cavar: **Cave** ese hoyo hasta que salga agua.

callado: participio del verbo callar: Hernán está **callado** mientras hace la tarea.

cayado: Bastón o báculo pastoral de los prelados: El capellán va con su **cayado** al villorrio.

callos: dureza, juanete. f— pedazo de estómago: Los zapatos duros suelen producir **callos** en los pies.

cayos: roca, peñasco: En el mar es frecuente encontrar **cayos** notorios.

casar: contraer matrimonio o derogar una sentencia: Dice que se va a **casar** en el curso del próximo mes.

cazar: atrapar o asir aves o animales: Es preciso **cazar** el gato montés.

casa: habitación o vivienda: Allí está la **casa** de don Macario.

caza: forma del verbo cazar: En la **caza** del gato montés vi a don Fermín.

casado: desposado: Andrés está **casado** con Marisol Troyenko.

cazado: atrapado, asido: Ayer fue **cazado** el gato montés.

caso: suceso, evento: Este **caso** es único en los anales de la historia.

cazo: presente indic. del verbo cazar: De vez en cuando **cazo** perdices.

cauce: lecho de un río o acequia: Ese es el **cauce** del río Loa.

cause: forma del verbo causar (originar, ocasionar): No **cause** tanto contratiempo.

cede: presente indic. del verbo ceder: Darío **cede** el asiento a la dama.

sede: local o recinto de una entidad: En esa urbe está la **sede** del Centro Ecológico.

ceda: presente subj. del verbo ceder: **Ceda** el asiento a los ancianos.

seda: hilo finísimo y flexible: En la bodega está la pieza de **seda**.

cepa: raíz o parte del tronco de la vid: La **cepa** de ese replante es selecta.

sepa: presente subj. del verbo saber: **Sepa** usted que la verdad es obvia.

cebo: alimento o carnada para cazar o pescar: Con este **cebo** cazaré el puma.

sebo: grasa de los animales: El **sebo** de los animales se emplea en la industria química.

cena: comida nocturna: El señor Santecs está invitado a la **cena** de Año Nuevo.

sena: nombre de un río de Francia y conjunto de seis puntos en el dominó: Frente al **sena** estaba el visitante.

ciega: perder la vista u ofuscarse: La anciana quedó **ciega**.

siega: cortar hierbas, pasto o trigo: En la **siega** del trigo vi a Fidel.

censual: adj. relativo al censo: El trabajo **censual** se realiza cada cierto tiempo.

sensual: adj. relativo a los sentidos: Hay notoria diferencia entre lo **sensual** y lo sexual, pues lo segundo se refiere al "sexo".

censor: persona encargada del control de libros: El **censor** está revisando los libros de clases.

sensor: instrumento electrónico para detectar hechos: Por medio del **sensor** se descubrió este caso.

cenador: persona que come de noche: el glotón, como buen **cenador,** no puede acostarse sin comer.

senador: legislador del Senado: Ese nombre fue un gran **senador** del primer cincuentenario de este siglo.

seres: plural del sust. ser: El mundo está medio saturado de **seres** humanos.

ceres: diosa latina de los agricultores: **Ceres** era el símbolo de los agricultores romanos.

cerrar: asegurar la puerta o impedir la entrada: A las 22 horas es preciso **cerrar** la puerta de calle.

serrar: cortar con la sierra: Es menester **serrar** ahora la madera.

cesión: acción de ceder o dejar algo en favor de otra persona: Se rumorea con insistencia la pronta **cesión** de bienes de Santruy y Cía.

sesión: Reunión de personas o junta de socios: El próximo martes se realizará la **sesión** extraordinaria.

ceso: forma del verbo cesar: No **ceso** en sopesar este asunto.

seso: masa cerebral; prudencia, cavilación: Se cree que ese señor perdió el seso (volvió loco).

cidra: fruto del cidro: A Germán le agrada la **cidra** a medio madurar.

sidra: bebida alcohólica obtenida de la manzana: Para muchos la **sidra** es una bebida exquisita.

cima: punto más elevado de un lugar (cúspide): En la **cima** del cerro moran las águilas.

sima: abismo o punto más profundo de un lugar: En la **sima** de la hondonada pastan los animales.

cien: apócope del numeral "ciento": Ese motor rinde al **cien** por ciento.

sien: cada una de las dos partes laterales de la cabeza: La aprendiz recibió un golpe en la **sien** derecha.

ciento: numeral equiv. a "100": Muchos dólares vale el **ciento** de cajas de manzanas.

siento: forma indic. del verbo sentir: **Siento** enormemente lo sucedido.

ciervo: animal rumiante: Allí vi al **ciervo** de la señora Reyter.

siervo: esclavo o persona que sirve espiritualmente a Dios: Don Malaquías fue un **siervo** de la causa cristiana.

civil:	adj. que concierne a los ciudadanos: Esta causa afecta a lo **civil** y no a lo criminal.
sibil:	gruta natural o artificial: Frente a la **sibil** se erigirá una torre de diez pisos.
cirio:	vela de cera de un pavilo: El **cirio** arde desde el amanecer.
sirio:	gentilicio de Siria: El **sirio** aún vive en la ribera del arroyo.
ciclo:	período de tiempo: Romualdo habla de un **ciclo** estenofónico.
siclo:	moneda de plata de Israel: El **siclo** no es conocido entre nosotros.
cocer:	preparar alimentos por medio del fuego: Magaly luego ha de **cocer** las papas (Las formas perifrásticas "HE DE—HA DE", siempre se escriben con H. Se caracterizan porque van antes de un infinitivo).
coser:	unir con hilo piezas de géneros: Ella ha de **coser** el ruedo de su vestido.
consejo:	indicación personal o junta de una entidad: El mejor **consejo** es la experimentación personal de los hechos.
concejo:	ayuntamiento o administración municipal: El edil está en el **concejo** de reparación.
corso:	paseo de carruajes: El **corso** es un bello recuerdo del ayer.
corzo:	cuadrúpedo rumiante: El **corzo** es un animal medio extinguido.
consciente:	ser que piensa y actúa con pleno conocimiento: Toda persona **consciente** actúa con criterio y discernimiento.
consiente:	forma del verbo consentir: Arnoldo no **consiente** lo anhelado por sus vecinos.
desasía:	forma del verbo desasir: En tanto él **desasía** al reo, el inculpado lo observaba con desvelo.
deshacía:	pret. imperf. del verbo deshacer: Mientras **deshacía** las amarras, se sentía nervioso.
desecho:	sobra, desperdicio: En el tarro de la basura está el **desecho** de papeles.
deshecho:	participio del verbo deshacer: Claudio está **deshecho** de pesar.
desmayar:	perder el conocimiento o acobardarse: No he de **desmayar** ante las adversidades.
desmallar:	cortar las mallas de algo: Ahora no he de **desmallar** las redes.
deshojar:	sacar o quitar las hojas: El otoño **deshoja** naturalmente muchos árboles.
desojar:	destruir el ojo de un instrumento: El bobo **desoja** la cámara fotográfica.
dúo:	pieza que se canta o toca entre dos personas: El **dúo** Liendo—Suazo dejó absortos a los espectadores.
dúho:	asiento de madera o piedra usado por los indios: Aún en Arauco se conoce al **dúho**.
echo:	presente indic. del verbo echar (arrojar, inclinar, atribuir): **Echo** cotidianamente estos desperdicios a la basura.
hecho:	participio irregular del verbo hacer: En cuanto este **hecho** ese trabajo, entrégueselo en el acto al jefe.
e :	variante de la conjunción "y": Alfredo **e** Hilario van de paseo.
he :	presente indic. del verbo haber, empleado antes de los participios pasivos: **He** aguardado inútilmente su arribo a esta ciudad.
errar:	andar errante: Demetrio acostumbra a **errar** sin motivo alguno.
herrar:	poner herraduras a los animales: Es preciso **herrar** cuanto antes a la pareja de caballos.
encausar:	enjuiciar o abrir causa: Es posible **encausar** estos días al infractor matritense.
encauzar:	dirigir, encaminar, guiar: Es menester **encauzar** al novato.
enebro:	arbusto: El **enebro** es un arbusto de Europa.
enhebro:	presente indic. del verbo enhebrar: Cuando **enhebro** la aguja, recuerdo la prolijidad de la señora Sandrey.
encima:	adv. que indica "sobre sí" o puesto en lugar superior: **Encima** del escritorio está el "Manual de Redacción Comercial, Administrativa y Oficial".
enzima:	substancia proteínica que producen las células: La **enzima** actúa como catalizador en el proceso del metabolismo.

enlosar: cubrir el suelo con losa o cementarlo: Es necesario **enlosar** de nuevo el patio trasero.

enlozar: cubrir con un baño de loza o esmaltar una superficie: Proceda a **enlozar** el baño del segundo piso.

encobar: empollar las aves los huevos: En estos meses suelen **encobar** esos pájaros.

encovar: meter una cosa en una cueva o guardarla: Los jóvenes suelen **encovar** sus instrumentos de pesca en la bodega.

es: presente indic. del verbo ser: **Es** hora adecuada para cumplir con lo indicado.

hez: desperdicio o excremento: Ese perverso es la **hez** de la vileza.

escollo: dificultad, obstáculo: ¡Cómo superar este **escollo**!

escoyo: escobajo del racimo de las uvas: El **escoyo** de las uvas no es útil para nada.

estiba: forma del verbo estibar: En la **estiba** encontré a Nelson Duarte.

estiva: nombre dado al calor del verano: En enero la **estiva** solar es preocupante.

ética: nombre relativo a la moral y las obligaciones de los seres humanos: La **ética** impone por doquier sus predicados.

hética: flaco, delgado, tísico: La yegua **hética** no come pasto.

fas: junta o juntamente; por una cosa o por otra: Por **fas** fue impreso ese prospecto.

faz: rostro o cara: Los hechos vistos de **faz** a **faz** son determinantes.

faces: plural de faz: No es posible descubrir simultáneamente todas las **faces** (facetas) de los seres humanos.

fases: apariciones de la luna: Las **fases** de la luna son axiomáticas.

fresar: planta o fruto de la familia de las rosáceas; instrumento de dientes cortantes para horadar o labrar: Para trabajar en el **fresar**, es necesario atención y cuidado.

frezar: desove de los peces: En el tiempo del **frezar** es conveniente no cazar los peces.

fusilar: quitar la vida con el fusil: Al amanecer van a **fusilar** al reo convicto.

fucilar: fulgurar o resplandecer, en poética: El horizonte se ve **fucilar** con frecuencia.

gallo: macho de la gallina: El **gallo** castellano es un hermoso ejemplar.

gayo: persona alegre y vistosa: Ese hombre tiene traza de **gayo** sureño.

gira: forma del verbo girar: **Gira** esta noche el cheque para don Hernán.

jira: tira de tela; merienda campestre: El Sr. Tersand estaba en la **jira**.

gravar: imponer pagos o tributos: Es preciso **gravar** los artículos suntuarios.

grabar: estampar, esculpir en madera o metal: Es aconsejable **grabar** ahora las medallas de plata.

grave: muy enfermo, difícil o complicado: Este hecho es **grave** por muchas razones.

grabe: forma subj. del verbo grabar: En cuanto **grabe** estas letras, queda libre por toda la tarde.

grulla: ave zancuda: En la poza se suele ver una **grulla** al atardecer.

gruya: forma de verbo gruir: Escuché la **gruya**, cuando la grulla ve gente.

hallamos: plural indic. del verbo hallar: Aún no **hallamos** los objetos extraviados.

hayamos: plural indic. del verbo haber: No es posible que nos **hayamos** extraviado en el bosque.

hierba: planta pequeña y perecible: En el jardín hay más de una **hierba** silvestre.

hierva: forma subj. del verbo hervir: **Hierva** primera el agua y después escuche música.

hinca: presente indic. del verbo hincar: Ella se **hinca** todo el tiempo de la misa.

inca: príncipe de los antiguos indios peruanos: En el antiguo Perú, el **inca** era un señor de poder y de relevancia.

hizo: pret. indef. del verbo hacer: ¿Ya **hizo** el trabajo indicado?

izo: presente indic. del verbo izar: Cuando **izo** la bandera, me siento cohibido.

hojear: pasar con rapidez las hojas de un libro: Para comprender el objetivo de un libro, no es procedente el **hojear** las páginas con premura.

ojear: mirar o escudriñar con atención: Es menester **ojear** el horizonte con mayor detenimiento.

hojosa:	lleno de hojas: Esa arboleda es **hojosa** por excelencia.
ojosa:	colmado de ojos: Hay clases de papas que son **ojosas.**
hora:	espacio de tiempo de 60 minutos: Hace una **hora** que lo aguardo.
ora:	forma indic. del verbo orar y conjunción distributiva: Allí **ora** con unción el creyente.
honda:	trenza o utensilio para lanzar piedras: El chico aún no sabe usar la **honda** que le regaló su tío.
onda:	ondulación en el agua o en la cabellera: ¡Qué **onda** más llamativa se le forma a esa niña.
hoya:	hondura o cavidad: Esa es la **hoya** del río Maule.
olla:	vasija para cocinar o hacer comida: ¿Dónde está la **olla** de aluminio?
hozar:	remover la tierra con el hocico: El cerdo suele **hozar** por doquier.
osar:	atreverse: Es preciso ser decidido para **osar** en hechos futuros.
hoz:	instrumento curvo para segar: El segador limpia la **hoz** con cuidado.
os:	dativo y acusativo del pron. de segunda persona: **Os** habéis equivocado, señores.
hola:	interj. que se usa para saludar con familiaridad: ¡**Hola**, mis estimados amigos!
ola:	onda grande que se forma en la superficie del mar o de un lago: La **ola** hizo desaparecer al pato.
horca:	lugar para ahorcar a los condenados: La **horca** era el castigo ejemplar de otros tiempos.
orca:	cetáceo de los mares del norte: La **orca** se come las focas.
hornada:	cantidad de pan u otras unidades: La **hornada** de pasteles se vendió entre la **hornada** de los nuevos alumnos.
ornada:	part. sust. y derivado del verbo ornar: ¡Qué llamativa se ve la falda **ornada** de esa joven.
horno:	fogón que da mucho calor: La cocinera saca las empanadas del **horno.**
orno:	forma verbal del infinitivo ornar (adornar): "De vez en cuando **orno** los vestidos", dice la señora Marsolt.
hulla:	carbón fósil, extraído de las minas: La **hulla** es usada en las industrias fabriles.
huya:	forma verbal del infinitivo huir: No **huya** sin motivo alguno.
huso:	instrumento para hilar: La anciana perdió el **huso** con que hilaba.
uso:	presente indic. del verbo usar: Con frecuencia **uso** este instrumento.
incipiente:	naciente, novicio, principiante: El joven **incipiente** aún no memoriza todas las partes principales de esa maquinaria.
insipiente:	necio, falto de juicio: El ignaro es un **insipiente** obsesionado.
ingerir:	comer alimentos: Es preciso **ingerir** todos los alimentos.
injerir:	entrometerse o mezclarse en lo ajeno: No es bien mirado **injerirse** en los asuntos del vecino.
ingerencia:	acción de comer: La **ingerencia** de alimentos debe ser en las horas adecuadas.
injerencia:	intromisión en asuntos ajenos: La **injerencia** en los asuntos matrimoniales no es siempre bien recibida.
intención:	deseo liberado de un anhelo: Todo impulso o **intención** debe ser previamente analizado.
intensión:	efecto de intensidad: En la **intensión** de la brega se suscitó ese resultado.
labe:	mancha , tilde, plaga: No es fácil sacar la **labe** del vestón.
lave:	forma del verbo lavar: **Lave** ahora la ropa del niño.
laso:	falta de fuerza o cansancio: El hombre **laso** mira con ojos cansinos.
lazo:	unión, vínculo o nudo: El **lazo** del capataz está deteriorado.
lisa:	igual, plano, razo, sin aspereza: Es necesario dejar completamente **lisa** la superfiice de este piso.
liza:	campo preparado para la lid: En la **liza** se miden las fuerzas.

526

losa: lápida, baldosa o piso: En la **losa** del tercer piso vi ese objeto.

loza: vasija usual o barro cocido: En cuanto lave la **loza,** vaya a traer la olla de greda.

masa: mezcla de materias pulverizadas: prepare la **masa** para hacer el pan.

maza: arma antigua hecha de palo: Los indios solían usar la **maza** en las contiendas.

malla: tejido de pequeños eslabones: La **malla** de pescar está al sol.

maya: indio que vivía en la América Central: Todavía hay recuerdos de la raza **maya.**

mesa: mueble para comer o escribir: Encima de la **mesa** quedó la taza.

Meza: forma verbal del infinitivo mecer, y comúnmente apellido: **Meza** la guagua con cuidado.

ollera: persona que hace o vende ollas: La **ollera** vive en una choza campestre.

oyera: pret. imperf. subj. del verbo oír: Si ella **oyera** lo que dice la gente, se estremecería de ira.

paces: plural de paz: ¡Ojalá siempre los pueblos vivieran sumidos en las **paces** eternas!

pases: plural de pase o autorización: Encima del escritorio están los **pases** que anhela.

pase: permiso, autorización o consentimiento: Cuando tenga el **pase** en sus manos, podemos conversar sobre este tema.

pase: forma del verbo pasar: **Pase** siempre las calles con luz verde.

pollo: cría de las aves: El **pollo** es un alimento usual.

poyo: banco que se pone usualmente en la puerta de la casa: El vaquero está en el **poyo** de la vivienda.

poso: sedimento de un líquido o forma del verbo posar: "Cuando **poso** para la prensa, lo hago con parsimonia", dice el líder de la paz.

pozo: hoyo profundo: El agua del **pozo** es siempre helada.

posa: forma indic. del verbo posar: Ella **posa** para el pintor.

poza: hoyo con agua o lugar con agua detenida: En la **poza** "El Peral" están los patos.

rallar: desmenuzar una cosa con el rallador: Ahora vaya a **rallar** las zanahorias para el almuerzo.

rayar: hacer rayas o anular con rayas: No es adecuado **rayar** la muralla.

ración: porción, medida: Ellos reciben diariamente la **ración** correspondiente.

rasión: raspamiento, rasamiento: Los trabajadores ya efectuaron la **rasión** del predio.

rallo: forma del verbo rallar: Cuando **rallo** el queso, debo lavarme las manos.

rayo: línea de luz emitida por un cuerpo luminoso: El **rayo** atmosférico es un fucilazo pavorizante.

rebosada: derramar un líquido por encima de los bordes: La copa está **rebosada** de helados.

rebozada: cubrir el cuerpo con una capa o manto: Ivonne va **rebozada** con el poncho de su tía Mafalda.

rebelar: desobedecer una orden o levantarse contra el jefe: Se cree que esa legión se puede **rebelar** de un momento a otro.

revelar. descubrir o hacer público un secreto: Es menester **revelar** este fraude.

reciente: nuevo, recién hecho: Ese hecho **reciente** fue muy comentado.

resiente: forma indic. del verbo resentir: El exceso de trabajo **resiente** la salud.

recabar: conseguir, alcanzar o solicitar: Es preciso **recabar** lo propuesto.

recavar: volver a cavar: Mañana ha de **recavar** de nuevo esta ladera.

revesar: vomitar, intrincar, oscurecer o dificultar: Esa oración **revesada** es medio incomprensible.

revezar: remplazar, substituir o relevar: Cuando esa disposición sea **revezada,** tendrá aplicación este anhelo.

retazo: pedazo de tela o fragmento de una cosa: ¿Dónde está el **retazo** de popelina?

retaso: presente indic. del verbo retasar: Es menester efectuar el **retaso** de este predio.

ribera: orilla de un río, lago o mar: A los indios les gustaba hacer sus chozas en torno a la **ribera** de los ríos.

rivera:	arroyo o riachuelo: El cauce de esa **rivera** crece mucho en el invierno.
risa:	emoción causada por algún hecho alegre o cómico: La **risa** es don de la alegría.
riza:	presente indic. del verbo rizar: La joven se **riza** con frecuencia.
rosa:	planta o flor del rosal: ¡Qué hermosa es aquella mata de **rosa**!
roza:	forma indic. del verbo rozar: En la **roza** del pasto encontré este objeto.
resumar:	volver a sumar ciertas cantidades o verificarla: Cuando **resuma** todo este contenido, agregue estos resultados.
rezumar:	dejar pasar a través de los poros o insterticios algún líquido: La pared del lado de la sombra, con frecuencia **rezuma** humedad.
sabia:	mujer que posee vastos conocimientos: La **sabia** en arboricultura predice el creciente auge de la fruticultura.
savia:	jugo vital que nutre las plantas: La **savia** es la vida de las plantas.
saga:	relato legendario de un grupo humano: La **saga** de los mayas es maravillosa.
saquear:	saltear, depredar: Se cree que ayer **saquearon** esa tienda.
zaquear:	trasegar o transportar líquidos. Ella afirma que ayer **zaquearon** toda el agua.
zaga:	parte posterior de una cosa o defensa deportiva: La **zaga** es la mayor confianza de los grandes equipos.
sumo:	presente indic. del verbo sumar: Cuando **sumo** estos valores, sólo entonces valoro el alcance de este contenido.
zumo:	líquido exprimido de las frutas o plantas: El **zumo** de manzanas es exquisito.
sueco:	gentilicio de Suecia: El **sueco** es un gran amigo del rioplatense.
zueco:	zapato de madera de una pieza: A la joven se le extravió el **zueco** derecho.
tasa:	forma indic. del verbo tasar: La **tasa** de ese predio es muy subida.
taza:	vasija para tomar líquidos: La **taza** de greda está llena de leche.
tencíon:	tenencia, posesión: Desde hace meses que esta **tención** le pertenece al comprador.
tensión:	tirantez, rigidez: Esa **tensión** es efecto de la presión que ejerce el interesado.
transar:	transigir o ajustar algún trato: Es menester **transar** de nuevo estos valores inmobiliarios.
tranzar:	cortar, tronchar o partir un contenido: Es prudente **tranzar** con cuidado estos retazos de tejidos.
tubo:	pieza hueca y abierta por ambos extremos: En la bodega sólo queda un **tubo** de cemento.
tuvo:	pret. indef. del verbo tener: Simón **tuvo** que ir a buscar un **tubo** de cemento.
tuya:	adj. posesivo: **Tuya** es la culpa de este desconcierto.
tulla:	pret. subj. del verbo tullir: Es frecuente que se **tulla** quien pasa comúnmente inmóvil.
veraz:	sincero, verídico, franco: Toda persona **veraz** es noblemente sincera.
verás:	forma del verbo ver: Luego **verás** todo lo que te prometí.
vez:	tiempo, ocasión: Esta **vez** iré más temprano a la ciudad.
ves:	forma indic. del verbo ver: **Ves** cómo esta **vez** no es lo mismo esto que aquello.
vocear:	dar voces o gritos: ¡Cómo **vocean** los niños!
vosear:	tratar de vos: En ese ambiente muchos amigos se **vosean**, en tanto otros se tutean.
boxear:	luchar con guantes y a puñetazos: Para **boxear** con éxito, es necesario habilidad, inteligencia y fuerte pegada.

PARONOMÁSTICOS FRASIFICADOS

Los vocablos que sólo se diferencian por una letra o por el uso del acento, como **ADAPTAR/ADOPTAR — VÍVIDO/VIVIDO** (adj-part), se llaman voces **paronomásticas** y no vocablos parónimos. Por eso existe diferencia entre la Paronimia y la Paronomasia.

Algunos casos paronomásticos:

adoptar: recibir como hijo a un niño o admitir lo propuesto: No **adopte** esa posición tan inflexible.

adaptar: acomodar o adecuar un hecho a las circunstancias: Es necesario **adaptarse** anímicamente a las circunstancias.

absolver: liberar de algún cargo o libertar a un reo: Es menester **absolver** al inculpado.

absorber: atraer o retener algo: Es necesario **absorber** con la toalla ese líquido.

abjurar: desdecirse con juramento o renunciar solemnemente a una causa: Santiago **abjura** públicamente al protestantismo.

adjurar: conjurar o rogar encarecidamente: Ramberto **adjura** con énfasis lo impetrado.

actitud: disposición para actuar: Esa **actitud** es inadmisible.

aptitud: capacidad o ideoneidad para actuar: La **aptitud** del cronista es plausible.

aceptar: recibir o dar conformidad a un hecho: **Acepto** sin objeción esta sugerencia.

acertar: dar en el punto deseado: No siempre se **acierta** en lo anhelado.

aprender: adquirir conocimientos: Es preciso **aprender** cotidianamente nuevas materias de la Universidad de la Vida.

aprehender: asir o apresar: Es preciso **aprehender** a ese hampón.

afección: afecto, inclinación, ternura: El antónimo de **afección** es la antipatía.

afición: inclinación, entusiasmo: La **afición** es ingrata con los derrotados.

alto: levantado o elevado: En lo **alto** del monte vi perdices.

harto: forma del verbo hartar: "Estoy **harto** de tantas injusticias", dice el inconformista.

altura: elevación, cumbre, cúspide: Muchas personas sienten vahídos en la **altura** de la montaña.

hartura: hartazgo, abundancia: La **hartura** de alimentos suele producir molestias estomacales.

alteza: elevación, excelencia, magnanimidad: Su **Alteza** real padece de bronquitis.

artesa: recipiente apto para lavar o amasar: La **artesa** es parte del mobiliario campesino.

arriar: bajar la bandera o las velas de los barcos: Cuando **arrío** la bandera, siento cierto malestar espiritual.

arrear: conducir al ganado: Cuando **arreo** los bueyes preciso el auxilio de la picana.

azar: caso fortuito o casualidad: Hallé por **azar** lo que buscaba.

azahar: flor del naranjo o cidro: El **azahar** es oloroso.

asidero: lo que se puede asir o alcanzar: La cultura es **asidera** por medio del estudio y la lectura razonada.

hacedero: lo que se puede hacer: La comida es **hacedera** y la ilustración **asidera**.

asceta: consagrado a los ejercicios piadosos: El **asceta** es austero hasta para conversar.

aséptico: relativo a la asepsia o aseo: El cuidado **aséptico** es indispensable en medicina.

asido:	participio del verbo asir: Ayer fue **asido** el carterero.
ácido:	agraz o con sabor a vinagre: El vino está **ácido**.
botella:	ampolla, redoma: Vasija de cuello largo: La **botella** está a medio llenar.
botillas:	horceguí o especie de calzado de mujeres: Antiguamente se usaban mucho las **botillas.**
botellería:	comercio donde se venden refrescos y licores.
botillería:	tienda en que se hacen y venden botillas. (Por hábito en nuestro idioma también se sule usar "botillería", por "botellería").
combino:	presenté indic. del verbo combinar: Mañana **combino** todas las cosas disímiles.
convino:	pret. indef. del verbo convenir: Ismael **convino** con su amigo lo que anhelaba, mientras almorzaba **con vino** tinto. (Consultar cont. 50 de **"Técnica de la Escritura y Expresión Correcta"**, Editorial "Antártica").
compete:	incumbe, pertenece: Estos hechos le **competen** al jefe.
compite:	contienda, lucha, pugna: En la eliminación **compiten** varios conjuntos provincianos.
concepción:	idea o propósito: La **concepción** de este tema requiere atención y discernimiento.
concesión:	privilegio, prerrogativa: El casino está entregado en **concesión** por un plazo determinado.
diferente:	distinto, diverso: Este asunto es básicamente **diferente**.
deferente:	atento, amable, cordial, afable: La secretaria del señor Sanval es **deferente** hasta para oír.
emigrar:	salir de su país: Los **emigrantes** no siempre son bien recibidos.
inmigrar:	llegar o regresar a su país: Los **inmigrantes** son comúnmente personas de iniciativas.
embiste:	acometer, arremeter: El toro **embiste** la capa del torero.
invista:	conferir, conceder: Para cumplir exitosamente esa misión, es preciso que **invista** al comitente.
invertir:	trastocar, alterar: No es necesario **invertir** tanto dinero en esa actividad.
ensarzar:	exaltar, glorificar, alabar: **Ensalzar** a los emprendedores implica reconocerle sus méritos.
enzarzar:	llenar de zarzar o enmarañar un asunto: No es aconsejable **enzarzar** los lindes divisorios de los predios.
entrena:	ejercitarse, adiestrarse: Ese conjunto musical **entrena** todos los días.
estrena:	presentar por primera vez una cosa (novizar o primerificar): En la próxima semana se **estrenará** esa obra.
envasar:	embotellar o echar un líquido en vasijas: Es preciso **envasar** en el acto este contenido.
embazar:	teñir de color baso; detener, suspender: Ese hecho extraordinario ha de **embazar** a los expectadores.
elocución:	expresión, estilo: La **elocución** se refiere a la elección o distribución de las palabras. Por eso se dice: "Manera de expresarse".
alocución:	discurso, arenga: La **alocución** se refiere al razonamiento de lo expresado. Por ello la **alocución** es el contenido breve que un superior dirige a sus dependientes.
esotérico:	oculto, secreto, reservado: Los antiguos practicaban costumbres **esotéricas**.
exotérico:	común, vulgar, frecuente: Los conocimientos **exotéricos** son accesibles a todo el mundo.
estasis:	estancamiento, detención: **Estasis** de la sangre en el pulgar.
éxtasis:	arrobamiento, embriaguez: El **éxtasis** es efecto del espíritu.
éxito:	resultado o fin de una empresa: Toda iniciativa puede tener buen o mal **éxito.**
excito:	pres. indic. del verbo excitar: En las lides deportivas es necesario el **excito** previo.
excitación:	incitación, provocación, estimulación: La **excitación** desmedida produce resultados negativos.
hesitación:	vacilación, perplejidad, titubeo: La **hesitación** conduce al desconcierto.
firmar:	signar, rubricar, suscribir: Es preciso **firmar** este documento.
filmar:	cinematografiar, proyectar, rodar: Luego deberé **filmar** esas escenas.

franco: sincero, abierto, leal, espontáneo: La persona campechana es **franca** hasta en el pensar.

flanco: parte, lado: Ese elenco acostumbra avanzar por el **flanco** derecho.

inminente: por suceder, amenazante, culminante: Este hecho **inminente** tiene alarmados a los lugareños.

inmanente: permanente, inseparable, constante: El poder **inmanente** es propio del Creador.

lazo: unión o atadura: Los guasos usan el **lazo** con mucha baquía.

laxo: flojo o relajado: Para enfrentar las contingencias es menester estar materialmente **laxo.**

lasitud: cansancio, desfallecimiento: El exceso de trabajo suele producir **lasitud.**

laxitud: flojera, falta notoria de ánimo: El calor excesivo produce comúnmente **laxitud.**

lección: contenido que da el profesor: Es preciso estudiar cada **lección** con interés y concentración mental.

lesión: daño producido por un golpe: En aquel accidente el señor Lara sufrió una **lesión** en la pierna izquierda.

malversar: hacer mal uso de los caudales. Ese dinero fue **malversado.**

malvezar: acostumbrar mal a una persona: El **malvezado** actúa por hábito.

óbolo: donación, limosna: Contribuya con su **óbolo** al orfanato.

óvulo: célula sexual femenina: El embarazo se produce por la fecundación del **óvulo.**

obertura: preludio o introducción: Esta es la **obertura** de esa ópera.

abertura: hendidura, grieta o agujero: Por esa **abertura** penetra el aire.

prever: ver con anticipación: Ojalá siempre pudiéramos **prever** los hechos contingentes.

proveer: suministrar o facilitar lo anhelado: Para **proveer** a los minoristas, es necesario tener buena existencia de mercaderías.

revezar: remplazar, sustituir: En el período de vacaciones se emplea el sistema de **revezo** laboral.

reversar: volver una cosa al revés: Todas las cosas tienen **reverso.**

revolver: mover una cosa de un lado para otro: No es prudente **revolver** tanto este contenido.

revólver: arma de fuego: El dueño de casa guarda el **revólver** en su cabecera.

resorber: reabsorber: Es menester **resorber** el líquido derramado.

resolver: solucionar, decidir: Es preciso **resolver** en el acto este dilema.

sesión: reunión o junta: En la **sesión** del jueves próximo se tratará la **cesión** de bienes del fallido.

sección: parte o división de una empresa: En la **sección** contabilidad se encuentra el principal.

sectario: partidario, fanático. El **sectario** no acepta el sentir deliberativo.

sextario: medida antigua, equiv. a la sexta parte: Actualmente no se usa el hábito **sextario,** pero sí el empleo de ''nudo'', el que equivale a 1.852 metros por hora, guarismo que implica una milla marina por hora.

seso: cerebro, juicio, prudencia: Los hechos de ese hombre evidencian un **seso** inmaduro.

sexo: diferencia orgánica entre macho y hembra: Por deferencia a la mujer se le llama ''**sexo** débil''.

testo: present. indic. del verbo testar: Don Fermín dice: ''El próximo mes **testo** en favor de mis nietos.

texto: obra, libro, contenido didáctico: En el escritorio está el **texto** ''Manual de Técnicas Integradas de Oficinas''.

venal: relativo a las venas. Hechos comprables con dinero por cosas: Los hechos **venales** son repudiables por todo el mundo.

venial: hecho pecaminoso o pecado leve: Los pecados **veniales** son perdonados por los clérigos.

yelmo: casco, armadura antigua: El uso del **yelmo** era parte del soldado de la antigüedad.

yermo: páramo, erial: Sólo los pájaros frecuentan el **yermo.**